식민지 조선과 일본군'위안부' 문제 자료집 Ⅳ

- 국제연맹 동양여성아동매매실지조사단과 일제의 인신매매 문제 -

• 이 책은 2021년도 동북아역사재단 기획연구 수행 결과물임(NAHF-2021-기획연구-14).

일제침탈사
자료총서 98

식민지 조선과 일본군'위안부' 문제 자료집 IV

– 국제연맹 동양여성아동매매실지 조사단과 일제의 인신매매 문제 –

동북아역사재단 편

동북아역사재단
NORTHEAST ASIAN HISTORY FOUNDATION

| 발간사

일본이 한국을 침탈한 지 100년이 지나고 한국이 일본의 지배로부터 벗어난 지 70년이 넘었건만, 식민 지배에 대한 청산은 이루어지지 못하고 있다. 일본의 독도영유권 주장은 도를 넘어섰다. 일본은 일본군'위안부', 강제동원 등 인적 수탈의 강제성도 인정하지 않고 있다. 일본군'위안부'와 강제동원의 피해를 해결하는 방안을 놓고 한·일 간의 갈등은 최고조에 이르고 있다. 역사문제를 벗어나 무역분쟁, 안보위기 등 현실문제가 위기국면을 맞고 있다.

한·일 간의 갈등은 식민 지배의 역사를 어떻게 볼 것인가 하는 역사인식에서 기인한다. 역사는 현재와 과거의 대화이며 이를 기반으로 미래로 나아갈 수 있다. 과거 침략의 역사를 미화하면서 평화로운 미래를 말하는 것은 불가능하다. 식민 지배와 전쟁발발의 책임을 인정하지 않고 반성하지 않으면 다시 군국주의가 부활할 수 있고 전쟁이 일어날 위험성도 배제할 수 없다. 미래지향적 한일관계를 형성하고 나아가 동아시아의 평화와 번영의 기틀을 조성하기 위해 일본은 식민 지배의 책임을 인정하고 그 청산을 위해 노력해야 할 것이다.

식민 지배의 역사를 청산하기 위해서는 식민 지배는 어떻게 이루어졌는지 그 실상을 명확하게 규명하는 일이 긴요하다. 그동안 일본제국주의에 맞서 조국의 독립을 위해 헌신한 독립운동가들의 활동을 찾아내고 역사적으로 평가하는 일에는 상당한 성과를 거두었다. 반면 일제 식민침탈의 구체적인 실상을 규명하는 일에는 충분한 노력을 기울이지 못했다. 제국주의가 식민지를 침탈했다는 것은 너무나 당연한 사실로 여겨졌기 때문에, 굳이 식민 지배에서 비롯된 수탈과 억압, 인권유린을 낱낱이 확인할 필요가 없었는지도 모른다. 그러는 사이 일본은 식민 지배가 오히려 한국에 은혜를 베푼 것이라고 미화하고, 참혹한 인권유린을 부인하는 역사부정의 인식을 보이는 데까지 이르고 있다. 일제의 통치와 침탈 그리고 그 피해를 종합적으로 조사하고 편찬할 필요성이 여기에 있다.

일제침탈사를 체계적으로 정리하는 일은 개인이 감당하기 어렵다. 이에 우리 재단은 한국학계의 힘을 모아 일제침탈사 편찬위원회를 꾸렸다. 편찬위원회가 중심이 되어 일제의 식민지 침탈사를 정치·경제·사회·문화 모든 방면에 걸쳐 체계적으로 집대성하기로 했다. 일제 식민침탈의 실체를 파악하기 위해 2020년부터 세 가지 방면으로 사업을 추진하고 있다. 하나는 일제침탈의 실상을 구체적이고 생생한 자료를 통해서 제공하는 일로서 〈일제침탈사 자료총서〉로 편찬한다. 다른 하나는 이들 자료들을 바탕으로 연구한 결과물을 〈일제침탈사 연구총서〉로 간행한다. 그리고 연구의 결과를 대중들이 이해하기 쉽게 〈일제침탈사 교양총서〉를 바로알기 시리즈로 간행한다. 자료총서 100권, 연구총서 50권, 교양총서 70권을 기본 목표로 삼아 진행하고 있다.

〈일제침탈사 자료총서〉에서는 정치·경제·사회·문화 모든 방면에 걸쳐 침탈의 역사를 자료적 차원에서 종합했다. 침략과 수탈의 역사를 또렷하게 직시할 수 있도록 생생한 자료를 제공하는 데 목표를 두었다. 그동안 관련 자료집도 여러 방면에서 편찬되었지만 원자료를 그대로 간행한 경우가 많았다. 이번에 발간되는 자료총서는 해당 주제에 대한 침탈의 실상을 체계적으로 이해할 수 있는 구성 방식을 취했으며, 지배자의 언어로 기록되어 있는 자료들을 독자들이 쉽게 읽을 수 있도록 모두 번역했다. 자료총서를 통해 일제 식민 지배의 실체와 침탈의 실상을 있는 그대로 이해할 수 있게 되기를 기대한다.

일제침탈사 자료총서의 일환으로 발간하는 이 자료집은 일본군'위안부' 피해의 역사적 배경과 그 특성을 이해하기 위해 기획한 것이다. 모두 6개의 주제로 분류하여 《식민지 조선과 일본군'위안부' 문제 자료집》 시리즈로 엮어가고 있다. 2020년에는 그 첫 번째 성과로 제Ⅰ권 '중일전쟁 이후 일제의 도항 통제' 자료집을 발간했다. 이어서 2021년에는 제Ⅱ권 '제국 외 이송유괴 사건 관계'와 제Ⅲ권 '전시체제기 유언비어 관계' 자료집을 세상에 내놓았다. 2022년에는 1930년대 국제연맹의 아시아 지역 여성·아동 매매 조사 자료를 엮은 제Ⅳ권을 펴낸다. 1932년 상하이 침략 이후 일본군 및 일본 정부가 군'위안부'라는 이름으로 전시 성동원 정책을 전개했던 국제적 맥락을 이해하기 위해서다. 《식민지 조선과 일본군'위안부' 문제 자료집》 시리즈는 이후 일제 경찰의 성관리 정책과 인신매매 문제를 다룬 제Ⅴ권과 일제의 성병 관리 정책을 다룬 제Ⅵ권으로 이어질 예정이다. 앞으로도 각별한 관심을 가져주시길 바란다. 아무쪼록 이 자료집 시리즈가 일본의 전쟁 범죄와 식민지 지배 책임을 밝히고 피해자 입장에서 일본군'위안부' 문제를 이해하는 데 바탕이 될 수 있기를 바란다.

2022년

동북아역사재단 이사장

Ⅰ 머리말

김학순이 일본군'위안부' 문제를 전쟁 범죄와 식민지 지배 책임 문제로 공개증언하고, 여기에 공감하는 청중이 모여 전시(戰時)와 일상의 성폭력 역사를 새롭게 쓰기 시작한 지 30년이 지났다. 여성의 관점과 소수자의 경험을 배제해온 역사쓰기에 거리를 두고 역사를 배우기보다 역사에서 배우는 것이 더욱 중요하다는 사실을 깨달아 온 시간이었다. 동시에 평화와 인권을 존중하는 미래를 만들기 위해서는 역사를 소비하는 데 그치기 않고 각자 역사쓰기에 참여하는 것이 중요하다는 사실을 깨닫는 시간이기도 했다. 개인의 자유의지와 자율적인 일상이 보장받는 개인의 권리는 타인의 권리와 균형을 이뤘을 때 비로소 평화로운 상태에 이르기 때문이다. 따라서 타인의 역사를 안다는 것은 나를 위한 역사쓰기의 전제 조건이며, 누구도 타자화하지 않는 역사쓰기를 하려면 각자의 역할과 책임을 공유하는 민주적인 공동체 사회를 지향해야 한다는 목적의식이 있어야 한다.

그리고 우리는 그 어려운 일을 해내기 위해 지난 역사에서 다양한 권력 주체들이 저질러 온 폭력과 여기에서 비롯된 인간의 고통을 배워야 한다. 피해자의 편에서 분노하고 가해자를 응징하기 위해서만이 아니다. 폭력을 낳는 구조와 그로 인해 이득을 얻는 주체를 직시하고 폭력을 재생산하는 구조를 해체하기 위해서다. 동시에 폭력 구조가 짜놓은 관계의 그물망에서 가해와 피해 사이 어디쯤엔가 배치되어 있는 우리를 해방시키기 위해서다. 오늘날까지 지속된 폭력 구조는 미래에도 이어질 것이며, 그로 인한 인간의 갈등과 고통은 끝이 나지 않을 것이기 때문이다.

《식민지 조선과 일본군'위안부' 문제 자료집》 시리즈는 군사주의와 식민주의 그리고 가부장주의를 발판으로 '제국'을 지배했던 일제 권력이 어떠한 지배구조를 만들어 내고 또 이를 어떻게 차별적으로 운용했는지 점검하면서 '위안부' 피해에 접근하고자 한다. 그간 일본군'위안부' 문제를 둘러싼 논의에서 조선인 '위안부'의 피해 성격 문제가 쟁점이 되어 왔음에도 불구하고 역사적 실태 연구는 충분치 않았다. 이는 일차적으로 조선인 '위안부'의 피해 특성을 직접적으로 드러내는 역사자료를 찾기가 쉽지 않다는 현실 때문일 것이다. 그러나 동시에 우리가 얼마나 탈식민주의 및 젠더 관점으로 조선인 '위안부'의 피해를 이해하고자 노력해 왔는지에 대한 질문도 필요하다. 인식의 틀을 달리하면 기존의 자료를 새롭게 독해하여 전시와 일상의 성폭력 피해에 대해 풍부하게 이야기할 수 있다. 일본군'위안부' 피해를 이해하기에 필요한 것은 새로운 자료가 아니라 새로운 관점과 방법론이다. 이를 위해 이 자료집 시리즈에서는 일본군'위안부'의 동원 배경과 피해를 이야기하기 위한 여섯 가지 주제를 설정하여 관련 자료를 수집하고, 해당 주제와 관련되는 일본 정부와 국제연맹 자료를 정리하였다.

식민지 조선은 제국 일본의 '외지(外地)'로서 법의 예외 상태에 놓여 있었다. 따라서 그 역사적 특성을 이해하기 위해서는 교차하는 권력들과 이들 간의 공모에 의해 구축된 정치적, 경제적, 사회적 지배질서의 성격을 따져봐야 한다. 제국 본국에 견준 차별적인 법 적용뿐만 아니라 법의 불비(不備) 또는 권력에 의한 폭력의 관리 상태를 드러내며 식민주의가 어떻게 작동되고 있었는지 살펴봐야 하는 것이다. 나아가 제국 본국뿐만 아니라 또 다른 외지 지역, 그 외 점령지나 실질적 식민지 지역에 대한 권력 행사 방식을 더불어 살펴봐야 내셔널리즘 역사인식의 함정에 빠지지 않을 수 있다. 비교사의 접근으로 시공간을 가로질러 작동하는 권력들의 본질을 드러냄으로써 현재에도 엄습하고 있는 식민주의의 공세에 맞설 수 있는 것이다. 젠더와 탈식민주의의 관점에서 조선인 여성의 피해 성격을 밝히는 데 관심을 둔 이 자료집에 '제국 일본'의 영역과 나아가 국제적 범위에서 일어났던 여성 피해 사례까지 포함하고 있는 이유는 이 때문이다.

2020년에 발간한 제Ⅰ권 '중일전쟁 이후 일제의 도항 통제'에서는 중일전쟁 발발 이후 일본 정부와 조선총독부가 시행한 '불량분자' 도항 통제와 '위안부' 도항 관계 자료를 살펴보았다. 이 책으로 전시체제기 식민지 조선, 타이완과 일본의 여성이 '본인의 의지'에 따라 전쟁터로 가서 '위안부'가 된다는 것이 불가능하다는 사실을 드러냈다. 일본군과 일본 정부 그리고 식민권력이 '위안부'의 도항을 허가하는 과정에서 사용된 용어는 '작부'나 '여급', '조추', '나카이'였다는 사실도 확인할 수 있었다. 성적 서비스나 가사 서비스를 위해 일본이 여성의 일로서 합법화해 놓은 분야의 용어들을 활용하여 전쟁터의 '위안부' 공급을 비불법(非不法) 차원으로 관리한 것이다.

2021년에는 '제국 외 이송유괴 사건 관계' 자료와 '전시체제기 유언비어 통제 관계' 자료를 엮어 제Ⅱ권과 제Ⅲ권으로 내놓았다. 제국 일본의 영역을 넘어 인신매매되는 여성들의 피해 내용이 담긴 제국 외 이송유괴 사건 관련 형사판결문은 당시 사법 당국이 '위안부' 이송을 불법으로 인식하고 처벌한 실태를 보여 주는 사례로서 주목되어 왔다. 전시체제기 언론 및 여론 통제의 시대에 '위안부' 동원과 관련되었다고 여겨지는 '유언비어' 처벌 자료들은 사기와 감언이설의 방법으로

'위안부'가 되어야 했던 식민지 여성의 동원 배경을 드러내는 자료로서 검토되어 왔다.

이번에 발간하는 자료집에서는 1930년대 초반 국제적인 시각으로 일본 성관리 정책의 실태와 성격을 살펴본다. 구체적으로 국제연맹 여성·아동 매매 실지조사단의 조사 내용과 보고서 그리고 이에 대한 일본 정부의 대응 관련 내용을 담았다. 국제연맹은 일본의 공창제가 바로 인신매매 제도라고 지적했으며, 이러한 국제사회의 평가에 대응하는 과정에서 일본은 일본의 공창제가 지닌 노예적, 인신매매 제도로서의 성격을 면피할 수 있는 대응 논리를 만들었다. 그리고 아시아·태평양전쟁을 도발하고 일본군'위안부' 제도를 운용하면서 '공인과 은폐'의 속성을 지닌 국가관리 성동원 시스템을 만들어 냈다. 따라서 이 자료집에 실린 주제와 내용은 일본군'위안부' 제도 시행의 배경에 대한 이해와 긴밀하게 연결되어 있다고 할 수 있다.

일본군'위안부' 문제를 해결하려고 노력해 온 30년이 넘는 시간 속에서 우리는 수많은 '자료 발굴'과 자료집 발간 그리고 데이터베이스의 구축 소식을 접해 왔다. 그동안의 수고와 노력이 없었다면 이 자료집 시리즈는 기획조차 어려웠을 것이다. 따라서 이 자료집의 발간도 그동안의 성과에 빚지고 있다고 할 수 있다.

한편 수많은 자료 발굴과 연구 성과에도 불구하고 '팩트'를 내세우며 일본군'위안부' 피해와 그 책임을 부정하는 역사부정론자들의 공세가 더욱 높아지고 있는 현실에 주목한다. 이는 일본군'위안부' 진상규명이라는 과제가 자료의 '발굴'에서 '해석'으로 이행되었음을 시사한다. 그리고 우리는 어떠한 관점으로 자료를 해석하여 어떠한 미래를 만들어 가기 위한 '위안부' 역사쓰기를 할 것인가라는 질문에 맞닥트리고 있다. 이제 '위안부' 문제 해결이라는 당위를 외치기에 앞서 그 해결의 길을 찾기 위해 우리에게 필요한 관점이 무엇인지 확인하고 그 바탕 위에서 '위안부' 역사를 구성해 나갈 때다. 이 자료집 시리즈가 역사로부터 배우는 방법을 사유하는 데 밑거름이 될 수 있기를 바란다.

이 책을 엮는 데 많은 분들의 도움을 받았다. 언제나 신뢰할 수 있는 번역을 해 주는 데다가 조언도 아끼지 않는 두 번역자 강혜정, 박혜란 선생님에게 깊은 감사의 마음을 전한다. 필자를 믿고 아낌없이 출판 지원을 해 준 재단 관계자 분들에게도 감사와 응원을 보낸다.

2022년 12월

동북아역사재단 연구위원 박정애

I 차례

일러두기

1. 용어 표기

- 당대 역사상을 보여 주는 용어는 가능한 한 그대로 사용했다. 단, 문장을 풀어쓸 필요가 있는 경우에는 풀어서 번역했다.
- 내지(內地), 내지인(內地人)은 '일본', '일본인'만을 지칭하는 용어다. 따라서 원문 그대로 썼다.
- 방인(邦人)은 '우리나라 사람'을 뜻하는 말로 국제적으로 '일본인'에 포함되는 사람, 곧 일본인뿐 아니라 조선인, 타이완인 등을 아울러 가리킨다. 여기에서는 '방인' 또는 '우리나라 사람'으로 번역했다.
- 중국, 중국인을 뜻하는 지나(支那), 지나인(支那人)은 원문 그대로 번역했다. 일본은 중국인이 '지나인'으로 불리는 것을 싫어한다는 사실을 알면서도 공문서 대부분에서 '지나', '지나인'이라는 표현을 사용했다. 일본의 아시아 인식을 드러내는 말이라 생각한다.
- 당대 일본어에서는 성매매 여성을 매춘부(賣春婦), 매소부(賣笑婦), 추업부(醜業婦), 음매부(淫賣婦) 등으로 표현했다. 사회적으로 성매매 여성을 부도덕하고 법을 어기는 존재로 폄하하여 가리키는 용어다. 당대 일본 사회의 여성의식과 이에 따른 여성정책을 드러낸다는 의미에서 원문에 따라 표기하였다.
- '가시자시키(貸座敷)', '오키야(置屋)', '조추(女中)', '나카이(仲居)' 등과 같이 일본의 역사나 정책에서 비롯된 말은 일본어의 한글 발음으로 표기하였다.
- 주로 창기나 예기, 작부, 나카이 등의 일을 말할 때 표현되는 '가교오(稼業)'는 그동안의 연구나 자료집에서 '가업'으로 번역되어 왔지만, 이는 한국어에 없는 말이다. '가교오'는 생계유지를 위한 일이라는 의미인데, 근대 일본에서 '창기가교오'나 '예기가교오'라는 합성어가 하나의 단어처럼 사용되는 배경을 살펴보는 것이 중요하다. 곧 예창기제도는 인신매매제도라는 국내외의 비판을 배경으로 메이지 정부가 '예창기해방령'을 공포하고 다시 관리 법령을 제정하는 과정에서 '생계를 위해 [성매매] 일을 하는 여성과 포주의 계약은 인신매매가 아닌 합리적인 계약'이라는 해석을 해온 것이다. 이에 따라 근대 일본의 공창제는 '본인의 의사에 따른 계약 제도'라는 정치적 수사를 내포하여 '가교오'라는 말의 쓰임이 정착되었다. 이에 따라 이 자료집에서는 이를 '가교오'를 한자대로 음독하여 '가업'이라고 표기하거나 특정 단어로 통일하지 않고 문맥에 따라 '일을 하다', '일', '생업' 등의 표현으로 풀어서 번역했다.

2. 영어 원문 자료와 일어 원문 자료의 번역

- 이 자료집의 수록 자료는 영어 또는 일본어 원문으로 되어 있는 것들이다. 국제연맹 동양여성아동매매실지조사단과 일본 정부가 주고받은 문서들은 각각 영어 또는 일본어의 원문 또는 번역문으로 남아 있다. 일본 정부

는 국제연맹의 요청을 받아 자체 조사한 자료들을 영어로 번역하여 제출하거나, 국제연맹에서 생산된 자료들을 바로 일본어로 번역하여 관계기관에서 공유했기 때문이다.

- 그런데 같은 문서의 영어본과 일어본을 비교하면, 일본 정부가 일어의 영어 번역 과정에서 인신매매의 실태나 공창제의 노예적 성격을 은폐하고 있다는 것을 알 수 있다. 예를 들어 일본 정부는 '생계를 위해 어쩔 수 없이 해야하는 일', 곧 '가교(稼業)'를 '거래(the trade)'로 번역했는데, 이는 여성의 '자발적 의사'의 뉘앙스를 더욱 반영하는 번역이라고 할 수 있다.
- 이러한 상황을 고려하여 이 자료집에서는 번역 대상 자료의 언어를 기초로 원문 직역에 가깝게 번역하고자 노력하였다. 또한 영어 원문 번역의 경우 각주에 일어 원문 번역을 같이 표기하여 당대 일본 정부가 일본의 인신매매 실태를 은폐하기 위하여 어떻게 번역의 정치를 하였는지 드러내고자 하였다.

3. 지명 표기

- 신징(新京), 모지(文司), 튀르키예(土耳其) 등과 같이 지명 표기는 현지 지명의 발음 표기에 따랐다.
- 각각 원문 언어에 기초한 번역을 하였다. 예를 들어 중국의 선양(瀋陽)은 영어본에서는 묵덴(Mukden)으로, 일어본에서는 펑톈(奉天)으로 표기되어 있다. 마찬가지로 일어본의 조선이나 지나 번역은 영어본에서는 원문에 따라 한국이나 중국으로 번역하였다.

4. 이름 표기

- 일본인의 경우, 일본어의 한글 표기(한자 병기)를 하였다. 실제로 사용한 이름 표기를 찾을 수 없는 경우 일반적으로 사용되는 이름으로 표기했다. 이 때문에 실제 사용된 이름 표기와 다를 수 있는 점을 양해 바란다.
- 영어를 사용하지 않는 국가 출신자의 이름 표기 또한 실제 발음을 찾을 수 없는 경우, 알파벳 발음대로 표기하였다.

5. 번호 표기

- 배열된 자료의 일련번호는 편찬자가 매긴 것이다. 그러나 자료 안에 매겨진 번호 형식은 원문을 따른 것이다. 一, 二, 三, (一), (二), (三) 등 원문 그대로 번호를 매겼다. 단, 원문의 (イ), (ロ), (ハ)는 (가), (나), (다)로 번역했다.

6. 일제강점기 신문기사 입력에 관하여

- 기사는 국한문 혼용체 기사를 한글로 입력한 것이다. 기사 원문에 이름이나 지명 등이 일본어나 중국어의 한자를 한글로 변환하여 표기하고 있으므로, 이 경우 원문의 표기를 따랐다[지나(支那), 산해관(山海關), 소화(昭和) 12년 등]. 다만 한국어 맞춤법은 오늘날의 기준에 따랐으며, 이해하기 힘든 한자어의 경우 의미를 풀어서 작성하기도 하였다.

7. 해독 불가능한 글자의 입력에 관하여

- 원문이 보이지 않는 경우에는 '○○'나 '■■' '…'로 입력한 것은 원문 그대로 입력한 것이다.

8. 자료 원문의 출처 및 소장처

- 수집 자료가 겹치는 경우 한국의 국가기록원에 소장된 것을 우선순위로 삼아 번역했다. 그리고 일본의 아시아역사자료센터에 소장되어 있는 자료들을 정리하고 번역하였다.
- 국제연맹 동양여성아동매매실지조사단의 최종보고서 번역은 오스트레일리아 국립도서관의 소장본을 기준으로 했다. 아시아역사자료센터에 일어 번역본이 소장되어 있었지만, 영어 원문을 번역하는 것이 국제연맹의 조사 내용과 성격을 더욱 잘 드러낼 수 있을 것이라 판단했다.
- 자료의 소장처는 다음과 같다.

자료 목차 번호	소장처 및 출처		참고
제I장 2~16, 24~25, 27~30	한국 국가기록원 (조선총독부 기록물 / 외사 / 일본 외무성 국제업무 관계 / 國際會議及條約, 1931)		https://theme.archives.go.kr
제I장 1, 17~23, 26, 31~32	일본 아시아역사자료센터 (国際連盟婦人児童問題一件 / 東洋ニ於ケル婦女売買実施調査ノ件)		https://www.jacar.go.jp
제II장 1~3	일본 아시아역사자료센터 (国際連盟婦人児童問題一件 / 東洋ニ於ケル婦女売買実施調査ノ件)		https://www.jacar.go.jp
제II장 4	오스트레일리아 국립도서관 (National Library of Australia)		https://nla.gov.au
제III장	네이버 뉴스 라이브러리	『동아일보』, 『조선일보』	https://newslibrary.naver.com/
	대한민국 신문 아카이브	『매일신보』, 『조선신문』, 『부산일보』, 『경성일보』	https://www.nl.go.kr/newspaper/
	일본 아시아역사자료센터 (国際連盟婦人児童問題一件 / 東洋ニ於ケル婦女売買実施調査ノ件)	『도쿄니치니치신문』, 『지지신문』, 『고쿠민신문』, 『도쿄아사히신문』, 『요미우리 신문』, 『호치신문』 『더 재팬 어드버타이저』, 『더 싱가포르 프리 프레스』	https://www.jacar.go.jp
	동북아역사자료센터	『조선과 만주』	영인본
	서울대 도서관	『조선경찰신문』	

해제

국제연맹 동양여성아동매매실지조사단과 제국 일본의 인신매매

박정애 | 동북아역사재단 연구위원

1. 일본군'위안부' 제도와 공창제 정쟁을 넘어

1932년 1월 일본군의 제1차 상하이 침략 시기부터 개설되기 시작한 일본군 위안소는 1937년 7월 중일전쟁이 발발한 이래, 일본군의 제2차 상하이 침략, 난징학살을 거치면서 조직화, 체계화된 것으로 알려져 있다. 난징학살 시기 중국 현지 여성을 대규모로 강간한 일본군의 잔학행위가 국제사회에서 비난의 표적이 되면서 일본군·일본 정부가 국제사회에 대응하는 차원에서 일본군'위안부' 제도를 본격적으로 시행했다는 것이다.

그 방향은 위안소 개설을 위한 여성의 모집, 이송, 배치, 관리 등을 정밀하게 시스템화하여 국제사회의 시야에서 '위안부' 문제를 은폐하는 것이었다. 이를 위해 1938년 3월 4일 육군성 부관이 통첩을 내어 '파견군이 모집을 통제하여 담당 인물은 주도하여 적절하게 선정하고, 그 모집 실시는 관계 지방의 헌병 및 경찰 당국과 긴밀하게 연계'하라고 명령했다는 사실은 두루 알려진 바다. 이는 '군의 위신을 지키고 사회문제에 실수가 없도록 배려'하기 위함이라는 명분이 덧붙여 있다. 이보다 앞서 1938년 2월에는 내무성 경보국장이 「지나 도항 부녀의 취급에 관한 건」을 발령하여 '전쟁터로 가는 여성의 모집주선 등은 여성매매에 관한 국제조약의 취지에도 어긋나는 점이 있다'고 우려하고 경찰이 명심해야 할 도항 여성 관리 방침을 정하기도 하였다. 여기에서 주목되는 것은 여성매매의 혐의가 있어도 '전쟁터로 가는 여성의 문제'는 '현지의 시정을 감안할 때 필요하고 부득이한 일'이라고 판단했다는 사실이다. 따라서 경찰의 단속 방향이 '창기와 기타 사실상의 추업(醜業) 일을 하는 여성'의 도항 금지가 아니라 '경찰 당국이 특수하게 고려하여 실정에 즉시 응하는 조치를 강구'하는 것으로 정해졌던 것이다. 이 모든 조치는 '제국의 위신과 황군의 명예'를 지키

기 위한 것이라는 명분이 있었다.[1]

일본군'위안부' 제도의 운용에는 '제국 일본', 그러니까 일본과 그 식민지, 조차지, 위임통치 지역의 일제 공권력, 전쟁터 및 점령지의 일본군이 개입되어 있었다. 일본군'위안부' 제도가 조직화, 체계화되었다는 말은 이 제도가 노골적으로 일본 국내외 법을 어겼다는 말과는 거리가 있다. 오히려 당대 국제법 및 제국 일본 안의 법과도 충돌하지 않는 형식을 띠면서 전시 성동원 정책을 시행해 나갔다는 의미가 된다. 효율적인 전쟁 수행을 위해 일본군이 여성의 성을 이용한다는 반인도적 여성 폭력 정책을 당대 일본군과 일본 정부는 형식적 법의 테두리 안에서 진행할 수 있도록 제도화했던 것이다.

그리고 그 제도화의 강력한 배경으로 소환되는 일본의 정책이 공창제(公娼制)다. 공창제는 일본군'위안부' 제도의 전사(前史)로서 언급되기도 하고,[2] 일본군'위안부' 제도와 동일한 것으로 간주되기도 한다. 후자의 경우 동일하기 때문에 일본 정부가 책임질 부분이 전혀 없다는 주장[3]이 있는 반면, 그렇기 때문에 성 착취 제도를 국가권력으로 관리한 일본 정부의 책임이 더욱 무겁다는 비판[4]이 있다.

이 가운데 일본군'위안부' 제도가 공창제의 전시 버전이라서 일본 정부의 책임이 없다는 주장은 역사부정론자들의 가장 강력한 무기로 이용되고 있다. 공창제의 창기와 같은 존재인 일본군'위안부'는 당대 합법의 틀 안에서 업주와 계약을 맺고 돈을 벌기 위해 자발적으로 전쟁터로 가서 '위안부'가 되었다는 주장이다. 따라서 일본군의 성적 대상이 된 상황에서 오는 고통은 당사자가 스스로 초래한 것으로 일본 공권력은 아무런 책임이 없다는 것이다.

초국적인 역사학자, 경제학자들이 지적했듯이, 역사부정론자들의 주장에는 학문적 진실성에 심각한 결함이 있다.[5] 따라서 이들과 학술적 논쟁을 벌이는 것은 불가능하다. 그보다는 역사부정론 생성과 이를 둘러싼 현실의 세력화를 가능케 하는 이들의 관점, 인종주의, 냉전주의, 식민주의, 반

---

1 이상 언급된 자료들은 동북아역사재단 편, 『식민지 조선과 일본군'위안부' 문제 자료집 I : 중일전쟁 이후 일제의 도항 통제(번역·해제 편)』, 동북아역사재단, 2020, 434~437쪽 참조.

2 정진성, 『일본군 성노예제: 일본군 위안부 문제의 실상과 그 해결을 위한 운동』, 서울대 출판문화원, 2016; 송연옥 외, 『군대와 성폭력: 한반도의 20세기』, 선인, 2012.

3 秦郁彦, 『慰安婦と戦場の性』, 新潮社, 1999; J. Mark Ramseyer, "Contracting foe sex in the Pacific War", *International Review of Law and Economics* 65, 2021.

4 캐롤라인 노마, 유혜담 옮김, 『위안부는 여자다: 여성주의 관점으로 '위안부' 역사를 복원하다』, 열다북스, 2020.

5 2021년 초 '램지어 사태'가 시작됐을 당시부터 현재까지 램지어와 여기에 동조하는 역사부정론자들을 비판하는 수많은 논문과 인터뷰 기사들 참조.

여성주의 등의 세계관과 그러한 관점/세력화가 만들어 내는 현실 세계의 성격에 예민하게 대응할 필요가 있을 것이다.

역사학자로서 필자가 우려하는 점은, 일본군'위안부' 제도는 공창제와 같아서 일본의 가해 책임이 없다는 역사부정론자들의 주장이나 여기에 대립하여 일본군'위안부' 제도가 공창제와 달라서 일본의 책임이 크다고 주장하는 이들 사이에 19세기 말에서 20세기 전반기에 아시아·태평양 지역에 존재했던 공창제나 일본군'위안부' 제도에 대한 역사적 이해가 잘 보이지 않는다는 점이다.

2. 19세기 말, 20세기 초 국제사회의 일본 공창제 비판

제국 일본의 공창제, 곧 일제 권력의 성관리 정책을 연구하는 학자들은 '국익'이라는 명분하의 성 동원과 관리 정책이라는 차원에서 공창제와 일본군'위안부' 제도를 탐색해 왔다.[6] 특히 일본 식민지 사례를 분석하는 연구자의 경우, 일본의 군사 침략과 식민지화 과정에서 일제 권력이 활용하고 정비해 나간 성 관리 제도를 구체적으로 해명하고자 한다.[7] 이들의 문제의식은 공창제나 일본군'위안부' 제도가 시기별, 지역별, 정치적 성격별 각각 다른 양상을 보이기 때문에 단순하게 같다, 다르다 비교할 수 없다는 것이다. 그리고 이 주제를 다루는 모든 역사 연구자들이 지적하는 점이 두 제도 모두 국가주의, 식민주의, 가부장주의, 성차별주의, 계급차별주의 위에 성립해 있다는 것이다.

일본의 공창제가 국가가 공인한 인신매매 제도이자 노예제도라는 매서운 비판은, 무엇보다 당대 국제사회의 시선 속에서 나왔다. 메이지 정부 성립 직후인 1872년에 일본은 마리아 루스호 사건[8]을 겪으면서 일본의 예창기제도가 노예제도라는 국내외 비판에 직면했다. 이에 일본 정부는

---

6 川田文子, 『戰争と性: 近代公娼制度·慰安所制度をめぐって』, 明石書店, 1995; 小野澤あかね, 『近代日本社會と公娼制度: 民衆史と國際關係史の視点から』, 吉川弘文館, 2010; 林葉子, 『性を管理する帝國: 公娼制度下の「衛生」問題と廢娼運動』, 大坂大學出版會, 2017.

7 藤永壮, 「植民地公娼制度と日本軍「慰安婦」制度」, 『植民地と戦争責任』, 吉川弘文館, 2005; 송연옥 외, 앞의 책; 야마시타 영애, 박은미 옮김, 『내셔널리즘의 틈새에서: 위안부 문제를 보는 또 하나의 시각』, 한울아카데미, 2012; 박정애, 「일본군'위안부'의 강제동원과 성노예: 공창제 정쟁과 역사적 상상력의 빈곤」, 『페미니즘 연구』 19(2), 2019.

8 청나라 노동자를 싣고 마카오에서 페루로 가던 마리아 루스호가 수리를 위해 1872년 7월 일본 가나가와현(神奈川県) 요코하마항(横浜港)에 입항했다. 이때 청나라 노동자 한 명이 탈출하여 영국 군함으로 도망쳤다. 이 문제를 놓고 요코하마 재판소에서 재판을 했던 일본은 청나라 노동자 상황이 국제법 위반인 노예 상태와 같다고 하여 풀어줄 것을 판결했다. 패소한 페루는 일본에도 노예매매와 같은 예창기 제도가 있다고 항의했고, 일본 정부는 형식적이나마 이 문제를 해결하지 않을 수 없어 1872년 10월 태정관 포고 제295호로 〈예창기해방령〉을 공포했다(송경호, 「마리아 루스호 사건을 통해 본

1872년 10월 형식적으로 〈예창기해방령〉을 공포하고 다음해인 1873년 12월에 도쿄부에서 〈가시자시키생업규칙(貸座敷渡世規則)〉, 〈창기규칙〉, 〈예기규칙〉 등을 제정하여 근대 성관리 정책을 시작하였다.[9] 이 법령들이 수차례 개정을 거쳐 1900년 내무성령 제44호 〈창기단속규칙(娼妓取締規則)〉으로 귀결되어 일본의 근대 공창제의 틀이 완성되었다. 이후 식민지화가 진행된 지역에서도 성 관리 정책을 시작하여 관동주에서는 1905년 〈창기단속규칙〉, 타이완에서는 1906년 〈가시자시키와 창기단속규칙 표준(貸座敷及娼妓取締規則標準)〉, 조선에서는 1916년 〈가시자시키창기단속규칙〉을 제정하여 각각의 지역 내에서 통일적인 공창제를 성립하였다. 이때 주의해야 할 것은, 제국 일본의 법역(法域) 안에서 일정한 공창제가 시행된 것이 아니라 각지의 정치적 상황과 식민사회의 안정화 정도에 따라 각각 다른 차별적 내용이 반영된 공창제가 완성되었다는 점이다.

한편 구미 사회에서는 19세기 말부터 이슈화된 국제적 인신매매를 배경으로 여성아동매매를 억제하기 위해 지속적으로 논의해 왔다. 이를 바탕으로 1904년과 1910년, 1921년, 1933년에 이와 관련한 국제협약을 맺고, 각 국가의 조인을 독려해 왔다.

일본 국내외에서 일본의 여성아동매매가 문제가 된 것은 1921년에서 1933년 사이의 일이었다. 제1차 세계대전 이후 설립된 국제연맹에서 1921년 여성아동매매 억제를 위한 협약을 채택하고 그 실태조사를 위해 서양과 동양의 여성아동매매 실지조사를 실시했는데, 이때 주요 대상국이 일본이었다. 국제연맹 실지조사의 최종보고서는 1933년 1월 스위스 제네바에서 제출되었다. 그리고 그 안에 일본 공창제하의 소개업 허가제도가 여성아동매매를 합법화하고 있다고 지적하는 내용이 포함된 것이다.

이 때문의 일본 공창제의 반인도적 성격과 국가책임을 강조하는 학자들은 국제연맹 주도의 여성아동매매 억제 협약과 일본 조사를 중시했다. 그리고 공창제는 합법이라서 국가의 책임을 물을 수 없다는 역사부정론자들의 주장은 역사적 실태에 반하는 것이며, 오히려 당대 국제연맹의 평가를 좇아 공창제에 대한 일본의 책임을 물어야 한다고 역설하였다.[10]

위와 같은 일본군'위안부' 문제를 둘러싼 정쟁 그리고 공창제에 대한 역사학자들의 연구 흐름

메이지 일본에서의 인권 개념 수용」, 『한국동양정치사상사연구』 21(1), 2022 참조).

9 早川紀代, 「公娼制とその週辺ー東京都を中心に」, 『季刊 戦争責任研究』 17, 1997, 51쪽.

10 太田健一·桜武加奈子, 「アジアにおける女性·児童売買の歴史と実態: ジョンソン委員会と日本政府の折衝」, 『山陽論叢』 12, 2005; 鈴木裕子, 「東洋婦人児童売買実施調査団と国際連盟における婦人売買問題: 「婦女禁売」問題と日本政府の対応を中心に」, 『日本軍「慰安婦」 関係資料集成(下)』, 明石書店, 2006; 小野澤あかね, 『近代日本社會と公娼制度: 民衆史と國際關係史の視点から』, 吉川弘文館, 2010.

속에서 이 자료집이 기획되었다. 국제연맹 여성아동매매 실지조사위원회는 동양 조사를 하면서 일본 본토와 더불어 식민지 조선과 타이완, 관동주에 대한 조사도 함께 실시하였다. 그 과정에서 생산된 자료들과 국제연맹의 최종보고서를 번역해 정리할 필요가 있었다. 당대 국제사회의 공창제에 대한 인식과 실태 파악 그리고 노예제도와 인신매매 제도로서 규정하는 과정들을 공유한다면 일본 공창제를 둘러싼 불필요한 정쟁을 넘어설 수 있을 것이라고 판단했다.

3. 1930년대 초 국제연맹 동양여성아동매매실지조사단의 일본 조사

19세기 말부터 이슈화된 국제적 인신매매를 배경으로 국제사회는 성 착취를 위한 여성아동매매를 억제하기 위해 지속적으로 논의해 왔다. 구미 각국은 성매매를 목적으로 한 여성 이주를 금지해야할 것으로 규정하면서 각자의 내셔널리즘과 인종주의에 기초하여 다양한 정책을 펼쳐 나갔다. 20세기 들어 국제적인 논의가 시작되었고, 1904년 5월 파리에서 〈백인노예매매 억제를 위한 국제협의〉, 1910년 5월 파리에서 〈백인노예매매 억제를 위한 국제협약〉이 체결되었다. 이로써 인신매매 억제를 둘러싼 국제법이 발달하기 시작하였다.[11]

제1차 세계대전 후의 폐허 위에서 1920년에 성립한 국제연맹은 자유와 평화, 정의, 인도 정신을 이끄는 국제 조직이자 세계의 경찰임을 자임하면서 연맹 규약 제23조에 따라 국제적 인신매매를 감독·관리할 권한을 가졌다. 그리고 1910년 〈백인노예매매 억제를 위한 국제협약〉을 기초로 하여 내용을 보완한 〈여성아동매매 억제를 위한 국제협약〉을 1921년 9월 제네바에서 체결했다. 여기에는 1910년 국제협약에서 만 20세 미만 여성의 매매를 금지했던 것을 만 21세로 올릴 것과 직업소개업에 대한 단속을 강화할 것, 여성아동의 입출국에 대한 보호 조치를 마련할 것 등이 규정되었고, 각 체약국은 자국의 식민지나 해외 속령지 또는 그 주권이나 법권에 속하는 지역을 이 협약에 포함시키지 않는다고 선언할 수 있다는 내용이 포함되어 있었다.

아시아의 유일한 제국주의 국가로서 제1차 세계대전의 승전국 일원으로 국제연맹에 참여했던 일본은 국제협약에 서구열강과 이름을 나란히 올리는 것을 '제국의 체면' 문제로 생각했다. 이에

---

11 인신매매 관련 국제법의 발달에 대해서는 다음 참조. 조시현, 「일본군위안부 문제를 통해서 본 1904년 백인노예매매의 진압을 위한 협정」, 『법학논고』 47, 2014; 조시현, 「일본군위안부 문제를 통해서 본 1910년 백인노예매매의 진압을 위한 국제협약」, 『법학연구』 42, 2014; 조시현, 「인신매매에 관한 국제법의 발달과정」, 『법과사회』 46, 2014; 조시현, 「일본군위안부 문제에 있어서 역사와 법」, 『법사학연구』 49, 2014. 1904년과 1910년 그리고 1921년 협약 전문은 이 자료집 제Ⅱ장-4. 동양 여성아동매매 조사위원회 보고서 부록 편에서 볼 수 있다.

따라 1921년 국제협약에도 조인했지만, 1925년이 되어서야 비준을 할 수 있었다. 연령 제한과 식민지 포함 문제를 둘러싸고 논쟁이 깊었기 때문인데, 국가 공인의 성매매제도인 창기제도하에서 창기가 될 수 있는 연령이 법령에서 18세 이상이었기 때문이다(조선에서는 17세, 타이완에서는 16세 이상). 곧 국제적인 기준에 따르면 인신매매에 해당하는 규정을 합법화하여 관리하고 있다는 뜻이 된다. 따라서 '제국의 체면'을 위해 조건 없이 1921년 국제협약에 가입해야 한다는 주장이 강했지만, 일본 내무성은 창기 가능 연령을 21세 이상으로 올리면 일본의 창기제도 자체가 무너질 것이라고 반대했다. 창기제도가 무너지면 국가의 부국강병을 담당하는 남성 병사와 노동자 관리가 어려울 것이라고 판단했던 것이다. 결국 일본은 연령 제한과 식민지 포함 문제를 보류하는 조건으로 1925년에 1921년 국제협약 가입을 비준했다. 그러나 이후에도 '제국의 체면' 문제를 거론하면서 보류 조항을 철폐하라는 요구가 지속되었고, 일본 정부는 1927년 연령 제한 보류 조항을 철폐한다. 1921년 국제협약에서 일본의 식민지, 조차지 등을 제외하겠다는 조항은 끝내 유지되었다.

이러한 상황에서 일본은 국제연맹의 동양 여성아동매매 실태조사에 대한 소식을 접했다. 국제연맹은 인신매매에 관한 국제협약의 이행 상황을 감독한다는 명분으로 1922년 여성아동매매문제자문위원회(이하 자문위원회)를 설치하였다. 자문위원회는 여성아동매매 실지조사위원회를 꾸려 유럽과 지중해 지역, 미 대륙의 국제적 여성매매 조사에 착수하였고, 1924~1926년 사이 조사를 수행하여 1927년 보고서를 발간하였다.

이어서 아시아 지역 조사를 결의하여 1930년 5월 14일 국제연맹 이사회의 승인을 받았다. 동양 여성아동매매 실지조사에 관한 대략적인 내용은 다음과 같다.[12]

재원은 제1차 조사 때와 같이 미국 사회위생국의 제공으로 마련하였으며, 배스컴 존슨(Bascom Johnson, 미국, 미국사회위생협회 법률 분야 국장, 위원장), 앨마 선드퀴스트(Alma Sundquist, 스웨덴, 내과 의사), 카를 핀도르(Karol Pindor, 폴란드, 공사고문), 슈미든(M. W, von Schmieden, 독일, 사무국장), 마셜(C. E. Marshall, 영국, 서기)로 구성된 동양 여성아동매매 실지조사위원회(이하 존슨 조사단) 위원을 확정하였다.

조사 목적은 성 착취를 위해 성매매 여성이나 예능인 또는 예술가 여성을 국외로 데려가는 것에 대한 실태조사였다. 여성매매 문제의 국제적 측면에 한하여 조사한다는 원칙을 가지고 있기는 했으나 이의 조사를 위해서는 내부적 조건들을 고려하지 않을 수 없다고 지적하였다. 존슨 조사단은

12 이하 존슨 조사단의 조사 목적, 일정, 조사 방법 등에 대해서는 이 자료집 제Ⅱ장-4. 동양 여성아동매매 조사위원회 보고서의 서론 참조.

1930년 10월 9일 마르세이유에서 모여 11월 6일 싱가포르에 도착하였으며, 태국, 인도네시아, 캄보디아, 베트남, 홍콩, 마카오, 필리핀을 거쳐 1931년 2월 14일 중국 광둥으로 들어갔다. 5월 28일 중국 조사를 마친 존슨 조사단은 일본의 실질적 식민지인 관동주로 향했으며, 다롄에서 사흘, 경성에서 이틀을 보낸 후 6월 9일에 도쿄에 도착, 7월 12일까지 일본 조사를 마쳤다. 이후 인도네시아로 향했으며, 싱가포르, 말레이시아 등 조사를 마치고 1932년 1월부터 인도 조사를 한 후 중동과 근동 지역에 갔다가 3월 16일 조사를 마무리했다.

조사 방법으로는 각국의 관계 당국에서 사전 질문지를 보내고 답변을 받은 후 이에 기초하여 실지조사를 하였다. 각 장소에 도착하여 증인 청문회를 실시했으며, 민단 단체 관계자와 정부 측 관계자를 만나 면담하고 여성매매 관련 지역, 일본의 경우 창기나 예기 등이 머무는 장소나 구제홈, 병원 등을 답사하였다. 조사는 주로 영어로 수행되었으며, 아시아 지역의 언어를 사용하는 경우 현지 통역사의 서비스를 받았다. 조사 결과는 1932년 7월에 1차적으로 보고서를 작성하여 해당 국가의 관계자에게 의견을 들었으며, 그 의견을 수렴하여 수정한 내용을 최종보고서로 작성하여 1933년 1월 국제연맹에 제출하였다.

존슨 조사단은 조사 준비 과정에서 해당 국가에게 방대한 분량의 자료 제출을 요구했다. 국가의 성매매 관리 및 금지 정책, 여성과 아동의 국경 이동 및 관리 상황, 직업 소개 관련 업소 및 업자 상황, 여성 교육 및 취업 상황 등 각국은 관련 법령을 정리하고 통계표를 작성하여 존슨 조사단에 제출했다. 따라서 존슨 조사단의 동양 여성아동매매 조사 내용은 각 지역이 파악하고 있는 성매매 및 인신매매 상황, 이와 관련되었다고 생각되는 법령 그리고 그 지역 여성의 사회적 존재 조건을 파악할 수 있는 종합적인 자료를 제공한다. 이 자료집에 포함된 일본 측 제공 자료는 1930년 시점에서 일제 권력이 파악한 조선과 타이완, 관동주 그리고 일본의 성매매 및 인신매매 실태를 유기적으로 드러내고 있는 중요한 것들이라고 할 수 있다.

또한 1920년대 이후 일본의 공창제는 여성아동매매 억제에 관한 국제적인 기준에 미치지 못한다는 이유로 인하여 일본 국내외에서 노예제도, 인신매매 제도라는 비난에 직면해야 했다. 이에 대응하여 일본 정부는 창기제도의 '자유폐업' 조항, 예기제도의 '예능인 양성 제도'로서의 측면, 제국 일본의 영역 안으로 제한되는 조선인, 일본인 여성의 이동 상황을 강조하여 일본의 성관리 정책이 인신매매와 관련이 없는 것처럼 설명하기에 전력을 기울였다. 이를 위해 제국 일본 영역 내의 일제 권력자들의 사전 말맞춤, 실태와 다른 거짓말 그리고 일본 상황을 영어로 번역하는 과정에서 기만과 왜곡이 동원되었다. 이러한 모습이 배어 있는 자료들을 살펴보면, 현재 역사부정론자들이 '위안부는 공창이고, 여성이 자발적으로 선택한 것이어서 국가의 책임이 없다'고 강변하는 프레임의 역사가 매우 오래되었다는 사실을 발견할 수 있을 것이다.

한편 국제연맹의 시선과 평가 내용에 일본 공창제의 인신매매 성격이 포착됐다고 하여 당대 국제적 기준에 전적으로 의지하여 일본의 공창제 문제를 볼 필요는 없다. 제국주의 국가 중심의 정부와 비정부 대표들이 모인 자문위원회는 기본적으로 제국주의, 인종주의, 엘리트주의, 순결주의의 입장에 서 있었고, 자문위원회의 활동 과정에서 인신매매 피해자들은 이주할 권리, 노동할 권리를 보장받기보다 순수한 피해자나 범죄자로 치부되어 일방적인 구조와 추방 그리고 처벌의 대상이 되어야 했다.[13] 또한 1921년 여성아동매매 억제를 위한 국제협약 과정에서 애초에 식민지 지역 등을 제외시킬 수 있는 권리를 두었던 것도 국제연맹 회원국들이었다. 따라서 이 자료집은 국제연맹과 아시아의 유일한 제국주의 국가였던 일본의 긴장 관계, 국제연맹이 자국의 식민지나 일본의 식민지를 다루는 태도의 차이점 등을 염두에 두면서 독해할 필요가 있다.

4. 자료 현황과 자료집의 구성

이 자료집에 수록한 자료들은 한국 국가기록원과 일본 아시아역사자료센터에서 찾아낸 자료들이다. 국가기록원이 분류해 놓은 디지털 컬렉션의 '조선총독부 기록물'로 들어가면 그 하위 분류 가운데 '외사'가 있다. 그 안으로 들어가면 다시 하위 디렉토리가 있는데 그중 '일본 외무성 국제업무 관계' 안에 일본 외무성이 조선총독부와 존슨 조사단의 움직임이나 조사 내용을 공유하는 문서들이 있다. 일본 아시아역사자료센터 외무성 관계 자료에는 국제연맹의 여성아동매매 국제협약 체결 과정이나 존슨 조사단의 조사 과정 그리고 일제 권력이나 사회개혁가, 나아가 성매매업자들의 대응을 살펴볼 수 있는 자료가 상당수 포함되어 있다. 이 가운데 국제연맹부인아동문제 1건(国際連盟婦人児童問題一件)은 그 안에 연보, 인사 관계, 국제회의, 동양 부녀매매 실지조사의 건 등 이 주제와 관계된 대부분의 자료가 포함되어 있어 매우 중요하다. 그 외 외무성 외교사료관 전전기 외무성 기록 2문 조약4류 국제평화회의 및 조약, 협정 2항 국제연맹 문제(外務省外交史料館戦前期外務省記録2門 条約4類 国際平和会議及条約, 協定2項 国際連盟問題), 경보국장 결재서류(1937~1938) 등의 분류 자료에서도 관련 자료를 살펴볼 수 있다.

---

13 Megan Ross, "Morality Police: Sexuality Governance at the League of Nations", the degree of Doctor of Juridical Science Faculty of Law University of Toronto, 2020 참조.

일본에서는 일찍이 이러한 외무성 자료를 엮어 여성문제자료집을 발간해 왔다. 이치가와 후사에가 펴낸 『일본여성문제자료집성』 시리즈 중 제1권 인권 편[14]에 국제연맹 관계 자료들이 포함되어 있다. 후지출판은 1997~2010년까지, 13년에 걸쳐 『성매매문제자료집성(買売春問題資料集成)』 총 31권과 『성폭력문제자료집성』 총 36권을 발간하였다. 이 가운데 제19권과 제20권, 제21권 안에 국제연맹과 존슨 조사단 그리고 일본 정부 대응 자료들을 집중적으로 확인할 수 있다.[15]

스즈키 유코(鈴木裕子)는 『일본군'위안부' 관계자료집성』 상·하권을 펴내면서, 하권 제3편에 〈동양 여성아동매매실지조사단과 국제연맹 여성아동매매 문제〉라는 제목으로 관계 자료를 엮고 해제를 작성하였다.[16] 자료 수집을 위해 스즈키 유코는 당시 한국의 정부기록보존소(현재 국가기록원)를 직접 방문하여 마이크로 필름을 살펴보았으며, 일일이 탈초하여 자료집에 수록하였다. 이 자료집의 국가기록원 자료를 번역하는 과정에서 해독이 쉽지 않은 부분까지 번역할 수 있었던 것은 스즈키 유코의 수고에 의지한 바가 크다. 그 외에 국제연맹이나 폐창운동 단체들이 발행한 소책자들의 내용 또한 이 자료집에서 확인할 수 있다. 스즈키 유코는 그 해제에서 관계 자료들을 통해 일본의 공창제를 인신매매 제도로 간주하는 국제사회의 비판을 알 수 있다고 평가했다. 그러면서도 위선과 회피로 존슨 조사단을 대하는 일본 정부의 태도와 '국가의 체면' 차원에서 일본 공창제를 비판하면서 피해자를 타자화하고 식민지를 시야에 두지 않았던 폐창운동가들의 태도를 지적하였다.[17]

이 자료집은 모두 3장으로 구성하였다. 제Ⅰ장의 주제는 〈국제연맹 동양여성아동매매실지조사단과 조선총독부〉로 주로 한국 국가기록원의 소장 자료를 기초로 하였다. 그 외에 조선 관련 자료라고 판단된 일본 아시아역사자료센터의 소장 자료도 추가하였다. 주로 국제연맹 일본 사무국과 각 지역 영사관이 외무성에 보내온 존슨 조사단의 동정과 조사 내용 및 일제 권력의 대응 상황을 척무성이 조선총독부(주로 경무국과 외사과)에 보낸 문서들이다. 존슨 조사단의 조사 방식과 내용, 그 성격에 대응하여 일제 권력들 사이에서 회피 논리를 만드는 과정을 확인할 수 있다. 한편 식민지 조선과 타이완, 관동주, 그 외 방인(일본인, 조선인, 타이완인) 여성의 인신매매가 이루어지고 있는 베트남, 필리핀, 상하이, 샤먼 등 지역의 실정과 일본 정부의 대응 상황 등을 살펴볼 수 있다.

---

14 市川房枝 編, 『日本婦人問題資料集成 第一巻=人権』, ドメス出版, 1978.

15 船橋治 編, 『買売春問題資料集成』 19~21, 不二出版, 2003.

16 鈴木裕子·山下英愛·外村大, 『日本軍「慰安婦」関係資料集成(下)』, 明石書店, 2006.

17 鈴木裕子, 앞의 글, 709~718쪽.

제Ⅱ장의 주제는 〈동양 여성아동매매 실지조사 보고서와 일본 정부의 대응〉이다. 존슨 조사단은 1932년 7월 실지조사 보고서를 작성하여 해당국에 의견을 물었다. 그 내용을 번역한 것이 '1. 동양 여성아동매매 확장 실지조사: 일본에 관한 보고(1932. 7. 31.)'다. 일본 정부는 창기, 예기 등에 대한 일본의 성관리 시스템이 인신매매 제도가 아니라고 해명하는 데 중점을 둔 의견서(2. 동양 여성아동매매 실지조사: 일본에 관한 보고에 대한 일본 정부의 의견서)를 제출하였는데, 그 주장은 상당 부분 받아들여진다(3. 동양 부녀매매 실지조사 보고 심사위원회 경과 보고 송부의 건). 존슨 조사단의 최종보고서는 1933년 1월에 제네바에서 제출되었다. 이 자료집에서는 주제를 집중시키기 위해 국제연맹의 여성아동매매 조사 관련 정보와 제국 일본에 관계된 내용에 집중하여 자료를 번역하였다. 일본에 관한 최종보고서 내용은 일본 공창제는 인신매매 제도와 같은 것이라는 지적과 일본의 식민지 상황에 대한 무관심으로 특징지을 수 있을 것이다.

제Ⅲ장은 〈관련 언론 보도〉를 주제로 당대 신문, 잡지 등에 실린 관계 기사를 모았다. 조선 관련 신문·잡지 기사는 직접 수집한 것이고, 일본과 영어권의 언론 동향은 당시 존슨 조사단에 대응하는 과정에서 일본 정부가 스크랩해 놓은 것들이다. 조선 사회에 보도된 국제연맹의 여성아동매매 논의 과정과 협약 내용 그리고 존슨 조사단 방문에 대한 언론의 보도와 인식을 살펴볼 수 있다. 일본 정부의 공식 입장과 거리가 있는 일본 경찰의 여성매매 인식도 흥미롭다.

이 자료집은 여성매매 및 국가 성관리 제도를 둘러싸고 전개됐던 당시 국제적 논의와 도덕적 기준, 이에 대응한 후발 제국주의 국가인 일본 정부의 입장, 이러한 공식적인 입장과는 거리를 두었던 실무자들의 인식과 실제 여성매매 실태 그리고 국제적인 차원에서 논의가 되었던 식민지 문제를 탐구하는 기초서가 될 것이다. 이러한 논의들은 일본군'위안부' 제도가 식민지 여성 동원을 중심으로 이루어졌다는 사실을 이해하는 데도 배경이 된다. 아무쪼록 이 자료집이 다양하게 활용되기를 바란다.

참고문헌

동북아역사재단 편, 『식민지 조선과 일본군'위안부' 자료집 I : 중일전쟁 이후 일제의 도항 통제(번역해제 편)』, 동북아역사재단, 2020.

藤永壯, 「植民地公娼制度と日本軍「慰安婦」制度」, 『植民地と戦争責任』, 吉川弘文館, 2005.

鈴木裕子, 「東洋婦人児童売買実施調査団と国際連盟における婦人売買問題 : 「婦女禁売」問題と日本政府の対応を中心に」, 『日本軍「慰安婦」関係資料集成(下)』, 明石書店, 2006.

鈴木裕子·山下英愛·外村大, 『日本軍「慰安婦」関係資料集成(下)』, 明石書店, 2006.

林葉子, 『性を管理する帝國 : 公娼制度下の「衛生」問題と廢娼運動』, 大坂大學出版會, 2017.

박정애, 「일본군'위안부'의 강제동원과 성노예: 공창제 정쟁과 역사적 상상력의 빈곤」, 『페미니즘 연구』 19(2), 2019.

船橋治 編, 『買売春問題資料集成』 19~21, 不二出版, 2003.

小野澤あかね, 『近代日本社會と公娼制度 : 民衆史と國際關係史の視点から』, 吉川弘文館, 2010.

송경호, 「마리아 루스호 사건을 통해 본 메이지 일본에서의 인권 개념 수용」, 『한국동양정치사상사연구』 21(1), 2022.

송연옥 외, 『군대와 성폭력 : 한반도의 20세기』, 선인, 2012.

市川房枝 編, 『日本婦人問題資料集成 第一巻=人権』, ドメス出版, 1978.

야마시타 영애, 박은미 옮김, 『내셔널리즘의 틈새에서 : 위안부 문제를 보는 또 하나의 시각』, 한울아카데미, 2012.

정진성, 『일본군 성노예제 : 일본군 위안부 문제의 실상과 그 해결을 위한 운동』, 서울대 출판문화원, 2016.

조시현, 「인신매매에 관한 국제법의 발달과정」, 『법과사회』 46, 2014.

조시현, 「일본군위안부 문제를 통해서 본 1904년 백인노예매매의 진압을 위한 협정」, 『법학논고』 47, 2014.

조시현, 「일본군위안부 문제를 통해서 본 1910년 백인노예매매의 진압을 위한 국제협약」, 『법학연구』 42, 2014.

조시현, 「일본군위안부 문제에 있어서 역사와 법」, 『법사학연구』 49, 2014.

眞杉侑里, 「'人身売買排除' 方針に見る近代公娼制度の様相」, 『立命館大学人文科学研究所紀要』 93, 2009.

川田文子, 『戰争と性 : 近代公娼制度·慰安所制度をめぐって』, 明石書店, 1995.

캐롤라인 노마, 유혜담 옮김, 『위안부는 여자다 : 여성주의 관점으로 '위안부' 역사를 복원하다』, 열다북스, 2020.

J. Mark Ramseyer, "Contracting foe sex in the Pacific War", *International Review of Law and Economics*

65, 2021.

Megan Ross, "Morality Police: Sexuality Governance at the League of Nations", the degree of Doctor of Juridical *Science Faculty of Law* University of Toronto, 2020.

Ⅰ. 국제연맹 동양여성아동 매매실지조사단과 조선총독부

1. 동양 부인매매 조사전문위원회에 관한 건(1930. 9. 3.)

기밀 연본공(聯本公) 제752호

1930년 9월 3일

재파리 국제연맹 제국 사무국장 사토 나오다케(佐藤尙武)

외무대신 남작 시데하라 기주로(幣原喜重郞) 귀하

동양 부인매매 조사전문위원회에 관한 건

본 건에 관해 위 위원회에 출석한 이토(伊藤) 참사관으로부터 별첨과 같은 보고서를 제출받은바 이에 송부함.

위는 기밀로 다루고 공표하시지 않기를 바람. 그리고 본 문제에 관해 제출할 정보가 있는 각지 영사에 본 보고서 사본을 참고 송부함.

본 신의 송부처는 별표와 같음.

사본 송부처

재(在)치치하얼	시미즈(清水) 영사
재만주리(滿洲里)	도요하라(豊原) 사무대리
재지린(吉林)	이시이(石射) 총영사
재창춘(長春)	다시로(田代) 영사
재안둥(安東)	모리오카(森岡) 영사
재뉴좡(牛莊)	아라가와(荒川) 영사
재간도(間島)	다키야마(瀧山) 총영사대리
재하얼빈	야기(八木) 총영사
재난징(南京)	우에무라(上村) 영사
재포트사이드(坡西土)[1]	스미노(角野) 사무대리

재마닐라	고시다(越田) 총영사
재다바오	사이토(齋藤) 부영사
재하노이	이다(飯田) 사무대리
재즈푸(芝罘)	우치다(內田) 영사
재블라디보스토크(浦潮斯德)	오가타(緒方) 총영사대리
재페테르부르크	고야나기(小柳) 영사대리
재펑톈(奉天)	모리지마(森島) 총영사대리
재상하이(上海)	시게미츠(重光) 총영사
재톈진(天津)	다지리(田尻) 총영사대리
재홍콩	요시다(吉田) 총영사대리
재철령(鐵嶺)	곤도(近藤) 영사
재랴오양(遼陽)	야마자키(山崎) 영사대리
재사이공(西工)	구로키(黒木) 영사대리
재방콕(盤谷)	다카츠(高津) 영사
재메단	나이토(內藤) 영사
재수라바야	아네하(姉齒) 영사
재봄베이	구리하라(栗原) 영사
재캘커타	코타키(小瀧) 총영사대리
재지난(濟南)	니시다(西田) 총영사
재칭다오(青島)	가와고에(川越) 총영사
재지나(支那)	시게미츠 대리공사
재싱가포르	요네가키(米垣) 총영사대리
재광둥(廣東)	스마(須磨) 총영사대리
재산터우(汕頭)	벳부(別府) 영사
재샤먼(廈門)	데라시마(寺島) 영사
재푸저우(福州)	다무라(田村) 총영사
재양곤(蘭貢)	코가(久我) 영사대리
재콜롬보	무가키(茂垣) 영사대리

이상.

---

1 이집트의 도시.

별첨

동양 부인매매 조사전문위원회 보고서

1930년 9월 3일 자 연본공(聯本公) 기밀 제552호 부속

외무성 조약국 제3과

이사회 결의에 따라 설치된 부인아동매매 동양조사전문위원회는 8월 21일부터 25일까지 제네바에서 회합하였다.

출석 위원은 별표와 같다.

위 위원 중 독일, 미국, 벨기에(白), 프랑스, 일본, 폴란드(波)의 국가 위원으로서 연맹 부인매매위원회 위원이 출석했다. 영국 위원은 오랜 세월 인도 관리를 지낸 사람이며, 보조로서 구 싱가포르 정청 감독국장 채프만 씨를 동반했다. 덴마크 위원은 이전에 만주 방면에 거주한 자라 하는데 우리 쪽 상태에 대해 상당히 공격했다. 이탈리아 위원은 우리나라 주재 이탈리아대사관의 구 상무관(商務官)으로 우리나라에 수년간 머문 자다.

5월 이사회에서 결정한 결과, 조사위원으로 동양 방면에 출장할 3명은 일본, 영국, 폴란드의 세 이사로 구성한 소위원회에서 선출된 인물들이다. 위원장은 앞서 구미 각지에서 동일한 조사위원의 위원장을 지냈는데 동양은 완전히 처음이고 우리나라에 대해 아무런 특별한 의견도 지니고 있지 않다. 다른 한 사람은 현재 폴란드 국적이지만 이전에 중국 세관 관리로서 약 20년 이상 지나 각지에서 근무하였고 지나어도 다소 잘한다. 부인 위원인 스웨덴인은 여의사여서 그 자격으로 위원이 된 사람이다.

위원회는 프랑스인 의장의 주재로 개최되었고, 의장이 한 번 인사한 것을 제외하면 회합은 모두 비밀회의로 진행되었다.

토의의 주요 사항을 각 항목별로 나눠 다음과 같이 개요를 보고한다.

첫째, 조사 범위

이사회와 총회의 결의에 의거해 조사 범위는 전적으로 부인아동의 국제매매에 한정해야 한다고 강조하는 이가 많았다. 다만 문제는 국제 및 국내 매매의 범위를 어떻게 정하는가에 있었다. 토의

결과 조사 범위는 원칙적으로 국제매매에 한정하면서도 위 매매에 영향을 미치는 국내 사정 조사를 제외하지는 않고, 물론 그 경우에도 가능한 한 관계국 관청과 협의하여 실시한다는 점에 위원회의 의견 일치를 보았다.

둘째, 동양 각국의 상황 예심

사무국이 제공하는 간단한 서류에 기초하여 위원회는 동양 각국의 부인아동매매에 관한 상황을 나라별로 토의하였다.

시리아, 팔레스타인, 이라크에 관해서는 덴마크 위원이 발언해, 아르메니아 부인의 매매가 있고 바그다드를 경유해 인도 카라치 방면에 다소 부인아동매매의 흔적이 있음을 지적하였다. 이에 대해 본관(小官, 소관)이 재봄베이 영사의 보고에 기초해 다소 추가적인 설명을 해두었다.

네덜란드령 인도에 대해서는 특히 드와지(デワジー)족의 종교적 관습에 기인하는 매소부(賣笑婦) 제도의 조사가 필요하다고 강조하는 자도 있었다(덴마크와 미국 위원). 이에 대해 영국 위원은 그것은 전적으로 지방 관습에 지나지 않으므로 이 문제는 조사 범위에서 벗어난다고 강하게 주장하고 각 방면에서 의견을 표시하기도 했는데, 결국 이 문제와 관련해서는 1924년 인도 정부가 국제연맹에 상세하게 보고한 바 있으므로 이를 '참조(refer)'하는 데 그치기로 하였다.

다음으로 말레이반도와 관련해서 지나인 매소부의 존재가 위원들의 주의를 끌었기에, 본관이 우리나라 매소부가 점차 감소하고 있다고 말하였고, 영국 위원에게 현재 상황 설명을 요구하자 그 위원은 일본인 중 '프로텍션, 티켓'을 지닌 자는 거의 없는 것으로 기억한다고 답변했다.

네덜란드령 인도에 관해서는 특히 네덜란드령 인도 대표자가 출석해서 설명하였는데, 위 사항에 대해 본관은 메단 및 수라바야 주재 영사의 보고에 기초해 추가적 설명을 해두었다.

태국에 관해서는 매소부 다수가 지나인이지만 그 외 프랑스령 인도에서 육로로 입국하는 매소부가 없는지에 대해 논의가 이루어졌기 때문에 본관은 재방콕 영사의 보고에 기초해 설명해 주었다.

인도차이나에 관해서는 프랑스 위원의 설명이 이루어졌을 뿐이다.

필리핀에 관해서는 스페인 위원이 매소부가 존재하지 않는다고 강조했으나, 미국 위원이 현재 그다지 낙관할 만한 상태가 아니라고 주의하였다. 본관 또한 재마닐라 영사관과 다바오 분관의 보고에 기초해 추가적인 설명을 해두었다.

지나에 관해서는 부인아동매매가 매우 많다고 지적하는 자가 있었고, 결국 극동에서는 지나인이 거주하는 지역 도처에 지나 매소부가 존재하므로 극동에서는 지나 매소부 조사를 중심으로 해야 한다는 점에 위원회의 의견이 일치하였다.

일본에 관해서는 아무런 질문이나 비평 등이 없었지만, 몇 년 전 재싱가포르 우리나라 영사가 우리나라 매소부 다수를 축출(驅逐)한 상황과 네덜란드령 인도 등에서도 우리나라 영사가 누차 노력을 기울이고 있는 상황을 설명하도록 본관에게 요구하였기에 간단히 진술했더니, 위원회 일동이 우리나라 영사의 행동이 적절하였고 그 결과 우리나라의 지위 향상에 공헌하는 바가 크다며 칭찬하였다.

셋째, 동양의 부인아동매매 경로

연구 결과 동양에서는 대체로 부인매매 경로로서

一. 시리아에서 이집트와 인도 봄베이 방면으로 향하는 경우

二. 팔레스타인, 이라크에서 인도 카라치로 향하는 경우

三. 캘커타, 양곤, 네팔, 베나레스의 지방 경로

四. 매우 중요한 경로로서 중지(中支) 및 남지(南支)에서 네덜란드령 인도, 태국, 말레이반도 및 프랑스령 인도로 향하는 지나 부인의 경로

五. 러시아 부인이 하얼빈을 중심으로 지나 남양 등으로 향하는 경우

라는 다섯 경로를 특히 조사하기로 하였다. 물론 이것은 주로 본관이 각 지방에 있는 우리나라 영사관의 보고에 기초해 설명한 바에 따른 것이 많으며, 이 외에도 우리나라 부인의 지나행, 타이완 부인의 지나행이 있다는 점을 설명해 두었다.

넷째, 조사 방법

조사위원이 채택하는 조사 방법은 주로 조사위원의 재량에 맡겨야 한다는 데 이의가 없었다. 다만 이사회 결의에 따라서 조사위원은 관청의 보도 외에 사적으로도 정보를 수집해야 함은 물론이고, 사적으로 정보를 수집할 때는 당사국 관헌과 협의함이 적절하다는 지적이 적지 않았다.

조사위원이 각 사람의 조사 외에 일종의 중개자(agent)를 사용하는 이른바 기밀 정보수집을 할 수 있는지 여부의 권한에 대한 논의가 이루어졌다. 영국, 프랑스, 벨기에, 이탈리아 국가위원들은 조사위원이 연맹으로부터 임명받은 사람들이고 연맹의 신용을 갖는 이들은 3명의 조사위원에 국한되므로, 신용을 둘 수 없을 만한 중개자 사용은 부적당하다고 강력히 주장했다. 이에 대해 조사위원장은 조사 수단의 선택에 대해서 조사위원을 신임하지 않고 행동을 제한해서는 안 된다는

(자신의) 의견이 본 위원회에서 승인되지 않을 경우 조사위원장 직을 사임하겠다는 뜻을 밝히는 바람에 논의 분규가 심하게 있었다. 결국 위원회 의견으로서, 조사위원은 스스로 주가 되어 조사에 종사해야 하며, 동양의 특별한 나라 사정을 감안해 수상쩍은 중개자를 사용하게 될 위험은 이를 지적하는 데 그치기로 하였고, 조사위원장 역시 자신이 사용하고자 하는 중개자는 신용할 수 있는 훌륭한 인물임을 입증함과 동시에 그 중개자를 사용하는 것에 관해 반드시 관계국 관헌에게 통지해 찬성하지 않을 때에는 사용하지 않겠다고 말함으로써 대체로 각 방면의 양해를 얻을 수 있었다. 이렇듯 중개자 사용을 어떻게 할지를 둘러싸고 논의 분규가 일어난 데에는 아마도 지난번 구미 각국 조사 당시 위원장이 주로 수상쩍은 중개자의 정보를 신용한 것에 대해 각 방면으로부터 적잖은 반대가 있었던 점에 원인이 있지 않을까 생각한다.

또한 조사위원의 참고로서, 작년 말부터 극동 아편 흡음(吸飮) 상태를 조사하기 위해 출장한 국제연맹 파견 위원장의 설명을 요구하고 각 위원이 질문했지만, 특필할 만한 점은 없었다.

조사 방법에 관해서는 원래 프랑스 위원이 제출한 조사 방법에 관한 메모(覚書)를 기초로 논의하였으며, 해당 문서는 조사위원이 참고할 사항이라는 점을 위원회가 결의하였다.

다섯째, 조사위원의 여행 일정

이 건을 결정하면서, 인도 위원은 인도의 현실을 감안할 때 인도 인민의 감정을 자극할 만한 행동은 인도 정부로서 동의할 수 없으므로 조사위원의 인도 시찰은 가능한 한 마지막에 하고 싶다고 말했다. 위원회 전원이 이것이 지당하다고 양해하면서 가능한 한 인도 조사를 뒤로 배치한다는 데 일치하였다.

조사위원장과 미국 위원, 기타 두세 위원이 조사 구역을 공연히 방대하게 잡기보다는 두세 나라를 선정해 철저히 조사하는 편이 적절하리라 제의하였고, 본관과 프랑스, 벨기에 위원이 이사회의 결의를 인용하면서 이는 절대 불가하다고 밝힌 결과, 위원회는 회계 관계상 조사위원이 꼭 조사해야 할 나라와 여비 및 시일이 허용하는 한 조사해야 할 나라를 구별하기로 했다.

첫째 유형에 속하는 나라는 지나, 프랑스령 인도, 태국, 홍콩, 말레이반도, 네덜란드령 인도, 인도, 세일론(스리랑카), 시리아, 팔레스타인, 네덜란드령 마카오, 일본이다.

둘째 유형에 속하는 나라는 이라크, 아덴(예멘), 영국령 인도에서의 프랑스령, 페르시아(이란), 포르투갈령 고아, 필리핀*이다(*위원장이 본관에게 따로 말한 바에 따르면 자신이 미국인인 관계상 꼭 이 섬을 조사할 필요가 있다고 생각하며 이 섬에 체재할 생각이라 함).

이와 같은 대체적인 생각이 결정되면서 조사위원은 원칙적으로 다음 일정에 따라 조사를 실시한다.

一. 올해 10월 초 마르세유 출발, 월말 싱가포르 도착, 곧바로 싱가포르와 말레이반도 조사

二. 12월 프랑스령 인도 조사

三. 내년 1월부터 4월 마지막까지 지나 조사

四. 5월부터 만주를 경유해 우리나라 도착, 6월 중순까지 조사에 종사

五. 7, 8, 9월은 조사를 중지하고 아마도 우리나라에 체재

六. 10월과 11월 네덜란드령 인도와 필리핀 조사

七. 12월과 내후년 1월과 2월에 태국과 인도 조사

八. 3월 팔레스타인, 시리아, 이라크, 페르시아 등을 조사

여섯째, 조사 회계

이 문제에 관해서는 이사회의 결의와 소요여비 등을 고려해 연맹사무국이 작성한 예산을 그대로 승인했다.

일곱째, 감상

一. 전술한 것처럼 관계 각지에서 우리나라 영사가 만든 조서가 이번 회 위원회에서 매우 귀중한 재료가 되었음은 여러 말 할 필요가 없다. 각 위원 중 가장 다수의 재료를 보유한 위원이 우리나라 위원이었던 데는 무엇보다 각 영사들의 보고에 힘입은 바다.

해당 보고서를 우리 쪽에서 받은 후 시일이 없었던 탓에 수년 전처럼 번역 인쇄할 수 없던 점이 유감스럽지만, 앞으로 새로운 사실이 생길 때마다 이러한 종류의 보고를 얻을 수 있다면 조사위원 귀환 후에 제출해야 하는 보고를 토의할 때 매우 유익한 재료가 될 것이다.

二. 전술한 것처럼 각국 상황을 심의할 때 매소부의 축출(驅逐) 방법으로 송환(Expulsion)을 논의했는데, 이와 관련해 프랑스 위원은 싱가포르와 네덜란드령 지방에서 우리나라 영사가 취한 적절한 처치에 대한 설명을 요구하였다. 본관은 영사가 개인적으로 이들 처치에 나서서 포주와 매소부 등을 설득하여 귀환시킨 경우이며 상당히 고심했다고 답변했다. 이에 대해 각국 위원은 우리나라 영사의 처치에 커다란 찬사를 보냈다. 우리나라가 동양의 일국이라 할지라도 자못 일등국으로서 다른 동양 국가들에 비해 우월한 지위를 점하는 것은 이러한 인도적 처치에 비추어 설명할 수

있을 테고, 재아시아 유럽 영사 중에도 이런 처치를 본받아야 한다고 말하는 이까지 있었다(이탈리아 위원). 본관은 다소 의외라는 느낌을 받았지만, 요컨대 위원회 무리들이 이러한 사실들에 따라 동양 국가 중 우리나라의 초월적 지위를 인정한 점에 주의를 기울여야 할 것이다.

三. 실지조사 위원장 배스컴 존슨 씨는 전술했듯이 지난번 실지조사의 위원장으로서 1925년(大正 14) 이래 이 분야의 전문가다. 미국인이어서 표면적으로는 매우 까다로운 태도를 취하지만 실제로는 상당히 유머가 풍부한 인물이며 종래 우리나라에 상당한 호의를 표현해 왔다.

조사위원 핀도르 씨는 구 마카오제국 신민이며 지나 세관에 근무한 세월이 25년이라 지나 각지의 사정에 정통해 있고 지나어도 다소 이해할 정도다. 전쟁 중 오스트리아 외무성 직무에 종사하고 전후 폴란드 국적을 취득하였으며, 현재는 폴란드 외무성에서 대사관 참사관 지위로 부인매매 문제를 담당하고 있다.

선드퀴스트 부인은 스웨덴 여의사로 성병 전문의라는 이유에서 이 방면에 대한 지식을 상당히 가지고 있다.

위원장과 스웨덴 여의사는 동양 방면의 사정에 정통하지 못하고 이번에 처음으로 여행하기 때문에 혹여 각 문제에 관해 상당히 엉뚱한 관찰 비평을 하지 않을지 헤아리기 어렵다. 그러나 둘 다 매우 진지한 인물이므로 특별히 어떤 나라에 불리하게 보고하는 것과 같은 일은 하지 않을 것이다. 미국인 위원장의 경우는 조사 중 관계국 정부가 여러 종류 사실에 관해 은폐하는 점이 없을지에 대해 이미 경계하고 있을 정도다.

위원회 종료 후 본관은 조사위원과 회식하면서 그들의 희망 내지는 요구 등을 물었지만 딱히 이렇다 할 점은 없었다. 생활 문제로서 조사위원의 봉급이 매우 적기 때문에 우리나라의 생활비가 높은 점에 고심하고 있음이 엿보였다. 전술했듯이 조사위원은 내년 여름철 3개월은 아마도 우리나라에 머무를 터인데 존슨 부부, 핀도르 부부, 스웨덴 여의사, 이렇게 부인 3명이 있으니 가능하다면 우리나라 북부지방에서 가옥 하나를 빌려 자취 생활을 하고 싶다는 희망을 표명했다. 본관은 가능한 한 편의를 제공할 수 있도록 외무성에 보고를 올리겠다고 답변해 두었다.

四. 이를 요약해 보면, 위원회와 조사위원 모두 적어도 현재는 동양의 부인아동매매는 지나인을 주된 것으로 보고 있다. 기타 국민의 추업부는 존재한다 할지라도 자기 발의(發意)에 따라 나선 자이지 매매된 자가 아니어서 지나인과 커다란 차이가 있다고 본다. 우리나라 사람(本邦人)이면서 매매된 자가 있더라도 이는 우리 영사의 적당한 처치에 의해 대부분 전멸했으니 우리나라 사람은 지나인에 비해 우량한 국민임이 증명되었다는 감상을 품는 자가 많다.

五. 사정이 이러하므로, 조사위원이 우리나라에 체재하는 동안에는 가능한 한 편의를 제공해 주시기를 바라는 바다. 특히 그들의 조사에 대해 경찰 단속을 너무 엄중히 하지 않기를 희망한다. 물론 이들 조사위원이 우리나라를 떠나기 전에 우리나라에 관한 보고서 개요에 대해 우리 관헌과 협의하겠다고 내밀하게 약속(內約)하였으니, 그때 뭔가 주의가 있다면 하는 것으로 충분하리라 생각한다.

2. 동양 부인아동매매 실지조사위원의 사이공 방면에서 조사 상황에 관한 건(1931. 1. 20.)

관(菅)1 제783호

1931년 1월 20일

척무차관 호리키리 젠지로(掘切善次郎)

조선총독부 정무총감 백작 고다마 히데오(児玉秀雄) 귀하

동양 부인아동매매 실지조사위원의 사이공 방면에서 조사 상황(振)에 관한 건

첫머리 제목(首題)의 건에 관해 이번에 사이공(西貢) 주재 구로키(黒木) 영사대리가 별지 사본의 통보를 알렸음을 외무차관이 통지했기에 참고로 송부합니다.

기밀 공(公) 제216호

1930년 12월 9일

재사이공 영사대리 구로키 도키타로(黒木時太郎)

외무대신 남작 시데하라 기주로(幣原喜重郎) 귀하

국제연맹 파견의 동양 부인매매 조사위원 당 방면 조사 상황(振)에 관한 건

올해 9월 3일, 사토(佐藤) 연맹 제국 사무국장이 귀 대신에게 보낸 기밀 연본공(連本公) 제552호 안에 기재된 동양 부인매매 조사위원 존슨 일행은 예정을 다소 변경하여 폴란드[2]에 상륙하고 태국(暹国)으로 직행하여 그 나라에서 대략 조사한 후 11월 26일 육로로 프놈펜을 거쳐 사이공(西貢)

2 원본에는 '坡南'으로 표기되어 있는데, 어느 지역인지 알 수 없다. 폴란드(坡蘭, 波蘭)의 오기로 보고 폴란드로 번역한다.

에 도착했다. 이 날은 본관(小官) 아내의 기일(忌日)이었기 때문에 일행은 오후 집에 와서 재류 프랑스인을 비롯해 외국인 중 주된 인사와 저녁까지 시간을 보냈다. 이튿날인 27일부터 며칠 동안 오전에는 보안부장을 방문하여 매우 세부 항목에 걸친 질문을 하였고 동반한 속기 담당자로 하여금 이를 빠짐없이 기록하게 했다. 오후에는 각종 종교단체 또는 병원, 이민보호소, 부녀구제소(기독교 관계) 등을 방문하여 필요한 조사를 했다. 밤에는 부녀의 실제 직업 상황을 시찰하는 등 실로 충실한 활동에 탄복했다.

5명의 일행 존슨, 핀도르(Pindor) 부부, 선드퀴스트(Sundquist) 부인, 서기관 슈미든(W. von Schmieden, 독일인)은 12월 4일 본관의 만찬회에 출석하였고, 5일 아침 앙코르와트 구경을 위해 출발했다가 8일에 다시 본 시로 귀환해, 이번에는 9일에 육로로 하노이(河内)로 향했다. 이 지방을 조사하던 중 일행들 관심의 중심이 된 것은 촐롱(Cholon)시의 지나(支那) 게이샤(芸者) 약 850명이었다. 또한 사이공과 촐롱 양 시에서 지나인 약 28만 명을 포용하고 있는데도 지나인 매소부(売笑婦)가 사이공에 십수 명, 촐롱에 수 명이 있는 데에 그친다는 점은 인력거를 끄는 쿨리(苦力) 등에서 지나인이 보이지 않는 현상과 아울러 일행을 놀라게 하였다.

선드퀴스트 부인은 일본에서 매소부, 특히 게이샤의 실체에 대하여 커다란 호기심을 가지고 있어 일본에 가서 일단 조사하고 싶다는 취지로 말하였다. 또한 일본구세군의 자유폐업(自廢)운동에 대해서 상당한 지식을 가지고 있는 듯해서 야마무로(山室) 사령관과 회견할 의사가 있는 것으로 인정된다.

일행 중 핀도르 씨는 알다시피 대단한 지나 통이어서 지나어도 능하고, 본방(本邦)에도 청년시대에 가끔 도항하여 매소부의 실정에 대해서도 상당히 전문가(玄人)라 생각되는 부분이 많다. 핀도르 부인은 레닌그라드 태생이지만 하얼빈에서 성장한 자여서 간접적으로 본방의 사정도 아는 사람이지만 이 사람은 위원이 아니기 때문에 공식 조사 때에는 일행으로 함께하지 않았다. 연맹 서기관 독일인 슈미든은 이탈리아에서 오래 근무하여 이탈리아어에 능하지만 극동 방면 실정에 대해서는 위원장 존슨 씨와 함께 서적 외에는 지식이 없는 것이나 마찬가지다. 동 위원 중에서 가장 활동가는 영국인 속기자 마셜(Marchal) 씨이며, 그는 프랑스어에도 정통하다. 그리고 본 지역 체재 중에는 정부가 제공한 방갈로에서 기거하며 식사는 호텔에서 하였다. 또한 보안부 부원은 통역을 겸해 항상 일행과 행동을 함께했다. 위원 일행은 하노이에서 홍콩으로 나가 거기서 마닐라로 건너갔고, 일본으로 도항할지 또는 직접 지나 시찰로 향할지는 지금 미정이다.

이곳(当地) 관헌이 말하는 바에 따르면, 위원은 관헌의 설명에 대해 때때로 의심하는 마음을 품고 있는 듯한 모습도 보였다고 한다. 사토 국장이 설명하신 것처럼 위원장 존슨 씨는 언뜻 보기에는 대단히 근엄한 것 같지만 오히려 인정미가 있는 영국형 신사다.

이곳에서 동 위원의 조사 행동은 대략 이상과 같았지만, 동 일행이 본방으로 도항할 때에는 자연히 구세군, 교풍회를 비롯한 기타 폐창 운동자 등과 접촉할 기회가 많을 수 있다. 만일 경솔한 일부 신문지에서 폐창 운동자에 대해 불필요한 동정을 표현하기라도 한다면 가령 일시적으로라도 단속에 성가신 사태를 일으키지 않으리라고 보장하기는 어려우니, 그 부분을 넌지시 조처할 필요가 있으리라고 사료되는 바(愚考) 이는 단순한 노파심에 지나지 않겠지만 위 보고를 올리는 김에 덧붙인다.

본 신(信) 사본 – 사토(佐藤) 연맹 국장, 재하노이 총영사

3. 동양 부인아동매매 실지조사위원 일행에 관한 건(1931. 1. 29.)

부인아동매매 실지조사위원의 조사 상황, 조선 경유 내지행 5월 초순[3]

관(菅)1 제783호

1931년 1월 29일

척무차관 호리키리 젠지로

조선총독부 정무총감 백작 고다마 히데오 귀하

동양 부인아동매매 실지조사위원 일행에 관한 건

첫머리 제목의 건에 관해 이번에 홍콩 주재 요시다(吉田) 총영사대리로부터 별지 사본과 같은 보고가 있었음을 외무차관이 통지해 왔기에 이를 참고로 송부합니다.

조(条)3 기밀 합(合) 제178호

1931년 1월 21일

외무차관 나가이 마쓰조(永井松三)

척무차관 호리키리 젠지로 귀하

3 문서 맨 앞의 손 글씨 기록.

국제연맹 부녀아동매매 조사위원 일행 홍콩 방문(来港)의 건

본 건에 관하여 이번에 재홍콩 요시다 총영사대리로부터 별지 사본과 같이 보고가 있었으므로 무언가 참고하시도록 여기 송부합니다.

기밀 공(公) 제12호
1931년 1월 8일
재홍콩 총영사대리 영사 요시다 단이치로(吉田丹一郎)
외무대신 남작 시데하라 기주로 귀하

국제연맹 부녀아동매매 조사위원 일행 홍콩 방문의 건

본 건 동양 방면 조사위원으로 파견된 일행인 배스컴 존슨(Bascom Johnson)[(위원장, 미국인)], 앨마 선드퀴스트(Alma Sundquist)[스웨덴(瑞典) 부인], 카를 핀도르(Karol Pindor)[4][폴란드인(波蘭人)]의 3명은 서기 베르너 슈미든(W. von Schmieden)(독일인)을 동반하여 지난달 27일 이곳에 도착한 이래 이곳의 영국 관헌에 대해 조사 중이었으나, 지금 8일 일행은 본관(本官)을 내방하여 이곳 방인 공창의 현황과 이들 부인매매의 사실 유무에 대해 각종 질문을 하였다. 이에 본관은, 이곳 방인 공창에 대해 본 영사관(当館)이 점진적 감소 주의를 취하고 있으며, 과거 10년 전부터 신규 영업을 일체 허용하지 않았다. 따라서 10년 전에 250여 명으로 헤아려지던 이들 부인도 현재는 불과 27명으로 감소하였고, 게다가 모두 상당한 연령에 달한 탓에 영업성적도 마땅치 않아 최근 수년 나오지 않고 있어 자멸할 수밖에 없는 지경에 이른 현실에 놓였다는 점 그리고 10년 전부터 신규 공창 신청을 허가하지 않기 때문에 이들에 대한 매매의 사실 등 아무런 문제될 만한 까닭이 없다는 취지로 답변해 두었다.

일행은 가까운 시일 내에 이곳을 일단 일단락 짓고 마닐라로 갔다가 다시 이곳으로 돌아온 후, 광둥의 산터우, 샤먼과 푸저우(福州)를 거쳐 상하이, 난징에서 북지(北支)로 가서 만주는 하얼빈까지 북상하고, 이후 조선을 경유해 5월 초순경 본방 내지로 간다.

---

4 원문에는 'Kalol'로 오기(誤記)되어 있음.

타이완(台湾)에 대해서는 샤먼 또는 푸저우에서 그곳 주재 제국영사관에게 사정 청취를 한 후 충분한 자료를 얻은 경우에 굳이 타이완에는 도항하지 않을 것으로 보인다.

이상 무언가 참고하시도록 보고를 올립니다.

4. 동양 부인아동매매 실지조사에 관한 건(1931. 2. 25.)

1931년 2월 25일 발송 야마자키(山崎)

1931년 2월 24일 기안, 1931년 2월 25일 결재

동양 부인아동매매 실지조사에 관한 건

외사과장

경찰국장 앞

첫머리 제목의 건에 관해 별지 사본과 같이 척무차관으로부터 조회가 있었기에 상세 내용은 이를 통해 양지하시고 아무쪼록 본과에 회람해 주시기 바랍니다.

〈별지 사본 첨부〉

조(朝)1 제425호

1931년 2월 20일

척무차관 호리키리 젠지로 (인)

조선총독부 정무총감 백작 고다마 히데오 귀하

동양 부인아동매매 실지조사에 관한 건

첫머리 제목의 건에 관해 지난해 12월 27일 자 관비(官秘) 제105호를 통해 회답이 있는 바, 그 안의 2. 세부 항목 질문 A. 행정 및 입법의 질문 (六)에 대해 형법 제33장 약취 유괴의 죄에 의해 검거된 자의 수, 국적 등에 관한 통계를 기재하였는데, 만일 조사가 가능하다면 그중 1910년 조약 제

1조 및 제2조, 1921년 조약 제3조에 해당하는 건의 수와 그것의 국내만의 것과 국외에도 미치는 경우를 상세별로 조사하여 급히 송부해 주시기 바랍니다. 그리고 2. 세부 항목 질문 B. 사회 경제 상태에 관한 질문 (五)에 대해서 "다수의 추업부 중에는 각종 원인으로 말미암는다 해도 빚(借財) 때문에 이용당한 자도 적지 않은 것으로 보인다"라고 기재되어 있지만, 내지에 관한 국제연맹에 대한 과거 보고와 내지 및 타 지역에 관한 회답을 대비한 결과, "조선에서 추업부는 빚 때문에 이용당한 자가 아니다. 물론 현재 예창기(芸娼妓), 작부 등은 그 영업자에게 상당한 빚이 있는 자가 있다 해도, 예창기, 작부 생업(稼業)[5] 계약과 빚은 전연 별개 문제여서 예기, 창기, 작부 등은 자기의 자유의사에 의해 그 계약을 해지하여 임의로 일을 그만둘 수 있다. 이 때문에 예기, 창기, 작부 등이 이른바 전차금이 있다는 이유로 그의 신체 자유를 구속당하는 것 같은 일은 없다. 그럼에도 추업부로서 많은 액수의 빚이 있을 때는 이에 구속당할 우려가 있으므로 당국은 이점에 대해 엄중한 단속을 힘써 행하고 있다"라고 기재하기로 하며, 이의가 없는지 귀 견해를 급히 알고자 이를 조회합니다.

---

5 일본어 가교(稼業), 가교샤(稼業者)는 이 번역문에서 '가업', '가업자' 등 한자를 음독하거나 특정 단어로 통일하지 않고 문맥에 따라 '일을 하다', '일', '생업' 등의 표현으로 풀어서 번역하였다.

5. 동양 부인아동매매 실지조사에 관한 건(1931. 3. 4.)

1931년 3월 4일 기안
　　　외사과장
경찰국장 앞

동양 부인아동매매 실지조사에 관한 건

첫머리 제목의 건에 관해 척무차관으로부터 별지와 같이 조회가 있었기에 아무쪼록 본과에 급히 회답해 주시기 바랍니다.

〈별지 사본 첨부〉

수수 전보 1931년 3월 3일 오후 10시　분 접수
수신명의: 경성 조선총독부 정무총감
　　　발신인: 척무차관

동양 부인아동매매 실지조사의 건

위에 관해 지난 달 21일 자 조(朝)1 제425를 통해 국제연맹 파견원이 4월 하순이나 5월 상순경에 귀 관내에 도착할 예정이라고 통보해 둔 바, 사정에 의해 4월 중순으로 변경하고자 한다고 외무성으로부터 조회가 있으므로 이에 대해 지장이 없는지 급히 답을 구합니다.

그리고 본 건 관련해 지난달 20일 자로 조회한 세부 항목 질문 답변서 변경의 건에 대한 준비사정도 있으므로 이를 급히 회답해 주시기 바랍니다.

전보(電報)

281 사법성 내50 라0415 경성

조선총독부 정무총감

동양의 부인아동매매 실지조사의 건 ○ 위에 관해 지난달 21일 자 조 제425를 통해 국제연맹 파견원이 4월 하순이나 5월 상순경에 귀 관내에 도착할 예정이라고 통보해 둔바 사정에 의해 4월 중순으로 변경하고자 한다고 외무성으로부터 조회가 있으므로 이에 대해 지장이 없는지 급히 답을 구함 ○ 그리고 본 건 관련해 지난달 20일 자로 조회한 세부 항목 질문 답변서 변경의 건에 대한 준비 사정도 있으므로 이를 급히 회답해 주기 바람. ○ 이상.

라5 6 244

6. 동양 부인아동매매 실지조사에 관한 건(1931. 3. 5.)

1931년 3월 5일

경무국장

외사과장 귀하

동양 부인아동매매 실지조사에 관한 건

2월 25일 자로 본 건을 조회하신 데 대해 아래 기(記)와 같이 회답함.

- 기 -

(一) 2. 세부 항목 질문 A. 행정 및 입법의 질문 (六)에 대한 회답 중 1910년 조약 제1조 또는 제2조에 해당하는 건의 수와 상세별은 별표와 같음.

(二) 위 회답 중 1921년 조약 제3조에 해당하는 것 없음.

(三) 2. 세부 항목 질문 B. 사회 경제의 상태에 관한 질문 (五)의 회답에 관한 척무성의 의견에 대해서는 이의가 없음.

7. 동양 부인아동매매 실지조사에 관한 건(1931. 3. 6.)

1931년 3월 6일

경무국장

외사과장 귀하

동양 부인아동매매 실지조사에 관한 건

3월 4일 자로 조회하신 첫머리 제목의 건 중 국제연맹 파견원이 조선에 오는 기일 변경 건은 여러 조사 관계도 있기 때문에 전에 통지하신 대로 4월 하순 또는 5월경이 형편이 좋으나, 파견원의 여정 관계도 있다고 한다면 말씀대로 변경이 부득이 하다고 생각합니다.

8. 동양 부인아동매매 실지조사에 관한 건(1931. 3. 10.)

1931년 3월 10일 기안, 1931년 3월 11일 결재

동양 부인아동매매 실지조사에 관한 건

정무총감
척무차관 앞

본 건 관련해 올해 2월 20일 자 조(朝)1 제425호로 보내 오신 취지를 양해하여 아래 기(記)와 같이 양지하고자 합니다.

아울러 국제연맹 파견원의 조선 방문 시기 변경에 대해서는 여러 조사 준비 관계도 있어 앞서 통지하신 대로 4월 하순 또는 5월 상순이 형편이 좋으나 파견원 일행의 여정 사정도 있다고 한다면 어쩔 수 없다고 생각합니다.

- 기 -

(一) 2. 세부 항목 질문 A. 행정 및 입법의 질문 (六)에 대한 회답 중 1910년 조약 제1조 또는 제2조에 해당하는 건의 수와 상세별은 별표와 같음.[6]

(二) 위 회답에서 1921년 조약 제3조에 해당하는 것은 없음.

(三) 2. 세부 항목 질문 B. 사회 경제 상태에 관한 질문 (五)의 회답에 관한 척무성의 의견에 대해서는 이의가 없음.

6 자료 원문에 별표가 없음.

9. 연맹 부녀매매조사단의 당 지역 동정에 관한 건(1931. 3. 25.)

제관합(諸官合) 제56호

1931년 3월 25일

재상하이 총영사 무라이 구라마쓰(村井倉松) (인)

조선총독부 정무장관[7] 귀하

1931년 3월 25일 자 외무대신에게 보내는 공신(公信) 제402호 신(信)의 사본 송부.

연맹 부녀매매조사단의 당 지역 동정에 관한 건

〈별지 사본 첨부〉

공신(公信) 제402호

1931년 3월 25일

재상하이 총영사 무라이 구라마쓰 (인)

외무대신 남작 시데하라 기주로 귀하

연맹 부녀매매조사단의 당 지역 동정에 관한 건

국제연맹 부녀매매조사단 존슨 박사 일행 4명은 이달 10일 상하이에 온 이래 계속 이곳(当地)에 체재하면서 각종 조사에 종사하고 있다. 조만간 난징으로 가서(해당 조사단은 본 영사관에도 출발 전 꼭 한 번 내관하여 이곳 일본인 방면의 상황을 청취하고 싶다고 요청함) 2, 3일 체류한 후 일단 이곳으로 돌

7 원문 그대로임. '정무총감'의 오기.

아왔다가 다시 북상하여 칭다오(青島), 톈진(天津), 베이핑(北平), 다롄(大連), 펑톈(奉天) 등의 조사를 마친 후 본방으로 간다. 이곳에서는 외교부 주상하이(駐滬) 사무처(弁事処)를 비롯해 공안, 위생, 사회 등 각국이 주로 접대와 조사재료 제공에 임하고 민간 각 자선단체와 함께 크게 환대에 힘쓰는데, 이곳에서의 일행 동정과 그 조사 상황은 대략 별지와 같이 보고를 올립니다.

본신 사본 송부처: 대리공사 베이징, 난징, 칭다오, 톈진, 펑톈, 관동(関東)장관, 조선총독부 정무장관

A. 오늘까지의 주된 일행의 동정

3월 13일 외교부 주상하이 사무처 시정부(市政府) 방문

3월 17일 공안 위생국에 가서 조사함
신보육당(新普育堂)(Hain-Pu-Yu-Tang Benevolent Society) 참관
보익습예소(普益習芸所) 참관

3월 18일 사회국 조사
부녀구제회(Kiengwan Benevolent Society) 참관
상하이고아원(Lunghua Orphanage) 참관

3월 19일 상하이 특구 지방법원 조사
자유협제회(慈幼協済会)(National Child Welfare Association) 참관
리엔이선회(聯義善会)(Lian-yi Benevolent Association) 참관

3월 20일 우번(務本)여학교 참관
중국적십자회 의원 참관
장(張) 상하이 시장 만찬

3월 21일 상하이 각 자선부녀단체의 환영 다과회(茶会)

3월 22일 공안국 위생국장 만찬회

3월 24일 주상하이 사무처장 만찬

3월 25일 장쑤성(江蘇省) 상하이 특별구 지방법원장 초청 연회

B. 일행이 중국 정부에 제출한 질문 사항

一. 일반적 문제

(一) 귀 정부가 앞서 국제연맹에 송부한 국내 부녀자 매매 상황 보고를 보충할 만한 최근 5년간 보고의 유무.

(二) 당국의 조사에 따르면 매매당하는 부녀자는 어느 나라로 보내지는 자가 가장 많고 또한 어느 나라로부터 오는 자가 가장 많으며, 최근 5년 동안의 상황은 어떠한가.

(三) 매매부녀자의 출입국은 본인의 희망에 따른 것인지, 또한 유혹, 강박 등에 따른 것인지, 귀 정부는 최근 5년 동안의 개황에 대해 설명할 수 있는지, 또한 그 통계 등을 제시할 수 있는지 여부.

아울러 또한 만일 전술한 부녀자의 매매가 유혹 또는 박해에 따른 것이라 한다면 그 방법은 어떠한지.

(四) 귀국의 현행 부녀자판매금지법을 제공받기 바람.

(五) 최근 5년 동안 앞에 나온 법규 시행 후의 효과는 어떠한지.

(六) 귀국 사회에서는 타국 매음녀의 필요가 있는지 여부, 또한 그 이유.

(七) 귀 정부는 귀국 내의 부녀판매 억지에 관련한 단체 또는 저명인사(名流)에 대해 서술해 줄 수 있는지, 또한 그들 노력의 효과는 어떠한지.

(八) 전술한 바와 같은 국제적 죄악 억지에 대해 귀 정부가 어떠한 계획이나 행동(企図)을 가지고 있는지, 또한 그에 따라 어떠한 효과를 기대할 수 있는지.

二. 상세 문제

갑. 행정 또는 법률 문제에 관한 것

(一) 부녀자판매 관련 범죄자에 관해 그 성별, 연령, 표면적 직업, 사회상의 지위, 일체의 비용, 부녀자 고용 및 국외 송출 방법과 탈법 방법 그리고 여권(護照) 통과증 등의 위조 방법 등에 관한 개요(大要).

(二) 부녀자판매의 경로 및 그 출입항 개요.

(三) 귀국 국내에 어떠한 전국적 또는 국제적 부녀판매기관이 있는지.

(四) 귀 정부가 얻은 보고에 따르면 최근 5년 동안의 부녀자판매는 해마다 어떠한 증감을 보이고 있는가. 피유괴 부녀자의 연령 및 판매 방법 등에 변화가 있는지 여부.

(五) 귀 정부는 최근 5년 동안의 출입 이민에 대한 통계를 가지고 있는지, 만일 완비된 통계가 있다면 다음을 알고 싶다.

(가) 출입 남녀 이민의 연령, 국적별표.

(나) 최근 5년 동안의 부모 또는 본 남편이 동반하지 않은 부녀자의 출입국 총수와 이의 분류 통계는 어떠한가.

(다) 전 항의 일반적 문제 제(六)항의 부녀(타국 매음녀)의 총수는 어떠한가, 또한 그 연령, 국적, 거주 연수 등은 어떠한가.

(六) 최근 5년 동안 부녀자 유괴 범죄로 검거된 자로서 아직 국제연맹에 보고되지 않은 자에 대한 개략.

(七) (가) 최근 5년 동안 매해에 전항의 범죄인도 총수는 어떠한가. 그리고 이는 어느 나라에서 인도, 또는 어느 나라로 인도한 경우인가.

(나) 최근 5년 동안에 체결된 인도조약은 어떠하며, 이와 같은 인도는 실제상으로 어떠한 어려움이 있는가.

(八) 최근 5년 동안 다음 3개 항 인원으로서 외국에서 추방된 자와 국내에서 추방한 자의 총수, 연령, 국적은 어떠한가.

갑. 상세 문제 제(六) 질문의 부녀.

을. 전 항 이외의 매음녀.

병. 음업(淫業)을 통해 생활하고 있는 남녀.

(九) 최근 5년 동안의 귀국 또는 타국이 주선업자 등이 국제적 부녀자판매를 조장한 사실.

(十) 화류구역(Red Light District)의 부녀매매에 미치는 영향은 어떠한가.

(十一) 최근 5년 동안의 부녀자여행 보호방법은 어떠한가.

(十二) 귀국에서 부녀자가 출국할 때 허가증을 필요로 하는지, 또한 부녀자가 입국할 때 허가증을 필요로 하는지 여부.

(十三) 기타 아동 보호방법은 어떠한가.

(十四) 다음 각처는 어떤 관리가 관할하고 있는가.

(가) 무역항에서 출입하는 부녀의 보호.

(나) 여공을 고용하여 외국으로 보내는 주선기관.

(다) 고용되어 외국으로 가는 여자 예술가의 계약 체결.

(라) 오락장소 및 그 인원.

(十五) 귀 정부는 타국 정부와 부녀매매 소식을 상호 통지해야 할 중앙기관, 곧 1904년 국제조약 제1조 소정의 기관을 이미 지정하였는지 여부, 그 지정 시일은 언제인가.

(十六) 지정된 해당 중앙기관이 전적으로 부녀매매 단속에 관한 사무만을 취급하는 곳인지의 여부.

(十七) 해당 중앙기관은 기타의 사인(私人)단체와도 상호 연락을 가지고 있는가.

(十八) 해당 중앙기관 직원의 계급 및 총수는 어떠한가.

(十九) 귀 정부의 연보에 따르면, 해당 중앙기관과 타국 정부의 정보교환이 심하게 적은데 그 이유는 무엇인가.

을. 사회 및 경제 상황에 관한 것

(一) 경제, 사회 및 정치 상황이 외국 기녀의 입경(入境) 매음에 미치는 영향은 어떠한가.

(二) 귀국에는 어떤 특종의 사정이 있어 외국 기녀를 필요로 하는가.

(三) 공공여론, 보통교육, 각 공사(公私)단체와 저명인사(名流) 등의 노력이 부녀자매매에 미치는 영향은 어떠한가.

(四) 기선(汽船) 회사가 부녀자의 단신 출입국에 대해 무언가 자동적 단속 방법을 강구하고 있는지의 여부.

(五) 구금 매음녀는 채무제도에 의해 속박되어 있는 자인가.

비고

(一) 일반적 문제 (四)에서 중앙조사단에서 이미 입수하고 있는 것은 1928년 9월 1일에 시행된 중국형법 제246조에서 제249조에 이르는 각 조와 243, 257, 258, 260, 314, 315, 322, 323 각 조 등임. 또한 본국에서는 일반적 문제 (七)의 부녀자판매억제단체에 대해서는 아직 아무것도 아는 바가 없음.

(二) 상세 문제 (十五)의 출입국 부녀자판매 범죄이면서 고용의 이름을 빌려 부정한 기도를 꾀하는 자에 관해서는 특히 상세한 조사를 청하고자 함.

10. 연맹 부녀매매조사단의 방문에 관한 건(1931. 3. 31.)

부인아동매매조단위원의 동정 및 지나 정부에 제출한 질문 사항[8]

제관합기(諸官合機) 제59호

1931년 3월 31일

재상하이 총영사 무라이 구라마쓰 (인)

조선총독부 정무장관[9] 귀하

1931년 3월 31일 자 외무대신에게 보내는 기밀 제417호 신(信)의 사본 송부.

연맹 부녀매매조사단의 방문에 관한 건

기밀 제417호 별지 첨부

1931년 3월 31일

재상하이 총영사 무라이 구라마쓰 (인)

외무대신 남작 시데하라 기주로 귀하

연맹 부녀자매매조사단의 방문에 관한 건

3월 25일 자 제402호 졸신(拙信)에 관해 연맹 부녀매매조사단 일행 4명이 3월 27일에 본관을

8 문서 맨 앞에 손 글씨로 추가한 부분.

9 원문대로. '정무총감'의 오기다.

내방하여 이곳의 방인 측 상황을 질문하였고 본관은 미리 준비해 둔 별첨 영문 개요(摘録)를 교환하고 상황에 맞춰 부연 설명해 두었습니다. 또한 일행은 오늘밤 이곳을 출발해 난징으로 향합니다.

이를 참고하시도록 보고합니다.

본신 사본 송부처: 대리공사 베이징, 난징, 칭다오, 톈진, 관동 장관, 조선총독부

〈이하 영문자료(별첨)임〉

상하이에서 일본인 부인아동매매에 종사하는 자 없음[10]

1. 상하이에 있는 일본군은 여성과 어린이 인신매매와 절대 관계없다.
   상하이에 온 여성들의 유괴에 대해 감시가 엄격했는데, 나가사키, 모지(Moji) 및 기타 출발지 당국이 관리했다.
2. 236 분로(Boone road)에 기본적으로 게이샤 소녀(Geisha girls)와 웨이트리스(waitresses)를 채용하는 고용대행사(employment agency)가 있다. [이 업체의 이름은 "하마마쓰야(Hamamatsu-ya)"이고, 업주의 이름은 구와가치 가쓰자키(Kuwakachi Katsuzaki)다.] 이 자는 이 영업에 종사한 지 20년이 되었다. 그러나 범법 사실에 대해서는 아직 심문받지 않았다.
3. 게이샤: 이 도시에 177명이 있다.
   게이샤는 느낌상 선금으로 받은 금전적 의무에 얽매여 불법 영업에 종사하는 이들이라는 오해를 받기도 한다. 그들의 계약 기간은 게이샤와 댄서의 경우 모두 법으로 4년으로 제한받는다(댄서는 의무교육을 이수했고 만 16세 이하였다). 최근 몇 년간 이들은 일정 금액을 정하여 선불로 받았고, 음악과 무용을 배우고 고객의 요청을 받는 대로 충실하게 응대했다. 돈은 통상적인 민사 계약 규칙에 따라 선불로 받으며, 거래의 수행과 관련하여 그들 개인의 자유는 절대 포함되지 않는다. 계약에 대한 시간제한이 없는 이들은 대개 비율제로 일한다.

10 영어 문서 맨 앞에 일본어 손 글씨로 추가한 부분.

4. 웨이트리스(waitresses)[11]: 일본식 식당과 서양식 식당에서 고객을 접대하는 웨이트리스가 253명 있다.
5. 댄싱 소녀(Dancing Girls)[12]: 1927년 상하이 분쟁 직후, 여러 나라에서 온 선원과 해병들을 상대하는 여성 댄서들이 급증했다. 일본인 댄서가 현저히 증가한 때가 바로 이때였다. 현재 129명이다. 이들은 수익금을 댄스홀 업주와 균등하게 나누는 티켓 시스템을 사용한다. 댄서 가운데 상당수가 기혼이다.
6. 프로스티튜츠(Prostitutes)[13]: 이 수치스런 직업에 간헐적으로 종사한 이가 대략 300명 정도다. 이들은 개인의 자유를 버리고 거래하는 것이 아니라 자신의 의지에 따라 이 업종에 종사하고 있다.
7. B급 게이샤 소녀(Class B Geisha Girls): 작년까지만 해도 성매매와 전혀 다르지 않은 영업 행위를 하는 이런 부류에 속한 이가 19명 있었다. 1930년 4월 상하이에서 이들의 존재를 제거할 목적으로 이들에게 불법행위를 중단하라고 권고했다.
8. 일본 여성 종복(public servitors)[14] 및 엔터테이너의 수:

		(게이샤 돌보는 자)
레스토랑(Restaurants)	113	(13)
게이샤 소녀	177	
웨이트리스	253	
댄싱 소녀	129	

11 원문(waitresses) 아래 일본어 손 글씨로 여급(女給)이라 써 넣었다.
12 원문 Dancing Girls 아래 일본어 손 글씨로 댄서라 써 넣었다.
13 원문대로. Prostitutes 부분에 일본어 손 글씨로 창기게이샤(娼妓藝者)라고 표기되어 있다.
14 원문대로. public servitors 부분에 일본어 손 글씨로 종복(從僕)이라고 번역되어 있다.

11. 동양 부인아동매매 실지조사위원 여행 일정에 관한 건

(1931. 3. 31.)

동양 부인아동매매 실지조사위원 내조(來朝) 5월 20일 펑텐(奉天)발			
다롄	5월 21일	착	25일발
경성	27일	착	29일발
부산	29일	착	같은 날발
시모노세키	30일	착	

관(菅)1 제783호

1931년 3월 31일

척무차관 호리키리 젠지로 (인)

조선총독부 정무총감 백작 고다마 히데오 귀하

동양 부인아동매매 실지조사위원 여행 일정에 관한 건

이번에 외무성으로부터 첫머리 제목의 여행 일정을 별지와 같이 통지해 왔기에 이를 양지하시도록 바라며 이를 통지합니다.

〈이하 영문 자료임〉

3월 16일, 상하이
귀하

이렇게 보고드리게 되어 영광입니다. 국제연맹의 동양 여성과 아동 인신매매에 대한 순회 조사 위원회는 5월 16일경 중국과 만주를 방문한 후, 묵덴[15]에 도착하기로 했습니다. 이 일정을 시작으로 위원회는 일본 영토에서 조사를 수행할 수 있을 것입니다.

제게 지시할 의향이 있으시다면, 제가 활동할 위치에 임하는 즉시 위원회의 도착에 관한 정확한 일정을 펑톈 주재 황국 영사는 물론 귀국의 어떤 당국자에게든 반드시 알려드릴 것입니다.

귀하의 심복,
배스컴 존슨(Bascom Johnson)
위원회 위원장
도쿄의 외무성 장관 귀하

— COPY —

1931년 3월 17일, 상하이
아오키(Aoki) 씨 귀하

저희가 오늘 귀하의 외무성 장관께 보낸 서신의 안내용 사본을 여기 전달합니다. 장관께는 우리가 5월 16일이나 그 전후로 묵덴에 도착할 것임을 알려드렸습니다. 제네바에서는 일본 정부의 대표가 이곳에서 우리를 만날 것이라고 알고 있습니다. 그리고 본인은 이것이 귀 정부의 계획으로 계속 이어지리라 추측하고 있습니다.

이토 등.

W. 폰 슈미든 (서명)

15 중국의 펑톈(奉天)을 말한다. 현재 선양(瀋陽).

일정표 - 1931년 4월 7일부터 5월 30일까지(주소 포함)

상하이	4월 7일 출발
즈푸(Chefoo)	4월 9일 도착
	4월 14일 출발 주소: 0/0 Messrs. Cornabe, Eckford & Co. Chefoo.
톈진(Tientsin)	4월 15일 도착
	4월 28일 출발 주소: 0/0 Chartered Bank of India,[16] etc., Tientsin.
묵덴(Mukden)	4월 29일 도착
	5월 7일 출발 주소: 0/0 Yokohama Specie Bank, Mukden.
하얼빈(Harbin)	5월 8일 도착
	5월 15일 출발 주소: 0/0 Chartered Bank of India, etc., Harbin.
다롄(Dairen)	5월 21일 도착
	5월 25일 출발 주소: 0/0 Chartered Bank of India, etc., Dairen.
서울(Seoul)	5월 27일 도착
	5월 29일 출발
부산(Fusan)	5월 29일 도착
	5월 29일 출발
시모노세키(Shimonoseki)	5월 30일 도착
	5월 30일 출발

다롄 서신 뒤에 쓰인 주소는 다음과 같다.

일본 도쿄 마루노우치 ***0***13, 국제연합사무소

(0/0 League of Nation Office, Marunouchi ***0***13, Tokio, Japan)

16 현재 이름 Chartered Bank of India, Australia and China, 1853년 설립된 영국 은행.

12. 동양 부인아동매매 실지조사 질문에 대한 회답서 송부의 건 (1931. 4. 6.)

조(朝)1 제425호

1931년 4월 6일

척무성 조선부장 (인)

조선총독부 정무총감 귀하

동양 부인아동매매 실지조사 질문에 대한 회답서 송부의 건

첫머리 제목의 건에 관한 국제연맹 위원회 질문에 대한 회답서를 다음과 같이 송부합니다.

영역 회답서	조선 부분	5부
동	타이완 부분	1부
동	관동 부분	1부
일본어(邦文) 회답서	조선 부분	5부

별송함[17]

17 손 글씨로 추가되어 있다.

13. 동양 부인아동매매 실지조사위원의 조사 상황에 관한 건
(1931. 4. 7.)

관(菅)1 제783호
1931년 4월 7일
척무차관 호리키리 젠지로 (인)
조선총독부 정무총감 백작 고다마 히데오 귀하

동양 부인아동매매 실지조사위원의 조사 상황에 관한 건

첫머리 제목의 건에 관해 이번에 외무차관으로부터 별지 사본의 통지를 보내왔기에 참고하시도록 송부합니다.

추신: 이에 따르면 위원은 상당히 미세한 점에 걸쳐 질문하는 것으로 추측되므로 귀부(府)에서도 충분히 유감이 없도록 기하기 위해 미리 충분히 조사해 두시기 바랍니다.

조(條)3 기밀 합(合) 제836호
1931년 3월 25일
외무차관 나가이 마쓰조(永井松三)
척무차관 호리키리 젠지로 귀하

국제연맹 부녀매매 실지조사위원 샤먼 방문(来厦)에 관한 건

본 건 관련해서 앞서 3월 16일 자 조3 기밀 합 제734호의 졸신을 통해 말씀드렸던 바, 이번에 추가로 재샤먼 데라시마(寺島) 영사로부터 본 건 조사위원 일행이 푸저우(福州)행을 취소하고 직접 해당 지역에서 상하이로 향하기로 했기 때문에, 3월 6일 샤먼영사관에서 해당 영사와 회견한 후 답변서는 도쿄에서 교환하고자 이 회합은 비공식적 자리가 됨을 양해한 가운데, 별지 문답서와 같이 동 영사 및 타이완총독부 파견 다니구치(谷口) 속(屬)이 각각 응답했다는 보고가 있었으므로 그 문답서의 사본 1부를 참고하시도록 여기에 송부합니다.

타이완과 샤먼 매소부 사정에 대한 국제연맹 부녀매매 조사위원과의 응답록

시일: 3월 6일 오전 10시부터 정오

장소: 샤먼 일본영사관

출석: 위원 존슨, 핀도르, 선드퀴스트, 서기 슈미든, 기록 마셜
데라시마 영사, 다니구치 타이완총독부 속(屬), 마스오(增尾) 서기생, 다카하시(高橋) 부장

문: 타이완과 지나를 왕래하는 타이완 추업부의 수.

답: 주로 타이완과 샤먼 간을 왕래하는 자로 단속으로는 이런 종류의 왕래를 금하고 있지만 샤먼에 재류하는 타이완인 추업부 수는 170명이다.

문: 지나인이면서 타이완에서 추업에 종사하는 부녀의 수는 어떤가.

답: 지금 타이완에서 추업에 종사 중인 지나인 부녀는 14명 있고, 기타 외국인 부녀로서 추업에 종사하는 자는 전혀 없다. 지나인 추업부 14명 중 6명은 지나에서 건너온 자이며, 다른 8명은 타이완에 거주하는 지나인의 자녀 로 모두 타이완에서 출생한 자다. 지나에서 건너온 6명의 추업부도 처음부터 추업에 종사할 목적으로 건너온 자가 아니라 어릴 적에 부모를 따라 건너온 자이나 그 후 곤궁에 빠져 부득이하게 추업에 종사하기에 이른 자다.

문: 샤먼에서 예기 작부를 하고 있는 자의 도래 상황은 어떤가.

답: 타이완인은 일반적으로 타이완에서 외국으로 도항하려면 외국 여권을 필요로 한다. 타이완총독부에서는 이들 추업부에게 여행권을 교부하지 않으나, 추업부는 여권 교부 신청을 하여 관헌의 조사를 받을 경우에 여행 목적을 찻잎 따기나 재봉 업무 등으로 속여 여권을 받아 도항한다.

문: 타이완총독부는 여권을 교부할 때 어떠한 수속에 따라 교부하는가.

답: 신청자의 신원을 조사하여 신원이 확실한 자에게 교부한다.

문: 신원조사란 어떤 것을 조사하는 것인가.

답: 신청자의 성질품행(性行) 내력과 여행의 목적이 정당한지 여부, 죄를 범하고 도주하는 자가 아닌지 여부 등을 조사하는 것이다.

문: 어린 자녀의 도항방법은 어찌한가.

답: 어린 자녀가 단독으로 도항하는 경우는 거의 없으므로 타이완총독부에서는 어린 자녀의 단독 도항에 대해서는 여권을 교부하지 않는다. 어린 자녀가 도항하는 경우에는 반드시 부모 또는 형제자매 혹은 다른 자와 동행한다.

문: 샤먼의 타이완인 추업부 중 어린 시기에 타이완으로부터 건너온 자의 수는 어떠한가.

답: 적확한 숫자를 나타낼 수는 없지만 이곳에서 출생한 자가 약 30명, 어릴 적에 타이완에서 건너온 자가 약 50명, 기타 약 60~70명은 15~16세부터 20세 전후 이른바 청소년기에 이르러 건너온 자다.

문: 15세 이상 20세 이하 부녀의 여권발급 수속은 어떤가.

답: 친권자의 승낙을 필요조건으로 한다.

문: 양친이 없는 경우는 어떤가.

답: 양친이 없는 경우에는 후견인의 승낙이 필요조건이다.

문: 타이완에서 타이완인과 지나국인의 풍속 습관이 다른 점이 있는가.

답: 대체로 타이완인과 지나인의 풍속 습관은 동일한 점이 있다. 그러나 일본은 타이완을 영토로 삼은 이래로 타이완인의 구 습관으로 악폐가 있는 것은 개선하고 있기 때문에 타이완인은 지나인에 비해 문화 정도가 높아지고 있다.

문: 타이완인의 나쁜 풍속 습관을 급진적으로 개선하는 일은 쉽지 않은 일이라 생각되는데 어떠한가.

답: 풍속 습관을 개선하는 것은 용이한 일이 아니지만 타이완총독부는 이를 서서히 개선하고 있다.

문: 어떤 점을 개선하고 있는가.

답: 전반에 걸쳐 개선하고 있다. 예를 들어 타이완인 사이에는 지나인과 마찬가지로 어린 자녀를 매수하여 이를 종(僕婢, 복비)으로 삼아 한평생 사용하는 노예적 제도가 있었지만, 이 악습은 서서히 개선되어 이제 그 흔적이 끊어졌다. 기타 양녀의 빙금(聘金)제도 등도 개선되어 지금 그 수가 감소하고 있다.

문: 만일 타이완 부녀가 여행 목적을 찻잎 따기, 봉재 등의 명목으로 사칭하고 심지어 양친이 이

를 승낙해 여권을 받은 경우, 즉 관헌에게 허위신고를 하여 여권을 교부받은 경우인데, 후에 관헌이 추업에 종사할 목적으로 여권을 교부받았음이 발견된 경우에는 그 양친을 처벌할 규정이 있는가.

답: 여권규칙에는 처분 규정이 없지만 다른 법령으로 처벌할 방법이 있다. 타이완에서는 위경죄(偉警罪) 즉결령에 의해 처분하는 규정이 있다.

문: 신청인이 여권에 신고한 직업과 실제 직업이 서로 다른 경우는 어떤가.

답: 그 경우 아직 도항하지 않은 경우라면 여권 교부를 취소하고 아울러 관서(官署)에 허위 신고를 한 자는 위경죄 즉결령에 따라 처분하는 일이 있다.

문: 타이완에서 관헌에 허위로 신고하여 여권을 교부받아 건너온 타이완인이 있음을 본 영사관에서 발견한 경우, 영사관에서 이를 처벌할 방법이 있는가.

답: 본 영사관에서는 본인의 사정에 의해 직업을 변경했다고 답할 때 처벌하기가 곤란하다.

문: 찻잎 따기 또는 봉재 등 허위로 신고하고 추업에 종사할 목적으로 여권 교부를 신청한 자가 있을 때 이를 취조할 방법이 없는가.

답: 전에 말씀드렸듯 신원조사를 할 때에 엄중히 취조하지만 드물게는 허위신고임을 적발할 수 없는 경우도 있다.

문: 타이완에는 이런 종류의 타이완인 추업부의 직업 조회소(照会所)[18] 같은 것이 있는가.

답: 없다.

문: 유괴당하여 도항하는 타이완 부녀를 이곳에서 발견하는 일이 있는가.

답: 거의 없다고는 해도 때로 그런 자가 있다.

문: 유괴한 자는 처벌되는가.

답: 일본 형법에 따라 유괴죄로 처벌된다.

문: 타이완 지방에서 유괴해 가려고 한 자를 발견한 사실이 있는가.

답: 최근 5년 그러한 실제 사례는 없다.

문: 샤먼에서 타이완으로부터 유괴되어 건너온 자의 실례가 있는가.

답: 1915년에 1건 있었다.

문: 그때 유괴자 처분 및 피유괴자 취급은 어떤가.

---

18 ‘조회소’(照会所, 쇼카이조)는 한자 발음이 동일한 ‘소개소’(紹介所, 쇼카이조)의 원문 오기일 가능성도 있다.

답: 유괴자는 재판에 부쳐 징역에 처했고, 피유괴자는 보호하여 본거지인 타이완으로 송환했다.

문: 타이완에서 유괴 사실이 있는가.

답: 타이완에서 때때로 그 사실이 있다. 하지만 지극히 적은 수다. 주로 고소에 의한 사건으로 양녀가 도주한 경우라든가, 정부(情夫)에게 유괴당했다든가 하는 경우다.

문: 타이완의 부녀는 바다 건너편 샤먼 등으로 오기를 희망하는가.

답: 희망하고 있다.

문: 양녀 결연(緣組)의 절차는 어떠한가.

답: 타인의 자녀를 얻어 들여 자기 호적에 넣고 친자관계를 만드는 절차인데 그때 빙금이라 해서 양녀의 부모에게 돈을 교부한다. 바꿔 말하면 돈을 가지고 타인의 자녀를 매수하는 듯한 것이다.

문: 추업에 종사할 목적으로 하는 양자 결연은 유괴죄로 성립이 안 되는가.

답: 유괴죄가 성립되지 않아 추업에 종사할 목적으로 이뤄지는 양자 결연은 이를 인정하지 않는 방침을 취하고 있다. 단속이 엄중하기 때문에 최근 갑자기 감소하여 그 예가 적다.

문: 호구 신고의 상황은 어떠한가.

답: 호구 차원으로 신고가 있는 때에는 경찰 관리로 하여금 실사하게 하여 사실과 상이하지 않다고 인정된 자만 이를 수리한다.

문: 추업에 종사하게 할 목적으로 부녀를 국외로 유괴한 행위에 대해 처분할 방법이 있는가.

답: 앞서 이야기했듯 형법 처분이 있다.

문: 전술한 사실이 있는가.

답: 최근 5년 동안 그 예는 없다.

문: 타이완에서는 예기 작부에게 가무음곡 등 예(藝)를 가르치도록 강요하는가.

답: 타이완에서는 예기 작부에게 예를 가르치지만 굳이 이를 강요하는 일은 없다.

문: 예기 작부임을 표시하고 그 일을 위해 여권 교부를 신청한 자에게 타이완총독부는 여권을 교부하는가.

답: 전혀 교부하지 않는다.

문: 샤먼에서 타이완적민 추업부가 지나 관헌에게 납부하는 세금과 지나인 추업부가 납부하는 세금 차이는 어떠한가.

답: 큰 차가 없다.

문: 재샤먼 타이완인 추업부에 대한 위생적 설비가 있는가. 즉 추업부의 질병에 대한 의료기관이 있는가.

답: 위생적 시설로서 공설병원 같은 것은 없지만 본 지역에는 정식 자격이 있는 타이완인 개업의가 16명 있다. 그들 추업부는 자발적으로 자기의 보건 차원에서 이들 타이완인 의사의 진단을 받아 전염성 질환에 대한 예방을 하고 있다.

문: 샤먼 요리옥조합에 추업부가 새로 가입할 때 수속은 어떠한가. 또한 무언가 계약이 있는가.

답: 따로 아무런 계약이 없다. 조합에 가입하면 매달 조합비를 납부한다. 조합비는 3계급으로 나누어 6엔, 4엔, 2엔이다. 추업부의 수에 대해서는 영사관과 요리옥조합이 적당히 조율한다.

문: 요리옥조합에서 오래된 추업부가 폐업한 경우에 새로 추업부를 들이는 절차는 어떠한가.

답: 추업부의 신규 고용 방법은 조합과 관계없이 조합원인 업주가 들인다. 업주는 조합과 관계없이 독립하여 들일 수 있다.

문: 추업부로서 폐업하려는 자와 자신이 도주한 자가 있는 경우의 취급은 어떠한가.

답: 전차금을 반환하면 언제든 폐업할 수 있고 많이들 후원자(patron)나 정인(情人)이 인수해 폐업하게 한다. 도주한 자가 있는 경우는 그 원인을 취조해 기루주인(楼主)이 가혹하게 취급한 사실이 있다고 판명되면 기루주인의 불찰(不心得)을 타이르고, 전차금 또는 빙금과 일하는 기간 등을 고려하여 자유롭게 폐업하게 하는 일이 있다.

문: 타이완인 추업부로서 폐업하고 싶어도 전차금 또는 빙금을 반환할 능력이 없는 자는 한평생 그 일을 계속해야 하는가.

답: 추업에 종사하기 싫어하여 폐업을 희망하지만 자금력(資力)이 없어 전차금이나 빙금을 반환할 능력이 없는 자로 보호를 요구하는 자가 있는 때에는 영사관이 추업부의 일한 기간과 전차금을 고려하여 폐업하게 하는 일이 있다. 예를 들어 500엔의 전차금이 있고 3개년 이상 일에 종사한 자 등에 대해서는 포주에게 사정을 말하여 전차금을 중단하고 자유롭게 폐업하게 하는 일이 있다. 그리고 예를 들어 500엔의 전차금으로 2년 동안 이 일에 종사하고 일하기 싫어 폐업을 희망하는 자가 있는 경우는 전차금과 일한 기간을 계산하여 잔액은 후일 지불하기로 하고 차용증을 만들고 보증인을 세워 월부를 지불하는 등으로 전차금을 반환하는 방법으로 폐업하는 자도 있다.

문: 이곳에서 타이완인 추업부의 손님 경향은 타이완인이 많은가, 지나인이 많은가.

답: 타이완인이 대부분이며 지나인은 적다.

문: 샤먼에는 타이완인 몇 명이 거주하는가.

답: 등록으로는 약 8,000명에 가까운 타이완인이 재류한다. 정확한 수는 7,000명에서 6,000명 사이라고 봐야 한다.

문: 푸저우, 산터우, 홍콩, 광둥 방면의 타이완인 재류자는 어떠한가.

답: 푸저우 약 1,000명, 산터우 약 400명, 홍콩 약 50명, 광둥 약 70명이다. 추업부는 이곳에만 있다. 또한 그들을 다른 지역으로 내보내지는 않는데 타이완인 대부분이 샤먼 지방 출신인데 따른다.

문: 마닐라 방면은 어떠한가.

답: 해당 지방에는 타이완인 재류자가 없을 것이다.

문: 어떤 이유에선가.

답: 그곳 미국 영사가 여권에 비자를 주지 않는다.

부기

一. 유괴

타이완인 추업부 등으로 타이완에서 유괴되어 샤먼에 온 자는 그 사례가 극히 드물다. 1915년 1건, 1920년 1건. 곧 1915년 이후 불과 2건에 지나지 않는다. 전자는 타이완인이 타이완에서 타이완 부녀를 유괴하여 이곳으로 연행한 것인데, 취조한 결과 징역 8개월에 처하고 피유괴자는 보호하여 타이완 본거지로 송환한 경우다. 후자는 정교(情交) 관계가 있는 타이완인이 자신의 정부(情婦)를 이곳으로 연행한 것을 유괴로 고소한 사례이기 때문에 취조결과 기소공판에 부쳐졌지만 심리결과 증거불충분으로 소를 면한 경우다.

기타 이곳에서 일하는(稼業) 중인 타이완인 추업부가 자신의 단골손님인 타이완인 및 지나인과 함께 오지인 취안저우(泉州), 장저우(漳州) 등으로 도주한 사례가 매년 한두 건 있지만 추업에 종사하게 할 목적으로 어린 여자를 유괴하는 사례는 거의 없다.

二. (가) 타이완인 예기 작부가 요리옥조합에 납입하는 조합비 부담

이곳 타이완인 요리옥조합에 속하는 예기 작부를 조합비 징수 편의상 가, 나, 다 세 가지로 구분한다. 가는 일류에 속하는 예기, 나는 이류에 속하는 예기와 일류에 속하는 작부, 다는 예기 견습과 하급 작부이며, 그 조합비 부담 비율은 다음과 같다.

가: 월액 은(銀) 3위안(元), 나: 월액 은 2위안, 다: 월액 은 1위안.

기타 예기 작부는 일률적으로 공제비로서 월액으로 은 20센트를 납입한다.

(나) 요리옥 영업자의 조합비 부담

요리옥조합을 조직하는 요리옥 영업자를 조합비 징수의 편의상 갑, 을, 병의 3종으로 구별한다. 그 조합비 부담 비율은 다음과 같다.

갑: 월액 은 6위안, 을: 월액 은 4위안, 병: 월액 은 2위안.

三. (가) 지나인 매소부가 화쥐엔국(花捐局)[19]에 납입하는 세금

이곳 지나 측 화쥐엔국에서는 세금징수 차원에서 예기 창기를 다음과 같이 갑을 2종으로 구분하고 세금을 징수한다.

갑종(일류에 속하는 예기)

1등: 월액 은 12위안, 2등: 월액 은 10위안, 3등: 월액 은 8위안.

을종(이류에 속하는 예기와 창기)

2등: 월액 은 8위안, 3등: 월액 은 6위안.

기타 갑을 양 종류 모두 일률적으로 자유패세(自由牌税)로서 월액 은 2위안을 납입한다. 자유패란 자기가 일하는 장소 외에서 일할 때 휴대해야 하는 일종의 감찰이다. 자유패를 소지하지 않는 자는 영업장소 외에서 일할 때 매회 은 1위안을 납입해야 한다. 만일 자유패 없이 외출해서 일을 할 때 1위안을 납입하지 않고 무단으로 일한 자는 벌금에 처하는 규정이 있으므로 예기 창기는 일률적으로 자유패를 소지한다.

(나) 지나인 요리옥 업주의 세금

화쥐엔국은 세금 징수 차원에서 요리옥을 갑을 2종으로 구분한다. 그 세금은 다음과 같다.

갑종: 월액 은 4위안, 을종: 월액 은 2위안.

화쥐엔국은 일정한 자가 일정한 금액을 이곳 사령부에 납입하여 세금을 청부(請負)하고 있는데, 반드시 위와 같이 일정불변은 아니고 요리점의 증감이나 예창기의 증감에 따라 세금을 변경하기 때문에 화쥐엔국은 위 세율을 비밀로 하고 일반에게 공표하지는 않는다.

四. 타이완인 요리점조합이 공안국장에게 기부하는 금액

이곳의 타이완인 요리점 영업자와 예기 작부는 이른바 치외법권의 특권에 따라 지나 관헌에게 세금 명목으로 금전을 납입하고 있지만, 종래 명목 여하에 불구하고 상당한 금액을 별표와 같이

---

19 중국에서 일종의 지방세를 걷는 기관이며, 화쥐엔(花捐)으로 불린 기생영업세를 받았다.

요리점조합으로부터 타이완공회를 거쳐 공안국장에게 교부해 왔다. 그런데 최근에는 지난해 5월 31일 교부한 이후 교부를 유보하고 있다. 원래 본건은 1925년 6월에 당시 이노우에(井上) 영사와 경찰청장 양주(楊逐) 간의 약정이었지 절대적인 것이 아니다. 특히 지난해 5~6월경 이곳 요리점의 이전(移転) 문제 대두, 공안국장의 경질, 지나 관헌 측의 밀정이 손님으로 가장하여 타이완인 요리점에 가한 폭행, 공안국이 각 과세를 폐지하고 통일하려는 계획이 있다는 점 때문에 아무런 의의 없이 다액의 금전을 교부해 봐야 딱히 좋을 것도 없다고 생각되어 교부를 보류하고 있다. 그러나 조합에서는 여전히 종래 공안국에 교부한 금액과 같은 금액을 적립하여 이를 타이완공회에 보관 중이다. 그 총액은 현재 은 3,177달러 30센트다. 최초의 약정으로는 최고 1개월 400위안 이내로 하고, 조합원의 수나 영업 상황에 따라 일정하게 하는 것은 어렵다고 상대측을 납득시켜 두었다.

전술한 예기 작부의 조합비와 요리점 업주의 조합비 태반은 종래 공안국장에게 교부되고 있었다. 이 조합비는 조합의 유지 존립 비용으로서 징수함은 물론이지만, 한편에서는 지나 측 예기 작부가 화쥐엔국에 내는 세금을 고려하여 정한 것이며, 1925년 6월 이후 요리점조합이 공안국장에게 교부한 금액 총계는 별표에 제시한 것처럼 은(銀) 18,200위안이다.

본시 공안국장에 대한 교부금

(양(楊) 국장 시절 부분)

1925년	6월 18일	제1회	은 1천 달러정
	8월 28일	제2회	은 4백 달러정
	9월 28일	제3회	은 4백 달러정
	10월 30일	제4회	은 4백 달러정
	12월 28일	제5회	은 4백 달러정
1926년	2월 2일	제6회	은 1천 달러정
	3월 17일	제7회	은 4백 달러정
	4월 23일	제8회	은 4백 달러정
	6월 6일	제9회	은 4백 달러정
	6월 30일	제10회	은 4백 달러정
	8월 19일	제11회	은 4백 달러정

	9월 20일 제12회	은 4백 달러정
	11월 10일 제13회	은 4백 달러정
1927년	1월 15일 제14회	은 4백 달러정
	1월 30일 제15회	은 1천 달러정
	4월 19일 제16회	은 4백 달러정
	5월 18일 제17회	은 4백 달러정
	6월 3일 제18회	은 7백 달러정
	9월 9일 제19회	은 1천 달러정
1928년	1월 16일 제20회	은 1천 달러정
	5월 22일 제21회	은 5백 달러정
	6월 19일 제22회	은 1천 달러정
계:	1만 2,800달러정	

(하야시(林) 국장 시절 부분)

1928년	9월 24일 제1회	은 1천 달러정
1929년	2월 2일 제2회	은 1천 달러정
	6월 10일 제3회	은 8백 달러정
	9월 24일 제4회	은 8백 달러정
1930년	1월 20일	은 3백 달러정
	1월 25일 제5회	은 4백 달러정
	1월 29일	은 3백 달러정
	9월 31일 제6회	은 8백 달러정
계:	은 5,400달러정	
합계:	은 1만 8,200달러정	

14. 국제연맹 부인아동매매 실지조사위원에 관한 건(1931. 4. 21.)

관(菅)1 제783호

1931년 4월 21일

척무차관 호리키리 젠지로 (인)

조선총독부 정무총감 백작 고다마 히데오 귀하

국제연맹 부인아동매매 실지조사위원에 관한 건

첫머리 제목의 건에 관해 이번에 재상하이 무라이(村井) 총영사로부터 별지 사본과 같이 전보가 있었음을 외무차관이 알려왔으므로 이의 상세를 양지하기 바랍니다.

생략 상하이 조(條)3

본성 4월 9일 후착(後着)

무라이 총영사

시데하라 외무대신

제144호

왕전(往電) 제122호에 관해

존슨이 병중이기 때문에 일행의 본 지역 출발은 16, 17일경이 될 것이며 즈푸, 톈진, 베이징, 하얼빈을 시찰한 후 펑톈 도착은 26, 27일경 예정임을 위원 측에서 통지해 옴.

베이징, 펑톈으로 그대로 송부(転電)함.

15. 동양 부인아동매매 실지조사에 관한 건(1931. 5. 2.)

관(菅)1 제783호

1931년 5월 2일

척무성 관리국장 이코마 다카쓰네(生駒高常) (인)

조선총독부 경무국장 아사리 사부로(浅利三朗) 귀하

동양 부인아동매매 실지조사위원에 관한 건

첫머리 제목의 건에 관해 이번에 타이완총독부 경무국장이 "동양 부인아동매매 실지조사위원 질문에 대한 설명 개요"를 송부해 왔기에 참고하시도록 송부합니다.

동양 부인아동매매 실지조사위원 질문에 대한 설명 개요

一. 참석자

A. 일본제국 측

샤먼주재 영사	데라시마 히로후미(寺島広文)
동 외무 서기생	마스오 기시로(増尾儀四郎)
동 외무성 순사	다카하시(高橋) 부장
타이완총독부 속(屬)	다니구치 고토지(谷口琴次)

B. 실지조사위원 측

위원장(미국인)	배스컴 존슨(Bascom Johnson)
위원(폴란드인)	카를 핀도르(Karol Pindor)
위원(스웨덴인 여의사)	앨마 선드퀴스트(Alma Sundquist)
서기(독일인)	폰 슈미든(W. von Schmieden)

속기자　　　　　　　　　　성명 불상

二. 설명 요지

설명 방법은 조사위원의 질문에 대해 답변 형식으로 설명하기로 하고, 타이완에 관한 사정은 주로 다니구치 속이, 또한 샤먼의 상황은 데라시마 영사가 설명했다.

1. 문: 타이완과 샤먼 사이 추업부의 왕래 상황을 설명 듣고 싶다.

답: 타이완 부녀가 샤먼으로 도항하여 예기 또는 작부 일을 하고 있는 자는 154명 있는 것 같은데, 그것은 샤먼만의 얘기이지 다른 방면에는 추업부가 한 명도 없습니다. 그리고 이들 예기 작부는 타이완에서 샤먼으로 도항할 때 예기 작부를 할 목적으로 여권 교부를 받은 자가 아니며, 대부분은 여행 목적을 속여 도항했거나 혹은 다른 목적으로 도항한 자가 도항 후에 뭔가의 사정으로 예기 작부가 된 경우입니다.

또한 타이완에는 현재 지나인이면서 예기 또는 작부 일을 하고 있는 자가 14명 있는데, 이 역시 추업을 할 목적으로 타이완으로 도항한 자가 아닙니다. 지나인이라 해도 그중 8명은 타이완에서 출생해 타이완에서 성장한 자인데 다만 국적이 지나인일 뿐인 자이며, 또한 기타도 노동자로서 혹은 또 비노동자로서 타이완으로 도항한 후 뭔가 사정으로 예기나 작부가 된 자이지 결코 추업부로서 매매되어 도항한 자가 아닙니다.

2. 문: 여권 발급 절차는 어떻게 하는가.

답: 타이완에서는 타이완인이 외국으로 도항하려 할 때는 모두 여권을 발급받아야 하도록 돼 있습니다. 우선 여권을 교부받고자 하는 자는 주소, 이름, 연령, 행선지, 여행목적 등을 기재한 원서(신청서)를 경찰관서에 제출해야 합니다. 그러면 이를 수리한 관서에서 본인의 신원, 기타 사정을 조사하여 지장이 없다고 인정한 자에게 여권을 발급합니다.

3. 문: 신원조사는 어떤 사항을 조사하는가.

답: 타이완인과 중화민국인은 민족이 동일할 뿐만 아니라 매우 거리가 근접해 있습니다. 이 때문에 만일 아무런 제한 없이 타이완인이 자유롭게 중화민국으로 도항할 수 있게 되면, 타이완에서 여러 범죄 등을 범한 자가 중화민국으로 도주하거나 불량분자가 중화민국으로 가서 나쁜 일을 하지 않으리란 법도 없고, 또한 밀수출입 등이 행해지기 쉬워질 우려도 있으니, 이들의 단속을 위해 전과가 있는 자나 밀수출입을 할 우려가 있는 자 또는 중화민국에 가서 불량행위를 할 우려가 있을 만한 신원불량 인물에게는 여권을 교부하

지 않도록 단속하고 있습니다.

4. 문: 14세 미만의 부녀가 중화민국으로 도항하는 경우에는 어떠한 보호를 가하고 있는가.

답: 14세 미만의 부녀가 단독으로 중화민국으로 여행하는 경우는 거의 없습니다만, 양친이 샤먼에 거주하고 아이가 타이완에 남아 있는 것 같은 경우 그 부모 품으로 친족 또는 지인의 동반으로 도항한다든지, 혹은 또 샤먼에 거주하는 친족을 방문하기 위해 다른 친족 또는 지인 동반으로 도항하는 것 같은 경우도 왕왕 있을 수 있습니다. 이런 경우에는 그 사정을 잘 조사하여 지장이 없다고 인정한 후에 여권을 발급하도록 취급하고 있습니다.

5. 문: 14세 미만의 부녀가 중화민국으로 도항하는 경우 여권 교부 신청은 누가 하는가.

답: 친권자 또는 후견인 등 연서 날인이 있는 서면을 본인이 제출하거나 또는 친권자가 수속하도록 하고 있습니다.

6. 문: 샤먼의 추업부 154명 중 14세 이하면서 도항한 자는 몇 명인가.

답: 30명은 샤먼에서 출생해 샤먼에서 성장한 자입니다 그중 약 반 수는 추업 목적으로 도항한 자이며, 그외는 다른 목적으로 도항한 뒤 뭔가의 사정으로 추업부가 된 자입니다.

7. 문: 15세 이상인 자의 여권발급 수속은 어떠한가.

답: 15세 이상 20세 미만인 자는 전술한 14세 미만인 자가 여권 교부를 신청할 경우에 취해야 하는 수속과 마찬가지 수속을 밟게 하고, 기타의 성년자는 다른 일반인 여권 교부 신청의 경우와 다르지 않지만 다만 부녀자일 경우는 특히 그 신원과 기타 사정을 조사하기로 하고 있습니다.

8. 문: 타이완인과 중화민국인은 습관이 동일한가.

답: 대체로 동일합니다만, 일본이 타이완을 영유한 이래 폐풍(弊風, 악습)으로 인정되는 점은 점차 개선했으므로 다소 상이한 점도 있습니다.

9. 문: 타이완인의 풍습 중 악폐는 이미 개선되었는가.

답: 대부분 개선되었습니다. 예를 들어 중화민국 같은 경우 지금도 여전히 여자종(婢女)해방 운동 등을 한다는 얘기를 듣습니다만, 타이완에서는 타이완 점령(領台) 당시 있던 챠모젠(媠媒嫺, 사보칸)이라든가 혹은 노예(奴方)와 같이 평생 사람의 자유를 구속하는 듯한 악폐는 인도적 입장에서 타이완 점령 후 얼마 안 있어 폐지해 버렸습니다.

10. 문: 허위신청을 하여 여권 교부를 받은 경우 양친을 처벌하는 규정이 있는가.

답: 여권규칙 중에는 별도로 처벌하는 규정이 없습니다. 그러나 일반적 규정으로 타이완

위경(違警) 사례 중에 관서에 대해 부실하게 신고한 자를 처벌하는 규정이 있고, 또 형법 안에도 허위신청을 하여 여권에 부실한 기재를 한 때는 문서위조죄로 처벌할 규정이 있습니다.

11. 문: 여권 면에 기재한 직업과 현재 종사하고 있는 직업이 서로 다른 경우 이를 처벌할 규정이 있는가.

답: 별도로 처벌할 규정은 없습니다.

12. 문: 타이완에는 부녀를 해외로 수송하여 추업에 종사시킬 목적으로 사람의 소개를 영업으로 삼는 직업소개소 같은 것이 있는가.

답: 없습니다.

13. 문: 샤먼에는 사람에게 속아서 타이완으로부터 도항한 자가 있는가.

답: 거의 없습니다.

14. 문: 유괴한 자는 처벌되는가.

답: 처벌됩니다. 수년 전에도 타이완인 여자가 지나인에게 유괴당해 샤먼으로 도항한 경우를 발견하여 부녀를 보호하고 타이완으로 송환한 사례가 있던 것으로 기억합니다.

15. 문: 유괴한 자의 단속은 어려운가.

답: 단속이 어려운 점도 있습니다만, 사실에 있어 추업에 종사시킬 목적으로 부녀를 국제적으로 해외에 수송한 자는 거의 없습니다. 다만 타이완섬 내에서 부녀를 유괴한 범인이 다소 없는 것은 아닙니다.

16. 문: 타이완에서 부녀유괴 상황은 어떠한가.

답: 타이완에서 유괴죄로 처리하는 사건이라도 정말로 유괴죄가 성립하는 사건은 없습니다. 대부분 고소사건이어서, 양녀가 양부모와 불화 때문에 자기 친가로 도망쳐 돌아간 경우에 양부모가 친부모를 유괴죄로 고소한다든가, 처녀나 유부녀가 정부(情夫)와 합의하여 도망친 경우에 부모나 남편이 그 정부를 유괴죄로 고소하는 사건 등이 대부분을 점하고 있습니다.

17. 문: 타이완에서 유괴되어 샤먼으로 도항했는데 이를 타이완으로 송환한 사실이 있는가.

답: 아까 말씀드린 대로 타이완인 부녀가 지나인에게 유괴당해 온 것을 발견해 보호를 가하여 타이완으로 송환한 예가 1건 있습니다.

18. 문: 타이완인 부녀는 중화민국으로 도항을 희망하는가.

답: 그것은 경제상의 문제나 향토 관념 내지 민족 관념이라 할 만한 문제도 있어 한마디로 단정하기 어려운 문제입니다만, 대체로 중화민국은 타이완보다 물가가 싸기 때문에 간이생활을 할 수 있는 곳이다 보니 비교적 생활이 편하다는 등의 견지에서 도항을 희망하는 자도 적지 않은 것 같습니다. 또한 덧붙여서 원래 타이완인은 수백 년 전 지나대륙으로부터 도항한 민족이니 조상의 분묘가 중화민국에 있는 자도 적지 않을 정도입니다. 따라서 막연한 관념으로나마 한번은 자신들의 선조 발상지인 지나 대륙을 구경하고 싶다는 희망을 갖고 있는 자도 적지 않은 듯합니다.

그래서 여러 사정으로 지나로 건너가 보고 싶다고 생각하는 자도 적지 않은 듯합니다.

19. 문: 양자결연(養子緣組)제도에 대해 설명해 주기 바란다.

답: 양자결연제도는 선조 숭배 관념에서 일어난 바 동양 고유의 제도이며, 선조 제사를 하여 일가일문의 번영을 꾀하기 위해 타인의 자녀를 양육해 자기 아이로 삼는 제도입니다. 그리고 양자결연이 성립하면 그 아이와 양부모의 법률관계는 친자식(實子, 실자)과 친부모 관계와 조금도 다르지 않은 효과가 발생합니다.

20. 문: 그렇다면 앞서 말한 것 같은 양녀를 친부모가 유괴한 경우 유괴죄는 성립하는가.

답: 친부모라 할지라도 정말로 영리 목적으로 일단 타인의 양녀가 된 자를 유괴하면 죄가 되는 경우도 있을 수 있을 것이라 생각합니다.

21. 문: 양자결연 신고가 있는 경우 어떠한 사항을 조사하는가.

답: 일반적으로 호구신고는 담당하는 경찰 관리(官吏) 파출소를 거쳐 관할 군수, 경찰서장 또는 청장에게 신고하게 되어 있는데 신고가 이뤄지면 담당 경찰 관리는 호구조사를 하여 딱히 지장이 없다고 인정하였을 때 비로소 호구조사부에 등재하도록 취급하고 있습니다.

22. 문: 추업에 종사시킬 목적으로 부녀를 매매한 경우 이를 처벌할 법률이 있는가.

답: 영리 또는 외설의 목적으로 부녀를 해외에 수송한 자를 처벌할 규정은 형법 중에 그 규정이 있습니다.

23. 문: 추업에 종사시킬 목적으로 부녀를 외국으로 수송한 자를 처벌한 사건이 있는가.

답: 타이완에는 최근 5년 동안 영리 또는 외설의 목적으로 부녀를 해외에 수송한 사건은 거의 없습니다. 따라서 이를 처벌한 사건도 없습니다.

24. 문: 타이완에서 예기는 기예를 가르치고 있는가.

답: 가르치고 있습니다. 그것은 예기로서 예능(遊藝, 유예)을 하지 못하면 자연히 유객이 적고, 따라서 자신의 수입이 적어지기 때문에 자발적으로 예능을 배울 뿐만 아니라, 또한 경찰 관서에서도 시험제도라 할 정도는 아니지만 예기 감찰을 교부할 때 예기라 할 만한 기능을 지니고 있는지 여부를 충분한 조사한 후에 감찰을 교부하도록 취급하는 것도 있기 때문에 자연히 예기는 평소부터 예능은 물론 일반 수양에 대해서도 소홀함 없이 가르치고 있는 듯합니다.

25. 문: 예기 작부에게 여권을 교부한 일이 있는가.

답: 없습니다. 타이완에서 중화민국으로 도항하여 예기 작부를 할 목적인 자에 대해서는 절대 여권을 교부하지 않는 방침으로 취급하고 있습니다.

26. 문: 샤먼에서 타이완적민(臺灣籍民)인 추업부가 샤먼공안국에 기부하는 금액과 샤먼공안국이 중화민국인 추업부로부터 징수하는 세금 사이에 1인당 비율 차이가 있는가.

답: 딱히 큰 차이는 없습니다.

27. 문: 추업부의 질병에 관해 어떠한 치료 시설이 있는가.

답: 샤먼에는 현재 타이완인 의사 16명이 있으므로, 그들은 자발적으로 이 의사의 진단을 받으며 질병에 걸린 경우에는 치료를 받고 있습니다.

28. 문: 샤먼의 타이완인 추업부에 대한 유객은 타이완인이 많은가 혹은 지나인이 많은가.

답: 유객은 타이완인도 중화민국인도 있습니다만 대부분은 타이완인입니다.

29. 문: 요리옥이 신규로 영업을 개시하는 경우 무언가 계약이 있는가,

답: 샤먼의 요리옥 영업자 간에는 요리옥조합 규약이 있으므로 요리옥을 개시하려는 자는 그 조합에 가입하고 그때 가입금을 내도록 돼 있습니다.

30. 문: 예기가 폐업한 후 요리옥에서 새로 또 예기를 맞아들이려 할 때는 어떤 방법으로 맞아들이는가.

답: 아무래도 기루주인(楼主)이 예기에게 전차금을 빌려 주고 맞아들입니다.

31. 문: 예기 작부가 폐업하려 할 때는 어떤 취급을 하는가.

답: 예기 작부는 그 전차금을 반환하거나 자기 몸을 빼 줄 사람이 있다면 언제든 폐업을 할 수 있습니다. 예기 작부가 자신이 전차금을 반환하고 또한 몸을 빼 주고자 하는 사람이 있는 경우에는 영사관이 언제든 예기 작부에게 유리하도록 해결해 주고 있습니다. 또한 누주가 데리고 있는 부녀를 학대한 사실이 있으면 즉각 그 누주를 훈계하여 누주

와 부녀의 관계를 이탈시키도록 취급하고 있습니다.

32. 문: 빚(借財)이 있어도 변제할 자력(資力)이 없는데 폐업하려는 자가 있는 경우 어떻게 처리하는가.

답: 그러한 경우에는 먼저 폐업시킨 후 빚은 연부(年賦)나 월부(月賦)로 지불하여 상환하게 하는 방법을 강구하고 있습니다. 또한 부녀에 대한 누주의 학대 등 가혹한 취급을 이유로 폐업하려는 경우에는 그 사실을 조사하고, 사실인 때는 즉각 그 관계를 이탈시키도록 취급하고 있습니다. 대체로 3년 이상 일한 자가 폐업하려 할 때는 이상의 방법 중 어느 방법을 통해 폐업시키도록 영사관으로서 취급하고 있습니다.

-끝-

전보

리무 69 다롄(大連) 오야마(大山) 32 요10 02

경성총독부 접수 1931. 5. 2

호즈미 외사과장

부인 매매 시찰원의 건에 관해 4일 아침 비행기 다롄발로 귀 지역에 감. 잘 부탁드림. ○모리시게 타쿠 사무관.

라○ 21 238

16. 국제연맹 동양 부인아동매매 실지조사위원의 마닐라 조사 상황에 관한 건(1931. 5. 7.)

> 부인아동매매 실지조사위원의 조사 상황
> 마닐라에서 질의응답(質答) 속기록[20]

관(菅)1 제783호

1931년 5월 7일

척무차관 호리키리 젠지로 (인)

조선총독부 정무총감 백작 고다마 히데오 귀하

국제연맹 동양 부인아동매매 실지조사위원의 마닐라 조사 상황에 관한 건

첫머리 제목의 건에 관해 이번에 별지 사본과 같이 재마닐라 고시다 총영사로부터 외무차관에게 보고가 있었기에 참고하시도록 이를 송부합니다.

기밀 제75호

1931년 3월 31일

재마닐라 총영사 고시다 사이치로(越田佐一郎)

외무대신 남작 시데하라 기주로 귀하

20 손 글씨로 쓴 부분.

동양 부녀자매매 국제연맹 조사위원 말레이시아 방문(来馬)에 관한 건

본 건에 관해서는 올해 1월 21일 자 기밀 제15호를 통해 일단 보고한바 동 위원은 도착 후 직접 본지 총독부 내 고문관의 방 하나를 빌려 사정조사에 착수하여 이곳의 순찰대 담당관(係官), 지나 총영사 등에게 질문하였습니다. 또한 본관과의 문답 속기록을 보내 확인을 요구해 왔기에 별지 제3호와 같이 정정한 후 이를 상하이로 발송해 두었습니다.

그리고 위 속기록에 기재된 것처럼 별지 재필리핀 본방인의 통계를 얻고 싶다고 이야기했기에 만일 본 성에서 이의가 없다면 본 성에서 직접 동 위원에게(지금 도쿄 체재 중일 것으로 생각) 또는 재파리 제국 국제연맹 대표자를 거쳐 동 위원에게 한 통 교부하도록 조처해 주시기 바랍니다.

-첨부물-[21]

1. 연맹 조사위원이 보내온 서한 제1호 2통
1. 동 위원에게 답신 제2호 2통
1. 속기록 제3호 2통
1. 재필리핀 일본인의 통계표 제4호 3통

21 영어 첨부물이 붙어 있으나 인쇄 상태가 열악하여 이 자료집에서는 번역 제외한다.

17. 부인아동매매 조사위원에 관한 건(1931. 5. 15.)

관보친(關保親) 제168호

1931년 5월 15일

관동청 경무국장

척무차관 귀하

외무성 정보부장 귀하

내무성 경보국장 귀하

조선총독부 경무국장 귀하

부인아동매매 조사위원에 관한 건

첫머리 제목의 국제연맹 위원 일행 5명(위원 핀도르 부처는 사고로 인해 베이징에 잔류하고 있지만 바로 펑텐에 올 예정)은 어제 14일 오후 9시 반 선양(瀋陽)역[22]에 도착하여 부속지 야마토호텔에 투숙하였습니다. 오늘 오전 지나 측의 희망에 따라 상부지(商埠地) 산칭로(三經路) 카이닝(凱寧)여관(독일인 경영)으로 이전하였습니다.

오늘 이른 아침, 담당관이 위원 서기장과 회견[척무성 모리시게(森重) 사무관, 조선총독부 사무관 열석함]하고 조사일정을 조율한 상황을 대체로 다음과 같이 보고(통보)합니다.

- 좌기(左記) -

一. 위원 일행은 지금 타이완에 가려는 희망을 가지고 있는데 도쿄에 도착한 후 수령하는, 타이완이 보내온 보고서를 살펴보고 갈지 안 갈지 확정하고 싶다는 내용을 말했다.

二. 위원 일행은 7월 12일 나가사키를 출범(出帆)하여 7월 15일에 상하이에서 네덜란드령 동인

---

22 당시 일본은 선양을 펑텐(奉天)으로 불렀으므로, 선양역이 펑텐역이다. 이 자료 원문에는 선양으로 표기돼 있다.

도에 갈 예정으로써 일본령 내의 조사일정은 앞의 날짜 안에서 만들고 싶다고 말했다.

三. 본 문제 조사에 대해 위원의 태도는 앞 차례의 아편 문제와는 달리 극히 자유롭고 또 편안한 마음가짐으로 임하고 있는 것과 같다. 슈미든은 "우리들 일행은 귀국 정부로부터 초대되는 자격을 가지고 온 것에 다름 아니라는 것을 알고 있다는 내용"을 재삼 말하였다. 그리고 속기자 마셜도 이번 조사가 극히 '프라이빗'한 것으로 위원도 '편안한(アット イーズ)'[23] 마음가짐으로 조사를 하고 있다는 내용을 전했다.

四. 위원의 조사 범위에 대한 질문에 국제적 매매의 원인이 된다고 할 만한 국내 매음제도에 대해서도 일단 지식을 얻는다는 내용을 말하고, 위원은 주로 내지에서 회견하는 사회사업단체 및 개인에 대하여 제네바에서 출발할 때 미리 정해 왔다는 내용으로 명부와 그 방문처에 보내는 편지(手翰)의 복사는 이미 도쿄국제연맹 지국 아오키(青木) 씨 편에 송부했으므로 또한 실지조사에 관해서는 경찰, 사회사업단체, 부녀아동보호단체, 유곽 지역에 가서 하고 싶다는 희망을 가지고 있다.

앞의 두 개 항에 대해서는 모두 당국의 소개 지도하에 하고 싶다고 말했다(당청에서는 위원의 신청을 기다려 시찰 장소를 지도할 소극적 방침이다).

五. 일행은 남지(南支)에서 일정이 지연되었기 때문에 만주와 조선의 시찰을 급하게 할 것으로 보인다.

六. 관동청의 지역적 특종 사정에 기초하여 본 조사에 대한 일반적 자료는 준비해 두어도 위원의 청구가 있는 특종 보고에 대해서는 준비 시일의 유예를 바란다는 내용의 이야기를 해 두었다.

七. 결정된 일정은 다음과 같다.

단, 지나 측의 일정 변경에 따라 오늘이라도 순서를 변경할 수 있다.

일행이 하얼빈을 출발하는 일시가 확정되면 조속히 통보받아 결정을 함으로써 확보 수령되는 대로 즉시 보고(통보)드린다.

---

23 원문에 가타가나로 표기되어 있다. AT EASE.

5월 16일부터 5월 19일까지 지나 측 조사를 위해 펑톈 체류

5월 20일 펑톈 출발 북행

5월 26일 하얼빈 출발. 하얼빈에서는 주로 러시아인 댄서 매소부에 대한 시찰

5월 27일 펑톈으로 돌아와 관동청과 조선총독부의 회답서를 직접 받음

5월 28일 오전 중 회견(펑톈경찰서 건물), 오후 실지조사

5월 29일 휴양[또는 도중 탕강즈(湯崗子) 온천에서 휴양할지도 모름]

5월 30일 다롄(大連) 도착[호시가우라(星ヶ浦) 야마토호텔 숙박]

5월 31일 뤼순(旅順)-다롄 왕복 오전 중 관동장관을 방문. 저녁 관동장관의 초대 연회

6월 1일 오전 중 회견(다롄민정서 건물), 오후 실지조사. 저녁 만철총재 초대 연회

6월 2일 오전 9시 다롄 출발

이상 관동청

‥ ‥ ‥ ‥ ‥ ‥

6월 3일 오전 경성 도착. 총독 방문. 오후 관계 당국과 회견. 시간 여유가 있으면 오후 4시 반부터 국제친화회 차모임(茶話會)

저녁 총독 초대 연회(조선호텔 숙박)

6월 4일 오전 관계자 당국과 회견. 단, 여유가 있으면 시내 구경, 교풍회 주최 오찬. 오후 실지조사. 저녁 경무국장 초대 연회

6월 5일 오전 경성 출발. 저녁 부산 도착. 같은 날 밤 연락선으로 부산 출발

6월 7일 오전 도쿄 도착

18. 부인아동매매 조사위원에 관한 건(1931. 5. 18.)

조약국(條約局)

관보친(關保親) 제168호-2

1931년 5월 18일

관동청 경무국장

척무차관 귀하

외무성 정보부장 귀하

내무성 경보국장 귀하

조선총독부 경무국장 귀하

부인아동매매 조사위원에 관한 건

첫머리 제목의 건에 관해 이번 달 15일 자 본 호의 1로써 보고(통첩) 후 알게 된 정보를 다음과 같이 보고(통보)합니다.

- 기(記) -

一. 위원 일행의 약력

위원장 '존슨'

미국사회 위생협회장으로서 여러 해 백인의 입장에서 노예매매, 부녀자 매소 문제를 연구하고, 그 권위가 인정되어 국제연맹 성립 후 협회사무 중 부녀자매매 문제가 해당 연맹에 이관되기에 이르자 이에 참가하여 오늘에 이른 자다.

위원 '선드퀴스트'

스톡홀름대학원 여자부 부장을 지낸 적이 있다. 피부병과의 권위자로(의학박사의 칭호가 있다) 일찍이 스웨덴에서 공창제도폐지운동이 일어나자 그 주모자(主腦, 주뇌)로 활약했고, 이에 해당국의 해당 제도 폐지에 성공함에 그 공을 인정받아 국제연맹의 초빙을 받은 자라고 한다.

위원 '핀도르'

1904년 마카오의 해관(海關) 관리로 근무하기 시작하여 이후 오스트리아 영사관원으로서 지나 각지에 근무하고 제1차 세계대전 후 폴란드 국적을 취득하여 폴란드 영사관원으로 계속해서 지나에 근무했다. 지금 본국 외무성 관리다.

서기장 '슈미든'

법학박사학위가 있다. 1919년부터 1927년까지 독일 영사관원으로 주로 유럽 각지에 근무했다. 1927년 연맹사무국 독일 대표 주석비서로서 근무하여 오늘에 이르렀다.

속기자 '마셜'

아편위원으로도 수행한 바가 있다. 원래 신문기자로서 영국, 프랑스어 속기에 능통한 결과 연맹사무에 고용되어 있는 자다.

二. 마셜의 '프라이빗' 담화로부터 추측할 때 실지조사를 할 때에는 부인위원 선드퀴스트 여사가 피부병과의 전문가이기 때문에 특종 부인의 건강유지 및 질병치료 관계에 대해 매우 상세하게 시찰할 것이다. 다른 위원은 비교적 흥미가 낮은 모양으로 만약 부인위원이 열심히 장시간에 걸쳐 조사할 것 같은 경우에는 위원장을 독촉하여 간단하게 시찰을 마칠 수 있을 것이다.

이상 실지조사 일정을 제작하니 참고하기 바란다.

三. 슈미든의 담화에 따르면 위원장 존슨 및 선드퀴스트 여사, 마셜은 음주를 해도, 핀도르, 슈미든은 술을 마시지 않는다고 한다.

19. 국제연맹 부녀자매매 조사위원의 동정에 관한 건(1931. 5. 22.)

조약국(條約局)

(祕) 관보친(關保親) 第171호

1931년 5월 22일

관동청 경무국장

척무차관 귀하

외무성 정보부장 귀하

내무성 경보국장 귀하

조선총독부 경무국장 귀하

국제연맹 부녀자매매 조사위원의 동정에 관한 건

국제연맹 부녀자매매 조사위원 일행은 기보한 바와 같이 이번 달 14일 펑톈에 도착한 이래 지나 측에 대한 조사를 하고 있다. 예정과 같이 20일 오후 펑톈발 급행열차로 하얼빈 방향으로 북행(펑톈으로 돌아오는 날은 지난번 보고와 같이 이번 달 27일로 예정. 그리고 사고 때문에 베이징에 잔류하고 있는 핀도르 부처는 18일 밤 펑톈으로 오는 일행에 합류한다고 한다)하는데, 일행의 펑톈 체재 중의 조사 상황을 다음과 같이 보고(통보) 합니다.

一. 일행은 모든 성(省)의 경무처, 성회(省會)공안국, 지방법원, 구제원, 빈곤아동학교 등을 방문 시찰하고 있다. 18일 오후 9시부터 상부(商埠) 공안 제1분국장 왕다장(王達璋)의 안내로 남(南)시장 요리점 윈룽서관(運龍書館), 왕취(王萃)서관, 위엔(源)서관 3채에 대하여 실지조사를 하였다. 상부공안국에서는 미리 각 요리점에 대해 그 내용을 시달 준비하여 두고 있던 모양이다. 앞이 세 요리점의 조사 상황은 다음과 같다.

(가) 위생 상황, 예를 들면 창기, 배우 등의 복장(被服), 변소, 요리장의 시설 등 시찰

(나) 기녀가 되기까지 경위(정말로 가정사정 때문에 어쩔 수 없이 이 일을 하는지 아닌지 유괴 사실이 없는지, 아닌지) 그리고 전차 관계, 연기(年期), 기타 생업(稼業)의 실상 등에 관해 각 배우, 창기에게 한명 한명 질문을 함.

(다) 기녀에 대해서는 만 20세 이상인 자는 어쨌든, 20세 미만인 자에 대해서는 성매매적 행위를 해야 하고 단순히 가무로써 유객의 흥미를 돋우는 것에 그치고 있는 것이 적당하냐는 의향 아래 조사를 한 것 같다.

二. 지나 측은 위원 일행에 대하여 수차례 초대연회를 열고 대대적으로 환대에 힘쓴 모양인데, 18일 오후 6시부터 성(省) 정부 예배당에서 성 주석 장스이(臧式毅) 주최의 환영회를 거행하고 자리에서 장 주석은 다음과 같이 배일적 인사를 했다고 한다.

- 기(記) -

귀국은 정의 인도에 기초하여 노고를 아끼지 않고 우리 성에 와서 부녀매매 상황을 조사했으니 실로 경탄할 만한 일이다. 본 성은 이미 국민정부의 새로운 장정을 받들어 창기를 특별히 보호하고 만약 학대가 있을 시에는 즉시 자유롭게 구제원[즉 동선당(同善堂)]에 들어가게 하여 그 자유를 보호한다. 또 창기단속규정을 역시 완비하고 친족의 승인이 없으면 이를 허가하지 않는다. 이 생활 상태는 역시 점차 개량되고 있는 바다. 그러나 다롄 및 만철용지는 일본 관헌의 치하에 있어 부녀매매에 관해 단속으로 보호할 수 없다. 또한 현재 창기를 관리하는 일본경찰서의 창기 관리 현행법은 완전하다 해도 중국인에게는 이 법을 이용하여 기관(妓館) 영업보호를 하고 공공연하게 기녀의 매매를 인정하고 용인하고 있는 바다. 특히 구제원 등의 설비 없이 중국인에게 매우 냉담한 상황인데 귀 단체가 귀임하여 만주에서 일본인이 저지르는 반인도적 행위를 보고하게 되었다. 이상.

더욱이 지나 측 위원은 "부속지 내의 여관 등에서 부녀의 매매거래가 공공연하게 이루어지고 있어도 우리 쪽에서는 어떻게 할 수 없다. 위원이 이 사실을 규명하길 바란다"는 것과 같은 투서가 수십 통 있었다고 하여 우리를 비방하고 그 사실 전환을 도모하는 것과 같은 일이 있었다.

20. 국제연맹 부녀자매매 조사위원의 동정에 관한 건(1931. 5. 26.)

1931년 5월 26일

재하얼빈 척무사무관 모리시게 미키오(森重干夫)

이코마(生駒) 척무성 관리국장 귀하

쓰치야(土屋) 내무성 경무과장 귀하

미하시(三橋) 조선총독부 경무과장 귀하

조선총독부 경무국장 귀하

국제연맹 부녀자매매 조사위원의 동정에 관한 건

첫머리 제목의 건에 관해 별지와 같이 보고(통보)합니다.

부인아동매매 조사위원에 관한 정보(제3보)

위원장 존슨 씨 부처, 위원 핀도르 씨, 위원 선드퀴스트 여의사, 비서 슈미든, 속기사 마셜의 6명(핀도르 씨 부인은 많이 아파서 펑톈에 머물러 있던 것으로 보인다)은 난징(南京) 정부 대표 션친이(沈勤辰), 동(同) 비서 린창(林昶) 두 명의 안내로 1931년 5월 21일 오전 8시 하얼빈역에 도착하였다. 역에는 관계관서 사람들 십수 명이 그를 마중하였다. 일행은 즉시 도보로 역 근방의 그랜드호텔에 투숙하고 잠시 쉰 후에 행정장관 공서, 경찰관리처 그리고 지린(吉林) 외교부 주하얼빈 지린 특파원 공서를 방문했다.

다음 날 22일은 다시 경찰관리처와 지린 특파원 공서를 방문하고 다시 특별구 재판소를 시찰했다가 그날 밤 일행 일부는 '니쓰투어(ニツツア)' [유명한 스트립 춤을 추는 러시아인 조로야(女郎屋)]에서 유흥했다는 소문도 있다(전날 밤 속기자 마셜은 단독으로 베이만(北滿)호텔의 카바레에 와서 늦게까지 춤을 췄다).

23일은 오전 10시 호텔에서 출발하여 경찰관리처에서 관리처장, 검열과장, 총무과장, 탐방과장, 비서 및 통역 등과 회견하고 각종 조사를 하며 다양하게 청취했다. 그리고 그 주요한 조사 사항은 하얼빈의 매매영업제도, 매춘부 허가에 관한 제도와 감찰 교부의 건수 및 자유폐업 신청자의 유무에 관한 것이었다. 본 조사는 오후 2시까지 행하였고 일단 휴식한 후 오후 3시부터 계속해서 조사를 속행하여 밤까지 지속되었다.

더욱이 일행은 하얼빈의 매소(賣笑) 가옥의 소재를 가르쳐 줄 것을 요구했다고 한다.

또 일행은 영자신문지 등을 통해 유괴, 기타 곤궁한 경우에 있는 매춘부인의 상담이 있기를 희망한다는 내용을 표명했다. 이날도 러시아인 창부 6명이 호텔에 일행을 방문하여 비서 슈미든이 응대하고 여러 가지 사정을 청취했다.

24일은 일요일이었기 때문에 하루 종일 골프장에서 즐겼다.

5월 25일 오후 3시 존슨, 핀도르, 선드퀴스트 위원 3명과 비서 슈미든은 일본 총영사관을 방문했다. 다키가와(瀧川) 영사관보는 준비한 합의에 기초하여 대체로 작년 외무성이 한 조회에 대한 회답서의 취지에 따라 일본 예작부(藝酌婦)도 점차 감소시키는 방침을 취하고 있는 것을 설명했다. 대체적인 내용은 다음과 같이 문답으로 되어 있다.

문: 하얼빈의 일본인(조선인 포함) 예기, 작부의 수는 얼마인가.

답: 작년 5월 조사에 기초하여 외무성에 이미 보고한 대로 회답했다.

문: 연령의 제한은 어떠한가.

답: 영사관령에서는 만 16세 이상이지만 사실상은 만 18세 이상이 되지 않으면 허가하지 않는 방침을 취하고 있다.

문: 영사관령의 복사본을 받고 싶다.

답: 경찰이 취급하고 있어 지금으로서는 드릴 수 있는 복사본이 없다.

문: 일본 내지 및 조선에서 오는 경로는 어떠한가.

답: 주로 포주가 직접 내지에서 데려오고 있다.

문: 남만주에서 업을 바꾸는 일이 많지 않은가.

답: 다소 있어도 그다지 많지 않다.

문: 주선업자는 어떠한가. 유괴 사실은 없는가.

답: 조선인 주선업자 2명이 있는데 유괴 등의 사실은 절대로 없다.

문: 예기에는 2종(二種)이 있는 사실이 있다. 그래서 그 하급인 자는 추업을 하게 되는 일도 있는지, 어떠한가.

답: 예기에는 2종이 있지만 추업을 하는 업(業)이라는 것은 존재하지 않는다.

문: 예기는 추행(醜行)을 하지 않는가.

답: 우발적으로는 있어도 업으로 하는 일은 없다.

문: 손님은 일본인에 한정되는가.

답: 내지인은 일본인만을 손님으로 해도 조선인은 반드시 그렇지 않다.

문: 빚(借財)을 지는 계약의 내용은 어떠한가.

답: 당 지역에는 연기 제한 없이 빚을 반제하기까지 일(稼業)을 하는 것에 따라 이르게는 반년 내지 1년 정도면 갚기도 한다. 또 여러 해가 걸리는 경우도 있다.

문: 빚을 갚으면 그 후 처신은 어떠한가.

답: 주로 귀국한다.

그리고 기타 의식, 위생시설 등에 관해 조금 질문응답을 하는 일이 있었다.

이리하여 오후 10시 다키카와 영사관보는 전기 4명의 신청을 받아 두세 곳의 화류가를 시찰할 일 없이, 다키카와 씨의 안내로 무사시노(武藏野)(일본 요리 일류의 예기오키야), 우가와(宇川)(작부 가시자시키(貸座敷)로서 일류의 것) 및 조선인 작부 가시자사키 한 곳에 이르러 시찰하고 30분 정도로 종료했다. 물론 언어가 통하지 않아 포주, 예기, 작부 등과는 어떠한 담화도 나누는 일이 없었고 간단하게 자시키(座敷), 오키부야(置部屋) 등을 한눈에 보는 것에 불과할 수밖에 없었다.

21. 국제연맹 부인아동매매 조사위원 동정에 관한 건(1931. 5. 29.)

관보친(關保親) 제184호

1931년 5월 29일

관동청 경무국장

척무차관 귀하

외무성 정보부장 귀하

내무성 경보국장 귀하

조선총독부 경무국장 귀하

국제연맹 부인아동매매 조사위원 동정에 관한 건

위원 일행은 29일 오후 1시 20분 펑톈(奉天)역에 도착하는 열차로 하얼빈으로부터 도착하여 부속지 야마토호텔에 투숙했습니다. 당청에서는 담당관을 시켜 위원 비서 슈미든과 회견하도록 다시 일정 조정을 하였습니다[구사마(草間) 내무성 방역관, 모리시게(森重) 척무차관, 야기(八木) 조선총독부 사무관이 열석함]. 그 상황을 다음과 같이 보고(통보)합니다.

- 기(記) -

一. 오늘 오후 3시 야마토호텔에서 위원 비서 슈미든과 회견하고[구사마 내무성 방역관, 모리시게 척무차관, 야기 조선총독부 사무관과 아리타(有田) 당청 보안과장], 관동청 및 조선총독부의 질문 회답서와 타이완의 보충 조사서를 직접 전달함. 슈미든의 말에 따르면 도쿄에서 특히 타이완에서 오는 담당관이 도쿄에 오기를 기다려 설명을 요청할 의사는 없는 것 같음.

一. 위원 일행은 하얼빈에서 펑톈에 오는 날짜가 지연된 관계도 있어서 어차피 펑톈에서 회견(질의응답)은 그만두고 다롄에서 일괄적으로 하는 것으로 변경. 펑톈에서는 내일(30일) 오전 중 실지조사만 하고 같은 날 오후 1시 30분 펑톈 출발 탕강즈(湯崗子)로 향해 출발하는 것으로 일정을 변경하는 것을 제의하고 승낙.

一. 모레는 일요일이기도 해서 바로 앞 보고와 같이 탕강즈에서 1박을 하기로 함.

一. 위원은 별지와 같이 성명서를 신문에 발표할 것을 요청하고 이에 따라 방문해야 하는 단체 또는 개인의 내방(來訪)을 충분히 하는 하루 여유를 일정 중에 넣어달라고 요청함. 당청에서는 이를 거부하는 것이 오히려 쓸 데 없는 오해를 갖게 할 것이라고 생각함. (가) 본 문제에 관한 일반적 의견교환에는 각별히 개개의 구체적 사건에 대한 간섭 처리는 삼갈 것과 (나) 그 방법은 당청과 위원 사이에 쓸 데 없는 오해가 생길 요소를 만들지 않도록 주의할 것의 의견을 붙이고 그 요청을 승인함. 이 때문에 6월 3일을 일정 중에 보류함.

一. 위원은 실지조사가 종래 야간을 원칙으로 해왔기 때문에 당청 관내에서도 그렇게 하고 싶다고 요청해도 당청은 야간조사는 합법적으로 영업하고 있는 업자에게 쓸 데 없는 방해를 줄 수 있으므로 관청으로서는 좋지 않다고 말하였음. 결국 실지조사는 원칙으로서 주간에 하고 사정에 따라 지장이 없는 한 한 차례 야간조사에 조력하기로 하였음.

一. 당청 관내는 본 문제에 관한 국제조약 적용 지역 외인 것을 인상지을 필요가 있다고 생각하고 협의 전제로 요청 주의를 환기해 둘 것임.

一. 위원 핀도르 씨 부인은 병이 나서 하얼빈에 가지 않고 펑톈 거주 지인의 허락으로 정양 중인데 병(맹장염)이 잘 낫지 않음으로 당지에서 귀국할 것임.

一. 당청 관내의 시찰일정은 별지와 같음.

이상.

22. 부인아동매매 실지조사위원에 관한 건(1931. 6. 4.)

조선총독부 경비(警秘) 11호
1931년 6월 4일
조선총독부 경무국장
외무성 정보부장 귀하

부인아동매매 실지조사위원에 관한 건

국제연맹 부인아동매매 실지조사위원 일행은 관동청 관내의 조사를 종료하고 이번 달 5일 오전 9시 40분 경성에 도착 예정이다. 당지의 행동은 경성에 도착하고 또는 다소의 변경을 볼 가능성이 있어도 대체로 별지 일정안대로 이루어질 예정이니 참고를 위해 통고한다. 그리고 위원이 관동청과 같은 방식의 영문을 신문지에 게재하는 방법을 의뢰함에 따라 일본어(邦字), 한글(諺文), 영자 각 신문에 게재하도록 할 계획이다.

추신. 위원 일행을 마중하기 위해 경무과장 및 통역관을 안둥(安東)역까지 출장하도록 할 것을 알린다.

부인아동매매 실지조사원 일정

일월	시각	발착소(發着所)		개요
		발	착	
6월 4일	오후 10:30	안둥(安東)		
5일	오전 9:40		경성역	차 안 조식
5일	오전 9:50		조선호텔	
5일	오전 11:00		조선총독부	총독 방문
5일	오후 2:00	조선호텔		

5일	오후 2:05		조선총독부	설명 응답
5일	오후 4:30	조선총독부		
5일	오후 4:40		신정 유곽	정가(正家), 대성루(大盛樓) 및 신정병원 시찰
5일	오후 5:40	신정 유곽		
5일	오후 5:50		조선호텔	
5일	오후 7:15	조선호텔		
5일	오후 7:25		총독 관저	오후 7시 반부터 총독 주최 만찬회
5일		총독 관저		
5일			조선호텔	
6월 6일	오전 9:00	조선호텔		
6일	오전 9:05		경성법원	
6일	오전 9:25	경성법원		
6일	오전 9:35		서대문형무소	
6일	오전 10:05	서대문형무소		
6일	오전 10:15		제생원 맹아부	
6일	오전 10:30	제생원 맹아부		
6일	오전 10:40		종로경찰서	유치장 시찰
6일	오전 10:50	종로경찰서		
6일	오전 10:55		수송동 기생가옥	
6일	오전 11:05	수송동 기생가옥		
6일	오전 11:15		화광교원(和光教園)	
6일	오전 11:30	화광교원		
6일	오전 11:40		천대본(千代本)	
6일	오전 11:50	천대본		
6일	오전 11:55		귤옥(橘屋)	
6일	오후 12:00	귤옥		
6일	오후 12:10		경성호텔	12시 반부터 조선기독교여자교풍회, 동(同) 선인(鮮人)여자교풍회 및 메서디스트 교풍회 주최 오찬회
6일	오후 2:00	경성호텔		
6일	오후 2:10		조선호텔	

6일				자유. 희망이 있으면 남산공원, 비원 등을 안내함.
6일	오후 7:20	조선호텔		
6일	오후 7:25		명월관	오후 7시 반부터 경무국장 주최 만찬회
6일		명월관		
6일			조선호텔	
6월 7일	오전 9:40	조선호텔		
7일	오전 9:50		경성역	점심(Tiffin), 석식 모두 차 안
7일	오전 10:00	경성역		
7일	오후 8:20		부산	
7일	오후 9:30	부산		

23. 부인아동매매 실지조사위원에 관한 건(1931. 6. 26.)

경비(警祕) 第60호
1931년 6월 26일
조선총독부 경무국장
외무성 정보부장 귀하

부인아동매매 실지조사위원에 관한 건

6월 5일부터 동 7일까지 국제연맹 부인아동매매 실지조사위원 일행의 조선 체재 중 동정을 별지와 같이 통첩함.

제1일(6월 5일)

일행은 이미 통지한 대로 5일 오전 9시 40분 이곳에 도착하여 조선호텔에서 잠깐 쉰 후 총독대리 정무총감을 방문하고 일단 호텔로 돌아갔다가 다시 오후 2시부터 총독 응접실에서 내무성 구사마(草間) 방역관, 척무성 모리시게(森重) 사무관이 입회한 가운데 총독부 측 미하시(三橋) 경무과장, 니시카메(西龜) 위생과장, 호즈미(穗積) 외사과장, 기타와 회견하였는데 그 개황은 다음과 같다. 질문과 응답 사항은 회답서 내용에 대한 보충으로서 해당 질문 사항의 각항에 조 순서대로 이루어졌다.

일반 문제 질문

一. 질문 없음

二. **질문**: 본 항에 대한 귀 청의 해답은 부도덕한 목적을 위해 외국에서 조선 내로, 조선 내에서 외국으로 출입하는 자가 없다고 이해해도 되는가?

답: 그렇다. 외국인이면서 조선에 들어와서 창기가 된 자가 2명 있다. 조선 부인이면서 유

괴되어 만주에 이르러 그곳에서 발견된 자는 세부 항목 질문 A 제六항 별표와 같은데, 매음 목적으로 국외로 나간 자는 없다. 농업, 기타 직업을 얻기 위해 만주 방면으로 갔다가 각종 이유로 추업에 종사하게 된 자는 있을 것이다.

질문: 하얼빈에서 재만주 조선인의 구제에 종사하는 단체가 있다. 명칭은 분명하지 않지만 아마 '국제 메서디스트(감리교) 미션'이라 생각한다. 이 단체로부터 들은 바에 따르면 조선 내에서 조선인 여자이면서 지나인에게 유괴된 자가 많고 혹은 어려서 전족을 하여 지나인처럼 가장하거나, 약을 먹여 죽은 사람처럼 만들어 연행된 자가 있다고 하니, 과연 진실인지 불명하지만 그 (단체) 지부가 경성에 있으므로 거기 가서 관헌 입회 아래 일의 진위를 물어도 되겠는가?

답: 해당 사항은 조선 내에서는 절대로 없다고 믿는다. 외국행 조선인에 대해서는 항만 단속, 열차 탑승, 기타의 경찰관이 엄중히 단속하고 있다. 특히 국경에는 다수의 경찰관을 배치하고 있어 그러한 일은 없으리라 믿지만, 만일 조선 내에 그러한 단체 또는 지부가 있다면 기꺼이 그 사실을 승낙하고자 한다.

질문: 지나 여행 중 톈진(天津), 샤먼(厦門) 등에 조선인 여자가 다수 있는 것을 보았다. 이들 중에는 그 지역에서 태어난 자도 있겠지만 그 외는 추업을 구하기 위해 왔거나 혹은 범죄자의 단체가 있어 유괴된 것이 아닌가?

답: 조선 내에서 그 지역으로 직접 도항할 방법이 없으므로 그 목적으로 도항할 수 있으리라고는 생각하지 않는다. 둘째로 주선자에 대해서는 엄중한 단속 감독을 하고 있으므로 그런 일은 없으리라 믿는다. 내가 아는 한에서 조선에는 그러한 단체가 존재하지 않는다.

질문: 그렇다면 이들 부인으로 펑톈, 톈진, 하얼빈 등에 있는 자는 조선인이 다수 거주하는 조선 외의 지방에서 그 지역으로 간 자인가?

답: 요컨대 처음에 농업 등의 목적으로 만주로 건너간 자가 몰락해서 전전하는 자일 것이라 생각한다. 그 하나의 증거로서 만주 방면에서 생활하는 자 중 경상남북도 남선(南鮮) 지방 농업지의 자들이 많다는 점을 들 수 있을 것이다. 이들 지방의 소작농 다수가 좋은 기회를 찾아 만주로 건너가고자 하면 그곳의 농업에 종사할 것을 목적으로 삼는 것은 의심의 여지가 없고 이는 통계로도 명백하다.

질문: 남선에서 나가는 부인은 대부분 농업을 목적으로 삼게 되지만 국외 이출(移出)은 경찰

의 단속이 엄중하니 좋은 직업을 주겠다고 말하고 연행한 후 추업에 종사할 수밖에 없도록 만들어지는 것이 아닌가? 특히 북선(北鮮)의 자는 국경에 가까우니 쉽게 이를 수행할 수 있지 않은가?

답: 세부 항목 질문 A 제六항에 붙인 표가 보여 주듯이 그러한 자는 남선보다 북선에 많고 관헌이 엄중히 단속하고 있다.

질문: 이들의 행선지는 어디인가?

답: 주로 펑톈, 다롄 등이다.

질문: 이들은 모두 북선 지방에서 간 자인가?

답: 그렇다. 남선에서 간 자가 하나 있지만 나머지는 북선에서 간 자다.

질문: 범인은 부인을 국외로 이출하기 이전에 체포되었는가, 이출 후에 체포되었는가?

답: 국외로 나가기 전에 대부분은 발견하였고 범죄 수행 후에 발견한 자도 있다.

질문: 범인은 조선인인가, 지나인인가?

답: 지나인도 있지만 대부분은 조선인이다.

질문: 조선인의 범죄는 지나에서도 일본의 재판에 따를 수 있으므로 체포하기 용이하겠지만 지나인의 범죄인 경우는 체포에 관해 지나 경찰 관헌과의 협력을 기대하는가?

답: 범죄에 대한 조치는 조선 내에서는 지나인과 일본인이 다른 점이 없다. 그리고 여기 열거한 범죄 중 이미 완수된 범죄로 피유괴된 여자가 이미 조선 밖에 있는 건이더라도 범인은 조선 내에서 체포되었다.

질문: 지나인인 범인이 국경을 넘어 지나령으로 들어가 지나 관헌에 의해 발견된 일은 없는가?

답: 아직 그 경험은 없다.

三, 四. 질문: 없음.

五. 질문: 조선 내에서 지나인 매소부는 어떠한가?

답: 지나인 매소부는 없다.

질문: 외국인 창부를 폐지한 결과에 대해 좋고 나쁨은 어떤가?

답: 1923년경 러시아인 창부 14명이 있었지만 같은 해에 장래 허가하지 않을 방침을 통첩한 결과 점차 감소하여 현재 2명이 되었으며 가까운 장래에 모두 없어질 것이다. 외국인 창부가 모두 없어진다는 것은 경찰 단속에 양호한 영향이 있으리라 믿는다.

질문: 전에 지나인 창부는 없었는가?

답: 없다.

질문: 재조선 지나인 남자가 많은 것 같은데 여자놀이를 하지 않는다면 어떻게 하는가?

답: 유곽에서 노는 건 드물고 논다면 조선인 창기가 상대일 것이다. 그들 대부분이 단기간 체재이고 일정한 저축을 얻은 후에는 정월 전에 귀향하는 것이 보통이다.

질문: 그들 대부분은 산둥인인가?

답: 대개가 산둥인이고 그들은 대부분 쿨리(苦力)인데 저축을 목적으로 오는 자여서 그 이외의 일에는 흥미가 없다.

질문: 지나인 유녀(遊女)가 없는 결과 아무런 사회적 악영향은 없는가?

답: 없다.

六. 질문: 없음.

七. 질문: 부인아동매매에 관해 정부에 협력하는 단체 또는 개인이 없다 했는데 전혀 존재하지 않는가?

답: 교풍회, 구세군 등 있지만 조선 내에서 부인아동매매 방지에 관해 아무런 적극적인 사업을 하고 있지 않아서 해당 사항이 없다고 해답했다.

八. 질문: 이 질문에 대한 해답에서 보자면, 우리가 아까 문답한 표에 기재된 사건은 국제적 거래로 볼 수 없는 것이라 추측되는데 그렇게 이해함이 마땅한가?

답: 본 문제에 관해서는 힘닿는 한 엄중한 단속을 하고 있지만 조선에는 부인아동매매의 사실을 인정하지 않기 때문에 적극적으로 그 대책을 강구하는 일이 없다는 의미다.

질문: 그렇지만 이들 사건은 국제매매 기획으로 관찰되지 않는가?

답: 이것들은 우리가 국제매매 같은 행위를 방지하기 위해 한 사항이다.

질문: 조선에서 관헌이 국제매매 사건을 들어서 아는 바가 없다는 해답이 되는데….

답: 이 표는 부인아동매매의 표가 아니라 유괴되어 음식점으로부터 전차(前借)한 자의 표다. 전차는 매매와 성질을 달리한다.

질문: 조선 부인이 농업 등에 종사하기 위해 국외로 나간 뒤 추업에 종사하게 된다는 것인데, 이렇게 농업을 위해 국외로 나가는 자는 직업소개소의 중개를 받은 자인가?

답: 꼭 그렇지는 않다. 단 지나인과 기타의 자 중에 직업소개소에 가서 부녀자를 찾으려 하는 자가 있을 것을 우려해 소개소에 대해서는 엄중 단속하고 있다.

질문: 직업소개소를 통해 농업 등에 종사하는 자였다가 이후 추업부가 되는 자가 있다면 소

개소를 처벌하는가?

답: 정당한 직업을 소개하는 자라면 처벌하지 않는다.

질문: 추업부가 되려는 자를 소개소가 주선하는 일은 없는가?

답: 통상의 경우 직업소개소란 공영인 것을 지칭하고 기타는 이를 주선업이라 칭한다. 주선업자가 부녀자를 사창으로 주선하는 것이 허용되지 않지만 공창 또는 여급으로 중개하는 것이 인정된다. 그리고 예창기, 작부의 소개를 할 때는 그 부인의 신원, 부모의 동의, 기타에 대해 상세히 조사할 의무가 있다. 따라서 만일 이를 준수하지 않으면 처벌받는다.

질문: 일정한 일(仕事), 예를 들어 재봉사, 농업 등을 찾으려고 소개소에 온 자가 있다고 가정하고, 그에게 줄 적당한 일이 없는 경우 소개소는 추업부로 소개하는 것이 허용되는가?

답: 주선업의 단속에 관한 규칙에 주선업자는 본인의 의사에 반하여, 또는 사기의 수단에 의하여 주선할 수 없다는 내용의 규정이 있지만 본인이 희망한다고 한다면 이를 막을 방법은 없다. 그렇지만 공영의 직업소개소는 그 부인이 적당한 직업이 없고 아무리 곤궁하더라도 그러한 직업을 주선하는 일은 없다.

세부 항목 질문 A

一, 二, 三, 四. **질문**: 없음.

五. **질문**: 펑톈, 샤먼, 즈푸, 톈진에서 조선 부인과 아동의 수는 어떠한가?

답: 지나로 가는 자에 대해서는 여권을 발행하지 않기 때문에 그 수는 분명히 알 수 없다.

질문: 조선에 거주하는 지나인 수는 대략 몇 명인가?

답: 작년의 국세조사 결과에 따르면 91,466명이며 대부분은 농업에 종사한다.

질문: 지나인은 여행면장 또는 아무런 수속을 할 필요 없이 자유롭게 조선으로 들어올 수 있는가?

답: 그렇다.

질문: 조선인은 모두 지나에서 치외법권을 갖는가?

답: 그렇다.

六. **질문**: 부인아동매매 범인의 연령, 국적, 범죄수단 등을 포함한 전형적 실제 사례를 제시해 주면 좋겠다.

답: 전형적 사건은 부자의 양녀, 또는 양가에 시집 보내 주겠다는 구실 아래 유괴한 것이다. 범인은 조선인으로 56세다.

질문: 관헌은 이 사건을 어떻게 처치하는가?

답: 징역 3년에 처했다.

질문: 피유괴자는 어떻게 하는가?

답: 그녀는 조선 내에서 만류당해 부모에게 돌려보내졌다.

질문: 범죄인이 유괴에 성공하여 국외로 데려간 예가 있는가?

답: 펑톈으로 꾀어가는 데 성공한 사건이 있지만 유괴자는 조선 내로 귀환했을 때 체포한 일이 있다.

질문: 피유괴자는 어떻게 했는가?

답: 그대로다.

질문: 부도덕한 목적을 위해 만주에 부녀를 데리고 나가려 한 사건이 있는가?

답: 평안남도에 그런 사건이 있고 피해자는 여급이다.

질문: 그녀를 음식점에 근무시켜 준다고 한 것은 부도덕한 목적을 위해서인가?

답: 그렇다.

질문: 다른 사건에 관해 더 상세한 정보를 얻고 싶다.

답: 보충 기록을 만들어서 제출하겠다.

七, 八. **질문**: 없음.

九. **질문**: 직업소개소는 조선 밖으로 주선하는 일이 없는가?

답: 그런 사례를 모른다.

질문: 예를 들어 하얼빈에서 유녀가 되려는 자가 있다고 한다면 직업소개소는 그 지역 소개소 또는 유곽과 연락을 취해 그녀를 위해 일을 줄 수 있는가?

답: 그런 경우는 없다. 다롄 또는 일본 본토의 소개소 등과 연락을 취한 사례가 약간 있지만 하얼빈이나 기타 외국 도시의 동업자와 연락을 취한 사례는 없다.

질문: 법률적으로는 어떠한가?

답: 법규에 제한이 없지만 사실상 하얼빈 등에 주선하는 것은 매매의 우려가 있기 때문에 엄중히 단속하고 있다.

十. **질문**: 해당사항이 없다는 해답이 있었는데 이에 관해 아무런 의견이 없는가?

답: 조선 내에는 내선인 외에는 러시아인 2명의 공창이 있을 뿐이고 이들도 가까운 장래에 완전히 없어질 것으로 사료되므로 이것이 국제 부인매매에 영향을 미칠 것이라고는 생각되지 않는다. 또한 조선에서는 음란(淫猥) 간행물의 출판이 지극히 드물어서 그 영향이 전혀 없다. 그리고 알코올 약품 등에 관해서는 특별히 거론할 사항이 없다.

질문: 조선에 매소부가 존재한다는 것이 조선 부인의 국외 이송에 영향을 미치지 않는다고 사료하는가?

답: 영향이 없다. 조선 부인이 조선 밖으로 나가는 것은 농업이나 기타 목적을 위해서이며, 그러한 추업에 종사할 의사를 갖지 않는다면 말이다. 오늘날은 공창 수가 점차 감소하고 있는 상황이며 장래에 매소부의 존재가 조선 부인의 심리에 대해 특히 영향이 있을 거라 생각할 수 없다.

十一. **질문**:국외로 나가려는 부녀자에 대한 조치에 대해 설명해 주면 좋겠다.

답: 만주 같은 지역으로 나가는 일본 또는 조선 부인에 대해서는 여권이 필요하지 않기 때문에 특별한 조치를 강구하고 있지 않다. 다만 이들 부인이 단독인 경우에는 열차에 탑승한 경찰관이 주의하고 필요에 따라 적당한 보호를 해 주고 있다.

十二. **질문**: 없음.

十三. **질문**:조선의 양자제도에 관한 절차를 설명해 주면 좋겠다.

답: 양자의 절차는 신고로 족하다. 친족관계가 있는 자 사이에서 많이 이루어지는 미성년자는 부모의 승낙이 필요하다.

질문: 고용녀에 관한 규칙이 있는가?

답: 고용녀에 관한 특별한 법규는 없지만 요리옥 음식점 등 단속규칙 안에 고용녀에 관한 규정이 있다. 경기도 도령(道令)에 규정한 부분을 제공하겠다.

十四, 十五, 十六, 十七, 十八, 十九. **질문**: 없음.

B

一, 二. **질문**: 없음.

三. **질문**: 조선은 직업적 훈련 방면이 양호한 것으로 인정되고 있는데 교육과 기타 여론에 힘입은 바가 크다고 인정함이 마땅한가?

답: 그렇다.

질문: 부인에게 직업적 교육을 하는 기관이 있는가?

답: 경성에는 중등 정도의 곳이 둘 있다.

질문: 졸업하는 부인은 취직난은 없는가?

답: 학교 당국과 취업할 곳의 연락으로 비교적 용이하다.

질문: 지나에 조선 부인이 이출하는 것은 취직이 어렵기 때문인가, 스스로 찾아가는 것인가?

답: 유리한 일을 찾기 위해 그의 남편 또는 양친과 함께 지나로 건너가는 자가 대부분이다.

질문: 계절적 직업만을 찾아서 이출하는 자인가?

답: 대체로 농업을 위해 이출하며 영구적으로 체재하는 자가 많다.

四, 五. 질문: 없음.

- 실지조사 -

오후 4시 40분부터 다음에 서술한 곳에 대해 실지조사를 실시하였다. 그사이 서기 마셜은 골프 링크에 갔다.

一. 대성루(大盛楼)(조선인 유곽)

二. 마사노야(正乃屋)(내지인 유곽)

한 창기의 방에 그리스도 상이 걸려 있어 위원에게 좋은 인상을 준 듯하다.

三. 요시노야(佳乃屋)(내지인 유곽)

이상은 모두 위생상 기타 설비가 양호하다는 평이 있었다.

四. 신정(新町)병원 입원 환자용 침대 수, 환자의 질병 종류, 1개년 간의 새 환자 수, 새 환자의 증감 등에 관해 질문했다. 진료실, 수술실, 병실, 오락실 등을 돌아보았다.

이에 대해서도 위치, 설비, 기타 대체로 양호하다는 평이 있었다.

제2일(6월 6일)

一. 오전

오전 9시에 호텔을 출발해 다음을 방문 시찰했다.

가. 경성법원

법원 회의실에서 고등법원장, 동 검사장 등과 회견하고 경의를 표했다. 이어서 고등법원장이 아동의 약취유괴에 관한 범죄와 이에 대한 처분에 대해 숫자적 설명을 했다. 끝나고 청사의 주요부를 돌아보았다.

나. 서대문형무소

사무실 위층에서 형무소의 현황에 대해 개요를 설명했다. 곧바로 여자 감방과 그 작업장, 교육장 등을 시찰했다.

다. 제생원 맹아부

특히 기사 없음.

라. 종로경찰서

서장실에서 경의를 표했을 뿐 아무런 질문 등이 없어 곧바로 유치장을 시찰했다.

마. 기생 가옥

기생 영업에 관해 설명했다.

바. 화광교원(和光教園)

사무실에서 원생으로부터 사업에 관한 설명을 청취하고, 원아의 '말하는 법' '유희' 등을 참관한 후, 이어서 그 사업의 하나인 수산장(授産場),[24] 간이숙박소 등을 시찰했다.

사. 지요모토(千代本)(요리옥)

객실을 돌아본 후 예기의 꽃꽂이, 다도, 손짓춤(手踊) 등을 시찰했다.

아. 다치바나야(橘屋)(예기오키야)

특기사항 없음.

二. 오후

(一) 조선기독교여자교풍회, 동 선인(鮮人)여자교풍회, 감리교회가 합동으로 주최한 환영오찬회에서 다음과 같은 개요의 인사와 강연(영어)이 있었다.

가. 주최자 측

- 여자교풍회 대표자

부인아동매매 문제 조사를 위해 국제연맹으로부터 위원 일행이 조선에 오셔서 기쁘기 그지없다. 우리 교풍회는 빈약해서 커다란 활동을 하지는 못하지만 일찍이 가여운 부인을 추업으로

---

24 수산(授産)은 생활이 곤란한 사회적 약자에게 일자리나 기능습득 기회를 제공하는 보호시설.

부터 구해 내서 내지의 부모 곁으로 송환한 일이 두세 번 있었다. 연맹에서도 폐창운동과 관련해 한층 더 노력해 주시고 원조해 주시기 바란다.

- 선인(鮮人)여자교풍회 대표자
- 감리교회 대표자

양자가 모두 대체로 같은 취지이며, 우리는 부인아동매매의 폐지가 인도적이고 올바른 사업이라 믿어 기꺼이 이 사업에 참가하고 있다. 연맹의 노력을 희망한다고 말했다.

나. 연맹 위원 측

- 위원장 존슨 씨

오늘의 환대와 관헌의 협력에 감사한다. 이번 조사는 부인아동매매의 국제적 관계에 대한 단순한 조사이지, 어떤 나라나 지방의 국내적 또는 지방적 문제에 간섭하여 그 나라의 권위를 해치면서까지 공창을 폐지하려는 기도(企図)가 아니다. 다만 국내 문제에 관해서 그 나라의 요구가 있다면 이에 관해 협력은 아끼지 않는다라고 말하고 후반에서 부인아동매매 방지운동의 연혁을 설명했다.

- 위원 선드퀴스트 여사

많은 부인들과의 회견이 기쁘다. 노예제(slavery)는 문명국의 치욕에 그치지 않고 인도적으로 나쁜 것이므로 이를 금지하고 막는 일이 가장 필요하다. 그리고 노예제의 폐지, 부인아동매매의 금지억압에서는 종래 부인의 힘이 일어난 바가 대단했고, 이 사업의 수행은 일반의 여론의 힘에 기대해야 하는데, 그 여론은 부인의 힘으로 만들어진다. 장래에도 부인의 노력을 바란다. 다음으로 부녀자가 추업에 빠지는 것을 예방하려면 그들에게 교육을 시행하고 직업을 주는 것이 첫째다. 여러분의 노력과 성공을 기도한다.

(二) 오후 2시 반부터 3시 반에 이르는 사이에 부인아동매매 문제에 관해 정보를 제공할 수 있는 개인 또는 단체와 회견했다. 그 문답의 개요는 다음과 같다.

가. 구세군 조선군 사령관 바(バー) 씨

바 씨는 위원들이 그의 일로서 취급할 수 있는 사항에 관해 조사하기 위해 연맹으로부터 파견되어 조선에 온 것을 기뻐하며 환영 뜻을 표한다고 말했다.

질문: 조선 내에서 부인아동의 국제적 매매 사실을 알지 않는가?

답: 우리 일은 국내적인 것이어서 국제적인 것에 대해서는 알지 못한다.

질문: 오늘 고등법원에서 조선인을 유괴한 지나인이 있다고 들었는데 어떠한가?

답: 듣고 아는 바가 없다.

질문: 조선 내에서 매소부가 이 직업을 선택하게 되는 원인은 무엇인가?

답: 대부분 부모가 빈곤해서 그 부채 지불 비용을 충당할 목적으로 몸을 판다. 관련 부인 중 우리에게 자신의 해방을 청해 오는 자가 있다. 그들은 계약으로는 그곳에서 일할 필요가 없는데 정신의 압박으로 인해 일하지 않을 수 없는 경우가 있다. 1인당 약 2백 엔 내지 4백 엔의 빚을 지는 것이 보통이다. 관련 부인으로서 구조가 필요한 자가 있지만 자금이 없어 실행이 어렵다.

질문: 다른 직업을 구해 부채를 변제할 방법은 없는가?

답: 일을 주려 해도 수입이 적어서 변제가 불가능하므로 이를 도와주려 한다면 타인의 힘에 기대는 외는 없다.

질문: 지나인, 구미인 등이면서 조선 내에서 매소부인 자가 있는가?

답: 모른다.

질문: 직업소개소를 통해 추업을 하게 된 자 중에 구제를 청하는 자는 없는가?

답: 없다.

질문: 이에 대해 뭔가 해결방법은 없는가?

답: 구체적 방법을 모르겠다.

질문: 추업부에게 그의 포주가 고가에 물품을 파는 일은 없는가?

답: 그 사실이 있다는 것은 들은 적이 있지만 공창제도가 있기 때문에 유럽처럼 노상에서 통행인의 옷자락을 끌다시피 하는 자를 보고들은 일은 없다. 경성 거리는 자유로우면서 분위기가 양호하다. 이곳 경찰의 단속이 엄중한 결과일 것이다.

질문: 추업부는 폐업 후 어떤 생활을 하는가?

답: 숙박업소(宿屋)의 조추(女中)나 기타에 종사하지만 대부분 단명에 그치는 듯하다. 결핵병이 많기 때문일 것이다.

(여기서 입회 관헌이 바 씨에게 질문함.)

질문: 추업에 종사한 일이 있는 자 중 단명에 그치는 자가 많다는 점에 대한 숫자적 통계가 있는가?

답: 갖고 있지 않다. 내 말은 캐나다와 기타의 실례에서 미루어 짐작한 일반론이다.

나. 사립 세브란스의원 교수 맥클라렌 씨

맥클라렌 씨는 재하얼빈 국제 메서디스트 미션의 지부원이다.

질문: 귀하는 조선인 여자가 지나인에게 유괴되어 전족을 하거나 약품 음용으로 죽은 사람 같은 상태로 만들어져 연행된 자가 있음을 아는가?

답: 모른다. 하지만 나는 올해 정월에 인천에서 10살 정도의 조선인을 지나인이 유괴하여 지나옷을 입히고 리퉁호[25](利通號)라는 배에 승선시키려는데 경찰관헌이 발견해 그 아동을 경찰서에 연행 보호한 사실을 목격한 일이 있다.

(그러더니 이어서 공창제도에 관한 본인의 의견을 개진함.)

나의 견해로는 법률의 엄중한 실행만 확보된다면 공창제도는 결코 인도에 반하는 것이 아니다. 단 실제로는 누주와 기타 고용주의 탐욕 마음이 깊어서 이상대로 이뤄지지는 않을 것이다. 계약을 변경해 월급제도처럼 만들면 어떨까 하고 생각한다. 선드퀴스트 여사는 오찬회 때에 추업부를 방지하기 위한 교육의 필요성을 설파했지만 조선에서는 교육이 높은 자일수록 많은 전차금을 얻을 수 있다는 관계상 교육을 베푸는 것이 곧바로 추업부 방지 수단이 될 수 없다는 사정이 있다. 운운….

(여기서 입회 관헌이 다음과 같은 설명을 함.)

계약을 변경해 월급제도로 하면 어떤가 하는 의견이 있었지만 현재 이뤄지는 전차금은 금액이 커서 한 달에 10엔 내외를 표준으로 하고 있고 계약기간에 따라 산출한다.

또한 종래의 누주나 기타 고용주는 대부분 그들 영업의 사용인이므로 인도적 이해가 부족하지만, 최근의 누주나 기타 고용주는 일반적으로 연령이 내려가 교육을 받은 자가 많다 보니 이들 부녀자에 대한 동정 내지 이해가 깊고 전차금에 대한 권리를 포기하고 해방하는 자의 사례가 내지 등에 많다. 가까운 장래에 조선에서도 관련 사례를 보기에 이르리라고 믿는다.

(三) 이처럼 끝나고 위원 일행은 골프 링크로 갔다. 단 선드퀴스트 여사는 모르핀 환자 치료와 기타 위생시설을 시찰했다.

(四) 경무국장이 주최한 만찬회는 조선요리점에서 열렸고 자리에서 펼친 기생의 가무, 즉석 그림 등에 대해서는 호기심과 감탄을 금하지 못하는 이도 있는 듯했다.

제3일(6월 7일)

예정대로 오전 10시 경성역 출발 열차로 내지로 향했다.

---

25 리퉁호는 중국 선박이므로 중국어 발음으로 표기한다.

24. 국제연맹 동양 부인아동매매 실지조사위원에 관한 건(1931. 8. 4.)

국제연맹 동양 부인아동매매 실지조사위원들은 앞서 보고한(先報) 실지조사를 위해 일본 여행 중 일본 정부 관헌 유력자의 원조 환대를 두텁게 감사해함[26]

관(菅)1 제783호

1931년 8월 4일

척무차관 호리키리 젠지로 (인)

조선총독부 정무총감 이마이다 기요노리(今井田清德) 귀하

국제연맹 동양 부인아동매매 실지조사위원에 관한 건

이번에 국제연맹 동양 부인아동매매 실지조사위원장 배스컴 존슨 씨가 외무대신에게 별지 갑호 사본[27]과 같이 서한을 보냈음을 외무차관이 통지해 왔기에 별지 을호 번역문을 첨부해 송부하니 관계되는 쪽에 전달해 주시기 바랍니다.

을호(乙號)

부인아동매매 실지조사위원장이 외무대신에게 보내는 서간 번역문

서한을 올립니다. 인사드리며, 국제연맹 동양 부인아동매매 실지조사위원은 일본에서 조사를 완료하면서 일본제국 내 여행 중에 위원들이 받은 일체의 후한 대우에 깊이 감사드립니다. 동시에

---

26 자료에 손 글씨로 쓴 부분.

27 문서의 끝에 프랑스어로 첨부되어 있으나 일본어 번역본(을호)을 한글 번역하였으므로 생략한다.

저희 동료를 대신하여 위원들에게 주어진 일본제국 정부의 유력한 원조 및 환대에 대해 심심한 감사의 뜻을 표명합니다. 그리고 특히 제국 정부의 두 대표이신 구리모토(栗本), 구사마(草間) 두 분의 귀중하고 깊은 협력이 많았습니다. 이 분들의 지칠 줄 모르는 열성이 위원의 사업수행에 다대한 편의를 가져왔다고 부언하고 싶습니다. 이에 위원들이 인도적 사업을 위해 협력하는 영광을 누린 위의 두 분과, 일본 내지와 제국 해외 영토인 관동주 및 조선의 관헌에게 각하께서 위원들의 심심한 사의를 전달해 주신다면 저는 깊이 감명 받겠습니다.

위 말씀을 겸하며 저는 각하께 경의를 표합니다. 삼가 올리며.

25. 동양 부인아동매매 실지조사위원에 관한 건(1931. 8. 26.)

관(菅)1 제783호

1931년 8월 26일

척무차관 호리키리 젠지로 (인)

조선총독부 정무총감 이마이다 기요노리 귀하

동양 부인아동매매 실지조사위원에 관한 건

첫머리 제목 위원에 귀부(貴府) 관할하의 실지조사가 있는바, 이번에 해당 위원으로부터 별지 속기록의 사본을 송부받은 것을 이번에 열람하고 송부합니다.

관(菅)1 제783호

1931년 8월 20일

척무차관 호리키리 젠지로 (인)

조선총독부 정무총감 이마이다 기요노리 귀하

동양 부인아동매매 실지조사에 관한 건

이번에 내무성에서 내지에서 실시했던 첫머리 제목의 조사회 의사록 요약번역(要訳)을 송부해 왔기에 참고하시도록 송부합니다.

《동양의 부인아동매매 실지조사위원》

1931년 6월 12, 13, 16일

도쿄 내무대신관저에서의 조사회 의사록 요약번역[28]

목차

동양의 부인아동매매 실지조사위원

◎1931년 6월 12일, 도쿄 내무대신관저에서 조사회의 제1일

출석자: 배스컴 존슨 씨(국제연맹)
슈미든 씨(국제연맹)
앨마 선드퀴스트 여사(국제연맹)
쓰기타(次田) 경보국장
쓰치야(土屋) 경무국장
사토(佐藤) 사법서기관
구리모토(栗本) 정부대표
스도(数藤) 내무사무관
다카노(高野) 박사
구사마(草間) 박사

존슨 씨: 먼저 말씀드리겠습니다. 종래 우리는 의사진행 방법으로서 질문과 답변을 순차적으로 조목조목 심의하고 그때 부가적인 의문에 대해 질문하는 방침을 취해 왔습니다. 만일 그러한 의사방법에 이의가 없으시다면 오늘도 그렇게 하고자 합니다. 먼저 일반 질문 제一부터

28 도쿄 부분의 의사록 요약번역은 일어 원문 자체가 전체 문서의 다른 부분보다 상대적으로 구어체에 좀 더 가까운 문체로 서술돼 있다. 전체 번역문 중 도쿄 의사록 부분만 다소 다른 문체로 번역되어 있는 것은 그 때문이다.

시작하겠습니다. 저는 질문 제一에 대해 부가적 질문은 없습니다.

선드퀴스트 여사: 질문 제一의 답변에는 "제국 내지에서 추업에 종사하는 외국 부인은 지극히 소수이고 주로 러시아(露国)인이다"라고 했습니다만, 러시아인 외의 외국 부인이 있습니까.

쓰치야 씨: 독일인이 한 명 있습니다.

존슨 씨: 일본에는 외국 부인의 공창은 없다고 생각합니다만 맞습니까?

쓰치야 씨: 전혀 없습니다.

존슨 씨: 지나인 추업부는 나라에 오지 않습니까.

쓰치야 씨: 그 점에 대해 조사했지만 한 사람도 발견되지 않았습니다.

존슨 씨: 귀국에는 상당히 많은 지나인이 존재하고 있겠지요.

쓰치야 씨: 본방에 거주하는 지나인은 대부분 정주하는 자입니다.

존슨 씨: 본방 거주 지나인 중 계절노동자가 있습니까.

쓰치야 씨: 계절노동자는 없습니다.

존슨 씨: 정주자인 지나인은 대체로 아내나 가족이 있습니까.

쓰치야 씨: 대부분 가족이 있습니다.

존슨 씨: 질문 제三의 답변 안에 있는 부인 5명이 귀국으로 도래하려고 꾀했지만 입국을 금지당한 것이라 해석되는데, 그렇게 이해해도 되겠습니까.

쓰치야 씨: 여기서 '도래'라는 의미는 배로 항구까지 왔다는 의미입니다. 그러나 조사한 결과 상륙이 허가되지 않았습니다.

존슨 씨: 그렇다면 제가 이해한 대로 그들은 귀국에 도래하려 꾀했지만 입국이 허가되지 않은 것입니다. 질문 三의 답변은 일본에 도래하는 부인에 대한 답은 있지만 일본으로부터 출국하는 부인에 대해서는 별로 쓰여 있지 않은 것 같습니다. 필리핀, 홍콩, 즈푸, 기타의 일본영사가 이점에 대해 상세한 보고를 했다고 생각하십니까.

쓰치야 씨: 출국하는 부인 대부분은 게이샤입니다.

존슨 씨: 우리가 방문한 대다수 도시에서 우리는 일본영사로부터 상당수의 일본인 추업부가 있다고 들었습니다. 따라서 관련 추업부가 어떠한 방법으로 해방[29]되어 가는지를 알 수 있으면 좋겠습니다. 우리는 한 방면으로부터, 게이샤 또는 추업부를 고용하려는 자가 일본으로

---

29 원문에는 개방[開放(가이호오)]이라고 표기되어 있으나 해방[解放(가이호오)]의 오기로 보여 '해방'으로 번역한다.

가서 해당 부인 또는 여자의 양친과 합의를 본다는 이야기를 들었습니다. 저는 이 정보가 맞는지 어떤지, 또한 상하이, 톈진, 즈푸, 하얼빈, 홍콩, 필리핀 등에서 기루를 경영하는 사람들이 어떤 방법으로 게이샤를 고용했는지를 알고 싶습니다.

쓰치야 씨: 내지에서 게이샤를 고용하는 방법과 마찬가지입니다. 대부분 게이샤옥(藝者屋)의 경영자가 내지로 와서 여자와 직접 교섭을 하고, 드물게는 부모와 교섭하여 계약을 맺고 데려갑니다. 하지만 여자들은 모두 게이샤입니다.

존슨 씨: 여자들은 출국 전부터 게이샤였습니까. 또 외국에 있는 추업부는 출국 전부터 이미 추업부였습니까.

쓰치야 씨: 그런 일은 없습니다.

존슨 씨: 홍콩, 즈푸, 기타 각지의 추업부와 일본영사의 말을 통해, 추업부는 대부분 출국하기 이전부터 일본에서 이미 추업부였다는 인상을 받았습니다. 이들의 이야기는 틀린 것일까요.

쓰치야 씨: 관청이 관여하는 범위에서는 그 사실을 확인할 수 없지만, 그와 같은 여자가 외국으로 나가는 어떠한 방법이 있는지도 모릅니다.

존슨 씨: 일본인은 남녀 불문하고 아무런 구속 없이 지나에 갈 수 있는 것 같던데, 그렇다고 한다면 공창이든 사창이든 아무에게도 알려지지 않고 지나로 갈 수 있겠군요.

쓰치야 씨: 적어도 창기는 지나든 다른 외국이든 불문하고 도항하는 것이 허용되지 않습니다.

존슨 씨: 만약 창기가 폐업 신청을 내면 그것을 승낙하고 창기명부의 등록을 말소하게 되어 있지요.

쓰치야 씨: 폐업을 신청하면 창기명부 등록을 말소하게 되어 있습니다.

존슨 씨: 만일 그 창기가 폐업 후에 외국으로 도항했다고 한다면, 그 이름이 명부에 실려 있지도 않으니 그 여자가 과거에 창기였는지 어떤지는 아무도 모르겠군요.

쓰치야 씨: 그와 같은 여자의 출국을 저지할 수는 없습니다. 이러한 여자가 과거에 창기였는지 여부를 확인할 길도 없습니다.

쓰치야 씨: 지나 외의 나라로 가는 데는 여권이 필요하므로 종래 추업하고 있던 일이 드러나면, 지나는 별개라 하더라도, 다른 외국으로 가는 여권은 발급하지 않습니다.

존슨 씨: 지나에 가는 데는 여권이 필요없으니, 여권 교부를 신청할 일도 없을 테지요. 따라서 여권 교부 신청이 없다면, 당국은 지나로 가는 부인이 추업부였는지 여부를 알 수 없지 않습니까.

쓰치야 씨: 맞습니다.

존슨 씨: 추업부는 당국이 모르는 새에 지나로 갈 수가 있습니다. 여기가 요점입니다. 만약 지나에 도착한 후, 필리핀, 홍콩, 싱가포르, 태국, 인도차이나 등으로 가려고 할 때는 여권 교부를 받아야 할 테니, 제가 추측하기에는 재외일본영사에게 여권 교부를 신청하게 될 것입니다. 그러면 제국의 영사는 내무성에 신원조회를 하겠지만, 제가 상상하기에는 그 여자 이름이 창기명부에서 말소되어 있는 경우에는 과연 창기였는지 어떤지를 밝힐 방법이 없으리라 생각되는데 어떻습니까.

쓰치야 씨: 지나에서 다른 외국으로 도항하는 여권의 발급에 관해서는 실제 모든 경우에 일본영사에게 책임이 있습니다. 그리고 특별한 경우에는 내무성 조사를 조회하게 되어 있습니다. 그러나 지나에서 영사는 경찰권을 가지고 있기 때문에 신청자의 신원을 세밀하게 조사하고 있습니다.

존슨 씨: 만약 이와 같은 부녀가 지나 영역 내에서 추업부였다고 한다면, 외국행을 신청하더라도 영사는 훈령에 따라 이러한 부녀에게 여권을 교부하지 않는군요. 지나 주재 영사는 이와 같은 경우에 어떠한 처치를 해야 하는지에 대한 훈령을 내주고 있습니까.

쓰치야 씨: 영사는 외무성으로부터 그와 같은 명료한 경우에는 여권을 발급해서는 안 된다는 훈령을 받았습니다.

존슨 씨: 제가 이상과 같은 사항을 질문하는 것은, 일본 정부가 외국에 있는 일본 국민에 관한 문제를 처리함에 커다란 성과를 거두고 있다는 이야기를 우리가 제네바에서 들었기 때문입니다. 이 문제에 관심을 갖는 국가들의 정부는 일본이 어떻게 해서 성공했는지를 상세히 배우고 싶어 애태우고 있습니다. 귀국이 어떤 식으로 이 문제를 처리하고 있는지를 아는 것은 다른 외국에 유익하니, 이참에 저는 귀국 정부가 취하신 절차, 영사에 대한 훈령, 여권 교부를 위해 구비해야 할 요건과 기타 이 문제의 처리절차에 관한 모든 사항을 가능한 한 상세히 여쭙고 싶습니다. 재외일본영사가 준수해야 할 훈령이나 규칙의 사본을 제공해 주시거나, 외국에서 추업에 종사하고 있음이 발견된 일본 부녀를 송환할 때 사용한 방법수단 등을 들을 수 있다면 대단히 유익하겠습니다. 우리는 홍콩에서 5년 내지 10년 전까지는 다수의 일본인 추업부가 있었지만, 지금은 20명에서 30명에 불과하다는 사실을 알게 됐습니다.

사토(외무성) 씨: 우리는 기꺼이 차후에 서면으로 본 건 관련 정보를 드리겠습니다.

쓰치야 씨: 여기 일본어로 쓴 훈령을 가지고 있는데 이를 번역해서 보내드리도록 하지요.

존슨 씨: 만일 귀국민의 외국 도항 저지에 관한 대책이 이미 외국에 있는 추업 부녀의 송환과 맞물려 100퍼센트로 성공했다면, 이 문제는 귀국민의 출국에 관한 범위에서는 거의 대부분 해결한 셈이 될 것입니다. 다만 추업 목적으로 입국하는 외국인에 대한 문제는 남는데, 이것도 제가 이해하는 바로는 이미 해결되어 있는 것 같습니다. 다른 나라에서도 많이 있는 일이지만, 저는 일본인 부녀 중에도 외국으로 도항한 후 각종 경제상의 어려움에 봉착해 기존에 미경험이었던 자가 처음으로 추업을 하게 된 사례가 약간 있을 것이라 생각합니다.

쓰치야 씨: 1921년에 제국의 파견지 관헌으로부터 외국에서 추업에 종사하고 있는 자를 모두 보고받았습니다. 내무성은 전국의 해당 지방장관에 대하여, 귀환 부녀에게 적당한 보호와 생계 방편(糧道)을 제공하도록 훈령을 발했습니다.

존슨 씨: 우리는 특히 그러한 일들이 어떻게 성공했는지를 알고 싶습니다. 귀환 부녀에 대해서는 직업을 찾아준 것입니까.

쓰치야 씨: 추업 목적으로 다시 출국한 자는 없습니다.

쓰치야 씨: 싱가포르 주재 영사는 추업 부녀를 귀국시키고, 또한 외무성에 그들을 구조할 방법을 청구해 왔습니다. 외무성은 지방장관에게 이의 보호책을 훈령했습니다. 그 이상의 일은 우리 기록에는 실려 있지 않습니다.

쓰치야 씨: 지방장관은 부녀의 귀국에 대해 통지를 받고, 현청의 관리가 항구로 가서 여자들을 면회하여 각각 여자의 부모들에게 인도했음을 기억하고 있습니다. 당시의 보고가 내무성에 제출되어 있었지만, 대지진 때에 타 버리고 말았습니다. 하지만 저는 이상의 사실이 있었음을 기억합니다.

존슨 씨: 그들 귀국 부녀가 다시 일본 창기명부에 등록되는 일이 있습니까.

쓰치야 씨: 외국에서 귀국한 추업 부녀에게 감찰(鑑札) 교부를 허용하지 않으니, 그런 일은 없을 것이라 생각합니다.

존슨 씨: 외국에서 귀국한 추업부에 대해서는 추업을 하도록 허용하지 않는다는 전국적 규칙이 있습니까.

쓰치야 씨: 딱히 규칙은 없지만 외국에서 추업에 종사했던 것으로 판명된 자에 대해서는 감찰을 주어선 안 된다는 훈령이 엄격하게 지켜지고 있습니다.

존슨 씨: 외국에서 추업에 종사하고 있는 자의 명부가 있습니까.

쓰기타 씨: 경찰은 본인의 신원경력을 조사하여 그 조서를 지방장관 또는 해당 영사에게 보냅니

다. 따라서 감찰을 교부하는 일은 없습니다.

존슨 씨: 그렇다면 그와 같은 부녀는 정업(正業)에 종사하거나, 그게 아니면 몰래 매음을 벌이로 삼게 되겠군요.

쓰치야 씨: 지금 가까이에 서류가 없어서 모르겠습니다만 내무성 입장에서는, 그 여자들이 정업에 취업했고, 경찰 당국은 여자들이 다시 추업에 종사하지 않도록 봐주었다라고 생각한다는 말씀은 드릴 수 있습니다.

존슨 씨: 일본에는 이 문제에 관한 일반 정책의 결과로써 일정한 송환방침이라는 것이 있어서 그것이 규칙에 드러나고 있는 일이 있습니까. 만일 그런 일이 있다고 한다면, 언제부터 그런 방침이 취해지고 있습니까. 개략적으로 몇 명 정도의 부녀가 그 방침의 결과 귀국하였습니까.

쓰치야 씨: 1921년 싱가포르 사건 이전에 외무대신은 남아시아와 남양군도에 주재하는 영사에게 그러한 경우에 대한 훈령을 발했습니다.

존슨 씨: 부녀들을 귀국시키기 위해서 말입니까.

쓰기타 씨: 여기 훈령이 하나 있습니다만, 귀하는 이것을 갖고 싶다고 말씀하시는 것인지요.

존슨 씨: 훈령 내용으로 어떤 것이 쓰여 있고, 그 결과는 어땠는지를 알고 싶다는 것입니다.

쓰치야 씨: 내일 이 문제에 대한 일반적 정보와 그 번역을 드리겠습니다.

존슨 씨: 그 훈령들이 집행된 정도, 그 결과 몇 명의 부녀가 귀국했는지, 어느 나라로부터 귀국했는지 등을 들려 주시겠습니까.

쓰치야 씨: 그러려면 한 1시간은 걸립니다.

존슨 씨: 이 문제는 우리에게 상당히 중요한 사항입니다. 그 이유는 이 추업부의 송환이라는 정책이 완전히 성공했다면 국제적 부인아동매매라는 문제는 반 이상 해결된 셈이 됩니다. 만약 일본이 성공했다면, 다른 외국들은 어떻게 일본이 이를 이루었는지 알고 싶어하고 있기 때문입니다.

쓰치야 씨: 우리가 가능한 한 상세한 보고를 만들어 드리겠습니다.

선드퀴스트 씨: 저는 질문 제五의 지나로 도항하는 일본 부녀에 관해 여쭙겠습니다. 여기에는 "모두 그 자유의지에 입각해 도항하는 자 같다"라고 쓰여 있습니다. 이 자유의지라는 말은 각종 의미를 지니고 있습니다. 혹자는 이 말을 정업이라 해석하겠지만, 이른바 자유의지는 아마 다른 뜻을 지니고 있을 것입니다. 저는 지나 또는 다른 장소에서, 일본인 추업부 중에

는 양친을 부양하는 것이 자기 의무라 생각하여 출국한 자도 약간 있는 것으로 들었습니다. 일본 부녀의 혹자는 가족을 부양하기 위해 추업부로 외국으로 도항하는 자가 있다는 것을 당국으로서 알고 있습니까.

쓰치야 씨: 귀하는 그 부녀들이 외국에 자유의지로 갔는지 여부를 묻고 계신 것입니까.

선드퀴스트 씨: 여자들이 폭력이나 사기에 의해 강제되지도 않았고 또한 무엇을 하기 위해 도항하는지 알고 있었으니, 어떤 의미에서는 자유의지라 할 수 있겠지요. 그렇지만 아마 여자들은 부모를 부양하는 것이 자기들의 의무라 믿고 나가는 것이라 생각합니다. 이 경우도 어떤 의미에서는 자유의지라 할 수 있겠지요. 그래서 저는 당국이 이와 같은 경우가 있는 것을 알고 있는지 어떤지 여쭙고 싶은 것입니다. 아마 부모가 빚을 지고 있기 때문에 딸이 빚을 완불하여 부모를 돕기 위해 지나로 나가는 것으로 생각합니다.

쓰치야 씨: 귀하는 특히 지나에 대해 묻고 계시는군요. 일본 내지에서는 가족이 빈곤하여 추업에 임하게 되는 자도 다소 있습니다. 지나로 나가는 추업부는 극소수라고 생각합니다. 지나행 부녀의 몇 퍼센트가 지금과 같은 목적 아래 자유의지에 따라 출국하는지는 알기 어렵습니다. 일본에는 그와 같은 경우도 있으니, 지나행 부녀의 경우에도 마찬가지 사례가 다소 있겠지요.

선드퀴스트 씨: 여자들이 추업생활을 좋아해서 자유의지라고 말하는 것입니까, 아니면 효행이라는 의무를 위해 나가기 때문에 자유의지라 말하는 것입니까.

쓰치야 씨: 누구도 좋아서 이와 같은 장사에 임하는 자는 없겠지요. 여자들은 대부분 경제 차원의 이유로 지나에 도항한 것이라 생각합니다.

선드퀴스트 씨: 그 여자들이 경제적 어려움 때문에 출국한다고 말하는 쪽이 더욱 정확할 것입니다.

쓰치야 씨: 모두 경제적 어려움 때문에 나갔다고는 할 수 없지만 대다수는 그럴 것입니다. 이와 같은 부녀는 대부분 경제적 어려움이라는 원인으로 출국하는 자라 상상됩니다.

선드퀴스트 씨: 지나행 부녀는 대부분 경제 차원의 이유에 따른 자입니까.

쓰치야 씨: 그렇게 생각합니다.

존슨 씨: 부녀 고용계약에 대해 질문하고 싶습니다. 우리는 즈푸에서 매년 초여름 미국 함대가 즈푸를 방문할 즈음에 춤출 수 있는 술집(踊酒場)이나 댄스홀의 경영자가 일본 내지로 나가는 것이 관례가 되어 있다는 이야기를 들었습니다. 그에 따르면, 댄스홀 경영자가 일본에

와서 여자를 즈푸로 데려가기 위해 여자의 부모 및 여자와 계약을 맺는다고 합니다. 이러한 계약은 유효합니까.

쓰치야 씨: 귀하는 오로지 댄스홀에 고용되는 부녀에 대해서 묻고 계십니까.

존슨 씨: 저는 댄서로서 또한 카바레에 고용되어 심지어 부도덕 행위에 빠지기 쉬운 상태에서 일하고 있는 모든 계급의 부녀에 대해 듣고 싶은 것입니다.

쓰기타 씨: 예기로서 고용되는 부녀의 계약 효력에 대해 묻고 계신 건지요. 이 예기라는 명칭은 추업을 포함하지 않습니다.

존슨 씨: 부모가 직접 돈을 빌리고, 딸을 외국에서 예기로서 일하여 돈을 갚도록 시키는 계약은 유효합니까.

쓰치야 씨: 귀하는 특히 즈푸에 대해서 묻고 계신 것입니까.

존슨 씨: 아닙니다. 지나 일반에 관해서입니다.

쓰치야 씨: 귀하는 일하는(稼業) 기간이 있는 계약에 대해 묻고 계십니까.

존슨 씨: 일하는 기간이 1년이라든가 몇 년이라든가 하는 것은 제가 생각하고 있는 요점이 아닙니다. 딸의 벌이로 돈을 갚는 것을 변제방법으로 삼는 식의 계약을 부모가 체결하여도 적법인지요.

쓰치야 씨: 부모가 딸을 위해 예기옥(藝妓屋) 등의 경영자와 직접 계약을 맺는 것은 위법입니다.

존슨 씨: 그럼 예기 일을 하려는 목적의 예기는 통상 어떠한 절차를 거쳐 지나로 나갑니까. 부모가 돈을 빌리고 연대채무자가 되는 것, 바꿔 말하면 차용증서(借金証文)에 딸이 도장을 찍고 부모도 도장을 찍는 식의 일은 통상의 사례로 되어 있는지요.

쓰치야 씨: 통상적으로 예기옥 경영자와 여자가 직접 계약 당사자이고, 부모는 그 보증인이 됩니다. 미성년인 경우는 부모가 계약을 맺게 됩니다. 하지만 여자가 성년인 경우에는 예기옥과 여자가 직접 계약을 맺고 부모는 함께 도장을 찍습니다. 그 계약의 법률 해석에 대해서 다소 의문은 있습니다만.

존슨 씨: 부모는 서명하는군요. 이와 같은 계약의 문장에는 채무에 대해서도 쓰여 있습니까. 빌린 돈은 딸에게 전해지는 것이겠지요.

쓰치야 씨: 그렇습니다.

존슨 씨: 묻고 싶은 부분은, 만일 실제로 부모가 돈을 받고 딸이 수년간 채무변제를 위해 벌이를 하는 계약이 재판에서 문제가 된다면, 계약은 적법이라 하여 재판소의 지지를 받을 수 있는

것인지 여부입니다. 예를 들어, 하얼빈 예기옥에서 일본에 있는 딸의 부모에게 금 1천 엔이 전해졌다고 가정하겠습니다. 이 1천 엔을 딸이 3년, 2년 혹은 1년 동안 특정 조건 아래 일하여 변제한다는 계약에 부모와 딸과 예기옥이 서명했다고 합시다. 여기서 부모가 가령 딸을 일본으로부터 떠나보내고 싶지 않다고 결심하거나, 혹은 딸이 일본을 떠나고 싶지 않다고 결심하여, 빚의 변제방법에 대해 약속하고 있음에도 불구하고 계약대로 하얼빈으로 가는 것을 거부했다고 칩시다. 예기옥은 아마 딸과 양친을 상대로 변제 소송을 제기하겠지요. 하지만 부모는 그 돈을 소비해 버려서 돈이 없다고 칩시다. 재판소는 이 계약을 적법이라 보아 이를 지지하고 예기옥이 부모로부터 돈의 변제를 받을 수 있겠습니까.

쓰기타 씨: 딸의 하얼빈 행을 강제할 방도는 없습니다.

존슨 씨: 이 문제에 관한 재판 사례가 있습니까.

쓰치야 씨: 계약면에는 여자가 종사할 일(稼業)에 대해서 아무것도 쓰여 있지 않습니다. 계약은 그저 단순한 소비대차입니다.

존슨 씨: 하지만 계약에는 통상 여자가 예기 일을 한다는 취지의 특별조항이 있는 것이 아닙니까.

쓰기타 씨: 여자가 예기 일을 한 결과의 소득에 의해 빚을 변제한다는 내용은 계약에 포함되어 있습니다. 여자 자신 또는 부모가 돈을 갚는 것입니다. 계약면에서 변제방법은 너무 명료한 사항이기 때문에 아무런 명시적 조항은 없을 것입니다.

존슨 씨: 왕왕 이런 종류의 계약은 위법이 됩니다. 예를 들어 우리나라에서는 도박소굴(도박장)에 대해 마찬가지 경우가 있습니다. 왜냐하면 도박장 같은 것은 공공질서에 반하기 때문입니다. 부모가 빚의 변제방법으로 자기 딸에게 추잡한 일을 시키도록 약속하는 종류의 계약에 대해, 공공질서(公序)나 양속에 반하는 것으로써 유효인가 무효인가 하는 식의 문제가 제기되는 일이 없는지 의아하게 생각됩니다.

쓰치야 씨: 일본에도 귀하가 말씀하시는 공공질서에 반하는 경우의 유효 무효라는 문제는 있습니다.

존슨 씨: 저의 질문은 예기보다도 오히려 추업부를 안중에 두고 있습니다. 곧 외국에서 추업에 종사하고 있는 것으로 발견된 부녀에 관한 질문입니다. 그 여자들 중 약간은 지금 말씀드린 것 같은 업자와 부모 사이의 계약(부모가 연대채무자 또는 보증채무인 계약)에 기초해 외국에 돈벌이를 간 것이라 상상합니다. 이런 경우 예기의 경우보다도 계약의 위법, 적법이란 문제가 더욱 명료할 것입니다. 예기는 제가 아는 바로는 대부분 추업부가 아니니까 말입니다.

쓰치야 씨: 통상적으로, 하나는 예기의 소비대차계약, 또 하나는 예기일계약이라는 두 계약이 있습니다. 추업부가 되는 계약이란 문제가 되면 물론 위법입니다. 예기의 경우보다 명료합니다.

존슨 씨: 예기가 왕왕 추업부라고 제가 말씀드린 이유는 톈진 주재 일본영사로부터, 예기 중에는 A 클래스와 B 클래스라는 두 계급이 있고, A 클래스는 추업부는 아니지만 B 클래스는 추업부라는 이야기를 들었기 때문입니다.

쓰치야 씨: 그것은 지나만의 일이지, 일본에서는 그런 일이 없습니다.

존슨 씨: 물론 우리는 지금 지나 일에 대해서 이야기하고 있습니다.

쓰치야 씨: 일본에는 일정한 공공질서에 관한 방침이 있다고 생각합니다.

존슨 씨: 그 말을 들으니 대단히 좋게 생각됩니다. 그럼 질문 제六으로 넘어가겠습니다. 일본 재류 지나인의 상태를 들려주시면 좋겠습니다. 지나인 대다수는 가족이 있다는 것은 알겠습니다만, 가족이 없는 자도 있을 것으로 추측합니다. 지나인 또는 일본 재류 외국인이 기루를 찾아가고 싶을 때는 어떻게 합니까.

쓰기타 씨: 일본의 가시자시키에 갑니다.

존슨 씨: 기루에 갈(登楼, 등루) 수 있습니까.

쓰기타 씨: 있습니다.

존슨 씨: 제1호 표에 기재된 단체 또는 개인은 본 조사위원에 대한 유익한 정보를 가지고 있는 듯한데 어떠한지요.

쓰치야 씨: 이들 단체나 개인이 정보를 가지고 있는지 어떤지는 모릅니다만, 조사위원과 회견하고 싶어합니다.

존슨 씨: 독지단체 또는 개인과 회견을 위해 3일을 잡아놓았으니, 이 단체나 개인, 기타 정보를 지닌 사람은 누구라도 3일 동안 조사회에 정보를 제공할 수 있습니다. 이상의 분들은 바라신다면 위원회에 오셔서 신청하고 정보를 공여할 수 있다고 알고 있습니다만.

쓰치야 씨: 이해하신 대로입니다. 우리는 단체 또는 개인 등의 국제적 매매에 대해 대단한 재료를 가지고 있으리라고는 생각하지 않습니다.

존슨 씨: 귀국 정부의 방침은 외국인 추업부가 입국하여 추업을 하는 것을 금지하는 것임을 이해했습니다. 하지만 실제로는 추업에 종사할 목적이어도 다른 이유에 기초해서, 예를 들어 노동자라든가 바느질 등으로 칭해서 관료 눈을 속여 입국하는 식의 사례가 약간 있을 것으

로 상상합니다. 실제 목적을 숨기고 관헌을 속여 입국한 자를 발견한 사례가 있습니까.

쓰치야 씨: 제5호 표가 그 범위에 속하는 입국자의 표입니다.

존슨 씨: 이건 과거 1년간의 표입니까. 아니면 과거 5년간의 표입니까.

쓰치야 씨: 이것은 현재 것입니다.

존슨 씨: 그 말씀은 지난 1개년이라는 의미입니까. 발견된 부녀를 어떻게 처치했는지요. 추방했습니까.

쓰치야 씨: 제8호 표는 추방에 관한 설명입니다.

존슨 씨: 이 8호 표는 몇 개년에 관계된 것입니까?

쓰치야 씨: 이미 지난 5년 동안의 표입니다.

존슨 씨: 5년 동안 불과 1명 추방되었을 뿐이군요. 귀국은 대단히 행복합니다. 우리나라에도 마찬가지 법규가 있지만 1년에 대체로 300명 내지 400명을 추방해야 하는 양상입니다.

쓰치야 씨: 현재 있는 자도 노골적으로 추업에 종사하고 있는 건 아닙니다만. 만일 혐오할 만한 자라는 것을 알게 되면 추방합니다.

존슨 씨: 그 말씀은 만일 외국 부녀가 조신하고도 정숙하게 추업에 종사하고 있으면 간섭하지 않는다는 의미입니까.

쓰기타 씨: 매음 의혹이 있습니다. 여기 6명 중 혹자는 호텔의 조추(女中) 또는 바의 급사녀(給仕女)입니다. 만일 음매부(淫売婦)라는 것을 보여 주는 어떠한 행동이 있으면, 경찰은 현장검사(臨検)를 하여 이를 검거합니다.

존슨 씨: 감찰을 발급받지 않고 추업을 영업하면 범죄가 됩니까.

쓰치야 씨: 외국 부인에게는 감찰을 주지 않습니다.

존슨 씨: 만일 외국 부녀가 감찰 없이 추업을 영업하면 그 결과는 어떻게 됩니까.

쓰기타 씨: 상당한 처벌을 받고, 혹자는 추방되겠지요.

존슨 씨: 그러한 사례가 별로 없었던 모양입니다. 보고에는 한 사람만 있습니다.

쓰기타 씨: 그러한 부인은 일본에는 지극히 소수가 있을 뿐이니, 따라서 추방도 기록에 있듯이 단 한 사람으로 돼 있는 것입니다.

존슨 씨: 해외에서 추업에 종사하고 있는 일본 부녀의 송환과 관련해서 파견지 관헌에게 발송한 서류의 사본을 주시는군요. 같은 문제를 안고 있는 다른 나라들에서 채용할 만한 방법수단을 가르칠 테니, 이 같은 부녀를 타일러 송환할 때 활용한 방법에 대해서 가능한 한 상세한

정보를 제공해 주시기를 바랍니다.

쓰치야 씨: 이번 달 안으로 두루 갖춰서 드리겠습니다.

선드퀴스트 여사: 질문 제八의 답변에는 "정부는 매소부 제도에 관한 대책을 조사연구하고 있다"라고 돼 있습니다. 이는 정부가 공창제도 폐지를 계획하고 있다는 의미입니까.

쓰치야 씨: 공창제도 존속을 반대하는 강한 주장이 있습니다. 지난번 의회에는 공창폐지 법안이 제출되었습니다. 현재 우리는 이 문제를 힘껏 연구하고 있습니다.

선드퀴스트 여사: 이 문제를 연구하기 위한 특별위원회가 있습니까.

쓰치야 씨: 위원회 설치 요구가 있었습니다만, 아직 위원회 설치까지는 이르지 못했습니다.

선드퀴스트 여사: 위원회는 설치될 것 같습니까.

쓰치야 씨: 위원회가 설치될지 여부와 무관하게 정부는 이 문제를 연구하고 있습니다.

- 오후 12시 10분 산회 -

◎1931년 6월 13일, 조사회의 제2일

출석자: 배스컴 존슨 씨(국제연맹)
폰 슈미든 씨(국제연맹)
핀도르 씨(국제연맹)
앨마 선드퀴스트 여사(국제연맹)
쓰기타 경보국장
쓰치야 경무국장
쓰치이 외무사무관
사토 사법서기관
구리모토 정부대표
스도 내무사무관
구사마 박사

존슨 씨: 일반 질문이 끝났으면 특별 질문부터 개시하고자 합니다. 질문 제一의 답변 부록 제2호 표에 관해 한두 가지 여쭙고 싶습니다. 제가 이해하는 바에 따르면, 제2호 표에는 4건 게재돼 있습니다. 이는 과거 5년 동안 일어난 사건의 전부입니까. 혹은 범죄 수단과 연령,

기타에 관한 설명, 달리 말하자면 매매 상황의 완전한 개요 기록이 아니라 전형적인 사건만 든 것에 지나지 않는 것입니까.

쓰치야 씨: 이 표에는 과거 5년 동안 재판소에서 취급한 사건의 전부가 실려 있습니다.

존슨 씨: 매매업자는 여자를 외국으로 데리고 나갔습니까, 아니면 데리고 나가려 했다가 관헌에게 잡혔습니까.

쓰치야 씨: 이 표에는 양쪽 다 실려 있습니다. 데리고 나간 것도 있고 실패한 것도 있습니다. 실패자 중에는 미국 영토 내에서 포박된 자가 있습니다. 그 범인은 상륙했지만 송환되었습니다. 범인인 비행사와 산파는 일본으로 돌려보내졌습니다.

존슨 씨: 모두 기소되었습니까.

쓰치야 씨: 모두 기소되었습니다.

존슨 씨: 이런 종류 사건은 다시 제3호 표에서 설명되겠지요. 하지만 다음 사항들, 예를 들어 피해자의 연령, 범인이 형무소로 보내졌는가 여부, 그 형무소 등에 대해 여쭙고 싶습니다. 만약 제6호 표에 이상의 사항이 담겼다면 여쭐 필요도 없겠습니다만.

쓰치야 씨: 모두 담겨 있습니다. 제2호 표에 실려 있는 사건은 제6호 표에 포함되어 있습니다.

존슨 씨: 제6호 표는 A, B, C 세 분류로 나뉘어 있어서 저는 확인해 두고 싶은데, 제2호 표에 실린 사건은 전부 제6호 표에 포함돼 있다고 이해하면 되겠습니까.

쓰치야 씨: 제2호 표 기재사항은 제6호 표 B와 C에 포함돼 있습니다.

존슨 씨: 질문 제3으로 갑시다. 부도덕 행위에 빠질 위험이 있는 업태라는 의미를 설명해 주시면 좋겠습니다. 어떤 직업을 포함합니까.

쓰기타 씨: 예기, 작부 등입니다. 이 작부 중에는 여급(女給), 댄서 등이 포함됩니다.

존슨 씨: 질문 제三의 답변에 "이와 같은 부인은 주로 지나로 향하고 그 일부는 하등의 수단에 의해 해당 지역에서 다른 나라로 도항하는 자도 있다"라고 썼습니다. 저는 지나에서 다른 외국으로 도항하려면 대개의 경우 여권 교부를 받아야 할 것이라 생각하기 때문에 이 "하등의 수단에 의해"라는 말의 뜻이 명료히 이해되지 않습니다. 어떤 수단으로 타국에 도항하는지 알고 계시지는 않습니까.

쓰치이 씨: 우리가 상상하는 바는 이렇습니다. 아마도 그중 혹자는 타국으로 불법 잠입하려 하고, 혹자는 지나인으로서 허위 여권을 얻어 입국을 기도했다는 것이겠지요. 이상은 상상에 지나지 않습니다. 우리는 지금까지 그들이 이용하는 실제 방법과 수단을 확인하지 못했습

니다. 당국은 알고 있지 못합니다.

존슨 씨: 지나에 재류하는 일본 부인이 타국으로 나가는 데에는 뭔가 어려움이 있습니까. 일본 여권 교부를 받는 것은 어려운 일입니까.

쓰치이 씨: 귀하는 물론 지나에서 여기 열거된 것 같은 부도덕한 행위에 빠질 업태에 종사하는 일본 부인에 관해 물으시는 것이겠지요, 아니면 일반 부인에 관해 물으시는 것입니까.

존슨: 저는 이 질문 제三의 답변은 예기 작부 등에 관한 것이라 생각합니다.

쓰치이 씨: 그 업태들에 종사하고 있음을 발견한 경우 제국영사는 여권을 발급하지 않습니다.

존슨 씨: 그럼 그 부녀들은 비밀리에 지나로 가는 것이군요. 제가 이해하는 바로는 일본 정부는 이런 종류의 부인이 국외로 나가는 것을 허가하지 않는 방침일 것이라 생각합니다. 그러니 만일 그와 같은 부인이 지나로 도항했다면, 여자들은 여권 없이 나가는 것이니 일본 정부가 알지 못하는 사이에 동의를 얻지 않고 도항한 것이 되겠군요.

쓰치이 씨: 만일 사정을 알고 있는 경우라면, 제국관헌은 이와 같은 부녀가 지나에서 타국으로 나가도록 허가하지 않습니다.

존슨 씨: 여권이 필요없다는 것이 관련 부녀가 지나로 가는 유일한 이유입니까.

쓰치이 씨: 저는 그것이 하나의 이유라고 생각합니다.

존슨 씨: 그와 같은 부녀의 지나행을 단속할 방법은 없습니까.

쓰치이 씨: 항구에서 경찰 단속이라는 행정조치가 있습니다. 고베(神戶) 또는 나가사키(長崎) 같은 항구에서는 전체적으로 관련 부녀가 어떠한 목적으로 어떠한 방법으로 일본에서 지나로 가는지를 세밀하게 취조합니다. 실제로 경찰에서 취조한 사건이 약간 있습니다. 경찰은 상세하게 조사하여 그 부인들의 가정에 문의했습니다. 혹자는 지나인의 아내라 칭하고 출국하여 도항한 후 지금 말씀드린 것 같은 업태에 종사하는 자도 있습니다.

존슨 씨: 그럼 바꿔 말하면, 예를 들어 일본 부인이 카바레 댄서로 즈푸에 간다는 것을 알았을 때 그 여자는 출국이 허가되지 않습니까.

쓰치야 씨: 만일 여자가 댄서가 되기 위해 즈푸로 간다면 이를 단속할 길은 없습니다. 만일 여자가 사기나 허위계약 등으로 유인되어 즈푸에 간다는 것을 알았다면 당국은 그 도항을 저지합니다.

존슨 씨: 그럼 지나행 부녀에 대한 경우와 지나에서 다른 외국으로 도항하는 부녀에 대한 경우의 방침이 다르다는 것이군요.

쓰치야 씨: 방침은 같지만 방법이 다릅니다. 지나에 있는 일본 부인이 지나에서 외국으로 가려면 여권이 필요한데 일본에서 지나로 나가는 데에 여권을 요하지 않습니다. 여권이 억제로 작용합니다.

존슨 씨: 물론 좋습니다. 하지만 귀하는 항구에서 경찰이 외국행 부녀를 취조한다고 말씀하셨습니다. 만일 여자가 카바레 댄서가 되려는 확정적 의지를 지녔고, 게다가 그때까지 사기 등이 없었음을 당국이 알았을 때 그 여자는 도항을 허가받을 수 있습니까.

쓰치야 씨: 만일 여자가 예기 또는 댄서가 되려고 한다면, 우리는 여자들이 추업에 종사하려는 자라고 생각하지 않습니다. 따라서 항구에서 출국을 저지하는 일도 없습니다.

존슨 씨: 하지만 지나에서 같은 목적으로 타국에 가는 자는 저지되지요, 제 이해로는 만일 여자가 예기로서 지나에서 타국으로 도항하고 싶어 해도 여권이 발급되지 않지만, 그렇다면 일본에서 지나로 나가는 여자에게 취해지고 있는 방침과 다르게 보입니다. 어째서 방침이 다른지를 묻고 있는 것입니다.

쓰치이 씨: 지나에 있는 제국관헌은 예기 작부 등에 대해 여권을 발급하지 않습니다. 즉 만일 제국관헌이 여자의 부도덕한 행위에 종사할 위험이 있다고 느낄 경우, 즉각 용의(容疑) 부녀에 대해서 억제 방법이 있습니다. 지나에서 다른 외국에 도항하는 부녀에게 제국관헌은 여권을 발급하지만, 일본에서 지나로 가는 부녀에게는 여권제도에 의거한 억제 방법이 없다는 상이함이 있습니다.

존슨 씨: 조금 이해되기 시작했지만, 두 개의 다른 방침에 대해 그 이유를 여쭙고 싶습니다. 가령 경찰이 예기로서 지나로 가는 것을 알았다 해도 만일 사기에 걸려 있는 경우가 아니라면 여자는 도항을 허가받는군요. 만일 경력과 신원이 좋은 여자가 예기로서 도항하고 싶어한다면 한편에서는 허가되고, 다른 경우 즉 지나에서 외국으로 나가는 경우는 허가되지 않는다는 이야기군요.

쓰치야 씨: 이에 대해 하나의 설명을 해볼 수 있습니다. 일본에서 지나로 가는 예기는 모두 추업부라 볼 수는 없지만, 과거 경험에 비춰 볼 때 지나에 있는 예기로 싱가포르행을 원하는 자는 추업에 빠지기 쉽습니다. 그래서 제국관헌은 지나발 외국행 부녀를 저지하고 있는 것입니다.

핀도르 씨: 지나로 가는 일본 예기는 지나에서 일본 영사의 법권(法權) 아래 놓여 있습니다. 싱가포르로 가는 예기는 일본의 법률 아래 있습니다. 그러니 아마도 외국 법권이 지배하는 장소

와 달리 일본의 법권이 미치는 장소로 가는 부녀에 대해서는 그다지 엄격한 취조를 할 필요가 없는 것이겠지요. 이상 말씀 드린 것이 방침이 다른 점과 뭔가 관련이 있는 것이 아니겠습니까.

쓰치야 씨: 그것은 하나의 이유입니다. 또 하나의 이유가 있습니다. 우리는 일본인이 다수 거주하는 남만(南滿)철도 부근의 항구라든가, 기타 대도시를 일본 도시의 연장으로 생각합니다. 그러나 만일 예기가 지나에서 일본인이 지극히 소수밖에 없는 타국으로 나간다면, 우리의 경험으로는 그들이 본래의 예기 이외의 추업에 종사할 우려가 있습니다. 일본에서 예기는 추업부가 아닙니다.

존슨 씨: 귀하는 우리가 어제 지나의 정황이 꼭 말씀하신 바와 같지는 않다고 이야기한 것을 기억하시겠지요. 지나에 있는 어떤 계급의 예기는 추업에 종사하고 있습니다.

쓰치야 씨: 지나에서는 말씀과 같은 사실도 있겠지요.

선드퀴스트 여사: 만일 예기가 흥행하기 위해서 유럽행을 원한다면 도항이 허가됩니까.

쓰치이 씨: 무대에서 연극 흥행을 한다는 의미입니까.

선드퀴스트 여사: 그렇습니다.

쓰치이 씨: 만일 신청이 상당한 이유를 구비하고 있다면, 예를 들어 유럽 체재 기간이 명시돼 있고 흥행기간이 미리 확정돼 있고, 예기가 적당한 지배 내지 감독 아래 있다면 여권은 발급될 것입니다.

존슨 씨: 그와 관련해 개인적 호기심에서 여쭙습니다만, 올해였는지 내년이었는지, 워싱턴 탄생 축제에 예기 일단이 참가하여 사쿠라(벚꽃)춤을 공연한다는 제의는 어떻게 결착을 보았는지요. 또한 예기는 미국으로 가게 되었는지 어떤지 묻고 싶습니다.

쓰치이 씨: 그 문제는 지금 현안이 되고 있습니다. 이 문제에 관심을 갖는 교토 지역 무리 중 한 사람이 사쿠라춤을 공연하기 위해 예기 일단을 워싱턴으로 데려간다는 계획을 세웠는데 아직 현안으로 남아 있습니다. 이 문제에 대해 다소 논의가 있었던 것 같은데 아직 아무것도 확정되지는 않았습니다.

존슨 씨: 그럼 질문 제五로 갑시다.

핀도르 씨: 저는 일본 거주 지나인의 총수를 알고 싶습니다. 10만 명 정도 있는데 어떠한지요.

쓰치야 씨: 1930년 말 현재 거주자 총수는 30,836명, 같은 해 말 체재자 총수는 1,555명입니다. 학생은 거주자 수에 들어 있습니다.

핀도르 씨: 상인과 노동자의 비율은 어떻습니까.

쓰치야 씨: 시간 절약을 위해 그 숫자는 나중에 말씀드리겠습니다.

존슨 씨: 질문 五. (나)로 갑니다. 지나로 도항하는 사람의 개략적인 수를 얻는 것은 불가능하겠지요.

쓰치야 씨: 그 숫자에 대해서는 이를 상상할 길이 없습니다. 다만, 지나 거주 일본인의 통계를 말씀드릴 수 있을 뿐입니다.

존슨 씨: 성별에 따른 지나 재류 일본인의 통계를 가지고 계십니까.

쓰치야 씨: 상세한 통계가 나와 있습니다.

존슨 씨: 성별, 도시별, 직업별 등에 따른 위와 같은 정보를 얻을 수 있어 대단히 좋습니다. 어떻게 만드셨습니까.

쓰치이 씨: 이것은 내지 및 외국에 걸쳐 실시된 일본의 국세(国勢)조사에 의거해 얻은 것입니다. 조사는 일본 영사 및 총영사에 의해 실시되었습니다.

존슨 씨: 그 통계를 받아 제4호 표로 일괄할 수 있다는 것이 대단히 좋습니다. 질문 五. (다)의 답변 안에 있는 제5호 표는 1930년 12월 말 현재의 것입니까, 아니면 최근의 것입니까.

쓰치야 씨: 1930년 6월 현재의 수치인데 그 후 변화가 없으니 최근 것이라 할 수 있습니다.

존슨 씨: 이 여자들은 현재 거주하고 있습니까.

쓰치야 씨: 그렇습니다.

핀도르 씨: 지나인의 아내로 일본에 함께 온 후에 추업부가 되는 지나인 추업부의 입국을 저지한 사례는 없습니까.

쓰치야 씨: 들은 일은 없습니다.

핀도르 씨: 필리핀에는 이와 같은 방법이 행해지고 있습니다. 그곳에서는 의심스런 사례가 발견된 일도 있습니다.

쓰치야 씨: 지나인이 일본인을 아내로 데려가려고 한 사례가 다소 있었지만 그런 식으로 지나에서 일본에 오는 사례는 없습니다.

존슨 씨: 귀하는 어제 일본에 거주하는 지나인은 대부분 아내나 가족이 있다고 말씀하셨습니다.

쓰치야 씨: 그렇습니다. 그들은 가족이 있습니다.

존슨 씨: 재류 지나인의 총수 30,836명은 성별로 구분돼 있습니까.

쓰치야 씨: 남자 23,540명, 여자 7,296명입니다.

존슨 씨: 연령 여하에 불구하고 통계에 올라가 있겠지요.

쓰치야 씨: 연령 여하를 불문한 것이지만, 연령별 통계는 없습니다.

존슨 씨: 지금의 숫자는 남녀 간극이 상당히 있음을 설명하고 있군요. 질문 제五에 관해 묻습니다만, 외국인 추업부는 귀국의 방침으로는 추방되지 않는다고 이해해도 되겠습니까.

쓰치야 씨: 만일 추업부가 공서양속을 어지럽힐 우려가 있음이 발견되면 물론 추방합니다.

존슨 씨: 그때의 공서양속을 어지럽힌다 함은 어떤 의미입니까.

쓰치야 씨: 만일 우리가 그 여자들이 누누이 추업을 영업하고 있음을 발견하였고 추업을 영업하고 있는 사실이 확실하다면 추방 절차를 취합니다.

존슨 씨: 제5호 표에는 매음 의심이 드는 사례를 실었습니까.

쓰치야 씨: 위 여자들은 추업에 종사하고 있다고 의심은 되지만 추업을 영업하고 있는 것이 발견된 것은 아닙니다. 딱히 소추되었거나 체포된 일은 없습니다.

존슨 씨: 추업에 종사하고 있음이 알려져 추방된 부인에 관한 기록이 있습니까.

쓰치야 씨: 그것은 제8호 표에 실려 있는 최근 5년 동안 1건이라는 기록입니다.

존슨 씨: 질문 제六의 답변부록 제6호 표에 대해서는 "제국 밖으로 이송되었다"라는 기재 외는 모두 일본 국내 범죄로 이해하면 되겠습니까. 질문에는 "귀국 여자에 관한 건과 일부분 타국에 관한 건을 구별하기 바란다"라고 쓰여 있습니다. 위 표에서 어떤 사건에는 "검사의 기소유예에 관련되는 것"이라고 있고, 다른 사건에는 "제1심 재판 종결(終局) 구분" 그리고 다른 사건에는 "제1심 재판 종결 인원"이라고 있습니다. 하지만 부녀가 송치된 장소에 대한 언급이 없습니다. 이들은 전부 일본영토 내의 사건이라 이해해도 무방하겠습니까.

쓰치야 씨: 그렇습니다. 외국 경우에는 특히 외국이라고 쓰여 있습니다.

존슨 씨: 도항 국가별로는 만들 수 없습니까.

쓰치야 씨: 국가명은 확인할 수 있습니다. 제2호 표에 올라가 있습니다. 장소, 이름 등은 제6호 표에 나와 있습니다.

존슨 씨: 제六 질문은 아울러 범죄인의 국적에 대해서도 묻고 있습니다만.

쓰치야 씨: 범죄인은 모두 일본인입니다.

존슨 씨: 제6호 표의 범죄인은 모두 일본인이군요. 여자도 모두 일본인이겠지요.

쓰치야 씨: 그렇습니다.

존슨 씨: 제6호 표의 첫째 단에 등재돼 있는 범죄는 범죄인의 재판을 받은 법률 조항의 전부인

데, 그중 어느 부분에 의해 범인이 처벌되었는지는 알 수 없습니다. 만일 약취되었는지 혹은 유괴되었는지를 알 수 있다면 흥미를 끄는 사항입니다만.

사토 씨: 동일 조문이기 때문에 이를 구별하는 것은 대단히 어렵습니다.

존슨 씨: 폭력이 사용된 경우가 유괴보다 많은지 적은지 대략적 개념을 알려주실 수 있습니까.

사토 씨: 판결을 전부 조사해야 하니 관련 정보를 제공하는 것은 대단히 어렵습니다.

존슨 씨: 검사의 기소장을 읽으면 범인이 기소된 이유가 기망 때문인지 혹은 폭력을 썼기 때문인지 아는 것은 더 간단하지 않습니까. 혹은 경찰 서류로 그런 것을 알 수 없는지요.

사토 씨: 제 생각으로는 기망에 의한 것이 폭력에 의한 것보다 많을 것이라 보지만, 표로는 확인할 수 없습니다.

선드퀴스트 씨: 질문은 범죄자와 피해자의 연령을 묻고 있습니다. 피해자의 연령 파악은 관심 대상입니다.

쓰치야 씨: 여기 열거된 것은 범죄인의 연령입니다.

선드퀴스트 여사: 미성년이란 18세 미만을 일컫습니까.

쓰치야 씨: 아니오. 20세 미만을 가리킵니다.

선드퀴스트 여사: 더 상세히 듣고 싶습니다.

쓰치야 씨: 귀하의 질문은 국제적 매매에 관한 것입니까, 혹은 국내 매매에 관한 것입니까, 아니면 양쪽 다 물으시는 것입니까.

선드퀴스트 여사: 양쪽 다 여쭙니다.

쓰치야 씨: 이 표는 국제연맹에 제출한 연보와 동일합니다. 피해자의 연령 표를 과거로 거슬러 올라가 작성하는 것은 대단히 어렵습니다. 장차 피해자의 연령 표를 작성하는 것은 가능합니다만.

존슨 씨: 아마 이 질문은 부인아동매매위원회에서 발표되는 연보 질문의 사본이었을 것입니다. 일본 정부가 국제연맹에 보낸 연보를 가지고 계시지요.

쓰치야 씨: 이 답변은 제국 정부 연보의 사본은 아니지만, 제6호 표는 국제연맹에 제출한 연보 형식에 따라 작성했습니다.

존슨 씨: 매년 연보 작성의 기초를 이루는 질문서 안의 질문을 그대로 따서 이 질문을 만든 것으로 보입니다. 이 질문은 범죄자와 피해자의 연령, 국적을 요구하고 있습니다.

쓰치야 씨: 피해자에 관한 조사는 불가능합니다.

선드퀴스트 씨: 하지만 제2호 표의 경우에 대해서는 피해자의 연령을 알려주시겠지요.

쓰치야 씨: 그건 가능합니다. 나중에 서면으로 만들어 드리겠습니다.

핀도르 씨: 제9호 표에 대해 어느 나라로부터 범죄자가 일본으로 송환되었는지 묻고 싶습니다.

쓰치야 씨: 제1, 제2, 제3은 싱가포르, 제4와 제5는 미국으로부터 송환됐습니다.

존슨 씨: 일본에 귀국하도록 설득된 다수의 추업자는 관헌으로부터 송환명령을 받은 것이 아니기 때문에 제7호 표에는 게재되지 않았을 것이라 생각합니다. 추잡한 직업에 종사하고 있는 일본 부인이 다수 일본으로 돌려보내진 것을 우리는 알고 있지만 이 제7호 표에는 단 1인만 실린 것 같습니다.

핀도르 씨: 저는 일본의 파견지 관헌이 타일러서 귀국한 추업부는 다수 있지만, 강제 송환은 단 1건에 불과하다고 해석합니다만.

존슨 씨: 질문에서는 공식 송환과 비공식 송환 양쪽을 포함시킬 작정이었습니다. 비공식 건은 어느 표에라도 등재가 돼 있습니까.

쓰기타 씨: 이 표에 실은 것은 영사재판이 이뤄지는 지나 주재 제국관헌이 법률에 기초해 재류를 금지하여 귀국시킨 사례입니다.

존슨 씨: 지나 외의 나라에서 송환된 사건은 없었습니까.

쓰치이 씨: 지나 외 나라의 재류 금지는 없습니다. 칙령에 의거해 지나 외의 외국주재 제국영사는 송환을 명령할 수 있지만 추업부로서 송환명령을 받은 사례는 없습니다.

존슨 씨: 1건도 해당 사실이 없습니까.

쓰치야 씨: 없습니다.

존슨 씨: 저희가 부탁드린바 부녀를 귀국시킨 방법에 관한 정보 중에는 일본영사의 설득으로 귀국시킨 경우뿐만 아니라 재외 일본인단의 권고에 따라 귀국한 경우까지 넣어 주실 것이라 생각합니다. 우리 고국에서도 일본인단이 이 방침을 채용하고 있음을 우연히 들었습니다.

쓰기타 씨: 말씀하신 경우에 관한 정확한 재료를 모집하기는 어렵습니다. 영사가 보고를 보내온 사례도 약간은 있습니다만. 장차 방금 말씀하신 것 같은 사건을 보고하도록 지나 주재 제국영사에게 훈령할 수는 있습니다. 현재까지의 아무런 재료도 가지고 있지 않습니다.

존슨 씨: 이 요구를 드리는 이유는 귀국이 어떻게 해서 이 일들을 이루었는가에 대해 타국 정부가 본받을 만한 귀중한 정보를 제공하게 될 것이기 때문입니다.

쓰치이 씨: 질문하신 사항은 잘 조사하도록 하지요.

존슨 씨: 제가 관심을 갖는 두 가지 중 하나는 설득(諭旨) 내지 권고라는 방법에 의해 몇 사람 정도 귀국시켰는가 하는 것이고, 또 하나는 유지 권고할 때에 사용한 방법은 어떤 것인가 하는 점입니다. 우리 미국의 많은 도시 가령 시애틀, 타코마, 샌프란시스코 등에서는 일본인단 또는 상업회의소 등에서 일본 부인이 추업에 종사하고 있음을 발견한 경우 그를 불러내 귀국의 필요를 설파하고 표를 주어 귀국시키는 방법을 취하고 있습니다. 이는 방법의 일례의 설명에 지나지 않습니다.

쓰치이 씨: 잘 조사해서 가능한 한 정보를 제공하겠습니다.

존슨 씨: 추방 및 송환과 관련해 제네바에서 언제나 중대 문제로 논의되는 것은 고국으로 송환된 부녀에 대해 어떤 일을 해 줄 수 있는가 하는 문제입니다. 정업을 준다거나 혹은 관련 부인의 구제에 관심이 있는 사회사업단체의 보호에 맡기는 등의 수배는 충분히 미치고 있는지요. 앞에 말씀드린 부녀가 귀국한 때 귀국에서는 어떤 보호를 해 주었는지요. 이는 같은 문제를 안고 있는 다른 국가들에 대단히 유익한 정보가 됩니다. 일본 정부 또는 사회사업단체가 송환된 부녀의 구조를 위해 어떠한 조치를 취하고 있는지 듣고 싶습니다.

쓰치야 씨: 싱가포르 청소(掃除) 때에 내무성과 외무성이 서로 협력해서 귀환 부녀 보호의 방법을 강구하여 이를 구조했던 일을 기억합니다만, 그때 이래로 이점에 대해 정부에서 별도로 정한 방침이란 것은 없습니다. 하지만 저는 관련 부녀에 대한 보호사업의 예를 약간 알고 있습니다. 예를 들어 모리야(守屋) 여사는 자신이 속한 단체를 통해 이런 종류의 사회사업에 종사해 왔는데, 외국에서 귀국한 부녀를 보호하기 위해 활동하는 동종 단체는 그외에도 있을 것입니다. 싱가포르 청소 때에 정부가 지방관청에 발한 훈령은 직접 드리도록 하겠습니다.

- 정오 산회 -

◎1931년 6월 16일, 조사회의 제3일

출석자: 배스컴 존슨 씨(국제연맹)

핀도르 씨(국제연맹)

앨마 선드퀴스트 여사(국제연맹)

폰 슈미든 씨(국제연맹)

쓰치야 경무국장

쓰치이 외무사무관

사토 사법서기관

구리모토 정부대표

스도 내무사무관

다카노 박사

구사마 박사

존슨 씨: 지난번에 질문 제八을 종료했으니 오늘은 질문 제九부터 개시하겠습니다. 저는 이 문제에 대한 답변이 잘 이해되지 않습니다. 전단에는 "직업소개소는 창기 등을 소개하는 것을 엄히 금지당하고 운운"이라 있고, 후단에는 "창기 등의 소개업자는 그 영업이 허가되는 운운"이라 있습니다. 어떤 사람에게 소개업이 허가됩니까.

쓰치야 씨: 2종의 직업소개소가 있습니다. 하나는 가내 노동과 기타 일자리를 찾는 자를 상대하는 소개소이고, 다른 하나는 예기 작부만 소개하는 곳입니다.

존슨 씨: 소개업에 대해서는 별책 공창에 관한 조사[일본어(邦文)는 25쪽]의 제35쪽에 "소개업자가 되고자 하는 자는 허가를 받아야 하고 만일 소개업자로 부적당한 자는 허가하지 않는다"라고 쓰여 있습니다. 어떤 형의 사람이 여기서의 이른바 적당한 자인지 알고 싶습니다. 소개업자는 어떤 신분의 자여도 상관없습니까. 이 문구에 따르면 훌륭한 인격을 지닌 사람만이 창기 소개업자로서 허가를 받을 수 있다는 의미로 읽힙니다. 당신들은 그와 같은 훌륭한 사람을 소개업자로 찾는 데에 성공하고 있습니까.

쓰치야 씨: 우리는 신청자가 사회적으로 바람직하지 않은 인물인지 어떤지 가능한 한 확인하는 정도의 조사를 할 뿐입니다.

존슨 씨: 대부분의 나라에서 추업부 소개업자는 통상 바람직하지 않은 인물입니다. 이 일을 위임하기에 족한 인물을 찾아내는 것이 과연 가능한지 어떤지 묻고 싶습니다.

쓰치야 씨: 소개업자로서 적절한 인재를 발견하는 것은 어렵지만, 경찰에서는 신청을 상밀하게 사열하고 신원, 경력 등을 정밀하게 조사하여 부적당한 자는 각하하고 신청자 중에 가장 적절한 자에게 허가를 주고 있습니다.

선드퀴스트 여사: 창기 주선업자는 예를 들어 지나행 창기 자리를 소개하는 일을 허가받을 수 있습니까. 예를 들어 창기가 샤먼의 기루에 나가고 싶을 때 소개업자에게 가서 샤먼행 창기

자리를 소개받을 수 있습니까.

쓰치야 씨: 지나 측에서 소개업자가 오지 않으면 양국 간에는 아무런 연락은 없습니다. 지나로부터 소개업자가 일본 내지의 소개업자에게 찾아가는 것 같은 사례는 있겠지요. 그 경우 일본의 소개업자가 지나 측 소개업자의 위촉에 의해 활동하는 경우는 있을 것입니다.

선드퀴스트 여사: 하지만 일본 내지의 소개업자는 샤먼, 기타 지나 각지로 서신을 보낼 수는 있지 않습니까.

쓰치야 씨: 그런 일을 들은 적은 없습니다.

선드퀴스트 여사: 하지만 만일 이 지역의 소개업자가 여자를 위해 자리를 소개한 경우 여자를 지나에 있는 일본 기루로 보내는 것이 허용되고 있습니까.

쓰치야 씨: 규칙으로는 소개업자가 일본에서 소개하도록 허가받고 있을 뿐입니다. 외국으로 부녀를 주선하려 한 사건은 있었지만 기소되었습니다.

선드퀴스트 여사: 처벌되었습니까.

쓰치야 씨: 처벌되었습니다.

선드퀴스트 여사: 그러한 사건을 상세히 들을 수 있을까요.

쓰치야 씨: 그 명부는 제2호 표에 실려 있습니다.

선드퀴스트 여사: 알겠습니다. 그런데 이는 여자를 기망한 사건이지요. 만일 소개업자가 여자를 속이지 않고 창기로서 출국함을 여자에게 이야기하고 여자도 역시 자유의사로 도항하려 하는 경우 여자는 출국이 허가됩니까. 만일 소개업자가 지나에 있는 기루에 자리를 찾아준 경우 이 소개는 허가됩니까.

쓰치야 씨: 소개업은 그저 국내 직업만 소개하는 것입니다.

선드퀴스트 씨: 말씀한 사항은 규칙에는 보이지 않습니다만.

쓰치야 씨: 특히 규칙은 없습니다만 소개영업단속규칙이 일본 내지만을 목적으로 만들어진 것이니까요.

존슨 씨: 만일 이 종류의 소개업자가 지나로 여자를 보내는 일이 허용되지 않고 있다면, 부녀를 지나로 송치하려고 꾀했다가 처벌된 사건이 상당히 있을 거라 생각합니다. 해당 사실이 있다면 들려주시면 좋겠습니다.

쓰치야 씨: 폭력이나 기망의 경우 외는 처벌되지 않으므로 해당 사실은 없습니다.

선드퀴스트 여사: 예기는 추업부가 아니라 하셨는데 예기가 추업부와 동류항이 아니라면 왜 같

은 소개업자가 예기와 창기를 함께 주선하고 있는 것입니까.

쓰치야 씨: 예기는 추업부가 아닙니다. 하지만 예기가 가무음곡을 연주하거나 객석에서 시중들며 벌이를 하는 환경은 그다지 좋지 않아 자연히 나쁜 분위기에 휩쓸리기가 쉽습니다. 그 때문에 예기의 소개는 창기와 마찬가지로 특별한 소개업자를 통하게 하도록 하고 있습니다.

선드퀴스트 여사: 만약 소개업자가 예기 지망자에게 예기 자리를 찾아줄 수가 없을 때 여자에게 창기가 되면 어떻겠냐고 신청하는 것은 허용이 됩니까.

쓰치야 씨: 그 경우에 관한 규칙이 있어서 관련해서는 절대적으로 금지되고 있습니다. 소개업자는 창기 지원자에게 창기 자리를 찾아주는 것만을 할 수 있고 예기 희망자에 대해 창기 자리를 찾아주는 일은 허용되지 않습니다.

선드퀴스트 여사: 그 규칙이 어디에 실려 있습니까.

쓰치야 씨: 여기에는 안 실렸지만 그러한 규칙은 있으니 드리겠습니다.

존슨 씨: 말씀하신 것 같은 일을 꾀한 사례가 있었습니까.

쓰치야 씨: 그런 것은 들은 적이 없습니다.

존슨 씨: 그럼 질문 제九로 가겠습니다. 이 답변은 외국 부인의 수입거래와 알코올·마약 등의 사용이나 추업허가구역 등과의 관계에 관한 한 완전한 것 같은데, 공인기루, 추업허가구역 등과 일본 부인의 수출거래의 관계는 언급하고 있지 않습니다. 저는 지나로 가서 추업에 종사하거나 예기가 되는 일본 부녀는 어떤 계급, 종류의 자인지 듣고 싶습니다. 공창입니까, 사창입니까, 혹은 아직 추업 경험이 없는 여자들입니까. 일본으로부터의 수출거래와 공창가옥의 관계에 대해 답변이 없습니다만.

쓰치야 씨: 말씀과 같이 구분하는 것은 지극히 어렵습니다.

존슨 씨: 최근 이 문제에 대해 한 신문기자와 회견한 결과를 귀하께서 아시는지 모르겠습니다만, 신문기자가 저의 호텔 방에 와서 이야기한 바에 따르면, 그 기자는 추업부로서 외국에 도항하는 여자는 사창집단지구에서 나간다는 견해를 가지고 있고 다수 사람들도 마찬가지로 관찰하고 있다고 했습니다. 신문기자는 자진해서 그 이유를 주석하려 했지만 저는 물론 이를 거절했습니다. 이 이야기는 사실인지 어떤지, 이와 같은 결론에는 근거가 없는지 어떤지, 혹은 이 같은 견해를 키우는 사실이 뭔가 있는지 여부를 묻고 싶습니다.

쓰치야 씨: 그것은 개인적 의견에 지나지 않습니다. 저는 그 신문기자가 관련 담화를 하는 충분한 이유를 가지고 있는지, 그러한 결론을 뒷받침하는 재료가 있는지를 의심합니다.

존슨 씨: 귀하가 저희를 위해 작성해 주시는 싱가포르, 기타 각지에서 송환된 추업부에 관한 자료가 완성되면 그 서류에 따라 출국한 자가 어떤 계급에 속하는지 분명해질 것이라 생각합니다만.

쓰치야 씨: 말씀하시는 점을 찾는 것은 대단히 어려운 일이 아닐까 생각합니다. 그들의 출신 현은 확인할 수 있습니다. 재료는 가지고 있지 않지만 저의 생각으로는 싱가포르로 도항한 부녀는 본방의 어떤 특별한 구역, 곧 싱가포르나 지나와 가까운 규슈 서부에서 나간 것이라 생각되는데, 과연 그 여자들이 모두 가시자시키 지정지에서 나갔는지 여부는 의심하지 않을 수 없습니다. 만일 외국, 특히 지나 및 서부 국가들로 가는 일본 부녀가 가시자시키 지정지에서 나가는 것이라 한다면, 특정 지정지에 한하지 않고 각지의 가시자시키 지정지에서 나갈 것이라 하겠습니다.

존슨 씨: 지나의 기루 경영자는 장사를 이해하고 있고 빨리 돈을 벌 수 있는 추업 경영자를 선호합니까, 아니면 미경험자를 선호합니까.

쓰치야: 그 점은 모릅니다.

존슨 씨: 만일 창기가 가시자시키를 떠나 완전히 폐업하거나, 혹은 내지나 외국의 다른 기루로 옮겨가려는 경우, 창기는 경찰에 그 이유를 신고해야 한다고 이해해도 되겠습니까. 그렇게 된다면, 경찰의 기록을 보면 외국 창가(娼家)로 가기 위해 일본의 가시자시키를 떠난다고 신청한 창기가 있는지 알 수 있겠지요.

쓰치야 씨: 창기명부 등록 말소를 신청한 창기에게 폐업 이유를 묻지는 않습니다. 그저 폐업을 신청하기만 하면 바로 등록을 말소합니다.

존슨 씨: 외국의 일본영사 보고에 우리가 지금 논하고 있는 문제, 즉 영사의 관할구역 내에서 추업에 종사하고 있는 부녀가 출국 전부터 추업부였는지 어떤지의 정보가 혹 실려 있다면 참고가 되지 않겠습니까.

쓰치야 씨: 이 점에 관한 적확한 재료는 아마 없을 것입니다. 장래에 기록을 모을 수는 있습니다만.

존슨 씨: 추업허가구역의 존재가 일본 부녀의 국제적 거래를 촉진하는 원인인지 아닌지에 대해 이 기회에 귀하의 의견을 들을 수 있겠습니까.

쓰치야 씨: 추업허가구역이 국제적 거래에 어떤 영향을 주고 있는지는 어려운 일이라 말씀드리기 어렵습니다.

존슨 씨: 일본에는 지난날 논의한바 지나에 존재한다고 이야기되는 계급별 예기, 즉 B클래스나

제2계급의 예기가 있습니까. 이 B클래스 예기란 아마도 최초의 생업(稼業) 계약기간을 마친 후 계약을 갱신할 수 없어 하급으로 떨어져 추업을 영업하는 예기겠지요.

쓰치야 씨: 말씀하시는 점에 관한 재료를 모집할 수도 있지만, 어쨌든 이른바 B클래스에 속한 자의 수는 지극히 소수에 불과하고 또한 시골에 있는 데에 지나지 않습니다. 예기에 대해 A클래스 내지 B클래스라는 분류가 있는 것이 아닙니다. 예기가 2급으로 나뉘는 것이 아니라 본래의 예기 일만 하는 자와 예기 일과 창기 일을 겸해 행하는 자의 2종류가 있다는 것입니다.

존슨 씨: 예기에 형식상의 분류가 없다 하더라도 실제 문제로 나이가 들어 예기로서 쓸모가 없어져서 추업을 영업하게 되는 식의 일은 없습니까.

쓰치야 씨: 귀하는 나이가 들어 예기로서 쓸모가 없어져 생업(稼業)계약을 갱신할 수 없는 자가 이른바 2매감찰(二枚鑑札) 업태에 빠진다고 생각하시는 것 같습니다. 노령이 되어 예기로 쓸모가 없어진다는 것은 이른바 2매감찰 예기가 되는 이유가 아닙니다.

존슨 씨: 그럼 2매감찰의 이유는 무엇이겠습니까.

쓰치야 씨: 주로 그 지역 습관입니다. 이와 같은 지역도 극히 한 부분으로 국한되어 있습니다.

존슨 씨: 그 수가 지극히 적다고 하시는 이런 종류의 예기가 외국행을 원할 경우 그 출국은 어렵습니까.

쓰치야 씨: 지난날 창기였던 자가 여권이 필요한 외국으로 도항을 원할 경우 여권을 주지 않는다고 말씀드렸으니, 이미 그 질문은 답변이 끝났다고 생각합니다.

존슨 씨: 저는 물론 지나 일을 여쭙고 있는 것입니다.

쓰치야 씨: 지나에 대해서도 지난날, 항구의 경찰 기타 사항에 대해 말씀드리고 논의했다고 생각합니다.

존슨 씨: 질문 제十一로 가겠습니다. 이 질문의 답변에 기재돼있는 조치는 어떤 사항인지 좀 더 상세히 들려주십시오. 여기에는 "十四 (가)에 기재된 것 같은 수단에 의해 본건 매매의 방지(防遏, 방알)에 힘쓰고 이들 부인 아동의 보호에 유의하고 있다"라고 쓰여 있습니다. 그리고 十四 (가)에는 항구 및 정거장에는 경찰관이 파견돼 있다고 기재되어 있습니다. 경찰관은 부인 아동 보호를 위해 어떤 일을 합니까. 경찰관의 집무 절차라 할 만한 것이 있습니까.

쓰치야 씨: 여권 검사라는 것이 첫째 의무입니다. 입국자의 행동에 의심되는 점이 있으면 본인의 신원, 경력을 조사할 것입니다. 또한 보호를 요하는 자는 본인이 속하는 나라의 영사에게

통지하는 일도 있을 것입니다.

존슨 씨: 출국하는 자에 대한 보호 상황을 알고 싶습니다.

쓰치야 씨: 그것은 회답서 제九항(방문 회답서 제12쪽, 제13쪽)의 기재로 답변이 되었다고 생각합니다.

존슨 씨: 제9쪽 모두(冒頭)의 기재는 나가는 이민에 관한 것입니까. 모든 출이민, 곧 지나와 다른 외국으로 도항하는 이민을 포함합니까.

쓰치야 씨: 주로 남미로 가는 출이민에 관한 사항입니다.

존슨 씨: 그것은 영주민, 곧 식민으로서 출국하는 계급입니까.

쓰치야 씨: 그렇습니다.

존슨 씨: 그럼 지나행 이민에 대해서는 같은 시설이 없습니까.

쓰치야 씨: 지나로 가는 일본인에 대해서는 브라질 이민의 경우와 같은 이민훈련소 또는 수용소는 없지만, 지난날에도 말씀드렸듯이 지나로 도항하는 자는 수상경찰에 의해 정밀상세 취조를 받습니다.

존슨 씨: 그들은 승선 전에 취조를 받아야 합니까.

쓰치야 씨: 용의자를 발견한 경우에는 신원, 기타 사정을 상밀하게 취조합니다. 용의를 받은 자는 이 취조를 받아야 합니다.

존슨 씨: 부인과 여아는 대부분 이 취조를 받아야 합니까.

쓰치야 씨: 의심되는 자를 취조합니다.

존슨 씨: 이 답변은 외국 주민이 되고자 출국하는 출이민이라는 특수한 자에 대해서는 답하고 있지만, 관광객으로서 혹은 일시적 업무나 기타 목적을 위해 여행하는 사람들은 언급하고 있지 않은 것 같습니다만.

쓰치야 씨: 답변은 질문에 있는 대로 이민에 대해서만 답했을 뿐입니다.

존슨 씨: 질문에는 특히 이민이라고 쓰여 있지 않습니다. 이주자로서(as migrant) 여행하는 부인과 아동이라고 쓰여 있을 뿐입니다.

쓰치야 씨: 일본어로 이민이라고 번역, 해석하다 보니 답변도 이를 기초로 작성했습니다.

존슨 씨: 나중에 이에 관한 정보를 받을 수 있습니까.

쓰치야 씨: 지금 답하겠습니다. 행정관청 중에서도 수상경찰이 그와 같은 여행자를 취조합니다. 곧 여권이 필요한 나라로 도항하는 자는 여권발급 전 상밀한 취조를 하고, 지나로 가는 자

에 대해서는 각 항구에서 취조를 합니다.

존슨 씨: 만일 용의자로 간주된 경우는 어떻게 합니까.

쓰치야 씨: 가령 여권을 소유하고 있어도 의심스럽다고 여겨진 경우는 취조합니다.

존슨 씨: 여권 교부 신청자인 부인 아동에 대해서 어떤 질문을 합니까.

쓰치야 씨: 그것은 도항 목적이 어떤가에 따릅니다. 본인의 경력은 정밀하게 조사합니다. 추업, 기타 불법 직업에 종사한 경력의 유무에 대해서는 특히 엄중히 조사합니다.

존슨 씨: 질문 제十二에 대해선 더 이상 물을 것이 없는 것 같으니 질문 제十三으로 가겠습니다. 이 답변에 참조되어 있고 1923년도 연보에서도 보고된 '방법'에 대해, 송구합니다만 우리 기록을 남기는 편의를 위해 다시 한 번 그 요점을 반복해 주시겠습니까.

쓰치야 씨: 연보 회답의 정확한 영어 번역을 제공해 드리겠습니다. 1919년 제국 정부는 전국 지방장관에게 훈령을 발했습니다. 그 훈령은, 당국은 이와 같은 아동을 보호하기 위해 엄중한 단속을 행할 것 그리고 추업 목적을 위해 양자결연을 악용한 것이 명백한 경우 그 결연은 무효가 되므로 주의할 것이라는 취지입니다. 지방장관은 이 훈령에 따라 허위 양자결연을 탐사하고 만일 아동을 명백히 추업에 종사시킬 목적으로 양자로 삼은 경우에는 소추하라는 지시를 받았습니다. 이 훈령은 지금도 존재하고 있습니다.

존슨 씨: 1923년도 연보는 지금 가지고 있으니 번역하실 필요는 없습니다. 하지만 부도덕한 목적을 위해 양자결연을 하는 것이 명료한 경우 외에는 예기옥이 양자결연을 하는 것을 명시적으로 금지하고 있지 않은 것 같습니다.

쓰치야 씨: 만일 게이샤옥이 추업에 종사하게 할 목적으로 양자결연을 했음이 명백한 경우는 계약이 무효가 됩니다.

존슨 씨: 양자결연을 할 때 결연 목적의 옳고 그름(正邪) 여하를 어떻게 보고 조사를 합니까.

쓰치야 씨: 실제 문제가 돼서 오는 각 사건에 대해 취조할 수 있을 뿐입니다.

존슨 씨: 양자결연 후 부도덕한 목적이었다는 것을 알 수 있습니까.

쓰치야 씨: 알 수 있습니다. 사전에 발견하기는 어렵습니다.

존슨 씨: 그럼 양자결연이 거부된 사례는 지극히 적을 것으로 추측됩니다.

쓰치야 씨: 과거에는 분명 많이 있었을 것입니다. 하지만 오늘날은 극히 소수가 됐습니다.

존슨 씨: 이 연보 말단에는 "연중 본건 범죄 자주(frequent, 屢) 발생한다"는 기재가 있습니다만.

쓰치야 씨: 적당한 번역은 '자주(屢)'가 아니라 정반대인 '드물게(infrequnet, 稀に)'라고 해야 합니

다. 이와 같은 풍습이 전부터 널리 행해지고 있었는데 최근 몇 년에 이르러 사회사정 악화와 시세 압박에 의해 양자결연을 악용하는 자가 때로 눈에 띈다는 의미입니다.

존슨 씨: 이것은 우리에게 중요한 사항이니 정확한 번역을 원합니다. 이 연보는 프랑스어 또는 영어로 국제연맹에 보냈을 것으로 추측합니다만.

쓰치야 씨: 일문을 국제연맹 사무국으로 보냈고, 그곳에서 프랑스어로 번역한 후 그것이 영어로 번역된 것이라 생각합니다. 프랑스어 번역문이 완벽하게 정확하다는 것은 아니지만 영어보다도 원문에 가깝습니다. 영어 번역은 적극이지만, 프랑스어 번역에서는 적극의 정도가 줄어들어 있습니다. 하지만 일본어 원문은 소극입니다.

존슨 씨: 그럼 번역될 때마다 조금씩 나빠졌군요.

쓰치야 씨: 우리 기록을 알아보고 정확한 번역을 드리겠습니다.

존슨 씨: 그럼 질문 제十四로 가겠습니다. 十四 (가)(부인 출입 이민보호를 위해 항구와 정거장의 관헌감독)에 입각해 무언가 사건이 발견되었습니까. 달리 말하자면 부인아동매매에 관련된 범죄 검거가 있었습니까.

쓰치야 씨: 극소수 사례가 있을 것이라 생각하지만 구체적 사례에 대해서는 요코하마, 고베, 기타 항구에 가셨을 때 물어주십시오.

존슨 씨: 그럼 질문 제十四 (나)에 대해서, 이 답변에서 인용하고 있는 규칙은 우리가 받은 여러 규칙 안에 있을 것으로 생각합니다만.

쓰치야 씨: 그렇습니다.

존슨 씨: 직업소개업자는 외국에서의 직업을 부인에게 소개한 경우 이를 일일이 경찰에 보고해야 합니까.

쓰치야 씨: 그 같은 경우 경찰에 신고를 요하지는 않지만 자신이 기록을 구비해 두는 것이 필요합니다. 경찰은 누누이 현장검사(臨検)를 실시해 장부를 사열합니다.

존슨 씨: 그럼 매매사건 등은 모두 자동적으로 발견되는군요.

쓰치야 씨: 그렇습니다.

존슨 씨: 질문 제十四 (다)에 대해 여쭙습니다. 저는 이 답변에 대해 해당 사실이 없다, 즉 외국행 부인 연예자의 계약이란 것이 존재하지 않는다고 추측판단(推断)합니다만.

쓰치야 씨: 질문에 서술된 바, 부인 연예자의 계약에 대한 특별한 관헌감독은 없다는 의미입니다.

존슨 씨: 이런 종류 계약을 관헌은 사열하지 않습니까.

쓰치야 씨: 계약에 대한 감독이란 계약을 사열하는 것이라 생각하는데, 실제로는 계약의 각 조항을 상세히 사열하고 있습니다. 다만, 이와 같은 계약을 사열해야 한다는 특별규칙은 없습니다.

존슨 씨: 이를 질문하는 이유는 다른 외국들의 경험에 따르면, 연예단이 때로 장기 여행을 하는 경우 등에 만일 사전에 관헌이 계약을 신중하게 사열해 두지 않으면 이국에서 남겨진 채 고국으로 돌아갈 방도도 없이 살기 위해 부득이하게 추업, 기타 직업에 들어서게 된 부인 연예자가 종종 있기 때문입니다.

쓰치야 씨: 일본에서 나가는 연예단의 지배인이나 관여자의 신원을 조사할 훈령이 있기 때문에 만일 신원이 확실하지 않으면 여권을 발급하지 않습니다. 일본에서 해외로 가는 예인 또는 일본으로 연예단을 초빙하는 자도 마찬가지로 엄중하게 조사합니다.

존슨 씨: 예를 들어 말씀드립니다만, 순회 연예단의 지배인은 부인 연예인의 귀국 여비에 대해 보증할 의무가 있습니까.

쓰치이 씨: 질문하시는 것 같은 보증금제도는 없지만 흥행단 지배인이 예인을 고용하기에 족한 자력이 있는 자가 아니면 도항 허가를 내주지 않습니다.

존슨 씨: 위와 같은 흥행단 소속 예인 등으로, 흥행사가 그를 외국에 남겨둔 탓에 일본영사나 기타에게 고국으로 돌려보내 달라고 호소한 사례는 없습니까.

쓰치이 씨: 우리가 아는 한 말씀과 같은 사건은 아직 1건도 없습니다. 때로 흥행단으로부터 도망치는 자가 있었지만 최근 몇 년은 그런 탈주도 줄어들었습니다. 어쨌든 지금까지 흥행단을 탈주하는 경우는 다소 있었습니다.

선드퀴스트 여사: 저는 질문 제十四 (나)로 돌아가서 여쭙고 싶습니다. 답변에는 "직업소개소에서 드물게 외국에서의 직업을 부인에게 소개하는 것 같은 사례가 있고 운운"이라고 쓰여 있는데 이 답변은 예창기 소개업도 포함하고 있습니까.

쓰치야 씨: 포함합니다. 하지만 예창기 소개소는 특히 이와 같은 종류의 부녀를 위한 별종 설비입니다.

존슨 씨: 질문 제十四 (라)로 갑니다. 이 답변의 첫 부분에 인용돼 있는 규칙들의 사본을 받고 싶습니다만. 아니면 우리가 이미 받은 자료 안에 들어 있습니까.

쓰치야 씨: 모두 포함돼 있습니다.

존슨 씨: 저는 질문 제十四 (라)에서 완전히 답변되었다고 봅니다.

선드퀴스트 여사: 댄스홀에 입장하는 연소자의 연령 제한을 여쭙습니다.

쓰치야 씨: 만 18세입니다.

선드퀴스트 여사: 남아도 여아도 동일합니까.

쓰치야 씨: 그렇습니다.

존슨 씨: 마치아이(待合)라는 의미를 여쭙습니다.

쓰치야 씨: 마치아이란 요리를 스스로 만들지는 않지만 객석에 제공하는 것이 허용된 설비를 말합니다. 필요한 음식이나 음료는 다른 요리옥에서 조달합니다.

존슨 씨: 설비 'Accomodation'이란 요리 이외의 설비라는 의미입니까.

쓰치야 씨: 요리는 다른 곳에서 조달합니다.

슈미든 씨: 마치아이에는 침구 등 설비가 있습니까.

쓰치야 씨: 그렇지는 않습니다. 객석은 제공하지만 음식을 그 집에서 조리하지 않는다는 것입니다.

존슨 씨: 질문 제十五는 완전히 답변이 되어 있는 것 같습니다. 그리고 질문 제十六, 제十七, 제十八에 대해 저는 여쭐 것이 없습니다. 그럼 사회적 및 경제적 제도에 관한 질문으로 넘어가겠습니다. 질문 제一에 대해 여쭙고 싶은 것이 있습니다. 확실한지 어떤지는 모르겠지만 제가 이런 이야기를 들었는데, 만일 잘못됐다면 정정해 주시기 바랍니다. 여기 도쿄 시내에 상당수의 특수지구가 있고, 그 지구 내에서는 사창이 활발히 날뛰고 있으며, 세상에도 공공연해서 그 존재가 잘 알려져 있다는 이야기입니다. 물론 이와 같은 장소에서 일하는 종류의 여자에 관한 당국의 지식은 공창의 경우에 비해 좁은 것이 당연하리라고 생각합니다. 그렇다면 이들 지구에 있는 사창 집단 중에 외국 부인이 약간 없다고 당국이 단언할 수 없으리라 보는데 어떻습니까.

쓰치야 씨: 그들 중에 외국 부인은 그다지 많지는 않을 것이라 생각합니다. 예를 들어 요코하마의 사창지구에서 조사해 보았는데 외국 부인은 불과 2명 발견했을 뿐입니다.

존슨 씨: 이곳에서도 같은 조사를 행했습니까.

쓰치야 씨: 도쿄에서도 같은 조사를 했습니다만 한 사람도 발견하지 않았습니다.

선드퀴스트 여사: 말씀하신 요코하마 외국인 2명의 국적은 무엇입니까.

쓰치야 씨: 모두 백계 러시아인입니다.

존슨 씨: 다른 항구에서는 어땠습니까.

쓰치야 씨: 고베에 4명 있습니다.

존슨 씨: 모두 러시아인입니까.

쓰치야 씨: 상세는 제5호 표에 나와 있습니다. 제1, 제2, 제3, 제4는 고베, 제5, 제6은 요코하마 거주 외국 부인입니다.

존슨 씨: 질문 제二와 제三에 대해 저는 여쭐 것이 없습니다. 질문 제四의 답변은 일본으로 입국하는 부인과 일본에서 나가는 부인에게 균등하게 통용된다고 생각하는데 어떻습니까.

쓰치야 씨: 양쪽 다 같습니다.

존슨 씨: 질문 제五로 갑니다. 조선에서 들었습니다만 이 문제에 대해 일본의 어느 재판소의 판결이 있다고 합니다. 그 판례의 인용문 또는 별로 길지 않은 판결문이라면 사본을 받고 싶습니다.

사토 씨: 귀하는 그 판결이 있었던 구체적 사건을 아십니까. 그 사건에 대해 뭔가 들으신 바가 있습니까.

존슨 씨: 사건은 계약을 완전히 이행하지 않고 여자가 창기 일을 그만둔 문제에 관한 것이라 기억합니다. 문제는 채무의 유효 무효라는 것보다도 오히려 계약을 따라 어느 기간 창기 일을 계속할 의무 유무에 중점이 있었습니다.

사토 씨: 관련 사건은 있었습니다. 상세한 내용은 서면으로 알려드리겠습니다.

존슨 씨: 방금 말씀하신 문제는 여자가 원하는 경우 추업 생활을 떠날 자유라는 문제이지, 채무의 유효 무효라는 문제와 관계가 없다고 알고 있는데 틀림이 없는지요. 지난날 논한 바와 같이 채무가 법률상 구속력을 갖고 있는지 여부에 대한 판결이 있는지요.

사토 씨: 단순한 채무라면 물론 유효라 인정됩니다. 하지만 만일 계약에 여자의 권리를 구속할 만한 약관이 있다면 채무도 무효가 됩니다.

존슨 씨: 귀하가 여자를 구속한다고 말씀하심은 일에 머무르게 한다는 의미입니까. 하지만 여자가 창기가 된다는 목적으로 체결한 계약이라 할지라도 채무는 구속력을 갖고 있습니까.

쓰치야 씨: 만일 여자가 그 의지에 반하여 창기 일에 머무는 것을 강제당하는 듯하는 계약은 무효입니다.

존슨 씨: 그런데 제가 묻고 있는 점은 전차금입니다. 딸이 계약을 맺기에 이른 원인인 부모에게 건네진 돈 말입니다. 부모에게 빌려 준 돈에 관한 계약이 (딸의 명의로 돼 있는 경우도 있겠지만) 재판상의 문제가 되어, 여자가 추업에 종사하기 이전에 이 계약의 효력에 대해 판결이 내려진 사례가 있습니까. 계약이 재판소에서 유효하다고 지지받은 일이 있는지요.

사토 씨: 만일 이 계약을 여자가 자유의지로 체결한 것이라면 계약은 유효하다고 지지받을 것입니다.

존슨 씨: 만일 여자가 기망당했거나 협박당한 것이 아니라면 계약은 여자 및 연대보증인인 부모에 대해 법률상 구속력이 있습니까. 이 종류의 계약은 유효하고도 적법한 계약입니까.

쓰치야 씨: 저는 이 일에 관한 판례가 있을 것이라 생각하는데 기록을 보지 않고는 확실한 것은 말할 수 없습니다.

존슨 씨: 어떤 판례라도 그 사본을 받을 수 있으면 좋겠습니다. 그 판례가 대심원 판결이라면 더욱 좋겠습니다. 왜냐하면 만일 공공질서에 반한다는 이유로 이 같은 계약이 무효로 선고된다면 외국 내지 국내의 기루 경영자가 전차금을 빌려 주는 일이 없어질 것입니다. 그렇게 되면 이런 종류의 장사에 대해서는 치명상입니다. 귀하들은 관련 판결이 있는지 어떤지 찾아 주실 것이라 생각합니다.

- 오후 12시 15분 폐회 -

26. 국제연맹 부인아동매매 실지조사위원의 만철부속지, 관동주와 조선 체재 중 일지(1931. 8. 27.)

국제연맹 부인아동매매 실지조사위원 일행의 관동청 관할 아래와 조선의 정황 별지와 같이 보고 드립니다.

1931년 8월 27일

외무성 촉탁 구사마 코지(草間弘司)

외무대신 남작 시데하라 기주로 귀하

국제연맹 부인아동매매 실지조사위원의 만철부속지, 관동주와 조선 체재 중 일지

5월 29일(금요일)

실지조사위원 일행 다음 6명은 오후 1시 20분 하얼빈에서 펑톈역에 도착함.

위원장 배스컴 존슨

위원 앨마 선드퀴스트

위원 카를 핀도르

연맹사무국 서기관 W. 폰 슈미든

비서 C. G. 마셜

배스컴 존슨 부인

그리고 핀도르 부인은 베이징에서 맹장염 수술을 하기 위해 하얼빈에는 가지 않고 펑톈에서 체재 정양 중이라 본방 방문 일행에는 참가하지 않음.

펑톈역에 일행을 마중나간 사람은 모리시게(森重) 척무사무관, 아리타(有田) 관동청 보안과장,

미우라(三浦) 펑톈 총영사관 부영사, 다치가와(立川) 펑톈 경찰서장, 야기(八木) 조선총독부 사무관, 고무라(小倉) 펑톈 만철지방사무소장과 본관 등임.

일행은 즉시 야마토호텔에 들어감.

오후 3시에 모리시게 사무관, 아리타 보안과장, 야기 조선총독부 사무관 등 슈미든 씨와 회견, 식민지에서의 일정 조율을 하고 회답서를 교부함.

5월 30일(토요일)

펑톈에서는 실지 시찰을 위해 머물고 질문응답은 다롄의 관동청 관내를 총괄하여 행하는 것으로 함. 오늘은 오전 중에 펑톈 시찰을 함.

오전 9시 펑톈경찰서를 방문하고 다치가와 서장으로부터 펑톈 관하의 개황을 청취한 뒤 구류장을 시찰함. 그리고 만철이 경영하는 부인병원을 방문함.

위는 예기, 작부로 화류병에 감염된 자만을 진료하고 있었음.

다음으로 예기가 거주하는 요리점과 작부가 거주하는 요리점을 시찰함.

다시 만철부속지에 접하고 있는 중화민국인 창기(사십 수 명)가 있는 핑캉리(平康里)를 시찰함.

오후 1시 26분 펑톈역발 만철회사 초대로 탕강즈(湯崗子) 온천 다이스이가쿠(對翠閣)에서 숙박함.

만철 펑톈 지방사무소에서 와타리 료스케(渡亮之介) 씨가 일행과 함께 와서 일행을 접대함. 모리시게 척무사무관과 본관도 동행함.

5월 31일(일요일)

오전 존슨 부처는 골프를 즐기고 다른 사람들은 산책, 목욕 등 각자 정양함.

오후 3시 11분 탕강즈역을 출발하여 다롄으로 향함. 만철은 1등기차, 버스 급행권과 차내의 식사 등을 제공하고 일행을 환대함.

오후 8시 다롄역에 도착. 호시가우라(星ヶ浦)호텔에 투숙함.

6월 1일(월요일)

오전 9시 호시가우라야마토호텔을 출발하여 다롄 민정서에 가서 다롄민정서장 가라시마 도모키(辛島知己) 씨에게 경의를 표하고 민정서 내의 정식회견을 함. 위원 질문서에 대한 회답서에 부연설명과 질문 응답을 함.

관동청 보안과장 아리타 무네요시(有田宗義) 씨가 설명 응답의 임무를 함.

오후 2시 다롄부인병원(창기병원)을 방문. 정기검사 정황, 질병률, 치료비 지불 등에 대해 질문 응답이 있었고, 3시 반 호텔에 일단 돌아갔다가 5시 자동차에서 뤼순(旅順) 관동청장관 관저의 장관 만찬회에 출석함.

6월 2일(화요일)

오전 9시 다롄경찰서를 방문하고 동 경찰서 관내에서 주제에 관한 상황을 청취함. 지방법원을 방문하고 부인아동매매에 과한 범죄 사례의 유무 및 현행법이 동 범죄방지 차원에서 개정의 필요가 없는지 등에 대해 청취한 후에 다롄부두에서 중국 노동자 약 1만 6천여 명을 수용하는 벽산장(碧山莊)을 시찰함. 위는 후쿠쇼(福昌) 중국 노동자(華工)주식회사가 경영하는 부두 각종 하역작업에 종사하는 중국 쿨리의 집에서 그들은 따로 붉은 방(紅房子)이라고 칭하는 동북 산비탈의 완만한 경사면 지역을 이용하여 총 건평 총 약 39,700평방미터를 사용하여 안에 진료소, 요양소, 목욕탕, 오락장, 극장(芝居小屋, 시바이고야), 불사(佛寺) 등 여러 가지 시설을 둠.

오후는 오사카쵸(大阪町) 유곽을 시찰한 후 여홍장(女紅場)으로 칭하는 권번(檢番)에 이르러 예기의 손짓춤(手踊り), 사미센, 다도, 읽기 및 산술 등의 배움(稽古) 실황을 봄. 일행은 다시 형무소에 이르러 여자 수인 생활을 시찰하고 순 요리점의 상황을 소개하기 위해 고게쓰(湖月)에 안내함, 일행은 예기의 서비스로부터 다과 접대를 받고, 다시 사사베세키(笹部席)에 이르러 예기오키야의 실황을 시찰하고, 시(市)가 설립한 사회관을 방문함. 본관에서는 직업소개, 재봉법, 재봉틀 교습, 탁아와 강연회 등의 사업을 함.

지나인이 경영하는 사단법인 홍지선당(宏濟善堂)에서는 동 선당의 조직을 청취하고 그 사업인 직업소개, 진료, 입원, 치료, 탁아 등을 시찰하고 수친(肅親)왕가가 건설했다는 노천시장을 순회함. 이로부터 일행은 샤오강즈(小崗子)의 조선인 유곽을 시찰했다가 오후 7시부터 만철총재 초대로 호시가우라, 호시노이에(星乃家)에 있는 만찬회에 출석하여 순 일본요리로써 게이샤의 손짓춤과 함께 접대 등이 있었음.

6월 3일(수요일)

오전 중 일반인과 면회. 러시아인이 면회에 왔으나 1명 외에는 없었음.

6월 4일(목요일)

오전 9시 다롄을 출발하여 경성으로 향함.

모리(森) 통역이 안둥(安東)까지 배웅하고, 기타 모리시게 척무성 사무관도 동행함. 관동청은 열차 내의 일행 접대를 위해 식사 등을 제공함.

오후 10시 30분 일행은 안둥에 도착. 조선총독부로부터 미하시(三橋) 경무과장의 마중을 받음.

6월 5일(금요일)

오전 9시 40분 일행은 경성에 안착. 모리오카(森岡) 경무국장의 마중을 받고 즉시 조선호텔에 들어가 잠깐 휴식한 후 조선총독부를 방문. 총독이 부재했기 때문에 고다마(兒玉) 총감이 면접하고 오후 총독부에서 질문서에 대해 회답하고 설명 응답을 한 후 오후 7시 반 총독관저의 만찬회에 출석함.

6월 6일(토요일)

오전은 일반인과의 회견으로 할당되어 호텔에서 구세군과 회견함.

정오 일행은 경성호텔에서 조선기독교여자교풍회, 동 선인(鮮人)여자교풍회와 메소디스트교회 주최 오찬회에 참석함.

오후 신정(新町) 유곽 정가(正家), 대성루(大盛樓) 및 신정창기병원을 방문하고 수송동에 기생가옥을 시찰함. 경성법원을 방문하고 범죄 실례에 대해 질문한 후 서대문 형무소에 이르러 여자 수인의 생활 상황을 시찰함. 마지막으로 제생병원 맹아부를 방문하고 오후 5시 조선호텔에 돌아와 7시 반까지 모리오카 경무국장 주최로 명월관에서 만찬회에 출석함. 순 조선요리로 기생의 춤, 즉석 그림 등을 즐김.

6월 7일(일요일)

오전 9시 50분 경성을 출발, 부산으로 향함.

미하시 경무과장이 부산까지 배웅함.

차 내의 점심, 석식은 총독부에서 제공 대접함.

오후 8시 20분 부산에 도착한 즉시 연락선을 타고 9시 반 부산을 출발함.

6월 8일(월요일)

일행은 오전 7시 시모노세키에 안착. 정부대표 구리모토 요쇼(栗本庸勝) 씨, 야마구치현 보안과장 등의 마중을 받고 산요(山陽)호텔에 휴식. 정오 하루호루(春帆樓)에서 보안과장의 초대를 받고 오찬을 함께함.

오후 시모노세키 및 모지(門司) 시내 외의 각소 유적을 방문하고 오후 8시 반 특급으로 상경함.

27. 동양 부인아동매매 실지조사에 관한 건(1931. 10. 12.)

1931년 10월 12일 발송

1931년 10월 9일 기안

동양 부인아동매매 실지조사에 관한 건

외사과장

경무국장 앞

내무국장 앞

첫머리 제목의 건에 관한 아래 기의 인쇄물을 척무성에서 송부해 왔기에 각 '6부'(2부) 송부함.

- 기(記) -

一. 동양의 부인아동매매 실지조사위원

1931년 6월 5일 조선총독부에서의 조사회 의사록 요약번역(要訳)

二. 동양의 부인아동매매 실지조사위원

1931년 6월 1일 다롄민정서의 조사회 의사록 요약번역

1931년 6월 다롄(大連) 호시가우라(星ヶ浦)야마토호텔에서 속행한 위원회 의사록 요약번역

관(菅)1 제783호

1931년 9월 28일

척무차관 호리키리 젠지로 (인)

조선총독부 정무총감 이마이다 기요노리 귀하

동양 부인아동매매 실지조사위원에 관한 건

지난달 26일 자 관1 제783호를 통해 첫머리 제목 위원의 실지조사회 의사록을 송부해 두었는데 이번에 이를 별책과 같이 요약번역하였으므로 이를 송부합니다.

별책

동양 부인아동매매 실지조사위원
1931년 6월 5일 조선총독부에서의 조사회 의사록 요역

동양의 부인아동매매 실지조사위원
1931년 6월 5일 조선총독부에서의 조사회의
출석자: 배스컴 존슨 씨
폰 슈미든 씨
앨마 선드퀴스트 씨
핀도르 씨
미하시(三橋) 경무과장
호즈미(穗積) 외사과장
니시가메(西龜) 위생과장
오다(小田) 통역관
모리시게(森重) 척무사무관
이하라(伊原) 척무 속

존슨 씨: 지금까지 우리가 시찰한 다른 도시에서 취한 절차는 질문사항 안에 있는 질문과 이에 대한 답변을 대조하여 고찰하고, 보충적 질문이 있으면 그때그때 질문하였다. 질문에 대한 답변은 질문사항 전부를 포용하여 달리 보충할 것이 아무것도 없게 함을 취지로 한다.
그럼 질문 제二에 대한 답변에 따르면, 추업 목적으로 타국에서 조선으로, 또는 조선에서 타국으로 왕래하는 여자는 한 사람도 없다고 이해해도 되겠는가.

미하시 씨: 그렇다.

존슨 씨: 외국 부인으로서 타국에서 조선에 온 자도 없고 조선에서 타국으로 가는 부인도 없다고 이해해도 틀림이 없겠는가.

미하시 씨: 조선에 건너와서 현재 추업에 종사하는 외국 부인이 2명 있다.

존슨 씨: 조선 부인은 어떠한가.

미하시 씨: 이 부록에서 볼 수 있듯이 만주에 가서 그곳에서 추업을 영업하고 있는 조선 여자가 약간 있다. 아울러 그들은 당초부터 추업 목적으로 조선을 떠난 자가 아니다. 먼저 농업에 종사하고자 그곳으로 갔으나 후에 뭔가의 이유로 추업에 빠진 자다.

존슨 씨: 이 문제와 관련해 참고로 말하고 싶은 것이 있다. 다른 곳에서도 한 일이지만, 우리가 하얼빈에서 조사하던 중 개인 또는 단체와 회견하여 사정을 청취했다. 회견은 수차례 하였는데 그 하나로 만주에서 조선인 보호를 목적으로 하는 모 단체[아마도 메소디스트 미션(감리교선교회)였다고 생각한다]와 회견이 있었다. 그들 이야기에 따르면, 그들이 조선에 있었을 때 조선 여자가 지나인 때문에 국외로 유괴당하는 일이 종종 있었는데, 어떤 때는 전족(纏足)을 해서 지나 여자를 가장하고, 어떤 때는 약물을 사용해 의식을 잃게 하여 사체처럼 관에 넣어 국외로 반출하는 등의 수단까지 부리고 있음을 알고 있다고 했다. 진위를 확인하지는 않았지만 이에 대해 귀하의 의견을 듣고 싶다. 귀하는 우리와 함께 또한 우리를 제외하고 이 미션과 교섭할 생각은 없는가.

미하시 씨: 총독부 경무국이 관계하는 한에서는 질문 사항에 대한 답변으로 알려진 것처럼 가능한 한 경찰관을 항만과 철도정거장에 배치하여 여객의 점검에 힘쓰고 있다. 말씀과 같은 일은 불가능하다고 생각한다. 그래도 미션 본부 또는 지부가 조선에 있다면 귀하 등이 회견하신 후 그 이야기를 전해 듣는 것은 모리오카(森岡)국장도 기뻐할 것이라 생각한다.

존슨 씨: 우리는 다 같이 회담하고 싶다는 생각이다.

미하시 씨: 알겠다.

존슨 씨: 그럼 내일 오후로 정하고 싶다.

미하시 씨: 알겠다.

핀도르 씨: 우리가 하얼빈에서 만난 이 국제적 단체에 적어도 한 명의 일본인 회원이 있었다고 생각하는데 여기서도 일본인 회원이 있다면 사정이 좋을 것이다.

미하시 씨: 알아보겠다.

선드퀴스트 여사: 톈진, 샤먼 등에서 조선인이 있는 창가(娼家)를 보았다. 샤먼에는 샤먼에서 태

어난 조선인도 있지만, 조선에서 온 자도 있다. 이 여자들은 처음에는 정당한 직업을 구하기 위해 도항하여 후에 창부로 빠진 것인가, 또는 누군가가 추업을 영업하게 할 목적으로 데리고 간 자인가.

미하시 씨: 여기에서부터 말씀하신 장소로 직접 가는 선편이 없다. 조선에서 그곳으로 가는 여자가 추업의 목적으로 출발했다고는 생각되지 않는다. 만일 그것을 위해서였다면 주선인의 손을 거쳐야 하는데 주선인은 엄중한 경찰의 단속에 따르고 있으니, 다른 기관의 중개에 의했는지도 모르지만 우리가 아는 한에서는 중개기관은 존재하지 않는다.

핀도르 씨: 펑톈, 톈진, 하얼빈 등에서 추업을 영업하고 있는 조선 여자는 그 지방 또는 조선 이외에 거주하는 선인(鮮人), 특히 다수 선인이 거주하는 만주로부터 나간 것이라는 의견이라 알겠다.

미하시 씨: 앞에서도 말씀 드렸듯이 그들은 농업을 영위할 작정으로 조선을 떠나, 후에 다른 인민에서도 볼 수 있듯이 추업으로 타락했거나, 또는 조선 밖 어딘가에서 조선 밖의 다른 곳으로 옮겨간 것이라 생각한다. 그 증거의 하나로, 만주에 거주하는 선인 중 다수는 조선 남부의 자인데 대부분 모두 소작인이었다가 한 몸을 일으켜 보려고 만주로 간 자이며, 조선을 떠난 것은 농업을 영위하기 위해서라는 것에는 의심이 없다. 이는 통계를 보면 알 수 있으리라 생각한다.

핀도르 씨: 그렇다면 일본 경찰의 단속이 엄중하다는 것을 알고 정업을 위해 여자를 고용하듯 외견을 가장하지만 실은 추업 목적으로 매매에 종사하는 매매업자가 있다는 것에도 의심이 없을 것 같다. 그들은 조선을 떠나는 데에 어려움이 없도록 예를 들어 만주에서 여자를 위해 정업을 구한다는 수단을 취하여 일단 여자를 만주에 오게 한 후 감언으로 추업을 영업하게 만들지 못할 것도 없다. 만일 여자가 만주에 가까운 조선 북부에 있는 자라면 가능성이 한층 커지는 것은 물론이다. 남부 여자에 대해서는 아마도 불가능할 것이다. 만일 만주에 있는 여자가 조선 남부의 자라 한다면 남을 속이는 간사한 꾀(詭計, 궤계)를 쓰는 어려움은 한층 심할 것이다. 왜냐하면 남부 여자는 단독으로 또는 가족이 아닌 사람과 함께 만주로 갈 일은 없을 테니 말이다. 의견은 어떠한가.

미하시 씨: 국경 부근의 여자가 정업에 종사할 수 있다는 구실 아래 용이하게 만주로 연행되었을 것이라는 것은 의견 그대로다. 부록 제三의 60쪽에서 볼 수 있듯이 그들은 대부분 지극히 젊은 여자다. 아울러 경찰은 엄중한 단속에 힘쓰고 있고 주선인이 발견되는 때에는 엄벌에

처해진다.

핀도르 씨: 말씀에 따르면, 만주의 창가에 있는 여자는 원래 정업을 위해 온 남부 출신이다.

미하시 씨: 그들은 북부 여자다.

존슨 씨: 상세한 사항에 대해 두세 가지 여쭙고 싶다. 최초의 두 사건에는 여자가 유괴된 곳의 지명이 게재되어 있지만, 세 번째 사건과 그 후의 것은 유괴된 곳의 지명이 안 나와 있다.

미하시 씨: 그 기재는 생략한 것인데 대부분은 펑톈(奉天)과 다롄(大連)이다.

존슨 씨: 이들 여자 대다수는 조선 북부 출신인가.

미하시 씨: 제1사건의 자는 남부이지만 제2 이후는 모두 북부 출신이다.

존슨 씨: 범인은 여자를 국외로 데리고 나가기 이전에 체포되었는가, 또는 이후인가.

미하시 씨: 대다수는 국외로 떠나기 전에 체포되었지만 때로는 여자가 국경을 넘은 후에 발견된 것도 있다. 그 경우에는 이곳에 거주하는 범인이 체포되었다.

존슨 씨: 범인은 조선인인가 지나인인가.

미하시 씨: 양쪽 다 있다.

핀도르 씨: 양쪽이라 말씀하지만, 조선인의 경우 그들은 지나에서 일본의 영사재판권에 속하므로 처벌하기가 용이하겠지만, 지나인의 경우에는 처벌하기 위해 지나 경찰관헌과 협력이 되는가. 그 협력은 가능한가.

미하시 씨: 범인은 모두 조선에서 체포된 자다.

핀도르 씨: 나는 국경을 넘은 범인에 대해 여쭙고 있다.

미하시 씨: 이들 범인은 모두 조선 내에서 체포된 자다. 만주에 남겨진 여자에 대해서는 그대로 방임했다.

핀도르 씨: 조선에서 여자를 만주로 데리고 간 지나인이 만주에서 지나 경찰관에게 체포된 예를 알지 못하는가.

미하시 씨: 그런 예는 없다.

존슨 씨: 질문 제三에 대한 답변 중에 있는 귀하의 보고는 66쪽에서 우리가 논의한 표와도 관계가 있다고 생각한다.

미하시 씨: 그렇다. 그 보고는 표 안에 있다.

존슨 씨: 귀하는 외국 추업부의 축출에 대해서 충분히 성공했다고 이해해도 무방한가.

미하시 씨: 조선에는 두 사람의 러시아 부인이 있을 뿐이고 지나 추업부는 한 사람도 없다. 외국

추업부 구축책의 성적에 대해서는 기쁘게 생각한다. 1922년에 약 40명 있던 러시아 부인이 현재는 2명으로 감소했다. 가까운 장래에는 전무할 것이라 믿는다.

존슨 씨: 지나 추업부는 종래 한 사람도 없었는가.

미하시 씨: 그렇다.

존슨 씨: 추업부를 수요하는 지나인은 어떻게 하는가.

미하시 씨: 조선 추업부에게 간다. 그러나 지나인은 대부분 일시적으로 조선에 재류하는 자로 돈을 모으면 귀향한다. 매년 고향인 지나의 신년을 축하한다.

존슨 씨: 지나인은 대부분 산둥(山東)에서 오는가.

미하시 씨: 그들은 대부분 쿨리(苦力)다.

존슨 씨: 귀하가 외국 추업부 축출 성적을 기뻐한다고 진술한 것에 대해 나는 흥미를 느끼는데 어떠한 점에서 성적이 양호한가.

미하시 씨: 외국 추업부의 수, 외국인 창가의 수가 감소한 것을 기뻐한다는 취지다.

존슨 씨: 두 명의 러시아인 외에는 외국 추업부가 없는가.

미하시 씨: 러시아인 외에는 한 사람도 없다.

존슨 씨: 지금까지의 내용은 전부 질문 제六에 관한 것이다. 질문 제七에 대한 답변은 이 일에 관계하는 단체가 경성 또는 조선에 하나도 없다는 의미인가.

미하시 씨: 여자기독교청년회와 구세군 같은 단체가 있지만 이들은 실제로 부인아동매매의 방지에 관계하지 않는다.

존슨 씨: 그들은 어떠한 방지사업을 하는가.

미하시 씨: 우리가 아는 한 그들의 사업은 거의 하나도 없다.

존슨 씨: 질문 제八에 대한 답변에 따르면 우리가 지금 논의한 표에 제시된 사건은 국제적 매매 사건으로 간주되는 것이 아니라 생각한다.

미하시 씨: 이 표에는 우리가 할 수 있는 한 엄하게 등록하고 단속하고 있는 것을 제시했다.

존슨 씨: 이것들은 국제적 매매를 기도하는 것이 아니란 말인가.

미하시 씨: 요점의 번역이 나쁘다. 오해도 있다. 빚(借金) 문제에 대해서는 대차(貸借)의 사례가 있을 뿐이고 매매 사례는 없다. 빚을 갚으면 여자는 자유가 될 수 있다.

선드퀴스트 여사: 다수의 여자는 처음에는 농업을 위해 만주로 가서 그 후 창부가 된다고 했는데, 그들은 주선업자를 통해서 직업을 구하는가.

미하시 씨: 국경을 넘은 후에 어떠한 방법으로 직업을 구하는지는 물론 알 수 없으나 만주에서 지나인이 여자를 구하는 경우에는 주선업자에 의할 것이라 생각한다.

선드퀴스트 여사: 만일 주선업자가 여자를 위해 정업을 구해 줄 것을 약속했는데 후일 실은 추업을 위해 여자를 국외로 가게 하였음이 발각되거나, 여자가 국외로 간 후 주선업자가 약속한 것과 같은 직업이 없다는 사실을 알았을 때에는 주선업자가 처벌되는가.

미하시 씨: 주선업자가 여자가 만주로 가는 것을 중개하고 후일 그 여자가 창부로 빠졌을 때는 주선업자에게 책임이 없지만, 주선업자가 부녀매매자로 행동함이 발각되면 처벌돼야 한다.

선드퀴스트 여사: 사례는 없는가.

미하시 씨: 하나도 없다. 주선업자가 직업을 제공할 때는 먼저 신청인의 인물, 여자의 재산 상태, 부모가 있으면 그 동의에 대해 조사해야 하고, 절차에 불비한 점이 있으면 책임자는 처벌돼야 한다.

선드퀴스트 여사: 주선업자규칙에 따르면, 공창이 되려고 원하는 자에게 직업을 제공하는 것은 주선업자의 정당한 직업이라 생각된다.

미하시 씨: 여기에 사용하는 말은 주선업에 대한 다른 말과 실제 다르다[역자가 말하기를 아마도 '공공 주선업(公周旋業)'이라는 말이 사용되어야 함]. 그들은 예기, 여급을 주선할 수 있고, 공창도 역시 주선이 허용되지만, 사창은 그렇지 않으므로 그들은 직업 취급에는 충분히 주의해야 한다.

선드퀴스트 여사: 예를 들어 한 여자가 있어 주선업자에게 노동자로서 직업을 요구하였는데 관련 직업을 얻기 어려운 경우 주선업자는 창부로서의 지위를 제공함이 허용되는가.

미하시 씨: 창가 단속과 관련해, 주선업자규칙에 관련이 될 때는 주선업자는 구직자의 의사에 반하여 또는 거짓(詐僞)의 수단을 사용하여 주선을 해서는 안 된다. 실제로 타인에게 고용 중인 자를 권유하거나 유인해서는 안 된다, 같은 규정이 있다. 여자가 임의로 창부가 되고자 하는 경우 그것을 금지하는 규정은 없다.

선드퀴스트 여사: 빈궁한 무직의 여자가 주선업자에게 가서 농업이나 기타 이와 유사한 직업을 얻고자 요구했지만 관련 직업을 얻기 어려운 경우, 주선업자는 "지금 그런 직업이 없습니다. 하지만 창가라도 괜찮다면 주선하지요"라 하는 것이 허용되는가. 그것은 허위가 아닌 진실을 말했다고 볼 수 있을 것이다. 주선업자는 이 같은 행동을 취하는 것이 허용되는지 알고 싶다.

미하시 씨: 여기서 주선업이라고 하는 팬더(パンダー)는 주선옥이라 불리며 사인(私人)의 경영으로 경찰이 허가를 받지 않고 영업한다. 여자에 대해 말씀하신 것 같은 이야기를 하는 것은 자유다. 하지만 공적인 소개소는 가령 그 여자가 지극히 궁핍하여 직업을 구하는 것이 심히 간절해도 결코 그와 같이 제안해서는 안 된다.

선드퀴스트 여사: 주선옥이라는 것은 직업을 구하는 자, 결혼을 구하는 자, 건물의 매매대차를 원하는 자, 또는 창부가 되려는 자가 가는 곳이 아닌가. 이들 각종 행동을 한 주선업자가 영업할 수 있는가.

미하시 씨: 그렇다.

선드퀴스트 여사: 저의 질문은 "직업을 구하는 여자가 그 직업을 얻을 수 없는 경우에 그 여자에 대해 창부의 지위를 제공할 수 있는가"라는 것이다.

미하시 씨: 그렇다.

존슨 씨: 세부 항목에 걸친 질문의 제二에 관해 귀하의 답변은 그런 단체가 존재함을 모른다는 의미로 알겠다.

미하시 씨: 하나도 알지 못한다.

선드퀴스트 여사: 질문 제五에 대한 답변에는 이민 수는 조사 중이다, (B)에 대해서는 비춰 볼 만한 통계가 없다고 되어 있는데, 다수의 조선 여자가 그곳에 게재된 지방(즈푸, 톈진, 샤먼 등)으로 직업을 구하기 위해 가는 경우가 있음을 아실 것이라 생각한다.

미하시 씨: 모른다. 아무런 보고를 받은 일이 없고 여권을 요하는 지방에 가는 자에 대해서는 통계를 얻을 수 있지만 지나에는 여권 없이 갈 수 있다.

핀도르 씨: 여기에 과거 5년 동안에 도래한 지나인 수가 있다. 그들이 항상 왕래하고 있는 자라면, 이 수는 대략 이곳에 거주하는 지나인 수에 상당하는 것이라 생각한다. 조선에 거주하는 지나인의 대략적인 수를 알 수 있는가.

미하시 씨: 작년 조사에 따르면, 작년 이곳에 거주한 지나인은 91,466명으로 대부분 농업 노동자다.

핀도르 씨: 아마도 다른 항목 아래에 해당할 것이라 생각하지만 질문하고 싶다. 지나인은 사증 또는 다른 절차 없이 지나에서 건너올 수 있는가.

미하시 씨: 사증 없이 올 수 있다.

존슨 씨: 조선인도 치외법권을 지니고 있으니 마찬가지로 지나로 갈 수 있다.

미하시 씨: 그렇다.

존슨 씨: 질문 제六에 대한 답변의 세부 항목은 우리가 이미 논의한 66쪽과 67쪽의 표에 나타나 있다. 질문 제六의 후반은 범인 및 피해자의 연령, 국적, 범죄의 성질 및 조치에 관한 것이다. 부녀자의 연령, 국적에 대해서는 파악했지만, 범인의 연령 국적과 조치에 대해서는 아직 알지 못한다. 우리는 이 범죄에 대해 다소의 질문을 하고 싶다. 귀하가 혹 사건의 상세에 대해 이야기할 수 있다면 문제를 간단히 할 수 있으리라 생각한다.

미하시 씨: 전형적 사건은 범인이 어느 부호의 양녀나 아내로 삼는다는 구실 아래 피해자를 권유한 사건이다.

존슨 씨: 우리의 질문 순서에 따라 그 사건을 취급하고 싶다. 먼저 범인의 연령과 국적을 묻고 싶다.

미하시 씨: 첫째 사건에서는 범인은 56세의 남자로 조선인이다.

존슨 씨: 사건의 내용은?

미하시 씨: 어떤 부자의 양녀 또는 아내가 되게 해 준다고 속여 피해자를 유혹했다.

존슨 씨: 모 부호는 어디 사람인가.

미하시 씨: 지나.

존슨 씨: 지나의 어디인가.

미하시 씨: 펑톈.

존슨 씨: 관헌의 처치는 어떠한가.

미하시 씨: 3년의 징역에 처했다.

존슨 씨: 여자 쪽은 어떤가.

미하시 씨: 조선을 떠나기 전에 붙잡아서 부모 품에 송환했다.

존슨 씨: 조선 밖으로 내보내는 데 성공한 사례가 있는가.

미하시 씨: 펑톈으로 데리고 나간 예가 있지만 어떻게 처벌되었는지는 보고를 접하지 않았다.

존슨 씨: 여자는 그대로 만주에 머물렀는가.

미하시 씨: 그렇다.

존슨 씨: 매음과 같은 부정한 목적으로 여자를 만주로 가게 하려고 기도한 사건이 있는가.

미하시 씨: 제2의 사건이 그것이다.

존슨 씨: 그 여자는 조선에서 여급이었던 자인가.

미하시 씨: 그렇다. 전라남도에서 여급이었다.

존슨 씨: 요정으로 주선한 목적은 부정한 것이 되는가.

미하시 씨: 그렇다.

존슨 씨: 방금 여쭌 질문을 통해 우리가 관심이 있는 보고가 무엇인가를 아셨으리라 생각한다. 다른 사건에 관해 마찬가지로 상세히 알 수 있겠는가.

미하시 씨: 연구해 보겠다.

존슨 씨: 아마 보충적인 각서를 제시하시리라 생각한다.

미하시 씨: 그런데 보내드려야 할 질문에 답변하기에 충분한 시간이 없어 상세에 이르지 못했다.

선드퀴스트 여사: 여자가 선금(前金)으로 유혹된 이들인 경우, 예를 들어 68쪽의 그 돈은 창가에서 먼저 전해 주는가.

미하시 씨: 요정에서부터다.

핀도르 씨: 앞으로 돌아가서, 그것이 국제적 매매인지 아닌지를 논의하기 전에 분명히 해두고 싶은 것이 하나 있다. 우리는 누누이 오해에 봉착했다. 우리가 보기에는 한 여자가 어떤 나라에서 다른 나라로 오게 될 경우에는 매매업자가 그저 어떤 하나의 경우에 관계한 때에도 국제적 매매가 된다고 생각하는데, 이에 대해 다른 해석을 취해 국제적 매매라는 것은 조직이 있는 단체가 일정한 계속적 행동에 종사한 경우만을 가리키는 것이라 믿는 자가 있다. 귀하가 경찰관헌이 국제적 매매 사례에 접한 일이 없다고 말하는 것은 이 오해가 있기 때문일 것으로 믿는다. 67쪽에 게재한 최초의 2개 사건은 우리의 견지에서 보면 국제적 매매의 완전한 특징을 지니고 있다. 아마도 귀하는 확연한 단체 또는 결합에 의해 정해진 행동이 이뤄진 경우만을 국제적 매매라 부르고 있는 것 같다. 우리의 의견 차이는 이로써 분명해지지 않았는가.

미하시 씨: 그렇다. 과연 그러하다.

존슨 씨: 질문 제七에 대한 귀하의 답변은 관련 경우가 하나도 존재하지 않는다는 의미라 생각한다.

미하시 씨: 그러한 관련 경우는 하나도 존재하지 않는다.

존슨 씨: 질문 제八에 대해서도 마찬가지인가.

미하시 씨: 그렇다.

존슨 씨: 질문 제九에 관해 창가에 부녀를 공급할 권리가 있는 주선인이 조선 이외의 장소에 공급한 협의를 받은 일이 있는가.

미하시 씨: 그런 경우를 모른다.

존슨 씨: 조선 여자가 관련 주선업자에게 가서 예를 들어 다롄에서 창부가 되려 한다고 신청한 경우에 주선업자는 다롄의 동업자나 다롄의 기타 창가와 교섭하여 이 여자를 위해 창부 생업 약정(稼業取極)을 할 권리가 있는가.

미하시 씨: 주선업자가 다롄 또는 내지의 동업자와 교섭하는 것은 있을 수 있다. 하지만 하얼빈, 기타 일본제국 이외 지방의 동업자와 통신하는 사례는 없다.

존슨 씨: 그런 예는 경찰에 알려져 있지 않은 것으로 이해한다. 그것은 불법인가.

미하시 씨: 정확하게 말하면 그와 같은 교섭을 금할 아무런 규칙도 없다. 국제적 부녀매매 교섭을 한다는 것은 그들에게는 용이하지 않고, 있다고 한다면 경찰은 엄밀한 취조를 할 것이다.

존슨 씨: 질문 제十과 관련해, 이 문제에 대해서는 여러 의견이 있다. 귀하의 의견을 들을 수 있다면 좋겠다.

미하시 씨: 아시다시피 조선에서 공창은 선인(鮮人) 또는 내지인이다. 외국인은 러시아인 2명이 있을 뿐이니 그 영향은 대수롭지 않다. 조선에서는 외설서(猥本)의 간행을 허용하지 않으므로 발견되는 것이 거의 없다. 따라서 청년을 그러한 장소에 유인하는 자가 없다. 추업과 관련해 어떠한 이익이 있는가는 모르겠고, 또한 알코올에 대해서는 아무런 보고를 할 수 없다.

존슨 씨: 그 이야기는 한 가지를 제외하면 대단히 명료하다. 그 한 가지라는 것은 조선에서 선인(鮮人)을 위해 창가가 존재하는 것이 국외로 조선 여자를 보내는 것, 바꿔 말하자면 다른 곳에 있을 수 있는 수요에 대해 공급을 하는 것에 하등의 영향을 미친다고 생각할 수 없지 않겠냐는 것이다.

미하시 씨: 창가의 존재가 조선 여자의 국외 도항에 많은 영향을 미치는 일은 없다. 왜냐하면 그들은 우선 농업이나 기타 정업에 종사하기 위해서 도항하는 자이지, 추업을 영업하기 위해서 가는 자가 아니기 때문이다. 하물며 아시는 바와 같이 현재는 창가 수가 점차 감소하고 있으니, 따라서 여자의 국외 도항에 많은 영향을 미친다고는 생각하지 않는다.

존슨 씨: 질문 제十一에 관해 국외로 떠나고 싶어 하는 부녀자가 취해야 하는 수속의 일부라도

알 수 있다면 우리에게 흥미로울 것 같다. 그와 같은 부녀자는 어떤 수속을 해야 하는가.

미하시 씨: 그 질문은 외국 부인에 대해서인가.

존슨 씨: 내지인 및 선인에게도 적용되는 것 말이다.

미하시 씨: 내지인 또는 선인 여자가 만주 같은 치외법권이 있는 지방으로 가는 경우에는 물론 아무런 수속을 요하지 않는다. 여권 없이 자유롭게 갈 수 있다. 조선 여자는 간도로 많이 간다. 경찰은 단신으로 여행하는 부녀자를 발견한 때에는 어디에서 왔는지, 뭐하는 사람인지를 취조하고, 필요하다면 그에게 보호를 가한다. 우리가 이 항목 아래에 아무런 보고할 사항이 없다고 답변한 것은 그 때문이다.

핀도르 씨: 지나 및 인접국으로 가는 조선 여자는 여전히 일본 재판권 아래 놓여 있으니, 우리가 여기서 지나 이외의 나라로 가는 부녀자라 할 때는 지나 이외의 나라로 가는 자를 의미하면서 질문하고 싶다. 왜냐하면 지나에 대해서는 그들이 일본의 경찰 및 보호 밖으로 나간다고 말할 수 없기 때문이다. 조선 여자가 가는 다른 지방은 없으리라 생각한다.

존슨 씨: 양자에 관한 절차에 대해 알고 싶다.

미하시 씨: 부모의 동의서를 첨부하여 도(道), 청(廳) 또는 시청에 신청하기만 하면 된다. 아동은 대부분 동족의 양자를 취한다.

존슨 씨: 질문 제十四에 대한 답변 중 (D) 항에 게재한 규칙 사본을 얻을 수 있겠는가. 건축이나 기타 그와 유사한 규칙은 필요없고 질서유지에 관한 규칙만 요구한다.

미하시 씨: 이 규칙들은 도에 따라 다소 차이가 있다. 각 도의 규칙을 보내야 하는가.

존슨 씨: 질서유지에 관한 규정은 각 도에서 대략 같으리라 생각한다. 규칙을 인쇄한 것이 있다면 부인 및 아동의 보호에 관한 1절 또는 2절만이라도 입수하고 싶다.

미하시 씨: 하나의 도(道) 규칙만으로 충분한가.

존슨 씨: 충분하다고 본다.

선드퀴스트 여사: 국제매매에 관한 조건은 조선에서는 심히 양호하다고 생각한다. 이는 일반 여론교육 등에 의해서인가.

미하시 씨: 그렇다.

선드퀴스트 여사: 일반적으로 말해서 여기서는 부녀자가 상당한 생활자금을 얻을 수 있을 만한 직업 수습을 받을 기회가 있는가.

미하시 씨: 그렇다. 많은 중등학교가 그와 같은 직업 수습을 주고 있다.

선드퀴스트 여사: 그렇다면 직업을 찾는 젊은 여자는 쉽게 일자리를 찾을 수 있겠다.

미하시 씨: 그렇다. 비교적이라고 말할 수 있지만 그들은 졸업 후 일자리를 얻는 데에 큰 어려움이 없는데 이 학교가 상업가(商業家)와 친선관계를 갖기 때문이다.

선드퀴스트 여사: 그렇다면 귀하가 농업에 종사하기 위해 지나로 간다고 말한 여자는 조선에서 직업을 얻기 어렵기 때문인가.

미하시 씨: 물론 그들 다수는 한층 더 운을 열고자 국외로 가는 남편 또는 부모가 동반하여 가는 자다.

선드퀴스트 여사: 그들은 계절적 일을 위해서만 가는 자인가.

미하시 씨: 다수는 일가가 함께 이주하려고 가는 자다.

〈별지〉

동양 부인아동매매 실지조사위원
1931년 6월 1일 다렌(大連)민정서(民政署)에서의 조사회 의사록 요약번역
1931년 6월 3일 다렌 호시가우라야마토호텔에서의 속행위원회 의사록 요약번역

동양 부인아동매매 실지조사위원

◎1931년 6월 1일, 다렌민정서에서의 조사회

출석자: 배스컴 존슨 씨
폰 슈미든 씨
앨마 선드퀴스트 씨
핀도르 씨
아리타(有田) 보안과장
모리(森) 통역생
모리시게(森重) 척무사무관
이하라(伊原) 척무 속

1931년 6월 1일 오전 9시 반 다롄민정서에서
증인: 아리타 보안과장

존슨 씨: 회의에 들어가기에 앞서 우리 위원 일동을 대신해 말씀드리고 싶은 것이 있다. 우리는 이렇듯 준비성 많고 지극히 완전하게 고심한 답변에 대해 답변의 기초자와 일본 정부에 깊은 감사의 뜻을 표한다.

아리타 씨: 우리의 노력이 인정되어 고맙다.

존슨 씨: 우리는 다른 곳에서도 한 것 같은 절차에 따라 답변 하나하나에 대해 논의를 거듭하고 싶다는 생각인데 이의가 없는가.

아리타 씨: 그러면 될 것 같다.

존슨 씨: 질문 제一에 대한 답변 중에 "하지만 실제상 부도덕한 목적으로 부인아동을 매매한 사례가 일어나지 않았다"는 문구를 어떻게 이해해야 할 것인가를 여쭙고 싶다. '실제상'이라는 말은 한두 사례는 있었다고 이해해야 하나, 또는 글자그대로 하나도 없었다고 이해해야 하나.

아리타 씨: 과거 5년 동안에는 관련 사례가 하나도 없었지만 그 이전에는 다소 있었다는 의미다.

존슨 씨: 질문 제二에 대한 답변 중 '실제상'이라는 말에 대해서도 같은 의문이 있다.

아리타 씨: 질문 제一에 관해서와 마찬가지로 이해하면 된다.

존슨 씨: 그리고 '현저한'이라는 말이 사용되고 있는데 어떻게 이해해야 하나.

아리타 씨: 그 의미는 하얼빈에서 상하이로 도항하는 러시아 부인과 관련된 이들 범죄에 대해 관동주가 통로가 되고 있다는 것이다. 여기를 통로로 삼는 러시아 부인들의 사건을 발견하는 것은 거의 불가능하다고 해도 좋다.

존슨 씨: 그것은 그들의 통과가 지극히 신속하기 때문인가.

아리타 씨: 상하이 통신에 따르면, 상하이에는 다수의 러시아 창부가 있다. 그리고 그들은 대부분 하얼빈에서 온다고 한다. 그들은 이곳을 통과한 후에 상하이에서 창부가 되는 것으로 생각된다.

존슨 씨: 러시아인이면서 다롄을 통과하여 지나의 다른 곳으로 이주하는 자가 있는가.

아리타 씨: 다롄에 거주하는 러시아인이 직접 다른 지나의 개항장에 가는 일은 없다.

존슨 씨: 그들은 철도로 우회해서 가는가.

아리타 씨: 제 말은 하얼빈에 거주하는 러시아인은 여기를 통과하여 상하이로 가지만, 다롄에 거주하는 자로 여기에서 다른 항구로 가는 자는 없다는 의미다.

존슨 씨: 그러나 하얼빈에 거주하는 러시아인이면서 상하이로 가는 도중 다롄을 통과하는 자가 있다.

아리타 씨: 물론 정당한 여권을 가지고 있다면 여기를 통과해 상하이로 가는 것이 허가된다.

존슨 씨: 질문 제三에 대한 답변에서는 단 하나의 의문이 있다. 답변의 마지막 4항 부분에 수단의 설명으로 그들은 감언으로 무지한 여자를 사로잡는다고 돼있다. 이 수단에 대해 좀 더 상세한 설명을 듣고 싶다.

아리타 씨: 그것은 통계상의 답변 제三에 기재되어 있는바 아내 등으로 주선해 주겠다는 구실로 좋은 임금으로 좋은 일을 제공하는 자가 있다.

존슨 씨: 매매의 문제, 이것은 수단이라는 안에 포함돼야 할 일반 실례라 할 수 있나.

아리타 씨: 물론 포함된다.

존슨 씨: 매매라 해도 거의 강제되는 것일 테다.

아리타 씨: 부인이 속을 경우 폭력이 사용된다고는 생각하지 않는다.

존슨 씨: 그것은 사기 항목 아래 들어갈 사항이다. 젊은 여자가 팔릴 때 대다수는 자유의사로 나간 것이 아니라 생각된다. 그것을 폭력의 일종이라 할 수 없다는 것은 이상하다.

아리타 씨: 여자 매매의 거래는 먼저 여자를 속인다. 속았다고 깨닫는 것은 거래가 끝난 후다. 그 경우에 폭력이 사용되는 일도 있을 것이다. 그러나 사기 행위는 이미 끝나 있기 때문에 수단 중에 포함시켰다.

핀도르 씨: 이 지나인이 어떻게 해서 추업을 위해 여자를 손에 넣는지의 문제와 관련해 우리는 귀하에게서 보고받는 것에 다대한 관심을 갖고 있다. 왜냐하면 여기에는 일본의 통치 아래 다수의 지나인이 생활하고 있고 우수한 경찰과 행정 시설이 있으니 다른 지나인 거주지에서보다 이들의 사건에 대해 한층 명백한 보고를 귀하로부터 받을 수 있으리라 생각하기 때문이다. 우리는 지나에서 조사 중에 지나에서는 좋은 지위를 약속하여 여자를 속이는 것이 심히 적고, 통상적으로는 지극히 빈궁한 부모가 그 여자를 어린아이일 때 거간(仲買)에게 팔고, 거간이 또 다른 이에게 매각하고, 결국 그 여자는 한 거간에게 팔려 거기서 특히 창부가 되도록 교육받는다. 단순히 부모에게서 거간에게 팔리거나 직접 창가로 팔리는 여자는 실제로 폭력을 당한다. 그러나 부모나 연장자에게 순종을 지킨다는 그들의 관념 때문에 이

수단을 폭력 안에 넣지 않는다. 그들이 예를 들어 창가의 아마(あま)에게 팔렸다고 한다면, 그들은 그를 어머니라 부르며 친어미를 대하는 것과 마찬가지로 효행을 다할 의무가 있다고 믿는다. 경찰이 이 범죄를 발견하기 어려운 까닭은 여자가 진정으로 그녀를 결국 처분하는 자의 딸인지 아닌지를 발견하기 어려운 데에 있다. 왜냐하면 그녀를 처분하는 자는 항상 그녀를 자기 딸이라고 주장하고 그녀도 역시 그 부인을 어미라고 인정하기 때문이다. 지나에는 인구 조사도 등록도 없으니 그 자리에서 허위를 발견하는 것은 지극히 어렵다. 여자가 팔려온 곳의 지나 관헌의 도움을 빌려 발견하려 해도 거의 불가능에 가깝다 해도 좋다. 저는 첫째로 귀하의 경험상 이런 종류의 사건에 대해 뭔가 보고를 얻고 싶다. 또한 둘째로 이런 종류 사건에 대해 지나 관헌과 협력한 일이 있는지, 있다면 그 성적은 어떠한지를 알고 싶다.

아리타 씨: 우리 경찰의 단속에 대해 찬사를 들어 감사하다. 핀도르 씨여, 귀하는 지나에서 당신의 경험으로 우리보다도 잘 알고 계시다. 지나에는 우리가 창기 주선옥이라 부르는 것이 있다고 들었지만, 관동주에는 없다. 관동주에는… (원문에 오류 있음)[30]에서 와서 영업하는 지나 창부는 없다. 지나의 다른 지방에서 여러 곳으로 흘러 흘러서 마침내 여기에 거주하는 자는 있다. 우리는 귀하들의 이해를 얻기 위해 솔직하게 말씀드려야 한다. 현재의 일본 정부와 지나 정부의 관계에서는 이 일에 대해 쌍방 협력을 얻는 것이 불가능에 가깝다. 지나 정부는 과대망상에 빠져 있는 것 같다. 제6 통계표 하부에 지나 정부에 인도한 사건의 수가 제시돼 있다. 인도했다고는 해도 어떠한 조치가 취해졌는지, 어떠한 결과를 얻었는지에 대해 아무런 보고도 접할 수 없다. 이는 제12표에 따라 분명히 알 수 있을 것이다. 물론 관동청은 관련 사건에 대해 지나 관헌과 협력에 최선을 다하려 하지만 거기서 어떤 결과가 얻어지는지는 말할 가 없다.

선드퀴스트 여사: 우리는 관동주로 오는 지나 부인에 대해 이야기하고 있다. 우리가 시찰한 지나의 어떤 지방에는 일본 추업부가 약간 있었다. 여기에서 지나의 다른 지방으로 일본 부인을 유괴해 가는 매매업자 사례를 아시는 바가 없는가.

아리타 씨: 그런 예가 전무하다고는 할 수 없다. 유감스럽게도 예가 있을 수도 있겠다고 생각하지만 확언할 수 없다.

---

30 원문 오류 표기는 원문대로다.

선드퀴스트 여사: 경찰에서는 발견되지 않는가.

아리타 씨: 대부분의 경우는 여자가 이곳을 떠나 다른 곳에 간 후에 창부가 된다. 관련 경우에 보통의 부인과 창부를 분간하기 어렵다. 지나로 가는 부녀에게 여권이 필요하다면 용이하겠지만 여권을 요하지 않도록 되어 있다.

선드퀴스트 여사: 매매업자가 여자를 유괴한 예를 아시는 바 없는가.

아리타 씨: 통계에는 과거 5년 동안 그런 예가 있다고 제시되어 있지 않다.

존슨 씨: 제2표에 사용된 말에 대해 좀 설명을 부탁드린다. 수단이 기재되어 있는데 그것이 개개의 사건에 적용되는지 어떤지를 모르겠다.

아리타 씨: 다른 사건은 따로따로 게재해 놓았다. 첫째 사건에는 다수의 범인이 있었다.

존슨 씨: 그 표의 제2쪽에 "지나 부인 49세…"로 시작되는 한 사건이 있다. 그 수단은 범인이 피해자를 유괴하고 매각하여 100엔을 벌었다고 되어 있다. 거기에는 위 사건에는 처벌 없음이라 돼 있다. 이것은 사건이 지나 관헌에 인도되었음을 의미하는가.

아리타 씨: 거기에는 여자가 추업을 위해 팔렸다는 것이 나타나 있지 않다. 이 사건은 오래된 기록에서 가져온 것이다. 그녀는 여급 같은 것으로 팔렸다고 이해한다. 관동청 법원은 무처벌 판결을 내리고 있다. 법원의 해석에 따르면 범인도 지나인, 피해자도 지나인, 범죄는 산둥에서 행해진 것으로, 즉 지나 영토 내의 사긴으로 본다는 것이다. 이 해석은 두 개의 사건 모두에 적용된다.

존슨 씨: 둘째 사건에서는 피해자가 어떤 남자에게 그 아내로서 팔렸으니 여급으로 팔린 것이 아니다.

아리타 씨: 방금 답변은 잘못 말했다.

존슨 씨: 무처벌이라면 범인은 지나 관헌에 인도되었을 것 같은데 어떠한가.

아리타 씨: 아니다, 범인이 지나 관헌에 인도되었다는 의미가 아니다.

존슨 씨: 관동주의 법률 아래에서는 범죄가 없었다는 의미인가.

아리타 씨: 앞에서도 말했듯 범죄 행위는 관동주 외의 지역에서 행해졌으므로 그에 대해서 우리는 어떠한 일도 할 수 없다. 다음 사건의 경우는 지나에 인구등록이 존재하지 않기 때문에 피해자가 과연 피해자인지 아닌지를 확인할 수 없다. 피해자는 속아서 팔린 것이라고 호소하지만, 범인은 이를 부인하고 있기 때문에 우리는 소추할 수 없다.

존슨 씨: 다음 사건인 셋째 사건에서는 매각의 착수가 있었던 것으로 생각된다. 그 경우에 처벌

은 징역 1년이다.

아리타 씨: 법률에 따르면 미수도 처벌된다.

존슨 씨: 두세 개 사례에 대해 상세를 들을 수 있다면 통계를 이해하는 데 도움이 될 것 같다. 그 예라 함은 범죄가 행해졌는데 왜 처벌되지 않는지 등등의 경우다. 아마 이것은 후에 준비하여 우리에게 제시해 줄 것이라 생각한다.

아리타 씨: 셋째 사건은 관동주 내에서 착수되었기 때문에 처벌된 것이라 생각한다. 하지만 앞의 사건은 주 밖에서 행해진 것이다. 상세는 후에 알려드리겠다.

존슨 씨: 질문 제五에 대한 답변은 완전하다고 생각한다.

선드퀴스트 여사: 질문 제七에 관해 구세군이 이 문제에 관심을 갖는 유일한 단체라고 돼 있는데 부인회에서 이 문제에 관심을 갖는 자는 없는가.

아리타 씨: 귀하는 정거장에서 교풍회의 대표자를 만났을 것이라 생각한다. 그들은 이 문제에 관심을 가지고는 있으나 상시 활동하고 있다고는 생각지 않는다. 내지에서는 끊임없이 활동하고 있지만 여기서는 그렇지 않다.

핀도르 씨: 세부 항목 질문으로 들어가기 전에 매매업자의 수단에 관한 질문 제三으로 돌아가고 싶다. 여기에 실린 사건에는 부인매매업자가 여자를 권하고 설득하여(勸說) 팔았다고 돼 있다. 이것은 누차 되풀이된 사실인데 이전 관련 사건의 상세를 몰랐던 우리에게는 심히 흥미롭다. 만일 존슨 씨(위원장)가 물었듯이 약간의 사건에 대해 그 상세를 알 수 있다면 대단히 흥미롭겠다. 이 사건들은 다음과 같이 이해해야 한다고 본다. 즉 매매업자가 15, 16세의 지나 여자에게 접근하여 창부가 되면 심히 좋은 생활을 할 수 있다고 말하고 권유하여 설득이 되고 나면 어떤 창가로 데려가서 그녀를 고가로 파는 것이다.

아리타 씨: 귀하의 의견대로다.

핀도르 씨: 이것은 심히 신기하다. 왜냐하면 비상업적이니 말이다. 일반적으로 말하면 여아 신상에 권리를 갖는 자는 부모거나 또는 부모로부터 그녀를 사들인 자다. 때로는 여자 자신이 창가에 몸을 팔아 돈을 얻는 일도 있다. 하지만 놀랍게도 매매업자가 그녀에게 접근하여 창부가 되도록 설득할 수 있고, 심지어 대금 전부는 매매업자 손에 들어가게 된다. 지나인은 지극히 상업적인 마음의 소유자임을 생각하면 더욱 신기한 일이다.

아리타 씨: 지나 여자는 대금을 받지 않는다. 이를 받는 것은 매매업자다.

핀도르 씨: 매매업자가 그녀를 팔았다고 한다면 그녀는 지나인의 사상을 따라 당연히 권리로서

대금을 얻을 터다. 만일 그녀에게 자유의사가 있는데도 매매업자가 갑자기 그녀 신상에 소유권을 얻고, 따라서 그녀의 대금을 취득한다고 한다면, 성장한 여자가 이를 허용한다는 것은 실로 경탄할 일이다.

아리타 씨: 제3표에 있는 사건은 모두 여러 곳을 유랑한 끝에 이곳에 와서 매각되어 대금은 매매업자에게 취득된 여자의 경우다.

핀도르 씨: 매매업자가 대금을 취득한다는 것은 실로 의아하다. 그들이 여자를 부모로부터 사들였다거나 또는 약취 유괴했다면 모를까, 여자를 설득해 그녀를 팔고, 그 대금을 그대로 취득하는 것에 동의하게 만들 수 있다는 데 이르러서는 이해가 안 된다.

아리타 씨: 그것은 왜 적법이 아닌가 하는 얘기다.

핀도르 씨: 여자가 부모에게서 팔려서 전전한 끝에 매매업자에게 팔려, 누군가가 그녀를 창가에 가령 200달러에 팔았다고 하자. 이 경우 여자는 처음에 부모가 대금을 얻었으니 창가를 떠나서는 안 된다. 돈이 지불되기까지는 그곳에 머물러야 한다고 생각하는 경우도 있을 수 있겠다. 하지만 전혀 타인인 매매업자가 그녀를 설득한 경우에는 누군가는 원래 아무런 출금을 하지 않았음에도 불구하고 200달러를 수중에 넣는다. 그녀는 어떻게 해서 자기를 기속(羈束)하여 200달러를 지불할 때까지 창가를 떠날 자유가 없다고 생각하는 것일까.

아리타 씨: 말씀의 둘째 사례에서는 먼 곳으로 팔린 지나 여자가 상당히 낡은 사상에 사로잡혀 적극적으로 그곳을 떠날 수단을 강구할 수 없어 자기 힘으로 도망쳐 나갈 수 없는 것이라 생각한다.

핀도르 씨: 이런 종류의 두세 사례에 대해 그 상세를 조사하면 흥미가 크리라고 생각한다. 저는 창가에 여자를 파는 매매업자는 그 전에 산 자이지만 처벌을 두려워해 일본 경찰 앞에서는 그것을 인정하지 않는 것이 아닐까 생각한다. 그 때문에 그는 여자를 설득해 동의를 얻어 창가에 주선했다고 말하는 것이다. 실제는 샀는데도 여자를 설득했다고 말하는 것은 사기에 지나지 않는다고 생각하는데 어떠한가.

아리타 씨: 그런 경우도 있겠다. 그러나 여자가 일본 관헌에게 관련 사실을 진술한 예는 없다.

핀도르 씨: 그건 그렇다. 지나 여자는 결코 진실을 말하지 않는다.

아리타 씨: 저도 그렇게 생각한다.

핀도르 씨: 아무튼 설득하여 매각한다는 이 사건의 상세를 알고 싶다.

아리타 씨: 희망하시는 바에 따라 조처하겠다.

존슨 씨: 핀도르 씨가 알아채고 생각하는 것, 제가 알아챈 것, 선드퀴스트 여사도 알아챘으리라 생각하는 것은 수단에 해당하는 것이 근소하게 그쳤다는 것인데, 만일 전형적 사건을 상세히 알 수 있었다면 아마 셋째, 넷째 사건이 될 것이다.

아리타 씨: 그렇다.

존슨 씨: 세부 항목 질문으로 들어가자.

선드퀴스트 여사: 다시 한 번 일본 창부에 대해 여쭙고 싶다. 답변 중에 부정한 목적을 가지고 국제적 부녀매매에 종사하는 일본인을 발견한 일이 없다고 나와 있고, 또한 저의 앞선 질문에 대해 귀하는 일본인이 일본 부인을 지나의 다른 항구로 데려가는 예를 알지 못한다고 답하셨는데, 그 의미는 무엇인가. 지나의 다른 항구로 여아를 데려가는 일본인이 전혀 없다는 말인가, 또는 매매업자가 교묘해서 탐지할 수 없다는 말인가.

아리타 씨: 일본 추업부는 모두 독립해서 일을 하고 있으니 자기가 원하는 대로 주소를 옮길 수 있다. 그들은 부정거래 목적의 지나 부인과 다르다.

선드퀴스트 여사: 하얼빈 일본영사의 이야기에 따르면, 일본 창가의 주인은 여자를 구하기 위해 다롄이나 기타 지방으로 간다고 한다. 관동주의 경찰은 관련 예에 봉착한 일이 있는가.

아리타 씨: 하얼빈 영사의 말을 어떻게 해석하셨는지 모르겠지만 일본 부인은 모두 독립이다. 말씀하신 주인이라 함은 영업의 명의주(名義主)이고, 그 집에 이들 독립적인 부인이 있다는 것이다.

선드퀴스트 여사: 부인 등은 자기의 여비를 지불한다고 생각하는가.

아리타 씨: 물론 여비를 지불한다. 일 하는 장소를 변경하는 일은 있지만 그것은 여기에서 하얼빈으로 팔렸다는 의미가 아니다.

존슨 씨: 우리는 즈푸 그리고 선드퀴스트 여사가 말한 대로 하얼빈에서, 창가 주인이 일본에 가서 여자의 부모들과 교섭해 돈을 부모들에게 지불하고 여자는 창가나 예기집에서 일하여 그 돈을 변제한다는 약정을 체결하는 일이 있다고 들었다.

아리타 씨: 여자가 영업주에게서 얻은 돈은 마음대로 처치할 수 있다. 부모들을 위해 쓰든 자기를 위해 쓰든 자유다.

존슨 씨: 일본에서 일의 약정은 영업주와 여자 부모들의 직접 거래일 것이라 생각한다. 그런 예가 여기서는 없는가.

아리타 씨: 그런 예는 없다. 그것은 관동청에서 예기나 기타의 영업을 위해 여자에게 직접 허가

를 주고, 여자는 그 후에 영업주와 약정을 체결하기 때문이다.

존슨 씨: 질문 제二, 제三, 제四, 제五의 답변에 대해서는 다른 질문이 없다.

아리타 씨: 질문 제五에 관한 통계에 대해 좀 설명 드리고 싶다. 37쪽의 제7표가 작성된 기초를 말하고 싶다. 이것은 매년 말 관동주 내에 거주하는 자에 대해 조사한 것이다. 지나인은 여권 없이 자유롭게 도래할 수 있으니 여권에 기초해 그들을 조사할 수 없기 때문에 숫자는 각 연말에 이곳에 영주하는 자를 나타낸다. 제8표의 주에는 12일 체재자도 포함한다고 돼 있다. 이것은 이들을 제외할 시간이 없었기 때문이다.

존슨 씨: 지나인에 대해 여권 조사가 없다면 제8표와 제9표에는 지나인을 포함하지 않는 셈이 된다.

아리타 씨: 그렇다.

존슨 씨: 앞서 요구한 대로 어떤 사건의 상세를 알 수 있다면 질문 제六에 대해서는 추가 보고를 얻을 필요가 없을 것 같다. 질문 제七에 관해서는 질문이 없다. 질문 제八 (A)와 관련해 굉제선당(宏済善堂)과 산둥상무총회(山東商務総会)에 인도된 부인과 여자의 행말을 알고 싶다.

아리타 씨: 산둥상무총회의 경우, 산둥에서 도래한 부녀는 거기서 보호된다. 신원지가 밝혀지면 거기로 송환된다. 귀하는 굉제선당을 보셨으리라 생각한다. 그곳에는 보호를 받는 약간의 부인이 있다. 그 보호가 어떠한 것인지는 아시리라 생각한다.

존슨 씨: 이들 두 개의 사설단체는 인도받은 사건의 처치에 대해 보고를 제출하는가.

아리타 씨: 이들 단체에서 보낸 통계가 있다. 필요하시다면 드리겠다.

존슨 씨: 우리는 이들 단체가 어떤 조치를 취했는지를 알고 싶다.

아리타 씨: 나중에 통계를 보내드리겠다.

존슨 씨: 질문 제八 (B)에 관해 자문위원회에서의 일본 대표의 진술에 따르면 일본 정부는 해외에 있는 일본 창부를 본국으로 귀환시키는 정책을 세웠다고 한다. 일본 창부면서 관동주에 송환되었거나 관동주로부터 일본에 송환된 자가 있는가.

아리타 씨: 해외에서 관동주로 송환된 자는 없다. 관동주에서는 창부에 대한 관의 허가(官許)가 이뤄지고 있다. 경찰 단속이 엄하기 때문에 과거 5년에 걸쳐 사창으로 발견된 자는 없다. 따라서 일본으로 송환된 자는 없다.

존슨 씨: 질문 제九에 대한 답변은 관련 사건은 관헌이 듣거나 알고 있지 못하다는 의미리라 생각한다.

아리타 씨: 단속이 엄중하기 때문에 관련 사건이 없는 것이라 생각한다. 방금 말씀드렸듯이 창부는 모두 관허이고 허가에 대해서는 엄밀히 조사한다. 그 때문에 밀매음은 엄중하게 단속되고 관련 범죄가 행해질 여지는 없다고 본다. 물론 우리도 인간에 지나지 않으니 타인의 과실까지 책임질 수는 없다.

선드퀴스트 여사: 해외로 도항하는 부인에 대해 주선업자가 있는가.

아리타 씨: 아니다.

존슨 씨: 질문 제十에 대한 답변에 대해 설명해 주기 바란다.

아리타 씨: 질문 제十의 답변 중 통계에 대해 설명하겠다. (C)의 제4표는 아편을 흡연하는 부인을 나타내고, 다음 표는 주 내에서 소비되는 주류의 수량, 그다음 표는 국제연맹에 보고한 마약을 나타낸다. 이 표들은 질문에 대해 충분한 답변이 있어야 한다고 생각한다. 양해를 바라는 것은 관동청의 경찰관 대다수가 연중 마적(馬賊) 및 무장강도 무리의 진압에 힘쓰고 있음은 통계가 보여 주는 바와 같다. 그러나 이들 흉악한 무리(凶徒)에 대하여 완전한 단속을 하였다고는 주장하지 않는다. 또한 우리 경찰이 이 직무로 몹시 바쁘니 다른 사무에 힘쓸 시간이 없다는 의미는 아니다. 지나 영토와 맞닿아 있는 관동주에서 우리의 근로가 크다는 것을 양해하시면 좋겠다.

존슨 씨: 질문 제十이 의미하는 것은 물론 하나의 의견이다. 따라서 통계를 모집하여 뭔가 증명하려는 것은 물론 어려운 일이다. 하지만 질문 취지는 제가 지금부터 하려는 질문을 통해 예시될 것이라 본다. 창부가 마약을 구입할 자금을 얻기 위해 추업을 영업한다는 것을 증명하는 자가 있는가.

아리타 씨: 관동주에서 마약을 얻기 위해 추업을 영업하는 것 같은 약물탐닉자 존재는 모른다.

존슨 씨: 창가의 관허라는 것이 가령 지나인 매매업자가 지나의 다른 지방에서 수중에 넣은 여자를 처분할 장소를 그들에게 공급하게 된다, 라고 믿을 만한 이유가 있는가.

아리타 씨: 관련되는 지나 부인에 관한 통계는 31쪽 제3표에 나타나 있다. 이 표는 그 수가 점차 감소하고 있음을 밝힌다.

존슨 씨: 1929년까지는 증가하고 있다.

아리타 씨: 1930년의 숫자는 11개월에 걸친 것인데 이 해의 숫자는 크게 감소하고 있다.

존슨 씨: 그것은 일부분 경제사정에 의한 것인가.

아리타 씨: 물론 이유의 하나는 은화의 하락이다.

존슨 씨: 앞서 말씀드렸듯 이 문제를 통계로 증명하는 것은 어렵다. 그것은 관련 표에 포함돼야 할 많은 요소가 있기 때문이다.

아리타 씨: 이것은 물론 그들이 관동주에 왔을 때 조사한 것은 아니다. 창부를 신청한 자의 각 연말 수에 기초한 것이다.

존슨 씨: 알고 싶은 것은 통계, 기타의 증거를 떠난 관헌의 의견이다.

아리타 씨: 창가(娼家)에 대해 적당한 경찰단속을 하면 수는 감소하리라 생각한다. 왜냐하면 사창을 두는 경우에는 관헌이 사실의 진상을 알 수 없지만 창가 모두가 허가를 받아야 하도록 하면 관헌은 그들을 접촉하여 사실을 확실히 알 기회가 있기 때문이다.

존슨 씨: 질문의 취지를 충분히 이해하지 않으신 것으로 생각된다. 예를 들어 제가 산동성에 거주하는 지나 매매업자라 가정한다. 사들이려는 여자가 있을 경우 저는 관허 창가가 있는 다렌으로 여자를 데리고 가겠는가, 또는 관허 창가가 없는 다른 곳으로 가겠는가, 어느 쪽 형편이 좋다고 보겠는가.

아리타 씨: 그 경우에 귀하는 관허 창가의 유무와 상관없이 시장이 있는 곳이라면 어디든 여자를 데려갈 것이라 생각한다.

존슨 씨: 관허의 창가는 보다 확실한 시장을 제공하지 않겠는가.

아리타 씨: 창부의 시장은 창기관허제와는 관계없다고 생각한다.

선드퀴스트 여사: 15쪽의 관허창가조합(가시자시키업자조합)에 대해 여쭙고 싶다.

아리타 씨: 이것은 경찰이 규칙을 힘써 실천하기(励行) 편하도록 명령해서 만든 조합이다.

선드퀴스트 여사: 조합의 존재가 부녀 매매업자에게 거래를 용이하게 만드는 일은 없는가.

아리타 씨: 이 조합은 경찰단속 차원으로 명령해서 작성시킨 것으로 영업자의 복리(利福)를 보호하는 것이 아니다.

선드퀴스트 여사: 조합의 존재는 매음에 관한 여론에 영향을 준다고 생각하지 않나. 관련 조합의 존재는 세인으로 하여금 이 영업은 지극히 정당 또는 적법한 것이라 생각하게 만든다.

아리타 씨: 조합을 지도하는 것은 경찰이다. 조합은 경찰의 명령에 복종해야 한다. 따라서 단속에 엄중하다면 조합의 존재가 여론에 영향을 주어 매음을 정업으로 생각하게 할 우려는 없다. 만일 조합이 자기 이익으로 기울면 경찰은 그 해산을 명령할 힘이 있다.

핀도르 씨: 제4표 (C)에 대해 질문이 있다. 마지막 항에 '나카이(仲居)'(Licensed inmate)라 나와 있고 이는 종전의 '창기(娼妓)'(licensed prostitute)라 말할 수 있다고 돼 있는데 양자의 차이

는 무엇인가.

아리타 씨: 관동주가 일본 치하에 들어간 당시는 일본에서와 마찬가지의 창기제도 및 규칙을 채용했지만 후에 외국 제도를 본떠 공창, 사창의 구별을 폐했다. 그러나 사창은 국민건강에 좋지 않음을 인정하고 또한 이들 부녀자의 사회적 처지도 고려하여 관허로 하고 '나카이'라고 부르기로 했다. 실제상 나카이와 창기는 아무런 차이가 없다. 우리는 전에 지나 창부를 절멸하고자 꾀하여 당시 있던 자는 그대로 두어 자연히 소멸하게 하려 했지만, 그 후 공중위생상의 단속을 고려하여 나카이를 실제 창기와 동일시하고 창기에 적용되는 규칙을 나카이에게도 미치게 하였다. 그래서 양자는 이름을 달리해도 그 실제는 같은 것이다.

핀도르 씨: 나카이라는 것은 창가에 거주하는 창부이고, 창기라는 것은 창가에 있지 않은 창부를 가리키는 것이 아닌가.

아리타 씨: 차이는 명칭뿐이다. 양자 모두 창가에 거주한다.

핀도르 씨: 그저 두 개의 호칭이 있음에 지나지 않는가.

아리타 씨: 그렇다. 그저 그것뿐이다.

핀도르 씨: 표에는 일본 여자와 지나 여자가 있다. 일본 여자 중에는 일본 내지인과 조선인을 포함하는 것이라 생각한다.

아리타 씨: 조선인을 포함한다. 제8표는 예기의 출생지를 보여 준다.

핀도르 씨: 예기의 3분의 1은 조선에서 온 자다.

존슨 씨: 만주 및 관동청의 관할 내에 도래하는 부녀자에 대한 자선적 사업—남만철도회사, 상사회사 및 공사(公私)단체의 노력 범위를 듣고 싶다. 이들 단체에 의해 이와 같이 취급된 사례가 많이 있는가. '드물게'라고 있으니 별로 많지는 않을 것 같다. 이들 부녀자에 대한 조치를 말씀해 주겠는가.

아리타 씨: 내일 시청사에서 통계를 드려야겠다. 지금 지참한 통계가 다소 있지만 불충분하다고 생각한다.

존슨 씨: 질문 제十二에 답변을 요하지 않는다고 기술된 이유는 우리가 출발 전 제네바에서 보고를 얻었기 때문이다.

핀도르 씨: 질문 제十三에 관해 다롄에 오는 외국인은 지나인을 제외하고 모두 사증을 요하는 것으로 이해한다.

아리타 씨: 상호주의 조약에 의거해 사증을 필요로 하지 않는 자가 있다. 지나인의 경우 여권을

필요로 하지 않는다.

존슨 씨: 답변의 최초 문장 의미는 아동은 부정한 목적을 위해 받아들일 수 없다는 뜻으로 이해해야 하는가.

아리타 씨: 아동에게 일반적 보호를 주지만 이 목적을 위해 특별한 보호를 주지는 않는다는 의미다. 우리는 이 목적을 위해 경찰상 특별한 조직을 갖고 있지 않다.

존슨 씨: 지나인이 여자를 동반하고 다롄에 온다면 그들에 대해 취조를 하는가 또는 취조를 할 수도 있는가.

아리타 씨: 물론 취조를 할 수 있지만 대부분 여자를 아내 또는 딸이라고 주장한다. 의심스러운 경우에는 경찰서로 소환할 수 있으나 그들이 모두 친족관계라고 주장할 때는 어찌 하기도 어렵다. 일본인이라면 호적등본 제출을 요구하거나 일본의 경찰관헌에 조회할 수도 있지만 지나인에 대해서는 실제상의 어려움이 있다.

존슨 씨: 지나인이 동반해서 오는 여자에 대해서는 그 지나인과 별도로 취조하는가.

아리타 씨: 사정에 따라 같이 또는 별도로 취조한다.

존슨 씨: 그런 취조에 의해 제2표에 나타난 것 같은 사건이 발견될 것 같다.

아리타 씨: 그것도 물론 이유이지만 경찰이 범죄의 풍문을 접하고 있는 것도 이유다.

존슨 씨: 사건을 훑어보니 5, 6세 아동의 경우가 있다. 그러한 유년자의 사건을 발견하는 것은 어떤 방법에 의해서인가.

아리타 씨: 사복 경찰관이 있어서 풍문을 들으면 취조를 한다.

존슨 씨: 여기서는 지나 인간에게 남녀 종(僕婢)으로서 아동을 매매하는 실례가 있는가.

아리타 씨: 관동주에는 없다.

존슨 씨: 아동이 양자가 되는 때는 경찰서 또는 재판소에 등록될 것이라 생각하는데 어떤가.

아리타 씨: 아니다. 경찰에도 재판소에도 등록되지는 않는다. 그러나 각 경찰관 파출소에는 파출소 관내 주민의 인구조사부가 비치돼 있어 그 장부에 등록이 이뤄지게 된다.

핀도르 씨: 그렇다면 관동주에는 지나인의 완전한 인구조사가 있는 셈이다.

아리타 씨: 관동주 내에서는 이 특별장부가 지나인의 등록부가 된다.

핀도르 씨: 그것은 일본인과 마찬가지로 출생, 사망, 혼인 등의 사항들에 걸친 조사인가.

아리타 씨: 그렇다.

존슨 씨: 질문 제十四에 관해서는 (B) 외에 질문이 없다. 거의 모든 답변의 끝에 '실제상' 부인이

없다고 나와 있는데 이 '실제상'이라는 말은 이 회의의 처음에 이야기한 의미로 이해하면 틀림없겠는가.

아리타 씨: 이 경우에는 지극히 소수임을 의미한다. 아까 말한 것처럼 독립한 예기도 있거나 또는 극히 적다.

선드퀴스트 여사: 선박의 출입에 관해서는 지극히 유효한 단속제도가 있다고 생각하는데 그 단속의 효과에 대해 알고 싶다. 경찰관이 부녀매매 사실을 발견한 일이 있는가, 또는 부녀매매를 방지할 정도로 단속이 충분한가.

아리타 씨: 수상경찰에는 그 통계가 있다. 나중에 보여드리겠다.

핀도르 씨: 질문 제十四 (C)에 관해 여자 예인으로서 외국에 가는 자가 있는가.

아리타 씨: 한 사람도 없다.

존슨 씨: 질문 제十四 (A)의 답변 중에 나타난 단속에 대해 상세히 알고 싶다.

아리타 씨: 유희장(遊技場) 등에 대한 단속에 대해서는 특별한 규칙이 있다.

존슨 씨: 그 규칙들을 알고 싶다.

아리타 씨: 나중에 드리겠다.

존슨 씨: 이 절에서 나머지 질문은 이미 충분히 논의됐다고 생각한다. 사회적 또는 경제적 질서에 관한 질문으로 들어가자.

선드퀴스트 여사: 지나 쿨리(苦力)의 요구에 응하기 위해 하급 창부가 필요하다고들 말하는데, 이 하급 창부를 허용하지 않는다면 그 결과는 어떻겠는가.

아리타 씨: 각국에서 사회사업가가 믿는 바에 따르면, 사회질서는 그 때문에 대단히 위태로워질 것이다.

선드퀴스트 여사: 강간 등이 증가할 것이라 생각되는가.

아리타 씨: 폭력을 사용하는 범죄가 증가할 것이다. 내일 귀하가 지나의 쿨리 거주 지구를 시찰한다면 그들이 성적 만족을 빼앗긴 결과 어떠한 사건이 발생할지 이해하시게 될 거라 생각한다.

선드퀴스트 여사: 질문 제一의 답변 중에 기재되어 있는 쿨리의 경우 그들은 수년을 이곳에 거주하는가, 또는 산둥으로 귀환하는가.

아리타 씨: 쿨리는 동계 결빙 중에는 일할 수 없으니 고향으로 돌아간다. 개중에는 1년 내내 체재하는 자도 있지만 통상 이곳에 거주하는 것은 반년이다.

선드퀴스트 여사: 그들의 평균 소득은 어떤가.

아리타 씨: 그것은 직업에 따라 다르다. 목수는 하루에 지나화(支那貨)로 1.50달러, 미장이와 전기공은 똑같이 1.60달러, 유리공은 1.80달러, 잡역은 60전 내지 24전이다.

존슨 씨: 질문 제一에 대한 답변에 관해 만일 쿨리가 하급 창부를 빼앗긴다면 강간, 기타 사회적 불안이 발생하는지 여부에 대해 시험한 일이 있는지 어떤지를 알고 싶다.

아리타 씨: 관동주에서 발생하는 살인 및 폭행의 대다수는 여기 거주하는 미혼 지나인의 범행이다.

존슨 씨: 하지만 그들을 위한 창부가 있지 않나.

아리타 씨: 그러한 하급 쿨리에 대한 창부가 있다.

존슨 씨: 일본의 관내에서 지나 쿨리를 위한 창부를 금지한 장소가 있는가. 있다면 금지의 효과를 알고 싶다. 그 효과는 과연 귀하가 우려하신 대로였나.

핀도르 씨: 다롄은 주 내에서 다수의 쿨리가 거주하는 유일한 장소라 생각한다. 다롄에서 시험이 이뤄지지 않았다면 다른 곳에선 없을 거라 생각한다.

아리타 씨: 그렇다. 쿨리를 위해 창부를 금지하려 한 일은 없다. 앞에서 누누이 말씀드렸듯이 일본 정부는 공창제도를 채용했다. 일본 정부가 보는 바로 매음은 꺼림칙한 것이지만 사회 실정을 감안하면 일종의 영업으로서 피할 수 없는 것이라 여긴다.

존슨 씨: 질문 제三에 대한 답변에서 귀하는 여론 및 교육이 이 문제에 영향을 주지 않는다고 생각하는 것으로 이해해야 하는가.

아리타 씨: 일본의 내지에서 단체, 학회 및 교육이 이 문제에 일종의 영향을 미침을 인정하지만, 이 답변은 만주와 관동주에 관한 것이다. 이곳에는 경찰 눈에 띌 만한 사업을 하는 단체는 존재하지 않는다.

존슨 씨: 귀하는 영업주가 허위의 수단으로 증가를 꾀하는 창부의 부채에 관해 뭔가 경험이 있는가.

아리타 씨: 'A' 책자 제1호에 실린 규칙에 따르면 관동주의 관헌이 이 문제에 대해 창부와 영업주 사이에 간섭한다는 것을 알 수 있다. 따라서 부채가 허위의 수단으로 증가된다는 걱정은 절대로 없다. 각 여자의 수입액 및 임차 표는 매달 검사를 위해 경찰에 제출된다.

존슨 씨: 이것은 여자들의 계약에 관한 것이다.

아리타 씨: 여자들 자신이 영업주와 계약한다. 그 경우에는 경찰이 간섭한다.

존슨 씨: 매매업자가 여자를 창가에 판 경우에도 그 계약은 경찰의 검사를 거치는가.

아리타 씨: 부정거래 의심이 있으면 허가를 발하지 않는다. 여자를 파는 업자를 처벌할 것이다.

존슨 씨: 지나의 주선업자가 지나 여자를 창가에 판 예는 절대 없는가.

아리타 씨: 통계가 보여 주는 것처럼 지나 주선업자를 축출한 숱한 예가 있다.

존슨 씨: 이들 예 안에 창가에 여자를 팔려 한 경우는 없는가.

아리타 씨: 제2표에 그것이 제시돼 있다.

존슨 씨: 팔고자 한 미수 사건이 다수 있는가. 그것이 창가에 팔려 한 미수인지 아닌지는 알 수 없다.

아리타 씨: 사건은 팔려다가 실행 이전에 발각된 것이다.

존슨 씨: 창가에 판 자 또는 팔려고 한 자는 1건도 없는데.

아리타 씨: 1928년에 약간 있다. 13쪽에 기재가 있다.

존슨 씨: 그것은 요리점에 팔린 것이다.

아리타 씨: 창부로서라 함은 창가에 팔렸다는 의미다.

존슨 씨: 그렇다면 창부로서 팔렸다고 되어 있는 경우에는 모두 창가에 팔렸다고 이해하면 되겠는가.

아리타 씨: 그렇다. 창가의 주인에게 팔린 것이라고 이해해도 무방하다. 이들 사건에서는 파는 행위가 실행되기 이전에 체포된 것이다.

선드퀴스트 여사: 관헌은 부채에 대해 엄중한 단속을 한다고 말씀했는데 단속방법은 모두 규칙에 규정되어 있는가.

아리타 씨: 그렇다. 추상적으로 규정돼 있다. 그것은 경찰규칙이다.

선드퀴스트 여사: 예를 들어 여자가 창가에 들어가 자기의 가족 부조(扶助)를 위해 돈을 빌릴 때 그 부채는 여자 자신의 이익만을 위해 이뤄진 것으로 간주되어야 한다고 생각한다.

아리타 씨: 맞다.

선드퀴스트 여사: 그렇다면 그녀는 한 달에 1푼 5리의 이자를 지불해야 하는 셈이다.

아리타 씨: 원칙적으로는 전차금에 대해 이자를 허용하지 않지만, 수입액의 배분 몫이 그들에게 많아 이익이 된다고 인정될 때는 경찰은 영업주에게 1푼 5리의 이자를 취득함을 허용한다. 예를 들어 여자의 수입액을 2분하여 6할은 영업주의 수입, 4할은 여자의 수입이라 한 경우에는 전차금에 이자를 허용하지 않지만, 영업주의 수입이 수입액의 2할 5푼에 지나지 않고

여자의 수입은 7할 5푼인 경우에는 전차금에 이자를 부과하도록 허용한다. 후자의 경우에는 이자를 지불하더라도 전자보다 여자에게 이익이 있다.

핀도르 씨: 이들 소책자에 대해 논의할 기회가 있겠는가.

아리타 씨: 그 시간을 마지막 날로 배치해 놓았다.

- 끝 -

◎1931년 6월 3일 오전 10시 반

다렌 호시가우라야마토호텔에서 속행회의

존슨 씨: 오늘 아침 회의에서는 우리에게 제공된 각종 통계에 대해 논의할 기회가 주어지리라 생각한다. 통계는 매우 잘 갖춰져 있는 것 같다.

선드퀴스트 여사: 소책자 A의 3쪽 제2항 (D)에 게재된 부채와 관련해, 부채가 창부의 이익이 된다고 생각될 수 있는 사정 아래에서는 한 달에 1푼 5리의 이자가 부과된다고 했는데, 그 사정이란 무엇인가. 예를 들어 여자가 자기 가족을 부조하기 위해 돈을 빌렸을 경우 한 달에 1푼 5리의 이자 의무를 지게 하는 계약은 적법인가.

아리타 씨: 그것은 이미 그제 설명했다. 이들 규칙의 개요를 말하면 여자에게 이익이 되게 할 목적으로 제정한 것이다. 모두 여자의 이익 및 보호를 위해서다.

핀도르 씨: 부채 문제는 충분히 논의해야 마땅하다고 본다. 지난날 그에 대해 두세 가지 질문을 유보했음을 아시리라 생각한다. 저는 아직 충분히 이해하지 못했다. 계약은 두 종류 있다. 첫째는 연기(年期)로 고용되는 예기 또는 창기와 주인이 맺는 계약이다. 둘째는 지마에(自前) 제도에 의한 계약이다. 저는 이 양자의 차이를 충분히 모르겠다. 우선 제가 이해하는 바를 이야기하고 그것이 맞는지 아닌지 비판을 듣는 것이 좋은 방법일 것 같다. 가령 첫째를 예기계약,[31] 둘째를 지마에 예기계약이라고 명명해 보자. 저는 이 두 가지 모두 여자가 벌이를 시작할 때 전차금을 받는 것으로 이해하는데, 전차 없는 예기계약이라는 것이 있을 수 있는가.

아리타 씨: 그런 경우도 있다.

31 연기로 고용되는 예기계약을 예기계약이라고 표현하는 것으로 보인다.

핀도르 씨: 그 경우는 드물다고 생각한다.

아리타 씨: 거의 모든 경우에 예기는 전차를 한다.

핀도르 씨: 위 두 경우의 차이는 이렇다고 생각한다. 지마에 예기는 예를 들어 500엔의 전차를 하면 일정한 할부로 이를 변제하기로 약정하고 그 할부 금액은 수입액에 따른다, 곧 지불액보다 많이 벌면 할부금을 많게 하고 수입액이 적으면 할부금도 적게 한다.

아리타 씨: 변제 방법은 말씀하신 바와 같다.

핀도르 씨: 이에 반해 예기계약에서는 일정한 기간 벌이를 한다는 양해 아래 돈을 빌린다. 그 기간은 주인 측에서 그녀가 전 기간 벌었을 때에 충분한 이익을 내고 빚을 변제할 만큼 그녀가 벌고, 가내 잡일을 통해 얻을 수 있는 기간으로 정한다. 그 때문에 계약 만기가 되면 예기로부터 한 푼의 지불도 받는 것 없이 빚도 변제된 것으로 간주한다.

아리타 씨: 말씀하신 그대로다. 이야기를 진행하기 전에 말씀드리고 싶은 것은 이른바 예기계약과 지마에 영업제도의 차이에 관해서다. 이는 복잡하기 때문에 좀 설명 드리지 않으면 충분히 이해하시기 어려울 것이라 생각한다.

핀도르 씨: 설명을 듣고 싶다.

아리타 씨: 전차(前借) 문제는 내지법에 따르면 소비대차 문제에 지나지 않는다. 그런데 예기나 창기의 연기계약[32] 또는 지마에 예기계약은 일본 민법에 따르면 고용계약에 기초한다. 예기계약에서는 예기가 사전에 수입액의 배당 몫을 받지만, 지마에 예기는 원칙적으로는 돈을 빌리지 않고 일에 들어간다. 다만 취업 후 각종 사유로 돈을 빌리는 일은 있다. 그러나 독립 영업예기의 빚과 예기계약에 의해 수입액의 사전 배당 몫과는 전혀 별개 문제다. 그렇기 때문에 독립 영업예기에게는 예기계약의 경우처럼 연기(年期)라는 것이 없다. 지마에 예기 경우에는 그리고 예기계약의 경우에도, 예기는 연기 문제를 건드리지 않고 빚 문제를 처치할 수 있다. 예기계약의 경우에는 전차금을 위해 어느 정도 구속을 받기도 하지만, 그렇다고 해도 그 때문에 행동의 자유가 막히는 일은 없다. 일본 민법에 따르면 주인이 전차금과 관련해 부당한 계약을 할 때는 그 계약은 효력이 발생하지 않는다. 또한 관동주에서는 정부가 계약에 대해 엄중히 단속하고 있다. 이상은 저의 개인적 의견이다. 귀하들이 일본에 들어가기에 앞서 연기와 지마에 영업의 구별, 여자의 일, 전차금의 변제 등에 대해 이해하시

32 원문대로다.

기를 바란다.

핀도르 씨: 대단히 명쾌하고도 탁월한 설명에 감사드린다. 그리고 좀 더 상세하게 말하고 싶다. 말씀에 따르면 빌린 돈에 대한 이자 문제는 지마에 예기에게만 적용되고, 연기(年期)예기에게는 적용되지 않는 것인가.

아리타 씨: 물론 그렇다.

핀도르 씨: (D)항에는 특별한 사정에 의해 한 달에 1푼 5리의 이자가 부과되는 일이 있다고 돼 있는데, 귀하는 이 규정이 어떤 경우에 여자를 보호하고 그의 이익을 확보하기 위함이라고 하셨다. 그 점이 충분히 명료하지 않다. 구체적인 예를 들어 이자를 부과하지 않는 것보다 이를 부과하는 쪽이 예기의 이익이 된다는 사정을 제시해 주면 좋겠다.

아리타 씨: 다롄경찰서는 관동주에서 이자 부과를 허가하는 유일한 경찰서인데, 방금 당국자에게서 보고를 받았으므로 귀하께 제시해 드리겠다. (1) 1,500엔 이하의 빚이 있는 자가 그 수입액에 대해 고용주가 6할을 얻고 여자가 4할을 얻기로 정했다면, 빚에 대해 이자를 붙이지 않는다. (D)항에 "여자의 이익이 된다면 운운"이라 있는 경우는 고용주가 수입액의 2할 5푼을 얻는데 그치고 여자는 7할 5푼을 얻어 그중에서 빚을 변제하고 또한 이자를 지불하는 경우다. 예를 들어 한 달 수입액이 500엔이 되어 고용주가 그 6할인 300엔을 취득하고 여자는 4할인 200엔을 취득하는 데 그칠 경우, 여자는 빚의 원금 상환 외에 이자 부과를 받지 않는다. 그렇지만 고용주가 수입액의 2할 5푼 125엔을 얻는 데 그치고, 여자는 7할 5푼 375엔을 받은 경우는 여자는 따로 22엔 50전의 이자를 지불하더라도 전자의 경우보다 이익이 많다.

핀도르 씨: 이자를 지불하는 이익은 여자의 취득이 많고 부채 변제가 빠르다는 점에 있다고 이해하겠다. 앞의 예에서 이자가 부과되지 않는 경우보다도 여자의 매달 취득이 175엔이 많다. 그녀는 이중에서 이자로 22엔 50전과 원금의 할부액을 지불하면 부채를 일찍 상환할 수 있다. 수입액의 배당몫을 많게 하고 이자를 지불하는 쪽이 그녀에게는 이익이 된다.

아리타 씨: 그렇다.

선드퀴스트 여사: 우리는 여기서 대단히 완전하고도 상밀한 통계를 얻은 데 대해 작성의 수고에 감사드린다. 7쪽에 연기에 관해 매우 흥미로운 통계가 있다. 3년 내지 5년을 넘어 연기로 일하는 자가 대단히 적다고 나와 있다. 그녀들이 일을 그만둔 후의 생활에 대해 알고 싶다. 어떻게 되는가.

아리타 씨: 그들이 남의 아내가 되거나 또는 다른 직업에 가는 행보를 나타내는 통계를 얻는 것은 매우 어렵다.

선드퀴스트 여사: 상세한 통계를 만드는 것은 어렵겠지만 그 장래 생활 … 결혼하는지 취직하는지, 구빈원(救貧院)에 들어가는지 등에 대해 뭔가 보고가 있을 것이라 생각한다.

아리타 씨: 대략 말하자면 대다수는 결혼한다. 그것은 근무 중에 남자와 지인이 되는 경우가 있기 때문이다. 또한 혹자는 결혼하지 않고 고향으로 돌아가거나 혹은 다른 직업을 갖는다.

선드퀴스트 여사: 이들 부인이 직업을 갖는 것은 어려운가. 창부였던 자에 대해 사회적 굴욕이 있는가.

아리타 씨: 직업에 대한 훈련이 부족하기 때문에 그들을 위한 기회는 특수한 직업에 한정된다. 따라서 직업을 갖는 데 어려움이 있다.

선드퀴스트 여사: 그들에 대해 사회적 굴욕이 있는가.

아리타 씨: 물론 일본인은 그 점에 매우 까다롭다. 그들을 싫어한다. 예기교습소에서 보신 것처럼 예기를 그만둔 후를 우려하여 그들에게 일반 일을 배우게 하는 데 노력하고 있다.

선드퀴스트 여사: 예기가 아니라 창부의 경우는 어떤가.

아리타 씨: 창부를 위해 유곽에도 마찬가지로 설비가 있다. 이것은 유곽이 자체적으로 설립하여 그들에게 수습 기회를 준다. 창기는 결혼 기회가 있지만 다른 직업을 찾기는 상당히 어렵다.

선드퀴스트 여사: 예기나 창기의 남편이 되는 자는 어떤 인물인가. 상당한 지위의 자인가.

아리타 씨: 그것은 어려운 질문이다. 완전히 사적인 일이니 그들과 결혼하는 자의 지위는 말씀드릴 수 없다.

선드퀴스트 여사: 이들 부인이 임신, 출산할 경우 부조(扶助)에 대해 특별한 규정이 있는가. 창기 대부분이 아이를 낳는가.

아리타 씨: 아이가 있는 창기의 수를 보여 주는 통계를 잠시 후 보여드리겠다.

선드퀴스트 여사: 어떻게 아이를 돌보는가, 부인 자신이 양육하는가 또는 다른 곳에 위탁하는가.

아리타 씨: 자신이 돌보는 자도 있지만 유곽에 창기구호회라는 것이 있어서 창기의 아이를 받아 양육한다. 임신한 여자는 근무시키지 않도록 되어 있다.

존슨 씨: B문서의 18쪽에 있는 표에 대해 질문하고 싶다. 일본인 지나인을 포함해 예기 창기의 수가 다롄, 펑톈, 창춘(長春)에서 흥미로운 차이를 보여 주고 있다. 다롄에서는 지나인 수가

일본인의 배 이상 있는데도, 지나 창기의 수는 지나인 1,000명에 대해 1명에 못 미치고 일본인의 경우는 19명 있다. 그런데 다른 시에서는 지나인 수가 대략 일본인과 같지만, 지나 창기 예기의 수는 지나인 1,000명에 대해 18명, 일본인의 경우 17명이다. 이 차이의 설명은 어떠한가.

아리타 씨: 이 표에 예기 및 창기의 수가 심히 많은 것은 귀하가 어제 보신 요정의 여급 같은 예기 703명이 산입되어 있기 때문이다. 다롄에는 쿨리 거주지가 있는데 대략적으로 말하자면 만주의 다른 지방과 달리 시가지는 지나인으로 넘친다. 게다가 쿨리 거주 구역 부근에는 하급 지나 밀창(密娼)이 많다고 믿는다. 이를 탐지하고자 고심하고 있지만 그들 상호의 연결이 심히 교묘해서 현행범을 잡는 것이 거의 불가능하다. 이 표의 숫자는 경찰의 기록에 따른 것이다. 다롄에 지나 유곽은 없다. 다롄의 네 경찰서에서 조사하면 평균은 대략 동일하다.

존슨 씨: 듣고 보니 알겠다. 다음은 제19표, 5년 동안의 가족 출입은 대략 같은 수다. 이들 출입의 다수를 점하는 국적자가 있다면 알고 싶다.

아리타 씨: 상세는 질문 사항에 대한 답변의 표에 게시되어 있다.

존슨 씨: 24쪽의 표에 관해 부인보다도 사용인이 더 많다. 부인 155, 다른 사용인 160이라고 나와 있다.

아리타 씨: 물론 입구에서 손님을 맞는 자, 신발, 모자, 외투 등을 받는 자가 있다. 요리인, 급사인(給仕人)이 있다. 부인 이상으로 이들 사용인이 있음은 당연하다.

핀도르 씨: 여기에 카페의 여급에 대해 기술되어 있는데 이는 일본에서 새로운 것인가, 아니면 오래전부터 있던 것인가를 알고 싶다.

아리타 씨: 대단히 새로운 것이다.

핀도르 씨: 이 새로운 풍속의 발전에 대해 좀 설명을 바란다.

아리타 씨: 예기를 불러서 노는 것은 꽤나 돈이 든다. 그래서 간단히 카페에 간다. 돈은 안 들고 흥미는 많다. 카페 여급이 증가하는 것은 이 때문이다.

핀도르 씨: 카페의 여급은 예기처럼 많이 필요없을 것 같다.

아리타 씨: 통계에 따르면 여급 쪽이 예기보다 교육을 받았다.

핀도르 씨: 그야 현대적으로 교육되어 있겠지만 예기의 경우 교육되지 않았을 거라 생각한다.

아리타 씨: 원칙적으로는 그렇다.

핀도르 씨: 그러면 대체로 예기가 되려는 여자를 교육하는 것보다 여급이 되려는 자를 교육하는 편이 비용이 덜 든다.

아리타 씨: 그렇다.

핀도르 씨: 여급이 더 대중적인 것은 그 때문일 것이다.

28. 동양 부인아동매매 실지조사위원회 질문에 대한 회답(조선 부분) (1931)

비(祕)

조선총독부 외사과

동양 부인아동매매 실지조사위원회 질문에 대한 회답(조선 부분)[33]

一. 일반 문제

(一) 해당 사항 없음.

(二) 해당 사항 없음.

(三) 해당 사항 없음.

(四) 부인아동매매 단속에 관해 1923년 조선총독부는 별지와 같이 통첩을 하였음(별지 제1호).

(五) 전항 기재의 통첩에 따라 외국인 창부(娼婦)는 새로 허가받지 못하게 된 결과 위 통첩 전에 허가받은 외국인 창부가 자연 감소하여 현재는 불과 2명 남아 있음.

(六) 외국인 추업부에 대한 요구로 특히 열거해야 할 것 없음.

(七) 해당 사항 없음.

(八) 조선에서 부인아동매매의 사실은 인정하지 않으므로 적극적으로 이 국제적 폐해와 싸울 계획이 없음. 그렇지만 소극적으로 이의 발생을 예방 금지(禁遏)하기 위해 정거장과 항구, 기타 출입이 많은 장소에 항상 경찰관을 배치하여 감시에 힘쓰고 불법 또는 부당한 행위가 이

33 일본 아시아역사자료센터에도 이 문서가 소장되어 있다. 문서번호 B04122143400, 「東洋ニオケル婦人兒童買賣實地調査委員質問ノ對スル回答(朝鮮ノ分)」『国際連盟婦人児童問題一件 : 東洋ニ於ケル婦女売買実施調査ノ件 第四巻』. 이 문서는 시데하라 외무대신이 재파리 사와다(澤田) 연맹제국 사무국장에게 보낸 것[조(條)3 보통 제151호, 1931. 7. 10. 발송]으로 조선총독부가 연맹 동양 부인아동매매 실지조사위원에게 건넨 회답서를 송부하는 것이다.

뤄지지 않도록 유의하며, 그 외 일반 소개영업으로 도항하는 부녀를 위해 직업소개소를 단속하고 있음.

二. 세부 항목 질문

A. 행정상 및 입법상의 질문

(一) 해당 사항 없음.

(二) 해당 사항 없음.

(三) 해당 사항 없음.

(四) 해당 사항 없음.

(五) 최근 5년 동안의 출입이민에 관한 통계에 대해서는

(가) 국적별 남녀 이입민 통계는 별지와 같음(별지 제2호). 연령에 따라 유별한 통계 없음. 이출민 통계는 목하 조사 중.

(나) 통계 없음.

(다) 외국인 창부의 수, 연령, 국적, 체재 기간은 다음과 같음.

수: 2명

연령: 36세, 28세

국적: 소연방

체재 기간: 1명- 1914년 5월 7일 영업허가

1명- 1923년 1월 31일 영업허가

(六) 최근 5년의 각 해에 약취 유괴의 죄에 의해 검거된 자로서 1910년 조약 제1조, 제2조, 1921년 조약 제3조에 해당하는 자의 수, 국적 등은 별지와 같음(별지 제3호). 1921년 조약 제3조에 해당하는 자 없음.

(七) 해당 사항 없음.

(八) 해당 사항 없음.

(九) 해당 사항 없음.

(十) 해당 사항 없음.

(十一) 해당 사항 없음.

(十二) 질문집 부속서 2. 세부 항목 질문 A에 회답할 필요가 없음을 기재함에 따라 본 항 회답을 생략함.

(十三) 해당 사항 없음.

(十四) (가) 조선에서는 부인아동 보호를 위해 항구와 정거장, 기타 출입이 많은 장소에는 항상 경찰관을 배치하여 감시에 힘쓰며 불법 또는 부당한 행위가 이뤄지지 않도록 유의하고 있음.

(나) 특히 도항 부녀만을 위한 직업소개소 단속은 없지만 일반소개영업으로 단속하고 있음.

(다) 조선에는 부인 연예자(演芸者)로서 외국으로 도항하는 자의 사례가 거의 없으므로 아직 외국행 부인 연예자의 계약에 대해 특별히 보호 단속의 규정이 없음.

(라) 오락장 및 그 고용인(雇人)에 대해서는 각 도(道) 경찰명령으로 단속규정을 마련하여 이들 장소를 건설하고, 또한 연극, 활동사진, 연예, 기타 관람물의 흥행을 하고자 하는 경우 또는 영화 설명자 및 연예자가 그 업무에 종사하고자 할 때는 경찰관헌의 허가를 받게 함. 아울러 오락장 경영자 및 설명자, 연예자에 대해서는 각종 제한규정을 마련하여 단속함과 동시에 흥행할 때마다 경찰관으로 하여금 임감(臨監)하게 하여 감시하고, 이로써 이들 오락장에 출입하는 부인아동의 보호에 힘쓰고 있음.

(十五) 질문집 부속서 2. 세부 항목 질문 A에 회답할 필요가 없음을 기재함에 따라 본 항 회답을 생략함.

(十六) 해당 사항 없음.

(十七) 해당 사항 없음.

(十八) 해당 사항 없음.

(十九) 통신을 요하는 사항이 없음에 의함.

B. 사회 경제 상태에 관한 질문

(一) 조선에서 사회 및 정치 상태가 특히 외국인 창부의 존재에 영향을 미치는 사실은 인정되지 않으며, 조선에 외국인 창부가 존재함은 오히려 지리적 관계에 의한 것으로 인정됨.

(二) 해당 사항 없음.

(三) 해당 사항 없음.

(四) 해당 사항 없음.

(五) 조선에 있는 추업부 중에는 각종 원인으로 말미암은 자가 있겠으나 빚 때문에 이용당하는 자는 없음. 물론 현재 예기, 창기, 작부 등은 그의 영업자에 대해 상당한 빚이 있는 자가 있다 해도, 예창기, 작부 생업(稼業)계약과 빚은 전연 별개 문제여서 예기, 창기, 작부 등은 자신의 자유의사에 따라 계약을 해지하여 임의로 일을 그만둘 수 있기 때문에 예기, 창기, 작부 등이 이른바 전차금이 있다는 이유로 신체 자유를 구속당하는 것 같은 일이 없다. 그럼에도 추업부로서 다액의 빚이 있을 때는 이에 구속당할 우려가 있으므로 당국은 이점에 대해 엄중한 단속을 힘써 행하고 있음.

〈별지 제1호〉

부인아동매매 문제에 관한 건

1923년 3월
보(保) 제288호

제3회 국제연맹 총회는 여러 나라에서 공창제도의 존재가 부인매매를 유치(誘致)하는 근본 까닭(素因)이 된다는 것을 감안하여 이 공창제도의 폐지를 보게 될 때까지 유곽에서 외국 부인을 추업에 종사하지 못하게 하는 것에 대한 가부를 위원회로 하여금 연구하게 하도록 결의하여 올해 3월 개최되는 위원회에서 이를 논의할 것으로 보인다. 이에 척식 사무국장이 의견 회답 방식을 조회한 데 대하여 조선에서는 내국인공창제도 폐지에 대해서는 연구의 여지가 적잖으니 당장 찬동하기 어렵지만 외국인 창기는 금지해도 이론이 없다고 회답했다. 이번에 외무대신이 국제연맹 사무국장에게 보낸 것도 대체로 위 회답과 동일한 의미의 회훈을 발했다는 취지라고 척무 사무국장이 통보했다. 이 문제의 가부가 조만간 결정될지 예측하기 어렵지만 당분간 외국인 창기의 신규 신청은 심의(詮議)하지 않는 것이 타당책이라 생각된다. 이에 따라 처리해 주시기 바라며 통첩합니다.

〈별지 제2호〉

제1 과거 5년 동안 본방에 입국 거주한 외국인의 국적별 남녀 총수

본방에 입국하여 거주하는 외국인 조사표

국별		영국	미국	독일	프랑스	지나	러시아	스웨덴	캐나다	튀르키예	합계
1926년	남	22	62	30	8	21,729	23		2	2	21,878[34]
	녀	18	64	12	1	7,204	13	1			7,313
1927년	남	19	43	6	11	12,342	13		4	1	23,429
	녀	18	36	15	7	3,765	10		8	3	3,862
1928년	남	21	46	17	16	23,545	11		5		23,661
	녀	15	38	10	6	4,767	10	1	2		4,819[35]
1929년	남	12	51	9	15	28,575	12				28,672[36]
	녀	8	55	8	6	5,848	9		1		5,935
1930년 (9월 말)	남	12	43	9	8	27,748	13				27,833
	녀	9	39	6	5	5,706	13		1		5,779

제2 과거 5년 동안에 매음하게 할 목적으로 외국 부인을 유괴하여 본방으로 입국 또는 출국시킨 자의 유무, 만일 있다면 그 사실의 개요.

해당 사항 없음.

34 원문대로.

35 원문대로.

36 원문대로.

제2 최근 5년 동안 조선 이입 외국인표

국적별		지나	북미합중국	영국	러시아	프랑스	독일	스웨덴	노르웨이	스위스	체코슬로바키아
1925년		43,188	849	297	162	79	66	14	12	3	2
1926년	남	29,307	362	138	94	47	40	3	4	1	2
	녀	4,801	456	147	73	18	26	8	2	4	
	계	34,108	818	285	167	65	66	11	6	5	2
1927년	남	32,260	322	152	93	56	44	2	4		2
	녀	6,021	427	160	75	22	28	9	2	2	
	계	38,281	749	314	168	78	72	11	6	2	2
1928년	남	37,117	330	156	95	48	58	2	5		2
	녀	7,595	406	163	69	23	28	8	1	2	
	계	44,712	736	319	164	71	86	10	6	2	2
1929년	남	41,802	353	136	114	60	55	3	4	1	2
	녀	10,120	414	152	88	17	27	8	1	2	
	계	51,922	767	288	202	77	82	11	5	3	2

국적별		오스트리아	덴마크	라트비아	헝가리	이탈리아	폴란드	튀르키예	계
1925년		1	1	1	3	1	11		44,691
1926년	남	1		1				2	30,002
	녀		1						5,536
	계	1	1	1				2	35,538
1927년	남	1						4	32,940
	녀		1					3	6,750
	계	1	1					7	39,690
1928년	남	1							37,814
	녀								8,295
	계	1							46,109
1929년	남	1							42,531
	녀		1						10,830
	계	1	1						53,361

주의: 1925년 통계는 남녀 합산한 체재자를 포함.
기타 통계는 체재자를 제외한 수임.

〈별지 제3호〉

제1조 해당자

1. 국내만의 자

도별	연차	국적	성별	연령	개요
황해도	1926년	일본(조선인)	여	17세	감언으로 유괴하여 음식점에서 전차하려다가 미수로 마친 자임.
	1927년	일본(조선인)	여	20세	부녀를 유괴하여 전차하고 사취(詐取)하려다가 미수로 마친 자임.
	1927년	일본(조선인)	여	17세	하얼빈에 유괴하는 것을 차 안에서 발견하여 미수로 마친 자임.
	1928년	일본(조선인)	여	18세	혼인을 중매한다고 사칭하고 음식점에서 전차금을 받아 사취함.
	1928년	일본(조선인)	여	17세	좋은 남편에게 중매하여 유복한 생활을 하게 해 준다고 사칭하고 전차함.
	1928년	일본(조선인)	여	19세	위와 동일
	1928년	일본(조선인)	여	17세	가난한 여자에게 유복한 생활을 하게 해 준다고 하고 전차함.
	1928년	일본(조선인)	여	18세	위와 동일
	1928년	일본(조선인)	여	18세	위와 동일

2. 국외에 이르는 자

도별	연차	국적	성별	연령	개요
충청남도	1928년	일본(조선인)	여	20세	가출 수개월 후 부친에게 편지를 보내 유인되어 펑톈(奉天)에서 전차금을 얻어 음식점에서 머물고 있다는 내용의 통신이 있음.
평안남도	1928년	일본(조선인)	여	불상	전남 광주에서 작부 생업 중 유인되어 지나 펑톈 요리옥에서 전차금을 얻게 됨.
평안북도	1926년	일본(조선인)	여	15세	부호의 양녀 또는 부호에게 시집을 가서 장래 생활의 안정을 보증할 수 있다고 사칭하여 매매됨.
	1926년	일본(조선인)	여	15세	위와 동일
	1926년	일본(조선인)	여	15세	위와 동일
	1926년	일본(조선인)	여	16세	위와 동일
	1926년	일본(조선인)	여	17세	위와 동일

	1926년	일본(조선인)	여	18세	위와 동일
	1926년	일본(조선인)	여	18세	위와 동일
	1926년	일본(조선인)	여	18세	위와 동일
	1926년	일본(조선인)	여	18세	위와 동일
	1926년	일본(조선인)	여	18세	위와 동일
	1926년	일본(조선인)	여	19세	위와 동일
	1927년	일본(조선인)	여	6세	위와 동일
	1927년	일본(조선인)	여	6세	위와 동일

제2조 해당자

1. 국내만의 자					
도별	**연차**	**국적**	**성별**	**연령**	**개요**
경기도	1928년	일본(조선인)	여	21세	조선인 남자 1명, 지나인 3명과 공모. 피해자를 좋은 집 양녀로 부탁하겠다고 기망하고 음식점에서 전차금을 받아 30원을 속여 취함.
황해도	1925년	일본(조선인)	여	26세	부부가 되자고 사칭하여 내연관계를 맺은 후 음식점에 전차함.
	1927년	일본(조선인)	여	21세	부녀를 유괴하여 전차하고, 사취하려다가 미수에 그침.
2. 국외에 이르는 자					
도별	**연차**	**국적**	**성별**	**연령**	**개요**
충청남도	1925년	일본(조선인)	여	22세	경성 카페 여급으로 유괴한 후 지나 하얼빈 또는 톈진(天津)에 전차함.
평안북도	1929년	일본(조선인)	여	22세	부호의 양녀 또는 부호에게 시집보낸다고 감언하고 매매함.

별책 1[37]

참고 통계[38]

목차

一. 조선의 유곽 소재지 및 가시자시키 영업자 수 조사(1929년 말 현재)

구별 \ 도별		경기도	충청북도	충청남도	전라북도	전라남도	경상북도	경상남도	황해도	평안남도	평안북도	강원도	함경남도	함경북도	계
유곽 소재지 (개소)		3	-	1	2	2	1	8	1	2	-	-	2	3	25
영업자 수	내지인 (人)	84	-	9	18	6	7	100	8	21	-	-	13	37	303
	조선인 (人)	102	-	-	7	5	5	14	4	56	-	-	10	4	207
	계 (人)	186	-	9	25	11	12	114	12	77	-	-	23	41	510

37 원문에는 별책에 번호가 따로 붙어 있지 않으나 독자의 편의를 위해 편찬자가 별책의 번호를 붙인다.

38 통계표는 원문에 첨부되어 있지 않다(2번부터 5번까지는 일본 측 자료에만 첨부되어 있다).

二. 조선의 창기 수 조사(1929년 말과 1930년 6월 말)

(단위: 人)

구별 \ 도별		경기도	충청북도	충청남도	전라북도	전라남도	경상북도	경상남도	황해도	평안남도	평안북도	강원도	함경남도	함경북도	계
1929년 말	내지인	488	-	42	102	58	54	522	21	197	-	-	141	227	1,852
	조선인	375	-	5	118	42	52	186	12	204	-	-	66	83	1,143
	외국인	러시아인 1	-	-	-	-	-	-	-	-	-	-	-	러시아인 1	러시아인 2
	계	864	-	47	220	100	106	708	33	401	-	-	207	311	2,997
1930년 6월 말	내지인	442	-	49	96	60	48	537	28	208	-	-	138	235	1,841
	조선인	341	-	12	123	40	59	190	10	215	-	-	63	79	1,132
	외국인	러시아인 1	-	-	-	-	-	-	-	-	-	-	-	러시아인 1	러시아인 2
	계	784	-	61	219	100	107	727	38	423	-	-	201	315	2,975

三. 조선의 창기 연령 조사(1930년 6월 말 현재)

(단위: 人)

구별 \ 도별		경기도	충청북도	충청남도	전라북도	전라남도	경상북도	경상남도	황해도	평안남도	평안북도	강원도	함경남도	함경북도	계
20세 미만	내지인	114	-	16	24	14	8	105	5	56	-	-	28	61	431
	조선인	76	-	2	24	11	30	38	2	91	-	-	10	3	287
20세 이상	내지인	237	-	21	54	39	19	260	12	103	-	-	75	120	940
	조선인	231	-	7	71	17	21	110	5	103	-	-	47	62	674
25세 이상	내지인	77	-	9	13	6	10	125	6	37	-	-	26	46	355
	조선인	29	-	3	19	11	6	37	2	19	-	-	5	11	142
	외국인	-	-	-	-	-	-	-	-	-	-	-	-	러시아인 1	1
30세 이상	내지인	14	-	3	5	-	9	38	5	11	-	-	8	7	100
	조선인	5	-	-	9	1	2	5	1	2	-	-	1	2	38
35세 이상	내지인	-	-	-	-	-	-	-	-	-	-	-	-	1	1
	조선인	-	-	-	-	-	-	-	-	-	-	-	-	1	1
	외국인	러시아인 1	-	-	-	-	-	-	-	-	-	-	-	-	1
계	내지인	442	-	49	96	60	48	537	28	208	-	-	138	235	1,841
	조선인	341	-	12	123	40	59	190	10	215	-	-	63	79	1,132
	외국인	1	-	-	-	-	-	-	-	-	-	-	-	1	2
	합계	784	-	61	219	100	107	727	38	423	-	-	201	315	2,975

四. 조선의 유흥자 인수, 유흥비 조사(1929년 중)

구별 \ 도별		경기도	충청북도	충청남도	전라북도	전라남도	경상북도	경상남도	황해도	평안남도	평안북도	강원도	함경남도	함경북도	계
인원(人)	내지인	155,910	-	7,268	19,288	40,161	7,269	81,231	2,541	23,198	-	-	29,120	72,757	438,743
	조선인	11,132	-	336	15,021	5,618	2,532	20,422	162	19,772	-	-	13,916	18,571	107,482
	기타	286	-	-	12	166	34	85	25	120	-	-	448	607	1,783
	계	167,328	-	7,604	34,321	45,945	9,835	101,738	2,728	43,090	-	-	43,484	91,935	548,008
유흥비(円)	내지인	1,349,078	-	74,743	164,993	72,035	60,370	785,172	16,928	321,802	-	-	328,134	414,439	3,587,694
	조선인	48,050	-	1,703	65,213	29,920	9,452	96,515	525	13,943	-	-	112,749	58,390	436,460
	기타	3,393	-	-	105	852	82	271	125	803	-	-	2,950	4,279	12,860
	계	1,400,521	-	76,446	230,311	102,807	69,904	881,958	17,578	336,548	-	-	443,833	477,108	4,037,014

五. 조선의 가시자시키 아게다이(揚代) 조사(단위 圓)

구별 \ 도별	경기도	충청북도	충청남도	전라북도	전라남도	경상북도	경상남도	황해도	평안남도	평안북도	강원도	함경남도	함경북도	계
1925년	1,501,248	-	99,730	237,344	188,050	81,960	1,124,184	41,737	825,930	-	-	237,847	593,376	4,931,406
1926년	1,473,873	-	94,213	245,766	188,096	76,377	997,706	34,256	295,534	-	-	268,094	598,074	4,271,989
1927년	1,390,054	-	72,803	268,026	103,419	65,061	879,567	22,978	280,113	-	-	350,071	585,155	4,017,247
1928년	1,419,469	-	77,067	238,291	108,242	78,847	899,416	23,528	275,306	-	-	432,498	580,904	4,133,568
1929년	1,477,945	-	76,446	230,312	102,558	69,903	881,956	17,578	279,641	-	-	475,272	477,068	4,088,679
합계	7,262,589	-	420,259	1,219,739	690,365	372,148	4,782,829	140,077	1,956,524	-	-	1,763,782	2,834,577	21,442,889

별책 2

부인아동매매에 관한 제(諸) 법령

목차

1. 행정집행령

1914(大正 3). 7.

제(制)령 제23호 (발췌)

제3조 행정관청은 밀매음 범죄 또는 그 전과자면서 밀매음의 상습이 있는 자에 대하여 건강을 진단하거나 지정한 의사의 검진을 받게 한다. 전염성 질환에 걸려 필요하다고 인정될 때는 병원에 넣거나 또는 지정하는 의사의 치료를 받게 하여 치료될 때까지 지정한 장소에 거주하도록 하고 그 외출을 금지할 수 있다.

전 항 치료의 비용은 본인 또는 매합자(媒合者)가 부담한다. 단 본인 또는 매합자가 비용을 부담할 자금력이 없다고 인정될 때는 이를 국고로 처리한다. 풍속 차원에서 단속을 요하는 업을 하는 자의 거주와 기타 제한은 명령으로 이를 정한다.

2. 경찰범 처벌규칙

1912(明治 45). 3.
부(府)령 제40호 (발췌)

제1조 다음 각 호의 1에 해당하는 자는 구류 또는 과료(科料)에 처한다.

三. 밀음매를 행하거나 매합(媒合)이나 용지(容止)[39]를 한 자.

3. 예기 작부 예기오키야(置屋) 영업 단속규칙

1916년 3월
경(警)령 제3호

예기 작부 예기오키야(置屋) 영업 단속규칙을 다음과 같이 정한다.

예기 작부 예기오키야(置屋) 영업 단속규칙

제1조 예기(기생을 포함함. 이하 동일) 또는 작부 영업을 하고자 하는 자는 본적, 주소, 이름, 생년

39 매합용지(媒合容止)를 붙여 쓸 경우 남녀 사이에 다리를 놓아 관계를 갖게 하고 자기 집에 머무르게 하는 행위를 의미한다.

월일, 영업지 그리고 예기는 예명을 기재한 원서에 다음의 서면을 첨부하여 경찰서장[경찰서의 사무를 취급하는 관헌분대, 헌병분견소(分遣所)의 장을 포함함. 이하 동일]에게 출원하여 허가를 받아야 한다. 포주가 있을 때는 포주도 연서하여 출원해야 한다.

一. 유부녀는 남편의 승낙서, 그 밖의 경우는 부친의 승낙서, 아버지를 모를 때나 사망한 때 또는 집을 떠난 때나 친권을 행사할 수 없을 때에는 집에 있는 모친의 승낙서, 모친도 사망하였거나 집을 떠난 때 또는 친권을 행사할 수 없는 때에는 미성년자라면 후견인, 성년자라면 호주 또는 부양 의무자의 승낙서 또는 승낙할 수 없음을 소명하는 서면.

二. 전 호에 열거한 승낙자의 인감증명서

三. 호적등본 또는 민적등본

四. 포주가 있는 때는 영업 또는 전차금에 관한 계약서 사본

五. 경력 및 예기 또는 작부를 하는 사유를 기재한 서면

六. 건강진단서

전 항 제1호의 승낙에 대해서 계부는 후견인으로 간주한다.

제1항 제4호의 계약을 갱신할 때는 포주가 연서하여 경찰서장에게 신고해야 한다.

제2조 다음 각 호의 1에 해당하는 자에 대해서 경찰서장은 예기 또는 작부의 영업을 허가할 수 없다.

一. 전염성 질환이 있는 때

二. 풍속을 해칠 우려가 있다고 인정될 때

三. 전 조 제1항 제1호의 승낙이 없는 때 또는 승낙해 주는 자가 없음을 소명할 수 없는 때

四. 포주와의 계약이 부당하다고 인정될 때

제3조 예기는 숙박업소(宿屋), 요리옥, 음식점에, 작부는 숙박업소 또는 음식점에 머물(寄寓, 기우)[40] 수 없다.

제4조 예기 또는 작부는 다음 각 호를 준수해야 한다.

一. 숙박업소 또는 음식점에서 영업할 수 없다는 것

二. 취업 중 허가증을 휴대할 것

---

40 기우(寄寓)는 임시로 남의 집에 몸을 의지하고 기거함을 의미.

三. 오키야 또는 자택에 손님을 유인할 수 없다는 것

제5조 작부는 객석에서 무용을 하고 음곡을 연주할 수 없다.

제6조 예기 또는 작부는 1박 이상 여행하고자 할 때 또는 10일 이상 휴업하고자 할 때는 미리 경찰서장에게 신고해야 한다.

휴업 중인 자가 취업한 때에는 즉시 경찰서장에게 신고해야 한다.

제7조 예기 또는 작부는 다음 각 호의 1에 해당할 때는 허가증을 첨부해 10일 내에 경찰서장에게 신고해야 한다.

一. 본적, 주소, 이름, 예명의 변경이 있었을 때

二. 폐업하였을 때

제8조 경찰서장은 작부에 대해 지정하는 의사나 의생의 검진을 받게 하거나 건강진단서의 제출을 명할 수 있다.

제9조 예기오키야 영업을 하고자 하는 자는 다음 각 호를 구비해 경찰서장에게 출원하여 허가를 받아야 한다. 영업소의 위치를 변경하고자 할 때도 이와 동일하다.

一. 본적, 주소, 이름, 생년월일

二. 옥호(屋号)가 있는 때에는 옥호

三. 영업소의 위치

四. 머물(寄寓)게 하는 예기의 수

五. 건물의 방 배치, 평수, 예기의 방을 표시한 평면도

제10조 예기오키야의 영업자 또는 그와 동거하는 호주 또는 가족은 고용인(雇人) 주선업을 할 수 없다. 예기오키야 영업자 또는 그와 동거하는 호주 또는 가족은 동일 가옥 내에서 숙박업소, 요리옥, 음식점, 가시자시키 혹은 유희장 영업을 할 수 없다.

제11조 예기오키야 영업자는 다음 각 호를 준수해야 한다.

一. 예기로 하여금 외부에서 들여다볼 수 있는 장소에서 분장하게 하지 않을 것

二. 예기의 의사에 반하여 계약의 변경 또는 포주의 변환을 강요하지 않을 것

三. 예기를 강제로 취업하게 하고, 기타 학대를 하지 않을 것

四. 예기로 하여금 함부로 지출하게 하지 않을 것

五. 함부로 예기의 계약, 폐업, 통신, 면접을 막거나 타인으로 하여금 막게 하지 않을 것

六. 손님을 유인하거나 또는 유흥시키지 않을 것

七. 예기가 질병에 걸린 때는 신속하게 의사나 의생의 치료를 받게 할 것

제12조 예기오키야 영업자는 예기마다 대차계산부 2권을 만들어 그중 1권을 예기에게 교부하고 매달 3일까지 전월 분의 대차에 관한 계산을 상세히 기술하여 예기와 함께 날인해야 한다. 단, 따로 포주가 있는 예기의 경우는 이에 해당하지 않는다.

제13조 예기오키야 영업자는 다음 각 호의 1에 해당하는 경우에는 10일 내에 경찰서장에게 신고해야 한다. 단, 제2호의 사항은 상속인이 신고해야 한다.

一. 본적, 주소, 이름 또는 옥호를 변경하였을 때

二. 영업자가 사망하였을 때

三. 폐업하였을 때

四. 상속에 의해 영업을 계승하였을 때

제14조 예기오키야 영업자는 예기가 사망하거나 다치거나(變傷) 또는 도망한 때에는 신속하게 경찰관이나 헌병에게 신고해야 한다.

제15조 예기권번(券番)을 설치하고자 하는 자는 영업규정을 정하고 경무부장에게 출원하여 허가를 받아야 한다. 2인 이상이 공동으로 예기권번을 설치하고자 할 때는 대표자를 정하고 출원인이 연서한 규약도 첨부하여 출원해야 한다.

예기권번의 영업규정을 변경하고자 할 때는 전 항의 규정에 준하여 출원해야 한다.

제16조 경찰관 또는 헌병은 필요하다고 인정되는 때에는 예기오키야 또는 예기권번을 현장조사(臨検)하거나 영업용 장부를 검사할 수 있다.

제17조 경찰서장은 예기, 작부 또는 예기오키야 영업자에 대하여 풍속 단속, 기타 공익상 필요한 명령을 할 수 있다.

경무부장은 예기권번에 대하여 영업규정 또는 대표자의 변경 또는 허가 취득, 기타 단속 상 필요한 명령을 할 수 있다.

제18조 경무부장은 풍속 단속에 필요하다고 인정하는 때에는 예기나 작부의 거주 또는 예기오키야의 위치에 대하여 지역을 제한할 수 있다.

제19조 경찰서장은 예기, 작부 또는 예기오키야 영업자가 다음 각 호의 1에 해당한다고 인정될 때에는 영업을 정지시키거나 허가를 취소할 수 있다.

一. 사기로 인해 허가한 것을 발견하였을 때

二. 제2조 제1호, 제2호 또는 제4호에 해당한다고 인정될 때

三. 제3조 내지 제5조 또는 제10조의 규정을 위반하였을 때

四. 제17조 제1항의 명령 또는 제18조의 제한을 위반하였을 때

五. 예기오키야 영업자로서 풍속을 문란하게 하거나 타인에게 명의를 빌려준 사실이 있다고 인정될 때

제20조 제10조 내지 제14조, 제16조, 제17조 제1항의 규정과 그에 관한 벌칙 규정은 예기오키야 영업자가 아닌 예기의 포주 또는 작부의 포주에게 이를 준용한다.

제21조 다음 각 호의 1에 해당하는 자는 구류 또는 과료(科料)에 처한다.

一. 허가를 받지 않고 예기, 작부 또는 예기오키야의 영업을 하였을 때 또는 예기오키야 영업소의 위치를 변경하였을 때

二. 제3조 내지 제7조, 제10조 내지 제14조 또는 제15조 제3항의 규정을 위반하였을 때

三. 제8조, 제17조의 명령 또는 영업정지 명령을 위반하였을 때

四. 허가를 받지 않고 예기권번을 설치하거나 영업 규정을 변경하였을 때

五. 제16조에서 규정한 현장조사 또는 검사를 거부하였을 때

六. 제18조에서 규정한 제한을 위반하였을 때

제15조 제2항과 제3항에 관한 벌칙 규정은 대표자를 정한 때에는 대표자에게 적용한다.

제22조 예기오키야 영업자는 그의 대리인, 호주, 가족, 동거자 또는 고용인이 그의 영업과 관련해 본령 또는 본령이 규정한 명령을 위반하였을 때는 자기 지휘에 나섬으로써 이를 통해 처벌을 면할 수 있다.

부칙

제23조 본령은 1916(大正 5)년 5월 1일부터 시행한다.

제24조 본령을 시행할 때 허가 또는 인가를 받아 실제로 예기, 작부 또는 예기오키야의 영업을 하는 자 또는 예기권번은 본령에 의해 허가를 받은 것으로 간주한다.

제25조 본령을 시행할 때 실제로 예기를 기거시키고 있는 요리옥 영업자 또는 그 호주나 가족은 본령 시행일로부터 한 달 내에 경찰서장에게 출원하여 허가를 받은 경우에 한해 본령 시행 후 3년간 계속 예기오키야 영업을 할 수 있다.

제26조 경찰서장은 그 지역 상황에 따라 당분간 제3조의 규정에도 불구하고 예기가 요리옥에 기거하는 것을 허가할 수 있다.

4. 가시자시키(貸座敷) 창기 단속규칙

1916년 3월

경(警)령 제4호

가시자시키 창기 단속규칙을 다음과 같이 정한다.

가시자시키 창기 단속규칙

제1조 가시자시키 영업을 하고자 하는 자는 다음 각 호를 구비하여 경찰서장(경찰서의 사무를 취급하는 헌병분대, 헌병분견소의 장을 포함함. 이하 동일)에게 출원하여 허가를 받아야 한다.

一. 본적, 주소, 이름, 생년월일

二. 옥호가 있는 때는 옥호

三. 영업소의 위치

전 항의 원서에는 영업용 건물의 방 배치, 계단, 요리장, 욕장, 변소, 오수 배제 설비 등의 위치를 표시한 평면도를 첨부해야 한다.

영업허가를 출원하는 자가 영업용 건물의 신축, 증축, 개축 또는 대수선을 한 후 영업용으로 이용하고자 하는 경우에는 원서에 공사의 착수 및 낙성 기한을 기술하고 구조 사양서를 첨부해야 한다.

제2조 전 조의 규정은 가시자시키 영업자가 영업소를 신설하거나 위치를 변경하고자 하는 경우에도 이를 준용한다.

가시자시키 영업자가 영업용 건물의 증축, 개축 또는 대수선을 하고자 하는 때는 원서에 공사의 착수 및 낙성기한을 기재하고 전 조 제2항에 규정된 평면도와 구조 사양서를 첨부하여 경찰서장에게 출원하여 허가를 받아야 한다.

제3조 가시자시키 영업은 경무부장이 지정한 지역 내가 아닌 곳에서는 행할 수 없다.

제4조 영업용 건물의 구조는 다음 각 호를 따라야 한다.

一. 객실은 환기, 채광, 보온 장치를 하고 외부에 면한 곳에는 문단속을 부착한 덧문 또는 창을 달고 칸막이에는 벽, 장지문 또는 판자문을 사용할 것

二. 계단은 그 폭의 안쪽 치수 4척 이상, 밟는 면 8촌 이상, 한 칸 높이 6촌 5부 이하로 하고 난간을 설치할 것

三. 2층 이상의 층에 있는 객실이 한 층에 대해 평수가 15평 이상인 때에는 각 층마다 계단 2개 이상을 설치할 것

四. 객실을 3층 이상의 층에 마련하는 때에는 건물 출입구는 폭 3칸(間) 이상의 도로 또는 20평 이상의 공터에 면하게 하고 건물에는 적당한 장소에 폭 5척 이상의 비상구를 설치할 것

五. 비상구는 밖으로 열리는 여닫이문이나 미닫이문으로 하고 잠금은 내부에 설치할 것

六. 변소는 요리장에서 상당한 거리를 유지하고 냄새가 객실에 미치지 않는 위치에 설치하며 분뇨를 모아두는 곳과 그 부속장치는 구정물이 침루하지 않도록 축조할 것

七. 진열 업소(張店)[41]는 도로에서 들여다보이지 않도록 구조할 것

第5조 신축, 증축, 개축 또는 대수선을 한 건물은 경찰서장의 검사를 받고 그 인가를 받지 못하면 영업용으로 이를 사용할 수 없다.

第6조[42] 가시자시키 영업자 또는 그와 동거하는 호주 또는 가족은 동일 가옥 내에서 요리옥, 음식점 또는 유희장 영업을 할 수 없다.

第7조 가시자시키 영업자는 다음 각 호를 준수해야 한다.

一. 객실 입구에는 번호 또는 부호를 표시할 것

二. 등불에 석유를 사용할 때는 금속제 기름통을 사용할 것

三. 객실, 요리장, 세면장, 욕장, 세척소와 변소의 청결을 유지할 것

四. 방취제를 갖추어 변소, 기타 냄새를 발산하는 장소에 때때로 살포할 것

五. 손님용 침구는 신체에 접촉하는 부분에 청결한 흰 천을 대놓을 것

六. 손님에게 제공하는 음식기는 청결한 것을 사용할 것

七. 손님이 요구하지 않은 음식물을 제공하거나 부당한 요금을 청구하지 않을 것

八. 손님이 요구하지 않은 경우에 예기(기생 포함. 이하 동일) 창기를 곁에 대기시키지 않을 것

---

41 업소 앞에 창기가 늘어서 앉아 있다.

42 다음 내용이 제6조에 수기로 추가 기재되어 있다. "가시자시키(貸座敷) 영업자는 동거하는 호주나 가족이 고용인 주선업을 할 수 없다."

九. 통행인에게 유흥을 권유하지 않을 것

十. 학교 생도인 것을 알고도 유흥하게 하지 않을 것

十一. 손님에게 면회를 요구하는 자가 있는 때에는 이유 없이 이를 감추거나 중개를 거부하지 않을 것

十二. 손님의 승낙 없이 함부로 ■■[43]을 객실에 들이지 않을 것

十三. 전염성 질환이 있는 자로 하여금 손님을 시중들게 하거나 음식물, 음식기 또는 침구를 취급하게 하지 않을 것

十四. 창기의 의사에 반하여 계약의 변경 또는 포주인 가시자시키 영업자의 변환을 강요하지 않을 것

十五. 질병 중 또는 제18조의 기간 내에 취업시키거나 기타 창기를 학대하지 않을 것

十六. 창기로 하여금 함부로 지출하게 하지 않을 것

十七. 함부로 창기의 계약, 폐업, 통신, 면접을 막거나 타인으로 하여금 막게 하지 않을 것

十八. 창기가 질병에 걸린 때는 신속하게 의사나 의생의 치료를 받게 할 것

第8조 경찰서장은 필요하다고 인정할 때는 가시자시키 영업자에 대하여 다음 사항을 명령할 수 있다.

一. 방화벽을 설치하거나 굴뚝 기타 화기에 접근하는 장소에 방화설비를 할 것

二. 소화기 또는 소화제를 갖추고 적당한 장소에 배치하여 항상 유효하게 이를 유지할 것

三. 세 개 계단 이상의 층계에 있는 객실에서 쉽게 옥외로 나갈 수 있는 피난장치를 마련할 것

四. 비상구에는 '비상구'란 글씨를 쓴 표찰을 내걸고 야간에는 표시등을 켜놓을 것

五. 객실에서 비상구로 통하는 주요 지점(要所)에는 비상구 방향을 가리키는 표시를 해둘 것

六. 세척소를 마련하고 필요한 기기와 약품을 비치할 것

第9조 가시자시키 영업자는 부록 양식에 따라 유객 명부를 작성하여 사용 전에 경찰서장의 검인을 받고, 유객이 있을 때마다 기재할 것

전 항의 장부는 사용이 끝난 후 2년간 이를 보존해야 한다.

---

43 '타인'이나 원문 사본에 먹칠이 되어 있다.

제10조 가시자시키 영업자는 창기마다 대차계산부 2권을 만들어 그중 1권을 창기에게 교부하고 매달 3일까지 전월 분의 대차에 관한 계산을 상세히 기술하여 창기와 함께 날인해야 한다.

제11조 가시자시키 영업자는 다음 각 호의 1에 해당하는 장소인 경우 10일 내에 경찰서장에게 신고해야 한다. 단, 제4호의 사항은 상속인이 신고해야 한다.

一. 본적, 주소, 이름 또는 옥호를 변경하였을 때

二. 영업을 폐지하였을 때

三. 폐업 또는 10일 이상 휴업하였을 때

四. 영업자가 사망하였을 때

五. 상속에 의해 영업을 계승하였을 때

제12조 가시자시키 영업자가 고용인을 고용했거나 해고하였을 때는 10일 내에 경찰서장에게 신고해야 한다. 고용인이 아닌 동거자를 영업상 사용할 때도 역시 마찬가지다.

제13조 다음 각 호의 1에 해당하는 경우에는 가시자시키 영업자는 신속하게 경찰관 또는 헌병에게 신고해야 한다.

一. 신분에 상응하지 않는 낭비를 하는 자가 있을 때

二. 거동이 수상하다고 인정되는 자가 있을 때

三. 손님의 사망 또는 상해(変死傷)가 있는 때

四. 손님의 소지 금품의 도난 또는 분실이 있는 때

五. 창기가 사망하거나 다치거나(變傷) 또는 도망한 때

제14조 가시자시키 영업자는 손님의 소지품을 유흥비로 지불할 때까지 맡아두거나 대가로 수령하고자 할 때는 미리 경찰관이나 헌병에게 신고해야 한다.

제15조 경찰서장이 필요하다고 인정할 때는 가시자시키 영업자에 대하여 본인 또는 그의 호주, 가족 또는 고용인의 건강진단서 제출을 명령할 수 있다.

제16조 창기 일(稼)을 하고자 하는 자는 본적, 주소, 이름, 기명(妓名), 생년월일과 일하는(稼) 장소를 기재하고 가시자시키 영업자가 연서한 원서에 다음 서면을 첨부하여 스스로 출두하고, 경찰서장에게 출원하여 허가를 받아야 한다.

一. 아버지의 승낙서, 아버지를 모를 때나 사망한 때 또는 집을 떠난 때나 친권을 행사할 수 없는 때에는 집에 있는 어머니의 승낙서, 어머니도 사망하였거나 집을 떠난 때

또는 친권을 행사할 수 없는 때에는 미성년자라면 후견인, 성년자라면 호주 또는 부양의무자의 승낙서 또는 승낙할 수 없음을 소명하는 서면

二. 전 호에 열거한 승낙자의 인감증명서

三. 호적등본 또는 민적등본

四. 창기일 및 전차금에 관한 계약서 사본

五. 경력 및 창기를 하는 사유를 기재한 서면

六. 경찰서장이 지정한 의사나 의생(이 작성한) 건강진단서

전 항 제1호의 승낙에 대해서 계부는 후견인으로 간주한다.

제1항 제4호의 계약을 갱신할 때는 가시자시키 영업자가 연서하여 경찰서장에게 신고해야 한다.

제17조 다음 각 호의 1에 해당하는 자에 대해서 창기 일을 허가할 수 없다.

一. 17세 미만인 자

二. 전염성 질환이 있는 자

三. 전 조 제1항 제1호에 열거한 자의 승낙이 없는 때 또는 승낙해 주는 자가 없음을 소명할 수 없는 때

四. 창기일 또는 전차금에 관한 계약이 부당하다고 인정되는 때

유부녀는 창기 일을 할 수 없다.

제18조 임신 6개월 이후 분만 후 2개월에 이르는 기간은 창기 일을 할 수 없다.

제19조 가시자시키 내에 있지 않으면 창기 일을 할 수 없다. 창기는 다른 영업을 하지 못한다. 단, 가시자시키 내에서 예기를 하는 것은 이에 해당하지 않는다.

제20조 창기는 경찰서장의 허가를 받은 경우를 제외하고 그 외 제3조에서 지정한 지역 외로 나갈 수 없다. 단, 서류 제출을 위해 관할 경찰서를 왕복하는 경우는 이에 해당하지 않는다.

제21조 창기는 가시자시키 외에 기거하거나 숙박할 수 없다. 단, 부모의 간호, 전지(轉地) 요양, 기타 부득이 한 사유로 말미암아 경찰서장의 허가를 받은 경우는 이에 해당하지 않는다.

제22조 창기는 다음 각 호를 준수해야 한다.

一. 취업 중 허가증과 건강진단서를 휴대할 것

二. 통행인에게 유흥을 권유하지 않을 것

三. 객석에서 무용하고 음곡을 연주할 수 없다는 것

제23조 창기는 정기 또는 임시로 건강진단을 받아야 한다. 건강진단서, 건강진단의 시행 장소와 정기 건강진단 시행 기일은 경찰서가 지정한다.

제24조 다음 각 호의 1에 해당하는 경우에는 창기는 임시로 건강진단을 받아야 한다. 단, 이전 진단 때부터 차기 정기 건강진단 시행 기일에 이르는 사이에 제1호 또는 제2호에 해당하는 경우는 이에 해당하지 않는다.

一. 창기 허가 후 처음으로 일을 하고자 할 때

二. 휴업 후 다시 일을 하고자 할 때

三. 질병에 걸린 것을 자각하였거나 가시자시키 영업자로부터 주의를 받았을 때

四. 경찰서장의 명령이 있었을 때

제25조 전 조 제1호의 경우로 건강진단을 받은 때에는 경찰서장으로부터 건강진단서를 교부받아 정기 또는 임시 건강진단 때에 증명날인을 받아야 한다.

제26조 창기가 질병으로 건강진단소에 출두하지 못할 때에는 의사의 진단서를 첨부해 경찰서장에게 제출해야 한다. 그 경우에 경찰서장이 필요하다고 인정하는 때에는 가시자시키에서 건강진단을 해야 한다.

제21조의 단서에 해당할 경우에는 경찰서장은 선상신단을 실시하지 않을 수 있다.

제27조 건강진단에 의거해 창기일을 할 수 없다거나 전염성 질환이 있다고 인정되는 때는 치료한 후 건강진단을 받을 상황이 아니라면 일을 할 수 없다.

건강진단에 의해 전염성 질환이 있다고 인정된 창기는 경찰서장의 지시에 따라 치료를 받아야 한다.

제28조 창기는 본적, 주소, 이름 또는 기명에 변경이 있을 때는 10일 내에 허가증과 건강진단서를 첨부해 경찰서장에게 신고해야 한다. 허가증 또는 건강진단서가 망실, 훼손되었거나 건강진단서 사용이 끝난 때는 그 사유를 구비해 경찰서장에게 재교부 또는 재작성(書換)을 요청해야 한다.

창기는 전 조의 경우 임신, 분만으로 휴업할 때는 직접 건강진단서를 경찰서장에게 제출해야 한다.

제29조 창기는 허가 후 처음으로 일을 하고자 할 때는 미리 경찰서장에게 신고해야 한다.

제27조가 규정한 사유 또는 임신 분만으로 휴업한 후 창기가 다시 일을 하고자 할 때는

경찰서장에게 신고하여 건강진단서를 환부받아야 한다.

창기가 폐업한 때에는 곧바로 허가증을 첨부하여 경찰서장에게 신고해야 한다.

第30조 경찰관 또는 헌병은 필요하다고 인정할 때는 가시자시키를 현장조사하거나 영업용 장부를 검사할 수 있다.

第31조 경찰서장은 가시자시키 영업자 또는 창기에 대하여 공중위생, 풍속, 단속, 기타 공익상 필요한 명령을 내릴 수 있다.

第32조 가시자시키 영업 허가를 받은 후 3개월 이상 개업하지 않거나 또는 개업 후 3개월 이상 계속 휴업할 때에 경찰서장은 그 허가를 취소할 수 있다.

제1조 제3항에 규정된 경우에서 공사착수 기한까지 공사에 착수하지 않았을 때, 낙성 기한을 경과해도 준공하지 않았을 때, 영업용 건물의 건축사양서와 달라서 영업용으로 적합하지 않다고 인정될 때 또는 공사 준공 후 3개월 내에 영업을 개시하지 않을 때도 역시 전 항과 동일하다.

앞의 2항 규정은 가시자시키의 신설 또는 위치 변경을 허가하는 경우에도 이를 준용한다.

第33조 경찰서장은 가시자시키 영업자 또는 창기가 다음 각 호의 1에 해당한다고 인정될 때는 그 업을 정지시키거나 허가를 취소할 수 있다.

一. 사기로 인해 허가한 것이 발견되었을 때

二. 제5조, 제6조, 제18조, 제19조, 제21조, 제27조의 규정을 위반하였을 때

三. 제8조 또는 제31조의 명령을 위반하였을 때

四. 제17조 제2호 또는 제4호에 해당한다고 인정될 때

五. 가시자시키 영업자로서 타인에게 명의를 빌려준 사실이 있다고 인정될 때

第34조 가시자시키 영업자 조합을 설치하고자 할 때는 규약을 만들어 경찰서장의 인가를 받아야 한다. 그 규약을 변경하고자 할 때도 역시 마찬가지다.

전 항의 경우에 조합의 구역이 두 개 이상의 경찰서 관할 구역에 걸칠 때는 경무부장의 인가를 받아야 한다.

第35조 조합의 임원 선임이나 변경이 있을 때는 조합을 대표하는 임원은 10일 내에, 전 조 제2항의 경우에는 경무부장, 기타 경우에는 경찰서장에게 신고해야 한다.

第36조 조합의 설치를 인가한 경무부장 또는 경찰서장은 조합에 대하여 조합규약이나 임원의 변경, 조합의 해산, 기타 단속에 필요한 명령을 할 수 있다.

제37조 경찰서장은 건물 구조에 따라, 제4조의 규정에도 불구하고, 제1조나 제2조의 허가 또는 제5조의 인가를 내줄 수 있다.

제38조 다음 각 호의 1에 해당하는 자는 구류 또는 과료에 처한다.

一. 허가를 받지 않고 가시자시키 영업을 한 때

二. 제5조 내지 제7조, 제9조 내지 제14조, 제16조 제2항, 제18조 내지 제22조, 제23조 제1항, 제24조, 제25조, 제26조, 제1항 또는 제27조 내지 제29조를 위반하였을 때

三. 제8조, 제15조, 제31조의 명령 또는 영업정지 명령을 위반하였을 때

四. 제30조의 규정에 의거한 현장조사 또는 검사를 거부하였을 때

제39조 가시자시키 영업자는 그의 대리인, 호주, 가족, 동거자 또는 고용인이 그의 영업과 관련해 본령 또는 본령이 규정한 명령을 위반하였을 때는 자기 지휘에 나서지 않은 것이므로 처벌을 면할 수 없다.

부칙

제40조 본령은 1916년 5월 1일부터 시행한다.

제41조 본령을 시행하기 전에 허가를 받아 실제로 가시자시키 영업 또는 창기일을 하는 자는 그 명칭 여하를 불문하고 본령에 의서해 가시자시키 영업 또는 창기 허가를 받은 자로 간주한다.

전 항에 규정된 가시자시키 영업자 또는 창기 일을 하는 자는 경무부장이 이를 지정한다.

본령 시행 전에 이루어진 영업소의 신설이나 위치 변경, 영업용 건물의 증축, 개축, 대수선의 허가는 본령에 의거해 이루어진 허가로 간주한다.

경찰서장은 제1항의 가시자시키 영업자에 대하여 당분간 본령 시행 후 제4조의 규정을 적용하지 않을 수 있다.

제42조 경무부장은 조선인 창기의 벌이(稼)를 목적으로 하는 가시자시키 영업자에 한해 당분간 제3조의 규정을 적용하지 않을 수 있다.

전 항의 경우에 제1조의 출원을 하고자 할 때는 원서에 영업소 부근의 겨냥도(見取図)를 첨부해야 한다.

제1항에 규정된 가시자시키 영업자는 창기로 하여금 외부에서 들여다볼 수 있는 장소에서 분장하거나 점포 앞에 나란히 앉아있거나 배회하도록 시킬 수 없다.

제43조 제20조의 규정은 전 조의 가시자시키에서 일을 하는 창기에게 이를 적용하지 않는다.

전 항에서 규정한 창기는 외부에서 들여다볼 수 있는 장소에서 분장하거나 점포 앞에 나란히 앉아있거나 배회할 수 없다.

제44조 제41조의 가시자시키 영업자는 본령 시행일로부터 한 달 내에 제12조에 준하여 신고해야 한다. 단, 이미 신고를 한 고용인 또는 동거자는 이에 해당하지 않는다.

제45조 제42조 제3항, 제43조 제2항 또는 전 조를 위반한 자는 구류 또는 과료에 처한다.

5. 소개영업 단속규칙(경기도령)

소개영업 단속규칙을 다음과 같이 정한다.

1922년 5월 19일

조선총독부 경기도지사 구도 에이치(工藤英一)

소개영업 단속규칙

제1조 소개영업이라 칭함은 영업으로서 다음 행위를 하는 것을 말한다.

一. 예기, 작부 또는 창기 일을 하는 자(稼業者)의 소개

二. 고용자의 소개

三. 구혼자의 소개

四. 토지 가옥의 매매 또는 임대차의 소개

제2조 소개영업을 하고자 하는 자는 다음 각 호의 사항을 구비해 관할 경찰서에 출원하여 허가를 받아야 한다. 제2호, 제3호, 제5호의 사항을 변경하고자 할 때도 역시 동일하다.

一. 본적, 주소, 이름, 생년월일(법인의 경우는 그 명칭, 사무소 소재지, 대표자의 이름과 정관의 사본)

二. 영업의 종목

三. 영업소

四. 옥호

五. 수수료 금액과 수수료 수수 방법[44]

제3조 미성년자의 신청서에는 법정대리인, 준금치산자나 아내인 경우에는 보좌인이나 남편의 연서를 요한다.

제4조 영업자가 사용인을 고용할 때에는 그의 본적, 주소, 이름, 생년월일을 기재하여 3일 이내에 관할 경찰서에 신고해야 한다.

제5조 경찰서장은 다음 각 호의 1에 해당할 때에는 영업을 정지하거나 허가를 취소하는 경우가 있다.

一. 공안 풍속을 해할 우려가 있다고 인정될 때

二. 영업 허가를 받은 후 이유 없이 3개월 이내에 개업하지 않거나 6개월 이상 휴업하였을 때

제6조 영업자는 다음 각 호의 1에 해당할 때에는 10일 이내에 관할 경찰서에 신고해야 한다.

一. 제2조 제1항 제1호, 제4호의 사항을 변경하였을 때

二. 법정대리인, 보좌인, 남편의 이동, 또는 그 이름이 변경되었을 때

三. 휴업 또는 폐업을 하였을 때

四. 사용인을 해고하였을 때

영업자가 사망하였거나 소재를 알 수 없게 되었을 때는 호수, 가족 또는 법정대리인, 보좌인 또는 남편이 전 항의 신고를 해야 한다.

제7조 영업자는 다음 각 호의 1에 해당하는 자 또는 그의 토지 가옥 매매 임대차를 소개할 수 없다.

一. 신원이 상세하지 않은 자

二. 법정대리인의 동의가 없는 미성년자

三. 보좌인의 동의가 없는 준금치산(고용계약을 제외함)

四. 남편의 승낙이 없는 아내(남편의 승낙을 얻을 수 없는 정당한 이유가 있는 자를 제외함)

제8조 경영자는 다음에 열거하는 행위를 하거나 시킬 수 없다.

一. 피소개자의 의사에 반하여 소개하는 것

二. 사기적 언행을 하는 것

---

44 제5항은 원문에 수기로 추가 기재되어 있는 내용임.

三. 기타 고용되어 있거나 일을 하고 있는 자를 권유해 다른 곳에 소개하는 것

四. 명의가 무엇인지를 불문하고 허가받은 수수료 이외의 금품을 청구하는 것

제9조 영업자는 영업 종목과 그 주소, 이름, 옥호를 기재한 간판을 점포 앞에 내걸어야 한다.

제10조 수수료 금액과 수수료 수수 방법은 영업소 내의 잘 보이는 장소에 게시해야 한다.

제11조 제1조 제1항 내지 제3호의 영업자는 제1호 양식, 제4호의 영업자는 제2호 양식의 장부를 작성하여 관할 경찰서의 검인을 받고 소개할 때마다 기재해야 한다.

전 항의 장부는 3년간 보존해야 한다.

제12조 영업자 조합을 설치하고자 할 때는 대표자를 정하고 조합원 명부와 조합 규약을 첨부하여 관할 경찰서에, 조합의 구역이 두 개 이상의 경찰서 관할에 걸쳐 있을 때는 해당 청에 출원하여 인가를 받아야 한다. 조합 규약을 변경하고자 할 때도 이와 동일하다.

제13조 조합에서 이사(取締)나 기타 임원을 정하고자 할 때는 조합의 설치를 인가하는 관서에 신고해야 한다. 이를 변경할 때도 역시 동일하다.

제14조 제2조, 제4조, 제6조 내지 제13조를 위반한 자 또는 영업 정지 처분에 수긍하지 않는 자는 구류 또는 과료에 처한다.

제15조 영업상에 관해서는 호주, 가족, 기타 사용인의 행위라 할지라도 영업자의 책임에 맡긴다.

부칙

본칙은 1922년 6월 1일부터 시행한다.

본칙의 시행 허가를 받은 영업자는 본칙에 허가를 받은 것으로 간주한다.

〈표〉 제1호 양식

인사 소개 원부(原簿)	번호 본적 주소 씨명 생년월일	고용주 포주 배속자의 주소, 직업, 씨명	업체와 취업 또는 성립 연월일	계약기간	전차용 지급금	수수료액	계약 요지	동의 또는 승낙자의 주소, 직업, 씨명, 연령	비고

〈표〉 제2호 양식

토지, 가옥, 매매 대차 소개 원부(原簿)	본적 적(籍) 주소 씨명 생년월일	사는 자(買主), 빌리는 자(貸主)의 주소, 직업, 씨명	토지, 가옥, 대가(貸家)의 종류	토지, 가옥의 평수	토지, 가옥의 소재지	매매, 임대, 개별	수수료 액	동의 또는 승낙자의 주소, 직업, 씨명, 연령	비고
			밭(畓), 논(田), 땅(垈), 일본식 2층 건물은 평옥(平屋)(조선식), 가옥(창고), 서양 조(造) 가옥(창고)						

조선총독부 경기도 훈령 제19호[45]

경찰부
경찰서

소개영업 단속규칙 취급 수칙(心得)[46]을 다음과 같이 정한다.

1922년 6월 2일
조선총독부 경기도지사 구도 에이치(工藤英一)

소개영업 단속규칙 취급 수칙

제1조 다음 사항은 확인문의 후 처분해야 한다.

一. 영업 신청 또는 영업소나 영업종목의 변경을 부인(否認)하고자 할 때

二. 소개영업 단속규칙(이하, 규칙이라 칭함) 제5조에 의거한 처분이 필요하다고 인정할 때

三. 조합의 설치와 조합규약 변경의 인가나 부인을 하고자 할 때

제2조 다음 각 호의 1에 해당하는 경우는 영업을 허가해서는 안 된다. 단, 제1호에 해당하는 자이면서 특히 지장 없다고 인정되는 때는 확인문의 후 허가할 수 있다.

一. 규칙 제5조에 의해 허가를 취소한 후 만 1개년이 경과하지 않은 자일 때

二. 공안 또는 풍속을 해할 우려가 있다고 인정되는 자일 때

三. 영업소의 위치가 부적당하다고 인정하는 때 미성년자, 준금치산자, 아내의 출원에 관련되는 경우에는 그 법정대리인 보좌인 또는 남편이, 전 항 제1호, 제2호의 1에 해당하는 때도 역시 동일하다.

제3조 영업 신청을 부인하거나 허가를 취소하거나 영업을 정지한 때는 바로 해당 청에 보고해야 한다.

---

45 원문에 소제목 번호가 붙어 있지 않다.

46 동사 '心得る'의 명사형인 '心得'은 수칙, 주의사항, 마음가짐 등을 비롯한 다양한 번역어로 표현될 수 있다. 이 번역문에서는 잠정적으로 '수칙'을 채택한다.

第4조 경찰서장은 소개 수수료 금액과 수수료 수수 방법의 표준을 상정하여 도지사의 승인을 받아야 한다. 이를 변경하고자 할 때도 역시 동일하다.

第5조 경찰서에는 영업자, 사용인 대장을 비치하여 다음 사항을 등재하고 이동이 있을 때마다 가필, 삭제, 정정해야 한다.

〈영업자 대장〉

지령번호

영업자의 본적, 주소, 이름, 연령(법인인 경우 그 명칭, 사무소 소재지, 대표자 이름)

허가 연월일

영업 종목

옥호

영업소 위치

법정대리인, 보좌인 또는 남편의 이름

비고

〈사용인 대장〉

영업자 이름

사용인의 본적, 이름, 연령, 고용 연월일

6. 중개영업 단속규칙

1926. 3.

충청북도령 제4호

第1조 중개영업이라 칭함은 영업으로서 다음 각 호의 1에 해당하는 행위를 하는 자를 말한다.

一. 예기, 작부 또는 창기 일을 하고 있는 자(稼業者)의 중개

二. 고용자의 중개

三. 구혼자의 중개

四. 토지 가옥의 매매 또는 임대차의 중개

五. 소, 말의 매매의 중개

제2조 중개영업을 하고자 하는 자는 다음 각 호의 사항을 구비해 경찰서에 출원하여 허가를 받아야 한다. 제4호 및 제5호의 사항을 변경하고자 할 때도 역시 동일하다.

一. 본적, 주소, 이름, 생년월일

二. 영업소

三. 옥호

四. 영업 종목

五. 수수료 금액과 수수료 수수 방법

제3조 휴업이 계속해서 1년 이상 초과할 때는 영업 허가는 그 효력을 상실한다.

제4조 중개영업자는 다음 각 호의 1에 해당하는 자와 그의 의뢰로 중개를 해서는 안 된다.

一. 신원이 상세하지 않은 자

二. 법정대리인의 동의가 없는 미성년자

三. 보좌인의 동의가 없는 준금치산자

四. 남편의 동의가 없는 아내

전 항 제2호 내지 제4호에 해당하는 자이면서 동의를 얻을 수 없거나 그 필요가 없는 정당한 사유를 증명할 확실한 증인이 있는 자는 이에 해당하지 않는다.

제5조 중개영업자는 다음 사항을 준수해야 한다.

一. 영업의 종목과 이름, 옥호를 기재한 간판을 영업소에 게시할 것

二. 영업소 내 잘 보이는 장소에 수수료 금액과 수수료 수수 방법을 게시할 것

三. 피중개인의 의지에 반하여 중개를 하지 않을 것

四. 명의 여하를 불문하고 상당한 실비와 허가 받은 이외의 금전 물품을 받거나 청구하지 않을 것

五. 다른 곳에 고용 중이거나 일을 하고 있는(稼業) 중인 자를 권유하여 중개를 하지 않을 것

六. 제1조 제1호 내지 제3호의 피중개자를 위해 30원 이상 체당(立替 입체)금을 쓰지 않을 것

七. 업무상 알 수 있었던 사항을 함부로 위탁자 이외에 누설하지 않을 것

八. 중개를 위해 부녀를 자택에 숙박하게 할 때는 직접 경찰 관리에게 신고할 것

九. 영업소 이외에서 중개에 종사할 때는 허가증을 휴대할 것

제6조 제1조 제1호 내지 제3호의 중개영업자는 예기오키야, 숙박업소, 요리옥, 음식점 영업, 대서업(代書業)을 하거나 동거하는 호주와 가족에게 시켜서는 안 된다.

제7조 중개영업자는 다음 각 호의 1에 해당하는 경우는 5일 이내에 경찰서에 신고해야 한다.

一. 개업, 휴업 또는 폐업하였을 때

二. 영업상의 사용인을 고용 또는 해고하였을 때

三. 사망 또는 행방불명이 되었을 때

四. 제2조 제1호 내지 제3호의 사항을 변경하였을 때

五. 제13조에 의거한 조합의 임원을 선임 또는 해임하였을 때, 전 항 제3호의 경우는 동거하는 호주 또는 가족이, 제5호의 경우는 조합의 대표자가 이를 처리해야 한다.

제8조 중개영업자는 영업의 정지 또는 그 허가의 취소 또는 효력을 상실했을 때는 신속하게 허가증을 반납해야 한다.

제9조 도지사와 경찰서장은 중개영업자와 동 조합에 대하여 풍속 단속과 기타 공익을 위해 필요한 명령을 내릴 수 있다.

제10조 경찰 관리는 영업소를 현장조사하고 영업용 장부를 검사할 수 있다.

제11조 중개영업자이면서 다음 각 호의 1에 해당할 때는 경찰서장은 영업을 정지하거나 허가를 취소할 수 있다.

一. 사기에 의해 영업 허가를 받았을 때

二. 제4조 내지 제6조를 위반하였을 때

三. 풍속을 문란하게 하거나 공안을 해할 우려가 있다고 인정될 때

四. 행방불명이 3개월 이상에 이를 때

제12조 중개영업자는 양식 제1호의 중개사건부를 작성하여 경찰서의 검인을 받고 위탁 및 중개가 있을 때마다 그 취급사항을 기재해야 한다.

전 항의 장부는 사용 종료 후 5년간 이를 보존해야 한다.

제13조 중개영업자 조합을 설치하고자 할 때는 규약을 작성하여 경찰서의 인가를 받아야 한다. 그 규약을 변경할 때도 역시 동일하다.

전 항의 경우에 조합의 구역이 2개 이상의 경찰서 관할 구역에 걸쳐 있을 때는 도지사

의 인가를 받아야 한다.

제14조 다음 각 호의 1에 해당하는 자는 구류 또는 과료에 처한다.

一. 제2조, 제4조 내지 제8조 내지 제12조를 위반하였을 때

二. 제9조 또는 제11조의 규정에 의거한 명령을 위반하였거나 제10조의 현장조사 검사를 거부하였을 때

三. 제12조의 장부에 기재를 게을리 하거나 허위 기재를 하였을 때

제15조 중개영업자는 그 종업자와 동거하는 호주나 가족이 영업과 관련해 본령 또는 본령의 규정에 의거한 명령을 위반하였을 때는 자기 지휘에 나서지 않은 것이므로 처벌을 면할 수 없다.

부칙

본령은 1926년 5월 1일부터 시행한다.

본령의 시행 전에 허가를 받아 실제로 중개영업을 하고 있는 자는 본령에 의해 허가를 받은 것으로 간주한다.

〈표〉 양식 제1호의 1

인사에 관한 중개사건 적(籍)

<table>
<tr><th rowspan="2">번호</th><th rowspan="2">피중개자
본적, 주소,
신분, 직업,
씨명,
생년월일</th><th rowspan="2">승낙 또는
동의자
본적, 주소,
씨명,
생년월일
및
피중개인과
의 관계</th><th rowspan="2">고용주
또는
포주의
주소,
직업,
씨명,
생년월일</th><th colspan="4">중개 요지</th><th rowspan="2">수수료</th><th rowspan="2">입체(立替)
금액 및
연월일</th><th rowspan="2">비고</th></tr>
<tr><th>전차금액
및 상각
(償却)
방법</th><th>계약
기간</th><th>고입 또는
포입(抱入)
연월일</th><th>기타</th></tr>
<tr><td></td><td></td><td></td><td></td><td></td><td></td><td></td><td></td><td></td><td></td><td></td></tr>
<tr><td>수탁
연월일</td><td rowspan="4"></td><td rowspan="4"></td><td rowspan="4"></td><td rowspan="4"></td><td rowspan="2"></td><td rowspan="2"></td><td rowspan="4"></td><td rowspan="4"></td><td rowspan="4"></td><td rowspan="4"></td></tr>
<tr><td></td></tr>
<tr><td>중개 성립
연월일</td><td>지급금</td><td>업명(業名)
및 업태</td></tr>
<tr><td></td><td></td><td></td></tr>
</table>

주의 一. 본 양식과 제1호의 2 양식과 합책할 때에는 구좌(口座)별로 할 것.
二. 구혼자의 중개에서는 "고용주 또는 포주의 주소, 직업, 씨명, 생년월일"란을 "상대방의 주소, 직업, 씨명, 생년월일"로 수정할 것.

〈표〉 양식 제1호의 2

번호	의뢰자의 본적, 주소, 직업, 씨명, 생년월일	승낙 또는 동의자의 본적, 주소, 씨명, 생년월일 및 의뢰자와의 관계	매주(買主) 또는 차주(借主)의 주소, 직업, 씨명, 생년월일	중개 요지				수수료	비고
				매매 대차별	소재지 (우마는 연령, 털색)	가격 또는 임대료	기타		
수탁 연월일									
중개 성립 연월일				종류 수량					

7. 소개영업 단속규칙(충청남도령)

1929. 9.

도(道)령 제24호

제1조 본령에서 소개영업이라 칭함은 영업으로서 다음 행위를 하는 것을 말한다.

一. 예기, 작부 또는 창기 일을 하는 자(稼業者)의 소개

二. 고용자나 기타 구직자의 소개

三. 구혼자의 소개

四. 토지, 가옥의 매매나 임대차 또는 금전대차의 소개

제2조 소개영업을 하고자 하는 자는 다음 각 호의 사항을 구비해 경찰서에 출원하여 허가를 받아야 한다. 제2호, 제3호, 제5호의 사항을 변경하고자 할 때도 역시 동일하다.

一. 본적, 주소, 이름, 생년월일. 법인인 경우는 그 명칭, 사무소 소재지, 대표자의 본적, 주소, 이름, 생년월일, 정관 사본을 첨부. 아내인 경우는 남편의 승낙서를 첨부

二. 영업의 종목

三. 영업소

四. 옥호

五. 수수료 금액과 수수료 수수 방법

제3조 다음 각 호의 1에 해당하는 자는 소개영업을 할 수 있다.[47]

一. 숙박업소, 요리옥, 음식점, 가시자시키, 예기오키야, 신용 고지(告知)업, 신문·잡지의 경영자, 기자(발행인, 편집인을 포함함), 대서업 또는 토지 측량업을 하는 자 또는 그와 동거하는 호주, 가족

二. 외설, 간음, 약취, 유괴, 강도, 절도, 사기, 공갈, 협박, 횡령, 장물에 관련된 죄 또는 문서인장(印章) 위조의 죄를 범하여 형 집행이 끝났거나 면죄를 받은 날부터 2년이 경과하지 않은 자

三. 미성년자, 금치산자 또는 준금치산자

四. 소개영업 허가의 최소를 받고 2년이 경과하지 않은 자

五. 공안을 해하거나 풍속을 문란하게 할 우려가 있다고 인정되는 자

제4조 영업자가 영업 종사인을 사용하고자 할 때는 그 본적, 주소, 이름, 생년월일을 기재해 관할 경찰서장에게 출원하여 인가를 받아야 한다.

제5조 경찰서장은 다음 각 호의 1에 해당할 때는 영업을 정지시키고 허가를 취소하거나 영업 종사인의 해고를 명령하는 일이 있어야 한다.

一. 영업 허가를 받은 후 이유 없이 3개월 이내에 개업하지 않거나 6개월 이상 휴업하였을 때

---

47 원문 문장은 "할 수 있다"라 되어 있으나, 이후 기재 사항은 "할 수 없다"의 내용으로 보인다.

二. 영업자 또는 영업 종사인이 행방불명이 되었을 때

三. 아내가 영업자이면서 해당 영업에 대하여 남편으로부터 승낙을 취소당하였을 때

四. 공안 풍속을 해하거나 해할 우려가 있다고 인정될 때

五. 본령의 규정을 위반하여 영업자로서 부적당하다고 인정될 때

제6조 영업자는 다음 각 호의 1에 해당할 때는 10일 이내에 관할 경찰서장에게 신고해야 한다.

一. 제2조 제1항 제1호 또는 제4호의 사항을 변경하였을 때

二. 개업, 휴업, 또는 폐업하였을 때

三. 영업 종사인을 해고하였을 때

四. 아내가 영업자이면서 해당 영업에 대하여 남편으로부터 승낙을 취소당하였을 때

영업자가 사망하거나 행방불명이 되었을 때는 호주, 가족 또는 동거자가, 법인이 해산했을 때는 그 대표자나 청산인이 전 항의 신고를 해야 한다.

제7조 영업자는 다음 각 호의 1에 해당하는 자에 대하여 소개를 하거나 소개 의뢰를 받을 수 없다.

一. 신원이 상세하지 않은 자

二. 법정대리인의 동의가 없는 미성년자 또는 금치산자

三. 보좌인의 동의가 없는 준금치산자. 단, 고용 계약은 제외함.

四. 남편의 승낙이 없는 아내. 단, 법령상 남편의 승낙을 요하지 않는 경우를 제외함.

제8조 영업자는 다음 1에 열거한 행위를 하거나 시킬 수 없다.

一. 피소개인의 의사에 반하여 소개를 하는 것

二. 사기적 언행을 통해 소개를 하는 것

三. 고용되어 있거나 일을 하고 있는 중인 자를 권유해 다른 곳에 소개하는 것

四. 함부로 예기, 작부, 창기 및 고용인이 되도록 권유하는 것

五. 명의 여하를 불문하고 허가받은 수수료 이외에 금품 증여를 받거나 청구하는 것

六. 계약 확정 전에 수수료를 영수하는 것

七. 영업상 알 수 있었던 타인의 비밀을 누설하는 것

八. 피소개자의 소지품을 수수료 등의 대가로 받거나 매수 또는 매각, 저당 등의 주선을 하는 것. 그리고 피소개인을 영업소 또는 자택에 숙박시키는 것. 단, 특별한 사정에 의해 경찰 관리의 승인을 받은 경우는 이에 해당하지 않는다.

제9조 영업자는 다음 사항을 준수해야 한다.

一. 수수료 금액과 수수료 수수 방법은 영업소 내의 잘 보이는 장소에 게시해야 한다.

二. 영업 종목과 그 주소, 이름, 옥호를 기재한 간판을 점포 앞에 내걸고 야간에는 표시등으로 이를 대신해야 한다. 단, 예기, 작부, 창기의 종별은 표기해서는 안 된다.

三. 제1조 제1호 내지 제3호의 영업자는 제1호 양식, 제4호의 영업자는 제2호 양식의 장부를 작성하고, 장수를 표지에 표시하여 사용 전에 관할 경찰서의 검인을 받은 후 소개가 있을 때마다 해당 사항을 기재해야 한다.

본 장부는 기재 종료일로부터 3년간 보존해야 한다.

제10조 경찰 관리는 필요하다고 인정할 때에 영업소 또는 영업자의 주소에서 현장조사하거나 영업용 장부를 검사할 수 있다.

제11조 영업자 조합을 설치하고자 할 때는 대표자를 정하고 조합원 명부와 조합 규약을 첨부하여 관할 경찰서장에게, 조합의 구역이 2개 이상의 경찰서 관할에 걸쳐 있을 때는 도지사에게 출원하여 인가를 받아야 한다. 조합 규약을 변경할 때 역시 동일하다

제12조 조합에서 임원을 정할 때는 조합을 설치 인가한 관청에 신고해야 한다. 이를 변경할 때도 역시 동일하다.

제13조 다음 각 호의 1에 해당하는 자는 구류 또는 과료에 처한다.

一. 제2조, 제4조, 제6조 내지 제9조의 규정을 위반한 자

二. 제5조의 규정에 의거한 처분을 위반한 자

三. 장부에 허위로 기재하거나 본령에 의거한 신고를 사실대로 하지 않은 자

四. 제10조의 규정에 의거한 현장조사 또는 검사를 거부한 자, 법인의 대표자 또는 종업인, 기타 고용인, 법인의 업무와 관련해 본령을 위반하였을 때는 전 항의 벌칙을 법인 대표자에게 적용한다.

제14조 영업자는 호주, 가족, 동거자, 영업 종사인이 그 영업과 관련해 본령을 위반하였을 때는 자기 지휘에 나서지 않은 것이므로 처벌을 면할 수 없다.

부칙

제15조 본령은 공포일부터 시행한다.

본령을 시행할 때 실제로 소개영업을 하는 자가 본령 시행일로부터 1개월 이내에 제2조

와 제4조의 사항을 관할 경찰서장에게 신고할 때에는 본령에 의거해 허가 또는 인가를 받은 자로 간주한다.

8. 여러 영업과 업무 단속규칙(전라북도령)[48]

소개업 관계 조문 발췌

제14조 소개업의 허가를 받고자 할 때는 그 신청서에 16조 제1호에 해당하지 않음을 증명하는 등기의 등본 또는 토지대장 등본을 첨부해야 한다.

제16조 소개업은 다음 각 호의 1에 해당하는 자에 대해서는 이를 허가하지 않는다.

一. 가격 3백 원 이상(1지점 개설마다 3백 원 추증)의 부동산을 소유하지 않는 자

二. 미성년자이면서 영업 관리인이 없는 자

三. 백치, 간질(瘋癲)인 자

四. 강도죄, 사기, 횡령, 공갈, 유괴, 간음 또는 도박의 죄를 범하고 개전의 정이 없다고 인정되는 자

제23조의 二. 소개업자가 종업인을 고용하고자 할 때는 그의 본적, 주소, 이름, 생년월일을 구비하여 경찰서장의 허가를 받아야 한다. 동거하는 가족 및 동거인으로 하여금 영업에 종사시키고자 할 때도 역시 동일하다.

전 항의 종업인을 해고하거나 종사시키지 않게 되었을 때에는 10일 이내에 관할 경찰서에 신고해야 한다.

제26조 영업자 또는 업무자는 점포 앞 잘 보이는 장소에 다음 양식의 간판을 내걸어야 한다. 단, 간판에 장식을 하는 등 미술적인 것을 내걸고자 할 때는 관할 경찰서의 허가를 받아 특별한 양식으로 할 수 있다.

---

48 원문에 실리지는 않았지만 해당 법령은 1922년 9월 30일 전라북도령 제23호로 공포되었다.

(길이 3척 5촌)

<table>
<tr><td>무슨 무슨 영업(업무)
주소
영업자　　씨　　명</td></tr>
</table>

(폭 1척)

第28조 영업자 또는 업무자가 사망하여 상속인이 영업이나 업무를 계속할 때는 10일 이내에 관할 관청에 신고해야 한다. 단, 소개업, 인판(印版)업, 선부(船夫), 유기장(遊技場)의 경우에는 추가로 출원하여 허가를 받아야 한다.

第38조 소개업자는 다음 각 호에 해당하는 자를 소개할 수 없다.

一. 신원이 상세하지 않은 자

二. 법정대리인 또는 후견인의 허가나 동의가 없는 미성년자 또는 금치산자

三. 남편의 허가가 없는 아내(남편의 허가를 얻을 수 없는 정당한 사유가 있는 자를 제외함)

四. 보좌인의 동의가 없는 준금치산자

五. 신체가 허약하여 업무를 맡을 수 없는 자

六. 예기, 작부, 창기의 경우, 예기, 작부에 대한 단속규칙 또는 창기 단속규칙에 정해진 요건을 구비하지 않은 자.

七. 구혼자로서 호적 등본이 없는 자, 만 17세에 이르지 않은 남자, 만 15세에 이르지 않은 여자, 또는 그의 집에 있는 부모의 동의서(부모의 동의를 얻을 수 없는 정당한 사유가 있을 때는 이를 대신할 서류)가 없는 만 30세에 달하지 않은 남자와 만 25세에 달하지 않은 여자

第39조 소개업자는 다음 사항을 준수해야 한다.

一. 수수료 또는 숙박료의 금액과 그 수수 방법은 미리 이를 정하여 관할 경찰서장의 인가를 받아야 한다.

二. 피소개자로부터 받아야 하는 금전의 담보로서 물품을 받거나 저당 잡거나 매각하고자 할 때는 관할 경찰 관리에게 신고해야 한다.

三. 피소개자를 자택에 숙박하게 해서는 안 된다. 부득이 하게 숙박시킬 때는 그때마다 경찰서장의 인가를 받아야 한다.

四. 피소개자를 기망하거나 교사(敎唆) 종용하여 소개처를 사양하게 해서는 안 된다.

五. 피소개자의 급료 또는 전차금 등의 수수에 간여해서는 안 된다.

六. 피소개자를 찾는 자에 대하여 이유 없이 감추어서는 안 된다.

七. 고용주로부터 피소개자의 신원보호 청구가 있을 때는 이에 응낙해야 한다. 단, 보증료를 징수할 수 있다.

八. 무슨 명의를 갖고서도 수수료 이외에 보수를 받을 수 없다.

九. 숙박업소, 요리옥, 음식점, 예반오키야(藝般置屋),[49] 예기장(藝妓場) 및 이와 유사한 영업 및 대서업을 겸하거나 또는 이들 영업자와 동일 가옥 내에서 영업하거나 이들 영업자의 사용인이 되어서는 안 된다.

十. 도로공원, 배와 차의 발착 장소 등에서 고용인이 될 것을 권유해서는 안 된다.

十一. 과대 허위 고지, 광고 또는 게시 등을 해서는 안 된다.

十二. 영업과 관련해 사기적 언행을 해서는 안 된다.

十三. 의뢰자의 의사에 반하여 소개, 주선 또는 고지를 해서는 안 된다.

十四. 피소개인, 피주선인 또는 피고지자를 유인해 오는 자에 대하여 명의 여하를 불문하고 금전, 물품, 기타의 이익을 제공해서는 안 된다.

十五. 고용되어 있거나 일을 하고 있는 중인 자를 권유하여 다른 곳에 소개, 주선 또는 고지해서는 안 된다.

十六. 계약 확정 전에 수수료를 받아서는 안 된다. 단, 구혼의 소개 또는 주선을 하는 자는 이에 해당하지 않는다.

十七. 예창기, 작부의 소개 주선, 또는 구혼의 소개 주선을 하는 소개업자는 다른 소개업을 겸할 수 없다.

제40조 소개업자와 동 종업인은 제2호 양식의 목찰을 만들어 관할 경찰서의 낙인을 받은 후 종업 중에 이를 휴대해야 한다.

전 항의 목찰을 훼손하거나 망실하였거나 기재사항에 이동이 발생했을 때는 5일 이내에 다시 목찰을 만들어 관할 경찰서의 낙인을 받아야 한다.

제41조 소개업자는 그 종별에 따라 제3호 내지 제7호 양식의 장부를 비치하고 의뢰를 받거나

---

49 원문대로.

소개 주선이나 고지를 할 때마다 이에 기재해야 한다.

전 항의 장부는 매년 갱신하여 사용 전 관할 경찰서의 검인을 받고, 사용 후 3년간 보존해야 한다.

第57조 소개업자이면서 다음 각 호의 1에 해당할 때에는 경찰서장은 영업을 정지하거나 그 허가를 취소할 수 있다.

一. 부동산의 소유액이 제16조의 제한액 미만으로 감소하였을 때

二. 미성년자 또는 금치산자의 영업이면서 그의 법정대리인 또는 후견인의 감독이 불충분하다고 인정되었을 때

三. 영업자의 호주, 관리인, 가족, 고용인, 기타의 종업자이 공안을 해하거나 풍속을 문란하게 하거나 취업에서 부적당하다고 인정될 때

四. 본령을 위반하였거나 취업에서 부적당하다고 인정될 때

第66조 소개업자 또는 유기장 영업자이면서 다음 각 호의 1에 해당할 때는 영업 허가는 그 효력을 상실한다.

一. 영업과 관련해 금고 또는 징역형에 처해졌을 때

二. 집안자산의 분산 또는 파산 선고를 받았을 때

9. 소개영업 단속규칙(전라남도령)

1922. 1.

도(道)령 제1호[50]

제1조 본 규칙에서 소개영업이라 칭함은 인사를 소개 또는 주선하는 영업을 말한다.

제2조 소개영업을 하고자 하는 자는 다음 사항을 구비해 관할 경찰서의 허가를 받아야 한다. 제3호의 사항을 변경하고자 할 때도 역시 동일하다.

一. 본적, 주소, 이름, 직업, 생년월일

二. 영업소, 옥호가 있는 자는 옥호

50 전라남도령 제1호 소개영업 단속규칙 1922년 1월 12일 조선총독부 전라남도지사 원응상(元應常)(조선총독부 관보 제2827호, 141~142쪽). 단 관보에는 양식이 생략되어 있다.

三. 소개료

전 항의 허가 신청자가 아내인 때에는 남편의 승낙서 또는 연서가 필요하다.

제3조 다음 각 호의 1에 해당하는 자는 소개영업을 할 수 없다.

一. 숙박업소, 요리옥, 음식점, 예기오키야, 신용 고지(告知)업, 대서업을 하는 자

二. 외설, 간음, 약취, 유괴, 절도, 강도, 사기, 공갈, 횡령, 장물에 관한 죄 또는 문서 인장 위조죄를 범한 후 형 집행이 끝났거나 면죄 받은 날로부터 3년이 경과하지 않은 자

三. 미성년자, 금치산자

四. 전 각 호의 소개영업을 함에 부적당하다고 인정되는 자

제4조 소개영업자는 다음에 열거하는 경우에는 5일 이내에 관할 경찰관서에 신고해야 한다.

一. 휴업 또는 폐업

二. 영업자의 본적, 주소 또는 이름의 변경

三. 옥호 또는 경찰서 관할 내에서 영업소의 변경

영업자가 사망하거나 행방불명이 되었을 때는 상속인, 호주, 가족 또는 동거자는 전 항에 따라 이를 신고해야 한다.

제5조 소개영업자는 다음에 열거하는 자의 소개를 할 수 없다.

一. 주소, 이름이 상세하지 않은 자

二. 미성년자이면서 법정대리인의 승인이 없는 자

三. 아내이면서 남편의 승낙이 없는 자

제6조 소개영업자는 다음에 열거하는 자의 소개를 할 수 없다.

一. 피소개자의 의사에 반하여 소개를 하는 것

二. 피소개자에 대하여 소개처 또는 그의 가정 상황이나 업무 등을 속이거나, 또는 소개처에 대하여 피소개자의 신원 성행(性行) 등을 은닉 사칭하여 소개를 하는 것

三. 어떠한 명의를 통하든 불문하고 소개처나 피소개자에 대하여 허가 받은 소개료 이외의 금품을 청구하거나 수령하는 것

四. 피소개자를 선동 유혹하여 고용처를 그만두게 하거나 그만두는 것을 막는 것

五. 피소개자를 영업소 또는 자기의 가택에 숙박하게 하는 것

제7조 소개영업자는 다음 각 호를 준수해야 한다.

一. 영업소의 잘 보이는 장소에 소개료를 게시할 것

二. 영업소에는 별지 제1호 양식의 간판을 점포 앞에 게시할 것

三. 별지 제2호 양식의 소개자 명부를 구비하여 소개할 때마다 기입할 것

제8조 소개영업자는 관할 경찰관서의 승인을 받지 않았다면 피소개자로부터 물품을 매수하거나 이를 매도 또는 저당 잡는 주선을 할 수 없다.

제9조 경찰 관리가 필요하다고 인정할 때는 소개자 명부를 검사하거나 이를 제출하도록 명령할 수 있어야 한다.

제10조 경찰서장은 다음 각 호의 1에 해당할 때는 소개영업의 허가를 취소할 수 있다.

一. 이유 없이 6개월 이상 휴업하였을 때

二. 영업자가 행방불명이 되었을 때

제11조 소개영업자는 본칙을 위반하거나 공안, 풍속을 해하거나 타인의 명의를 빌린 사실이 있다고 인정될 때 관할 경찰관서는 그의 영업 허가를 취소하거나 정지할 수 있어야 한다.

제12조 제2조, 제5조 내지 제8조를 위반한 자는 3개월 이하의 징역 또는 백 원 이하의 벌금 또는 구류 과료에 처한다.

제13조 제4조를 위반하거나 제9조의 검사를 거부 또는 그 명령을 위반한 자는 구류 또는 과료에 처한다.

제14조 소개영업자는 그의 가족, 고용인, 기타 종업자가 본칙을 위반한 경우라 할지라도 자기 지휘에 나서지 않은 것이므로 그 처벌을 면할 수 없다.

부칙

제15조 본칙은 공포일부터 시행한다.

제16조 1912년 8월, 조선총독부 전라남도 경무부령 제1호 여러 영업 단속규칙에 의거하여 허가를 받은 소개업자는 본칙에 의해 허가를 받은 것으로 간주한다.

제17조 1912년 8월, 조선총독부 전라남도 경무부령 제1호 여러 영업 단속규칙 중 소개업과 관련된 규정은 본칙 시행일로부터 그 효력을 상실한다.

〈별지〉

〈표〉 제1호 양식

(길이 2척 5촌)

소개영업 (옥호)　　　씨　　　명

(폭 7촌)

소개 또는 주선 월일	본적	주소	씨명	생년월일	고용주 포주 주소, 직업, 씨명	업○ 또는 ○업 연월일	전차금 급료	계약 요지	○○자, ○○자 주소, 직업, 씨명, 연령	소개 또는 주선료 액	비고
						(예기) (창기) (점원) (사무원) (조추봉공, 女中奉公)		(연기호코) (사입仕込) (견습) (○稼)			

10. 소개영업 단속규칙(경상북도령)

1923. 11. 9.
경상북도령 22호[51]

제1조 본령에서 소개영업이라 칭함은 영업으로서 다음 각 호의 1에 해당하는 행위를 하는 것을 말한다.

51　조선총독부 관보에 따르면 1923년 11월 9일에 공포된 경상남도의 소개영업 단속규칙은 경상북도령 제20호다(관보 3373호, 89쪽).

一. 예기, 작부 또는 창기 일을 하는 자의 소개

二. 고용의 소개

三. 동산 부동산의 매매 또는 임대차의 소개

四. 구혼자의 소개

제2조 다음 각 호의 1에 해당하는 자는 소개영업을 할 수 없다.

一. 숙박업소, 요리옥, 음식점, 가시자시키, 예기오키야, 신용 고지(告知)업, 신문·잡지의 경영자, 기자(발행인, 편집인을 포함함), 대서업을 하는 자

二. 외설, 간음 약취, 유괴 절도, 강도, 사기, 공갈, 횡령, 장물에 관련된 죄 또는 문서인장(印章) 위조죄를 범한 후 형 집행이 끝났거나 면죄를 받은 날부터 3년을 초과하지 않은 자

三. 미성년자, 금치산자, 준금치산자

四. 소개영업 허가의 취소를 받고 3년이 경과하지 않은 자

제3조 소개영업을 하고자 하는 자는 다음 사항을 구비해 영업소를 관할하는 경찰서장에게 출원하여 허가를 받아야 한다. 제2호, 제3호, 제5호의 사항을 변경하고자 할 때도 역시 동일하다.

一. 본적, 주소, 이름, 생년월일(법인인 경우는 그 명칭, 사무소 소재지, 대표자의 이름, 정관 사본, 아내인 경우는 남편의 승낙서 또는 연서를 요함)

二. 영업 종목

三. 영업소 위치

四. 옥호가 있는 경우 옥호

五. 수수료와 수수료의 수수 방법

제4조 영업자가 종업자를 고용할 때는 그의 본적, 주소, 이름, 생년월일을 기재해 5일 이내에 관할 경찰서에 신고해야 한다.

제5조 영업자는 다음 각 호의 1에 해당하는 경우 5일 이내에 관할 경찰서에 신고해야 한다. 단 휴업이 10일 이상에 이를 때는 미리 신고해야 한다.[52]

一. 제3조 제1호, 제4호 사항에 이동이 발생하였을 때

---

52 제5조의 두 문장은 원문에 수기로 추가 기재되어 있다.

二. 남편의 주소, 이름에 이동이 발생하였거나 남편이 남편으로부터 승낙을 취소당하였을 때

三. 폐업 또는 휴업하였을 때

四. 종업자를 해고하였을 때

영업자가 사망하였거나 행방불명이 되었을 때는 호주나 가족이, 법인이 해산했을 때는 그 대표자나 청산인이나 파산관재인이 전 항의 신고를 해야 한다.

제6조 영업자는 다음 각 호의 1에 해당하는 자에 대하여 소개를 할 수 없다.

一. 신원이 상세하지 않은 자

二. 법정대리인의 동의가 없는 미성년자

三. 보좌인의 동의가 없는 준금치산자(고용계약을 제외함)

四. 남편의 승낙이 없는 아내(법률에서 남편의 승낙을 요하지 않는 경우는 제외함)

제7조 영업자는 다음에 열거한 행위를 할 수 없다. 단, 제6호, 제7호는 특히 경찰관의 승낙을 받은 경우는 이에 해당하지 않는다.

一. 피소개인의 의사에 반하여 소개를 하는 것

二. 사기적 언행을 통해 소개를 하는 것

三. 다른 곳에 고용되어 있거나 일을 하고 있는 중인 자를 권유해 다른 곳에 소개하는 것

四. 명의가 무엇인지를 불문하고 허가받은 수수료 이외의 금품을 청구하거나 받는 것

五. 업무에서 알 수 있었던 타인의 비밀을 누설하는 것

六. 자택에 피소개인을 숙박하게 하는 것

七. 피소개인의 소지품을 수수료나 기타의 대가로 받거나 매수 또는 매각, 매입 등의 주선을 하는 것

제8조 영업자는 영업 종목과 그의 주소, 이름(옥호가 있는 경우 옥호)을 기재한 간판을 점포 앞에 내걸어야 한다.

제9조 수수료 금액과 수수료 수수 방법은 영업소 내의 잘 보이는 장소에 게시해야 한다.

제10조 제1조 제1호 내지 제3호의 영업자는 제1호 양식, 제4호 영업자는 제2호 양식의 장부를 작성하여 사용 전에 관할 경찰서의 낙인을 받고 소개할 때마다 해당 사항을 기재해야 한다.

전 항의 장부는 사용 종료 후 3년간 보존해야 한다.

제11조 경찰관은 소개업자의 영업소를 현장조사하거나 영업용 장부를 검사할 수 있다.

제12조 경찰서장은 단속에서 필요하다고 인정할 때에 소개영업자에 대하여 종업자의 사용을 폐지 또는 제한하고 기타 필요한 지시를 할 수 있다.

제13조 경찰서장은 소개영업자가 다음 각 호의 1에 해당할 때는 영업을 정지하거나 허가를 취소할 수 있다.

一. 영업의 허가를 받은 후 이유 없이 3개월 이내에 개업하지 않거나 6개월 이상 휴업하였을 때

二. 공안, 풍속을 해하거나 해할 우려가 있다고 인정될 때

三. 행방불명이 되었을 때

四. 본령의 규정을 위반하였을 때

제14조 영업자 조합을 설치하고자 할 때는 대표자를 정하고 조합원 명부와 조합 규약을 첨부해 관할 경찰서장에게 출원하여 인가를 받아야 한다. 조합의 규약을 변경할 때 역시 동일하다.

제15조 조합에서 임원을 정할 때는 5일 이내에 관할 경찰서에 신고해야 한다. 이를 변경할 때도 역시 동일하다.

제16조 경찰서장은 조합에 대하여 조합 규약 또는 임원의 변경, 조합의 해산, 기타 단속에서 필요한 명령을 내릴 수 있다.

제17조 다음 각 호의 1에 해당하는 자는 구류 또는 과료에 처한다.

一. 제3조 내지 제10조를 위반한 자

二. 제11조의 현장조사(臨検), 검사를 거부한 자

三. 제12조의 처분을 위반하였거나 제13조의 정지 중에 영업을 한 자

제18조 전 조의 벌칙은 법인의 경우 그 대표자에게 적용한다.

제19조 소개영업자는 호주, 가족 또는 종업자가 그 영업과 관련해 본령을 위반하였을 때는 자기가 지휘에 나섬으로써 처벌을 면할 수 없다.

부칙

제20조 본령은 공포일부터 시행한다.

제21조 1913년 조선총독부 경상북도 경무부령 제3호 주선영업 단속규칙에 의거해 허가를 받

고 실제로 영업 중인 자는 본령에 의거해 허가를 받은 자로 간주한다.

〈표〉 제1호 양식의 1

인사소개부 (표지)

○ ○ ○ ○

다이쇼(大正) 년 월 일 조제(調製)

인사소개부

부(府) 정(町)

군(郡) 면(面) 동리(洞里) 번지

소개업 누구(何) 아무개(某)

〈표〉 제1호 양식의 2

<table>
<tr><th colspan="2">번호</th><th>소개 종목</th><th>본적, 주소, 씨명, 생년월일</th><th>고용주, 포주, ○○자 주소, 직업, 씨명</th><th>계약기간</th><th>일(稼業) 또는 고용계약 또는 혼인 성립의 개요</th><th>동의 또는 승낙자 주소, 직업, 씨명, 연령, 피소개자와의 관계</th><th>비고</th></tr>
<tr><td colspan="2"></td><td></td><td rowspan="3"></td><td rowspan="3"></td><td>예)
다이쇼
연월일부터
다이쇼
연월일까지
몇 년 또는
몇 월간</td><td rowspan="3"></td><td rowspan="3"></td><td rowspan="3"></td></tr>
<tr><td>신청(申込) 연월일</td><td>종료 연월일</td><td>소개 수수료</td><td>전차용 금(金) 또는 급금(給金)</td></tr>
<tr><td></td><td></td><td>(예) 누구로부터
얼마 엔 얼마 급전
누구로부터
얼마 엔 얼마 급전
계
얼마 엔 얼마 급전</td><td></td></tr>
</table>

〈표〉 제2호 양식의 1

동산, 부동산(표지)

○ ○ ○ ○

다이쇼(大正) 년 월 일 조제(調製)

동산
부동산 소개부

부(府) 정(町)
군(郡) 면(面) 동리(洞里) 번지
소개업 누구(何) 아무개(某)

〈표〉 제2호 양식의 2

동산
부동산 소개부 (용지 미농 판금철)

<table>
<tr><th colspan="2">번호</th><th>소개 종목</th><th>본적, 주소, 씨명, 생년월일</th><th>○○○○ 주소, 직업, 씨명</th><th>토지가옥 소재지</th><th>토지가옥 종목 ○평○</th><th>영업 각 임대○액</th><th>매매대○ 성립의 개요</th><th>동의 또는 승낙자의 주소, 직업, 씨명, 연령, 피소개인과의 ○○</th><th>비고</th></tr>
<tr><td colspan="2"></td><td></td><td rowspan="3"></td><td rowspan="3"></td><td rowspan="3"></td><td rowspan="3"></td><td rowspan="3"></td><td rowspan="3"></td><td rowspan="3"></td><td rowspan="3"></td></tr>
<tr><td>신청 연월일</td><td>종료 연월일</td><td>소개 수수료</td></tr>
<tr><td></td><td></td><td>(예) 누구로부터
얼마 엔 얼마 급전
누구로부터
얼마 엔 얼마 급전
계
얼마 엔 얼마 급전</td></tr>
</table>

11. 소개영업 단속규칙(경상남도령)

1922년 9월 29일

도(道)령 제17호

제1조 본령에서 소개영업이라 칭함은 인사 일반의 사항 및 동산, 부동산의 매매 임대차와 관련해 소개 주선을 하는 영업을 말한다.

제2조 다음 각 호의 1에 해당하는 자는 소개영업을 할 수 없다.

一. 숙박업소, 요리옥, 음식점, 가시자시키, 예기오키야, 신용 고지(告知)업, 대서업을 하는 자

二. 금고 이상의 형에 처해져 그 집행을 마쳤거나 집행 면제를 받은 날로부터 2년이 경과하지 않은 자

三. 미성년자, 금치산자

四. 제17조에 의거하여 허가가 취소된 자로서 1년이 경과하지 않은 자

제3조 소개영업을 하고자 하는 자는 다음 각 호를 구비해 경찰서장의 허가를 받아야 한다. 제2호 내지 제4호의 사항을 변경하고자 할 때도 역시 동일하다.

一. 본적, 주소, 이름, 생년월일, 경력의 개요, 옥호가 있는 자는 그 명칭(법인인 경우는 그 명칭, 사무소 소재지, 대표자의 이름, 정관 사본 등)

二. 영업소

三. 영업의 종목과 방법

四. 수수료와 그 수수 방법

전 항의 허가를 내줄 때는 허가증(제1양식)을 교부한다.

본적, 주소, 이름 또는 옥호를 변경하였을 때는 5일 이내에 그 내용을 경찰서장에게 신고해야 한다.

제4조 경찰서장은 전 조 제4호의 수수료와 그 수수 방법을 정정하여 허가할 수 있다.

제5조 준금치산자, 아내의 신청에는 보좌인이나 남편의 연서가 필요하다. 단, 연서할 수 없는 경우는 동의 또는 승낙을 표하는 서류를 첨부해야 한다.

제6조 영업인이 관리자 또는 종업자를 사용하고자 할 때는 그의 본적, 주소, 이름, 생년월일,

경력의 개요를 구비하여 경찰서장의 허가를 받아야 한다.

전 항의 허가를 내줄 때는 허가증(제2양식)을 교부한다.

제7조 영업인, 관리자, 종업자는 그 업무 중 허가증을 휴대해야 한다.

제8조 영업인이 지점, 출장소를 설치하고자 할 때는 제3조에 준하여 경찰서장의 허가를 받아야 한다.

전 항의 지점, 출장소 등의 소재지가 본점 소재지와 경찰서의 관할을 달리하는 경우 그 원서는 본점 소재지의 경찰서장을 경유해야 한다.

제9조 제3조 또는 제6조에 의거한 허가증을 더럽혀 손상하거나 망실하였을 때는 사유를 구비해 5일 이내에 경찰서장에게 교환 또는 재교부를 출원해야 한다.

제10조 영업인은 그의 영업소, 지점, 출장소에 영업의 종목, 주소, 이름(옥호가 있는 경우 그 명칭)을 기재한 간판을 내걸어야 한다.

제11조 영업인은 영업소 내의 잘 보이는 곳에 다음 사항을 게시해야 한다.

一. 영업의 종목

二. 수수료와 그 수수 방법

三. 제16조의 각 호

제12조 영업인이 조합을 설치하고자 할 때는 규약을 만들어 조합원 명부와 함께 경찰서장의 인가를 받아야 한다. 규약을 변경할 때 역시 동일하다.

제13조 조합 임원의 선임 또는 변경이 있는 때에는 조합 대표자(대표자 이동의 경우는 신구 대표자 연서)가 5일 이내에 경찰서장에게 신고해야 한다.

제14조 영업인은 소개 원부(原簿)(제3양식)를 작성하여 사용 전에 경찰서장의 검인을 받고 소개 주선할 때마다 소정의 사항을 기재해야 한다.

전 항의 부책은 사용 후 3년이 경과하고 경찰서장의 승인을 거치지 않으면 폐기할 수 없다.

제15조 소개 원부는 경찰 관리 또는 이해 관계자의 요구가 있을 때에는 언제든지 열람을 거부할 수 없다.

제16조 영업인, 관리자, 종업자는 업무할 때 다음 각 호의 행위를 할 수 없다.

一. 과대, 허위의 언행이나 광고를 하거나 사실을 은닉 은폐하는 것

二. 소개, 주선을 요구하지 않는 자에 대하여 함부로 선동, 권유 등을 하는 것

三. 의뢰자의 의사에 반하는 소개, 주선을 하는 것

四. 소개, 주선을 요구하는 자의 유인자에 대하여 명의가 무엇인지를 불문하고 금원 또는 물품 등의 이익을 공여하는 것

五. 2인 이상의 경영인이 간여하는 경우와 기타 어떠한 명의를 갖든지를 불문하고 소개, 주선 사항 1건에 대하여 제3조, 제4조에 정해진 수수료를 초과하는 금액을 받는 것

六. 소개 또는 주선을 의뢰하는 자에 대하여 함부로 금원이나 물건의 수수, 대차, 예탁 등에 간여하는 것

七. 영업으로 알 수 있는 타인의 비밀을 누설하는 것

八. 영업소에 소개문 또는 주선을 의뢰하는 자를 숙박하게 하는 것

九. 다음에 해당하는 자를 소개, 주선하는 것

가. 법정대리인의 동의가 없는 미성년자, 금치산자

나. 보좌인의 동의가 없는 준금치산자

다. 남편의 승낙이 없는 아내(승낙을 얻을 수 없는 정당한 이유가 있는 자를 제외함)

라. 신원이 확실하지 않은 자

마. 신체가 허약해 업무가 어려운 자

十. 전 호의 가. 내지 라.에 해당하는 자의 동산, 부동산의 매매, 대차에 관련한 소개, 주선을 하는 것

제17조 다음의 각 호의 1에 해당할 때는 경찰서장은 영업 정지를 명하거나 허가를 취소할 수 있어야 한다.

一. 영업 허가가 이루어진 날로부터 3개월 이내에 개업하지 않거나 이유 없이 6개월 이상 휴업 상태에 있을 때

二. 이유 없이 소개, 주선의 신청에 응하지 않을 때

三. 공안을 해할 우려가 있을 때

四. 신청 신고 중에 허위로 기재하였을 때

五. 본령을 위반하였거나 업무 차원에서 부적당하다고 인정되었을 때

제18조 다음 각 호의 1에 해당할 때는 영업인 또는 그의 호주, 가족 또는 동거자(법인의 해산인 경우에는 그 대표자, 청산인, 파산관재인)가 허가증을 첨부해 5일 이내에 경찰서장에게 신고해야 한다.

一. 폐업 또는 지점, 출장소를 폐쇄하였을 때

二. 영업인이 사망하였거나 소재 불명 상태가 되었을 때

三. 준금치산자 또는 아내인 영업인이 보좌인이나 남편으로부터 동의, 승낙을 취소당했을 때

四. 관리자, 종업자가 사망하였거나 소재불명이 되었거나 또는 그 사용을 폐지하였을 때

영업을 휴지하였을 때는 그 일수를 구비해 5일 이내에 경찰서장에게 신고해야 한다. 단, 휴지 일수가 5일 이상에 이르는 때에는 미리 신고해야 한다.

제19조 다음 각 호의 1에 해당하는 자는 구류 또는 과료에 처한다.

一. 제3조, 제8조 제1항 또는 제12조의 규정에 위배하여 허가를 받지 않고 소개영업을 하거나 지점, 출장소나 조합을 설치한 자

二. 제6조 제1항의 규정에 위배하여 허가를 받지 않고 관리자나 종업자를 사용한 자

三. 제3조 제3항, 제7조, 제10조, 제11조, 제13조 내지 제16조 또는 제18조에 위배한 자

제20조 전 조의 벌칙은 관리자 종업자의 행위인 경우 영업인에게, 법인인 경우는 그 대표자에게 적용한다.

부칙

본령은 1922년 11월 1일부터 시행한다.

본령을 시행할 때 실제로 허가를 받아 제1조의 영업을 하는 자 중에서 제2조에 저촉하지 않는 자와 그가 사용하는 관리자, 종업자는 본령에 의거하여 허가를 받은 자로 간주한다. 단, 본 영업인은 5일 이내에 제3조 제1항 또는 제6조 제1항의 사항을 경찰서장에게 신고하여 허가증을 받아야 한다.

〈표〉 제1양식 용지 두꺼운 담황색 모조지

<table>
<tr><td rowspan="2">제　　　호

본적
주소
씨　　명
년　　월　　일생

/ / 소개영업 허가증
다이쇼(大正)　　년　　월　　일
/ / 경찰서 ㊞</td><td>영업소</td><td>영업 종목</td><td>수수료 및 수수 방법</td></tr>
<tr><td></td><td></td><td></td></tr>
</table>

(세로 2촌 5분)

(가로 4촌)

〈표〉 제2양식 용지 두꺼운 담황색 모조지

<table>
<tr><td rowspan="2">제　　　호

주소
씨　　명
년　　월　　일생

소개영업 관리(또는 종업)자의 증(證)

다이쇼(大正)　　년　　월　　일
/ / 경찰서 ㊞</td><td>영업소</td><td>영업 종목</td><td>영업인, 주소, 씨명</td></tr>
<tr><td></td><td></td><td></td></tr>
</table>

(세로 2촌 5분)

(가로 4촌)

〈표〉 제3양식 용지 미농지(1924. 2. 19. 보(保) 제 1050호)

<table>
<tr><td rowspan="7">의뢰</td><td>연월일</td><td>연월일</td><td colspan="8">의뢰자, 주소, 직업, 씨명, 생년월일</td></tr>
<tr><td rowspan="6">종별</td><td rowspan="2">인사</td><td>종류</td><td>의뢰별</td><td>법정대리인, 기타 동의 등의 개요</td><td colspan="5">법정대리인, 기타 주소, 씨명</td></tr>
<tr><td></td><td></td><td></td><td colspan="5"></td></tr>
<tr><td rowspan="2">동산</td><td>현금</td><td colspan="2">품명</td><td colspan="2">수량</td><td colspan="2">가격</td><td>매매대차등별</td></tr>
<tr><td></td><td colspan="2"></td><td colspan="2"></td><td colspan="2"></td><td></td></tr>
<tr><td rowspan="2">부동산</td><td>소재지</td><td>지번</td><td>지목</td><td>필(筆)수</td><td>평수</td><td>사정가격</td><td>시가</td><td>매매대차등별</td></tr>
<tr><td></td><td></td><td></td><td></td><td></td><td></td><td></td><td></td></tr>
<tr><td rowspan="6">소개</td><td colspan="2">연월일</td><td colspan="3">연월일</td><td>소개별</td><td colspan="4"></td></tr>
<tr><td colspan="2">소개처 주소, 직업, 씨명</td><td colspan="8"></td></tr>
<tr><td colspan="2" rowspan="3">의뢰자와 소개처의 계약 개요</td><td>인(人)</td><td colspan="2">사(事)</td><td></td><td colspan="4">물건</td></tr>
<tr><td>기간</td><td>급료</td><td>전차금</td><td>기타</td><td colspan="2">매매등의 가격</td><td colspan="2">기타 중요 사항</td></tr>
<tr><td>년 월 일부터
년 월 일까지</td><td></td><td></td><td></td><td colspan="2">일금</td><td colspan="2"></td></tr>
<tr><td colspan="2">수수료 및 그 수령방법</td><td colspan="2">일금 야내(也内)</td><td colspan="6">금 야(也) 의뢰자로부터 수령
금 야(也) 소개자로부터 수령</td></tr>
<tr><td>비고</td><td colspan="2">범례</td><td colspan="8">1. 의뢰 사항과 소개 사항이 다른 것이 있는 건은 그 사유 또는 의뢰를 받았지만 소개를 맡았던 사항은 비고란에 기재해 둘 것
2. 의뢰를 받은 자는 즉시 의뢰 사항을 기재하고 그 소개에 이르기까지의 경과 사항을 비고란에 기재해 둘 것</td></tr>
<tr><td colspan="11">소개 원부</td></tr>
</table>

12. 조선총독부 황해도령 제18호

소개영업 단속규칙을 다음과 같이 정한다.

1929년 10월 14일

황해도지사 박상준(朴相駿)

소개영업 단속규칙

제1조 본령에서 소개영업이라 칭함은 영업으로서 다음 행위를 하는 것을 말한다.

一. 예창기, 작부의 일 및 고용에 관한 소개

二. 부동산의 매매, 대차 또는 금전 대차에 관한 소개

제2조 소개영업을 하고자 하는 자는 다음 각 호를 구비해 관할 경찰서장에게 출원하여 허가를 받아야 한다. 제2호, 제5호의 사항을 변경하고자 할 때도 역시 동일하다.

一. 본적, 주소, 이름, 생년월일

二. 제1조 각 호의 별

三. 영업소

四. 옥호가 있을 때는 옥호

五. 수수료와 그 수령 방법

제3조 다음 각 호의 1에 해당하는 자는 소개영업자가 될 수 없다.

一. 제1조 제1호의 소개영업자는 약취 유괴 또는 외설 간음의 죄를, 제2호의 소개영업자는 문서위조, 인장위조, 강도, 절도, 사기, 횡령의 죄 또는 장물에 관련된 죄를 범하고 처벌되어 그 집행이 끝났거나 또는 면제받은 날로부터 3년을 경과하지 않은 자

二. 본령을 위반하여 허가 취소를 받은 지 2년을 경과하지 않은 자

제4조 소개영업자가 보조자를 고용하고자 할 때는 그의 본적, 주소, 이름, 생년월일을 기재하여 경찰서장에게 출원하고 허가를 받아야 한다.

전 항의 보조자에게는 제3조의 규정을 준용한다.

제5조 경찰서장은 다음 각 호의 1에 해당할 때는 소개영업을 정지하거나 허가를 취소할 수 있다.

一. 공안, 풍속을 해할 우려가 있다고 인정될 때

二. 허가를 받은 후 이유 없이 2개월 내에 개업하지 않거나 개업 후 이유 없이 계속해서 2개월 이상 휴업하였을 때

三. 제3조의 죄를 범했을 때

四. 부정행위가 있다고 인정될 때

제6조 소개영업자는 다음 각 호의 1에 해당할 때는 10일 내에 관할 경찰서장에게 신고해야 한다. 단, 제3호의 경우에는 상속인이 신고해야 한다.

一. 제2조 제1호, 제3호, 제4호의 사항을 변경하였을 때

二. 폐업 또는 10일 이상 휴업하였을 때

三. 영업자가 사망하였을 때

四. 보조자의 본적, 주소, 이름에 이동이 발생했거나 보조자를 해고하였을 때

제7조 소개영업자 또는 그와 동거하는 호주, 가족은 가시자시키, 요리옥, 예기오키야 등의 영업을 할 수 없다.

제8조 소개영업자는 다음 각 호의 1에 해당하는 자에 대하여 소개를 할 수 없다. 단, 경찰 관리의 승인을 받은 때는 이에 해당하지 않는다.

一. 신원이 상세하지 않은 자

二. 법정대리인의 동의가 없는 미성년자. 단, 민법 제6조의 경우는 이에 해당하지 않는다.

三. 보좌인의 동의 없는 준금치산자

四. 남편의 승낙이 없는 아내. 단, 민법 제15조 또는 제17조의 경우는 이에 해당하지 않는다.

제9조 소개영업자는 다음에 열거하는 행위를 하거나 또는 시킬 수 없다.

一. 당사자의 의사에 반하여 소개하는 것

二. 사기적 언행으로 소개하는 것

三. 당사자의 소지품을 수수료의 대가로 받는 것

四. 강요하여 소개하는 것

五. 명의가 무엇인지를 불문하고 허가를 받은 수수료 이외의 금품을 청구하는 것

제10조 소개영업자는 양식 제1호의 간판을 내걸어야 한다.

제11조 수수료 금액과 그 수령방법은 영업소의 잘 보이는 곳에 게시해야 한다.

제12조 제1조 제1호의 소개영업자는 양식 제2호와 같다. 동조 제2호의 소개영업자는 양식 제3호의 장부를 구비하여 관할 경찰서의 검인을 받고 그때마다 소요 사항을 기재해야 한다.

전 항의 장부는 기재가 끝난 날부터 3년간 보존해야 한다.

제13조 경찰 관리는 영업소를 현장조사하거나 영업용 장부를 검사할 수 있다.

제14조 경찰서장은 소개영업자에 대하여 단속 차원에서 필요한 명령을 내릴 수 있다.

제15조 영업자 조합을 설치하고자 할 때는 조합 규약을 만들어 관할 경찰서장의 인가를 받아야 한다. 그 규약을 변경하고자 할 때도 역시 동일하다.

전 항의 경우에 조합이 2개 이상의 경찰서 관할 구역에 걸쳐 있을 때에는 도지사의 인가

를 받아야 한다.

第16조 조합의 임원 선임이 있었을 때 또는 변경이 있었을 때에는 조합을 대표하는 임원은 10일 내에 전 조 제1항의 경우에는 경찰서장에게, 제2항의 경우에는 도지사에게 신고해야 한다.

第17조 조합의 설치를 인가한 도지사 또는 경찰서장은 조합에 대하여 조합의 규약 또는 임원의 변경, 조합의 해산, 기타 단속 차원에서 필요한 명령을 내릴 수 있다.

第18조 다음 각 호의 1에 해당하는 자는 구류 또는 과료에 처한다.

一. 제2조, 제4조, 제6조, 제8조 내지 제12조를 위반한 자

二. 제13조의 현장조사 또는 검사를 거부한 자

三. 제14조의 명령을 위반한 자

第19조 소개영업자는 그의 호주, 가족 또는 보조자가 그의 영업과 관련해 본령 또는 본령의 규정에 의거한 명령을 위반하였을 때는 자기 지휘에 나서지 않은 것이므로 처벌을 면할 수 없다.

부칙

第20조 본령은 1929년 11월 1일부터 시행한다.

第21조 본령 시행 전에 허가를 받고 실제로 소개영업, 고용인 소개업을 하는 자는 본령에 의거해 허가를 받은 자로 간주한다.

〈표〉 양식 제1호

목찰

어떤 어떤 소개업
주소
(옥호) **씨 명**

〈표〉 양식 제2호

<table>
<tr><th>소개 연월일</th><th colspan="2">종별</th><th>수수료금</th><th>비고</th></tr>
<tr><td></td><td colspan="2"></td><td></td><td rowspan="3"></td></tr>
<tr><td colspan="2">피소개인의 본적, 주소, 씨명, 생년월일</td><td colspan="2">포주 또는 고용주의 본적, 주소, 씨명, 생년월일</td></tr>
<tr><td colspan="2"></td><td colspan="2"></td></tr>
</table>

주의: 비고란에는 (1) 피소개인의 경력 개요, 고용의 소개에 걸린 기간 및 급료를 기재하는 것으로 함.
(2) 규칙 제8조 단서 사항이 있을 때에는 그 내용을 명기해 두는 것으로 함.

〈표〉 양식 제3호

<table>
<tr><th>소개 연월일</th><th>종별</th><th>금액</th><th>수수료금</th><th>비고</th></tr>
<tr><td></td><td></td><td></td><td></td><td rowspan="3"></td></tr>
<tr><td colspan="2">매도인(賣渡人), 채권자의 본적, 주소, 씨명, 생년월일</td><td colspan="2">매수인(買受人), 채무자의 본적, 주소, 씨명, 생년월일</td></tr>
<tr><td colspan="2"></td><td colspan="2"></td></tr>
</table>

주의: 비고란에는 규칙 제8조 단서 사항이 있을 때에는 그 내용을 명기해 두는 것으로 함.

소개영업 수수료 및 그 수수 방법 표준

<table>
<tr><th rowspan="2">종별</th><th rowspan="2">세별</th><th rowspan="2">수수료</th><th colspan="3">좌와 같은 부담</th><th rowspan="2">좌와 같은 수령 시기</th></tr>
<tr><th>피소개자</th><th>상대자(相手者)</th><th>적요</th></tr>
<tr><td rowspan="2">예기, 창기, 작부</td><td>전차금이 있는 자</td><td>전차금 3분에 금 10엔을 더한 액수 이내. 단 100엔을 넘지 말 것</td><td>4할</td><td rowspan="2">6할</td><td rowspan="2">상대방에게 6할 이상을 부담하게 할 수 있음</td><td rowspan="2">계약 성립 후</td></tr>
<tr><td>전차금이 없는 자</td><td>10엔 이내</td><td></td></tr>
<tr><td>고용</td><td>전차금이 없는 자</td><td>3엔 이내</td><td>5할</td><td>5할</td><td>피소개자에게 5할 이상을 부담시킬 수 있음</td><td>계약 성립 후</td></tr>
<tr><td rowspan="11">부동산 매매, 대차</td><td rowspan="4">매매</td><td>가격 1천 엔 미만 3푼 이내</td><td rowspan="11">5할</td><td rowspan="11">5할</td><td rowspan="11">당사자의 일방적 부담으로 할 수 있음</td><td rowspan="11">계약 성립 후. 단, 등기를 요하는 것은 그 수속 종료 후</td></tr>
<tr><td>가격 5천 엔 미만 2푼 5리 이내</td></tr>
<tr><td>가격 1만 엔 미만 2푼 이내</td></tr>
<tr><td>가격 1만 엔 이상 1푼 5리 이내</td></tr>
<tr><td rowspan="7">대차</td><td>임차료 월액 미만 금 1엔 이내</td></tr>
<tr><td>임차료 10엔 미만 금 1엔 50전 이내</td></tr>
<tr><td>임차료 20엔 미만 금 2엔 50전 이내</td></tr>
<tr><td>임차료 30엔 미만 금 3엔 이내</td></tr>
<tr><td>임차료 50엔 미만 금 4엔 이내</td></tr>
<tr><td>임차료 1백 엔 미만 금 6엔 이내</td></tr>
<tr><td>임차료 1백 엔 이상 6엔에 임대료 월액 백분의 2를 더한 액수 이내</td></tr>
</table>

금전대차	2백 엔 미만	임차금액의 4푼 이내	피소개자의 부담으로 함	계약 성립 후. 단, 등기를 요하는 것은 그 수속 종료 후
	5백 엔 미만	임차금액의 3푼 5리 이내		
	1천 엔 미만	임차금액의 3푼 이내		
	5천 엔 미만	임차금액의 2푼 5리 이내		
	1만 엔 미만	임차금액의 2푼 이내		
	1만 엔 이상	임차금액의 1푼 5리 이내		
여비	소개를 위해 주소지 이외에 출장하는 경우에는 미리 의뢰자의 승낙을 얻어 여비를 실비로 받을 수 있음			

13. 소개영업 단속규칙(평안남도령)

1923년 2월 10일

도령 제2호

소개영업 단속규칙

제1조 본칙에서 소개영업이라 칭함은 영업으로서 다음 행위를 하는 것을 말한다.

一. 예기(기생을 포함함. 이하 동일), 작부 또는 창기 일을 하는 자(稼業者)의 소개

二. 고용자의 소개

三. 구혼자의 소개

四. 토지, 가옥의 매매나 임대차의 소개

제2조 소개영업을 하고자 하는 자는 다음 각 호의 사항을 구비해 경찰서에 출원하여 허가를 받아야 한다. 제2호, 제5호의 사항을 변경하고자 할 때도 역시 동일하다.

一. 본적, 주소, 이름, 생년월일(법인인 경우는 그 명칭, 사무소 소재지, 대표자의 이름, 정관 등)

二. 영업의 종별

三. 영업소 위치

四. 옥호가 있는 경우 옥호

五. 수수료 금액과 수수료 수수 방법

제3조 본칙에 의거한 신청서에는 미성년자, 금치산자인 경우는 법정대리인, 준금치산자와 아내인 경우는 보좌인 또는 남편의 연서가 필요하다.

제4조 소개영업자는 예기, 작부, 창기의 소개와 기타 소개를 겸할 수 없다.

제5조 소개영업자가 영업 종사인을 고용하고자 할 때는 그의 본적, 주소, 이름, 생년월일을 기재해 관할 경찰서장에게 신고하여 인가를 받아야 한다.

제6조 경찰서장은 다음 각 호의 1에 해당할 때는 영업을 정지하거나 허가를 취소하거나 영업 종사인의 해고를 명령하는 일이 있어야 한다.

一. 영업 허가를 받은 후 이유 없이 3개월 이내에 개업하지 않거나 6개월 이상 휴업하였을 때

二. 본칙을 위반하였을 때

三. 행방불명이 되었을 때

四. 공안, 풍속을 해하거나 해할 우려가 있다고 인정될 때

제7조 영업자는 다음 각 호의 1에 해당할 때는 10일 이내에 관할 경찰서장에게 신고해야 한다.

一. 제2조 제1호, 제3호, 제4호의 사항을 변경하였을 때

二. 법정대리인, 보좌인, 남편의 이동 또는 그 이름에 변경이 있었을 때

三. 휴업 또는 폐업하였을 때

四. 영업 종사인을 해고하였을 때

영업자가 사망하거나 소재불명이 되었을 때는 상속인, 호주, 가족, 동거자 또는 법정대리인, 보좌인 또는 남편이 전 항의 신고를 해야 한다.

제8조 영업자는 다음 각 호의 1에 해당할 때는 소개를 할 수 없다.

一. 신원이 상세하지 않은 자

二. 법정대리인의 동의가 없는 미성년자

三. 보좌인의 동의가 없는 준금치산자(고용계약은 제외함)

四. 남편의 승낙이 없는 아내(남편이 승낙할 수 없는 정당한 이유가 있는 자는 제외함)

제9조 영업자는 다음에 열거한 행위를 하거나 시킬 수 없다.

一. 피소개인의 의사에 반하여 소개를 하는 것

二. 사기적 언행을 하는 것

三. 다른 곳에 고용되어 있거나 일을 하고 있는(稼業) 자를 권유해 다른 곳에 소개하는 것
四. 명의가 무엇인지를 불문하고 허가받은 수수료 이외의 금품을 청구하는 것
五. 피소개인의 소지품을 수수료나 기타 저당으로 받거나 매수 또는 매각, 저당 등의 주선을 하는 것(특별한 사정에 의해 경찰 관리의 승인을 받은 경우는 제외함)

제10조 영업자는 피소개인을 자택에 숙박하게 할 수 없다. 단, 특별한 사정에 의해 경찰 관리의 승인을 받은 때는 이에 해당하지 않는다.

제11조 영업자는 영업 종별과 옥호(옥호가 없는 경우 그 주소 이름)를 기재한 간판을 점포 앞에 내걸고 야간에는 표시등으로 이를 대신해야 한다. 단, 예기, 작부, 창기의 종별은 표기해서는 안 된다.

제12조 수수료 금액과 수수료 수수 방법은 영업소 내의 잘 보이는 장소에 게시해야 한다.

제13조 제1조 제1호 내지 제3호의 영업자는 제1호 양식 제4호의 영업자는 제2호 양식의 장부를 작성하고, 그 장수를 기재하여 사용 전에 관할 경찰서의 검인을 받은 후 소개가 있을 때마다 해당 사항을 기재해야 한다.

전 항의 장부는 해마다 작성하고 사용 후 3년간 보존해야 한다.

제14조 경찰 관리는 필요하다고 인정할 때는 영업소 또는 영업자의 주소에서 현장 조사하거나 영업용 장부를 검사할 수 있다.

제15조 영업자 조합을 설치하고자 할 때는 대표자를 정하고 조합원 명부와 조합 규약을 첨부하여 관할 경찰서장에게, 조합의 구역이 2개 이상의 경찰서 관할에 걸쳐 있을 때는 당청에 출원하여 인가를 받아야 한다. 조합 규약을 변경할 때 역시 동일하다

제16조 조합에서 임원을 정할 때는 조합을 설치 인가한 관청에 신고해야 한다. 이를 변경할 때도 역시 동일하다.

제17조 다음 각 호의 1에 해당하는 자는 구류 또는 과료에 처한다.

一. 제2조, 제5조, 제7조 내지 제13조의 규정을 위반한 자
二. 정지 중에 영업을 한 자
三. 제14조의 규정에 의거한 경찰 관리의 현장조사를 거부한 자

제18조 전 조의 벌칙은 법인인 경우는 그 대표자, 미성년자와 금치산자, 준금치산자인 경우는 그의 법정대리인 또는 보좌인에게 적용한다. 단, 미성년자는 민법 제16조 제1항의 경우 이에 해당하지 않는다.

제19조 영업상에 관해서는 호주, 가족, 동거자, 영업 종사인, 기타 사용인의 소행이라 할지라도 영업자는 그의 책임을 면할 수 없다.

부칙

본칙은 1923년 4월 1일부터 시행한다. 본령을 시행할 때 실제로 소개업을 하고 있는 자이면서 본령 시행일로부터 1개월 이내에 본칙 제2조, 제5조의 사항을 관할 경찰서에 신고한 때에는 본칙에 의거해 허가 또는 인가를 받은 자로 간주한다.

이상

제1호 양식, 제2호 양식은 생략한다.

14. 주선업 단속규칙(평안북도령)

1925년 8월 25일

도(道)령 제20호

제1조 본령에서 소개영업이라 칭함은 보수를 얻고 다음 사항을 경영하는 업을 말한다.

一. 예기, 작부 또는 창기 일(稼業)의 주선

二. 피고용자의 주선

三. 결혼의 주선

四. 토지, 건물의 매매 교환 또는 임대차의 주선

五. 소, 말의 매매 또는 교환의 주선

제2조 다음 각 호의 1에 해당하는 자는 주선업을 경영할 수 없다.

一. 숙박업소, 요리옥, 음식점, 가시자시키, 예기오키야, 신용 고지업, 또는 대서업을 하는 자

二. 외설, 간음 약취, 유괴 절도, 강도, 사기, 공갈, 횡령, 장물에 관련된 죄 또는 문서 인장 위조죄를 범한 후 형 집행이 끝났거나 면제를 받은 날부터 3년이 경과하지 않은 자

三. 미성년자, 금치산자, 준금치산자

四. 주선영업 허가의 최소를 받고 3년이 경과하지 않은 자

五. 전 각 호 외에 주선업을 함에 부적당하다고 인정되는 자

제3조 주선업을 경영하고자 하는 자는 다음 사항을 구비해 관할 경찰서장에게 출원하여 허가를 받아야 한다. 제2호나 제5호의 사항을 변경하고자 할 때도 역시 동일하다.

一. 본적, 주소, 이름, 생년월일(법인인 경우는 그 명칭, 사무소 소재지, 대표자의 이름, 정관 사본, 아내인 경우는 남편의 승낙서 또는 연서)

二. 영업 종목

三. 영업소의 위치

四. 옥호가 있는 경우 옥호

五. 주선료와 그 수수 방법

제4조 허가를 받은 자가 동일한 관내에서 추가로 점포를 설치한 때는 그 내용을 경찰서장에게 신고해야 한다.

제5조 주선업자는 다음에 열거한 경우에 5일 이내에 관할 경찰서장에게 신고해야 한다. 단, 휴업이 10일 이상에 이를 때는 미리 신고하고 폐업하는 경우는 허가증을 첨부해야 한다.

一. 개업, 휴업 또는 폐업

二. 영입자의 본적, 주소, 또는 이름의 변경

三. 옥호 또는 영업소의 변경

四. 종업자의 고용 또는 해고

주선업자가 사망하였거나 행방불명이 되었을 때는 상속인, 호주, 가족, 또는 동거자가, 법인이 해산하는 경우는 그 대표자 또는 정산인이 전 항의 신고를 해야 한다.

제6조 주선업자가 종업자를 고용하고자 할 때는 다음 사항을 구비하여 경찰서장의 인가를 받아야 한다.

一. 종업자의 본적, 주소, 이름, 연령

二. 종업자의 경력

제7조 주선업자는 다음에 열거하는 자의 주선을 할 수 없다.

一. 신원이 상세하지 않은 자

二. 친권자 또는 후견인의 승낙이 없는 미성년자

三. 남편의 승낙이 없는 아내(법률에서 남편의 승낙을 요하지 않는 경우는 제외함)

四. 보좌인의 동의가 없는 준금치산자

五. 금치산자

제8조 주선업자는 다음에 열거한 행위를 할 수 없다. 단, 제6호, 제7호는 특히 경찰관의 승낙을 받은 경우는 이에 해당하지 않는다.

一. 피주선인의 의사에 반하여 주선을 하는 것

二. 주선과 관련해 기망적 언행을 하는 것

三. 다른 곳에 고용되어 있거나 일을 하고 있는 중인 자를 선동 유혹하여 고용처를 그만두게 하거나 임의로 그만두는 것을 방해하거나 다른 곳에 주선하는 것

四. 명의가 무엇이든 불문하고 허가받은 주선료 이외에 금품을 청구하거나 받는 것

五. 업무 차원에서 알 수 있었던 비밀을 타에 누설하는 것

六. 자택에 피주선인을 숙박하게 하는 것

七. 피주선인의 소지물품을 주선료나 기타의 대가로 받거나 매각 또는 저당 등의 주선을 하는 것

八. 기타 업무를 이용해 부정한 행위를 하는 것

제9조 주선업자는 다음 각 호를 준수해야 한다.

一. 영업 종목과 그의 주소, 이름(옥호가 있는 경우 옥호)을 기재한 간판을 점포 앞에 내걸 것

二. 영업소의 잘 보이는 장소에 주선료를 게시할 것

제10조 주선업자는 인사에 대해서는 양식 제1호, 기타에 대해서는 양식 제2호의 부책에 취급한 사건을 그때그때 기재해야 한다.

전 항의 부책은 장수를 표기하여 사용하기 전에 관할 경찰서장의 검인을 받고 기재 종말일로부터 5년간 보존해야 한다.

보존 기간 중 부책을 훼손하거나 망실하였을 때는 5일 내에 그 사실을 경찰서장에게 신고해야 한다.

제11조 경찰관은 언제든지 영업소에 현장조사하고 영업상의 부책 또는 관계서류를 검열하고 필요하다고 인정될 때는 제출을 명령할 수 있다.

제12조 경찰서장은 단속상 필요하다고 인정할 때에 주선업자에 대하여 종업자의 사용을 금지 또는 제한하고 기타 필요한 명령을 할 수 있다.

제13조 본령 또는 본령에 기초해서 발하는 명령을 위반하거나 또는 공안을 해하고 풍속을 문

란하게 한 소행이 있은 때에 경찰서장은 그 영업을 제한하거나 영업을 금지 정지하거나 허가를 취소할 수 있다.

제14조 주선업자이면서 다음 각 호의 1에 해당할 때에는 허가의 효력을 상실한다.

一. 허가일로부터 3개월 내에 개업하지 않거나 6개월 이상 휴업하였을 때

二. 소재 불명 상태가 되었을 때

三. 금고 이상의 형에 처해졌을 때

제15조 주선업자 조합을 설치하고자 할 때는 대표자를 정하고 조합원 명부와 조합 규약을 첨부해 관할 경찰서장에게 출원하여 인가를 받아야 한다.

대표자나 규약을 변경하고자 할 때도 역시 동일하다.

제16조 조합에서 임원을 정할 때는 5일 이내에 관할 경찰서에 신고해야 한다. 이를 변경할 때도 역시 동일하다.

제17조 경찰서장은 단속 차원에서 필요하다고 인정할 때에 조합에 대하여 조합규약 또는 임원의 변경, 조합의 해산을 명령할 수 있다.

제18조 다음 각 호의 1에 해당하는 자는 50원 이하의 벌금 또는 구류, 과료에 처한다.

一. 장부에 허위 기재를 한 자

二. 제3조 내지 제10조를 위반한 사

三. 제11조의 현장조사(臨検), 검열을 거부한 자

四. 제12조의 처분을 위반하였거나 제13조의 정지 중에 영업을 한 자

제19조 전 항의 벌칙은 법인의 경우 그 대표자에게 적용한다.

제20조 주선업자는 호주, 가족 또는 종업자가 그 영업과 관련해 본령을 위반하였을 때는 자기 지휘에 나서지 않은 것이므로 처벌을 면할 수 없다.

부칙

본령은 공포일부터 시행한다.

본령을 시행할 때 실제로 주선업을 경영하는 자는 본령 제3호의 소정 사항을 구비하여 관할 경찰서장에게 신고해야 한다.

〈표〉 제1호 양식 용지 미농형

<table>
<tr><th>고용주
또는 포주</th><th>주소, 씨명,
직업</th><th>피주선자가
종사하는 업무</th><th>전차금 또는
급료액</th><th>계약 기한</th><th>주선 요금</th><th>주선
연월일</th><th>주선의
요령</th><th>비고</th></tr>
<tr><td colspan="2"></td><td></td><td></td><td></td><td></td><td rowspan="3"></td><td rowspan="3"></td><td rowspan="3"></td></tr>
<tr><td colspan="4">신청
연월일
피주선인
본적 주소
원적, 신분, 씨명, 연령</td><td colspan="2">승낙자의 주소,
씨명,
관계</td></tr>
<tr><td></td><td colspan="3"></td><td colspan="2"></td></tr>
</table>

〈표〉 제2호 양식 용지 미농형

<table>
<tr><th colspan="3">위탁자</th><th rowspan="2">동산, 부동산의 매매대차
교환가격 또는 금전대차 또는
채권 징수(取立)</th><th rowspan="2">주선 요금</th><th rowspan="2">사건 및 주선료에
관한 계약 개요</th><th rowspan="2">비고</th></tr>
<tr><th>주소</th><th>씨명</th><th>직업</th></tr>
<tr><td></td><td></td><td></td><td></td><td></td><td rowspan="3"></td><td rowspan="3"></td></tr>
<tr><td colspan="3">수탁
연월일

종료
연월일</td><td>피위탁자 주소,
씨명</td><td>취급자
씨명</td></tr>
<tr><td></td><td colspan="2"></td><td></td><td></td></tr>
</table>

주선업 단속규칙 시행의 건(평안북도)

1925년 9월 25일

평북 보(保) 4800

평안북도 경찰부장이 각 경찰서장에게 보냄

올해 8월 25일 자 도령 제20호를 통해 주선업 단속규칙이 공포(発布)된 것과 관련해 이를 취급하는 수속을 목하 심의 중에 있습니다. 다음 요령에 따라 취급해 주기 바라며 이를 통첩합니다.

- 기(記) -

一. 주선업 단속규칙(이하, 단순히 규칙이라 칭함) 제3조의 원서를 수리하였을 때는 다음 사항을 조사하여 허가 여부를 결정해야 한다.

가. 본적, 주소, 신분, 이름, 연령

나. 성행 내력과 규칙 제2조의 해당의 유무

나. 자산 신용의 정도

라. 영업소의 적합 여부

二. 주선업을 허가하는 때에는 양식 제1호의 허가증, 종업자를 인가하는 때에는 양식 제2호의 인가증을 교부해야 한다.

三. 규칙 제1조 제2항의 부책에 도장을 찍는 검인은 관서의 인을 사용해야 한다.

四. 경찰서장은 다음 각 호의 1에 해당하는 명령 또는 처분을 하고자 할 때는 그 사유를 구비하여 도지사에게 확인문의(経伺)[53]를 해야 한다.

가. 규칙 제12조 또는 제13조의 처분을 하고자 할 때

나. 규칙 제17조에 의거한 변경 또는 해산을 명령하고자 할 때

五. 경찰서에는 양식 제3호의 주선업자 대장을 구비하여 필요한 사항을 기재하고 정리해야 한다.

六. 삭제

---

53 経伺는 안건을 올려 확인하고 여쭈어 본다는 의미다.

ㄷ. 규칙 제1조 제1항 제5호의 허가에 대해서는 축산동업조합 축우 매매중개 규정에 의한 조합 및 중개인에 한한다.

본 규정의 중개인은 종업자로서 처리해야 한다.

〈표〉 양식 제1호 (모조지)

(契) 제 호				
	주소			
		씨	명	
		년	월	일생
주선업 허가증				
	다이쇼(大正)	년	월	일
누구누구 경찰서장 (인)				

(3촌)

(4촌)

〈표〉 양식 제2호(모조지)

(契) 제 호				
	주소			
		씨	명	
(주선업 누구 아무개)		년	월	일생
주선업 허가증				
	다이쇼(大正)	년	월	일
				누구누구 경찰서장 (인)

(3촌)

(4촌)

〈표〉 양식 제3호(용지 미농형)

영업종별	영업자		자산	주선료 및 수수 방법	비고
	본점	지점			
허가 연월일	원적, 주소, 씨명, 연령		옥호 또는 상호		

〈표〉 종업자 란(주의 양식 제3호 안)

고용인가 연월일	본적 주소	씨명	연령	적요

주선요금과 수수방법의 표준에 관한 건(평안북도)

1925년 11월 20일
평북 보(保) 5709

평안북도 경찰부장이 각 경찰서장에게 보냄

첫머리 제목(首題)의 건에 관하여 1925년 9월 25일 평북 보 제4800호 주선업 단속규칙 시행의 건 통첩 중에서 주선료와 수수 방법의 표준에 대해서는 별지와 같이 그 표준액을 정하니 지방 상황에 따라 해당 표준의 범위 내에서 처리하도록 통첩합니다.

추기, 올해 9월 25일 평북 보 제4800호 주선업 단속규칙의 건 통첩 중에서 제6호는 삭제하기 바랍니다.

〈별지〉 을호

주선료와 그 수수 방법 표준

〈표〉 1. 예기, 작부, 창기

수수요금		수수 요금 부담 비율			수수 요금 수수시기
		피주선업자	포주	비고	
전차금이 있는 자	전차금 5백 엔 미만은 백분의 5 이내	3분의 1	3분의 2	단, 포주에게 3분의 2 이상을 부담시킬 수 있음.	계약 성립 후
	전차금 천 엔 미만은 백분의 4.5 이내	3분의 1	3분의 2	위와 같음	계약 성립 후
	전차금 2천 엔 미만은 백분의 4 이내	3분의 1	3분의 2	위와 같음	계약 성립 후
	전차금 3천 엔 미만은 백분의 3.5 이내	3분의 1	3분의 2	위와 같음	계약 성립 후
	전차금 5천 엔 미만은 백분의 3이내	3분의 1	3분의 2	위와 같음	계약 성립 후
	전차금 5천 엔 이상은 백분의 2 이내	3분의 1	3분의 2	위와 같음	계약 성립 후
전차금 없는 자는 금 15엔 이내		3분의 1	3분의 2	위와 같음	계약 성립 후

15. 중개영업 단속규칙(강원도령)

제1조 본칙에서 중개영업이라 칭함은 영업으로서 다음 각 호에 해당하는 행위를 하는 것을 말한다.

一. 예기, 작부 또는 창기의 중개

二. 피고용자의 중개

三. 토지, 가옥 또는 임야의 매매 임대차의 중개

四. 소, 말 매매의 중개

제2조 중개영업을 하고자 하는 자는 다음 각 호의 사항을 구비해 관할 경찰서의 허가를 받아야 한다. 제2호 또는 제4호의 사항을 변경하고자 할 때도 역시 동일하다.

一. 본적, 주소, 이름, 생년월일

二. 영업의 종목

三. 영업소의 위치와 옥호

四. 수수료 금액과 수수료 수수 방법

제3조 중개영업자가 타인으로 하여금 그 업무에 종사하게 할 때는 그 본적, 주소, 직업, 이름, 생년월일을 구비하여 관할 결찰서장에게 허가를 받아야 한다.

제4조 중개영업자는 다음 각 호의 1에 해당하는 경우 10일 이내에 관할 경찰서장에게 신고해야 한다.

一. 제1조 제1호 또는 제3호의 사항에 이동이 발생했을 때

二. 휴업 또는 폐업하였을 때

三. 업무종사자가 사망하였거나 행방불명이 되었거나 이를 해고하였을 때

중개업자가 사망하거나 행방불명이 되었을 때는 그의 호주, 또는 동거하는 가족이 그 내용을 신고해야 한다.

제5조 중개영업자는 다음 각 호의 1에 해당하는 자의 의뢰에 의해 제1조 제3호 또는 제4호의 행위를 할 수 없다.

一. 신원이 상세하지 않은 자

二. 법정대리인의 동의가 없는 미성년자

三. 보좌인의 동의가 없는 준금치산자. 단, 고용 계약의 경우를 제외함

四. 남편의 승낙이 없는 아내

제6호 중개영업자는 다음에 열거하는 행위를 하거나 하도록 할 수 없다.

一. 피중개자의 의사에 반하여 중개하는 것

二. 중개에 관해 사기적 언행을 하는 것

三. 고용 중이거나 생업 중인 자를 권유하여 다른 곳에 중개하는 것

四. 명의가 무엇인지를 불문하고 허가받은 수수료 이외의 금품을 청구하는 것

제7조 경찰서장은 중개영업자가 다음 각 호의 1에 해당할 때는 영업을 정지하거나 그 허가를 취소할 수 있다.

一. 공안, 풍속을 문란하게 할 우려가 있다고 인정될 때

二. 본칙을 위반하고도 개전의 정이 없다고 인정될 때

三. 영업의 허가를 받은 후 이유 없이 3개월 이내에 개업하지 않거나 6개월 이상 휴업하였을 때

제8조 중개영업자는 별기 제1호 양식의 간판을 점포 앞에 게시해야 한다.

제9조 중개영업자는 수수료 금액과 수수료 수수 방법을 영업소의 잘 보이는 장소에 게시해야 한다.

제10조 제1조 제1호와 제3호의 중개영업자는 제2호 양식, 동조 제3호의 중개영업자는 제3호 양식, 동조 제4호의 중개영업자는 제4호 양식의 장부를 작성하여 관할 경찰서의 검인을 받아 중개할 때마다 필요한 기재를 해야 한다.

전 항의 장부는 3년간 보존해야 한다.

제11조 중개영업자가 조합을 설치하고자 할 때는 대표자를 정하고 조합원 명부와 조합 규약을 첨부해 관할 경찰서장의 인가를 받아야 한다. 대표자 또는 조합 규약을 변경하고자 할 때도 역시 동일하다. 전 항의 조합 지역이 두 개 이상의 경찰서 관할 구역 내에 걸쳐질 때는 주된 사무소를 관할하는 경찰서장의 인가를 받아야 한다.

제12조 중개영업자 조합에서 임원을 정한 때는 그 내용을 조합의 설치를 인가한 경찰서장에게 신고해야 한다. 이를 변경한 때도 역시 동일하다.

제13조 경찰서장은 중개영업자에 대하여 단속상 필요한 지시 명령을 할 수 있다.

제14조 경찰서장은 중개영업자 조합에 대하여 단속상 필요한 지시 명령을 하거나 그 임원의 개선(改選)을 명령하거나 조합 설립의 인가를 취소할 수 있다.

제15조 경찰관은 필요하다고 인정할 때는 중개영업자의 영업소 또는 중개영업자 조합의 사무소를 현장조사 하여 서류 장부를 검사하거나 중개영업자 또는 중개영업자 조합에 대하여 필요한 사항의 신고를 명령할 수 있다.

제16조 제2조 내지 제6조 제8조 내지 제12조를 위반한 자 또는 경찰관의 현장조사나 검사를 거부한 자, 또는 제7조의 처분에 따르지 않거나 제13조와 제15조에 의거한 경찰관의 지시 명령에 따르지 않은 자는 구류 또는 과료에 처한다.

제17조 중개영업자는 그의 업무에 종사하는 자의 행위에 대하여 자기 지휘에 나서지 않은 것이므로 처벌을 면할 수 없다.

부칙

본칙은 1924년 8월 1일부터 시행한다.

본칙을 시행할 때 실제로 중개영업을 경영하는 자는 본칙 시행일로부터 1개월 이내에 본칙이 정하는 수속을 밟아야 한다.

〈표〉 제1호 양식

누구 누구 중개영업		
옥호	씨	명

(7촌)

(3척)

〈표〉 제2호 양식

누구 누구 중개부

번호		중개 연월일	
의뢰자의 본적, 주소, 직업, 씨명			
업무명 및 취업 연월일			
계약기간			
전차용 금			
중개 수수료액			
고주(포주)와의 계약 요지			
동의자 또는 승낙자 또는 남편의 주소, 직업, 씨명 및 연령			
비고			

주의: 용지는 미농지로 함.

〈표〉 제3호 양식

토지, 가옥, 임야 매매대차 중개부

번호		중개 연월일	
의뢰자의 본적, 주소, 직업, 씨명			
매(대)주[賣(貸)主] 또는 매(차)주[買(借)主]의 주소, 씨명, 연령			
토지가옥의 소재지			
토지가옥과 종류 및 필■(筆■) 및 평수			
중개 수수료액			
비고			

주의: 용지는 미농지로 함.

〈표〉 제4호 양식

소, 말 매매 중개부

번호		중개 연월일	
의뢰자의 본적, 주소, 직업, 씨명			
매(대)주[賣(貸)主] 또는 매(차)주[買(借)主]의 주소, 씨명, 연령			
매매 임대차의 구별			
소, 말의 전소유자의 주소, 씨명			
소, 말의 연령, 형모, 기타 특징			
중개 수수료액			
비고			

주의: 용지는 미농지로 함.

16. 소개영업 단속규칙(함경남도령)

소개영업 단속규칙을 다음과 같이 정한다.

1924년 9월 10일 도령 제16호
조선총독부 함경남도지사 이규완(李圭完)

소개영업 단속규칙

제1조 소개영업이란 업으로서 다음 행위를 하는 것을 말한다.

一. 예기, 작부 또는 창기 일의 소개

二. 고용의 소개

三. 결혼의 소개

四. 토지, 건물의 매매 또는 임대차의 소개

五. 축우의 매매 또는 교환의 소개

제2조 소개영업을 하고자 하는 자는 다음 각 호의 사항을 구비해 관할 경찰서장에게 출원하여 허가를 받아야 한다. 제2호, 제5호의 사항을 변경하고자 할 때도 역시 동일하다.

一. 본적, 주소, 이름, 생년월일(법인인 경우는 그 명칭, 사무소 소재지, 대표자의 이름, 정관 사본)

二. 제1조에 따른 영업의 종별

三. 영업소의 위치

四. 옥호

五. 수수료 금액과 수수료 수수 방법

제3조 미성년자의 신청서류에는 법정대리인, 준금치산자, 아내인 경우는 보좌인 또는 남편의 연서가 필요하다.

제4조 영업자가 사용인을 고용하고자 할 때는 그의 본적, 주소, 이름, 생년월일을 3일 내에 관할 경찰서에 신고하고 인가를 받아야 한다.

제5조 영업자는 다음 각 호의 1에 해당할 때는 10일 내에 관할 경찰서에 신고해야 한다.

一. 제2조 제1호, 제3호, 제4호의 사항을 변경하였을 때

二. 제3조의 연서자에 이동이 있었을 때

三. 휴업이 1개월 이상에 이를 때나 폐업을 한 때

四. 사용인을 해고하였을 때

영업자가 사망하였거나 소재가 불명해졌을 때는 호주, 가족 또는 법정대리인, 보좌인, 또는 남편이 전 항의 신고를 해야 한다.

제6조 영업자는 피소개자가 다음 각 호의 1에 해당할 때는 소개할 수 없다.

一. 신원 불상자

二. 법정대리인의 동의가 없는 미성년자

三. 보좌인의 동의가 없는 준금치산자(고용계약은 제외함)

四. 남편의 승낙이 없는 아내(남편의 승낙을 얻을 수 없는 정당한 사유가 있는 자는 제외함)

제7조 영업자는 다음에 열거하는 행위를 하거나 시킬 수 없다. 단, 제5호와 제6호의 사항에 대하여 경찰 관리의 승인을 얻은 경우는 이에 해당하지 않는다.

一. 피소개자의 의사에 반하여 소개를 하는 것

二. 사기적 언행을 하는 것

三. 현재 고용되어 있거나 일을 하고 있는 중인 자를 권유하여 다른 곳에 소개하는 것

四. 명의가 무엇이든 불문하고 허가받은 수수료 이외의 금품을 청구하는 것

五. 피소개자의 소지물품을 수수료나 기타의 대가로 받거나 매입하거나 매각 또는 저당 등의 주선을 하는 것

六. 피소개자를 자택에 숙박하게 하는 것

제8조 영업자는 제1호 양식의 간판을 점포 앞에 내걸어야 한다.

제9조 영업자는 수수료 금액과 수수료 수수 방법을 영업소의 잘 보이는 장소에 게시해야 한다.

제10조 경찰서장은 다음 각 호의 1에 해당할 때는 영업을 정지하거나 허가를 취소 또는 사용인의 해고를 명령하는 일이 있어야 한다.

一. 영업의 허가를 받은 후 이유 없이 3개월 내에 개업하지 않거나 6개월 이상 휴업하였을 때

二. 행방불명 상태가 되었을 때

三. 공안 풍속을 해할 우려가 있다고 인정되었을 때

제11조 제1조 제1호 내지 제3호의 영업자는 제2호 양식, 제4호의 영업자는 제3호 양식, 제5호

의 영업자는 제4호 양식의 장부를 작성하여 관할 경찰서의 검인을 받고 소개할 때마다 기재해야 한다.

전 항의 장부는 사용 후 3년간 보존해야 한다.

제12조 영업자가 조합을 설치하고자 할 때는 대표자를 정하고 조합원 명부와 조합 규약을 첨부해 관할 경찰서장에게, 조합의 구역이 2개 이상의 경찰서 관할에 관련될 때는 도지사에게 출원하여 인가를 받아야 한다. 조합 규약을 변경하고자 할 때도 역시 동일하다.

제13조 조합에서 임원을 정할 때는 조합의 설치를 인가한 관청에 신고해야 한다. 이를 변경할 때도 역시 동일하다.

제14조 경찰 관리는 필요하다고 인정할 때에 영업소를 현장조사 하거나 영업용 장부를 검사할 수 있다.

제15조 다음 각 호의 1에 해당하는 자는 구류 또는 과료에 처한다.

一. 제2조, 제4조 내지 제9조와 제11조를 위반한 자

二. 제10조에 의거한 영업정지 기간 중에 소개 행위를 한 자

三. 제14조에 의거한 현장조사 또는 검사를 거부한 자

제16조 영업상에 관해서는 호주, 가족, 기타 사용인의 소행이라 할지라도 영업자가 그 책임을 맡는다.

부칙

제17조 본령은 1924년 9월 1일부터 시행한다.

제18조 본령을 시행할 때 실제로 소개영업을 하는 자이면서 본령 시행일로부터 1개월 이내에 본령 제2조와 제4조의 사항을 관할 경찰서에 신고한 때는 본령에 의해 허가 또는 인가를 받은 자로 간주한다.

〈표〉 제1호 양식

(제1조에 따라 영업 종별을 기입할 것)				
	군	면	리	번지
옥호(屋號)		씨	명	

사용 재료　목제

(세로 2척 5촌)

(가로 7촌)

〈표〉 제2호 양식

인사 소개부				
번호		제　호	소개　년　월　일	다이쇼(大正)　년　월　일
피소개인	본적 주소 씨명 생년월일			
상대방	주소 직업 씨명			
소개된 종별			취업 또는 소개 성립　년　월　일	다이쇼　년　월　일
피소개자와 상대방의 계약 요지				
고용 또는 피고용 계약 기간				
전차금액 또는 지급액				
당 업자 단속 수수료액				
동의 또는 승낙자의 주소, 직업, 씨명과 그 연령				
비고				

〈표〉 제3호 양식

토지건물 소개부				
번호		제 호	소개 년 월 일	다이쇼(大正) 년 월 일
피소개인	본적 주소 씨명 생년월일			
상대방	주소 직업 씨명			
토지건물 소재지 종류와 그 평수 및 가격				
매매대차 구분과 계약 성립의 개요				
영업자 취득 수수료액				
동의 또는 승낙자의 주소, 직업, 씨명과 그 연령				
비고				

〈표〉 제4호 양식

축우 매매교환 소개부				
번호		제 호	소개 년 월 일	다이쇼(大正) 년 월 일
피소개인	본적 주소 씨명 생년월일			
상대방	주소 직업 씨명			
축우 암수별 연령 및 털색				
매매가격, 교환조건, 기타계약, 성립의 개요				
영업자 취득 수수료				
동의 또는 승낙자의 주소, 직업, 씨명과 그 연령				
비고				

17. 소개영업 단속규칙(함경북도령)

소개영업 단속규칙을 다음과 같이 정한다.

1923년 12월 26일

도령 제10호

조선총독부 함경북도지사 나카노 다사부로(中野太三郎)

소개영업 단속규칙

제1조 본령에서 소개영업이라 칭함은 영리를 목적으로 업으로서 다음 행위를 하는 것을 말한다.

一. 예기(기생을 포함함. 이하 동일), 작부 또는 창기 생업자(稼業者)의 소개

二. 고용자의 소개

三. 토지, 건물, 유가증권의 매매, 대차 또는 금전대차의 소개

제2조 소개영업을 하고자 하는 자는 다음 각 호의 사항을 구비해 관할 경찰서장에게 출원하여 허가를 받아야 한다. 제2호, 제5호의 사항을 변경하고자 할 때도 역시 동일하다.

一. 본적, 주소, 이름, 생년월일(법인인 경우는 그 명칭, 사무소 소재지, 대표자의 이름, 정관 사본)

二. 영업의 종류

三. 영업소의 위치

四. 옥호가 있는 경우는 옥호

五. 수수료 금액과 수수료 수수 방법

제3조 본령에 의거한 출원서에는 미성년자, 금치산자인 경우에는 법정대리인, 준금치산자, 아내인 경우는 보좌인 또는 남편의 연서가 필요하다.

제4조 예기, 작부, 창기, 고용자의 소개업자는 숙박업소, 요리옥, 음식점, 가시자시키, 예기오키야, 또는 기타의 소개업을 겸할 수 없다.

제5조 소개영업자는 영업 종사인을 고용하고자 할 때는 그의 본적, 주소, 이름, 생년월일을 구비하여 관할 경찰서에 출원하여 인가를 받아야 한다.

제6조 경찰서장은 다음 각 호의 1에 해당할 때는 그 영업을 정지하거나 허가를 취소 또는 영업 종사인의 해고를 명령하는 일이 있어야 한다.

一. 영업 허가를 받은 후 3개월 이내에 개업하지 않거나 6개월 이상 휴업하였을 때

二. 본령을 위반하였을 때

三. 경영자가 행방불명이 되었을 때

四. 공안, 풍속을 해하거나 해할 우려가 있다고 인정될 때

제7조 소개영업자는 다음 각 호의 1에 해당할 때는 10일 이내에 관할 경찰서장에게 신고해야 한다.

一. 제2조 제1호, 제3호, 제4호의 사항을 변경하였을 때

二. 법정대리인, 보좌인, 남편의 이동 또는 이름에 변경이 있었을 때

三. 휴업 또는 폐업하였을 때

四. 영업 종사인을 해고하였을 때

영업자가 사망하였거나 소재가 불명해졌을 때는 상속인 호주, 가족 또는 법정대리인, 보좌인, 또는 남편이 전 항의 신고를 해야 한다.

제8조 소개영업자는 피소개자가 다음 각 호의 1에 해당할 때는 소개를 할 수 없다.

一. 신원이 상세하시 않은 사

二. 법정대리인의 동의가 없는 미성년자

三. 보좌인의 동의가 없는 준금치산자(고용계약은 제외함)

四. 남편의 승낙이 없는 아내(남편의 승낙을 얻을 수 없는 정당한 이유가 있는자는 제외함)

제9조 소개영업자는 다음에 열거하는 행위를 하거나 시킬 수 없다.

一. 피소개자의 의사에 반하여 소개를 하는 것

二. 광고, 게시, 기타 방법이 어떠한지를 불문하고 사실을 속여 예기, 작부, 창기, 고용인이 될 것을 권유하는 것

三. 거리(街路), 공원 및 선차 발착, 기타 공중집회의 장소 등에서 예기, 작부, 창기, 고용인이 될 것을 권유하는 것

四. 고용되어 있거나 또는 일을 하고 있는 중인 자를 권유하여 다른 곳에 소개하는 것

五. 명의가 무엇이든 불문하고 허가받은 수수료 이외에 금품 증여를 받거나 청구하는 것

六. 계약 확정 전에 수수료를 영수하는 것

七. 피소개인의 소지품을 수수료나 기타의 대가로 받거나 매입하거나 매각 또는 저당 등의 주선을 하는 것(특별한 사정에 의해 경찰 관리의 승인을 받은 경우는 이에 해당하지 않음)

제10조 소개영업자는 피소개인을 자택에 숙박하게 할 수 없다. 단, 특별한 사정에 의해 경찰 관리의 승인을 받은 때는 이에 해당하지 않는다.

제11조 소개영업자는 피소개인을 원격지로부터 동반하여 그의 여비 등을 대신해서 임시 지불하는 경우는 매일 지출액을 명기한 계산서를 작성하여 각 한 통씩 소지할 것

제12조 소개영업자는 영업 종별과 옥호(옥호가 없는 경우 그 주소, 이름)를 기재한 간판을 점포 앞에 게시하고 야간에는 표시등으로 이를 대신해야 한다. 단, 예기, 작부, 창기의 종별은 이를 표기해서는 안 된다.

제13조 수수료 금액과 수수료 수수 방법은 영업소의 잘 보이는 장소에 게시해야 한다.

제14조 제1조 제1호 내지 제3호의 영업자는 제1호 양식, 제4호의 영업자는 제2호 양식의 장부를 작성하고 그 장수를 기재하여 사용 전에 관할 경찰서의 검인을 받은 후 소개할 때마다 해당 사항을 기재해야 한다.

전 항의 장부는 해마다 작성하고 사용 후 3년간 보존해야 한다.

제15조 경찰서장은 필요하다고 인정할 때는 영업소 또는 영업자의 주소를 현장조사 하거나 영업용 장부를 검사할 수 있다.

제16조 소개영업자 조합을 설치하고자 할 때는 대표자를 정하고 조합원 명부와 조합 규약을 첨부해 관할 경찰서장에게, 조합이 2개 이상의 경찰서 관할에 걸쳐 있을 때는 도지사에게 출원하여 인가를 받아야 한다. 조합 규약을 변경하고자 할 때도 역시 동일하다.

제17조 조합에서 임원을 정할 때는 조합의 설치를 인가한 관서에 신고해야 한다. 이를 변경할 때도 역시 동일하다.

제18조 다음 각 호의 1에 해당할 때는 구류 또는 과료에 처한다.

一. 제2조 제5호, 제7조 내지 제14조를 위반하였거나 제6조 제1항 말단의 처분을 위반한 자

二. 정지 중에 영업을 한 자

三. 제15조의 규정에 의한 경찰 관리의 현장조사를 거부한 자

제19조 전 조의 벌칙은 법인인 경우는 그 대표자가 미성년자, 금치산자, 준금치산자인 경우는 그 법정대리인 또는 보좌인에게 적용한다. 단, 미성년자는 민법 제6조 제1항인 경우 이

에 해당하지 않는다.

제20조 영업상에 관해서는 호주 가족, 동거자, 영업 종사인, 기타의 사용인의 행위라 할지라도 영업자는 그 책임을 면할 수 없다.

부칙

제21조 본령은 공포일부터 시행한다.

제22조 본령을 시행할 때 허가를 받고 실제로 영업을 하고 있는 자는 본령 시행일로부터 30일 이내에 제2조의 사항을 관할 경찰서에 신고한 때는 본령에 의해 허가를 받은 자로 간주한다.

〈표〉 제1호 양식

인사소개부			
번호		**중개 연월일**	
의뢰자의 본적, 주소, 직업, 씨명			
고용주, 포주, 배우자의 주소, 직업, 씨명			
일 또는 고용계약 또는 혼인 성립 연월일			
계약기간			
전차금 또는 지급금 수당액			
일 또는 고용계약 또는 혼인 성립 개요			
동의 또는 승낙자의 주소, 직업, 씨명, 연령			
수고비액			
비고			

〈표〉 제2호 양식

토지, 가옥 매매대차 및 금전대차 소개부			
번호		중개 연월일	
본적, 주소, 직업, 씨명, 생년월일			
매매대차주의 주소, 직업, 씨명			
토지, 가옥에 대해서는 그 평수, 금전에 대해서는 그 액수			
토지, 가옥의 소재지			
매매임대차의 구별			
수고비액			
매매대차의 성립 개요			
동의 또는 승낙자의 주소, 직업, 씨명, 연령			
비고			

조선총독부 함경북도 내훈 제5호

경찰서장

소개영업 단속규칙 취급 수속을 다음과 같이 정한다.

1924년 1월 16일

조선총독부 함경북도지사 나카노 다사부로(中野太三郎)

소개영업 단속규칙 취급 수속

제1조 소개영업 단속규칙(이하, 규칙이라 칭함) 제2조의 원서를 수리한 때에는 출원자와 그 법정대리인 또는 보좌인 또는 남편에 관한 다음 사항을 조사한 후 허가 여부를 결정해야 한다.

一. 종전의 직업, 소행의 좋고 나쁨(良否), 전과의 유무와 직업상의 적부

二. 공안 또는 풍속을 해하거나 타인의 명의를 빌렸을 우려가 없는지

三. 수수료액과 그 수수 방법의 적부

제2조 다음 각 호의 1에 해당하는 자에게는 영업을 허가해서는 안 된다. 단, 정상(情状)에 따라 특히 참작할 수 있다.

一. 공안, 풍속을 해하거나 타인의 명의를 빌렸을 우려가 있거나 도는 영업상 부적당하다고 인정되는 자

二. 강도, 절도, 사기, 공갈, 횡령, 약취, 유괴, 외설, 간음, 도박, 부첨(富籤) 및 장물에 관한 죄로 처벌을 받아 형기를 만료한 후 1개년이 경과하지 않은 자

三. 전 호에 해당하는 자와 동거하거나 재산이 공통인 자

四. 신문, 잡지, 통신사의 경영자와 그 기자, 변호사, 신용 고지(告知)업, 대서업 및 토지측량업을 하는 자

五. 단속규칙 제4조에 열거한 영업자와 전 호에 열거한 업무자와 동일 가옥 내에서 영업하고자 하는 자

제3조 규칙 제5조의 원서를 수리한 때에는 종사인에 관해 제1조 제1호, 제2호의 사실을 조사하고 이를 처리해야 한다. 영업 종사인은 제2조 각 호의 1에 해당하는 자인 경우는 인가해서는 안 된다.

제4조 영업자는 피소개자의 전차금, 급료, 또는 그가 받아야 할 보수 또는 토지, 가옥의 매매가격, 또는 임대액의 취급을 하는 것을 방해해서도 현금의 수수에 관계해서는 안 된다.

제5조 규칙 제10조, 단 글에 따라 숙박에 관해서는 미리 그 본적, 주소, 직업, 이름, 연령을 기재한 신청서를 제출하게 하고 공안 또는 풍속을 해할 우려가 없다고 인정될 때에 한해 이를 승인해야 한다.

숙박료는 지역 상황에 따라 하루 낮밤 1엔 이내에서 승인해야 한다.

제6조 규칙 제14조에 의해 장부에 검인을 청하는 자가 있을 때는 이를 검사하고 장수를 기재한 부분에 서인(署印)을 받아 이를 교부해야 한다.

제7조 다음 사항에 대하여 처분하고자 할 때는 그 사정을 구비하여 확인 문의(経伺)해야 한다.

一. 규칙 제6조에 의해 영업을 정지하거나 그 허가를 취소하고자 할 때

二. 규칙 제16조 전단의 조합 또는 규약을 인가하고자 할 때

제8조 규칙 제16조 후단의 원서를 수리한 때에는 의견을 달아 상부에 올려야 한다(進達). 전 항의 원서는 사무소를 관할하는 경찰서를 경유해야 한다. 이 경우에는 관계 경찰서에 협의하여 그 의견을 함께 상세히 아뢰어야(具申) 한다.

제9조 규칙 제6조에 의해 영업인의 해고를 명한 때에는 그 내용을 보고해야 한다.

제10조 경찰서에는 별기 양식의 영업 대장을 구비하고 필요한 사항을 기재해 두어야 한다.

〈표〉 양식 소개업 대장

<table>
<tr><td>번호</td><td></td><td>허가</td><td>연월일</td><td>본적</td><td></td><td rowspan="2">씨명, 생년월일</td><td rowspan="2"></td></tr>
<tr><td rowspan="2">업(業) 명</td><td rowspan="2"></td><td>겸업</td><td>연월일</td><td>주소</td><td></td></tr>
<tr><td>허가
취소</td><td>연월일</td><td>영업소</td><td colspan="3"></td></tr>
<tr><td>수고비액 및 접수방법</td><td colspan="7"></td></tr>
<tr><td>비고</td><td colspan="7"></td></tr>
<tr><td colspan="8">종사인</td></tr>
<tr><td>허가</td><td colspan="2"></td><td colspan="2">본적</td><td colspan="3"></td></tr>
<tr><td>해고</td><td colspan="2"></td><td colspan="2">주소</td><td colspan="3"></td></tr>
<tr><td>비고</td><td colspan="7"></td></tr>
<tr><td colspan="8">주의: 1. 폐업 허가 취소 및 종사인의 해고 월일은 붉은 글씨로 할 것
2. 단속규칙 위반에 따라 처분될 때에는 비고란에 그 언도(言渡) 연월일 및 형벌명, 형기 또는 금액을 기재할 것</td></tr>
</table>

29. 동양 부인아동매매 실지조사위원회 질문에 대한 회답(타이완 부분)(1931)

동양 부인아동매매 실지조사위원회 질문에 대한 회답(타이완 부분)[54]

Ⅰ. 일반 질문

(1) 포모사(Formosa)는 다른 일본의 식민지와 마찬가지로, 부도덕한 목적, 특히 성매매를 위한 여성과 아동의 매매 금지와 관련하여 국제조약에 아직 서명하지 않았다. 이러한 이유로 타이완에 관한 한, 이 문제에 관하여 아직 국제연맹으로부터 받은 정보가 전혀 없다. 그러나 타이완에는 해외에서 이 섬에 들어오거나, 또는 이 섬에서 해외로, 혹은 이 섬을 거쳐 가는 부도덕한 목적, 특히 성매매를 목적으로 하는 여성과 아동 매매 경우는 전혀 발생하지 않았다. 따라서 타이완으로서는 이미 국제연맹에 제출한 정보 이외에 특별히 보완해야 할 특수 자료는 없다.[55]

(2) 현재 타이완에는 게이샤(노래하는 소녀들)[56] 또는 샤쿠후(웨이트리스)[shakufu(waitresses)][57]에 종사하는 외국 여성(지나인)이 14명 있다. 특별히 (3)절을 참고하기 바란다.

---

54 한국 국가기록원에 소장돼 있는 문서, 동양 부인아동매매 실지조사위원회 질문에 대한 회답(조선 부분)(이 자료집의 I -28) 끝부분에 영어 문서로 별책 첨부되어 있다. 조선총독부 외사과가 참고 삼아 가지고 있던 문서로 보인다. 이 자료의 일어본은 일본 아시아역사자료센터에 소장되어 있다(B04122143400, 「東洋ニオケル婦人兒童買賣實地調査委員質問ノ對スル回答(臺灣ノ分)」, 『国際連盟婦人児童問題一件 : 東洋ニ於ケル婦女売買実施調査ノ件 第二巻』). 이에 따르면 이 문서는 척무차관 호리키리 젠지로가 외무차관 나가이 마쓰조(永井松三)에게 보내는 것(1931.1.29. 관(管)1 제783호)으로, 1930년 10월 31일 자 조(條)3 기밀합 제3436호로 조회하신 건에 관계하여 타이완에 관한 회답서를 작성하여 이번에 푸저우 제국총영사에게(타이완총독부 경유) 송부한다고 알리는 것이다. 이 자료집에서는 조선총독부 소장자료인 영어본을 기초로 번역한다. 다만, 일어본과 대조하여 고유명사는 일어본을 참고하고, 용어 등은 각주로 표기하여 영어 번역본과 비교 검토가 가능하도록 한다.

55 영어본에는 없고 일어본에서 추가 확인되는 부분.

56 [일어본] 예기.

57 [일어본] 작부.

중국 샤먼(Amoy)에 성매매의 수치스러운 직업[58]에 종사하는 타이완 여성이 약 170명 있다고 한다. 그러나 이들이 부도덕한 목적을 위해 바다를 건너 그 항구로 왔는지는 명확하지 않다.

(3) 자발적 의지로 부도덕한 목적을 위해 타이완을 왔거나 떠났거나 거쳐 갔거나, 아니면 직접적으로나 간접적으로 강압이나 속임수에 의해 그렇게 하도록 꼬임 받은 여성이나 아동의 사례는 지금까지 전혀 발생하지 않았다. 따라서 이 문제와 관련하여 유용한 통계는 전혀 없다. 그러나 중국 국적의 여성 14명이 본인의 자유의사에 따라 게이샤(노래하는 소녀들) 또는 작부(웨이트리스)로 종사하고 있다. 이들은 레스토랑[59]에 거주하거나 본인 집에서 초대를 받으면 바로 레스토랑으로 온다. 이 여성들 가운데 9명은 이 섬에서 태어나 자랐기 때문에 원주민이나 마찬가지다. 나머지 5명은 모두 지나인 노동자의 가족으로 이 섬에 왔으나, 도착 후 생계가 어려워 본인의 자유의사에 따라 게이샤나 작부 일(the trade)[60]을 했다. 타인에게 매매되어 이 섬에 오게 된 자는 아무도 없다(표 9번 참조).

(4) 여성과 아동의 매매단속에 관한 법령, 행정명령, 규정 등은 별지에 첨부된 바와 같다.

(5) 타이완으로 왔거나 타이완 출신인 여성과 아동에 대한 부도덕한 목적의 매매 사례는 실제로 전혀 발생한 적이 없었기 때문에, 지난 5년간 질문 (4)에서 언급한 법적 조치들이 적용된 적은 전혀 없었다. 그러나 이는 앞서 언급했던 대로 강력한 법적 조치로 인해 여성과 아동의 인신매매에 대해 실시한 매우 엄격한 단속에 따른 것이라고 할 수도 있기 때문에, 이러한 법적 조치의 효과가 매우 탁월했다고 생각할 수 있다.

(6) 타이완에는 외국인 성매매 여성[61]의 수요가 없다.

(7) [다다오 야마모토(Tadao Yamamoto)[62] 대장의 명령에 따른] 타이완 구세군 파견을 제외하고, 타이완은 여성과 아동의 매매 방지 문제에 관심을 갖는 기관이나 유명 인사가 없다. 구세군의 타이완 파견은 구세군이 1928년 8월에야 설립되었고 주목받은 지 얼마 안 되었기 때문에, 지금까지는 일반적으로 종교 업무에 활동이 국한된 것으로 보이며, 앞서 언급한 문제에 관하여 특별히 언급할 만한 일은 없었다.

---

58 [일어본] 성매매의 수치스러운 직업은 추업(醜業)으로 표기.

59 [일어본] 요리옥.

60 [일어본] 생업(稼業).

61 [일어본] 외국인 추업부.

62 야마모토 타다오(山本忠雄).

(8) 이미 말했듯, 실제로 타이완에서 발생한 여성과 아동의 국제매매 사례는 전혀 없기 때문에, 타이완 정부는 이 국제적인 폐해와 싸울 계획이 전혀 없다. 당국의 생각으로는, 지금 제기된 이 문제의 단속이라는 목적은 이 사안의 단속에 책임이 있는 경찰이 기능을 다 한다면 온전히 성취될 것이다. 이렇게 하는 것이 더 철저하게 단속의 목적을 이룰 수 있을 뿐만 아니라, 더욱 효율적이기도 하다.

Ⅱ. 세부 항목 질문

A. 행정 및 법에 관한 질문

(1) 실제로 여성과 아동의 매매 사례는 발생한 적 없으며 타이완에서 매매업자도 발견되지 않았다. 따라서 이 항목에 포함된 문제와 관련하여 어떤 정보도 제공할 수 없다.

(2) 타이완에서 운영하는 매매업자의 국내 조직이나 국제 조직이 발견되지 않았다. 따라서 이 항목에 포함된 문제와 관련하여 어떤 정보도 제공할 수 없다.

(3) 타이완에 부도덕한 목적으로 입국했거나 출국한 여성이나 아동은 전혀 없다. 따라서 이 섬에는 그러한 여성과 아동이 비밀리에 입국하거나 출국한 장소가 없으며, 이들의 이동 경로나 난계에 대해 언급할 만한 것이 없다.

(4) 이미 말한 대로, 실제로 여성과 아동의 국제 매매 사례가 지난 5년간 타이완에서 발생한 적이 없다. 따라서 이 항목과 관련하여 언급할 만한 것이 없다.

(5) 아래에 언급된 통계표를 첨부한다. 외국인의 타이완 도착과 출발, 일본 국적 개인의 타이완 출발과 해외 도착을 나이와 성별과 함께 나타낸다.

(a) 표 1.은 이 섬에 입국하여 정착한 외국인들의 나이와 성별을 나타낸다.

표 2.는 이 섬에서 출국하여 각자의 본국으로 출발한 외국인의 나이와 성별을 나타낸다.

표 3.은 이 섬에서 출국하여 해외로 출발한 일본 국적 개인의 나이와 성별을 나타낸다.

표 4.는 이 섬에 입국했거나 이 섬에서 출국한 중국인 수를 나타낸다.

표 5.는 직업에 따라 분류한 중국인의 수를 나타낸다.

(b) 표 6.은 남편이나 부모와 동반하지 않고 이 섬에 입국하여 정착한 외국의의 국적, 연령, 성별을 나타낸다.

표 7.은 남편이나 부모와 동반하지 않고 이 섬을 출국한 외국인의 국적, 나이, 성별을 나타낸다.

표 8.은 남편이나 부모를 동반하지 않고 이 섬을 출국하여 해외로 나간 일본 국적 개인의 목적지, 연령, 성별을 나타낸다.

(c) 표 타이완의 허가업소(licensed house)에서 성매매에 종사한 외국인 여성은 전혀 없다. 그러나 게이샤나 작부 일에 종사하면서 레스토랑에 거주하거나 본인 집에서 초대를 받아 레스토랑으로 오는 중국인 국적 여성이 14명 있다. 이들의 나이와 체류 기간은 첨부한 표에 나와 있다.

(6) 최근 5년간 1910년 협약 제1조와 제2조, 1921년 협약 제3조에 언급된 가해행위나 가해자 사례는 전혀 없다.

(7) 이 항목에 언급된 것에 적합한 것은 전혀 없다.

(8) (a) 이 조항의 범위에 해당하는 것은 전혀 없다.

(b) 이 조항의 범위에 해당하는 것은 전혀 없다.

(c) 성매매 알선에 종사한 것이 발각되어, 경고 후 출국당해야 했던 중국인 여성이 1927년에 1명, 1929년에 1명 있었다.

이들이 출국당한 정황은 첨부한 표 10과 표 11에 나와 있었다.

(9) 1930년 11월 말 타이완에는 취업 알선업자가 12명 있었다. 그러나 이들의 업무 활동 영역은 이 섬 밖을 미치지 않는다. 이들 가운데 누구도 불명예 여성이 해외 취업을 구하는 것을 지원하는 데 목적을 두지 않는다. 지난 5년간 타이완에서 여성과 아동의 국제매매 사례는 실제로 전혀 발생하지 않았다는 사실과 함께, 이 사실을 보더라도 이 섬에서의 이들의 존재가 지금 문제 제기된 국제적인 여성아동매매 추진과 전혀 상관없다고 생각한다.

(10) 지난 5년간 타이완에서는 여성과 아동의 국제매매 사례가 실제로 전혀 발생하지 않았다. 따라서 문제 제기된 매매가 성매매, 허가업소, 이 영업으로 생긴 수익, 술, 마약, 음란 혹은 외설 행위를 위해 지정된 지역에 영향을 받은 정도를 기술할 수 없다.

(11) 지난 5년간 해마다 타이완에서는 이 섬에 도착했거나 출발했거나 섬을 여행한 여성과 아동의 안전을 지키고 보장하려는 조치가 저조했다.

(a) 선박이 도착하거나 출발할 때마다, 경찰 관리를 파견하여 개연성 있는 장소들을 면밀 조사하고 상세 보고한다. 여성과 아동을 해하는 가해행위를 방지하고 가해자를 수색할 목

적으로 여성과 아동이 선상에 있는지 알아보기 위함이다.

(b) 경찰관의 조사 방문 시, 위의 조항에서 언급한 대로 이 섬을 입국하기 희망하는 여성과 아동이 발견되면, 이들의 국적과 사회적 신분을 확인하고 불법의 목적을 지닌 이는 누구도 입국하지 못하도록 하기 위해 이들의 여권이나 여행 허가서를 검사한다.

(c) 선박의 경우, 경찰관이 앞서 언급한 조항대로 조사 방문을 할 경우, 경찰은 반드시 내과의사를 동행한다. 내과의사는 격리기간을 수행하는 것 외에도, 선상의 여성과 아동의 건강 상태를 검진하고, 혹시라도 건강 손상이 발견되면 즉시 환자에게 의학적 치료를 제공한다.

(d) 필요하다고 판단되는 경우, 경찰관은 타이완-고베와 타이완-남중국 노선을 항해하는 선박에게 선상의 평화와 질서 유지를 위해 상세히 보고한다. 이들은 특별히 폭력이나 그 외 위험에 대하여 선상의 여성과 아이들을 보호할 의무가 있다.

(e) 항구 근무가 가능한 경찰관의 선정과 임명에 세심한 주의를 기울이고 있으며, 일반적으로 경찰은 여성과 아동의 입국과 출국 시 위험에 처하게 할 것 같은 나쁜 인물들이 숨어들지 못하도록 방지하는 데 주의를 게을리하지 않는다. 특별한 경우 필요하다고 판단될 때, 평복 차림의 경찰관이 이들의 안전과 복지를 보살필 책임이 있다. 따라서 이들의 보호를 조치하시 않는 사례는 선혀 없다.

(12) 이 항목이 다루고 있는 질문에 관한 대답은 생략되어 있다. 설문 II의 부속 문서에 상술한 질문 A에 따라 아무 답변도 제공할 필요가 없다.

(13) 실제로 타이완에 국제매매에 종사하는 사람은 전혀 없다. 부도덕한 목적으로 아동을 저당잡거나 물물교환하는 예도 전혀 없다. 그러나 중국 조상을 둔 원주민 사이에는 아동 입양의 오랜 관습이 존재한다. 특히 원주민 집단 사이나 원주민 측과 중국인 사이에서 가족의 성姓이 같은 경우 한쪽에서 다른 쪽으로의 아동 입양은 카보시(Kaboshi, 過房子) 명명법으로 진행된다. 계약하는 양측이 성이 다를 때, 한쪽에서 다른 쪽의 아동 입양은 메이레이시(meireishi, 螟蛉子)라 불리고, 어린 여자아이가 한 가족에서 다른 가족으로 그 가족 아들의 미래 배우자가 될 목적으로 입양될 때, 이 행위는 소쿠후시(sokufushi, 媳婦仔)라는 이름으로 이루어진다. 위의 경우 모두 일종의 선물로 돈이 오고간다. 그러나 이러한 용례의 기원은 선조 노동자의 생각에서 비롯된 것으로, 특히 한 명 이상을 소유하고 있는 가족으로부터 한 아동을 입양하여 무자녀 가족의 상속자로 삼는 정도의 목적일 뿐이므로, 입양된 아들은

가족의 성(姓)과 재산을 물려받고 가족의 조상을 위한 종교의례를 계속하여 주관할 수 있다. 또는 한 가족이 다른 가족으로부터 어린 여성을 입양하여 이 여성이 성장한 후에 전자 가족의 아들의 아내로 삼아 가계를 계속 지속하고 번성하려는 목적이 있었다. 요약하면, 이것은 동양 가족제도의 한 단면일 뿐으로 결코 부도덕한 목적을 위해 아동을 저당잡거나 물물교환하려는 수단은 아니다. 그러나 10년도 넘게 이러한 용례를 남용함으로써 인구조사 등록국(census registration office)에 성매매 여성(prostitutes) 또는 웨이트리스(waitresses)[63]를 고용하면서 자신의 입양한 딸이라고 진술한 허위 보고를 보냈던 이들이 종종 적발되기도 했다. 이에 따라 1917년 11월, 경찰청장이 모든 청장들에게 성명서를 보내 아동의 입양 보고서를 제출한 가족의 실제 상태를 철저하고 면밀하게 조사하여 아동이 부도덕한 목적을 위해 고용될 혐의가 있는 그런 가족이 제출한 보고서를 승인하지 않도록 요청했다. 이 성명서에 구현된 생각은 이후 엄격히 효력을 발휘하였고, 그 결과 사악한 행위는 완전히 사라졌다.

타이완이 일본 통치에 들어간 시점에 다시 중국 출신 원주민들 사이에서 사보칸(sabokan, 媠媒嫺)이라 명명한 아동 입양의 사악한 행위가 존재했는데, 입양 아동들이 하인으로 평생 고용되는 노예제도였다. 공공 질서와 선량한 풍속(good moral)에 어긋난다고 여겨지는 이 행위, 즉 이러한 방식의 아동 입양은 1917년 11월 7일, 타이완총독부 복심법원의 판결로 불법이며 무효라고 선언되었다. 그 이후 이 행위를 근절하려는 노력이 이루어졌고, 그 결과 현재 완전히 사라졌다.

(14) (a) 항구와 역에서의 여성과 아동의 보호에 관하여, 다음의 조치들이 이루어지고 있다.

A. 정거장 감시

타이완은 여성과 아동의 매매 방지를 위해 매매업자의 체포와 여성과 아동의 보호를 위함은 물론, 전반적인 경찰 기능의 해제를 위해 제복 차림의 경찰관들이 붐비는 역에는 항상 배치되어 있다. 덜 붐비는 역에는 기차가 출발하고 도착할 때마다 그 구역을 책임지는 경찰관을 파견하여 승객이 들어오고 나가는 것을 지켜보고 의문시되는 이 문제에 대한 통제를 행사한다. 동시에 평복 차림의 경찰관을 가끔 파견하여 때때로 매매업자의 움직임을 지켜보고 이들의 입국을 방지하여 여성과 아동의 보호를 위해 미진한 일이 없도록 한다.

---

63 [일어본] 창기 또는 작부 등을 자기의 양녀라고 칭하여 거짓으로 호구 신고를 한다.

B. 항만 감시

타이완은 지룽(Keelung), 단수이(Tamsui), 안핑(Anping), 가오슝(Takao), 마꿍(Macao)[64]과 같은 항구에서 선박들이 대단히 자주 왕래하는데, 해상에만 근무하는 제복 차림의 경찰관이 항상 배치되어 있다. 중요성이 떨어지는 항구에는 해안 근무 중인 해경이 추가로 임무를 맡아서 자주 해안을 도보 순찰하거나 선박으로 바다를 순찰한다. 한편으로는 모든 항구에는 선박이 도착하거나 출발할 때마다 경찰이 승객의 비밀 통행과 밀수를 전반적으로 통제하기 위해 방문 검사를 한다. 다른 한편으로는 평상복 차림의 경찰관이 가끔 일반적인 가해로부터 보호하고 예방할 목적으로 빈틈없는 감시가 필요한 장소에 배치된다. 특히 여성과 아동의 매매에 관하여, 위에 언급한 경찰관들은 이 문제에 세심한 주의를 기울일 수 있도록 특수 지시를 받는다.

(b) 타이완에는 해외 여성들을 위해 취업을 알선하는 고용사무소가 존재하지 않는다. 따라서 이러한 업체를 겨냥한 규제도 전혀 없다. 그러나 알반 고용사무소에 있는 이들에 관하여 말하자면, 이들은 게이샤(노래하는 어린 여성), 성매매 여성, 웨이트리스(waitresses), 나카이(nakai, 음식점 여성 종업원), 사무직 노동자, 상점 보조직원, 선원, 남성 노동자, 견습생, 여성 가정교사, 유모, 남성과 여성 하인, 그 외 다른 노동자들에게 취업을 제공하기 위해 영업하는 이들로, 각주청령(各州廳令)에 따라 지역 경찰에 신청하여 허가를 받아야 한다. 이들이 고객에게 해 주는 서비스의 대가로 이들이 받을 요금뿐만 아니라 이들에게 취업을 찾아주기 위해 추구하는 진행 과정에도 엄격한 규칙이 적용된다. 이러한 방식으로, 가능한 모든 조치를 취해 전반적으로 여성을 보호한다.

(c) 실제로, 여성 예술가가 타이완에서 해외로 나간 적이 없었다. 따라서 이들의 계약과 관련하여 그러한 여성 예술가를 보호하기 위해 시행된 특별한 규정은 지금까지 없었다.

(d) 놀이 장소와 그곳에 고용된 사람들에 관하여, 각 주청 경찰 명령으로 단속 규정을 두고[65] 어떤 이가 이러한 유원지를 설치하거나 연극적 공연, 활동사진 쇼(moving picture shows), 그 밖의 연예 사업을 운영하겠다고 제안한다거나, 활동사진 통역사와 예술가들이 본인들의 직업에 허가를 받게 해달라고 제안할 때 지역 경찰에게 요청하고 허락을 받아야 한

64 영어본에는 마카오라 표기되어 있으나 일어본에는 마꿍(馬公)이다. 문맥상 마꿍으로 보인다.

65 [일어본] 흥행 및 흥행장 단속규칙과 유흥장(遊技場) 단속규칙을 두고.

다. 유원지 관리자, 활동사진 통역사와 예술가들이 선량한 도덕에 반하거나 외설스럽고 폭력적인 공연은 절대 올리지 않을 것이며 공공질서나 선량한 풍속을 해칠 수 있는 방식으로 말하거나 연기하거나 흉내 내지 않을 것이라고 한다. 한편 청중들은 무대나 출연자 휴게실, 영사실, 예술가 대기실에 들어가지 못하게 되어 있다. 이러한 방식으로 다양한 규제와 예방조치들이 유원지와 이곳에 고용된 사람들을 통제하기 위해 취해져 있으며 경찰관들이 공연 때마다 유원지에 배치되어 감시하고 이곳에 오는 여성과 아이들을 보호한다.

(15) 이 항목에서 제기한 질문의 답은 답할 필요가 없다고 되어 있는 설문 II의 부록 세부 항목 질문 A에 따라 생략되었다.

(16) 타이완은 여성과 아동 인신매매 방지 국제조약에 아직 서명하지 않았다. 따라서 1904년 국제협의 제1항에 언급된 바와 같이 어떤 중앙 담당부서도 타이완에서는 아직 정해지지 않았다. 타이완에는 내무성(Department of Home Affairs)의 성격에 해당하는 타이완총독부가 있어서 일본 본국(Japan Proper)의 중앙 담당부서 역할을 하고 있다. 타이완총독은 폐하로부터 총독부의 수장으로 임명받으며,[66] 그 밑에 경무국(Police Affairs Bureau) 국장이 있다. 경무국장은 총독의 보조기관으로서 타이완총독부의 경찰과 위생 업무를 책임지고 있다. 여성과 아동의 인신매매 문제는 오로지 경무국장의 책임이며, 일반 경찰 업무의 한 부분으로 취급되고 있다.

(17) 타이완총독부에서 여성과 아동의 인신매매 문제와 관련한 업무를 다루며 근무하는 공직자의 계급과 수는 다음과 같다.

	계급[67]	수
A. 타이완총독부 경무국장(director)	초쿤*	1
B. 타이완총독부 경찰국 경무과장(chief) 타이완총독부 사무관	소닌*	1
C. 타이완총독부 경무국 근무 타이완총독부 속(屬, clerk)	한닌*	9
D. 타이완총독부 경무국 근무 타이완총독부 고(雇, employee)		9

66 [일어본] 타이완총독은 장관으로서 취임되어 일어본에는 황제에 해당되는 것으로 여겨지는 천황의 표현이 나오지 않는다.

67 [영어 원문 주] *초쿤(chokun)은 장군 계급에 해당하고, 소닌은 장교(commissioned officer) 계급 그리고 한닌은 부사관(non-commissioned officer) 계급에 해당한다. [일어본] 차례대로 칙임(勅任) 1명, 주임(奏任) 1명, 판임(判任) 9명, 고원(雇員) 9명.

(18) 실제로 여성과 아동의 매매 사례는 타이완에서 발생한 적 없으므로, 어떤 기관이나 저명한 개인도 이 문제에 존재하는 악과 싸우기 위해 존재하지 않는다. 그러나 구세군이 있어 다른 사회사업과 함께 일본의 성매매제도 폐지를 목표로 하는 운동에 적극 관여하고 있다. 이 기관의 본부는 1928년 8월 타이완에 본부를 설립했고 다이호쿠 스에히로초 잇쵸메 3번지(No 3, Suehirocho Itchome, Taihoku)[68]에 사무소를 두었다. 다다오 야마모토(Tadao Yamamoto) 중령의 명령으로, 군대는 전반적으로는 종교운동을 수행했을 뿐만 아니라 자신의 자유의지로 거래를 그만두고 싶어 하는 게이샤나, 허가증 있는 성매매 여성, 또는 작부에 대한 지원까지 확대한다.

(19) 이 항목에 언급되기에 적절한 것은 전혀 없다.

B. 사회 경제 질서 문제

(1) 직접적으로나 간접적으로 외국 여성이 성매매에 유입될 만한 것이 있는 경제·사회·정치적 조건은 타이완에 전혀 없다.

(2) 외국인 성매매 여성에 대한 수요는 타이완에 없다.

(3) 타이완에서 여성과 아동의 매매 사례는 실제로 발생하지 않았으므로 이 항목에 특별히 언급될 것이 없다.

(4) 아래 언급된 감독은 선박회사에 의해 타이완을 목적지 또는 출발지로 하여 혼자 여행하는 여성에 대해 자발적으로 시행되고 있다.

여성 승객들은 여성을 위해 별도로 준비된 방에 수용된다. 그런 방이 없는 선박은 선상에 일반 승객과 선원의 시야에 노출된 장소에 좌석이 여성들에게 제공되고, 품행이 바르고 승객을 대할 때 친절하고 정중하다고 인정받은 경험 많은 승무원의 시중을 받는다. 따라서 안전과 편리가 여성들에게 보장될 수 있다. 선박의 선장과 사무장은 선실에 자주 방문하고, 시중들고 있는 승무원을 감독하는 동안, 여성 승객들을 효과적으로 보호할 목적으로 이들 상태에 개별적으로 세심한 주의를 기울인다.

(5) 타이완에서 불명예 여성은[69] 채무제도로 인해 착취당하지 않는다. 물론 이들 중에는 고용

---

68 [일어본] 台北市 末廣町 1-3.

69 [일어본] 추업부.

주에게 상당히 큰 빚을 진 이들이 있지만, 게이샤나 성매매 여성, 작부로 일하겠다는 합의와 이들의 빚은 전적으로 별개다. 이들은 언제든지 원하면 자유의지에 따라 합의를 폐지해도 되고 거래[70]를 포기해도 된다. 따라서 이러한 여성들이 단순히 이들이 빚을 졌다는 이유만으로는 절대 개인적인 자유를 구속당하지 않는다.

별책 1[71]

(이하 표 1~표 9는 번역에서 제외함)

표 1: 타이완에 입국하여 거주하고 있는 외국인의 국적, 연령과 남녀별 조

표 2: 타이완에서 귀국한 외국인의 국적, 연령과 남녀별 조

표 3: 타이완에서 외국으로 도항한 일본 국적민의 행선국별 연령과 남

표 4: 중국인 출입자 수조(1913년부터 1926년까지 8개년 간)

표 5: 중국인 노동자 직업별 조

표 6: 남편 또는 양친과 동행하지 않고 타이완에 입국하여 거주하고 있는 외국인의 국적, 연령과 남녀별 조

표 7: 남편 또는 양친과 동행하지 않고 타이완에서 귀국한 외국인의 국적, 연령과 남녀별 조

표 8: 남편 또는 양친과 동행하지 않고 타이완에서 외국으로 도항한 일본 국적민의 행선국별 연명과 남녀별 조

표 9: 타이완에 재류하는 외국인 접객업 여성 국적, 연령별 조(1930년 12월 현재)

---

70 게이샤, 성매매 여성, 작부가 하는 일, 곧 가교(稼業)를 영어에서는 trade라고 번역했는데, 이 자료집에서는 '거래'로 옮겼다.

71 원문에는 별책에 따로 번호가 붙어 있지 않으나 독자의 편의를 위해 편찬자가 별책의 번호를 붙였다.

〈표 10〉 어느 중국인 노동자의 강제 추방 보고서

(1927년 4월 23일. 지사(知事)가 총독에게 보냄)[72]

추방 명령 발행일	1927년 3월 31일
선박 출발일	1929년 7월 15일
승선 장소 및 선박 이름	다카오[73] 출발 S. S. 코쓰마루(交通丸)
추방인 출생지	중국 푸키온(Fukion)[74]
추방인의 타이완 주소	다카오 기고초 시초메 97번지[75]
추방인 직업	무직
추방인 이름	Mrs. Kwak[76]
추방인 연령	1878년 10월 24일 출생

추방 사유

이 사람은 선량한 풍속에 유해한 방식으로 행동해 왔다는 이유로 다카오경찰서 서장의 권고를 받은 후, 1926년 9월 2일 이 섬을 떠났다. 이 여성은 같은 해 11월 17일 (　)라는 가명으로 지룽시에 도착한 후 다카오에서도 몇몇을 받은 것으로 드러났다.[77] 1927년 1월 12일, 이 여성은 공문서 위조 혐의로 체포되어 조사를 위해 관할 검찰국으로 보내졌다. 같은 해 6월 1일, 이 여성은 타이난 지방법원에서 공문서 위조로 20엔의 벌금형을 받았다. 이 여성의 지속적인 타이난 거주를 용인할 수 없을 뿐만 아니라, 이 여성이 계속하여 알선에 종사하리라는 두려움이 있다고 판단되었기 때문에, 중국인 노동자 단속규칙 제12조에 따라 추방명령을 받은 것이다.

---

72 일어본에는 문건 작성 날짜가 1927년 4월 13일로 기재되어 있다. 영어 번역을 하는 과정에서 생긴 오역으로 보인다. 일어본에 기재된 문건 번호는 고경보(高警保) 제10894호-1.

73 다카오는 타이완 지명으로 가오슝(高雄)이다.

74 [일어본] 지나 푸젠성(福建省) 푸저우(福州府) 普江縣(푸장현) 시핑향(西坪鄉).

75 타이완 지명을 일본어로 표기한 것이다. 중국어에 기반한 한글 번역은 가오슝시(高雄市) 치허우정(旗後町) 4정목 97.

76 [일어본] 궈씨(郭씨) 령냥(稜娘).

77 빈 괄호(　)는 원문대로다. [일어본] 이 사람은 1926년 9월 2일 가오슝경찰서장으로부터 풍속을 문란하게 한다는 혐의로 유시(諭示)되어 본 섬에서 퇴거되었던 것이지만, 올해 11월 17일 그 향관(鄕貫) 씨명을 사칭하고[푸젠성 푸장현 시젠향 궈씨(郭氏) 워(窩), 47세] 지룽항에서 상륙하여 가오슝으로 온 것을 발견되었다.

〈표 11〉 어느 비노동자 중국인의 강제 출국 보고서[78]

(1929년 7월 30일. 지사가 총독에게 보냄)

추방 명령 발행일	1929년 6월 15일
승선 및 출발[79]일	1929년 7월 15일
승선 장소 및 선박 이름	다카오(Dakao) 출발 S. S. 델리마루(Delhi Maru)
추방인 출생지	중국 푸키엔(Fukien)[80]
추방인의 타이완 주소	다카오 기고초 시초메 97번지[81]
추방인 직업	무직
추방인 이름	Kwak Sei[82]
추방인 연령	31

추방 사유

이 사람은 1926년 9월 2일 어머니와 함께 추방을 명령받았다. 1926년 11월 2일, 그는 린세이(Rin Sei)[83]라는 가명으로 지룽시에 착륙하여 다이호쿠(Taihoku)에서 한동안 살았다. 최근 그는 위의 주소로 왔고, 자신의 비합법적 아내로 하여금 알선에 종사하도록 하고 자신은 도박에 빠짐으로써 그는 이러한 방법들로 불명예스럽게 획득한 수입으로 생계를 유지해 왔다. 그의 존재가 공공의 안녕과 선량한 풍속에 유해하다고 생각하는 바, 추방을 명령했다.[84]

78 [일어본] 문건번호 고경보(高警保) 제4176호.

79 원문에는 deporture라고 되어 있는데, departure의 오기인 듯하다.

80 [일어본] 지나 푸젠성(福建省) 푸저우(福州府) 普江縣(푸장현) 시핑향(西坪鄉).

81 [일어본] 가오슝주 가오슝시 치허우정(旗後町) 4정목 97.

82 [일어본] 궈성(郭聲).

83 [일어본] 린성(林聲).

84 [일어본] 최근 위의 조소에 와서 내연의 처 린쉬(林許) 씨에게 의뢰하여 밀매음을 매합·용지(媒合容止)를 하도록 하고 자신은 도박행위를 하는 등 그 부정이득으로 도식(徒食)하고 지냄으로써 공안(公安)을 해치고 풍속을 문란하게 함에 따른다.

별책 2

여성과 아동의 매매단속에 관한 법령 조(調)

(타이완총독부령) 외국인 입국에 관한 건

1918년 2월 부령(府令) 제7호

개정 1921년 부령 제149호, 1922년 제118호, 1924년 제41호

제1조 이 섬에 도착한 외국인은, 다음 어느 항목이라도 적용된다고 생각하면, 지사 혹은 지역 기관 기관장에 의해 착륙이 금지당할 수 있다.

3. 공공의 안녕을 훼방하고 선량한 풍속을 해칠 수 있는 사람.[85]

(타이완총독부령) 타이완 위경례(違警例)

1918년 6월 부령 제43호

제1조 다음 명령 가운데 어느 것이라도 준수하지 않은 자는 경찰에 의해 구금에 처해지거나 과태료가 부과될 것이다.

62. 누구도 비밀 성매매나 알선에 종사해서는 안 된다.[86]

제2조 현재 명령이 정한 범법행위의 어떤 것이라도 어떤 이에게 범하도록 선동하거나 조력한 자는 처벌받는다. 그러나 종범은 정상을 참작하여 처벌에서 면제받을 수도 있다.

중국인 노동자 단속규칙[87]

1904년 9월 부령 제68호

---

85 일어본에는 포함되어 있는 다음 내용이 영어본에는 빠져 있다. '4. 부랑 또는 걸식을 상습으로 하는 자'.

86 [일어본] 62. 밀매음을 하거나 또는 그 매합용지를 하는 자.

87 영어본에는 없고 일어본에서만 확인된다.

개정 1915년 부령 제25호, 1929년 제198호

제1조 지나 노동자는 이 규칙이 정하는 바에 따라 이 섬에 상륙하여 노동제 종사할 수 있다.

제2조 이 규칙에서 중국인 노동자라고 칭하는 것은 농업, 어업, 광업, 토목, 건축, 제조, 운반, 인력거(輓車), 짐꾼(仲仕), 기타 잡역 관련 노동에 종사하는 자를 말한다.

제3조 중국인 노동자는 상륙의 때에 지나 노동자 취급인의 도항 증명서를 휴대해야 한다.

제10조 중국인 노동자 취급인은 다음의 각 호의 1에 해당하는 자에게는 도항증명서를 교부할 수 없다.

1. 질병 기타에 따라 신체 건강하지 않은 자
2. 이 섬 거주를 금지당한 적이 있는 자
3. 신원이 확실하지 않은 자

제11조 중국인 노동자 취급인은 그 취급된 노동자에 관하여 다음의 의무를 가질 것

1. 병재(病災) 구조
2. 관헌의 명에 따라 송환

제12조 주지사 또는 청장은 지나 노동자로서 안녕질서 또는 풍속을 해치는 점이 있다고 인정될 때에는 이 섬의 퇴거를 명할 수 있다.

호구(戶口) 규칙

1905년 10월 26일

타이완총독부령 제93호

개정 1910년 부령 제83호, 1920년 제78호, 1924년 제57호, 1926년 제3호

제1조 호구 관련 사항을 기재하기 위해 지역 사무소,[88] 경찰서, 경찰분서(detached police station), 지방 관공서에서 호구조사부(census registors)를 준비한다.

제6조 다음 어느 항목이라도 적용된 사실이 발생할 경우, 이 사실은 관할 경찰 관리 파출소, 주

88 [일어본] 군청(郡役所).

재소 또는 경계소를 경유해서 청장, 군수, 경찰서장에게 10일 이내에 서면 제출해야 한다. 단, 이 섬 밖으로 이동하거나 떠날 때 이 사실은 즉시 보고되어야 한다. 만일 그러한 사람이 현지인이라면 관할 경찰 관리 파출소 주재소 또는 경계소 외의 보증을 경유해야 한다. 지정된 기간 내에 보고하지 못한 자는 그렇게 하도록 종용해야 할 것이며, 종용을 받은 후 7일 이내에도 여전히 보고하지 못할 때는 보고를 대신하여 경찰관의 방문 조사를 받아야 한다.

4. 양자결연[카보시(Kaboashi, 過房子)나 메레시(Meireishi, 螟蛉子), 소쿠후시(Sokufushi, 娘婦仔)[89]제도에 따른 입양을 포함]한 아동의 입양

5. 양자이혼(카보시나 메레시, 소쿠후시제도에 따른 입양을 포함)

제16조 다음 각호에 해당하는 자는 20엔 이하의 벌금에 처함[90]

1. 이 규칙에 의한 경찰 관리의 독촉을 받고 7일 내에 제출을 하지 않은 자
2. 이 규칙에 의한 경찰 관리의 호구조사를 거부하거나 기피하는 자
3. 이 규칙에 의한 경찰 관리의 심문에 답하지 않거나 답을 해도 사실이 아니거나 또는 허위의 제출을 한 자

제17조 이 규칙에 의해 정당한 사유 없이 기한 내에 제출을 하지 않은 자. 제9조 제1항의 연명을 거부한 자 또는 사는 집의 문패(標札)를 내놓지 않은 자는 과료에 처한다.

(타이완총독부 경찰 본서장 통첩, 사본) 밀항 여성 단속에 관한 건

1907년 8월 본보사갑(本保司甲) 제7호 경찰 본서장 통첩

시대의 진보에 따라 중국으로 가는 일본인은 개인 여권을 소지하지 않아도 된다는 결정이 내려졌다. 이러한 자유가 중국으로 몰래 가려는 여성을 유혹하는 사악한 자들의 위험을 수반하는 일은 불가능하지 않다. 그러한 경우가 다카오(高雄)에서 발견된 날이 있다. 중국발 혹은 중국행 선박의 도착과 출발의 경우, 검사 방문을 하고 다른 조처를 함으로써 더 엄격한 통제를 시행해야 한다. 그리고 유사한 경우가 발견된다면, 같은 사항에 관한 상세 보고서를 제출해야 한다.

---

89 타이완 지역의 양자결연 방식에 대한 일본어 발음 표기다. 타이완 지역 표기는 궈방즈(過房子), 밍링즈(螟蛉子), 냥푸즈(娘婦仔)다.

90 이하 제16조와 제17조는 일어본에만 기재되어 있다.

〈별지〉[91]

1. 유괴자는 대개 대안(對岸), 청국(淸國), 기타 지역에 모토지메(元締)[92]라고 불리는 자를 두었다. 이 모토지메는 내지 또는 타이완 등 각지에 그 부하(配下)를 두고 유괴를 담당하게 하는 것을 상시로 한다.
2. 전 항의 부하는 대개 고용인구치이레(雇人口入) 업자 등(면허자든 아니든 불문)의 손에 의해 감언으로 부녀 등을 유괴하고 그 유괴된 부녀는 앞에 쓴 모토지메의 허가에 보낸다.
3. 이상 외 또 별개로 용모가 아름다운 남자를 부하로 두어 타이완 또는 내지에 보내어 요리옥, 음식점의 나카이(仲居), 기타 보통의 하녀(下婢)와 정을 통하게 한 후 흔히 말하는 사랑의 도피(駈け落ち)를 가장하고 우두머리(親方)의 허가로 밀항하려고 한다. 그리고 우두머리는 용모가 아름다운 남자도 부녀와 같이 여러 가지 감언을 함부로 하여 유괴하고, 심하게는 그와 결탁하여 부녀를 유괴하는 수단에 함께하는 경우도 있음으로 이와 같이 남자가 부녀와 같이 유괴를 당하는 일도 있다고 한다.
4. 이상은 보통 유괴의 방법이라고 해도 이번에 다카오(打狗)[93]에서 발견된 것과 같이 독단적인 유괴를 수행하는 자도 있으므로 참고를 위해 별지에 그 대요를 정리한다.
5. 유괴자를 편승시키는 배는 대개 화물을 싣는 기선(汽船)으로 화물과 함께 배 선실에 깊이 두고 비밀로 한다. 임검할 때에 그 주변의 주위를 긴요하게 해야 한다.
6. 배가 운행 중에 식사 등의 관계로부터 유괴자는 선원과 서로 접할 필요가 있으므로 하등선원, 특히 취사계와 같은 자는 반드시 유괴 통모자(通謀者)라고 할 수 있다.
7. 배 항만 등에 정박할 때는 롱커선(戎克船, 융극선)의 왕복(특히 야간의 왕복)할 때 경계가 필요하다. 그리고 롱커선을 먼바다에 보낸 후 부녀에게 강하게 본선에 타라고 승낙시키기 위해 흉기를 함부로 하는 등의 협박을 시도하는 경우도 있다. 검거할 때는 단도, 기타 흉기 휴대자가 도망쳐 버리지 않도록 하고, 또 그것을 압수하는 데 등한시하지 않는 것을 요한다. 그리고 본선에 탔을 때는 객의 승강구를 피하고 하물 입구에서 승선시키는 것이 예사다.
8. 점차 이 섬 근해의 바람과 파도가 거칠어지는 시기가 되어 내지에서 대안, 기타의 지방에 항

91 이하 별지 내용은 영어본에는 없고 일어본에만 기재되어 있다.

92 노름꾼, 부랑자 등의 두목.

93 가오슝(高雄)을 말한다. 가오슝의 일본어 발음인 다카오와 비슷한 중국어 발음의 한자(다커우, 打狗)를 다카오, 곧 가오슝으로 표기하고 있다.

해하는 기선으로 이 섬의 항만에 몰래 피난하는 자가 있어 주의를 요한다. 롱커선에 밀항부(密航婦)가 없다는 것을 보장할 수 없다.

기선의 선장은 출발한 후 뻔뻔하게 밀항부를 태우고 있는지 아닌지를 발견하므로 선장에게 청취하는 것은 수사의 단서가 된다.

〈별지〉

다카오(打狗)에서 발견된 부녀 유괴 밀항자에 관한 건 보고 발췌

범죄의 요인, 범죄 상황

야마사키 고우이치(山崎興一)는 일찍이 오스트레일리아와 싱가포르 지방에 일을 간 자로서 해당 지방의 사정을 잘 알았기 때문에 밀항부 유괴의 이익을 깨우치고 작년 3월경 귀국해서 본적지에 집을 빌려 거주하며 각지에 분주하게 다니면서 그 목적을 이루고자 했어도 쉽게 운이 닿지 않았다. 고심참담의 그때 의기투합한 구보 다이하치(久保大八)와 에지마 린사부로(江嶋林三郎)도 가담하여 함께 드디어 별항의 부녀 12명(그 중 7명은 20세 미만)을 유괴하고 6월 19일 나가사키현 로노츠(ロノ津)항에서 오사카상선회사 하물선 에리모미마루(襟裳丸)에 몰래 타고 싱가포르를 향해 항해 도중 발각되었다. 에지마, 구보 두 명의 자백에 따르면 최초 각자의 운동을 하고 야마자키(山崎)에서 모이기 전에 에지마는 나가사키현 시마하라(島原)의 자인데 전에 승려였던 조오다유(丈太夫, 24세 정도)와 사세보시 히라마치(比羅町) 노파 나카야마 요네(中山ヨネ) 등의 손으로부터 유괴된 이토 카네(伊東カネ), 요시오카 아키(吉岡アキ), 다나카 고토(田中コト) 3명을 나가사키시 데라마치(寺町) 58번지 나카야마만(中山マン) 집에 인수하고 그후 각지로 돌아다니며 시마하라 지방의 무뢰한인 신에(振江), 시노하라(篠原), 기타무라(北村) 등의 도움으로 요시가와마을(吉川村)과 '카츄사'라고 불리는 촌락 성명불상인 자에게 10일간 숨겨 두고 또한 구보는 현재 빌린 집주인의 딸 사루아타리 마요(猿渡マヨ)와 같은 나가야(長屋)에 거주하는 이시바시 마쓰노(石橋マツノ)를 감언으로 얘기하여 해외 도항을 납득시켜 두고 그후 야마자키에게 전하고 함께 만나 모두 밀행을 수행했다고 한다. 다음으로 해당 선원 우치다 야사부로(内田彌三郎)는 야마자키 고우이치로부터 의뢰를 받아 기선에 몰래 타는 것에 대한 승낙을 큰 이익을 탐하기 위해 도와주었다. 이시가와 시게이치로(石川茂一郎)는 같은 배의 뇌장(賄長)으로써 야사부로와 협의하고 밀항자의 식사 공급의 편의를 제공했다.

검거자와 검거원인, 수사의 방법과 상황 전말

검거자는 경부보 요시이 이치조(吉井一藏) 외 순사 8명으로 에리모밈루는 나가사키현의 로노쓰 항구를 출발하여 항해 도중인 6월 24일 헝춘청(恒春廳)하의 바다(鳶□鼻沖)에서 폭풍우를 만나 피난을 위해 다음 날 25일 아침에 다카오항에 입항하였는데 선실 안에 밀항 남녀가 몰래 있는 것을 의심하고 상륙시켰다. 선원이 오사카상선회사 다커우지점에서 이야기한다는 것을 듣고 동 경부보에게 임검 조사 방법을 명령하였을 때 해당 선박 사무장으로부터도 밀고하여 아직 그 인원이 판명되지 않았어도 흉기 휴대자도 있는 모양이므로 특히 순사 8명을 인솔 출장하여 수사를 하도록 하였다. 과연 선미 선실 안에 거의 공기도 통하지 않을 듯이 어두운 곳에서 야마사키 고이치 외 남자 3명과 부녀 7명을 발견하고 곧이어 그 근처 선실 쌀가마니를 쌓아두고 있는 아주 좁은 칸 사이에 남자 1명과 여자 5명이 숨어 있는 것을 다시 발견하였다(이 부녀 5명은 모두 20세 미만이고 비교적 용모도 나쁘지 않았기 때문에 경찰관이 출장의 순간 만일을 대비하기 위해 야마자키 등에게 손을 내밀고 이동하도록 한 것). 아주 더운 곳에 숨어 있던 것이어서 남녀 모두 대부분 시타오비(下帶)만 입고 있었고 산발인 채로 본색을 잃어 크게 피로한 몸이라고 인식되어 관계자인 전기 선원 우치다, 이시카와와 모두 당 지청에 인치하여 수사를 진행하고 있다. 그들 사이에는 미리 이 장소의 사용을 조율한 모양으로 유괴자로는 야마자키 1인의 일에 관계한 동승남 8명만 야마자키의 계획에 따라 밀항시키려고 한 것에 불과하다고 요약한다. 동일한 신청을 한 1인으로 그 죄를 이어받고 또 부녀 등의 진술에서도 원적, 씨명은 물론 피유괴 사실을 곡언(曲言, 정직하게 진술하면 부모 등의 수치가 될까 말하기를 꺼려하기 때문이라고 함)하여 사정을 쉽게 얻을 수 없었다. 조사할 때마다 매번 서로 다른 내용이어서 본적지에 타전 조회해 두고 먼저 야마자키와 선원 우치다, 이시카와 3명을 7월 1일 타이난(台南)지방법원 검사국에 송치했다. 부녀는 일시 보호를 하여 두었으나 거의 금전을 가지고 있지 않다. 그중에는 오비(帶)를 가지고 있지 않은 자도 5명 승선한 후 어떠한 옷차림도 보이지 않는다. 다른 사람의 것을 빌려서 입으려고 한 내막이어서 거의 처치에 □□지만, 다행이 다카오에 살고 있는 내지인의 동정을 받아 낡은 옷과 기타 잡품의 기증이 있어서 그것을 나눠 주고 또 통지에 따라 구니모토(國元)에서 돈을 조금 송부 오는 것이 있어서 우선(郵船)회사에 교섭(오사카상선회사는 할당을 승낙하지 않음)했다. 동 회사의 호의로 7월 2일 6명, 7월 9일 2명을 식료만으로 승선시켜 모지(門司)를 향해 송환하고, 남은 4명은 송금이 도착한다는 희망이 없고, 또 강하게 의사표시를 함에 따라 각각 건실한 가정에 봉공(奉公)시키는 등의 편의를 주기로 한다. 따라서 이로부터 먼저 당지에 잔류한 부녀 사이에는 해당 지청의 간절한 보호에 감동을 받았음을 보이고 스스로 신고하는 바에 따라 일찍이 여러 차례 취조했을 때 유괴자를 야마자키만으로 진술한 것은 그들로부터 강하게 말을 들었다고 다른 날 어쨌든 만나는 것이 공포여서 실정을 말하지 못했다는 것으로 일행 남자 중 구보 다이하치[가명 사카다 교이치(坂田協一)], 에지마 린고로[가명 이케다 만조(池田萬藏)] 두 명도 야마자키의 공범으로 진술했다. 피해자 중 사라아타리 마요, 이시바시 마쓰노 두 명으로부터 구보 다이하치에 대해 고소 신청도 있었으므로 이에 점차 해당 2명의 거짓 얼굴을 벗길 단서를 얻고 유치 중인 것을 필경 엄조하여 결국 공모의 내용으로 자백을 받기에 이르렀으므로 9일 본인 등을 검사국에 송치하였다.

면허업소와 성매매 여성 단속규칙(Rules for the control of Licensed Houses and Prostitutes)[94]

1921년 11월 주령(州令) 제49호

제1조 면허업소의 영업[95]은 당국이 정한 사항 밖에서 수행할 수 없다.

제2조 면허업소를 영업하고자 하는 자는 다음의 문제에 대한 진술을 제출하여 현지사의 허가를 신청해야 한다. 이 자가 지점 설립이나 업소 철거를 신청할 때, 동일한 절차를 밟아야 할 것이다.

1. 신청자의 이름과 출생 일자, 본적지, 호적지, 임시 거주지
2. 업소
3. 업소 이름
4. 영업 건물 설계도(지층 평면도, 단면도). 기존 업소를 사용하겠다고 신청할 경우에는 설계도를 제출할 필요가 없다.

제3조 영업 건물의 재건축이나 확장, 수리, 수정을 계획할 때, 절차 조항 제4항목에 언급된 문제에 대한 진술서를 제출하여 현 지사에게 허가를 신청해야 한다.

제4조 면허업소의 영업 건물은 관할 군청이나 경찰서의 조사에 합격받지 않는 한 사용되어서는 안 된다. 업소가 재건축, 확장, 수리 혹은 수정될 경우, 같은 규칙이 유효하다.

제5조 면허업소 영업자가 지점을 설립할 때, 운영자를 지정해야 하며 그 사실을 관할 군청이나

94 [일어본] 가시자시키창기단속규칙(貸座敷娼妓取締規則).

95 [일어본] 가시자시키(貸座敷) 영업.

경찰서에 신고하여 인가를 획득해야 한다. 면허업소 영업자가 30일 이상의 기간 동안 사소한 문제가 발생하여 이를 운영할 수 없을 때, 5일 이내에 운영자를 지정하여 이 사실을 관할 구청이나 경찰서에 신고하고 인가를 얻을 수 있다. 사소한 문제가 없어지면, 3일 이내에 이 사실을 신고해야 한다.

위의 절에서 언급된 운영자는 자기 고용주의 책임을 맡아야 한다.

제6조 타이츄(Taichu) 현청의 판결에 따라, 면허업소 영업자는 추가로 호텔이나 취업사무소에 종사하기 위해 허가받아서는 안 된다.

제7조 면허업소 영업용 가옥은 특히 사람 눈에 띄지 않는 외관을 하고 장식을 할 수 없다.

제8조 면허업소 개업 허가를 인정받은 후 6개월 이내에 충분한 이유 없이 영업에 착수하지 않을 때, 혹은 허가업소가 개업 후 6개월간 영업을 중단한 때, 허가는 효력을 잃는다.

제9조 면허업소 영업자는 유객의 이름을 기재하기 위해 부록으로 첨부한 형식에 따라 준비된 장부를 작성해야 한다. 위에서 언급한 장부는 사용하기 전에 장부에 첨부된 관할 군청이나 경찰서의 날인이 있어야 한다. 그리고 모든 페이지가 채워진 다음에는 3년간 보관해야 한다.

제10조 면허업소 영업자는 자신이 고용한 성매매 여성(the prostitutes)[96] 개개인의 수입뿐만 아니라 성매매 여성에게 준 모든 대출금을 기재하기 위해 회계장부를 준비해야 한다. 위에서 언급한 회계장부의 복사본을 준비하여 관련된 성매매 여성에게 전달해야 한다. 모든 페이지를 작성한 다음 회계장부는 5년간 보관해야 한다.

제11조 면허업소 영업자는 다음을 준수해야 한다.

1. 유객[97]이 요구하지 않는 한, 어떤 음식이나 음료도 제공해서는 안 된다.
2. 유객에게 면회를 요청한 자가 있으면 그것을 거절해야 한다.
3. 유객을 끌어들일 목적으로 바깥으로 열린 방 안에서 자신을 개인적으로 노출하며 유인하는 성매매를 해서는 안 된다.[98]
4. 경찰 당국의 승인을 받지 않는 한, 보안상 그리고 자신의 비용에 대한 지급을 위해 유객의 복장이나 소지품은 잡아둔다.

---

96 [일어본] 창기일(娼妓稼業).

97 영어본에서는 visitor라 번역되어 있는 이 말의 일본어 원문은 유객(遊客)이다.

98 [일어본] 창기로서 하리미세(張見せ)를 하지 말 것.

5. 성매매 면허증을 소지하지 않은 여성을 면허 성매매 여성처럼 행동하도록 유도해서는 안 된다.

6. 이외 기타 특별 명령

제12조 다음의 어떤 경우라도, 면허업소 영업자는 그 사실에 대해 경찰 당국에 즉시 알려야 한다.

1. 유객이 분별없이 돈을 쓰는 경우, 혹은 그의 사회적 위치와 비교해 어울리지 않게 돈이나 다른 물품을 소지하거나 행동이 의심스러운 것이 발견된 경우
2. 유객이 감염성 질병으로 고통스러워하는 것을 발견한 경우, 혹은 고통받고 있다고 의심되는 경우, 혹은 부자연스럽게 다치거나 죽었을 때
3. 유객이 돈이나 소지품을 도난당했거나 잃어버렸을 경우

제13조 다음의 어떤 경우라도, 면허업소 영업자는 관할 구청이나 경찰서에 24시간 이내에 이 사실을 신고해야 한다.

1. 남성이나 여성을 고용했을 경우, 혹은 자신의 집에 그 또는 그녀의 숙소를 제공했을 경우, 혹은 고용인을 해고했거나 숙박인이 그의 집에서 떠났을 경우
2. 성매매 여성이 허락 없이 나갔을 경우, 혹은 허락 없이 나갔다가 돌아온 경우
3. 성매매 여싱이 거래를 그만두었거나 다시 시작했을 경우
4. 성매매 여성이 사망했을 경우
5. 자신의 집에 한 여성이 숙소를 제공받은 경우

제14조 다음의 어떤 경우라도, 면허업소 영업자는 3일 이내에 관할 군청이나 경찰서에 그 사실을 신고해야 한다.

1. 본인과 운영자의 이름, 본적지, 호적지, 임시 거주지에 변동이 발생한 경우, 혹은 업소명이 변경된 경우
2. 영업을 시작했거나 그만두었거나 또는 7일 이상 중단한 경우

면허업소 영업자가 사라졌거나 실종되었거나 사망했을 때, 계승자나 관리자는 위에서 언급한 대로 신고해야 한다.

제15조 면허업소 영업자는 영업과 관련하여 가족이나 직원 모두의 행위에 대해 책임져야 한다.

제16조 면허 성매매 여성이 되려는 자는, 당국이 지정한 내과의의 검진을 받은 다음, 관할 군청이나 경찰서에 출석하고 다음의 문제들에 관해 서면 진술서를 제출하여 허가서를 신청

하고 획득해야 한다.

1. 면허 성매매 여성이 되기 위한 사유
2. 본적지, 호적지, 임시 거주지, 이름과 출생일
3. 여성은 자신과 같은 호적의 가장 가까운 친척 어른의 동의를 받았거나, 만일 친척 어른이 없다면, 가장의 동의를, 그리고 여성에게 동의해 줄 자가 없다면 그러한 효과에 해당하는 진술서를 받음
4. 미성년자의 경우, 위의 항목에서 언급된 것에 추가하여, 여성은 친부의 동의를 얻음. 친부가 없다면 친모의 동의를, 친모도 친부도 없다면 친조부의 동의를, 친모, 친부, 친조부가 없다면 친조모의 동의를 얻음
5. 면허 성매매 여성의 거래에 종사하게 될 구역과 거주하게 될 업소의 이름
6. 거래에 종사하기로 한 기간과 직업에서 사용하는 이름[99]
7. 현재 생계수단. 다른 이의 지출로 살고 있다면, 그에 해당하는 진술서
8. 이전에 면허 성매매 여성이었다면, 혹은 그에 해당한다면, 거래를 시작한 날짜와 그만둔 날짜. 지역 그리고 그만둔 사유

위의 절에서 언급한 신청서는 건강 검진확인서, 제3호와 제4호에서 언급한 내용을 글로 작성한 문서, 이 여성의 호적 관련 당국 담당자가 준비한 사본, 서면 동의서에 첨부된 인감 증명서, 이 여성의 매매 관련 동의서 사본을 첨부해야 한다.

제17조 16세 미만인 자는 누구도 면허 성매매 여성이 될 수 없다.

제18조 면허 성매매 여성의 거래에 종사할 자에 대한 허가의 효력의 기간은 4년을 넘지 않는다.

제19조 면허 성매매 여성은 면허업소 밖의 장소에서 살거나 매매에 종사해서는 안 된다.

제20조 면허 성매매 여성은 건강검진을 받아야 하며 별도로 정한 규정에 따라 의료 처치를 받아야 한다. 면허 성매매 여성은 건강검진 확인서 없이 거래에 종사해서는 안 된다.

제21조 면허 성매매 여성은 법과 규칙의 규정에 따라, 혹은 정부 당국의 명령에 따라, 혹은 관할 군청이나 경찰서에 출두하기 위한 경우를 제외하고 밖으로 나오면 안 된다. 관할 군청이나 경찰서의 허락을 얻지 않고 면허업소로 지정된 제한 밖으로 나오면 안 된다.

제22조 누구도 면허 성매매 여성이 일을 쉬거나 그만두는 것, 그리고 면접, 그 외 문제들에 대해

---

99 [일어본] 기명(妓名), 일하는 연한(稼業年限).

이 여성의 자유에 관여하면 안 된다.

제23조 면허 성매매 여성이 본인의 거래 구역이나 거주지에서 이동하고자 할 때, 이 여성은 자신이 소지한 허가서 재작성을 관할 구청이나 경찰서에 신청해야 한다. 면허 성매매 여성이 다른 주의 담당 부처의 판결에 따르는 장소에서 허가를 받다가 이 주의 담당 부처의 판결에 따르는 장소로 이동하고자 한다면, 이 여성은 제16조 제1항 제2호, 제5호와 제6호 항목에서 언급한 문제들에 대한 진술서를 제시하여, 관할 군청과 경찰서에 소지하고 있는 허가서의 재작성을 신청해야 한다. 여기에는 언급한 허가서를 첨부해야 한다. 이 경우에 해당하는 허가서는 허가서에 처음 이름을 준 당국이 정한 기간 동안 유효하다. 이 규정은 같은 현 관할 군청이나 경찰서의 판단을 따르는 장소로 재이동하는 면허 성매매 여성의 경우 유효하다. 위의 조항에 언급된 허가서를 얻었을 때, 그 사실을 3일 이내에 처음 이름을 준 당국에 신고해야 한다.

제24조 면허 성매매 여성이 소지한 허가 증명서에 변동이 발생했을 때, 혹은 분실했거나 손상되었을 때, 이 여성은 이 사실을 3일 이내에 관할 군청이나 경찰서에 신고하여 재작성하거나 갱신해야 한다.

제25조 면허 성매매 여성이 허가 기간 이내에 본인의 거래를 그만두고자 할 때, 이 여성은 이 사실을 구두 혹은 서면으로 신고하고 소지하고 있는 허가 증명서를 반환해야 한다. 위의 조항에서 언급된 신고는 성매매 여성이 직접 관할 군청이나 경찰서에 출석하지 않는 한 채택되어서는 안 된다. 그러나 이 규정은 이 여성이 우편으로 신고를 보냈거나 다른 자를 통해 제출하고 당국이 이 여성에게 직접 출석하기가 불가능한 명분이 있다고 판단한 경우에는 유효하지 않다. 허가 기간이 만료되면, 허가 증명서는 당국에 신속히 반환해야 한다.

제26조 면허업소 혹은 면허 성매매 일에 종사하는 자는 광고 혹은 유객을 끌어들이기 위한 어떤 다른 조치를 해서는 안 되며, 다른 이로 하여금 자기 대신 그러한 조처를 하게 해서는 안 된다.

제27조 경찰은 면허업소 종사자에게 위험을 예방하기 위한 혹은 위생의 관점에서 필요한 규정을 정할 수 있다.

제28조 경찰은 언제든 면허업소 혹은 면허 성매매 여성 거래에 관련된 문서와 장부를 조사하고 영업이나 거래가 수행되는 구역을 수사할 수 있다.

第29조 동일하게 지정한 제한을 받는 면허 업소 영업 종사는 조합[100]을 조직하여 계약조항을 정하고 자신들 가운데 관리자를 뽑아야 하며, 관할 군수나 경찰서장에게 그 사실을 신고하여 그에 대한 공식 인정을 받아야 한다. 당국은 계약서나 관리자가 적절치 못하다고 판단될 때, 계약조항의 수정이나 관리자의 재선정을 명령할 수 있다.

第30조 면허업소 영업자의 조합 관리자의 역할은 대략 다음과 같다.

1. 면허업소 영업자들의 명단과 고용된 면허 성매매 여성의 명단 준비
2. 면허업소 영업자와 조합에 고용된 면허 성매매 여성의 거래 관련 규정과 명령 전달
3. 면허 성매매 여성의 건강검진과 의학 치료와 관련한 문제
4. 조합원이나 조합원이 고용한 면허 성매매 여성이 행한 규정과 명령 위반을 경찰에 알림
5. 조합 비용 수집과 조합이 정한 회계 보고
6. 이외 특별히 명령한 문제들

第31조 면허업소 영업자 또는 면허받은 성매매 여성이 현재 법령의 규정들을 위반했거나 혹은 공공의 안녕을 해치거나 선량한 풍속을 해칠 때, 그자가 소지하고 있는 허가서는 무효가 될 수 있으며 사업이나 거래는 중단해야 한다.

第32조 면허업소 사업과 관련하여 지사에게 보내는 서면 신청서는 지역 군청이나 경찰서를 통해 제출해야 한다.

第33조 다음의 항목 가운데 무엇이라도 신청한 자나 본인의 역할을 수행하지 못한 조합 관리자는 경찰 구류 혹은 소액의 벌금이 부과된다.

1. 第2조에서 第7조까지, 第9조, 第14조, 第16조, 第19조에서 第24조까지, 第25조의 제1항과 제2항, 第26조, 第29조의 제1항의 규정을 위반한 자
2. 허위 진술서를 제출하여 면허 업소의 영업, 혹은 면허 성매매 여성으로 종사하기 위한 허가를 얻은 자.
3. 第27조에 언급된 명령에 불복종하거나, 第28조에 언급된 검사나 조사를 거부하거나, 또는 第31조에 언급된 중단 명령에 불복종한 자

100 원문에는 길드(guild)라고 되어 있다.

부칙(附則)

현재 법령은 공포일에 효력이 발생한다. 타이츄 현청 법령 10호에 따라 1906년 공포된 면허업소와 면허받은 성매매여성 단속규칙은 폐지한다.

현재 법령이 효력을 발생한 기간에 면허 업소의 영업에 실제로 종사하거나, 실제로 면허받은 성매매 여성이었던 자들은 현재 법령에 따라 허가를 받았다고 간주해야 한다.

〈별지 양식〉[101]

<table>
<tr><td colspan="2">씨명</td><td colspan="2"></td></tr>
<tr><td colspan="2">연령</td><td colspan="2"></td></tr>
<tr><td colspan="2">직업</td><td colspan="2"></td></tr>
<tr><td colspan="2">주소</td><td colspan="2"></td></tr>
<tr><td colspan="2">인상착의</td><td colspan="2"></td></tr>
<tr><td colspan="2">상대창기</td><td colspan="2"></td></tr>
<tr><td colspan="2">유흥금액</td><td colspan="2">엔</td></tr>
<tr><td></td><td colspan="2"></td><td></td></tr>
<tr><td>등루
월
일
시</td><td>귀거
(歸去)
월
일
시</td><td>월
일
전후
시</td><td>월
일
전후
시</td></tr>
</table>

101 이 양식은 일어본에만 나와 있다.

(타이완총독 민정장관 통첩 사본) 면허 성매매 여성의 검진과 의학적 치료에 관한 표준 규칙

1906년 4월, 민정장관(Director of Civil Administration)이 각 청장에게 보내는 통첩[102]

면허 성매매 여성의 건강검진과 의학적 치료를 위한 표준 규칙은 첨부한 바와 같이 정해졌다. 현재 적용되고 있는 규칙 가운데 어느 것이라도 이 규칙과 다른 점이 발견된다면, 이들을 모델에 맞출 수 있도록 수정을 요청할 수 있다. 귀하의 표준규칙을 좇기에 어렵다고 본 귀하 지역의 지역성이나 지역 조건을 고려하여 면허 성매매 여성의 건강 검진과 의학적 치료를 개시하고자 계획한 경우, 귀하는 사실 진술서를 제출하여 총독과 동일한 권리를 요청할 수 있다.

〈별지〉

면허 성매매 여성의 건강검진과 의학적 치료에 대한 표준 규칙(Standard Rules for Health Examination and Medical Treatment of Licensed Prostitutes)[103]

제1조 면허 성매매 여성은 현재의 규칙에 따라 청장(廳長)이 지정한 여성병원에서 건강검진과 의학적 치료를 받아야 하며, 그러한 병원이 소재하지 않는 곳에서는 청장이 지정한 공중 내과의사가 직접 해야 한다. 면허 성매매 여성은 병들었거나 다른 이유 때문에 건강검진을 위해 지정된 병원에 출석하지 못할 경우, 건강검진 예약 시간 이전에 이 사실을 병원에 신고해야 한다. 병들었을 경우 보고서에 의료 확인서를 첨부하고, 다른 이유가 있는 경우에는 면허업소운영조합 관리자가 발행한 확인서와 함께 사실 진술서를 첨부한다(조합이 없는 경우 이 여성이 거래에 종사하는 면허업소 영업자를 통한다). 위 조항에서 언급한 경우 필요하다고 판단되면, 관련 면허 성매매 여성은 본인의 거처에서 검사받는다.

제2조 건강검진은 정기 검진과 특별 검진 모두 해야 한다.

제3조 정기 건강검진은 매주 1회 실시해야 한다. 일정과 시간은 청장이 결정한다.

제4조 특별 건강검진은 다음 경우 어느 항이라도 실시해야 한다.

1. 면허 성매매 여성이 본인의 거래를 시작하고자 할 때

---

102 [일어본] 문건 번호 민경(民警) 제359호.

103 '창기검진 및 치료규칙 표준'의 영어 번역.

2. 면허 성매매 여성이 거래를 중단했거나 일정 기간 휴식 후에 거래를 다시 시작하고자 할 때

3. 면허 성매매 여성이 병에 걸렸거나 다른 이유로 건강검진을 받을 수 없을 때

4. 면허 성매매 여성의 건강검진 지정일이 본인이 온 장소의 건강검진 지정일과 다른 장소에서 본인의 구역으로 다시 이동했을 때

5. 면허 성매매 여성이 제5조 제1항 항목에서 언급한 질병에 감염되었음을 자각했을 때

6. 위 항목에서 언급한 것들 외의 경우, 청장이 필요하다고 판단했을 때

제5조 내과의가 면허 성매매 여성을 다음의 항목에서 언급된 질병이 전혀 없다고 진단했을 때, 내과의는 그녀에게 건강검진 확인서를 전달해야 한다.

1. 매독, 연성하감,[104] 임질

2. 결핵[105]과 나병(leprosy)

3. 그 외 감염 질병

내과의가 면허 성매매 여성이 위에 언급된 질병으로 고통받고 있다고 진단했을 때, 내과의는 신속히 이 여성에게 의학적 치료를 조치해야 한다. 이 경우 여성이 속한 면허업소 영업자는 보증인인 될 의무가 있다. 그러나 3번 항목에 언급된 질병의 경우 내과의가 의학적 치료에 장애가 되지 않는다고 생각할 때, 청장은 환자에게 자신의 거주지에서 치료받도록 허용할 수 있다.

제6조 면허 성매매 여성에 대해 내과의가 임신 4개월 이상임을 인지했거나 신체적으로 거래에 적합지 않을 때, 지사는 여성에게 거래를 중단하도록 명령할 수 있다.

제7조 환자가 완전히 회복되면 내과의는 여성에게 회복 일자가 적혀 있는 확인서를 전달해야 한다.

제8조 내과의가 제5조 제1항에서 언급된 질병에 걸린 면허 성매매 여성에게 3개월 이상 의학적 처치가 필요하다거나 치료 불가능하다고 진단했을 때, 청장은 여성이 소지한 성매매 허가서를 무효로 할 수 있다.

제9조 건강검진 확인서는 소지자가 건강검진을 받을 때마다 여성병원에 제시해야 한다.

---

104 원문은 soft chanore이나 chancroid의 오기인 듯하다.

105 원문은 Tubercular diseases이나 tuberculosis의 오기인 듯하다.

제10조 의학적 치료를 위한 비용은 (약품과 치료에 필요한 물품에 부과된 비용 포함) 환자 또는 환자의 보증인에게 징수해야 한다. 총금액은 별도로 정한다.

취식을 포함하여 환자 혼자 사용해야 하는 물품은 본인이 직접 부담해야 한다.

공중 내과의가 의학적 치료를 하는 경우, 이에 따른 비용은 환자나 환자의 보증인이 청장의 동의를 받은 다음 의사가 정한 요율에 따라 의사에게 직접 지불해야 한다.

제11조 제9조의 규정을 어긴 자에게는 경찰 구류 또는 소액의 벌금이 부과될 수 있다.

제12조 여성병원의 조직, 직원의 역할을 위한 규칙, 기타 필요한 문제들은 별도로 정한다.

부칙

현재 법령은 1906년 월 일부터[106] 효력을 갖는다.

면허 성매매 여성의 거래와 관계 있는 계약서에 포함되는 주요 문제에 관하여[107]
1922년 9월 타이베이주(Prefectural Office) 경무부장이 발급한 통지

면허 성매매 여성의 거래와 관련된 주요 문제들은 첨부한 대로 정했다. 1922년 10월 이후 해당 업무는 이에 따라야 한다.

면허 성매매 여성과 관련된 계약서에 포함되어야 하는 주요 문제(일하기로 계약한 기간)[108]

1. 거래기간과 지역
2. 거래기간은 4년 이하여야 한다.
3. 거래기간이 만료되었거나 거래에 종사하는 자가 죽었을 경우, 이 여성이 고용주에게 빌린 대출금으로 인해 발생한 둘 사이의 모든 관계는 효력이 중지되어야 한다.
4. 면허 성매매 여성이 거래에 종사하는 동안 거래에 부과되는 세금, 여성이 거래로 인해 필요한 의료비용, 의복, 침구, 식사, 도구, 방, 연료, 기름먹인 종이, 머리 손질, 여성이 거래를 수행하

106 월일은 공백으로 있다.

107 일어본의 제목 번역은 창기일(娼妓稼業) 계약 주요 사항에 관한 건. 문건번호는 경달(警達) 제35호.

108 [일어본] 연기일(年期稼業).

는 데 필요한 화장 도구와 기름에 쓰이는 비용 전액과 분만에 필요한 비용 절반은 여성의 고용주가 지불해야 한다.

5. 면허 성매매 여성의 고용주는 여성의 의료행위와 분만에 필요한 비용을 결제할 경우를 제외하고, 거래에 종사하겠다는 계약으로 취업에 동의 없이 여성에게 돈을 미리 지불해서는 안 된다. 만일 여성에게 대출해 주었다면, 이 사실이 거래 기간 만료 이후 다시 거래를 시작하게 강요하는 명분이 되어서는 안 된다.
6. 고용주와 면허 성매매 여성 사이에서 전자가 후자에게 한 대출로 발생한 모든 관계는 이 여성의 거래 회계장부에 써넣어야 한다. 그렇지 않다면, 모든 관계는 어떤 증거가 나왔다고 해도 무효다.
7. 면허 성매매 여성이 본인의 거래 기간 동안 벌어들인 모든 매상금은 고용주에게 귀속되지만, 유객이나 그 외의 자가 이 여성에게 준 돈이나 물품은 그녀에게 가야 한다.
8. 면허 성매매 여성의 고용주는 여성에게 한 달에 한 번의 낮과 한 번의 밤 동안 정기적인 휴식을 주어야 한다.
9. 면허 성매매 여성이 분만할 때, 여성의 고용주는 50일 이상의 휴식을 주어야 한다.
10. 면허 성매매 여성의 고용주는 매달 말에 이 여성에게 용돈으로 6엔을 주어야 한다.
11. 보호의 목적으로, 면허 성매매 여성의 고용주는 아래 언급된 바와 같이 분류된 퇴직금이나 장려금을 여성에게 주어야 한다. 이러한 기금에 책임이 있는 면허 성매매 여성의 고용주 조합은 여성이 거래를 그만둘 경우 여성에게 전달하기 위해 우체국 은행이나 일반 은행에 예금하여 보관해야 한다.

    문제가 제기된 돈은 면허 성매매 여성이 거래에 종사하는 동안 여성이 계약한 빚에서 공제한다.

    (a) 1달간 여성이 벌어들인 매수금 차감잔액의 1/5은, 여성의 대출금 지불을 위한 월 할부 불입금에서 떼어, 퇴직금으로 보존해야 하며, 총액의 1/2은 매달 말에 여성에게 주어야 한다.

    (b) 유객당 10엔은 장려금으로 보존해야 하며 월별 적립금을 월말에 여성에게 주어야 한다. 수령자가 사망한 경우, 위의 항에서 언급한 돈은 여성의 부모나 가장 가까운 친척에게 전달해야 한다.
12. 면허 성매매 여성이 계약 기간 중에 계약을 해지하고자 할 경우, 여성은 이미 총액에서 월

할부금을 지불한 대출금의 차감잔액을 갚아야 한다. 여기에 이자 총액도 월 __퍼센트(법정 이율)로 추가한다. 대출금은 계약 취소 날짜까지 계약된 것이다. 추가로 여성이 거래를 시작한 후 1년 이내에 계약이 해지되었다면 대출금의 10퍼센트를, 1년 이상 2년 이내라면 5퍼센트를, 계약이 시작될 때, 본인의 고용주에게 부담했던 비용에 대한 배상금을 지급해야 한다.

13. 면허 성매매 여성의 거래 기간 만료 혹은 기간 만료 전 계약 해지의 경우 즉시 본인의 고용주에게 고용주의 합의 없이 거래를 중지한 모든 일자에 대한 그리고 병약함이 이유일 경우 여성이 계약했던 거래를 중단한 일자의 절반에 대한, 대출금 일수 요율 총액을 지불해야 한다. 이는 여성의 거래나 다른 이유가 아니어야 한다.
14. 면허 성매매 여성이 다른 빚을 갚기 위해서나 위의 항목에서 언급된 의무를 다할 능력이 없다는 이유에서 계약을 갱신할 경우, 여성은 본인이 거래 기간 만료 전에 계약을 해지했다 해도 제12호에서 언급한 비용을 지불할 필요가 없다.
15. 면허 성매매 여성의 거래와 관련된 비용은 관련된 이들이 동등한 몫을 나누어 부담한다.

면허 성매매 여성과 관련 있는 계약에 포함되어야 할 주요 문제들

(본인의 이유로 종사하지만, 고용주에게 빚을 지고 있는 자는)

(a) 빚의 총액
(b) 면허 성매매 여성은 자신의 빚을 완전히 갚을 때까지 만 4년 이내의 기간 동안 고용주가 정한 장소에서 거래에 종사해야 할 것이다.
(c) 면허 성매매 여성은 본인 빚의 차감 잔액에 대해 (법정 이자인) 월 __퍼센트의 이율로 매달 이자를 갚아야 한다.
(d) 세금, 식비 그리고 여성이 거래를 수행하는 데 필요한 침구, 도구, 방, 연료, 기름에 대한 비용과 기타 비용은 고용주가 전액 지불해야 하며 여성에게 거래로 인해 필요한 의료비의 절반도 지불해야 한다. 반면에 다른 모든 비용은 여성이 부담해야 한다.
(e) 수익(proceeds)의 100의 45는 고용주에게 가고, 100분의 55를 여성에게 속하게 한다.[109]
(f) 면허 성매매 여성은 빚을 갚기 위해 매달 말에 수입의 절반이상 고용주에게 지불해야 한다.

109 [일어본] 아게다이(揚代)금의 100분의 45는 포주의 소득으로 하고 100분의 55는 일하는 사람(稼業人)의 소득으로 할 것.

(g) 면허 성매매 여성의 고용주는, 의료와 분만에 필요한 비용을 결제할 때를 제외하고, 여성이 거래에 종사하기 위해 함께 계약을 체결하기 위해 동의서를 제공한 자의 동의 없이 여성에게 선금을 지급해서는 안 된다.

(h) 면허 성매매 여성이 고용주에게 진 빚으로 인해 발생하는 고용주와 맺는 모든 관계는 여성의 거래 회계장부에 기재해야 한다. 이렇게 하지 않는다면, 이러한 모든 관계는 어떤 증거가 나오더라도 무효가 될 것이다.

(i) 면허 성매매 여성이 사망하면, 여성이 고용주에게 진 빚으로 인해 발생하는 고용주와 면허 성매매 여성 사이의 모든 관계는 유효함이 중지되어야 한다.

(j) 면허 성매매 여성은 매달 면허 업소 관리자 조합이 정한 날짜에 1회의 낮과 1회의 밤 동안 휴식을 해야 한다.

(k) 고용주와 면허 성매매 여성의 계약에 관한 비용은 양쪽에서 균등하게 부담해야 한다.

무면허 업소 관리자와 무면허 토착민 성매매 여성 단속에 관하여(Concerning the Control of Unlicensed Native Prostitues and Keepers of Unlicensed Houses)[110]

1922년 9월 타이베이주 경무부장이 발행한 통지

무면허 토착민 성매매 여성과(무면허 성매매 여성에게 방을 세 주고 영업한 자들은),[111] 다음의 조항에 따라 1922년 10월 1일 이후 단속받는다.

1. (　　또는　　라는 이름으로 알려진) 무면허 토착 성매매 여성은 작부로 간주하며 게이샤와 작부의 관리 규칙이 이들에게도 적용되어야 한다.[112]
2. (세간에는　　라는 이름으로 알려진[113]) 무면허 토착 성매매 여성에게 방을 임대해 주는 영업자는 방을 임대해 주는 영업자로 허가를 받아야 한다.

---

110 [일어본] 본도인(本島人) 사창 및 차모우젠(查某間, 사보칸) 단속에 관한 건. 다른 자료에서 사보칸은 媸媒嫺으로 표기되기도 한다. 문건번호는 경달(警達) 제39호.

111 [영어본] 빈칸으로 남아 있다. 곧 사보칸에 해당하는 부분을 번역 없이 빈칸으로 남겨 놓았다. [일어본] '본도인 사창과 차모우젠(자리를 대여하는 업을 하는 자)은'.

112 [일어본] 본도인 사창[천스챠모우(趁食查某)의 종류]은 작부로 간주하고 예기작부단속규칙을 적용할 것. 천스챠모우는 '생계를 도모하는 여자'라는 뜻이다.

113 영어본에는 '사보칸'이 생략되고 빈칸으로 남아 있다.

3. 도시 구역에서는 가능한 눈에 띄지 않는 지역을 선택하여 무면허 토착 성매매 여성의 주거지와 이들에게 방을 임대하는 사업의 집으로 지정 제한한다. 당연히 다른 장소에 이러한 설치물을 건립하는 것은 절대 허용되지 않을 뿐만 아니라, 앞에 언급된 제한 지역에 점진적으로 존재하는 설치물까지도 단계를 밟아 제거해야 한다.
4. 허가 없이 게이샤의 거래와 유사한 일에 종사하는 자들에 관해 이루어지는 수사는 철저해야 하며, 수사에 따라 이들은 응분의 조치를 받아야 한다.
5. 향후 적절한 때에 게이샤와 작부는 자기 보호용 정기 건강검진을 받아야 한다.

요리점과 음식점 단속규칙

1922년 9월 선포된 주령(州令) 45호. 주령 9호에 따라 1924년 개정

제1조 요리점(restaurants) 또는 음식점(eating houses) 영업에 종사하려는 자는 다음 사항을 군수나 경찰서장에게 제출하여 허가를 신청해야 한다. 만일 이러한 자가 미성년자이거나 금치산자라면, 신청서는 그 법정대리인의 공동 서명이 있어야 한다. 만일 한정 치산자나 결혼한 여성이라면, 그의 조력자나 남편의 공동 서명이 있어야 한다.

1. 본적지, 호적 등록지, 출생 이름과 날짜, 법인이 있을 때에는 그 명칭, 주사무소, 소재지, 대리인의 이름과 생년월일, 정관
2. 업소
3. 업종
4. 요리점 또는 음식점 이름
5. 사업에 사용될 건물 건축구조, 평면도와 단면도(출구와 입구, 창문, 길, 방의 배치, 환기 시설, 계단 위치와 폭, 부엌과 화장실 위치 등 세부 사항이 진술되어야 한다), 건물 구내 지역, 고켄(Goken) 지역 주변 약도[114]

지점을 설립하거나 업소를 옮기고자 할 때, 영업 건물을 확장하거나 수정하고자 할 때, 앞의 조항에서 언급된 절차를 밟아야 한다. 영업을 계속하려는 자가 어떤 변화도 가져오지 않고 기존의 업소를 양도받고자 할 때, 이 자는 앞 조의 제5호에서 언급된 문제를 생

114 [일어본] 사방 이웃 10칸 이내의 약도.

략할 수 있다.

제2조 영업 건물은 군청이나 경찰서의 검사에 통과하지 않는 한 사용해서는 안 된다. 재건축, 확장, 수정된 경우에도 같은 규칙이 유지된다.

제3조 군수 또는 경철서장은 영업용 건물이 위험하거나 위생상 유해하다고 인정할 때 수선을 명하거나 그 사용정지를 명령할 수 있다.

제4조 요리점이나 음식점 사업에 종사하는 자가 직접 운영하지 않거나 할 수 없게 되었을 때, 관리자를 임명하여 5일 이내에 관할 군수나 경찰서장에게 신청해야 한다. 이때 관리자의 호적지, 임시 거주지, 이름과 생년월일, 과거 경력에 대한 증명서를 제출해야 한다.

제5조 다음 항목 해당자에게는 어떤 허가도 인정해서는 안 된다.

1. 공공의 안녕이나 선량한 풍속을 해칠 것 같은 자
2. 과거 경력이나 행동이 나빴다고 인정된 자
3. 대가를 바라고 다른 이에게 자신의 이권을 넘길 것 같은 자
4. 영업 중지 상태 기간 중 영업을 포기한 자 또는 소지 중인 허가증이 무효화된 지 2년이 지난 자
5. 고용사무소 사업을 수행 중인 자 또는 동일한 사업 지역에서 호텔이나 여관 영업을 수행 중인 자[115]
6. 위의 항목들에서 언급한 외에 이 영업을 수행하는 데 적합하지 못하다고 여겨진 자

위 조항의 규정은 제4조에 언급된 관리자에게도 적용되어야 한다.

제6조 요리점 또는 음식점 영업이 인정된 자가 6개월 이내에 사업을 시작하지 않거나 사업 개시 후 6개월 이상 사업을 중단했을 때는 무효가 된다.

제7조 다음 사항이 발생한 경우, 그 사실을 관할 군청이나 경찰서에 5일 이내에 신고해야 한다.

1. 제1조 제1항 제1호와 제4호에서 언급된 문제들에 대해 어떤 변화라도 발생했을 때
2. 법정대리인 또는 조력자인 자에게 어떤 변화가 발생했을 때
3. 관리인이 해임되었을 때
4. 휴업하거나 다시 시작하였을 때
5. 폐업할 때

---

115 [일어본] 주선업 또는 동일 지역 내에서 숙박업소 영업을 하는 자.

6. 영업자가 사망하거나 실종되거나, 또는 법인이 해산되었을 때

7. 고용직원이 계약되었거나 해임되었을 때

8. 관리인, 고용직원이 사망하거나 실종되었을 때

위 조항에서 언급된 신고해야 할 문제 가운데, 사업 중단의 경우 중단 사유 및 기간 진술서를 제출해야 하며, 고용직원의 계약의 경우 이 자의 호적, 임시 거주지, 이름과 생년월일이 있는 진술서를 제출해야 하며, 여기에 관할 군수나 경찰서장이 발행한 건강검진 증명서를 첨부한다.

제1항 6번 항목에 언급된 경우, 가장, 상속자, 행정인 또는 청산인이 필요한 절차를 밟아야 한다.

제8조 요리점 혹은 음식점에 종사하는 자는 다음 문제를 준수해야 한다.

1. 어떤 고객에게도 접대를 권유해서는 안 되며, 요구하지 않는 음식이나 음료도 대접할 수 없다. 과도한 대가를 요구하지도 않으며, 게이샤(노래하는 소녀)의 계약도 강요할 수 없다.
2. 고객을 면회하고자 하는 이가 있을 때에는 이유 없이 그를 은폐하거나 또 그 절차를 거절하거나 혹은 고객의 승낙을 얻지 않고 함부로 객석에 들여서는 안 된다.
3. 어떤 게이샤나 작부도 공공의 시야에 노출된 장소에서 단장해서는 안 된다.
4. 어떤 고객도 숙박을 허락해서는 안 된다.
5. 게이샤나 작부나 그 외 예술가들 모두 숙박이 허락되어서는 안 된다. 그러나 이 규칙은 자기 집에 거주하는 이로 그 집을 성매매 구역으로 삼았을 때에는 적용되지 않는다.
6. 이 영업자가 사망하거나 실종되었을 때, 혹은 사법인이 해산되었을 때
7. 음식점에서는 게이샤나 작부, 그 밖의 예능 종사자가 손님을 시중들도록 하거나 그곳에서 거주하도록 허용해서는 안 된다.
8. 경찰 당국의 승인을 받지 않았다면, 고객의 의상이나 소지품을 보안용이나 비용 지불 목적으로 잡아두어서는 안 된다.
9. 심야 이후에는 어떤 노래, 춤, 음악 공연, 그 외 소란스러운 행위도 허용하면 안 된다.
10. 영업시간 중에는, 어떤 출입구도 닫혀 있으면 안 된다.
11. 여성에게 숙소를 제공해 주겠다고 제안할 때, 이 여성의 호적지, 임시 거주지, 직업, 이름과 생년월일, 숙박 사유를 관할 군청, 경찰서, 또는 파출소에 신고해야 한다.

12. 고객이 사망하거나 다치거나 독을 먹었거나 혹은 소지품을 분실했거나 도난당했을 경우, 다른 손님을 입장시키거나 약속을 남기도록 허용하면 안 된다. 그리고 이 사실을 신속히 경찰에 신고해야 한다. 이 규칙은 손님이 감염병으로 고통받고 있다는 의심이 들 때도 적용해야 한다.

13. 고객이 그 사회적 위치와 비교해 맞지 않는 돈이나 물품을 소지하고 있다고 판단되었을 때, 또는 이 자의 행위나 다른 문제가 의심스럽다고 판단되었을 때, 이 사실을 신속하게 경찰에 신고해야 한다.

14. 객실과 부엌은 항상 청결을 유지하고 환기를 잘해야 한다.

15. 음식점의 음식과 음료 가격표는 눈에 잘 띄는 곳에 붙여야 한다.

15-1. 요리점의 음식과 음료의 가격표는 미리 준비해 두어야 하며, 고객이 요구하는 즉시 보여 주어야 한다.

16. 타구(spittoon)는 복도와 기타 편한 곳에 준비해 두어야 하며, 매일 청소하고 살균제를 뿌려두어야 한다.

17. 화장실과 욕실은 항상 청결을 유지해야 한다. 악취가 풍기기 쉬운 화장실이나 다른 장소에 탈취제를 항상 놓아두고, 파리나 구더기 성장 예방을 위해 유제와 다른 살충제를 놓아야 한다.

18. 테이블 서비스는 항상 청소하여 청결을 유지해야 하며, 손님이 사용하는 쿠션은 수시로 태양에 노출시켜야 한다.

19. 음식과 음료는 항상 덮개를 씌워 보관하여, 먼지, 해충, 기타 불결한 물질이 그 위에 쌓이지 않도록 해야 한다.

20. 앞의 항목에서 언급하지 않은 다른 특별 훈령들

제9조 영업자는 결핵, 나병, 매독, 또는 전염병에 감염된 자가 음식과 음료, 또는 테이블 서비스를 취급하게 하거나, 이러한 것들을 취급하는 장소에 입장시켜서는 안 된다.

제10조 영업자는 본인의 업소 입구에 간판을 걸어야 한다.

제11조 군수 또는 경찰서장이 공중보건을 위하여 필요하다고 판단할 때, 영업자에게 본인과, 본인의 관리자, 혹은 고용주에게 지정된 내과의가 준비한 건강검진 증명서를 제시하도록 명령할 수 있다.

제12조 군수 또는 경찰서장이 영업자가 공공의 안녕과 선량한 풍속을 해쳤거나 본인의 특권을

다른 이에게 보수를 바라고 이전한 사실을 인식했을 때, 영업자의 사업을 중단시키거나 그가 소지한 허가서를 해지할 수 있다.

관리인 또는 종업자에게 위의 조항에서 언급된 어떤 행위라도 위임했음을 발견되었을 때, 또는 공중 건강을 위해 필요하다고 판단될 때, 군수 또는 경찰서장은 관리자 변경을 명령할 수 있고 고용주를 해고할 수 있다.

第13조 단속을 강화해야 할 필요가 있다고 판단될 때, 경찰은 영업장소를 수색하거나 영업 장부를 검사할 수 있다.

第14조 군수 또는 경찰서장이 영업자에게 자체 조합을 조직하거나 그러한 조합을 해체하거나 조합의 임원을 재 선발하도록 명령할 수 있다.

第15조 제1조 제1항과 제2항, 제2조, 제4조 제1항, 또는 제7조에서 제9조 제1항까지의 조항들을 위반한 자, 또는 제3조, 제9조 또는 제12조에서 14조까지에서 언급된 명령을 따르지 않은 자, 또는 제13조에서 언급된 조사나 검사를 거부한 자는 70엔이 넘지 않는 벌금이나 경찰서 구류 혹은 소액 벌금에 처할 수 있다.

제10조의 조항을 위반한 자는 경찰서 구류 또는 소액 벌금에 처할 수 있다.

第16조 영업자는 영업에 관해 본인의 가족 구성원, 혹은 이 자의 집에 사는 자들이나 직원들 누구의 행위에 대해서도 책임을 져야 한다.

第17조 현재 법령의 규정에 따라 영업자에게 적용되는 형벌 조항은 제4조에 언급된 경우 관리인에게 적용되고, 영업자가 미성년자이거나 금치산자인 경우 이 자의 법정대리인에게 적용된다. 그러나 이 규정은 영업과 관련하여 성인과 똑같은 능력을 지녔다 해도, 미성년자에게는 적용되지 않는다. 영업자가 사법인인 경우 관련 처벌 조항은 그 대리인에게 적용된다.

第18조 지역 상황을 고려하여 청장의 허가를 얻었다면, 군수 또는 경찰서장은 현 법령의 일부를 집행하지 않아도 된다.

第19조 현 법령은 음식과 음료를 취급하는 행상이나 임시 노점의 노점상에게는 적용되지 않는다.

부칙

현 법령은 1922년 10월 1일 효력이 발생한다.

종래의 영업자는 현 법령에 따라 허가를 받은 것으로 간주한다.

게이샤와 작부 단속규칙

주령(州令) 제50호

1922년 9월 발표, 1923년 주령 제30호와 1924년 주령 제11호에 의해 개정

제1조 게이샤와 작부 거래에 종사하고자 하는 자는 관할 군수나 경찰서장에게 다음의 문제들에 대한 진술서를 제출하여 허가를 신청하고 허가 증명서를 받아야 한다.

1. 신청자의 호적지, 임시 거주지, 이름과 생년월일
2. 거래에 종사하게 될 지역과 거주하게 될 장소
3. 직업상 이름
4. 고용주의 주소, 이름, 직업
5. 호적등본 사본
6. 군수 또는 경찰서장이 지정한 내과의가 준비한 여성의 건강검진 확인서
7. 여성과 고용주 사이에 맺은 여성의 거래와 관련한 동의서(agreement) 사본[116]
8. 여성이 이전에 게이샤나 작부였다면, 이 여성의 거래 설명서와 거래에 종사했던 장소. 이 여성이 이전 고용주에게 진 빚을 완전히 갚지 못했다면, 거래 포기 일자와 그에 대한 사유서.

위 절에서 언급된 신청자가 미성년자라면, 여성의 법정대리인의 서면 동의서를 신청서에 첨부해야 하며, 결혼한 여성일 경우에는 남편의 서면 동의서를 첨부해야 한다. 이 여성이 동의(consent)를 얻지 못했다면 그러한 취지의 진술서를 첨부해야 한다.

제2조 군수 또는 경찰서장은 다음 항목에 적용되는 자에게는 게이샤나 작부 거래 종사 허가를

116 [일어본] 일(稼業)에 관해 포주와의 사이에 맺은 계약서 사본. 가교(稼業)는 생계를 위한 일이라는 의미가 포함되어 있는데 적절한 한글을 찾기 어렵다. 영어에는 이것이 'her trade'로 번역되어 있다. 포주(抱主)가 고용주(her employer)로 번역되어 있는 것도 주목할 만한 지점이다.

인정하지 않을 수 있다.

1. 12세 미만인 자
2. 결핵, 나병, 매독, 그 외 감염병으로 고생한 자 그리고 공중 건강에 유해하다고 판단되는 자
3. 게이샤 그리고 면허 성매매 여성 또는 작부 거래에 종사하는 동안, 자신의 의무를 이행하지 않고 고용주의 바람에 반하여 거래를 포기한 자, 또는 거래를 중단하고 그 이후 1년이 지나지 않은 기간 동안 거래를 포기한 자
4. 공공의 안녕이나 선량한 풍속을 해칠 수 있다고 판단되는 자, 또는 성격이나 품행, 과거 경력이 나쁘다고 판단되는 자
5. 고용주와의 계약(agreement)이 적절치 못하다고 간주하는 자
6. 이 일에 맞지 않다고 간주하는 자

제3조 게이샤나 작부는 다음의 문제를 준수해야 한다.

1. 거래에 종사하는 동안, 여성은 허가 증명서를 직접 소지해야 한다.
2. 여성은 다른 사람에게 허가 증명서를 빌려 주어서는 안 된다.
3. 여성은 공공의 시선에 노출된 장소에서 단장해서는 안 된다.
4. 게이샤는 호텔이나 여인숙[117]에서 매매에 종사하면 안 된다.
5. 작부는 파티[118]에서 노래, 춤, 연주 등의 공연을 해서는 안 된다.
6. 본인의 거래 구역 밖의 장소로 여행하거나 숙박하는 동안 게이샤나 작부가 미리 계획했던 시간 안에 귀가하지 못할 때, 여성은 여행했거나 숙박했던 그 장소의 관할 경찰관서에 이 사실을 보고해야 하다. 이때 본인의 귀가 불가능 사유와 집에 부재하리라 예상되는 기간에 대한 진술서를 제출해야 한다.
7. 게이샤나 작부가 본인의 거래 구역 밖의 장소로 여행하거나 숙박하고자 할 때, 이 여성은 자신의 목적지, 여행 사유와 기간을 관할 경찰서에 신고해야 하며, 여행에서 돌아왔을 때에는, 그러한 취지로 신고해야 한다.
8. 게이샤나 작부는 허가 증명서를 보여 달라는 경찰의 요청을 거부할 수 없다.

117 [일어본] 호텔이나 여인숙의 일어 원문은 숙박업소(宿屋).

118 일어본은 객석(客席).

9. 게이샤나 작부는 본인의 집에 손님을 초대해도 안 되고 숙박하게 해도 안 된다.

10. 위의 항목에서 언급된 것들 외의 것들을 통제하기 위해 특별히 명령한 문제들

제4조 게이샤나 작부가 고용주와의 계약을 변경하고자 할 때, 이 여성은 사전에 이 시살을 군수나 경찰서장에게 신고하고 그의 인정을 받아야 한다.

제5조 게이샤나 작부가 거래를 포기하고자 할 때, 여성은 이 사실을 구두 또는 서면으로 신고하고 소지하고 있는 허가 증명서를 반환해야 한다.

제6조 다음 항목에 언급된 어떤 경우에라도 그 사실을 5일 이내에 구청이나 경찰서에 신고하고, 절차를 밟아 관련자가 소지하고 있는 허가 증명서를 재작성하거나 반환해야 한다.

1. 제1조 제1호에서 제4호 항목까지 언급된 문제들에 어떤 변화가 발생했을 때

2. 허가 증명서가 손상되었거나 분실했을 때

3. 게이샤나 작부가 사망했거나 실종되었을 때

앞의 항 제3호에 언급된 사례에서, 이 여성의 고용주나 게이샤나 작부가 사는 업소의 장(head)[119]이 필요한 절차를 밟아야 한다.

제7조 현재 법령에 따라 게이샤나 작부가 제출해야 할 모든 서면 신청서와 보고서는 여성에게 고용주가 있다면, 고용주의 공동 서명이 있어야 한다. 고용주의 공동 서명을 얻지 못했을 때, 이 여성은 신청서나 보고서에 이에 준하는 추가 진술서를 첨부해야 한다.

제8조 게이샤와 작부의 고용주는 고용 중인 게이샤와 작부 각각에 대한 회계장부를 준비해야 한다. 이 장부에는 여성이 획득한 수입이나 지출한 비용의 액수를 발생한 때마다 기재해야 한다. 이렇게 해야 여성에게 지불된 선금이나 여성이 갚은 변제금으로 발생한 모든 관계가 분명할 수 있다.

위의 절에서 언급한 회계장부의 복사본을 준비하여 관련된 게이샤나 작부에게 전달해야 한다. 경찰은 회계장부나 그 사본을 검사할 수 있다.

제9조 게이샤나 작부의 고용주는 이들을 처벌해서는 안 되며, 자의로 이들의 자유를 억제해서도 안 되고, 이들을 유인하여 돈을 낭비하게 하거나, 지나친 가격의 제품을 구매하도록 해서는 안 된다.

제10조 누구도 게이샤나 작부의 의사소통, 고객 상대, 편지와 책 읽기, 소지품, 소지품 구입이나

---

119 [일어본] 포주 또는 머무는 곳의 호주.

판매, 그 밖의 자유를 간섭해서는 안 된다.

제11조 군수나 경찰서장이 위생의 관점에서 필요하다고 판단할 때, 게이샤나 작부에게 그가 지정한 내과의가 준비한 건강검진 증명서를 제시하도록 명령할 수 있다.

제12조 군수나 경찰서장은 결핵, 한센병, 매독, 그 밖의 감염병을 앓고 있다고 진단받은 게이샤나 작부에게 매매를 중단하거나 그가 지정한 장소에서 의료 처치를 받도록 명령할 수 있다.

제13조 군수나 경찰서장은 다음의 어떤 항목에 적용되는 게이샤나 작부에게 이 여성의 매매를 중지하도록 명령할 수 있으며, 그러한 게이샤나 작부의 소유 허가를 무효로 할 수 있다.

1. 제2조 제1항 제2호, 제4호, 제6호 어느 것이라도 적용될 수 있는 사실이 있을 때
2. 게이샤나 작부가 가짜 진술서를 제시하여 거래에 종사할 허가를 받았을 때
3. 게이샤나 작부가 제11조와 제12조에 언급된 명령을 따르지 않았을 때
4. 게이샤나 작부가 매매에 종사할 능력이 없다고 판단될 때

제14조 제8조 제1항과 제2항, 제9조와 제10조의 규정을 어긴 자, 또는 제8조에 언급한 회계장부에 거짓으로 기재했거나 같은 조 제3항에서 언급한 검사를 거부한 자. 또는 제11조부터 제13조까지에서 언급한 명령을 준수하지 않은 자는 70엔 이하의 벌금이나 경찰 구류 또는 소액의 벌금에 처해야 한다.

제1조 제1항, 제3조부터 제6조까지의 규정을 어긴 자는 경찰 구류 또는 소액의 벌금에 처해야 한다.

제15조 현재 법령의 처벌 조항은 게이샤나 작부의 매매에 종사하는 자가 14세 이하일 경우 이 여성의 고용주에게 적용해야 하며, 고용주가 없다면 법정대리인에게 적용해야 한다.

부칙

현재 법령은 1922년 10월 1일부터 효력이 발생한다.

현재 법령 이전에 게이샤나 작부의 거래에 종사할 허가를 받은 자는 현재 법령에 따라 허가를 받은 것으로 간주해야 한다.

토착민 게이샤와 작부에 관하여
1922년 10월, 경무국장이 각 군수와 경찰서장에게 발급한 공지

적잖은 토착민 여성들이 법령에 따른 허가를 받지 않고 은밀하게 게이샤나 작부의 거래에 종사하고 있다고 한다. 공공의 건강과 선량한 풍속을 이롭게 하도록 그러한 여성들에 대한 단속을 게을리 하면 안 된다고 말할 필요는 없다. 특히 게이샤나 작부, 그 밖의 다른 예술가를 파티에 초대하여 여흥을 돋우고자 하는 자들로부터 징수하는 위락에 대한 세금 제정의 측면에서 1920년 4월 1일 이후 이들을 온당한 통제 아래 둘 필요가 있다. 게이샤나 작부 매매에 비밀히 종사하는 토착민 여성만 남겨둔다면, 세금 부과의 문제에 관하여 같은 매매에 종사하는 일본인 여성에게 불공평할 뿐만 아니라, 그러한 여성 전체에 대해 철저하게 통제를 행사하기에는 적절치 못하다. 그러므로 귀하의 언급된 매매에 종사하리라 판단되는 토착민 여성을 유인하는 문제에 여기에서보다 더 관심을 두고, 필요한 조처를 해서 이러한 여성의 통제에 실수가 없도록 해야 한다.

고용 소개인 단속에 관한 규칙
주령 제42호, 1922년 9월 발표

1927년 주령 제22호에 의해 수정

제1조 현재 조례에서 언급하고 있는 "고용 소개인(employment agent)"이라는 용어는 다음 영업의 종사자로 이해한다.

제1부류: 게이샤, 면허 성매매 여성, 작부, 웨이트리스(waitresses)를 위한 취업 소개인[120]

제2부류: 사무원, 점원, 선원, 노무자, 수습생, 입주 가정교사(governess), 유모(wet nurse), 남성 및 여성 하인, 그 밖의 일을 맡는 자들을 위한 취업 소개인

제3부류: 결혼 소개인

고용 소개인은 위에서 언급한 제1, 2, 3부류의 영업에 동시에 종사할 수 있다.

제2조 고용 소개 영업자는 군수, 경찰서장, 또는 경찰분서장에게 다음에 대한 서류를 제출하여

---

120 [일어본] 예기, 창기, 작부, 나카이의 소개.

허가를 받아야 한다. 업종, 사무실 위치, 요금과 그 외 부과금 액수의 변경을 하고자 할 때도 같은 규칙이 적용된다.

1. 신청자의 본적지, 현재 거주지, 이름과 생년월일, 직업, 법인(juridical person)인 경우는 그 이름, 사무실 위치, 본적지, 현재 거주지, 대리인의 이름과 생년월일, 정관
2. 업종과 업소명
3. 업소
4. 요금과 그 밖의 부과금 액수
5. 제3부류 사업의 경우, 영업방법의 특이사항과 영업 건물의 평면도(다양한 용도에 따른 방의 분명한 분류)

제3조 제1부류의 영업 종사자는 군청, 경찰서 또는 경찰분서에 허가를 받은 후 5일 이내에 신원보증금(security)으로 500엔을 제출해야 한다.

앞의 절에서 언급한 보증금은 국채권으로 지불해도 된다. 영업자가 영업을 포기했거나 허가서가 무효가 되었을 때에는 보증금 반환 신청을 해야 한다.

제4조 다음 해당자에게는 고용 소개의 영업 허가를 할 수 없다.

1. 공안과 풍속에 해를 입히거나 이 사업에 적합지 않다고 판단되는 자
2. 본인의 특혜를 다른 이에게 보수를 받고 이전할 수 있는 자
3. 허가서가 무효화 된 후 2년이 지나지 않은 자

제5조 고용 소개인과 그 가족이 호텔이나 여인숙, 요리점, 음식점, 면허 업소, 마치아이-차야(machiai-chaya, 숙박시설 있는 찻집)의 사업에 종사하거나, 이러한 영업자와 같은 업소에서 본인의 영업을 수행할 수 없다.

제6조 고용 소개인이 금치산자일 때, 또는 영업을 직접 운영할 수 없을 때, 또는 영업의 직접 운영을 계속하기가 불가능할 때, 관리자를 임명하여 군수나 경찰서장, 또는 파출소장에게 허가 신청을 해야 한다. 이때 관리자의 본적지, 현재 거주지의 증명서를 제출해야 한다. 관리자를 변경하고자 할 때도 같은 절차를 밟아야 한다. 앞의 절에서 언급한 관리자는 고용 소개인에게 부과되는 모든 책임을 감당해야 한다.

제7조 고용 소개인이 직원을 채용하고자 할 때, 이 자는 군수, 경찰서장 또는 파출소장에게 그가 고용하고자 하는 여성이나 남성의 본적지, 현재 거주지, 이름과 생년월일의 증명서를 제출하여 허가를 받아야 한다.

제8조 호텔이나 여관, 요리점과 음식점, 면허 업소, 마치아이-차야, 가시세키(kashiseki, 셋방), 또는 위락장 영업자, 또는 제4조 제1호와 제3호를 신청한 자는 고용 소개소의 관리자나 직원이 되어서는 안 된다.

제9조 고용 소개인, 관리자, 고용직원은 영업 구역의 바깥 장소에서 영업에 종사할 때에는 허가 증명서를 가지고 있어야 한다.

제10조 허가 증명서를 분실했거나 훼손했거나 또는 여기에 적혀있는 사항에 변동이 생겼을 때에는 5일 이내에 군수, 경찰서장, 또는 파출소장에게 동일한 서류의 갱신 또는 재작성을 신청해야 한다. 위에서 언급한 서면 신청서에는 분실의 경우를 제외하고 허가 증명서를 첨부해야 한다.

제11조 다음에 해당되는 경우, 고용 소개인은 5일 이내에 군청, 경찰서 또는 파출소에 그 사실을 신고해야 한다. 제1호와 제2호의 경우 허가 증명서를 반환해야 한다.

1. 이 자가 본인의 사업을 포기했을 때
2. 제2조 제1호에 언급된 문제에 어떤 변화가 발생했을 때
3. 고용 소개인, 관리인이나 고용 직원이 사망했거나 실종되었을 때
4. 법정 소개인인 자에게 어떤 변화가 발생했을 때.
5. 관리자가 입무를 하지 않게 되었거나 고용직원을 해고했을 때
6. 본인의 상호를 변경했을 때
7. 앞 항 제3호의 경우 관련된 자가 고용 소개인 자신일 때, 필요한 절차는 집의 가장, 집에서 사는 자, 후계자, 또는 재산관리인이 취해야 한다.

제12조 고용 소개인은 다음의 해당자에게는 고용 소개를 해서는 안 된다.

1. 법정대리인의 동의가 없는 미성년자
2. 남편의 동의가 없는 결혼한 여성. 민법 제17조에 언급된 경우는 제외
3. 정신병자, 또는 감염성 질병으로 고생하고 있는 자
4. 사회적 지위가 알려지지 않은 자와 보증인이 없는 자. 고용 소개소가 보증인인 자는 예외
5. 제3부류 영업에 종사하는 고용 소개인의 경우, 본인의 호적 사본(토착민의 경우, 모든 가족의 호적 사본)을 소지하지 않은 자, 17세 미만 남성, 15세 미만 여성(본인 부모의 서면 동의서 또는 이와 동일한 효력이 있는 문서를 얻지 못하는 충분한 이유가 있을 때), 30세 미만

남성이나 25세 미만 여성으로 본인의 집에서 사는 부모의 서면 동의서를 소지하지 않은 자

제13조 고용 소개인은 다음의 문제들을 준수해야 한다.

1. 이미 고용된 자 또는 본인의 거래에 종사하고 있는 자가 다른 곳에서 구직을 권유받아서는 안 된다.
2. 어떤 소개도 본인의 의지에 반하여 이뤄져서는 안 된다.
3. 과장 혹은 허위 광고나 안내를 붙이면 안 된다.
4. 과장 또는 허위 광고나 안내문을 전시해서는 안 된다.
5. 거리, 공원, 역, 부두, 그 밖의 유사한 장소를 돌아다니며 채용하면 안 된다.
6. 고객에게 의복과 음식을 임의로 제공하거나 돈이나 그 밖의 물품을 임의로 대여해서는 안 된다.
7. 어떤 소개도 본인의 사회적 지위, 자산 등을 사실대로 밝히지 않았거나 또는 결혼 의도가 없다고 알려진 자를 위해 행해져서는 안 된다.
8. 고객을 데려온 자에게 돈이나 물품, 또는 그 밖의 혜택을 어떤 이름으로도 제공해서는 안 된다.
9. 공식적으로 인정된 요금 아닌 어떤 돈이나 물품도 어떤 명목으로 받아서는 안 된다.
10. 고객이 받는 급여의 수령이나 고객에게 준 선불금의 어떤 일부도 취할 수 없다.
11. 서면 영수증과 계산서는 고객이 정해진 요금과 선불금을 지불한 즉시 고객에게 전달해야 한다.
12. 소개인의 주소와 이름이 새겨진 문패와 등 그리고 영업 종류가 사무실 입구에 전시되어야 한다. 그러나 이 규칙은 제3종의 영업을 하는 소개인이 따를 필요는 없다.
13. 요금이나 그 밖의 부과금의 요율은 사무실의 눈에 잘 띄는 장소에 붙여두어야 한다.
14. 소개인의 사무실에서 어떤 고객도 공공의 안녕과 선량한 풍속을 해치는 행동을 하도록 허용해서는 안 된다.
15. 위의 항목들에서 언급하지 않은 것으로 특별히 명령한 문제들

제13조-1 고용 소개인과 그 관리인, 고용 직원, 가족, 그 밖의 종사자나 또는 이전에 본인의 영업에 종사했거나 이들의 위치에 있었던 자는 정당한 이유 없이, 영업에 종사하는 동안 알게 된 사람들의 사적인 비밀을 밝혀서는 안 된다.

제14조 제1종과 제2종의 영업을 하는 고용 소개인과 제3종의 영업을 하는 고용 소개인은 첨부 서류의 제2호와 제3호 양식의 장부를 만들어서 사용하기 전에 군청, 경찰서 또는 파출소의 검사날인을 받아야 한다. 그 장부에 소개를 할 때마다 소정의 사항을 써넣어야 한다.

위의 절에서 언급한 장부는 마지막으로 기재한 날짜의 계약 기간 만료 후 2년 동안 보존해야 한다.

제15조 취업 소개인은 고용 직원과 고용주 사이의 계약 문제들에 관하여 보증을 서야 한다. 그러나 고용 직원이 직접 본인의 보증을 선 경우, 이 규칙은 유효하지 않다.

제16조 다음 항목이 적용되는 경우, 고용 소개인은 미리 구청, 경찰서 또는 파출소에 신고해야 한다.

1. 이 자가 고객과 여행을 가고자 할 때
2. 이 자가 고객의 소지품을 팔거나 저당잡고자 할 때, 또는 그러한 물품을 요금에 대한 보증금 또는 그 대신에 전달했을 때
3. 이 자가 고객에게 여관 아닌 다른 장소나 본인의 사무실에 숙소를 제공하고자 할 때

제17조 고용 소개인이 제1조에 언급된 제2종 영업의 범주 안에서 사람들을 대규모로 모으고자 할 때, 그 사실을 군청, 경찰서 또는 파출소에 신고하며 다음 문제에 대한 신술서를 제출해야 한다.

1. 사람을 모으고자 하는 목적, 구역, 채용 기간, 채용할 사람의 수
2. 모으는 사무실 주소
3. 계약 내용

제17조-1 관할권 밖 장소에서 영업하는 고용 소개인으로, 그 바깥 장소에서 본인의 거래에 종사하고 있는 게이샤, 작부 또는 면허 성매매 여성을 위해 관할권 안 장소의 고용을 찾고자 하는 자는 다음 서류를 제출하고 관할 군청, 경찰서, 파출소에 이 사실을 신고해야 한다.

1. 소개인의 본적지, 현재 거주지, 이름과 생년월일
2. 고객의 본적지, 현재 주소, 이름과 생년월일
3. 고용주의 거주지, 이름, 직업
4. 고객 직업의 주요 특징 또는 고객과 고용주의 계약

5. 제12조에서 적용되지 않는 문제들

제18조 필요하다고 판단되면, 경찰은 고용 소개인의 사무실을 방문하여 영업 장부와 그에 해당하는 문서를 조사할 수 있다.

제19조 군수, 경찰서장, 또는 파출소장은 다음 항목에 적용되는 고용 소개인의 영업 중단이나 소지하고 있는 허가서의 무효를 명령할 수 있다.

1. 제4조의 항목에 이 자가 적용될 때
2. 현재의 법령 위반으로 처벌을 받았거나 개선의 여지가 보이지 않을 때
3. 허가를 받은 후 3개월 이내에 영업을 시작하지 않은 때, 또는 6개월 이상 영업을 중단했거나 실종되었을 때

제20조 군수, 경찰서장 또는 파출소장이 고용 소개인의 관리인이나 고용 직원이 공안과 풍속을 해칠 것으로 판단한 때에는 이 자를 변경하거나 해고하도록 명령할 수 있다.

제21조 제2조, 제6조 제1항, 제7조, 제12조, 제13조, 제13조-1, 제17조-1을 위반한 자, 또는 제18조에서 언급한 조사와 검사를 거부한 자, 또는 제19조에서 언급한 중단 명령이나 제20조에서 언급된 명령을 불복종한 자는 70엔을 초과하지 않는 벌금이나 경찰 구류, 혹은 소액 벌금에 처할 수 있다.

제10조 제1항, 제11조, 제17조에서 제19조까지 위반한 자는 경찰 구류나 소액 벌금에 처할 수 있다.

제22조 가장이나 식구 누구나, 같은 집에 사는 자, 또는 고용 소개인의 고용직원이 영업과 관련하여 현재의 법령 조항을 위반했을 때, 처벌 조항은 그 행위를 모르고 저지른 사실과 상관없이 그에게 적용되어야 한다.

제23조 제6조에 언급된 경우, 고용 소개인에게 적용 가능한 처벌 조항은 이 자의 관리인에게 적용해야 하며, 만일 고용 소개인이 법인이라면 그 대리인에게 적용해야 한다.

부칙

현재 법령은 그 선포한 날 즉시 효력을 발생해야 한다.

고용 소개인의 요금 인정에 따른 표준 요율에 관하여
경달(警達) 제38호. 1922년 9월 공포

고용 소개 영업에 종사하거나 요금요율 변경을 위하여 허가 신청서를 제출하면 다음 표준요율을 고려하여 허가해야 한다.

1. 게이샤, 면허 성매매 여성, 작부, 나카이(레스토랑에서의 여성 직원)에 대하여

(Ⅰ) 여성이 대출을 계약(contracts)한 경우

(a) 대출금이 만일 1000엔 미만이라면 대출금의 7퍼센트 미만

(b) 만일 2000엔 미만이라면 대출금의 6퍼센트 미만

(c) 만일 2000엔 이상이라면 대출금의 5퍼센트 미만

(Ⅱ) 이 여성이 대출을 계약하지 않은 경우, 10엔 미만

2. 그 외 경우는 두당 5엔 미만

소개비는 계약이 정해진 후 관계자 양쪽에서 똑같이 받아야 한다.

흥행 규칙(발췌)
주령 제11호. 1930년 5월 10일

흥행 규칙은 다음과 같이 정한다.

제27조 흥행을 하고자 하는 자는 군수 또는 경찰서장에게 허가 10시간 전에 신청해야 하며, 이 때 제9조 제1호에 언급된 문제와 다음의 문제들에 대한 진술서를 제출해야 한다. 제1호부터 제8호, 제10호부터 제12호의 사항과 기예자(技藝者)를 변경하고자 할 때, 이 규칙은 유효하다.

1. 흥행장(다른 사람이 관리하고 있다면, 그 서면 동의서 사본을 첨부해야 한다)
2. 흥행 기간, 1일 공연 횟수, 개막과 폐막 시간
3. 흥행 설명

4. 연극 공연인 경우, 제목, 플롯,[121] 연극 대본

5. 활동사진 흥행(연쇄극 포함)의 경우, 제목, 릴의 수, 길이, 플롯, 필름 대화 장면 내용, 검열 통과 수, 검열자 날인된 설명 각본

6. 오락의 경우, 그 내용

7. 쇼의 경우, 그 내용과 줄거리

8. 화약이나 불꽃놀이의 경우

9. 기예자의 본적지, 현재 거주지, 이름, 출생일(예술가가 허가 확인서를 갖고 있다면, 그 사본)

10. 입장료, 좌석 요금, 나막신이나 샌들 보관비, 그 밖의 요금

11. 상이나 기타 특별 인기 거리가 제공된다면, 그에 대한 방법

12. 흥행이 자선행사로 열린 경우, 간략한 성과

第35조 다음 항목에 적용되는 흥행은 할 수 없다.

1. 주요 내용이 권선징악에 반하는 공연

2. 외설스럽고, 근친상간을 다루거나 잔인한 공연

3. 현재 사건을 풍자하거나 비판하는 외양을 한 공연

4. 사상이나 도덕적 사고에 나쁜 영향을 행사할 것 같은 공연

5. 위의 항목에서 언급한 것들 외에도, 공안이나 풍속을 해칠 수 있는 공연

第37조 본 법령에서 언급되는 '기예자'라는 용어는 다음 항목에 적용되는 자로 이해한다.

1. 흥행에 기예를 공연하는 자 또는 설명 하는 업을 삼은 자

2. 유흥과 예능을 가르치는 업을 하는 자

第38조 활동사진 설명을 업으로 하는 자(interpreter)가 되려는 자는 다음의 서류를 갖추어 지사에게 허가 신청해야 한다. 단, 이 규칙은 본 주(州)에 주된 사업장을 갖고 있지 않으면서 허가 확인서를 소지한 자에게는 적용되지 않는다.

1. 신청자의 본적지, 현재 거주지, 직업상의 이름

2. 신청자의 경력 기록

3. 신청자의 최근 사진 사본 2매(사이즈: 가로 5린[122] * 세로 7린)

---

121 [일어본] 스지가키(筋書).

122 리(厘りん 린[*]).

4. 활동사진의 변사가 사용하게 될 언어 설명

제39조 활동사진 설명을 업으로 삼은 자는 다음의 각 호의 시험을 통과하여 이 직업에 적합하다고 판단된 자에게 허가해야 한다.

1. 흥행 관계 법규

2. 상식(국어, 역사, 지리)

제40조 기예자가 되고자 하는 자는(활동사진 설명자는 제외) 다음 문제에 대한 진술서를 제출하여 군수나 경찰서장에게 허가를 신청해야 한다. 그러나 이 규칙은 주 사업장이 이 주에 있지 않고 이미 다른 관청에서 인정한 허가 확인서를 지닌 자에는 적용되지 않는다.

1. 본인의 예술 설명

2. 신청자의 경력 기록

3. 신청자에게 제자(수습생 포함)가 있다면, 제자의 거주지, 이름, 생년월일, 직업상 이름

제42조 예술가는 다음 문제를 준수해야 한다.

1. 공안과 풍속을 해칠 것 같은 말이나 연기, 해설이나 유사한 행동을 하면 안 된다.

2. 관객용으로 준비된 좌석 속으로 마음대로 들어와서는 안 된다.

3. 어떤 관객도 무대로 들어가서는 안 된다.

4. 연기할 때를 제외하고, 눈에 거슬리는 복장을 입어서는 안 된다.

5. 허가 확인서는 항상 소지해야 한다.

6. 활동사진 설명자는 설명 대본에 나온 이외의 설명이나 풍자 비판을 말해서는 안 된다.

제49조 관객은 다음을 준수해야 한다.

1. 노래, 큰 소리, 소란, 그 밖에 다른 관객을 불쾌하게 하는 행동을 하면 안 된다.

2. 무대, 공연자 휴게실, 영사실에 함부로 들어가거나 공연에 방해가 될 수 있는 행동을 하면 안 된다.

3. 흡연실이 제공된 장소에 있을 때 흡연실 아닌 공간에서 흡연하면 안 된다.

제51조 공안과 풍속을 방해할 우려가 있는 활동사진을 촬영할 수 없다.

제52조[123] 관계 당국이 공연 매니저, 예술가, 공연자 입장에서의 행동이 공안과 풍속에 유해하고, 공중 보건을 해친다고 생각될 때, 공연을 제한하거나 공연 허가를 무효로 할 수 있다.

123 영어본에는 '제52조' 표기가 빠져 있으나 일어본에는 '제52조'로 표기되어 있다.

위락 장소 단속규칙[124](발췌)
타이베이 주령 제56호. 1922년 11월

第7조 위락장소 영업자는 다음 사항을 준수해야 한다.

1. 강제로 손님을 유인하거나 함부로 유객에게 위락장 음식물을 권하거나 유객을 숙박시켜서는 안 된다.
2. 백치, 정신이상자, 약물 중독자 기타 위험 우려가 있는 자에게 위락을 허용해서는 안 된다.[125]

第13조 위락장소 영업자가 다음의 각 호에 해당하면, 군수, 경찰서장 또는 경찰분서장은 그 허가를 취소하고 영업정지를 명할 수 있다.

1. 현행 법령에 따라 처벌을 받은 후 반성의 기미를 보이지 않을 때
2. 공안을 해치고 풍속을 문란하게 할 우려가 있다고 인정했을 때

"사보칸(Sabokan)" 처리에 관하여[126]
1918년 1월 경찰본서장이 각 경찰서장에게 보낸 통첩

1917년 11월 7일, 복심법원의 판결에 따라 한 사람을 평생 노예 신분으로 삼는다는 의미의 사보칸으로 만들기 위한 합의는 공공의 질서와 선량한 풍속에 반하기 때문에 무효다. 그러므로 귀하는 향후 아동이 사보칸제도에 따라 입양된 결과로 올린 호적 등록 관련 신고를 수락하면 안 된다.

---

124 [일어본] 유기장(遊技場) 영업 단속규칙.

125 영어본은 제7조의 1, 2로 표기되어 있으나 일어본은 제7조의 5, 6으로 표기되어 있다.

126 [일어본] 챠모젠 취급에 관한 건.

30. 동양 부인아동매매 실지조사위원회 질문에 대한 회답(관동 부분) (1931)

동양 부인아동매매 실지조사위원회 질문에 대한 회답(관동 부분)[127]

1. 일반 질문

(1) 관동은 일본의 다른 속국들과 마찬가지로 아직은 국제조약에 조인한 나라가 아니다. 따라서 관동을 둘러싸고 제기된 문제에 관해 국제연맹에 제공한 정보가 전혀 없었다. 그러나 사실상 관동청 사법권 아래 있는 영토*에서 (그리고 남만주철도 지대에서) 거주하는 일본인 사이에서 실제로 어떤 경우도 부도덕한 목적의 여성과 아동의 매매가 발생한 적이 없었다. 그러나 이 영토의 대다수 주민은 지나인이기 때문에, 표 1이 보여 주듯, 중국인 사이에서 상당히 많은 이들이 부도덕한 목적, 특히 성매매(prostitution)[128]로 여성과 아동의 매매를 수행함으로써 관계 당국의 시선을 끌었다.

*원문 주: 이후 "관동청 사법권 아래 있는 영토"라는 용어는 이 영토 자체와 남만주철도 지대로 이해해야 한다.

(2) 말한 바와 같이, 부도덕한 목적으로 관동청 사법권 아래 있는 영토로 들어왔거나 인신매매

---

127 한국 국가기록원에 소장돼 있는 문서, 동양 부인아동매매 실지조사위원회 질문에 대한 회답(조선 부분)(이 자료집의 I -28) 끝부분에 타이완 부분과 함께 영어 문서로 별책 첨부되어 있다. 조선총독부 외사과가 참고 삼아 가지고 있던 문서로 보인다. 이 자료의 일어본은 일본 아시아역사자료센터에 소장되어 있다(B04122143400, 「東洋ニオケル婦人兒童買賣實地調査委員質問ノ對スル回答(關東廳ノ分)」, 『国際連盟婦人児童問題一件 : 東洋ニ於ケル婦女売買実施調査ノ件 第二巻』). 이에 따르면 이 문서는 척무차관 호리키리 젠지로가 외무차관 나가이 마쓰조(永井松三)에게 보내는 것(1931.3.31. 관(管)1 제783호)으로, 1930년 10월 31일 자 조(條)3 기밀합 제3436호로 조회하신 건에 관계하여 관동청에 관한 회답서 2부를 작성하여 재파리 국제연맹 제국사무국과 외무성에 각각 1부 송부한다고 알리는 것이다. 이 자료집에서는 조선총독부 소장 자료인 영어본을 기초로 번역한다. 다만, 일어본과 대조하여 고유명사는 일어본을 참고하고, 용어 등은 각주로 표기하여 영어 번역본과 비교 검토가 가능하도록 한다.

128 [일어본] 매음.

업자들이 수입한 여성들은 실제로 중국인뿐이었다. 소수 백인 러시아 여성들이 부도덕한 목적으로 영토에 도착한 때가 있었지만, 관동청은 중국인을 제외한 외국인의 성매매 금지를 목적으로 한 정책을 채택하기로 했다. 1924년 모든 러시아 여성이 부도덕한 거래에 종사하지 못하도록 했으며, 이로 인해 이 여성들은 이 영토에서 떠나 하얼빈이나 상하이 방향으로 갔다. (1924년 4월 "게이샤나 작부로 일하는 러시아 여성 관련" 제2914호 공시 참조) 그때 이후 러시아 여성이 부도덕한 목적으로 영토 안에 도착하거나 인신매매업자에 의해 수입된 주목할 만한 사례는 없었다. 그러나 중국인 여성들이 때때로 영토에서 중국으로 가고 있거나 인신매매업자에 의해 부도덕한 목적으로 영토에서 그 나라로 수출되는 일이 발견됨에 따라 당국 관계자들은 그러한 여성들의 인신매매에 엄격한 통제를 하고자 노력해 왔고 지금도 노력하고 있다(표 2 참조).

(3) 실제로 부도덕한 목적으로 본인의 자유의사에 따라 영토에 들어왔거나 떠났거나 경유한 여성이나 아동의 사례는 없었고, 강제로든 사기로든 그렇게 하도록 유인당한 사례도 없었으며, 지금까지 관동청 사법권 아래 있는 영토에서 거주하는 일본인 사이에서 발생한 적이 없었다. 부도덕한 목적으로 이 영토에 들어온 중국인 여성의 수에 대해서는 표 3에 나와 있다. 중국에서는 여전히 아동매매의 민간 관행이 계속되고 있어서 당국은 중국 영토의 도착과 출발을 항상 주의 깊게 주시함으로써 이 계급의 범죄 예방과 추적에 지대한 노력을 계속해 왔고 지금도 계속하고 있다. 그러나 중국과 이 영토의 인접성과 이들 사이의 자유로운 의사소통으로 인하여, 그러한 통제를 철저히 효과적으로 하는 것은 사실상 불가능에 가깝다. 따라서 제기된 이 문제와 관련된 통계수치는 전혀 없다. 특히 이 계급의 범죄를 추적하기가 어려운데, 이러한 여성들의 사회적 지위, 과거 경력, 그 밖의 개인적인 문제를 확인하기는 지극히 어렵다. 이들이 중국의 다양한 지역 출신이고 여러 소개인의 손을 통해 이 영토로 수입되었기 때문이다. 이 영토를 경유하는 이들을 통제하기 위해 철도역이나 항구에서 이들을 검사하는 정도 말고는 할 수 있는 것이 없다. 그리고 이러한 이유에서 이들과 관련된 범죄를 추적하는 일은 지극히 어렵다. 매매업자들이 의존하는 그러한 여성들의 유인 방법에 관하여, 매매업자는 대체로 순진한 여성들을 목표로 삼아 감언이설로 유혹하며, 이들이 수치스러운 직업을 추구하도록 유인하기 위해 무력을 사용하는 일은 거의 없다.

(4) 여성과 아동의 매매를 근절하기 위해 실제로 작동하는 입법 행정명령 또는 규제는 첨부한 바와 같다.

(5) 관동이 앞서 진술한 바와 같이, 여성아동의 매매에 관한 국제조약 조인 국가가 아니라고 해도, 관계 당국은 그 취지와 목적을 잘 이해하고 항상 민간 관행을 통제하는 조치를 해왔다. 그러나 중국이라는 가까운 이웃과의 관계 속에 존재하는 어떤 특별한 상황들로 인해 원하는 만큼 결실을 거두지 못함을 유감으로 여기고 있다.

(6) 관동청의 사법권 아래 있는 사람의 압도적인 다수는 중국인인데, 이들 다수는 막노동 노동자로 일자리를 찾아 산둥에서 영토로 들어온 이들이다. 이들은 대부분 미혼 남성으로 아주 적은 임금을 받으며 매우 낮은 수준의 삶을 짊어지고 산다. 중국인 성매매 여성[129]이 관동, 특히 대략 중국인 막노동자 50,000명이 생계를 이어가는 다롄에 있다는 점이 수요에 부응했다고 할 수 있다(표 4 참조).

(7) (사카이 중위의 휘하에 있는) 남만주 파견 구세군은 여성아동의 매매 문제에 관심을 두고 있는 유일한 기관이다. 그러나 이들의 활동은 문제의 소지가 있는 거래에 종사하는 동안 본인의 자유의지로 이 일을 그만두기를 소망하는 일본인 여성들에 대한 지원 확대 수준을 넘지 못하고 있다. 이 외에도 구세군은 또한 때때로 일본 주재 본부로부터 사회정화 문제에 대한 강연하는 정도에 불과하다.

중국인 여성을 위해서는 다롄시에 재단법인인 다롄 고사이젠도(Dairen Kosai Zendo)와 산토도쿄카이(Sabto Dokyo Kai, 산둥 출신 사람들의 모임)[130]가 존재한다. 두 기관 모두 납치당한 여성 구조를 수행하고 이들을 보호하여 고향으로 돌려보내고자 준비한다. 그러나 여성의 매매 금지를 목표로 하는 행위와 같은 적극적인 행동이 이들에 의해 이뤄진 적은 없었다.

(8) 관동과 중국의 관계에 존재하는 특별한 특정 상황에 관하여, 영토 안에서 여성과 아이들의 매매 문제와 밀접하게 관련 있는 면허성매매제도(the licensed system of prostitution)[131]를 한꺼번에 폐지하는 것은 불가능하다. 이러한 정황 속에서 당국은 면허 성매매 여성(licensed prostitute)[132] 거래에 종사하는 여성이 신청서를 제출할 때마다 유인 또는 알선의 범죄를 추적할 목적으로 이 여성의 사회적 신분, 과거 경력, 이 거래를 수행하려는 이유 그리고 이와 유사한 문제에 대해 철저하게 조사한다. 이들이 바라는 것은 이 정책이 여성 자신의 각성의

129 [일어본] 추업부.

130 [일어본] 다롄굉제선당(大連宏濟善堂)과 산둥동향회(山東同鄕會).

131 [일어본] 공창제도(公娼制度).

132 [일어본] 공창.

도움을 받아 점진적으로 시간이 지나 이 제도의 완전 폐지를 현실화하는 것이다.

2. 세부 항목 질문

A. 행정 및 법에 관한 질문

(1) 인신매매업자의 성, 연령, 뚜렷한 직업, 사회적 지위는 첨부한 표 2에 나와 있다. 부도덕한 목적으로 여성의 국제 인신매매에 종사하는 일본인은 전혀 발견된 적이 없다. 중국인 인신매매업자 관련하여, 이들은 대부분 피해자로 삼은 여성과 허위 결혼을 계약하거나 하인, 유모 등 매우 윤택한 직위를 찾아주겠다며 이들을 영악하게 속였다. 그리고 자신이 당국에 들킬 위기에 처했음을 알게 되면 처벌을 피하고자 관련 여성이 본인의 부인이나 누이, 입양한 딸인 척한다. 수상한 사람들은 물론 당국의 세심한 수사를 받지만, 호적제도가 완벽하게 완료되지 못한 중국에서 온 대부분의 사람과 마찬가지로, 진실을 밝힐 수 있는 방식으로 수사를 수행하기가 지극히 어렵다.

(2) 관동청 사법권 아래 영토 안에서 운영되는 국내 및 국제 인신매매 조직은 없다.

(3) 부도덕한 목적으로 영토에 오는 여성과 아동, 특히 성매매 여성은 이미 진술했듯이 중국인에 한정된다. 이들의 경로는 허베이, 산둥, 랴오닝의 각 성에서 증기선이나 기차를 타고 다롄이나 묵덴을 경유하여 목적지로 가는 듯 보인다. 그러나 정해진 것이 있다고는 할 수 없는데, 대부분 이들이 이 영토에 도착하기 전에 영업 장소를 자주 변경하기 때문이다. 이들의 비밀 입국 또는 출국 장소에 관련하여 영토 안에서 발견된 장소는 지금까지 없었다(표 5 참조).

(4) 지난 5년간 여성과 아동 매매와 관련된 범죄로 체포된 가해자의 수는 첨부한 표 6에 나오는 바와 같다. 연도별 상황에 큰 차이는 발생하지 않는다. 인신매매로 억류된 여성과 아동의 연령, 지위 등과 인신매매업자가 사용한 방식에 관하여, 상세 질문의 질문 1번에 대한 대답에 진술되어 있다.

(5) (a) 상황은 표 7에 보여진 바와 같다.

(b) 상황은 표 8, 표 9, 표 10에 나오는 바와 같다. 관동 사법권 아래 영토와 중국 사이의 통행은 완전히 자유이며, 어떤 여행객도 여권을 소지하도록 요구받지 않는다. 이러한 이유에서, 관동에서 중국으로 가거나 중국에서 관동으로 오는 사람의 수를 조사하기는 어려워서, 언급된 표에는 그러한 사람의 수를 나타내는 수치를 포함하지 않는다.

(c) 상황은 표 11에 나오는 바와 같다.

(6) 유괴범으로 체포된 자에 관한 상황은 표 2에 나오는 바와 같다.

(7) (a) 표 2에 나온 바와 같이, 지난 5년간 부도덕한 목적으로 여성을 유인 또는 알선하여 체포된 자는 오직 중국인뿐이며, 일본과 중국 사이에 어떤 인도 조약도 아직 체결되지 않았기 때문에 이러한 범주의 범죄로 남만주철도 지대에서 체포되어 중국으로 송환된 가해자는 전혀 없다. 이들에 대한 정당한 절차에 따른 요구로 중국 당국에 전달된 사람의 수는 표 12에 나오는 바와 같다.

(b) 최근 5년간 체결된 범죄인 인도 조약이나 협정은 없다.

인신매매업자 인도와 관련하여, 이들이 관동청 사법권 아래 있는 영토에서 저지른 범죄로 체포되었을 때 관동청 법원에 송치된다. 그러나 범죄 현장이 중국이나 남만주철도 지대일 때, 가해자의 지문이나 사진을 수집하고 그 이름과 연령 등을 기록에 남긴 후 중국 당국에 전달한다. 그러나 취해진 조치에 대해 중국 당국으로부터 아무 정보도 받지 못할 때가 종종 있다. 또 중국 당국이 이 자를 처분한 뒤에 연락이 없기 때문에 이러한 범인의 동정을 살펴보는 것이 불가능하다.

(8) 이 항목으로 언급할 문제가 없다.

(9) 이 항목으로 언급할 문제가 없다.

(10) 성매매를 위해 별도 지정된 구역이나 면허업소,[133] 영업으로 얻은 이익, 알코올, 약, 외설 출판물, 또는 음란 공연에 따라 어떠한 범위까지 인신매매가 영향을 받았는지에 대해 유용한 정보가 전혀 없다.

(11) 대부분의 경우, 관동청 사법권의 영향 아래 있는 영토로 이주한 일본 여성과 아동은 남편이나, 부모, 친척과 같은 신뢰할 만한 보호자와 동행하기 때문에, 당국은 이들에게까지 특별한 보호를 확대할 필요는 없다. 그러나 드문 경우, 여성과 미성년자들이 방랑벽에 들떠 자신을 보호해 줄 사람도 없고 수중에 여비로 쓸 돈도 거의 없이 일본에서 만주로 오기도 한다. 이러한 사람들을 위해, 관동청 사법권 안 지역의 관공서 사회과 그리고 정부 사법권 밖 장소에 있는 남만주철도회사 지역 사무소, 민간기업, 공공 및 민간 단체 등과 협력하여 일하는 당국자들이 적합한 일자리를 찾아주거나 고향으로 돌려보내고 보호 조치를 취한다.

---

133 [일어본] 매음을 위해 설치된 특별지역 추업허가 구역, 공창 가옥.

겨울이면, 산둥 방향에서 이주하는 중국인 가운데 궁핍한 환경의 사람들이 추위와 굶주림에 혹독히 고생하는 것이 발견된다. 이들을 구하기 위해 당국에서 다양한 조처를 취하는데, 때로는 중국 상공회의소를 유도하여 이들을 위한 쉼터를 설립하고 무료로 죽을 제공하게 한다. 어떤 때는 중국 당국의 보호를 받도록 인계하기도 한다.

혼자 여행하는 여성들을 위해, 경찰은 기차 안에서 이들을 보호할 책임이 있으며, 해상에서는 이들이 승선한 증기선의 기관사가 이들의 안전을 책임진다. 이러한 여성들에게 행사하는 보호와 통제의 특이사항에 대해서 여기에 상술할 필요는 없다. 이들을 위해 취한 조치가 일본 본국이나 다른 곳에서와 마찬가지로 우선이기 때문이다.

(12) 이 항목에 대한 문제는 생략되었다.

(13) 부도덕한 목적의 아동 착취를 예방하는 특별 조치가 이뤄진 적은 없다.

영토 안에서 아동 거래 사례가 발생한 적이 없다. 그러나 이른바 마적이 영토 안으로 습격하여 여성과 아동을 데리고 가 이들을 인질로 삼고 거액의 몸값을 요구하는 일이 발생하기도 한다. 관동청이 이러한 종류의 범죄 예방에 특별한 노력을 기울여 왔고 지금도 노력하고 있다. 관동청 사법권 아래 있는 영토에서 어떤 사건이 발생하면 당국은 이러한 만성적 악을 종식하기 위해 수고를 아끼지 않는다.

아동입양제도는 중국과 일본 양국에 존재하지만, 장래에 게이샤(노래하는 어린 여성)나 성매매 여성으로 키우려는 부도덕한 목적으로 하는 아동 입양에 대해서는 당국에 의해 엄격한 통제를 받는다. 그러나 중국인들을 통제하는 데 어려움을 겪고 있다. 효율적인 호적제도가 부재하기 때문에 아동 입양이 문제의 소지가 되는 목적으로 이뤄졌는지 확인하는 것은 거의 불가능하다.

(14) (a) 항구의 공식적인 감시와 관련하여, 선박이 출발하거나 도착할 때마다 제복 혹은 평상복 차림의 경찰관이 한편으로는 불법 여행자를 감시하고 다른 한편으로는 여성과 아동을 보호하기 위해 선박을 조사한다. 역에서는 제복 혹은 평상복 차림의 경찰관이 승객의 움직임을 관찰하기 위해 기차가 도착할 때마다 조사한다. 이때 한국과 일본 본국뿐만 아니라 중국 동부 철도와 관련된 경찰관 1~2명이 모든 주요 기차에 탑승하여 승객의 보호와 통제를 책임진다.

(b) 고용 소개영업을 시작하고자 하는 자는 허가 신청이 필요하고, 이 일에 종사하는 자들에게 매우 엄격한 통제를 시행한다. 그러나 실제로 어떤 여성도 일자리를 찾아 해외로 나

가고 싶어 한 적이 없었으므로 해외에 있는 여성에게 일자리를 제공하는 영업을 수행하는 사람은 없다.

(c) 일본 본국에서와 같이, 중국을 제외한 해외로 나가고 싶어 하는 자는 해외 여행자의 여권을 위한 규칙에 따라 여권 신청을 하여 발급받아야 한다. 그러나 어떤 여성 예술가도 관동청 사법권 아래 있는 영토에서 해외로 나간 적이 없다.

(d) 위락 장소(amusement)[134]를 설치하려는 자는 허가서를 신청하여 발급받아야 하며, 이를 영업하는 이들에 대해 매우 엄격한 통제가 시행된다. 위락 장소에 고용된 자는 항상 당국의 면밀한 관찰 대상이며, 이들에게 어떤 변화가 발생했을 때 고용주는 지체하지 않고 그 사실을 당국에 신고해야 한다.

(15) 이 항목에 해당하는 문제는 생략되었다.

(16) 관동은 아직 여성과 아동의 매매 금지에 관한 국제 조약에 조인하지 않았다. 따라서 1904년 국제협의 제1조에 언급된 중앙 당국자가 관동에서 아직 임명된 적이 없으며, 이 영토에는 일반적인 성격상 일본 본토의 내무성에 해당하는 관동청이 있어 중앙 부처를 담당하고 있다. 관동청은 그 기관장을 황제 폐하가 임명하며,[135] 그 아래 경무국장이 있어 총독의 보좌 역할을 하고 관동청의 치안과 위생 업무를 맡고 있다. 여성과 아동의 매매 문제는 경무국 단독 책임이며, 일반 경찰 업무의 일부로 취급하고 있다.

(17) 위에서 언급한 관동청에서 일하고 있는 여성과 아동의 매매 문제 관련 업무 취급 공무원의 직위와 수는 다음과 같다.

	계급[136]	수
A. 경무국장	초쿠닌(Chokunin)*	1
B. 보안과장	소닌(Sonin)*	1
C. 경무국 근무 경부(警部)	한닌(Hannin)*	2
D. 경무국 근무		3

*원문 주: 초쿠닌은 장군 계급에 상응하며, 소닌은 장교, 한닌은 부사관에 해당한다.

134 [일어본] 오락장.

135 [일어본] 책임관인 관동장관 아래.

136 [일어본] 초쿠닌은 칙임(勅任), 소닌은 주임(奏任), 한닌은 판임(判任), 경무국 근무자의 계급은 고(雇)로 표기되어 있다.

(18) 여성과 아동의 매매에 반대하는 운동을 하는 어떤 민간단체나 저명한 개인도 관동청 사법권 아래 영토에서는 존재하지 않는다. 그러나 다롄의 하리마초[137]에 본부를 둔 구세군 파견대가 있어, 사카이 대위의 명령을 받으며, 일반 종교 업무 외, 때때로 본인의 자유 의지로 게이샤나 면허 성매매 여성 거래를 그만두고자 하는 여성들의 지원을 확대하고 있다. 이러한 경우, 관동청 당국자는 지역 경찰과 소통하며 구세군을 상대한다.

(19) 이 항목에 해당하여 언급된 문제는 없다.

B. 사회 경제 상태에 관한 질문

(1) 관동청 사법권 아래 영토 주민의 압도적인 다수가 중국인이기 때문에, 몸가짐이 헤픈 중국 여성들[138]이 영토 안으로 입국하는 상황은 묵인해야 한다. 쿨리의 수요에 맞출 하층 계급 중국인 성매매 여성의 존재는 특히 필요하다. 쿨리들은 대부분 산둥 방향에서 왔으며 미혼이고 빈약한 임금을 벌고 있다.

(2) 관동청 사법권 아래 영토에 중국인 성매매 여성의 존재가 필요한 상황은 앞서 진술한 바와 같다. 그런데 작년 10월 1일 실시한 센서스 결과 중국인 남성이 여성보다 27만 477명 많은 것도 그 하나의 원인이라고 인정된다. 그리고 육해군의 이동, 집회, 제례 관광객 등의 우발적 또는 계절적 영향을 받아 일시적 성매매 시장이 개설되는 것과 같은 사례는 없다.

(3) 이 부분에 대해서는 특별히 쓸 내용이 없다.

(4) 관동청 관내인 항만에는 드물게 구미항로의 기선이 들어올 때는 있어도 이러한 일에는 거의 관내의 귀환자가 없고 주로 일본으로 가는 선박과 중국으로 가는 선박이 들어와도 기선회사는 여성의 단독 여행에 대해 여성의 자리를 특별히 두어 그 보호에 힘쓰고 있다.

(5) 관동에서 매매에 종사하는 추문이 있는 여성들은 부채 제도를 통해 착취당하지 않는다. 물론 고용주에게 상당히 큰 빚이 있는 자도 있으나, 게이샤(노래하는 어린 여성), 성매매 여성 또는 작부(waitresses)로 일하겠다는 이들의 계약과 빚은 전혀 다른 것이다. 이들이 원할 때는 언제든 본인의 자유의지에 따라 계약을 무효로 하고 매매를 그만둘 수 있기 때문이다. 따라서 그러한 여성은 단순히 이 사실만으로 개인의 자유를 구속당하지 않는다. 그럼에도 이들

---

137 [일어본] 하리마초(播摩町).

138 [일어본] 중국인 추업부.

이 큰 빚을 지고 있다는 두려움이 있기 때문에 당국은 이 점에 대해 엄격하게 통제하고 있다.

별책 1

여성아동 인신매매 관련 법령

Ⅰ. 면허 성매매 여성 통제를 위한 규칙
Ⅱ. 면허업소 통제 규칙
Ⅲ. 게이샤, 작부 그리고 여성 고용인 통제 규칙
Ⅳ. 요리점, 음식점, 숙박업소, 하숙, 가시세키, 마치아이차야, 히키테차야 통제 규칙
Ⅴ. 게이샤의 고용주, 요리점 등 영업자에게 발급된 명령 조항
Ⅵ. 경찰서 규칙(발췌)
Ⅶ. 고용 소개 통제 규칙
Ⅷ. 게이샤나 작부로 일하는 러시아 여성에 관하여

Ⅰ. 면허 성매매 여성 통제 규칙

관동주 민정서령 제11호. 1905년 12월 12일 공포[139]

제1조 면허 성매매 여성이 되고자 하는 자는[140] 이 관청에 직접 출두하여 다음의 서면 진술서를 제출하고 허가를 받아야 한다.

1. 신청자의 이름, 사회적 신분과 본적지, 현재 거주지[141]
2. 출생일
3. 전문적 이름[142]
4. 면허 성매매 여성이 되려는 이유

139 [일어본] 창기단속규칙. 일어본에는 1905(明治36)년 12월 30일 공포로 되어 있다.
140 [일어본] 창기 일(娼妓稼業)을 하고자 하는 자는.
141 [일어본] 씨명, 족적(族籍), 주소, 신분.
142 [일어본] 기명(妓名).

5. 거래에 종사하는 기간

6. 거래에 종사하는 면허업소 주인과의 계약(agreement)[143]

7. 미성년자의 경우, 가장 가까운 손위 친척의 동의를 얻어야 한다. 손위 친척이나 집안의 가장 그리고 동의해 줄 사람이 없다면 그에 상응하는 진술서

8. 거래에 종사하는 지역과 거주지

9. 현재의 생계수단, 만일 다른 이의 비용으로 살고 있다면 이에 해당하는 진술서

10. 이전에 면허 성매매 여성이었다면, 일을 시작하고 그만둔 일자, 종사했던 지역, 그만둔 이유

위의 절에서 언급한 신청서는 호적 등본, 당국이 지정한 의료진이 발급한 건강 진단 증명서. 미성년자의 경우, 위의 조 제7호에서 언급한 서면 동의서를 첨부하여 제출해야 한다. 필요하다고 판단되는 경우 당국은 위에 언급된 문서 외에 동의서를 제공한 자의 본적지가 있는 시의 시장이나 군수, 도시 구역 구청장, 마을의 기관장이 발급하고 서면 동의서에 날인된 인감증명[144]

제2조 다음의 자는 면허 성매매 여성이 될 수 없다.

1. 17세 미만인 자

2. 결혼한 여성

3. 이전에 절도나 사기로 처벌받은 자

제3조 면허 성매매 여성은 당국이 지정한 면허 구역 바깥 장소에 거주하면 안 된다. 공식 명령을 받았거나 관청에 직접 출두한 때를 제외하고, 당국의 허가를 받지 않았다면 이 여성이 면허 구역 바깥 장소에 나타나는 것을 허용해서는 안 된다.

제4조 면허 성매매 여성은 당국이 허용한 면허업소 바깥 장소에서 거래에 종사하면 안 된다.

제5조 별도로 상술한 규정에 따라 건강검진을 받지 않은 면허 성매매 여성은 거래에 종사해서는 안 된다.

제6조 당국이 정한 의료진에게 질병으로 거래를 지속할 능력이 안 된다거나 또는 전염성 질병으로 고통받고 있다고 진단받은 면허 성매매 여성은 의학적 치료를 받고 정상 건강을 회

143 [일어본] 가시자시키(貸座敷) 영업과 계약의 관계.

144 [일어본] 시구정촌장(市區町村長)이 작성한 승낙서의 인감증명서 제출.

복한 후 건강검진에 통과하지 않으면 거래를 다시 시작할 수 없다.

제7조 거래에 종사하는 동안 면허 성매매 여성은 당국이 발행한 허가 증명서를 직접 소지해야 한다. 허가 증명서를 다른 사람에게 빌려 주어서는 안 된다.

제8조 면허 성매매 여성이 제1조 제1항 제5호, 제6호, 또는 제8호에서 언급한 문제를 변경하고 싶을 때 당국에 이 사실을 신고하고 그에 따른 인정을 받아야 한다.

제9조 면허 성매매 여성이 거래를 중지하거나 중지되었을 때, 소지하고 있는 허가 증명서를 당국에 제출해야 하며 거래를 다시 시작할 때 돌려받아야 한다. 이 여성이 거래 종사 허가를 무효로 한다면 본인의 허가 증명서를 당국에 반환해야 한다.

제10조 다음의 경우 면허 성매매 여성은 3일 이내에 당국에 이 사실을 신고해야 한다. 제1호에서 언급한 경우에는 재발급을 신청해야 하고 제2호에서 언급한 경우에는 허가 증명서 갱신을, 제3호에서 언급한 경우에는 당국에 반납해야 한다. 면허 성매매 여성이 사망 또는 실종한 경우 면허업소의 주인은 이 여성과의 계약으로 인해 관계가 형성되었으므로 언급된 절차를 밟아야 한다.

1. 허가 증명서에 기록된 문제에 어떤 변화가 발생한 때
2. 허가 증명서가 손상되었거나 분실했을 때
3. 이 여성이 매매를 그만두었거나 사망 또는 실종되었을 때

제11조 면허 성매매 여성이 거래를 그만두고자 할 때 이 여성은 해당 관청에 출석하여 그 사실을 서면이나 구두로 신고해야 한다. 이 여성이 직접 출석할 수 없음에 대한 이유를 당국이 인정한다면 같은 효력을 갖춘 신고를 제출해야 한다. 면허 성매매 여성이 미성년자라면 앞의 절에 언급한 신고는 제1조 제1항 제7호에서 언급한 자가 해도 된다.

제12조 통제 강화에 필요하다고 판단되면 당국은 면허 성매매 여성의 거래를 중단시키거나 이 여성에게 인정한 허가 증명서를 무효로 할 수 있다.

제13조 중국인이 면허 성매매 여성이 되고자 할 경우 제1조에 기술한 항목 일부를 생략할 수 있다.

제14조 이 규칙 또는 이 규칙에 기초하여 이루어지는 처분에 위배되는 자는 구류 또는 과료에 처한다.

부칙

제15조 이 규칙은 1906년 1월 1일 이후 효력이 발생한다.

Ⅱ. 면허업소 통제 규칙[145]

관동주 민정서령 제12호. 1905년 12월 30일

제1조 면허업소 영업은 특별히 당국이 정해 놓은 제한 지역 안에서만 수행할 수 있다.

제2조 면허업소 영업자는 경찰서에 다음의 진술서를 제출하고 허가를 신청해야 한다. 본인의 업소를 옮기거나 지점을 세우고자 할 때도 같은 절차를 밟아야 한다.

1. 신청자의 이름, 사회적 신분과 본적지, 현재 주소, 나이
2. 업소명
3. 영업장소
4. 업소 설계도(방의 배치, 층별 구조, 계단의 폭, 계단의 수와 위치가 나와 있어야 함)

위의 절에 언급된 신청자가 미성년자이거나 금치산자라면 신청서에는 법정대리인의 공동 서명이나 서면 동의서를 첨부해야 한다. 만일 신청자가 한정 치산자거나 결혼한 여성이라면 신청서에는 조력자나 남편의 공동 서명, 또는 조력자나 남편의 서면 동의서를 첨부해야 한다.

제3조 면허업소 영업자가 직접 업소를 운영할 수 없으면 관리자를 임명하여 경찰서로부터 이에 대한 허가를 받아야 한다.

제4조 다음의 경우 면허업소 영업자는 3일 이내에 경찰서에 신고해야 한다. 사망 또는 실종되었을 경우 이 자의 식구나 그 집에 사는 자가 다음의 절차를 밟아야 한다.

1. 영업을 중단하거나 다시 시작하거나 그만두었을 때
2. 사망 또는 실종되었을 때
3. 이름, 사회적 신분, 현재 주소, 그리고 업소 명에 변화가 생겼을 때
4. 법정대리인, 조력자, 남편, 또는 관리자에게 변화가 생겼을 때

제5조 면허업소 영업자는 업소 정면에 간판을 걸어야 한다. 길이 25척, 폭 7촌,[146] 영업명, 개인 이름, 업소명, 야간 표시등

제6조 각 객실에는 입구에 객실 번호와 식음료 가격, 요금과 그 밖의 부과금이 눈에 띄는 위치

---

145 [일어본] 가시자시키단속규칙.

146 일어본에는 길이 2척(尺) 5촌(寸), 폭 7촌(寸).

에 게시되어야 한다.

제7조 면허업소 영업자가 본인 업소의 면허 성매매 여성이 면허 성매매 통제 규칙 조항을 위반하는 것을 발견했을 때에는 이 사실을 신속하게 가까운 경찰서나 파출소에 신고해야 한다.

제8조 면허업소 영업자가 직원을 고용할 때 이 사실을 3일 이내에 경찰서에 신고하고 고용인의 이름, 사회적 신분과 본적지, 현재 거주지, 나이에 관한 진술서를 제출해야 한다. 고용된 자가 해고되거나 사망, 실종되었을 때도 같은 조처를 해야 한다. 그러나 이 규칙은 게이샤, 작부, 여성 고용인 통제 규칙 조항에 관한 자에게는 적용되지 않는다.

제9조 폐결핵, 나병, 또는 다른 감염 질병으로 고통받는 자가 음식과 음료 또는 식기를 취급하도록 허용해서는 안 된다. 또한 그러한 것들을 취급하는 장소에 입장을 허용해서도 안 된다.

제10조 음식과 음료를 다루는 자는 경찰서가 정한 의료진에게 건강검진을 받도록 해야 한다.

제11조 풍속과 위생을 지켜야 한다고 판단된 때 경찰서는 면허업소 영업자에게 직원을 해고하도록 명령할 수 있다.

제12조 면허업소 영업자가 가족, 고용한 성매매 여성, 고용인이 아닌 자를 본인의 집에서 3일 이상 묵게 했을 때 이 사실을 가까운 경찰서나 파출소에 신속하게 신고해야 한다.

제13조 면허 성매매 영업자는 첨부한 형식 뒤의 장부를 작성해야 한다. 여기에는 본인의 시설을 찾은 유객의 이름과 이들과 관련된 다양한 문제를 기재해야 한다. 이 장부는 최근 출입 일자부터 계산하여 1년간 보존해야 한다. 장부가 손상 또는 분실되었을 때는 5일 이내에 그 사실을 경찰에 신고하고 사유서를 제출해야 한다.

제14조 면허업소 영업자는 다음을 준수해야 한다.

1. 업소 앞 또는 바깥에서 행인에게 호객행위를 해서는 안 된다. 또한 유객이나 고객을 초대하기 위해 어떤 장치에 의지해도 안 되며, 후원을 홍보 수단으로 요청해서도 안 된다.
2. 과도한 부과금이나 요금 지불을 요청해서도 안 되며, 유객이 주문하지 않은 음식이나 음료를 대접해서는 안 된다.
3. 17세 미만의 유객에게 업소 입장을 허용해서는 안 된다.
4. 유객을 만나려는 자로부터 유객을 정당한 이유 없이 숨겨서는 안 되며 또한 정당한

이유 없이 안내를 거부해서도 안 된다.

5. 유객용 테이블 서비스는 항상 청결을 유지해야 한다.
6. 업소 안팎은 항상 청결을 유지해야 하며, 화장실과 다른 청결하지 않은 장소는 한 달에 최소 5회 살균해야 한다.
7. 타구는 복도와 그 밖의 적절한 장소에 제공되어야 한다.
8. 휴대용 소화기는 업소 안 특정 고정된 장소에 보관해야 한다.
9. 유객이 소지한 물품을 보증금 또는 비용 지불로 받아야 할 때, 또는 유객의 요청으로 저당잡거나 팔아야 할 때, 그 사실을 인근 경찰서나 파출소에 신고해야 하며 이에 대한 허가를 받아야 한다.
10. 유객이 무분별하게 돈을 쓰거나 본인의 사회적 지위에 맞지 않게 돈이나 물품을 소지하고 있거나 행동이나 다른 문제들이 의심스러울 때 그 사실을 신속하게 경찰 당국에 신고해야 한다.
11. 업소의 면허 성매매 여성에게 면허 성매매 통제 규칙을 준수하도록 유도하는 노력을 기울여야 한다.
12. 건강검진을 받지 않은 면허 성매매를 거래에 종사하도록 허용해서는 안 된다.
13. 면허 없는 여성을 게이샤(노래하는 어린 여성), 면허 성매매 여성, 작부의 거래 또는 이와 유사한 행위에 종사하도록 허용해서는 안 된다.

第15조 영업 단속 차원에서 시찰이 필요하다고 인정될 때 경찰 관리는 수시로 영업 장소를 임검할 수 있다.

第16조 면허업소 영업 시행 허가를 발급받았으나 영업을 시작하지 않은 지 60일이 지났을 때, 또는 영업을 시작하고 180일 이상 중단했을 때, 허가를 무효로 할 수 있다.

第17조 면허업소 영업자가 풍속 또는 위생을 문제시할 소지가 있다고 우려될 때, 또는 이 자가 납세 관련 규칙을 위반하고 세금을 납부하지 못했을 때, 영업을 중단시키거나 영업 허가를 무효로 할 수 있다.

第18조 면허업소 영업자는 그 영업과 관련하여 본인의 가족, 그 집에 사는 자, 또는 고용인의 행위에 책임을 져야 한다.

第19조 같은 제한 구역 안에서 면허업소 영업자는 조합을 조직하고 약관을 정해야 하며, 이 사실을 경찰서에 신고하여 허가를 받아야 한다. 약관을 수정하고자 할 때, 같은 절차를 밟아야 한다. 면허업소 영업자들의 조합 약관은 임원 선출, 이들의 권한 범위, 조합 비용의 수입과 지불을 위한 모금 그리고 조합 문제에 대한 업무 처리 등의 방법을 정의하는 문제를 포함해야 한다. 당국은 공식적으로 인정하고 난 후에도 면허 업소 영업에 종사하는 자들의 조합 약관 수정과 무효화를 명령할 수 있다.

第20조 조합의 조합원이 아닌 면허업소 영업자는 면허업소 영업에 종사해서는 안 된다.

第21조 면허업소 영업자 조합은 조합장 1인과 부조합장 1, 2인을 조합원 가운데 선출해야 하며 이에 대해 경찰 당국으로부터 허가를 받아야 한다. 공식 허가를 받고 난 다음이더라도 당국에서 조합장과 부조합장이 이들의 임무에 적합하지 않다고 판단하면 그 허가를 무효로 하고 재선거를 명할 수 있다.

第22조 면허업소 영업자와 면허 성매매 여성 관련 규칙이 발표되거나 수정되고 또는 공식 명령서가 발급되었을 때, 면허업소 영업자 조합의 조합장은 언급된 문제를 종사자들과 업소의 면허 성매매 여성들과 소통해야 한다.

第23조 면허업소 영업자 조합 조합장은 조합원과 그 업소의 면허 성매매 여성 명단을 보관하고 있어야 하며, 이들의 인적 사항에 변화가 발생할 때마다 이와 관련한 기입을 제대로 정정해야 한다.

第24조 면허업소 영업자 조합의 업무를 감독하기 위해 경찰 당국은 조합 관련 책임 경관에게 조합의 장부와 문서, 공용 자산을 검사하도록 해야 한다.

第24조-1 경찰서장은 현재 규칙에 설명된 규정 외에도 통제 강화를 위해 필요한 명령을 발표할 수 있다.

第25조 현행 규칙의 조항이나 현행 규칙의 권위를 위해 취한 조치를 위반한 자는 구류나 소액 벌금에 처한다.

第26조 범법자가 12세 미만 또는 금치산자인 경우, 다음 조항의 규정을 이 자의 법정대리인에게 적용해야 한다.

부칙

第27조 이 규칙은 1906년 1월 1일 이후 효력이 발생한다.

Ⅲ. 게이샤, 작부 그리고 여성 고용인 통제 규칙[147]

관동주 민정서령 제2호. 1905년 10월 17일

제1조 게이샤(노래하는 어린 여성), 작부(waitresses)의 거래에 종사하고자 하는 자는 경찰서에 다음의 진술서를 갖추어 허가 증명서를 신청한다. 이때 호적등본 사본, 경찰서가 지정한 의료진이 발급한 건강 진단 증명서를 첨부해야 한다.

1. 이름, 사회 신분과 본적지, 현재 거주지, 연령

2. 전문적 이름(있을 경우)

3. 이전 거주지와 직업, 고용주(employer)가 있는 자는 그 이름, 거주지, 직업, 해고된 날짜

4. 고용주(employer)가 있을 때는 그 이름, 거주지, 직업, 고용주와의 계약서[148]

미성년자나 결혼한 여성의 경우 위에서 언급한 문제 외에 이 자에게 부모의 권리를 행사하는 자 또는 보호자, 또는 남편의 서면 합의서를 신청서에 첨부해야 한다.

제2조 요리점(restaurant), 음식점(eating house), 숙박업소(inn or hotel), 하숙(boarding house), 마치아이차야(machiai chaya, 숙박용 주택), 가시세키(kashiseki, 사교 모임을 위해 임대하는 방이 있는 시설), 히키테차야(hikite chaya, 면허업소에 딸린 찻집), 또는 위락장[149] 영업자가 게이샤나 작부가 아닌 여성을 고용할 때, 이 사실을 경찰에 신고하고 허가를 받아야 한다. 영업자는 다음 관계 여성의 공동 서명이 있는 진술서에 관련 여성의 호적 등본 사본과 경찰서가 지정한 의료진이 발급한 건강진단 증명서를 첨부하여 제출해야 한다. 미성년자의 경우 보증인이 발급한 증명서도 제출해야 한다.

1. 앞의 조 제1항 제1호, 제3호에서 언급한 문제들

2. 소개소(agent)[150]의 도움을 통해 일자리를 얻은 경우, 소개인의 이름, 거주지, 직업

3. 고용 기간과 임금 액수

제3조 위 조항에서 상술한 게이샤, 작부 또는 여성 고용인이 다음 사례들에 해당될 때, 그 사실

147 [일어본] 예기, 작부 및 고용부녀(雇婦女) 단속규칙.

148 영어본에는 제3호, 제4호에 모두 고용주(employer)라고 표기되어 있지만, 일어본에는 제3호에 고용주(雇主), 제4호에는 포주(抱主)라고 구분되어 있다.

149 [일어본] 마치아야차야(待合茶屋), 가시세키(貸席), 가시자시키, 히키데차야(引手茶屋), 위락장(遊技場).

150 [일어본] 이리구치(入口).

을 3일 이내에 경찰서에 보고해야 한다. 게이샤나 작부의 경우 관련자가 직접 보고 하고, 제1호에 언급된 경우에는 재작성을 하고, 제2호에 언급된 경우에는 허가서나 수중에 있는 확인서를 갱신하기 위해 신청해야 하며, 제3호에 언급된 경우에는 경찰서에 반납해야 한다. 게이샤나 작부가 사망 또는 실종된 경우, 식구나 한집에 사는 사람이 같은 절차를 밟아야 한다.

1. 허가 또는 확인 증명서에 실려 있는 문제에 어떤 변화가 발생한 경우

2. 허가 또는 확인 증명서가 훼손, 분실했을 경우

3. 이 여성이 본인의 거래를 포기했을 때, 또는 죽거나 실종되었을 때

제4조 제2조에서 상술된 게이샤, 작부, 또는 여성 고용인이 거래에 종사하는 동안 허가 또는 확인 증명서를 직접 소지해야 한다. 이를 다른 사람에게 대여해서는 안 된다.

제5조 경찰서는 게이샤나 작부, 여성 고용인이 소지하고 있는 허가 또는 확인 증명서를 조사할 수 있다.

제6조 게이샤나 작부는 거래에 종사하는 동안 다음을 준수해야 한다.

1. 성격상 도박과 유사한 행위를 여흥을 구실로 해서는 안 된다.

2. 기괴한 분장을 해서는 안 되고 외설적인 행동을 보여서도 안 된다.

3. 음란한 노래나 춤을 공연해서는 안 되며 공연하도록 허용해서도 안 된다.

제7조 게이샤는 오후 12시 이후, 오전 7시 이전에 노래를 공연하거나 악기를 연주하거나 춤을 춰서는 안 된다.

제8조 게이샤나 작부가 다른 사람의 집에서 숙박하기로 할 때, 경찰서의 허가를 받아야 한다.

제9조 게이샤, 작부 그리고 제2조에서 규정한 여성 고용인 또는 풍속과 위생 차원에서 통제가 필요한 장소에 살거나 방문한 여성, 그리고 감염 질병으로 아프다고 생각되는 여성의 건강 검진을 시행할 수 있다.

제10조 위의 조에서 언급한 여성이 질병에 감염되었거나 감염 질병의 의심이 있을 때 치료를 위해 병원에 보내야 한다.

제11조 풍속과 위생을 고려하여 경찰서에서 필요하다고 판단되는 경우, 게이샤, 작부, 여성 고용인의 고용주에게 이들의 수를 제한하는 명령서를 발행할 수 있다.

제12조 게이샤, 작부 그리고 제2조에서 규정한 여성 고용인이 공안과 풍속 또는 위생을 해친다고 생각될 때 거래에 종사하지 못하게 중지시키거나 소지하고 있는 허가 또는 확인 증

명서를 무효로 할 수 있다.

앞의 항에 따라 게이샤, 작부, 여성 고용인이 거래에 종사하지 못하고 중지되었을 때, 중지기간 중 이 여성은 허가 또는 확인 증명서를 당국에 제출하여야 한다. 이 여성의 허가 또는 인가를 무효로 하였을 때는 허가 또는 인가 증명서를 당국에 반환해야 한다.

第12조-1 현재 규칙이 정한 사항 이외에도, 경찰서장은 통제 강화를 위해 필요한 사항을 명령할 수 있다.

第13조 현재 규칙의 조항이나 현재 규칙의 권위를 갖고 취한 조치를 위반한 자는 구류 또는 소액의 벌금에 처할 수 있다.

第14조 이 규칙을 면허 성매매 여성에게 적용해서는 안 된다.

부칙

第15조 이 규칙은 1905년 10월 20일 이후 효력을 발생한다.

第16조 제1조에 언급된 거래에 종사하는 자, 그리고 제2조에 언급된 여성 고용인을 고용한 자는 이 규칙의 시행 이후 1905년 10월 31일 이전에 제1조와 제2조에 언급된 절차를 밟아야 한다.

Ⅳ. 요리점, 음식점, 숙박업소, 하숙, 가시세키, 마치아이차야, 히키테차야 통제 규칙 관동주 민정서령 제4호. 1905년 10월 22일

第1조 요리점, 음식점, 숙박업소, 하숙, 가시세키,* 마치아이차야,* 히키테차야 영업자는 경찰서로부터 허가를 얻어야 한다.

*원문 주: 가시세키는 사교 모임, 연회 등을 위해 방을 대여하는 시설이며, 마치아이차야는 게이샤와 후원자를 수용하는 찻집이고, 히키테차야는 면허업소에 딸린 찻집이다.

또한 다음 사항에 대한 서류를 제출해야 한다. 제2호와 제3호에 언급된 문제를 변경하고자 할 때도 같은 절차를 밟아야 한다.

1. 이름, 사회적 신분과 본적지, 현재 거주지, 나이, 상호
2. 영업장 위치와 영업 종류
3. 영업용 건물의 평면도(입구, 출구, 창문, 통로, 방의 배열, 환기 방식, 난방 방식, 계단 위치와 너비

등을 상세히 언급해야 함)

위에서 언급한 신청자가 미성년자거나 금치산자일 경우 법정대리인의 공동 서명이나 서면 동의서를, 한정치산자의 경우 조력자의 것을, 결혼한 여성의 경우 남편의 것을 신청서에 첨부해야 한다.

제2조 영업자가 직접 관리하기 불가능한 상황이 있다면 관리자를 임명하여 경찰서에 인가를 받아야 한다.

제3조 영업자는 다음 사항을 경찰서에 3일 안에 신고해야 한다. 사망 또는 실종한 경우, 가족이나 그의 집에 사는 자가 같은 절차를 밟아야 한다.

1. 영업 중단 또는 포기, 사망, 실종
2. 이름, 사회적 신분과 본적지, 현 거주지, 상호를 변경하거나 또는 법정대리인, 조력자, 남편 또는 관리인에게 변화가 발생했을 때

제4조 제공된 음식과 음료의 가격, 숙박비, 방 대여료 또는 사용료는 영업 개시 전에 경찰서에 신고하여 인가를 받아야 한다. 이들에게 변화가 있을 때 같은 절차를 밟아야 한다.

제5조 영업자가 직원을 고용했을 때, 이 사실을 3일 이내에 경찰에 신고해야 한다. 관련 직원의 이름, 사회적 신분과 본적지, 현재 거주지, 나이를 제출해야 한다. 그가 채용한 사람이 해고되었거나, 사망 또는 실종되었을 때, 같은 절차를 밟아야 한다. 그러나 이 규칙은 게이샤, 작부, 여성 고용인 통제 규칙의 대상자에게는 적용되지 않는다.

제6조 영업자는 눈에 띄는 장소에 간판을 설치해야 한다(길이 2.5척, 너비 5촌). 간판에는 이름과 업종, 주소, 상호를 분명히 적어 넣어야 하며, 야간에는 지시등을 켜야 한다.

제7조 각 객실은 입구에 방 번호를 표시하고, 음식과 음료 가격, 숙박비, 객실 대여료와 사용료는 눈에 띄는 장소에 붙여두어야 한다.

제8조 결핵, 나병, 매독, 또는 다른 질병으로 아픈 자에게 음식과 음료, 식기를 취급하도록 허용해서는 안 되며, 그러한 것을 다루는 공간에 출입하도록 해서도 안 된다.

제9조 음식과 음료를 취급하는 자는 경찰관서가 정한 의료진에게 건강검진을 받게 할 수 있다.

제10조 풍속과 위생을 지키는 데 필요하다고 판단될 때, 경찰서는 영업자에게 고용인을 해고하도록 명령할 수 있다.

제11조 고객이 의심스럽게 사망을 하거나 다치든지 혹은 소지품을 분실했거나 도난당한 경우 다른 고객의 업소 출입을 금지하고 이 사실을 신속히 경찰 당국에 신고해야 한다. 고객

이 감염 질병으로 아프다고 의심될 때도 같은 절차를 밟아야 한다.

제12조 이 영업자는 다음의 문제를 준수해야 한다.

1. 암표상을 고용해서는 안 되며 고객을 끌어들이기 위해 어떤 장치도 사용하면 안 된다.
2. 과대하게 청구하여 지불을 요구하면 안 되며, 고객이 주문하지 않은 음식이나 음료를 제공해서도 안 되고, 고객에게 쾌락에 탐닉하게 강요해서도 안 된다.
3. 고객이 사용하는 테이블은 항상 청결을 유지해야 한다.
4. 업소 안팎 모두 항상 청결을 유지해야 한다. 특히 화장실과 그 밖의 청결하지 않은 장소는 최소 1달에 5회 살균처리 해야 한다.
5. 타구는 객실, 복도, 그 밖의 적당한 장소에 제공되어야 한다.
6. 고객의 면회를 하려는 자에게 정당한 이유 없이 고객을 숨기거나, 정당한 이유 없이 고객에게 안내하지 않으면 안 된다.
7. 고객이 소지한 물품을 보증금이나 가격 지불, 숙박비, 객실비, 또는 사용료로 받아야 하거나 고객의 요구에 따라 저당잡거나 팔아야 할 때, 이 사실을 경찰서나 파출소에 신고하고 이에 관한 인가를 받아야 한다.
8. 고객이 무분별하게 돈을 소비하거나 또는 행동이나 다른 문제가 의심스러울 때, 그 사실을 경찰서나 파출소, 또는 인근을 지나는 경찰관에게 보고해야 한다.
9. 요리점, 음식점, 가시세키, 마치아이차야, 히기테차야 영업자는 업소에 고객을 숙박하게 해서는 안 된다. 하숙 영업자는 본인의 집에 하숙인 아닌 다른 자를 숙박하게 해서는 안 된다.
10. 요리점, 음식점, 가시세키, 마치아이차야, 히키테차야 영업자는 본인 업소에서 오후 12시 이후, 오전 7시 이전에 노래나 춤의 공연을 허용해서는 안 된다.
11. 음식점, 여관, 하숙 영업자는 본인의 업소에 온 고객이 시끄러운 노래나 떠들썩한 춤, 그 밖에 다른 고객들에게 불편함을 줄 수 있는 지나친 행동에 열중하게 해서는 안 된다.
12. 허가받지 않은 여성이 게이샤나 작부처럼 행동하도록 유도해서는 안 된다.

제13조 숙박 영업자는 본인의 업소에서 숙박하고자 하는 고객 명단을 첨부된 형식에 따라 준비하여 오후 12시 이전에 숙박하는 자는 오후 12시까지, 이후 12시 숙박하는 자는 다음 날 오전 8시까지 경찰서나 파출소에 투숙자 명부와 같은 사항을 기재한 고객의 명단을

첨부해야 한다.

제14조 하숙 영업자는 본인 영업의 하숙인 명단을 준비하고 그 안에 이름, 사회적 신분과 본적지, 현재 거주지, 직업을 기재해야 한다. 그리고 명단에 변동이 생길 때마다 이 사실을 3일 이내에 경찰에 신고해야 한다.

제14조-1 경찰서는 현재 규칙이 정한 사항 외에 필요한 사항으로 명령서를 발부할 수 있다.

제15조 필요하다고 판단되었을 때, 경찰서는 언제든 영업 장소를 방문하여 조사할 수 있다.

제16조 영업 허가가 인가된 후 60일 이상 경과했으나 영업을 아직 시작하지 않았을 때, 또는 영업을 시작한 후 180일 이상 중단되었을 때, 허가는 무효로 할 수 있다.

제17조 영업자가 풍속과 위생을 해칠 수 있다고 우려될 때, 영업을 정지시킬 수 있으며 그가 소지한 허가를 무효로 할 수 있다.

제18조 영업자나 그 관리자는 영업과 관련하여 본인의 가족, 그 집에 사는 자 또는 직원의 행위에 책임을 져야 한다.

제19조 영업자들이 조합 약관을 만들고자 할 때, 이에 대해 경찰서로부터 인가를 받아야 한다. 이때 조합 임원 선출 방법, 조합비용의 수입과 지출 모금, 그 밖에 조합 문제 소통과 관련한 사항에 대해 서류를 제출해야 한다. 이러한 사항에 어떤 변화를 생겼을 때 같은 절차를 밟아야 한다. 당국은 공식 인정을 한 이후에라도 조합 약관의 철회, 수정을 명령할 수 있다.

제20조 현재 규칙의 규정이나 현재 규칙의 권위에 해당하는 절차를 위반한 자는 구류나 소액 벌금에 처할 수 있다.

제21조 미성년자나 금치산자의 경우, 앞 조항의 규정은 그 자의 법정대리인에게 적용해야 한다.

부칙

제22조 이 규칙은 1905년 11월 1일 이후 효력이 발생한다.

V. 게이샤의 고용주, 요리점 등 영업자에게 발급된 명령 조항[151]

제1조 이 규칙에 사용된 '이 영업자'라는 말은 게이샤(노래하는 어린 여성)의 고용주, 또는 면허 업소 영업자, 요리점 영업자로 이해된다. 반면에 '영업을 위해 고용된 자'라는 말은 게이샤(고게이샤* 포함)와 작부로 이해된다.[152]

*원문 주: 고게이샤는 서비스를 제공하고 게이샤가 버는 수입의 절반을 받는 노래하는 더욱 어린 여성이다.

제2조 요리점이나 가시세키(사교 모임이나 연회 등을 위해 방을 대여하는 시설) 영업자가 게이샤나 작부를 업소에 숙박하게 해서는 안 된다. 그러나 이 규칙은 특히 법에 따른 조건을 고려하여 당국이 허가를 한 자에게는 적용되지 않는다.

제3조 게이샤의 고용주는 동일한 집에서 고용 소개소, 숙박, 하숙, 요리점, 음식점, 가시세키를 운영해서는 안 된다.

제4조 이 영업자는 본인이 고용한 자와의 계약을 성실히 준수해야 한다.

제5조 영업자와 영업을 위해 고용된 자의 계약에 변화가 생겼을 때, 이에 대한 공식 허가를 받아야 한다.

제6조 영업자가 게이샤에게 이미 지급한 선금 외에 한 달에 30엔 이상을 송금하고자 할 때, 또는 작부에게 한 달에 20엔 이상을 송금하고자 할 때, 지급할 때마다 이에 대한 공식 인가를 얻어야 한다.

영업을 위해 고용된 자가 미성년자일 때, 영업자는 이 여성에 대한 부모의 권리를 행사하는 자, 또는 보호자나 남편의 동의를 받아야 한다.

제7조 영업자는 영업을 위해 고용된 자가 한 달 동안 벌어들인 돈의 액수를 다음 달 8일 이전에 정확하게 계산해야 한다. 그리고 약정 사유로 연도별 또는 월별로 종사하는 자와 그 밖의 모든 이에게 수익에 대한 그들의 몫을 양도하여야 한다. 영업을 위해 고용된 자가 돈을 빌렸을 경우 그 금액은 부채 상환을 위해 충당할 수 있다.

위에 언급된 계산은 영업을 위해 고용된 자의 서비스를 사용한 후원자나 업소로부터 청

151 [일어본] 명령 조항(뤄순) 예기오키야 영업자, 요리점 영업자, 가시자시키 영업자, 가시세키 영업자.

152 [일어본] 제1조 이 법령에 단지 영업자라고 하는 것은 예기치옥, 가시자시키, 요리점 영업자를 말한다. 가교샤(稼業者)라고 하는 것은 예기(단지 예기라고 할 때에는 작은 예기(小藝妓, 고게이기)와 작부를 말한다.

구액을 징수하지 못했다는 이유로 지연되어서는 안 된다.

제8조 영업자는 첨부한 형식에 따라 본인의 비용으로 영업을 위해 고용된 자에게 송금할 돈의 일람표와 이 여성이 번 돈의 일람표를 준비해야 한다. 송금한 돈의 일람표 표지 안쪽에는 약관, 영업을 위해 고용된 자로 인한 수당의 액수와 이 여성 몫의 액수를 써넣어야 한다. 일람표와 그 위에 찍는 날인은 영업을 위해 고용된 자가 보관해야 하며 날인을 첨부해야 할 때는 본인이 직접 해야 한다.

제9조 송금 기입과 수익 기입은 매일매일 그 일람표에 기록해야 한다.[153]

제10조 일람표[154]는 다음의 경우 조사를 위해 제출해야 한다.

1. 영업을 위해 고용된 자가 허가 신청을 할 때
2. 빌려준 돈의 인가를 받아야 할 때
3. 계약을 변경했을 때

제11조 영업을 위해 고용된 자가 본인의 거래 허가를 신청하거나 본인의 고용주와의 계약 조건에 어떤 변화를 알리고자 할 때, 예시된 계약서 사본을 조사 당국에 제출해야 한다.

제12조 영업을 위해 고용된 자가 본인의 거래를 그만두고자 하거나 거래 장소를 변경하고자 할 때, 고용주에게 진 빚과 관련하여 고용주와의 관계를 보여주는 설명서를 당국에 제출해야 한다.[155]

제13조 영업을 위해 고용된 자를 보호하기 위해 영업자는 다음 사항을 적절하게 실시해야 한다.

1. 검소하게 하고 안정된 삶으로 훈련시키기
2. 바느질, 예의범절 등 집안일 가르치기
3. 게이샤에게는 거래를 위해 필요한 기예를 연습하도록 하기
4. 영업을 위해 고용된 자의 건강을 보호하기 위해 필요한 위생 장비를 제공하고 건강에 주의하도록 유도하기

앞의 각 항목에 언급된 사항을 시행하는 데 필요한 비용은 영업자가 부담해야 한다. 그러나 인가를 받은 제1항 제2호와 제3호를 실시하는 데 필요한 비용은 영업을 위해 고용

153 [일어본] 돈을 빌려주는(貸金) 장부 기입은 돈을 빌려줄 때마다, 번 돈(稼高)의 장부 기입은 날마다 한다.

154 [일어본] 일기장(日記帳).

155 [일어본] 일하는 자가 폐업 또는 자리를 옮길 때에는 채무관계를 명기한 계산서를 제출해야 한다.

된 자가 자기의 힘으로 영업을 영위하는 사람[156]이라면 그가 부담한다.

제14조 영업자는 계약을 갱신하기 위해서든 고용주를 변경하기 위해서든 어떤 이유에서도 영업을 위해 고용된 자를 압박하면 안 된다.

제15조 영업을 위해 고용된 자가 병이 났을 때 영업자는 이 여성이 의료 치료를 받도록 해야 한다. 이 여성이 출산이나 질병 때문에 일을 그만두고 쉬는 동안 어떤 이유에서든 거래에 종사하게 해서는 안 된다.

제16조 영업자는 어떤 이유에서든 서신 교환, 만남, 열람 등 영업을 위해 고용된 자의 자유를 규제해서는 안 된다. 또한 어떠한 이유에서든 가혹 행위를 행사해서는 안 된다.

제17조 영업자는 어떤 이유에서든 물건을 사도록 영업을 위해 고용된 자를 압박해서는 안 된다.

제18조 영업자는 영업을 위해 고용된 자에게 한 달에 하루 휴식을 주어야 한다.

제19조 영업자는 영업을 위해 고용된 자에게 극장이나 다른 위락 장소에 방문하도록 강요해서는 안 된다. 그러나 이 규칙은 영업 종사자가 필요 비용을 부담하는 경우에는 적용되지 않는다.

제20조 앞에서 언급된 금지 사항 외에도 면허업소 영업자는 영업을 위해 고용한 자에게 업소에 방문하지 않은 후원자(patron)를 유도하여 이른바 소지마이(Sojimai)를 구실로 이 여성과 그 동료들의 요금을 지불하도록 강요하면 안 된다.[157]

제21조 요리점, 면허 업소, 가시세키 영업자는 업소를 찾는 유객에게 팁이나 사례 등의 명분으로 돈을 지불하게 해서는 안 되며, 영업을 위해 고용된 자나 그 외 고용인에게도 역시 요구하도록 해서는 안 된다.

제22조 요금이나 그 밖의 청구액에 관하여 공식 인가를 받아야 한다.

제23조 영업자는 영업에 고용된 자를 위해 매달 예비기금에 기부해야 한다. 기금의 부담 방법에 관한 규칙은 조합이 정해야 하며 이에 대해 인가를 받아야 한다.

제24조 영업자는 첨부한 서식에 따라 영업을 위해 고용된 자의 명단을 준비해야 한다. 또한 이와 관련하여 변화가 생길 때마다 그 내용을 수정해야 한다.

---

156 [일어본] 지마에(自前) 계약자.

157 [일어본] 가시자시키 영업자는 앞의 조 외에 소지마이(總仕舞)라고 말하면서 일하는 자(稼業者)로 하여금 등루(登樓)하지 않은 자에 대해 화대(花代) 약속을 하도록 하거나 일하는 자로부터 화대를 걷을 수 없다.

Ⅵ. 경찰서 규칙(발췌)
관동청령 제57호. 1922년 7월 27일

1926년 제20호에 따라 개정

제1조 다음 항목에 해당하는 자는 구류 또는 소액 벌금에 처한다.

54. 비밀 성매매 또는 그 알선을 했거나 부도덕한 사용 목적을 알면서 그 장소를 제공한 자[158]

Ⅶ. 고용 소개 통제 규칙[159]
관동청령 제47호. 1920년 7월

제1조 이 규칙에서 '고용 소개(employment agency)'라는 용어는 다음 영업을 하는 것으로 이해한다.

1. 게이샤, 면허 성매매 여성, 작부, 나카이(nakai, 요리점의 여성 고용인)의 취업을 소개하거나 추천하기
2. 직공, 도제(徒弟), 선원, 유모, 남성이나 여성 하인, 그 밖의 노동자 고용을 위한 소개와 추천

제2조 고용 소개영업자는 관할 경찰서에 허가를 받아야 한다. 지점이나 파견소를 설치하고자 할 때도 같은 절차를 밟아야 한다.

1. 본적지, 현재 거주지, 이름, 출생일자, 상호(사법인의 경우, 이름, 본사 주소, 대표 이름, 정관)
2. 업소
3. 업종

지점이나 파견소를 설치하려는 장소가 본점 설치 지역 사법권 안에 있는 경찰서와 다른 경찰서의 사법권 안에 있는 경우, 앞에서 언급한 허가는 본점 지역을 관할하는 경찰서에

158 [일어본] 밀매음 또는 그 매개를 하거나 또는 사정을 알면서 밀매음 장소를 제공한 자.

159 [일어본] 소개영업 단속규칙.

서 받아야 한다. 제1항 제2호와 제3호에서 언급된 사항에 변동이 생겼을 때 관할 경찰서에 허가를 받아야 한다.

제3조 다음 항목에 해당되지 않는 자가 고용 소개영업을 하도록 허가해서는 안 된다.

1. 상당한 재산과 신용을 소유한 자
2. 이 영업을 수행하는 데 적합하다고 인정받은 자

앞에서 언급된 자격을 갖춘 사람이라 해도, 지역 조건을 고려하여 경찰서가 허가하지 않을 수 있다.

제4조 제1조 제1호와 같이 허가받은 자는 관할 경찰서가 제시한 대로 보증금을 지불하지 않았다면 영업을 시작할 수 없다. 이 규칙은 지점이나 파견소 설치를 허가받은 자에게도 적용된다. 보증금은 관할 경찰서의 동의를 받은 후 유가증권으로 지불 할 수 있다. 영업을 그만두었거나 영업에 수반되는 허가가 무효화되었을 때 보증금을 요청해서는 안 된다.

제5조 고용 소개영업자가 추가로 숙옥, 요리옥, 음식점, 하숙옥, 가시세키(사교 모임이나 연회 등을 위해 방을 대여하는 시설), 시바이차야(shibai chaya, 극장에 딸린 찻집), 마치아이차야(숙박 시설의 찻집), 히키테차야(면허업소에 딸린 찻집), 게이샤 업소(geisha house), 게이샤 호출 사무소(geisha call-office), 위락장소나 그 밖의 유사 시설의 영업에 추가로 종사할 수 없다. 그리고 이러한 영업자와 같은 업소에서 본인의 영업을 시행할 수도 없으며, 이러한 영업자의 고용직원이 될 수도 없다.[160]

제1조 제1호의 영업 종사는 같은 조 제2호의 영업에 종사할 수 없으며 그 반대 경우도 마찬가지이다.

제6조 고용 소개영업자가 관리인을 두거나 가족, 고용인, 기타의 사람을 영업에 종사시키려고 할 때, 관할 경찰서에 신청하여 신고를 받아야 한다. 이때 관련된 자의 본적지, 현재 거주지에 대한 서류를 제출해야 한다.

앞의 관리자나 가족, 고용인, 기타의 사람이 공안과 풍속을 해칠 수 있다고 생각될 때, 또는 영업에 적합하지 않다고 생각될 때, 관할 경찰서는 허가를 무효로 할 수 있다.

제7조 위의 조 제1항에 따라 허가를 받은 자는 고용인이 직접 허가 증명서를 소지하도록 해야

---

160 [일어본] 영업자는 숙옥, 요리옥, 음식점, 하숙옥, 가시세키, 가시자시키, 시바이차야(芝居茶屋), 히키테차야, 예기오키야(藝妓置屋), 예기검번(藝妓檢番), 유기장(遊妓場), 기타 이와 유사한 영업과 대서업을 겸하거나 또는 이들 영업자와 동일 가옥 내에서 영업하거나 또는 이들 영업자의 사용인이 될 수 없다.

한다. 앞의 항목에서 언급한 허가 증명서를 분실 또는 훼손되었거나 변동이 생겼을 때, 5일 이내에 갱신 또는 재발급을 신청해야 한다.

제8조 다음에 해당되는 경우, 고용 소개영업자는 그 사실을 5일 이내에 관할 경찰서에 신고해야 한다.

1. 영업을 그만두었거나 중단했을 때
2. 영업 중인 지점이나 파견소를 닫았을 때
3. 본적지, 현재 거주지, 이름과 번호(사법인일 경우, 본점을 설립한 장소, 대표, 정관)를 변경했을 때
4. 고용인이 사망, 실종했거나 고용 상태를 지속할 수 없을 때, 영업자 자신이 사망 실종했을 때는 호주 또는 식구가, 사법인이 해체되었을 때는 그 청산인이 5일 이내에 그 사실을 신고해야 한다.

제9조 고용 소개영업자는 다음에 해당되는 자를 소개 추천하면 안 된다.

1. 미성년자, 금치산자, 한정치산자, 결혼한 여성으로 각기 법정대리인이나 조력자, 남편의 동의를 얻지 못한 자. 그러나 이 규칙은 관할 경찰서에서 허가를 받은 경우에는 적용되지 않는다.
2. 사회적 신분이 알려지지 않은 자
3. 게이샤, 면허 성매매 여성, 작부가 되는 자격을 결여한 자
4. 신체적으로 연약하고 일을 수행할 능력이 안 되는 자

제10조 고용 소개영업자는 요금의 요율, 수금 방법을 결정해야 하며 이에 대해 관할 경찰서의 허가를 받아야 한다. 필요하다고 판단되는 경우, 관할 경찰서는 요금 요율과 요금 수금 방법의 변화를 명령할 수 있다.

제11조 요금은 의뢰자 쌍방에게 똑같이 나누어 받아야 하며 영수증을 교부한다. 다만 특약의 경우에는 이에 제한되지 않는다. 2인 이상이 고용 소개 영업에 종사하여 함께 일하는 경우에도 고정 요율을 초과하는 요금을 받아서는 안 된다.

제12조 고용 소개영업자는 본인 시설의 눈에 띄는 장소에 요금율, 징수 방법, 그 밖에 관할 경찰서가 지정한 문제들을 게시해야 한다.

제13조 고용 소개영업자는 첨부한 서식에 따라 업무 일지를 준비하고, 그 끝에 승인을 공식 날인하여 고용 소개 또는 추천이 이뤄질 때마다 필요한 사항을 기재해야 한다. 앞에서 언

급한 일지는 사용한 지 3년이 경과되거나 그 끝에 취소의 공식 날인이 되어 있지 않은 한 그만두어서는 안 된다.

第14조 경찰 또는 관계자의 요구에 고용 소개영업자가 업무 일지 조사용 제출을 거부해서는 안 된다.

第15조[161] 고용 소개영업자는 본인의 소개나 추천을 통해 일자리를 구하는 자에게 본인의 집을 숙소를 제공할 수 없다. 그러나 불가피한 사유로 관할 경찰서에 허가를 받았을 때, 이 규칙은 제한되지 않는다.

第16조[162] 제1조 제12호에 언급된 고용 소개영업자나 사법인은 본인의 사무실 입구에 간판을 걸어야 한다. 간판에는 이름, 업소 주소, 업종, 상호가 적혀 있어야 한다.

第17조 고용 소개영업자는 다음의 행동을 저지르거나 다른 사람에게 저지르게 해서는 안 된다.

1. 과장 허위 광고 출판 게시
2. 영업 관련한 사기행동이나 말
3. 이미 일하고 있거나 고용 중인 자의 고용을 소개 추천
4. 고객의 바람과 어긋나는 고용 소개 추천
5. 어떤 명분이든 본인에게 소개나 추천으로 일자리를 구하고자 하는 자를 데리고 온 자에게 금품이나 그 밖의 혜택 제공
6. 본인의 소개와 추천을 통해 일자리를 구하고자 하는 자에게 임의로 의복과 숙식 제공, 또는 그러한 자에게 임의로 금품 대여
7. 소개나 추천을 통해 일자리를 찾는 자의 돈을 맡아두거나 그러한 사람의 물품을 대신 팔아주거나 저당 잡힘, 또는 이를 요금의 지불로 받음. 관할 경찰서로부터 허가를 받을 때는 예외함
8. 어떤 명목으로든 요금 외의 금품을 받음
9. 고객의 보수, 선금, 그 밖의 돈을 받은 고객의 영수증을 가로챔
10. 계약 성립 이전에 요금을 받음
11. 게이샤, 면허 성매매 여성, 작부, 나카이(식당 여성고용인)가 되도록 강요

---

161 영어본에 제14조가 두 번 나오지만, 일어본에는 순서대로 나오고 있으므로 일어본에 따른다.

162 영어본에 제16조가 나오지 않지만, 일어본에는 순서대로 나오고 있으므로 일어본에 따른다.

第18조[163] 第11조 제1호에 언급된 고용 소개영업자는 어떤 방법으로든 자신의 영업을 광고하거나 다른 사람에게 광고하게 해서는 안 된다.

第19조 고용 소개영업자들이 자신의 조합을 조직했을 때, 지체 없이 관할 경찰서에 조합 약관을 신고해야 한다. 약관에 어떤 변화가 생겼을 때 같은 절차를 밟아야 한다.

第20조 제1조 제1호에 언급된 영업자가 게이샤, 면허 성매매 여성, 작부, 나카이가 되고자 하는 자의 고용을 위해 관할 경찰서 사법권 밖에 사는 자에게 소개 추천하고자 할 때, 이 사실을 그러한 자의 출발 3일 전에 관할 경찰서에 신고해야 한다. 이때 다음의 서류를 제출해야 한다.

1. 일자리를 소개 추천하고자 하는 자의 본적지, 현재 거주지, 이름, 출생일자
2. 장래 고용주의 거주지, 이름, 직업
3. 장래 고용주와 고용인의 계약 내용 목록
4. 미성년자, 금치산자, 결혼한 여성의 경우, 제9조 제1호에서 언급한 바와 같이 허가를 받은 경우를 제외하고, 각기 법정대리인, 관련된 자의 조력자, 남편의 서면 동의서를 제출해야 한다.

第21조 고용 소개영업자가 관할 경찰서 사법권 밖에서 거주하며 영업하지만, 사법권 안에서 게이샤, 면허 성매매 여성, 작부, 나카이가 되려는 자를 소개 추천하고자 할 때, 피소개인 거주지 관할 경찰서에 허가를 받아야 한다. 이때 다음 서류를 받아야 한다.

1. 신청자의 본적지, 현재 거주지, 이름, 출생일자
2. 피소개인의 본적지, 현재 거주지, 이름, 출생일자
3. 장래 고용주의 현재 거주지, 이름, 직업
4. 장래 고용주와 고용인의 계약 조건 목록
5. 미성년자, 금치산자, 한정치산자, 결혼한 여성의 경우 제9조 제1호에서 언급된 바와 같이 허가받은 경우를 제외하고, 각각 법정대리인, 해당하는 사람의 조력자, 남편의 서면 동의서
6. 해당자가 제9조 제2조, 제3조, 제4조에 포함되지 않는다는 사실

第22조 제1조 제2호에 언급된 고용 소개영업자가 고용을 목적으로 노동자, 견습생, 그 밖의 노

163 그러나 제11조에는 제1호 규정이 없다. 원문의 오류로 보고 그대로 표기한다.

동자를 모집하고자 할 때, 다음 서류를 제출하여 모집해야 하는 장소 밖까지 사법권을 행사하는 경찰서에 이 사실을 신고해야 한다.

1. 모집을 요청한 자의 현재 거주지, 이름, 직업 그리고 고용되어야 할 장소
2. 모집 구역과 기간, 수, 성별
3. 모집 방법과 조건
4. 계약 문제

제23조 고용 소개영업자가 관할 경찰서 사법권 바깥에서 거주하고 있는 일꾼, 견습생, 그 밖의 노동자를 사법권 안에 채용하기 위해 모집하고자 할 때, 모집 대상 구역을 관할하는 경찰서에 허가를 신청하여 받아야 한다. 이때 위의 조항 각 호에서 언급한 사항에 대한 서류를 제출해야 한다.

제24조 제22조와 제23조에 따라 모집한 사람들을 경찰서 사법권 밖의 구역으로 보내고자 할 때, 이 사실을 출발 3일 전에 관할 경찰서에 신고해야 한다. 이때 이들의 현재 거주지, 이름, 연령, 성별에 대한 서류를 제출해야 한다.

제25조 고용 소개영업자가 다음에 해당하는 경우, 관할 경찰서는 허가를 무효로 하거나 영업을 중단시킬 수 있다.

1. 공안이나 풍속을 해칠 수 있다고 우려되는 경우
2. 이 규칙의 조항을 위반했을 때
3. 영업에 적합하지 않다고 생각될 때
4. 본인의 혜택을 다른 이에게 대여했음이 확인되었을 때
5. 허가를 받은 후 정당한 이유 없이 영업을 시작하지 않거나 6개월 이상 영업을 중지했을 때

제21조와 제23조에 따라 허가를 받은 자가 위의 항 제1호와 제2호에 해당할 때, 관할 경찰서는 허가를 무효로 할 수 있다. 일꾼, 견습생, 그 밖의 노동자 고용을 위해 모집하는 자가 위의 항 제1호와 제2호에 해당할 때, 관할 경찰서는 모집을 금할 수 있다.

제26조 이 규칙의 조항과 권위에 따라 행한 조치를 위반한 자는 구류 또는 가벼운 벌금에 처한다.

제27조 고용 소개영업자는 영업과 관련하여 관리인, 가족, 고용인, 그 밖의 고용인의 행위에 책임을 져야 한다.

제28조 법인의 경우, 고용 소개영업자에 적용 가능한 처벌 조항은 그 대표에게 적용한다.

제29조 이득을 목적으로 현재 규칙의 제1조에 해당하는 소개나 추천을 행한 자는, 영업 문제가 아니라 해도, 현재 규칙을 위반한 자로 간주하여 제26조의 처벌 조항을 적용한다.

부칙

제30조 이 규칙은 발표일 후에 효력이 발생한다.

제31조 이 규칙의 집행 이전에 고용 소개영업을 위한 허가를 받고 실제로 이 영업에 종사한 자는 이 규칙 집행 후 2달 이내에 규칙에 따른 허가를 받지 않는다면 계속하여 영업할 수 없다.

Ⅷ. 게이샤나 작부로 일하는 러시아 여성에 관하여
1924년 4월 9일. 관보(關保) 제2914호, 경무국장이 각 경찰서장에게 통첩

사상, 예절, 관습의 차이로 인해 러시아 여성에게 게이샤(노래하는 어린 여성), 작부 거래에 종사하도록 허락하여 종종 이들과 고용주 사이에 논란이 야기된다는 우려가 있어서, 이러한 여성에 대해서는 이제부터 다음과 같이 처리한다.

1. 러시아 여성이 게이샤나 작부 거래에 종사하는 것을 허용하지 않는다.

별책 2: 통계표

〈표 1〉 관내 인구 총수와 남여 비율 조사(1930. 10. 1. 현재)

분류	인구			전체에 대한 비율	여성을 100으로 보았을 때 남성의 수
	남성	여성	합계		
일본인	121,841	103,978	225,819	0.170	117.2
한국인	9,893	8,354	18,247	0.014	118.4
중국인	675,681	405.204	1,080,885	0.814	166.8
외국인	1,758	1,268	3,020	0.002	139.3
합계	809,173	518,798	1,327,971	-	(평균) 156.0[164]

164 원문에 따른다. 제대로 계산하면 135.4다.

〈표 2〉 여성아동매매 범인 조사표

1926년 : 총 사례 19건

가해자						피해자		
성별	국적	연령	직업	조치	인신매매 방법	국적	연령	목적지
남성	중국인	38	무직	불기소	다른 이들과 공모하여, 이익 취득을 목적으로 중국인을 유인하여 팔거나 되팜	중국인	20	푸란뎬[165]
〃	〃	49	〃	〃		〃	18	진저우[166]
〃	〃	42	〃	〃		〃	32	푸저우[167]
〃	〃	53	〃	〃		〃	19	송수[168]
〃	〃	37	〃	〃		〃	17	샤오캉즈[169]
〃	〃	30	〃	〃		〃	27	창산섬[170]
〃	〃	42	〃	〃		〃	20	푸란뎬
〃	〃	35	〃	〃		〃	17	샤오캉즈
〃	〃	35	〃	〃		〃	21	푸저우
〃	〃	35	〃	〃		〃	40	푸란뎬
〃	〃	41	〃	〃		〃	21	샤오캉즈
						〃	7	〃
여성	〃	49	무직	불기소	피해자를 유인하여 이익을 목적으로 한 남성에게 부인으로 판매하고 100위안의 은 타이양[171]을 받음	〃	30	아서항[172]
남성	〃	21	봇짐장수	징역 1년	이익을 목적으로 피해자를 판매하려고 함	〃	6	와팡뎬[173]
〃	〃	38	〃	〃				
〃	〃	31	기술공	중국 관헌에 송치	피해자와의 친밀한 관계를 이용, 피해자를 감언이설로 유인하여 식당에 팔아넘기려 함.	〃	20	묵덴

---

165 원문에는 Pulantien, 현재 영문 표기는 Pulandian. [일어본] 푸란뎬(普蘭店).

166 원문에는 Chinchow, 현재 영문 표기는 Jinzhou. [일어본] 진저우(金州).

167 원문에는 Foochow, [일어본] 푸저우현(復州縣).

168 원문에는 Sungshu, [일어본] 송수역(松樹驛).

169 원문에는 Hsiaokang tzu, [일어본] 샤오캉즈(小崗子).

170 원문에는 Chanshan Island, [일어본] 창산섬(長山島).

171 원문에는 Taiyang silver, [일어본] 타이양(大洋).

172 [일어본] 뤼순(旅順).

173 원문에는 Wafangtien, [일어본] 와팡뎬(瓦房店).

남성	중국인	26	무직	중국 관헌에 송치	피해자를 감언이설로 유인하여 팔아넘기고자 함	중국인	미상	미상
〃	〃	22	〃	〃	피해자를 감언이설로 유인하여 팔아넘기려 함	〃	17	창춘
〃	〃	25	〃	〃	피해자와의 친밀한 관계를 이용하여 여성을 유인하고 팔아넘기려 함	〃	19	묵덴
여성	〃	45	〃	〃	피해자를 감언이설로 유인하여 창기로 팔아넘기려 함	〃 〃	16 14	푸순[174]
남성	〃	28	현장 감독	〃	피해자를 감언이설로 유인하여 중국 당국에 포주라고 호소, 집으로 가는 중이던 여성을 팔아넘기려 함	〃	19	〃
〃 여성 〃	〃 〃 〃	31 29 25	무직 〃 〃	〃 〃 〃	피해자를 위해 중매를 서는 척하고 유인하여 식당에 팔아 버림	〃	28	판지아둔[175]
남성	〃	32	〃	〃	피해자에게 돈과 선물을 제공하여 가출하게 하고 피해자가 성매매 여성이 되도록 시도함	〃	18	농안[176]
〃	〃	27	〃	〃	피해자에게 돈과 선물을 제공하고 가출하게 하고 여성이 성매매 여성이 되도록 시도함	〃	19	창춘
〃	〃	31	〃	〃	결혼하자 약속하며 속이고 피해 여성을 성매매 여성으로 팔았음	〃	33	〃

174 원문에는 Fushun, [일어본] 푸순(撫順).

175 원문에는 Fanchiatun, [일어본] 판지아둔(范家屯).

176 원문에는 Nonan, [일어본] 농안(農安).

남성	중국인	33	무직	중국 관헌에 송치	피해자에게 돈과 선물을 제공하여 유인하고 여성을 성매매 여성으로 팔아 버림	중국인	19	헤이룽장성
〃	〃	32	〃	〃	일자리를 찾아주는 척하며 피해자를 유인함	〃	14	톈진
〃	〃	29	〃	〃	톈진에서 거짓 결혼 약속으로, 피해자를 유인함	〃	26	묵덴
여성	〃	58	〃	〃	계모의 가혹행위를 기회로 피해자를 감언으로 유인함	〃	19	〃
남성	〃	29	〃	〃	길거리에서 놀고 피해자를 감언이설로 유인함	〃	12	베이징
〃	〃	29	노동자	〃	전차를 기다리고 있는 피해자를 푸순에서 납치함	〃	6	톈진

1927년: 총 사례 12건

가해자						피해자		
성별	국적	연령	직업	조치	인신매매 방법	국적	나이	목적지
남성	중국인	30	노동자	불기소	영리를 목적으로 결혼한 여성을 다른 이에게 팔아 버림	중국인	32	다롄
〃	〃	50	막노동 현장 감독	징역 1년	영리를 목적으로 여성을 유인하여 여급으로 팔아 버림	〃	41	카이위안[177]
〃	〃	46	세탁부	불기소	본인의 입양 딸을 작부로 팔아 버림	〃	13	다롄
〃	〃	44	행상	징역 1년	산둥에서 다른 남성의 부인과 딸을 유인하여 데리고 와서 함께 사는 동안 어린 여성을 작부로 팔아 버림	〃 〃	44 18	〃
〃 〃 여성	〃 〃 〃	30 30 25	무직 〃 〃	불기소 〃 〃	다른 이들과 모의하여 피해자를 유인하여 팔아 버림	〃	20	〃

177 원문에는 Kaiyuan, [일어본] 카이위안(開原).

남성 여성	중국인 〃	37 21	무직 〃	불기소 〃	가난을 이용하여 피해자를 결혼시키고 영리를 얻음	중국인	20	다롄
남성 여성	〃 〃	30 30	〃 〃	구속 〃	가족이 없는 피해자를 유인하여 산둥으로 데리고 가려는 중에 체포됨	〃 〃	5 16	산둥 〃
남성	〃	28	중국 식당 직원	중국 관헌에 송치	피해자와 친밀한 관계를 맺은 후 아내로 삼는 척하다 면허 성매매 여성으로 팔아 버림	〃	20	상하이
〃	〃	24	무직	〃	작부 일에 종사하는 피해자를 유인하여 은 타이양 700위안에 팔아 버림	〃	24	푸순
〃	〃	32	담배 행상	〃	거짓 결혼 약속으로 피해자를 유인하고 면허 성매매 여성으로 팔아 버림	〃	23	창춘
〃	〃	20	잡화 행상	〃	학교에 갈 수 있다는 감언이설로 피해자를 유인하여 면허 성매매 여성으로 팔아 버림	〃	10	창춘 중국인 구역
〃	〃	36	음식점	〃	내연 관계 남성의 본처에게 학대를 받는 피해자를 거짓으로 동정하고 피해자에게 합법적인 결혼을 중매해 주는 척하며 유인함	〃	19	묵덴

1928년 : 총 사례 25건

가해자						피해자		
성별	국적	연령	직업	조치	인신매매 방법	국적	나이	목적지
남성	중국인	25	변호사 통역관	불기소	영리 목적중국인으로 작부를 유인함	중국인	20	다롄
〃 〃	〃 〃	40 37	무직 〃	〃	영리 목적으로 다른 사람의 아내를 유인함	〃	20	〃
〃 -	〃	39	〃	중지 처분	영리를 목적으로 피해자를 유인함	〃	16	〃
〃 -	〃 -	35	막노동	불기소	영리 목적으로 다른 사람의 부인을 비밀 성매매에 팔아 버림	〃	46	〃
〃 -	〃 -	27	무직	〃	영리 목적으로 작부를 유인함	〃 〃	23 22	산동 〃
〃	〃	29	〃	〃	영리 목적으로 다른 사람의 부인을 유인하여 팔아 버림	〃	25	다롄
〃	〃	28	〃	중지 처분	피해자의 무지를 이용하여 감언이설로 유인하고 헤이아오양 은[178] 200위안에 식당에 팔아 버림	〃	14	샤오캉즈

178 Heuaityang silver.

남성 여성	중국인 〃	39 30	미장공 무직	중국 관헌에 송치	피해자 남편이 없는 것을 이용하여 극장에 동행하는 척하며 유인하여 팔아 버림	중국인	30	와팡티엔
남성	〃	34	무직	〃	피해자와 친밀한 관계를 맺은 후 결혼을 허위 약속하고 피해 여성을 성매매 여성으로 팔아 버림	〃	31 32	창춘 〃
〃	〃	34	쿨리	〃	결혼을 허위 약속하고 감언이설로 피해자를 유인하고 팔아 버리려 함	〃	미상	묵덴
여성	〃	46	무직	경범죄 처리	감언이설로 피해자를 유인하여 요리점에 팔아 버리려 함	〃	17	카이위안
남성	〃	37	〃	중국 관헌에 송치	결혼하는 척하며, 피해 여성을 유인하여 요리점에 팔아 버림	〃	19	하얼빈
〃	〃	53	〃	〃	돈과 선물을 주며 피해자를 유인하여 면허 성매매 여성으로 팔아 버림	〃	27	창춘
〃	〃	33	〃	〃	거짓 결혼 약속으로 피해자를 유인하여 면허 성매매 여성으로 팔아 버림	〃	23	〃
〃	〃	26	〃	〃	돈과 선물을 주며 감언이설로 피해자를 유인하여 면허 성매매 여성으로 팔아 버림	〃	16	〃
여성	〃	46	〃	〃	학교에 가게 해 줄 수 있다며 피해자를 유인하여 면허 성매매 여성으로 팔아 버림	〃	13	〃
남성 〃	〃 〃	41 42	〃 농부	〃 〃	학교에 가게 해 줄 수 있다며 피해자를 유인하여 면허 성매매 여성으로 팔아 버림	〃	11	〃
〃	〃	35	무직	〃	돈과 그 밖의 선물을 주며 피해자를 감언이설로 유인하여 팔아 버림	〃 〃	22 19	〃
〃 〃 〃	〃 〃 〃	34 37 29	〃 〃 식음료 행상	징역 3년	서로 공모하고 감언이설로 피해자를 유인하여 팔아 버림	〃 〃	6 19	샤오캉즈
〃 여성	〃 〃	61 무직	요리사 무직	징역 1년	감언이설로 피해자를 유인하여 자기 집에 감금하였다가 발견됨	〃	13	다롄
남성 여성	〃 〃	33 18	〃 〃	〃 불기소	집 근처에서 놀고 있는 피해자를 납치하여 여성 가해자에게 팔아 버림	〃	6	〃
남성 〃 〃	〃 〃 〃	34 46 37	〃 〃 승용 마차부	무직 〃 〃	실종된 남편을 찾으려고 칭다오에 방문한 피해자를 감언이설로 유인하여 피해여 성과 그 딸을 팔아 버림	중국인 〃	32 7	다롄 〃

남성	중국인	25	무직	중국 관헌에 송치	피해 여성에게 더 나은 급여의 하인으로 일자리를 구해 주겠다고 말하며 유인	중국인	37	묵덴
〃	〃	40	〃	〃	영리 목적으로 피해자를 감언이설로 유인함		43 13	〃
〃	〃	23	〃	〃	남편을 만나게 해 줄 수 있다면서 피해자를 유인함		20	〃

1929년 : 총 사례 28건

가해자						피해자		
성별	국적	연령	직업	조치	인신매매 방법	국적	나이	목적지
여성	중국인	36	무직	불기소	친척과 함께 사는 전직 작부를 영리를 목적으로 유인함	중국인	29	다롄
남성	〃	47	쿨릭 현장 감독	〃	영리 목적으로 쿨리의 부인과 어린 딸을 유인함	〃 〃	24 7	〃 〃
〃 〃 〃	〃 〃 〃	20 36 37	무직 〃 요리점	〃 〃 〃	영리 목적으로 고향에 있는 피해자를 유인함	〃	19	〃
〃	〃	25	석공	중시 처분	감언이설로 피해자를 유인하여 함께 도주함	〃 〃	17 7	미상 〃
여성	〃	31	무직	중지 처분	영리 목적으로 피해자를 유인하여 도주함	〃	30	〃
남성	〃	22	〃	〃	영리 목적으로 피해자를 요리점에 팔아 버림	〃	20	다롄
〃	〃	29	〃	불기소	영리 목적으로 피해자를 유인하여 도주하려다가 실패함	〃	24	〃
〃	〃	50	농부	불기소	자기 장남의 아내로 삼는다고 하고 산둥에서 피해자를 데려와 일시 함께 살도록 한 후 영리 목적으로 팔아 버림	〃	17	따스치아오[179]
여성 〃	〃 〃	33 44	무직 〃	불기소 〃	영리 목적으로 공모하고 피해자의 결혼을 중매하고 이익을 나누고 사용함	〃	17	다롄

179 원문은 따스치아오(Tashihchiao), [일어본] 따스치아오(大石橋).

남성	중국인	55	요리점	징역 10월	오빠가 있는 곳에 데리고 간다고 속여서 자택으로 끌고 와서 면허 성매매 여성을 시킴 감언이설로 피해자를 유인하여 자택에서 면허 성매매 여성을 시킴	중국인 〃	18 21	샤오캉즈 〃
〃	〃	24	무직	중국 관헌에 송치	피해자를 감언이설로 유인하여 팔아넘김	〃 〃	10 7	묵덴 〃
〃	〃	27	〃	〃	작부로 일하고 있는 피해자를 감언이설로 유인하여 팔아넘김	〃	20	푸순
〃	〃	26	〃	〃	피해자와의 친밀한 관계를 이용하여 다롄에 데리고 간다고 하고 다른 곳에 팔아넘김	〃	24	펀하이푸[180]
〃	〃	38	〃	〃	감언이설로 피해자를 유인하여 미상의 장소로 도주했으나 공모자 1명이 체포됨	〃 〃	27 미상	미상 〃
〃	〃	38	하인	〃	감언이설로 피해자를 유인하여 요리점에 팔아 버림	〃	〃	푸순
〃	〃	30	무직	〃	작부로 일하는 피해자를 유인하여 팔려고 함	〃	〃	묵덴
〃	〃	29	〃	〃	같은 고향 출신이라는 점을 이용하여 피해자 남편이 부재 중일 때 유인하여 팔아 버림	〃	미상	푸순
〃	〃	20	〃	〃	피해자와의 친밀한 관계를 이용하여, 감언이설로 유인하여 팔려고 함	〃 〃	19 19	지린 지린
〃	〃	46	〃	〃	일자리를 찾아주는 척하며 피해자를 유인하여 요리점에 팔아 버림	〃	31	쿵추링[181]
〃	〃	29	〃	불기소	피해자를 권총으로 협박하고 붙잡아 두었다가 요리점에 팔아 버림	일본인 (한국인)	22	〃
〃	〃	28	〃	중국 관헌에 송치	감언이설로 피해자를 유인하여 팔아 버림	지나인	29	묵덴
〃 여성	〃 〃	40 26	농부 〃	〃 〃	결혼하자고 피해자를 속여 팔아 버림	〃	29	판지아둔
남성	〃	21	무직	〃	학교에 갈 수 있다고 피해자를 유인하여 면허 성매매 여성으로 팔아 버리려고 함	〃	16	헤이룽장
〃	〃	30	〃	〃	결혼하자고 피해자를 속여 팔아 버리려고 했음	〃	25	랴오양
〃	〃	55	〃	〃	중매를 서주는 척하면서 피해자를 팔아 버림	〃	24	창춘

180 원문은 펀하이후(Penhaifu), [일어본] 펀시후(本溪湖).

181 원문은 쿤추링(kungchuling), [일어본] 공주링(公主嶺).

남성	중국인	38	무직	중국 관헌에 송치	거짓 결혼 약속으로 피해자를 유인함	중국인	20	묵덴
여성	〃	37	〃	〃	남편과 사별한 것을 이용하여 다른 데 소개시켜 준다고 하고 유인함	〃	24	묵덴
남성 여성	〃 〃	34 33	요리사 정육 판매	〃 〃	좋은 일자리를 알아봐 주는 척하면서 피해자를 유인함	〃	13	〃

1930년 11월 말: 총 사례 23건

가해자						피해자		
성별	국적	연령	직업	조치	인신매매 방법	국적	나이	목적지
여성	중국인	37	무직	법원 송치	피해자를 감언이설로 유인하고, 진저우에 있는 사촌의 집에 숨김	중국인	5	진저우
남성	〃	26	금은 세공	중국 관헌에 송치	거짓 결혼 약속으로 유인하여 피해자와 도망치려고 함	〃	20	다렌
〃	〃	37	석공	〃	피해자를 유인하려 하다가 실패하고 무력으로 끌고가 본인 집에 감금함	〃	20	카이핑[182]
〃	〃	28	무직	〃	감언이설로 피해자를 유인하여 작부로 팔아 버림	〃	22	푸순
〃	〃	34	목수	〃	거짓 결혼 약속으로 피해자를 유인하여 면허 성매매 여성으로 팔아 버리려 함	〃	23	창춘
〃	〃	34	무직	〃	선물과 일자리를 주는 척하면서 피해 여성을 면허 성매매 여성으로 팔려고 함	〃	35 15	헤이룽장 화이더시엔[183]
〃	〃	40	〃	〃	학교에 보내줄 수 있다고 유인하여 면허 성매매 여성으로 팔아 버림	〃	11	헤이룽장
〃	〃	21	〃	〃	돈과 선물을 주며 유인하고 면허 성매매 여성으로 팔려고 함	〃	18	창춘
〃	〃	39	〃	불기소	영리 목적으로 피해자를 감언이설로 유인하여 남의 아내로 팔아 버림	〃	20	피즈화[184]

182 원문은 카이핑(Kaiping), [일어본] 카이핑(蓋平).

183 원문은 화이더시엔(Huaitehhsien), [일어본] 화이더시엔(懷德縣).

184 원문은 피즈화(Pitzehwa), [일어본] 피즈워(貔子窩).

남성	중국인	19	쿨리	불기소	형의 아내로 해 주겠다고 피해자를 유인하여 형에게 넘긴 다음 피해 여성에게 도망치라고 유인함	중국인	16	칭다오
〃	〃	32	콩 행상	〃	거짓 결혼 약속으로 유인하여 피해자와 동거함	〃	22	다롄
〃	〃	36	석탄 상인	〃	감언이설로 피해자를 유인하여 남의 아내로 팔아 버림	〃	29	샤허 커우[185]
〃	〃	27	막노동	징역 2년 6월	감언이설로 피해자를 유인하여 남의 아내로 팔아 버림	〃	13	〃
〃	〃	28	석공	불기소	〃	〃	33	다롄
〃	〃	53	선원	〃	〃	〃	29	샤허커우
여성	〃	30	요리점	〃	원한 때문에 남에게 고용되어 작부 일을 하고 있는 피해자를 유인하여 도주하게 함	〃	20	〃
남성 여성	〃 〃	33 30	무직 잡화 행상	〃 〃	공모하여 피해자를 유인하고 다른 곳에 팔아넘기려 함	〃	24	〃
〃 여성	〃 〃	22 18	무직 〃	재판에 넘김 〃	피해자와 친밀한 관계를 이용하여, 감언이설로 피해자를 유인하려 함	〃	19	산둥
남성 여성	〃 〃	53 26	〃 〃	〃 〃	감언이설로 피해자를 유인하여 팔아넘기려 함	〃	24	〃
남성 〃 〃 〃	〃 〃 〃 〃	43 40 40 54	무직 빵행상 무직 음식점	〃 〃 〃 〃	감언이설로 피해자를 유인하여 팔아넘기려 함	〃	26	샤오캉즈
〃 〃	〃 〃	31 미상	담배 행상 미상	〃 〃	거짓 결혼 약속으로 피해자를 유인하여 동거함	〃	16	다롄
〃	〃	32	무직	〃	동거 중 감언이설로 피해자를 요리점에 면허 성매매 여성으로 팔아 버림	〃	미상	〃
〃 여성	〃 〃	44 43	〃 〃	〃 〃	피해자 부부가 불화한 것을 이용하여, 감언이설로 여성을 유인함	〃	21	묵덴

185 원문은 샤허커우(Shahekou), [일어본] 샤허커우(沙河口).

〈표 3〉 영토에 들어온 특수 계층 외국 여성의 수[186]

분류 \ 연도	1926	1927	1928	1929	1930
배우	1,729	1,961	1,809	2,260	1,298
면허 성매매 여성	113	159	116	130	84
중국인 작부	915	1,255	1,088	918	416
합계	2,757	3,375	3,013	3,308	1,800[187]

비고: 1930년은 11월 말까지 그 해 열한 달의 기록이다.

〈표 4〉 다롄에 도착했거나 출발한 막노동 노동자 수[188]

분류 \ 연도	1929			1930(10월까지)		
	남	여	합계	남	여	합계
도착	404,554	74,657	479,211	301,479	39,449	340,928
출발	159,743	17,526	207,269	134,368	14,509	148,877

〈표 5〉 외국인 특종 부녀 출신지별 조사(1930년 11월 말 현재)

지역(省)[189] \ 분류	여성배우	성매매 여성	여급	합계	특이사항
산둥	672	116	107	895	
허베이	1,613	113	88	1,814	
장쑤	235	19	25	279	
헤이룽장	7	2	-	9	
랴오닝	460	9	15	484	
허난	22	4	1	27	
쓰촨	-	1	-	1	
저장	10	4	1	15	
광둥	2	1	-	3	
지린	56	-	-	56	

186 [일어본] 외국인 특종부인 입국자 수 조사.

187 원문에 따름. 바르게 계산하면 1,798이다.

188 [일어본] 다롄항의 쿨리 출입 상황 조사.

189 Province. 원문에는 지역 이름에 Shěng이라는 표기가 되어 있지 않다.

산시(山西)	5	-	-	5
안휘	5	-	1	6
후난	3	-	-	3
조호르[190]	1	-	-	1
산시(狹西)	1	-	-	1
합계	3,092	269	238	3,599

〈표 6〉 1926년과 1930년 10월 말 사이 여성아동 매매업자의 수

연도	1926			1927			1928			1929			1930		
건수, 인원 / 분류	사례 횟수	가해자 수		사례 횟수	가해자 수		사례 횟수	가해자 수		사례 횟수	가해자 수		사례 횟수	가해자 수	
		남성	여성		남성	여성		남성	여성		남성	여성		남성	여성
불구속	2	11	1	4	5	2	7	9	1	7	7	3	8	8	1
기소유예	-	-	-	1	1	1	-	-	-	-	-	-	-	-	-
중지처분	-	-	-	-	-	-	2	2	-	3	2	1	-	-	-
경범죄 처벌	-	-	-	-	-	-	1	-	-	-	-	-	-	-	-
징역	1	2	-	2	2	-	3	5	1	1	1	-	1	1	-
법원 송치	-	-	-	-	-	-	-	-	-	-	-	-	6	10	2
중국 관헌 송치	16	14	4	5	5	-	13	13	2	17	16	3	8	8	1
합계	19	27	5	12	13	3	26	29	5	28	26	7	23	27	4

(이하 表 7~表 9는 번역에서 제외함)

表 7: 국적, 연령, 성별에 따라 분류한 영토에 도착하거나 출발한 외국인 수

表 8. 남편이나 부모 없이 영토에 도착한 외국 여성과 여성 아동의 수

表 9. 국적과 연령에 따라 분류한, 남편이나 부모 없이 영토에 도착한 외국인 여성과 여아의 수

〈표 10〉 지난 5년간 남편이나 부모 없이 영토에서 출발한 외국 여성과 여성 아동의 수

연도	1926	1927	1928	1929	1930	합계
수	1	3	3	0	4	11

비고: 관동청이 여행면허장을 교부한 자들의 수를 나타낸다.

190 원문은 Johol, [일어본] 러허(熱河).

〈표 11〉 1930년 말 외국인 성매매 여성의 수, 국적, 연령, 체류 기간

분류 / 국적	현재 수	연령			
		18세 이하	18~21세	22~29세	30세 이상
중국인	3,599	476	1,646	1,434	43

체류 기간											
1년 이하	1년 이상	2년 이상	3년 이상	4년 이상	5년 이상	6년 이상	7년 이상	8년 이상	9년 이상	10년 이상	11년 이상
1,280	1,022	565	354	160	128	32	25	10	14	9	-

31. 동양 부인아동매매 실지조사위원 질문집에 대한 회답(외무성 관계)(1931)

동양 부인아동매매 실지조사위원 질문집에 대한 회답(외무성 관계)

一. 일반 질문

(二) 부도덕한 목적을 위해 또는 부인매매업자에게 동반되어 본방으로 도항하려는 부인에 대하여 파견지(出先) 관헌이 여권사증을 거부한 실례

(본 건을 조회한 곳: 상하이, 홍콩, 칭다오, 펑톈, 하얼빈의 각 총영사 및 창춘의 영사)

펑톈 총영사 측에서 관동주 입경(入境)에 대하여 추업 목적을 지닌 것으로 의심하여 사증 허가를 거부한 실례는 다음과 같다.

다롄시 산시엔(山縣)거리[191] 카바레 폼페이(Cabaret Pompei)는 다수의 댄서를 데리고 있으면서 추업에 종사시킨다는 풍문이 있는 곳이다. 영업주인 프랑스 국적자(전 러시아인) 푸루마넨토(Furumanento)는 작년 5월 17일 펑톈으로 가서 20일까지 체재하던 중 구 러시아국 부인 3명(이중 한 명은 당시 창춘에서 불러들인 자)으로 하여금 재펑톈 제국총영사관에 관동주 입경 사증을 신청하게 하고, 같은 해 11월 19일에 다시 펑톈으로 가서 23일까지 체재하던 중 창춘 중국 관헌의 발급에 관한 거류 증명서(執照, 즈자오)를 소지한 구 러시아국 부인 한 명으로 하여금 제국총영사관에 관동주 입경 사증을 신청하도록 시켰으나, 모두 카바레 폼페이의 댄서로 다롄에 간다는 것이 드러남에 따라, 총영사관은 경찰 단속 차원에서 입경해도 지장이 없을지 여부를 다롄경찰서에 조회할 필요가 있다고 인정하고, 해당 인 등에 대해 신원조사가 필요하고 소지한 서류가 여권 대용 서류여서 미비하다고 고하며 일단 사증을 거절하였다. 그러자 해당 인 등이 그 후 영사관으로 출두하지 않았다. 입경 목적을 달성했는지 여부는 불분명하다.

191 관동군이 지배하던 시기에 야마가타거리(山県通)라고 불렸다.

또한 작년 7월 4일 아가피아 막시모바나 이바노바(A. M. Ivanova)라는 구 러시아국 부인이 다롄 호시가우라(星ヶ浦)의 타라스호텔에 고용되기 위해 입경할 목적으로, 친척이 갑작스런 병으로 인해 본인에게 다롄에 와달라고 요청한 전보를 제시하면서 사증을 신청했는데, 입경 목적에 혐의점이 있다고 인정하여 다롄경찰서에 조회하던 중 그 인물은 무사증으로 입경을 기도한 탓에 국경 관헌에게 입경을 금지당한 사실이 있다.

(三) 본 건에 관한 통계 및 정보 없음

(四) 부인아동매매 단속에 관한 법률, 명령, 규칙, 영사관령은 별책과 같다.

(五) 별지의 부인아동매매 단속에 관한 법률, 명령, 영사관령, 기타의 최근 5년간의 적용 성적은 일반적으로 보아 부인아동매매의 방지에 커다란 효과가 있음을 믿어 의심치 않는다. 단, 법률 명령의 효과는 그 운용이 어떤지에 달려 있음은 물론이니, 각 파견지 관헌을 독려하여 그 효과를 올리도록 노력하고, 파견지 관헌도 위 취지를 명심하고 실행에 힘써 왔다.

二. 세부 항목 질문

(一) (A) 부인매매업자에 관한 정보

(가) 창춘영사관 관내의 방인(邦人)이면서 예기, 창부의 구치이레(口入) 주선을 업으로 삼는 자의 이름과 기타

① 본적: 도쿠시마(德島)현 묘자이(名西)군 시모분카미야마(下分上山)촌 지메혼(字名本) 10번지

당시: 창춘 만철 부속지, 요시노(吉野)정 1정목 21번지의 2

예부(藝婦), 창부 소개업, 모리오카 덴파치(森岡傳八), 54세

(경력) 1905년 3월 경시청 순사로 임명받고, 1907년 5월 외무성 순사로 임명받아 지린(吉林), 하얼빈 각지에서 근무하다가 1918년 11월 의원면직(依願免職),[192] 1927년 7월까지 하얼빈에서 검번(檢番)회사, 고물상, 부동산매매 중개업 등에 관계했고 같은 해 8월 이곳으로 전임하여 위 직함의 영업에 종사한다.

(전과) 없음

(자산) 약 1천 엔 있지만 주선료를 얻을 목적으로 하는 영업이라면 영업자금을 필요로

192 본인 신청에 따라 공직을 해제함을 의미. 본인의 희망사직이거나 징계처분 대신일 수 있다.

하지 않는다.

(참고사항) 특기할 만한 점 없음

② 본적: 아오모리(青森)현 기타쓰가루(北津軽)군 하루카와(治川)촌 다이지고린헤이(大字五林平) 번외지

당시: 창춘 만철 부속지, 요시노(吉野)정 4정목 3번지

배우(지나인 예부 창부)소개업, 아베 스에키치(阿部末吉), 44세

(경력) 1907년 3월 아오모리사범학교 졸업, 같은 해 4월부터 1917년까지 소학교 교원으로 봉직하고, 같은 해 12월 관동청 순사로 임명받아 1918년 7월 징계면직, 같은 해 8월부터 1930년 6월까지 회사원, 매약 청매업(売薬請売業), 잡화상, 음식점 영업 등을 하였고, 그 후 위 직함의 영업 허가를 받았지만 사실상 영업을 하고 있지 않다.

(전과) 1923년 1월 창춘 영사관에서 병기탄약 모르핀, 코카인과 그 주사기 등 단속규칙 위반죄로 구류 28일에 처해졌다.

(자산) 없음. 단, 영업상의 자금은 주선료를 얻을 목적이라면 필요가 없지만 달리 후원자가 있는 듯하다.

(참고사항) 특기할 만한 점 없음

③ 본적: 도야마(富山)현 이미즈(射水)군 노(能)정 다이지고메시마(大字米島) 538

당시: 스핑가(四平街) 만철 부속지, 중앙따지아(中央大街) 24번지의 3

구치이레(口入)소개업, 요네다 와우에몬(米田和右衛門), 53세

(경력) 1918년 6월 이래 위 주소지에서 예부, 창부의 소개와 기타 구치이레 주선 영업에 종사하고 있다. 그 이전에 창춘의 만철 부속지 내에서도 동종 영업을 하고 있던 적이 있는 듯도 하지만 상세하게는 불분명하다.

(전과) 없음

(자산) 약 1천 엔 있음

(참고사항) 특기 사항 없음

(나) 상하이 총영사관 관내에는 부인매매를 하는 방인이 없지만 주선업자 중 동 영사관에서 내어준 예창기 주선 취급 허가는 불과 다음 1명이며, 이 사람은 이곳에서 20년 전부터 해당업에 종사하고 있지만 아직 불편하거나 부정한 혐의로 영사관이 처벌한 일이 없는 자

이다. 차의 판매가 본업이며[처는 머리 미용업(髮結業)] 주선업을 겸업하고 있다.

가쓰자키 구와키치(勝崎鍬吉), 70세

자본금 3백 달러, 성품 선량함

(다) 칭다오 총영사관 관내에는 부인매매를 하는 방인이 없지만 주선업자 중 그저 예작부에 관해서만 주선을 하는 자가 있다. 그 이름 등은 다음과 같다.

① 주선업 오노미치야(尾の道屋), 아리타니 도쿠타로(有谷徳太郎), 51세

자본금 2백 엔

영업개시 1915년 1월 18일

② 주선업 나카무라야(中村屋), 쓰쓰미 에이지(堤栄治), 46세

자본금 2백 엔

영업개시 1918년 10월 3일

③ 주선업 마루카네(丸金),[193] 쓰가네 다카야(津金鳳哉), 57세

(라) 홍콩 총영사관 관내의 방인 중에서 부인매매를 하는 자(주선업자 포함)의 성, 연령, 기타 본 영사관 관내 방인 중 부인매매를 하는 방인이 없지만 주로 작부 등의 주선업을 하는 자는 다음과 같다.

① 구니이 가지(国井かじ), 여자, 43세, 표면상의 직업은 음식점[가호(家号): 지요노야(千代之家)], 자산으로 현재 1만 수천 달러 보유한다고 알려졌고 주로 조선인(鮮人) 작부를 조선, 상하이 방면에서 불러들여 추업에 종사시키고 있다.

② 스하라 규지로(栖原久次郎), 남자, 43세, 표면상의 직업은 음식점[(가호: 도쿄암(東京庵)], 자산 없음.

③ 니시카와 다모쓰(西川保), 남자, 45세, 표면상의 직업 없음, 자산 없음

(마) 펑톈 총영사관 관내에서 부인매매를 하는 방인(주선업자를 포함함)의 유무

이곳에서 유일한 방인 주선업자는 부속지 야나기(柳)정 11번지에 거주하는 사이토 가즈사다(西藤一定) (1879년생)인데 자본금 약 1천 엔을 보유하고, 통상 이 지역에 한정해 소개업을 하면서 예기, 작부 등의 주선을 하는 경우가 있는 것 같기는 하지만, 이를 부인매매 주선이라 말할 수는 없다. 그리고 이 인물은 외국인(지나인을 포함함) 주선을 하지 않는다.

193 또는 마루킨으로 읽힐 수도 있다.

(바) 하얼빈 총영사관 관내에서 부인매매를 하는 자는 다음과 같다.

사교가 경성(京城)호텔, 박, 조선인, 남자

상동, 김, 상동, 남자

(二) (B) 본방 부인매매업자가 사용하는 불법수단

홍콩 총영사관 관내 방인의 부인 주선업자는 주로 상하이와 연락을 가지고 있고 홍콩정청이 여권규칙을 평시에 실행하지 않는 관계로 그들 작부를 무 여권인 채로 쉽게 홍콩으로 송치한다.

또한 뭄베이(孟買, 봄베이) 영사의 보고에 따르면 기루 주인인 내연의 남편이 불러들여서 도항하면서 동시에 재봉업 및 하녀라는 명의 아래 2명의 부녀를 동반해 오는 자가 있다. 대금 징수를 위해 재도항한다고 여권을 얻어서 동시에 1명의 부녀를 동반해서 오는 자가 있다. 또한 양녀로서 도항하는 자가 있다. 혹은 재도항 증명을 얻으면 다행이라 여기며 어린 자를 양녀로 동반하여 수년 후의 장래를 꾀하는 자도 있다. 그리고 주의해야 할 점은 최근 본적지에 여권 신청을 피하고 효고(兵庫)현 등 출발 항 소재지 현청의 여권을 받고 있는 자도 많고, 또한 자신은 본적지 현청에서 여권을 교부받고 동반자는 출발항 소재지 현청에서 여권을 교부받고 있는 자가 있으니, 이 또한 그들의 간책이 아닌가 생각한다.

(三) 본방에서 만주와 중화민국으로 도항하는 방인 예창기 및 작부의 대부분은 포주가 본방에 귀환하여 직접 또는 주선인의 손을 거쳐 계약을 맺고 친권자의 동의를 얻은 후 해당 지역으로 연행하는 경우이지만 또한 종종 한 곳에서 다른 곳으로 일자리를 옮기는 자가 없지 않다. 남양 및 인도 방면으로 도항하는 본방 추업부는 본방에서 직접 도항하는 경우도 있지만 대부분은 규슈(九州) 방면이나 기타로부터 일시적으로 남중국(南支) 남양지방으로 갔다가 거기서 전술한 방면으로 도항하는 자가 많다.

또한 전술의 각 지방에 있는 본방 추업부가 도래하는 경로와 여행의 행정을 각지별로 여실히 보여 주기 위해 본 건에 관해 각지 영사가 보내온 보고의 개요를 게재한다.

- 하얼빈: 내지인 및 조선인 예창기의 대부분은 포주가 스스로 귀국해서 각 주선인의 손을 거쳐 고용해서 데려오며, 남만주 방면에서 하얼빈 지방의 주선인 손을 거침으로써 이른바 일자리를 옮겨서(鞍替, 구라가에) 오는 자는 지극히 소수다.
- 만저우리(滿州里): 방인 예창기는 방인 점주가 자기의 고향에서 그 보호자와 직접 상담한 후 데리고 오는 자가 많다. 조선인 작부는 점주가 때로는 직접 조선으로 가서 고용하지만

대부분은 하얼빈에서 일자리를 옮기는(鞍替) 형식으로 수입하거나 또는 하얼빈의 조선인 주선인이 주선하는 경우다.

- 즈푸(芝罘, 옌타이): 일본인 예작부는 종래부터 누주가 고향에서 직접 수입하고 있지만 종종 다롄, 칭다오 방면의 주선인 손을 거쳐 수입하는 경우가 있다.
- 치치하얼(齋齋哈爾): 이 지역에는 조선인 매소부가 있는데 이는 치치하얼 지방에서 창부를 조달하기 때문에 조선, 내지로 가는 조선인 기루 주인에게 연행되는 것으로 보인다.
- 펑톈(奉天): 이 지역 방인 예창기는 누주 스스로 내지로 귀환해서 내지의 주선업자와 연락하여 고용하는 계약을 맺는데, 펑톈 지역으로 동반하는 자와 펑톈 이외의 만주조선(滿鮮) 각지의 생업자(稼業者)가 지방 주선업자의 소개로 펑톈으로 주거를 옮겨오는 자의 두 종류가 있다. 양자 모두 계약에 기초하고 있으니 유괴나 기타 불법행위에 기인하는 경우는 적다.

  조선인 매소부의 경우는 포주가 스스로 조선 내 지방에서 고용계약을 하는 자와 펑톈에서 계약하는 자의 두 종류가 있다.
- 산터우(汕頭): 이 지역 방인 예창기는 타이완 방면의 중개업자 손을 거치고 그 외 누주 스스로 고향에 가서 고용한다.
- 푸저우(福州): 일본 예작부는 통상 귀국한 누주가 데리고 오는 경우가 보통이다.
- 홍콩(香港): 일본인 공창은 나가사키(長崎)현, 구마모토(熊本)현 방면에서 도항하는 자가 많지만 과거 10년간 전혀 신규로 간 자가 없다.

  예기, 작부, 여급 등은 나가사키, 구마모토, 오사카, 오카야마(岡山) 방면에서 도항하는 자가 많다.

  사창은 상하이 방면에서 흘러들어온 자가 많고 그 대부분 전부는 단독이 아니라 나쁜 주선인에 의해 도항하게 되는 자다.
- 샤먼(廈門, 아모이): 이 지역의 내지인 예창기는 포주가 내지 또는 타이완에서 오는 생업자(稼業者)의 친권자 승낙을 구해 연행하는 자다.

  타이완인 매소부는 주로 지룽(基隆)으로부터 직접 도항하는 자이며, 남부에서 도항하는 자는 가오슝(高雄)으로부터 직접 샤먼으로 도래한다. 내지를 경유해 도항하는 자는 지극히 드물고, 현재 샤먼에서 일하는 중인 자 중에서 내지를 경유해 도항해온 자는 불과 2명밖에 없다. 그들 매소부는 모두 샤먼으로 도항할 때 정규 수속을 밟아 모두 여권을 휴대하고 있다. 이들 매소부의 여권을 보면 여행 목적은 재봉 또는 찻잎 따기라고 기재되어 있다.

- 한커우(漢口): 일본인과 조선인 매소부 대부분은 완전히 내지나 지나 각지의 기루로부터 자리를 옮겨서(鞍替) 온 자 그리고 내지 또는 조선의 주선업자가 직접 수입한 자다.
- 방콕(盤谷): 이곳에는 현재 4명의 방인 사창이 존재하는데, 이중 2명은 타이완에서 산터우(汕頭)로 건너가 지나 이민 속에 섞여 들어가 무여권으로 방콕으로 흘러들어온 자이지만, 다른 2명 중 1명은 말레이반도에서 창기일(稼)을 한 후 쫓겨서 이곳으로 흘러들어왔고, 다른 1명은 지나인의 첩이 이곳으로 들어온 자다.
- 뭄바이(孟買, 봄베이): 이곳의 방인 부녀 중 추업을 하고 있는 것으로 인정되는 자는 약 29명이며, 그 중 전 재류지가 판명한 자는 다음과 같다.

본방에서 직접 도항한 자 및 재도항자	4명
콜카타(캘커타)에서 도래한 자	8명
홍콩에서 도래한 자	1명
양곤에서 도래한 자	2명
카라치에서 도래한 자	2명

- 콜카타(캘커타): 본방인 추업부는 양곤 또는 싱가포르에서 오는 자도 있지만 대부분은 본방으로부터 직접 도항한다.
- 바타비아(자카르타): 싱가포르로부터 유입한 자다.

(五) (가) 연령에 따라 유형을 나눈 1925년에서 1930년까지의 각 해의 출국이민 통계는 별표 A호와 같다.

(나) 동 남녀에 따라 유형을 나눈 통계는 별표 B호와 같다.

단, 남편 또는 양친과 동행하지 않고 본방에서 해외로 도항하는 부인 또는 여아에 관한 통계는 보유하고 있지 않다.

(八) 별표 0호와 같다. 단,

一. 피해자는 불분명하다.

一. 이 표 안의 여자는 추업부가 아니다.

一. 추업부로서 송환된 자는 없다.

(十一)[194] 본방인이 도항하는 지방은 주로 중화민국, 남양 및 남미 지방인데, 이중 중화민국에 거주하는 방인에 대해서는 각지의 제국영사관령을 통해 부인아동매매와 기타 부인에 관한 불법행위의 단속을 엄중히 하고 있다. 또한 남미 및 남양 방면으로 도항하려는 자에 대해서는 우리 외무성이 여권관계규칙을 실행하여 여권을 교부할 때 엄밀한 신원조사를 시행함으로써 단독부인, 추업으로 들어설 우려가 있는 부인 및 미성년자 등 부인아동매매와 기타의 불법행위의 대상이 될 우려가 있는 자의 해외도항을 단속하는 한편 파견지 관헌도 이에 서로 호응하여 그 실행을 기하고 있다. 그 외 최근 5년간 특별히 파견지 관헌이 부인 및 아동에 대해서 보호 목적으로 취한 조치에 관한 재료는 없다.

A호: 출국 이민에 관한 연령별 통계표(1925~1929)

연령별	연도 / 성별	1925년	1926년	1927년	1928년	1929년	계
5세 이하	남	443	748	848	1,050	1,125	4,214
	녀	411	673	800	973	807	3,664
5세부터 19세까지	남	2,069	3,096	3,421	4,038	4,657	17,281
	녀	1,078	1,844	2,184	2,631	2,804	10,550
20세부터 29세까지	남	2,326	3,397	3,774	3,085	6,115	18,697
	녀	1,189	1,651	1,692	1,972	3,265	9,769
30세부터 39세까지	남	1,988	2,936	3,297	3,246	4,044	15,511
	녀	809	1,297	1,433	1,543	2,297	7,379
50세 이상	남	251	378	395	363	389	1,776
	녀	123	164	197	229	201	914
계	남	7,077	10,555	11,735	11,782	16,330	57,479
	녀	3,619	5,629	6,306	7,348	9,374	32,276

비고: 단 1930년도 분은 조사가 완료되지 않았으므로 기입하지 않음

194 (五), (八), (十一)로 이어지는 괄호 번호는 원문대로다.

B호: 출국 이민에 관한 성별 통계표(1925~1930)

성별 \ 연도	1925년	1926년	1927년	1928년	1929년	1930년	계
남	7,077	10,555	11,735	11,782	16,330	11,996	69,475
녀	3,619	5,629	6,306	7,348	9,374	6,464	38,740
계	10,696	16,184	18,041	19,130	25,704	18,460	108,215

비고: 단 본표 1930년도 분은 1월부터 9월까지 누계임

C호: 피송환자 표(1929~1930)

피송환자 이름	야마자키 후지로 (山崎富次郞)	고스나 리이치 (小砂利一)	시라사키 진사쿠 (白崎甚作)	하세가와 타네 (長谷川たね)	사나다 (眞田行□)
연령	52	51	31	41	33
성별	남	남	남	여	남
송환 취급 관청	싱가포르 총영사	싱가포르 총영사	싱가포르 총영사	샌프란시스코 총영사	샌프란시스코 총영사
송환년	1940년	1929년	1929년	1929년	1929년
송환 이유	추업에 관계되었다는 이유			부도덕적 행위를 했다는 이유	

一. 송환이 이루어진 상세한 사정, 피해자와 피해자 비호를 위한 수단 등 불명
一. 표 가운데 여자는 추업가 아님. 추업부로서 송환된 자는 없음
(비고. 1925년부터 1928년까지 해당 이유로 송환된 자 없음)

D호: 부녀 유괴 등의 혐의로 해외로부터 송환된 자(1926~1930 말) (1930년 12월 말 조사)

31세	33세	41세	51세	52세	계	내역
남 1	남 1	여 1	남 1	남 1	5	여 1인, 남 1인

一. 피해자는 불명함
一. 표 가운데 여자는 추업부는 아님. 추업부로서 송환된 자는 없음

32. 동양 부인아동매매 실지조사위원회 질문집 요약번역(1930. 11.)

외무성 조약국 제3과

임시 번역(假譯)

동양의 부인아동매매 실지조사위원회 질문집 요약번역

一. 일반 질문

(一) 귀국으로 또는 귀국으로부터 혹은 귀국을 통과하여 행해지는 부도덕한 목적을 위한, 특히 매음을 위한 부인아동매매의 존재 여부와 범위에 관해 국제연맹에 이미 송부한 정보에 대하여 귀국 정부에서 뭔가 보충할 점이 있는가.

(二) 현재 보유한 정보와 증거(証験)를 통해 볼 때, 부도덕한 목적을 위해 귀국으로 오는 부인 또는 매매인이 귀국으로 데려오는 부인은 주로 어느 나라에서 오는가.

부도덕한 목적을 위해 부인이 귀국으로부터 건너가는 주된 나라, 아울러 같은 목적을 위해 매매자에 의해 부인이 송치되는 주된 나라는 어느 나라인가. 특히 전술한 사항에 관한 최근 5년간의 정보를 얻을 수 있기를 희망한다.

(三) 자기의 자유의사에 의해서, 또는 직간접의 폭력, 혹은 사기를 당해 유혹된 탓에 이뤄지는 매음도 모두 포함해, 부도덕한 목적을 위해 과거 5년 사이에 귀국으로 향했거나 귀국으로부터 퇴거하거나 귀국을 통과한 부인 및 아동에 관계가 있는 보충적 정보, 특히 통계를 제공할 수 있는가. 만일 폭력을 사용당하거나 또는 여행목적에 기만이 있을 경우는 어떠한 방법이 사용되는지를 진술해 달라.

(四) 부인아동매매 단속에 관한 귀국의 일체의 현행 법률, 행정명령 및 규칙의 본문을 제공받고 싶다. 단, 본 위원회는 별지에 기재한 법률은 소유하고 있다.

(五) 일반적으로 보아 최근 5년 동안 앞의 제4항에 기재한 법률 및 규칙을 적용한 효과는 어떠한가.

(六) 귀국에서 외국인 추업부에 대한 요구가 있는가. 있다면 그 요구를 조성하는 요인은 무엇인가. 단, 여기서 외국인 추업부란 동양인, 구미인임을 불문하고 외국인민 추업부를 말한다.

(七) 귀국 정부는 별지에 기재한 것 이외에 부인아동매매문제에 관계되는 단체와 저명인사의 일람표를 제공할 수 있는가 그리고 그 사업 결과를 귀국 정부는 어떻게 관찰할 것인가.

(八) 장래에 이 국제적 폐해와 싸워야 할 귀국 정부의 계획 및 그 계획 성공에 대한 예상은 어떠한가.

二. 세부 항목 질문

A. 행정 및 법에 관한 질문

(一) 매매자의 성별, 연령, 표면상의 직업, 사회상의 지위, 그들 수중에 있는 자금 그리고 부인을 주선하고 수송할 때의 위조여권, 위조사증, 허위결혼, 허위직업 제공, 기타로 발각되었을 때 부과되어야 할 형벌을 피하려고 그들이 사용하는 수단에 대해 유익한 정보를 제공받고 싶다.

(二) 귀국 정부는 귀국 내에서 활동하는 일국인(一國人) 매매자 단체 또는 국제적 매매자 단체의 존재에 대하여 무언가 정보를 가지고 있는가.

(三) 부도덕한 목적을 위해, 특히 매음을 위해 귀국으로 오거나 귀국을 떠나는 부인아동의 경로, 여행의 노정(行程), 비밀리의 입국과 출발의 장소(만일 존재한다면)를 진술받고 싶다.

(四) 귀국 정부 소유 정보에서 과거 5년간 각 해에 부인아동매매 양에 뭔가 변화가 나타나고 있는가, 만일 그렇다면 매매자의 수중에 잡힌 부인, 아동의 연령, 지위, 기타에 대해서, 또는 매매자가 사용하는 방법에 관한 변화에 대해 위 정보의 수정을 제출하는가.

(五) 귀국 정부는 1925년부터 1930년(동년을 포함함)까지의 각 해에 출입이민에 관한 통계를 가지고 있는가, 가능한 한 상세하게 그리고 특히 다음 사항들을 언급한 통계를 제공해 주면 편리하겠다.

(가) 연령 및 국적에 따라 분류한 남녀 출입이민 수의 통계

(나) 최근 5개년의 각 해에 남편 또는 양친과 동행하지 않고 귀국으로 입국했거나 귀국으로부터 퇴거한 부인이나 여아의 수, 특히 입국자의 경우는 국적, 가능한 한 연령(14세 이하, 14세 내지 21세, 21세 이상)과 직업에 따라 분류한 수

(다) 귀국에서 공창가옥 또는 기타에서 추업에 종사하게 되는 자로 전술한 일반 질문 제6항에 정의한 바와 같은 외국 부인의 수, 연령, 국적 및 체재기간

(六) 최근 5년의 각 해에 타인의 정욕을 채우기 위한 부도덕한 목적을 가지고 부인 또는 아동을 주선, 유인, 또는 유괴했음이 발견된 자와, 이들 범죄 미수가 발견된 자에 관한 사실 중 국제연맹에 아직 보고되지 않은 상세부분을 제시받고 싶다(1910년 조약 제1조 및 제2조, 1921년 조약 제3조).

범죄자와 피해자의 연령, 국적, 범죄의 성질 그리고 위 사항에 대해 취할 수 있는 조치를 제시받고 싶으며, 가능한 한 전적으로 귀국에만 관한 건과 일부 또는 전부 타국(나라이름을 들어서)에 관한 건을 구별해 주기 바란다.

(七) (가) 최근 5년 동안 각 해에 전항의 범죄에 대해 범죄인 인도처분을 적용한 건수와 범죄자를 귀국이 인도한 나라이름 그리고 범죄자를 귀국이 인도한 나라이름과 귀국으로 송환한 나라이름을 진술받고 싶다.

(나) 최근 5년 동안 각 해에 신범죄인인도조약이나 약정(取極)이 체결되자마자 그리고 인도함에 있어 뭔가 실제적인 장애가 발생하였는지 여부를 진술받고 싶다.

(八) 최근 5년 동안 각 해에 귀국으로 송환되거나 귀국으로부터 추방된 경우로 다음 종류에 속하는 자의 수, 연령 및 국석을 제시하기 바란다.

(가) 세부항목 질문 제6항에 열거한 범죄 피해자인 부인 및 아동

(나) 전항 (가)에 포함되지 않는 추업부

(다) 추업부 주선에 종사하는 것으로 발견되었거나, 그렇다고 인정되었거나, 또는 추업부 주선으로 생활하고 있는 남녀

위 조건에 대해서는 가능한 한 송환, 추방이 이뤄진 사정과 피해자 옹호를 위한 수단과 그로써 얻어진 결과에 관한 정보를 제시해 주기 바란다.

(九) 최근 5년 동안의 각 해에 귀국 또는 타국에 존재하는 직업소개소에 의해 국제적 부인아동매매가 촉진된 것으로 알려졌거나 의심된 건이 있는가.

(十) 본 건 매매는 어떠한 범위에서 추업 허가 구역, 공창가옥, 장사상의 이익, 알코올, 약품, 음란(淫猥) 간행물과 외설(卑猥) 행위에 의해 영향 받고 있는가.

(十一) 최근 5년 동안 각 해에 이주자로서 귀국으로 향하거나, 귀국으로부터 퇴거하거나, 귀국을 통과하는 부인과 아동에 대해 보호할 목적으로 취한 조치를 보고하기 바란다.

(十二) 귀국으로부터 외국을 여행하려는 부인 아동은 여권을 필요로 하는가, 아울러 귀국으로 도래하려는 외국 부인 또는 아동은 사증을 필요로 하는가.

(十三) 앞에 밝힌 질문들에 대한 회답 이외에 아동을 부도덕한 목적의 이용으로부터 구제하기 위해서 다른 방법을 취한 일이 있는지 여부를 진술하기 바란다(아동을 저당잡기, 아동과 다른 물건을 교환, 양자제도가 존재하는 지방에서 특히 그러함).

(十四) 다음 각항에 대하여 어떠한 관헌감독이 존재하는가.

(가) 부인이민 보호를 위해 항구 및 정거장에서

(나) 외국에서 직업을 부인에게 공급하는 직업소개소에 대하여

(다) 외국행 부인 연예자(演芸者)의 계약에 대하여

(라) 오락장 및 그곳 고용인(雇人)에 대하여

(十五) 1904년 국제협정 제1조에 규정된 바와 같이 부인아동매매에 관해 타국 정부와 정보를 조정하고 교환하기 위해 중앙관헌을 임명했는가, 그러하다면 언제였는가.

(十六) 세부 항목 질문 제15항에 인용된 중앙관헌은 전적으로 부인아동매매 문제를 취급하는가.

(十七) 위 중앙관헌에 봉직하는 직원의 지위와 수는 어떠한가.

(十八) 위 중앙관헌은 부인아동매매의 폐해와 싸우는 일체의 민간단체와도 밀접하게 연락하는가.

(十九) 귀국 정부의 연보에 비추어 볼 때 귀국 중앙관헌은 타국 관헌과 통신하는 경우가 드문 것 같은바 그 이유를 진술하기 바란다.

B. 사회 경제 상태에 관한 질문

(一) 추업에 들어서는 외국 부인에게 영향을 주는 귀국의 경제, 사회, 정치적 상태는 어떠한 상태인가.

(二) 귀국에서 외국인 추업부의 공급과 수요에 영향을 주는 특별한 상태, 가령 남자 인구의 과잉, 정기적 부정기적인 인구 이동(즉, 병사, 뱃사람(水夫)의 이동, 스포츠에 관한 집합 또는 다른 제례, 여행자, 기타)에 의해 발생하는 추업부의 일시적 시장 같은 것이 있는가.

(三) 부인아동매매의 존재와 범위에 대한 여론, 보통교육, 유지(有志)단체나 직업단체 또는 명사들의 노력의 결과는 어떠한가.

(四) 귀국으로 또는 귀국으로부터 단독 여행하는 부인에 대하여 선박회사의 자발적 감독이 존재하는가.

(五) 귀국 내의 추업부는 빚(借財) 때문에 이용당하는 것인가.

질문집 부속서

1. 일반 질문

일본에 관한 특별 각서(覚書)

- 질문 제2

최근 5년 동안에 본 질문에 관한 상태에 대해 뭔가 변화가 있는가.

- 질문 제4

본 위원회는 다음 법률들을 소유함

(가) 형법의 조문 – 제182조, 제224조 내지 제229조

(나) 법률 제80호 – 1896년 4월 13일 – 제1조

(다) 추업부 단속규칙(제1, 제2, 제6, 제12의 각 조)

(라) 영리직업소개사업 단속규칙 발췌(제1, 제4, 제8, 제9, 제14, 제15, 제23, 제26의 각 조)

(마) 외국인 입국에 관한 외무성령(1918년 1월 24일, 1921년 4월 15일 동 성령 제12호에 의해 수정, 1924년 4월 1일 동 성령 제10호에 의해 재수정, 제1조 제3항 및 제4항).

(바) 이민보호법(제4조)

(사) 부녀해외도항 단속 방법에 관한 외무성훈령 제1호.

(아) 영리직업소개사업 단속규칙(1925년 12월 19일, 제3조, 제8조-제1항 내지 제11항)

(자) 화류병예방법(1926년 법률 제48호 제1조 내지 제8조)

(차) 공창가옥 및 공창가옥(원서표기 그대로라고 원문에 표시돼있음)과 공창과 연락이 있는 히키테차야(引手茶屋, 유곽에서 손님을 기루로 안내하는 요정) 단속규칙(제 1, 2, 6, 7, 16, 21, 22, 25, 47의 각 조)

(카) 행정집행법(1900년 법률 제84호 제2조 및 제3조)

(타) 경찰범 처벌령(내무성령 제16호, 1908년 제1조 및 제2조)

- 질문 제7

다음 단체는 본위원회에서 이를 양지함

가. 부인교풍회(婦人矯風会)

나. 구세군

다. 폐창연맹

라. 기독부인금주연맹(W.C.T.U.)

마. 곽청회(廓清会)

바. 전국기독교협의회

2. 세부 항목 질문

A.

- 질문 제12 및 제15

  본 질문에 관해서는 위원회는 이미 정보를 보유하고 있으므로 회답을 요하지 않음

- 질문 제13

  위원회는 만일 적절 사례가 있는 경우는 아동이 매매자나 기타에 의해 부도덕한 목적을 위해 표면상의 양자 또는 직업계약 명목으로 외국으로 도항하는 사실에 대해 상세정보 취득을 희망함

- 부기

  본 항목 중에 있는 다른 질문이면서 이미 국제연맹에 정보 송부를 마친 것은 되풀이할 필요가 없다. 다만 일본 당국이 회답을 생략한 경우에는 위 회답을 포함한다고 인정되는 관계서류를 인용한다면 편의가 크다.

II. 동양 여성아동매매 실지조사 보고서와 일본 정부의 대응

1. 동양 여성아동매매 확장 실지조사: 일본에 관한 보고(1932. 7. 31.)[1]

국제연맹

C.T.F.E. / 동양 / 제35호

1932년 7월 31일, 제네바

동양 여성아동매매 확장 실지조사

일본에 관한 보고

1932년 7월 31일

I. 일반 보고

(1) 조약 가맹과 중앙관청

일본은 1904년과 1910년 협약에 가맹했다. 단 1921년의 협약은 한국, 포모사, 사할린 등의 식민지 그리고 남양 등 위임통치 지역,[2] 관동조차지 등에는 적용되지 않는다. 일본의 중앙관청은 도쿄에 있는 내무성이다. 여성아동매매에 관련한 사항을 다루는 내무 관리는 다음과 같다.

경보국장 1명, 칙임, 육해군 장관에 상당하다.

경보국 경무과장 1명, 내무성 서기관, 주임, 장교 상당

---

1 국제연맹 여성매매 실지조사위원회가 작성한 중간 보고서로서 영어 원문이다. 이 자료집에서는 영어 원문을 기초로 번역하되 일본 정부가 번역한 일어본과 비교하여 번역 상황을 살핀다. [일어본] 도입부에는 다음과 같은 설명이 있다. "본서는 작년 일본에 방문한 국제연맹 파견 동양 부인아동매매 실지조사위원이 일본에 관한 조사 결과로서 내년 봄 1월에 개최된 연맹이사회에 제출해야 하는 보고서의 초안을 번역한 것이다. 동 위원은 본 보고서 초안에 대해서 오는 11월 25일까지 연맹사무국에 도착할 예정으로, 제국 정부가 의견을 보내주기를 희망하고 있다. 번역은 최대한 원문에 충실할 것을 기했고, 가능한 한 직역법에 따라 의역을 하였다."

2 일어본에 추가되어 있다.

경무과 근무 내무 사무관 1명, 주임, 장교 상당
동(同) 속관 2명, 판임, 하사 상당

(2) 일반 체재기간

위원회 위원 일행은 1931년 5월 29일에 처음으로 묵덴에서 일본 당국과 공식적인 교섭을 하였다. 그리고 관동주 다롄에 3일, 조선(한국)의 수도 경성(서울)에서 2일 동안 머물렀다. 한국[3]에서 부산, 시모노세키를 경유해서 6월 9일 도쿄에 도착, 7월 12일까지 일본에 머물렀다. 위원회 위원의 여정에 타이완(포모사)[4]은 포함되어 있지 않았지만, 이 섬의 관리와 회견했다.

(3) 방문 도시

일본 영토에 대한 1차 조사 과정에서, 위원은 묵덴(만철연선), 다롄, 아서항,[5] 경성(서울), 시모노세키, 도쿄, 요코하마, 교토, 오사카, 나라, 고베, 나가사키를 방문하거나 체류했다. 포모사 관련 보고는 (중국) 샤먼 주재 일본 영사관으로부터 얻었다.

(4) 정보 출처

일본 내지와 조사를 행한 식민지에 관해서는 위원회 위원의 질문서에 대해 개별적으로 공식 회답을 접수했다. 이들 회답 중의 정보는 증언을 제공한 각종 관리가 보완해 주었고, 또 필요에 따라 설명해 주었다.

(a) 획득한 증언과 그 제공자

도쿄에서는 내무성 경보국장이 증언을 제공해 주었다. 그리고 그와의 면담에는 외무성과 사법성의 대표자가 동석했다. 그리고 경시청 당국에서도 증언을 모아 주었다.

가나가와현 지사는 요코하마와 현 일반에 관한 증언을 제공했다. 그와 면담할 때 현의 각 수상 및 육상 경찰서장에게서도 청취하는 자리가 있었다. 오사카소년재판소장은 현직과 관련한 것 외에 과거에 취급하기도 했던 성년자 범죄에 관한 증언을 제공했다. 고베의 증인은 수상 및 육상 경찰서장과 현 외사과장이었다. 나가사키에서는 수상경찰서장과 면담했다.

---

3 [일어본] 한국.

4 [일어본] 포모사.

5 [일어본] 뤼순(旅順).

묵덴에 있는 일본 관헌에게서는 증언을 청취하지 못했다. 다롄에서는 보안과장 증언을 제공받았고, 그와 동석한 관헌으로부터 보조 설명을 받았다. 경성에서는 경무국장 대리로부터 증언을 모았다. 타이완(포모사)에서 온 특별 파견된 관리와 샤먼(중국) 주재 일본 영사관에서 면담했다. 그리고 그의 증언은 동석했던 일본영사가 보완 설명해 주었다.

도쿄에서 각종 사회사업에 관계하는 여러 일본 여성과 면담하고, 오사카에서 위원은 전국 18개 사회사업단체 대표자와의 면담에 출석했다. 도쿄와 경성의 구세군사령관 증언을 제공받았고, 또 경성에서는 전도회 소속의 의사로부터 청취할 수 있었다. 다롄에서는 러시아인 댄서를 고용한 카바레 지배인과 면담하고, 이 여성들이 묵덴과 다롄에 이송된 수단에 관하여 청취하였다.

(b) 비공식 면담

위원회 위원은 도쿄에 있는 외무차관, 내무차관, 척무차관, 조선총독대리, 관동장관대리 및 교토, 오사카, 효고 각 부현 지사로부터 영광스럽게도 초대를 받고 이들과 비공식 면담을 하였다. 묵덴경찰서장, 다롄지방법원 판사, 경성지방법원 판사, 도쿄공소원 판사, 경성복심법원 판사 등과도 비공식적으로 면담했다.

위원회 위원에게 자료 제공을 위해 면담을 요청한 각종 사회사업가 외에 위원을 방문한 일본 각지의 단체 대표자와 단체 소속자 다수에게 위원과 비공식 면담 때에 그 의견을 진술할 기회를 주기도 하였다.

(c) 방문 시설

①[6] 관공서

도쿄, 묵덴, 다롄, 경성 소재 병원. 묵덴, 다롄, 경성의 형무소. 묵덴과 경성 소재 경찰서. 도쿄부 직업소개소, 감화원(State Reformatory) 등

② 민영시설

방문한 모든 중심지에서 여성과 아동매매와 보호에 직접 또는 간접으로 관계하는 각종 민영시설(undertaking)을, 관계 당국자에 의해 시찰할 수 있었다. 학교, 의학교, 각종 사회복리홈, 구제홈, 교회, 여성 노동자(female labour)[7]를 사용하는 방직공장, 여배우학교, 일본영화를 제작하는 촬영소는 위에 설명한 시설 중에 포함되었다.

---

6 원문에는 (1)과 같이 괄호 표기가 되어 있지만, 앞의 표기와 헷갈릴 수 있어서 ①과 같이 표기한다. 이하 (알파벳) 하위 번호는 이와 같이 표기한다.

7 [일어본] 여공(女工)으로 번역됨.

③ 면허 구역(Licensed quarters)[8]

도쿄, 오사카, 묵덴, 다롄, 경성에서 면허 구역[9]을 시찰했다. 게이샤 시설과 훈련학교[10] 역시 도쿄, 묵덴, 다롄, 경성에서 살폈다.

Ⅱ. 인신매매 관련 국내 상황

(1) 인구

관청의 계산에 따르면 1930년 10월 1일 현재 일본제국의 인구는 대략 9천만 명으로 그 3분의 2 이상인 64,447,724명은 내지에 있다. 한국[11]의 인구는 21,057,000명, 포모사는 4,594,161명, 관동주는 1,327,971명, 사할린은 295,187명, 위임통치구역(Mandatory Territories)은 69,627명이었다. 총인구 가운데 남자는 여자에 비해 약 백만 명이 많다. 이러한 남자의 우위는 일본 전국에서 보이는 현상이지만, 특히 한국과 관동주에서 현저하다. 부록 I 참조.

1930년에 내지에 거주하는 외국인은 그 수가 적다(약 4만 명), 그 가운데 대다수는 중국인이다(30,836명). 다른 동양 여러 나라 정도는 아니지만, 일반으로 외국인 남자가 여자보다 그 수가 많다. 외국인 인구 중 남자 3명에 대해서 여자 1명의 비율이지만, 중국인만은 남자 4명, 여자 1명의 비율이다. 적어도 중국인의 절반은 도쿄, 효고, 오사카, 가나가와의 각 현에 위에 기록한 순서대로 살고 있다. 주로 노동자, 상인, 학생, 은행원, 요리 영업자 등이다.

관동주에는 1930년 10월 1일 현재 일본인 225,619명이 살고 있으며, 한국인은 18,247명, 중국인은 1,080,885명, 기타 외국인 3,020명이 있다. 자세한 내용은 부록 II 참조.

한국에서는 1930년 현재 중국인 91,466명[12]이 거주하고 주로 농업, 노동에 종사한다.

1930년 현재 포모사에 거주하는 외국인은 약 68,000명, 그 대부분은 중국인으로 남자 3.5 대 여자 1명의 비율이다.

위에 서술한 일본인 인구 외에 1930년 초에 전 세계에서 약 750,000명의 해외 거주 일본인이

8 [일어본] 공창허가지역으로 번역됨.

9 [일어본] 가시자시키(貸座敷) 지정지로 번역됨.

10 [일어본] 예기옥(藝妓屋)과 예기학교(藝妓學校)로 번역됨.

11 영어 원문대로. 영어본에는 한국, 일어본에는 조선으로 표기되어 있다. 원문에 따른다.

12 [일어본] 지나인 91,466인 6,794인으로 표기되어 있다.

있다. 그 약 절반은 아시아 여러 나라에 거주하고 있다. 1920년의 국세조사 결과에 따르면, 일본 내지 총 인구의 약 절반은 농업에 종사하고, 5분의 1은 공업, 8분의 1은 상업, 그 외는 자유직업, 운수업, 어업 등에 종사한다. 이들 종업자 중 남자의 수는 여자에 비해 약간 우세하다. 주목해야 하는 것은 농업이나 상업적 추구(pursuits)에서는 여성 종업자의 수가 남성보다 거의 백만 명을 초과하며, 상업에서는 이러한 초과 인원의 30만 명이 사업체 소유주(chefs d'entreprise)라는 사실이다.

(2) 성매매(prostituion)에 대한 일반 정책과 관련 질문[13]

내무성의 현재 방침은 "성매매업소(brothels)에 대해 신규 면허 구역 설치를 허용하지도 않고, 기존 구역 확장을 인정하지도 않는다"[14]는 것이다.

성매매와 기타의 여성착취제도에 대해, 제국 전역에서 실시되는 일반적인 일본 방침은 규제(regulations)다. 성매매업소의 구역 지정을 포함하여, 게이샤 하우스, 레스토랑(restaurants), 찻집 그리고 이러한 시설에 동거하는 종업자들(inmates)[15]이다.

관동주의 성매매 여성들과 포모사인 게이샤 그리고 작부(shakufu)[16]는 성병에 대한 정기 검진을 받아야 하며, 감염되었을 때는 격리하고 치료를 받아야 한다. 다만 일반방침인 규제주의[17]에 대한 예외가 다음과 같이 있다.

① 일본 내지에서는 여론의 결과 이러한 규제제도[18]가 9개 부현에서 원칙적으로 폐지되었다. ② 한국인과 포모사인을 포함한 외국인은 성매매업소(brothels)[19]를 운영하고 성매매(prostitution)[20]를 하기 위한 면허를 얻지 못한다. ③ 한국과 관동주에 있는 러시아인은 면허를 얻을 수 없다. 그리고 중국인은 관동주에서는 성매매업소를 운영하거나 성매매를 하는 면허를 받을 수 있어도 한국에서는 그것이 허가되지 않는다. 포모사에서는 면허를 받은 외국인이 없다. 오직 중국인 예기

---

13 [일어본] 매음과 그에 관련한 문제에 대한 일반 대책으로 표기된다.

14 [일어본] "가시자시키 영업 지정지의 신설과 확장을 허가하지 않는다"다.

15 [일어본] "가시자시키 영업 지정지, 예기옥, 요리옥, 찻집(茶屋)과 이러한 곳의 종업자에 대한 면허주의를 포함하는 공창제도 단속주의의 하나에 속한다"라고 표기되어 있다. 일본 정부가 설명하는 공창제도에 예기옥, 요리옥 등이 포함된다는 것을 보여 주는 중요한 설명이다.

16 [일어본] 관동주의 추업부(醜業婦), 타이완의 예기작부(藝妓酌婦)라고 표기된다.

17 [일어본] 단속주의(取締主義)라고 표기된다.

18 [일어본] 공창제도로 번역된다.

19 [일어본] 가시자시키로 번역된다.

20 [일어본] 공창으로 번역된다.

14명이 레스토랑(restaurants)에서 영업 허가를 받았다.

성매매업자(brothel-keepers), 게이샤 하우스 업자와 유사 업소 업자는 그 고용인을 모집하는 특정 시설 없이는 이러한 영업을 하는 것이 불가능하다. 따라서 소개업자와 중개인이 모집을 하는 것이 허가되어 있고 여성 및 고용주의 권리를 보증해야 하는 상세한 단속 규칙이 있다. 대체로 성매매 업자, 기타 고용주가 여성에게 통상 행하는 학대, 착취, 부정으로부터 여성을 보호하기 위한 특별한 노력을 들이고 있다.

(3) 성매매 관련 법규와 이에 관련된 질문[21]

면허 성매매업소, 게이샤 하우스, 직업 소개업 등을 위해 위에서 언급한 규제 외에도, 부도덕한 목적의 알선, 유인, 구금, 유괴, 매매, 또는 그러한 사람을 받고 숨겨 주기 그리고 이러한 위반 행위를 하려는 시도 등을 반대하는 법이 통과되었다.[22]

흥미롭게 주목할 점은 형법 제229조가 전술한 범죄 행위들이 “돈을 벌고자 하는 목적으로 하지 않은 이상 고소인(complaint)이 있을 때에만 고려한다. 한 사람이 납치한 자나 구매한 사람과 결혼을 약속했을 때, 결혼이 부당성이나 취소 판결이 최종적으로 내려지지 않는다면, 고소는 유효하지 않다”[23]고 되어 있다는 것이다. 제182조와 제224조에서 제229조까지, 이러한 위반 행위를 정의하고 처벌하는 모든 포함 내용은 여기에 첨부한 부록 III에 따른다. 성매매업소(the management of brothels), 게이샤 하우스, 고용 소개소(employment agencies) 운영을 위한 규제는 매우 정교하고 상세해서 여기에 이를 다시 재생산하기에 적합하지 않다.[24] 규제의 주요한 내용은 제국 전체적으로 동일하다. 다만 주의할 것은 일본 본토 전반에서 고용 소개인들(employment agents)은 성매매(prostitutes) 가능성 있는 이들과 게이샤를 위한 고용을 확보하도록 허용받지 못하는 반면, 이러한 제한이 관동과 포모사에서는 존재하지 않는다는 점을 주목할 만하다.[25] 그러나 방문했던 제국 모

---

21 [일어본] 매음과 그 관련된 문제에 관한 법령으로 번역된다.

22 [일어본] 가시자시키 영업, 예기오키야업, 소개업 등에 대한 위에서 말한 여러 단속규칙 외에도, 부도덕한 목적을 위한 주선, 약취, 유괴, 감금, 매매, 수수(收受) 또는 은닉 그리고 위반자에 대한 처벌을 목적으로 하는 법령이 통과되었다.

23 [일어본] “영리를 목적으로 하지 않는 경우에 한하여 고소를 기다려, 그것을 논한다. 단 피유괴자 또는 피판매자가 범인과 혼인을 할 때에는 혼인의 무효 또는 취소의 재판 확정 후가 아니라면 고소의 효과가 없다”라고 번역된다.

24 [일어본] 가시자시키업, 예기오키야업, 소개업, 기타에 관해서는 단속규칙이 매우 상세하여 여기에 인용하는 일이 불가능하다.

25 [일어본] 내지의 일반 소개업자는 예창기들이 되려는 자에게 직업을 소개하는 것을 할 수 없지만 타이완과 관동주에서는 관계 제한이 없었다는 점이다.

든 지역에서 이러한 규제는 일본 정부에 의해 마련되어 있었다. 그리고 이 보고서가 기초를 두었고 국제연맹에 제출된 출처 자료 안에 찾아볼 수 있다. 다만 제국 모든 지역에 공통된 특정 규제로서, 비밀 성매매를 금지했고, 면허 성매매 여성의 자유에 개입했다.[26] 소개업자의 특정 활동에 관해서는 여기에 첨부한 부록 Ⅳ에서 찾아볼 수 있다.

성매매 여성의 수입으로 생활하는 자(소트너, souteneurs)를 처벌하는 법은 마련되어 있지 않았다.[27]

(4) 성매매 관련 상황과 법 적용

(a) 성매매업소(brothels)[28]

1930년 일본 본토에는 11,154개의 성매매업소가 있고, 운영자와 거주 기숙자는 모두 일본 국적이었다. 이들 성매매업소는 이러한 목적으로 별도 지정된 541개 구역에 위치했다. 가장 많은 구역이 홋카이도, 야마구치, 미에현에 위치했다. 이 현들에는 각기 45개, 41개, 30개의 구역이 있었다. 성매매업소 운영자, 곧 이 사업을 수행하는 사람이 가장 많은 곳은 교토, 오사카, 도쿄 현에서 발견되었으며 각기 2,305명, 1,613명, 765명이 있었다. 더욱 상세한 내용은 부록 V에서 찾아볼 수 있다. 1930년 한국에는 12개도 전역에 성매매업소용으로 25구역이 별도 지정되어 있었고, 그곳에 그러한 장소가 510개 위치했다. 그 가운데 303개는 일본인이고 207개는 한국인이었다. 가장 많은 수의 구역이 있는 곳은 경상남도, 경기도, 함경북도에 위치했으며 각각 8개, 3개, 3개가 있었다. 이러한 사업을 수행하는 사람, 즉 성매매업소 운영자가 가장 많은 도는 경기도, 경상남도, 평안남도로 각각 186명, 114명, 77명이었다. 관동에는 다롄과 아서 항에 면허업소 147개가 있었고, 그 가운데 일본인 업소는 70개였고 중국인 업소는 77개였다. 남만주철도 지대는 일본 총독부 사법권 영향 아래 있었으며, 레스토랑 76개(일본인 업소 42개, 한국인 업소 34개)에 면허받은 동거자 430명(일본인 116명, 한국인 314명)이 포함되어 있었다. 이러한 곳은 묵덴과 하얼빈에 61개 있다. 포모사 소재 면허 성매매업소의 수에 관해서는 제공된 것이 없다.

---

26 [일어본] 다만 사창 금지, 공창의 자유에 대한 간섭 금지와 소개업자의 어떠한 종류의 행동을 금지하는 것에 관해서 전국 공통의 규제의 두세 가지에 관해서는 부록 四를 참조.

27 [일어본] 타인의 매음으로 얻는 소득에 의해 생활하는 자(擯夫)를 벌하는 법률은 없다.

28 [일어본] (a) 가시자시키 영업.

성매매업소의 여성 고용(There cruitment of women)은 매우 잘 조직되어 있으며 주로 고용 소개소와 주선인을 통해 수행되었다. 성매매업소 운영자와 어린 여성 또는 그 부모가 성매매업소에서의 서비스에 대한 대가로 돈을 대출받는 것과 관련된 계약이 불법으로 간주되는 반면, 일반적인 수행은 어린 여성이나 그 부모가 돈을 선입금 받고, 가끔은 고비율의 이자가 있었다. 어린 여성의 고용기간 중에는 추가 금액이 제공되었다. 그 결과, 어린 여성들은 일반적으로 운영자에게 빚을 진 상태였다. 위에서 언급한 바와 같이, 성매매업소 거주 기숙자가 관할 구역 경찰에 신청하는 즉시 면허 성매매 여성 목록에 이름을 올릴 수 있다는 사실을 마주한 대중적 불안이 상당히 높아진 결과 1900년 통과된 법이 있었다.

그러나 이 법의 정신과 목적이 항상 준수되지는 않았을 것으로 보이며, 경찰이 고용주를 소환하고 석방을 위해 신청자, 혹은 경우에 따라 그 부모나 친척과 상담하는 일이 있었을 것 같지는 않다. 그리고 계약이 만료될 때쯤이면 또는 성매매업소 운영자에게 진 빚을 지불할 때쯤이면 어린 여성에게 압박이 되어 종종 성매매업소로 다시 돌아오기도 하는 듯 보인다. 경찰의 입장에서 보면, 이들의 부모에게 상당한 선금을 준 성매매업소 운영자를 잘못된 신뢰로 몸값(bond money)[29]을 받고 즉시 그만두려 하는 어린 여성들로부터 보호하는 것이 자신의 의무라고 말했다. 그리고 이 어린 여성들을 유혹하여 성매매업소에 맡기고 표면적으로는 애인행세를 하는 나쁜 남성들로부터 이들을 보호하는 것이 의무라 말했다. 하지만 실제로는 노예가 되거나 이전보다 더 나쁠 수 있는 상태에 빠질 가능성도 있었다.

업소 운영자 입장에서 볼 때, 사실 성매매 여성이 제약받지 않고 퇴직하게 된다면, 모든 시스템이 붕괴 위험에 빠지게 된다. 어린 여성들은 혹여 있다고 하더라도 집행관이 잡아둘 재산이 거의 없고, 부모가 딸을 희생시킬 정도로 너무 가난해 성매매업소 운영자로서는 돈을 잃게 되는 형편이기 때문이다. 때문에 성매매업소 운영자들은 제한받지 않는 퇴직을 위해 마련된 법을 피하려고 안간힘을 쓰게 된다는 것은 의심의 여지가 없다. 성매매업소 거주 기숙자인 어린 여성들 입장에서 보면, 이들 가운데 많은 이들이 비이기적 이유로 이런 삶에 들어오게 되었고, 이러한 가족애적 헌신 때문에 이들이 빚을 갚기 위해, 주로 가난하거나 아픈 부모나 친척을 부양하기 위해, 성매매업소나 게이샤 하우스에서 일한다고 고향 마을에서의 입지를 항상 잃는 것은 아니라고 할 수 있을 것이다.

---

29 [일어본] 신대금(身代金).

(b) 면허 성매매 여성[30]

일본 본토의 면허 있는 성매매 여성의 수는 1930년 현재, 50,056명이었다. 이 면허 여성 모두 일본인이었으며, 이미 앞서 언급한 바와 같이, 외국인은 절대 면허가 나오지 않았다. 일본 국적을 지닌 한국인이나 포모사인의 경우에도 마찬가지였다. 면허 성매매 여성이 가장 많이 존재했던 곳은 오사카, 도쿄, 교토였는데 각각 8677, 6424, 4495명이었다. 더욱 상세한 내용은 부록 Ⅶ을 참고한다.

한국에는 1930년 6월 말, 2,975명의 면허 성매매 여성이 있었는데, 그 가운데 일본인이 1,841명, 한국인 1,132명, 러시아인이 2명이었다. 가장 많은 수가 발견된 지방은 경기도, 경상남도, 평안남도로 각각 784명, 727명, 423명이었다. 더욱 상세한 내용은 부록 Ⅷ을 참고한다.

관동 조차지와 남만주철도 지대에는, 1,611명의 면허 있는 기숙자[31]가 있었고, 그 가운데 1,408명은 일본인이고 203명은 중국인이었다. 이들 가운데 566명은 다롄에 위치했고, 106명은 쇼카우츠(Shokautzu)[32]에, 102명은 아서항에, 95명은 샤허커우(Shahekou)[33]에, 93명은 묵덴과 창춘에 있었다. 그 외에도 263명의 면허 성매매 여성 있었는데, 그들 모두 중국 인종이었으며 다롄과 아서항에 위치했다. 위원이 청취한 바에 따르면, 한때 면허 있는 기숙자와 면허 있는 성매매 여성 사이에 구분이 있던 때도 있었지만, 이 구분은 현재 더 이상 존재하지 않았다.[34]

포모사 면허 성매매 여성의 수에 대한 통계는 알려진 바 없다. 성매매 여성이 면허를 받을 수 있는 최소 연령은 일본 본토의 경우 18세였고, 한국과 관동은 17세, 포모사는 16세였다. 면허 성매매업소에서 일하는 기간은 일반적으로 최소 4년, 최대 6년으로 고정되어 있었고, 평균 5년이었다. 성매매 여성이 채용된 사회 계급에 관해서는 알려진 공식 정보가 없었다. 그러나 일본기독교연맹(National Christian Council) 사회부가 1925년 실시한 조사에 따르면, 일본 각 부현 경찰부장이 허가한 면허 성매매 여성 17,613명에 대해 수집한 정보는 다음과 같았다.

---

30 [일어본] '공창'으로 표기되어 있다.

31 [일어본] 공창(licensed inmates)으로 번역되어 있다.

32 만주 지명으로, 중국어 발음으로는 샤오강즈(小崗子)다.

33 만주 지명으로, 중국어 발음으로는 샤허커우(沙河口)다.

34 [일어본] 일찍이 공기(公妓)와 공창(公娼) 사이에 구분이 있었지만, 현재는 그러한 구별이 없어져 버렸다.

농부의 딸	3,552
작부[35]	3,281
하녀	2,872
공장 소녀(factory girls)[36]	1,797
게이샤 소녀(Geisha girls)[37]	1,607
무직	1,487
상인의 딸	535
일용 노동자의 딸	433
어부의 딸	323
쇼기(shogi)(성매매 여성)[38]	374
나카이(nakai)(하층계급 여급이나 술집 종업원)[39]	182
이발사(Barbars)[40]	140
바느질하는 소녀(Sewing girls)[41]	136
기타	847
합계	17,613[42]

같은 출처에서 면허 성매매 여성(licensed prostitutues)[43] 22,977명의 교육에 관한 추가 정보를 얻었는데, 내용은 다음과 같다.

35 [일어본] 작부(여급).

36 [일어본] 여공.

37 [일어본] 예기.

38 [일어본] 창기.

39 [일어본] 나카이(하급 여급, 술집의 급사녀).

40 [일어본] 가미유이(髮結)로 번역된다. 가미유이는 다른 사람의 머리를 묶어 주는 사람을 의미한다.

41 [일어본] 바느질집(仕立屋).

42 제시된 수들의 합계는 16,079이지만, 원문대로 표기한다.

43 [일어본] 공창(公娼).

글을 모르는(illiterate)[44]	3,647
초등학교[45] 1학년 수료	1,480
초등학교 2학년 수료	1,989
초등학교 3학년 수료	2,614
초등학교 4학년 수료	2,720
초등학교 5학년 수료	1,613
초등학교 2학년 수료[고등소학교(Koto Shogakko) 입학자 포함]	2,902
학교를 떠남	2,609
초등학교 과정을 마침[46]	2,087
상위 초등교육 과정을 마침[47]	603
상위 초등교육 과정을 마침	589
상위 여자 학교 교육의 반을 마침[48]	102
여자 고등학교 교육 과정을 마침[49]	14
대학 교육을 어느 정도 받음[50]	48
총계	22,977

이러한 표들에서 보면, 모두 합해 대략 50,000명인 일본 본토의 면허 성매매 여성 가운데 약 8,000명이 완전 문맹이라는 점과 상당 비율이 농부의 딸이나 작부(waitress)와 어린 여성 게이샤를 채용했다는 점이 명백하다. 추측건대 후자의 두 집단은 이들의 주인이 선금으로 빌려 준 돈 때문에 성매매에 유입되도록 권유되었을 것이다. 이러한 여성들의 이후 경력에 대해서는 알려진 바가 거의 없다.

---

44 [일어본] 무학문맹.

45 [일어본] 심상소학교.

46 [일어본] 심상소학교 졸업자.

47 [일어본] 고등소학교 졸업자.

48 [일어본] 고등여학교 중도 퇴학자.

49 [일어본] 고등여학교 졸업자.

50 [일어본] 전문학교 이상 중도 퇴학 또는 졸업자.

(c) 비밀 성매매 여성(Clandestine Prostitutes)[51]

무면허 혹은 비밀 성매매 여성[52]의 수에 관해서는 세부 내용이 없다. 그러나 도쿄 근방에는 무면허 성매매 여성이 도쿄 시내 면허 구역에서 영업하는 여성들과 거의 똑같은 자유와 공개성을 갖고 비밀 성매매 여성들이 종사하는 구역[53]이 두 군데 있다. 이 두 구역에 있는 여성의 수는 공식 추산으로 1,985명이다. 아울러 710명이 여성 종업원이거나 성매매가 아닌 다른 직업을 지닌 여성이었던 무면허로 성매매 행위[54]를 하여 체포되었다. 지난 5년간 6명의 외국 여성이 비밀 성매매 행위로 체포되었으며, 그 가운데 5명은 러시아인이고 1명은 독일인이었다. 러시아인과 독일인 3명은 고베에서 체포되었고, 남은 2명은 사할린에 있는 러시아인이었다. 경찰 증언에 따르면, 이러한 체포는 여성들이 "매우 공개적으로 나올" 때 이뤄진다. 현재 "일부는 호텔 객실 하녀(chamber-maid)[55]로, 일부는 술집 종업원[56]으로 종사한다. 이들에게 아직 성매매 혐의가 발견되지 않았고 혐의가 있을 뿐이다. 만일 이들에게서 불편함이 발견된다면, 우리는 즉시 이들을 신고할 것이다." 이 여성들은 분명히 수적으로는 매우 극소수이거나 매우 신중하게 처신한다. 지난 5년간, 프랑스 여성 1명만이 출국당했을 뿐이다.

다른 일본제국 무면허 성매매 여성 수에 대해 공식적인 추산은 제공된 바 없다. 그러나 요코하마의 공식 정보에 따르면, 이 도시의 무면허 지역에 시설[57] 25개와 어린 여성 120명이 있으며 이들 가운데 2명은 러시아인임이 밝혀졌다. 그러나 만일 일본에서도 면허업소제도가 있는 서양 국가들에서 존재하는 비율이 동일하다면, 제국 전체에 있는 모든 계급의 비밀 성매매 여성[58]은 적어도 20만 명은 될 것이다. 여기에서 총계에는 작부(Shakufu)나 웨이트리스(waitress)와 게이샤 소녀 유형이나 정당한 업종(legitimate business)[59]에서 일하는 그 밖의 여성들이 포함될 것이다. 어떤 공식 추산도 일본 본토의 게이샤 소녀나 작부 수에 대해 제공된 바 없다. 어떤 수치도 관동을 제외한 제국 다른 지역에 대해 제공되지 않았다. 1930년 관동 지역에는 일본인 게이샤 소녀가 1,904명, 중국인 게이

---

51 [일어본] (c) 사창.

52 [일어본] 사창 또는 밀창(密娼).

53 [일어본] 사창굴(私娼窟).

54 [일어본] 밀매음(密賣淫).

55 [일어본] 호텔 조추(女中).

56 [일어본] 바 여급(バー女給).

57 [일어본] 사창 가옥.

58 [일어본] 사창.

59 [일어본] 정업(正業).

샤, 즉 노래하는 소녀[60]가 3,130명 있었다. 또한 관동주에는 웨이트리스(waitress)[61] 1,367명 가운데 일본인이 1,365명이고 중국인은 2명이었다. 이들 가운데 96명이 선입금으로 부채 계약을 했고, 1,271명은 하지 않았다. 또한 카페 웨이트리스[62]는 631명이었는데, 그 가운데 일본인은 609명이었고, 중국인은 4명, 외국인은 18명이었다. 일본인 609명 가운데 108명은 선금으로 돈을 미리 받았고, 나머지는 아니었다.

게이샤 소녀가 서비스 계약 당시 선금으로 돈을 받는 것은 일반적인 관행이었다. 이 서비스는 소녀들이 거래(their trade)를 수행할 때 이들을 훈련하는 목적으로[63] 어린 나이에 시작된다. 한국과 관동의 게이샤 소녀에 관한 단속 규제는 게이샤가 교육받기 시작하는 연령에 제한을 두는 조항이 없었다. 그러나 포모사의 규제와 도쿄 경시청의 규제는 어린 여성이 12세가 되기 전에 게이샤로 고용되어서는 안 된다고 특정하고 있었다. 일본 정부가 본토에서 정한 성매매 여성과 게이샤의 구분은 되어 있었고, 성병에 대한 검진을 수행하도록 요구되었다. 이 구분이 제국 모든 지역에 해당되는 것은 아닌 듯했다. 관동과 포모사의 예를 보면, 게이샤 소녀와 웨이트리스(waitress)[64]는 자신의 직업에 들어가기 전에 성병 검진을 받도록 요구받으며, 당국에 의해 그렇다고 판단된 때에는 심층 검진을 받아야 한다. 그러나 중앙정부는 게이샤와 웨이트리스의 직업 활동이 부도덕성으로 이어지기 쉽다는 것을 인정하는 듯 보이며, 이는 공식 증언에서도 나타났다.[65]

위원의 설문 가운데 질문 3에 대한 내답으로, 많은 수의 일본 여성이 중국에서 "쉽게 부도덕한 행위를 하도록 이어지는 그런 직업에" 종사하고 있다고 했다. 이 문구의 의미에 대해 질문했을 때, 도쿄 중앙정부 담당 공무원들은 이렇게 대답했다. "게이샤, 작부는 카페 여급과 댄서를 포함한다."[66] 일본 내 비공식적 출처[67]에서 얻은 상당한 양의 정보가 이 진술을 뒷받침하고 있다. 이와 관련하여 구세군사령관의 다음 증언을 통해 흥미로운 점을 확인하였다. "가끔 게이샤 하우스 운영

---

60 [일어본] 지나인 예기(가기, 歌妓).

61 [일어본] 작부(waitress).

62 [일어본] 카페 여급.

63 [일어본] 이 취업기는 기예 견습 관계로.

64 [일어본] 예기와 작부.

65 [일어본] 다만 중앙정부도 예기작부 등이 공식적으로 한 진술에서 드러났듯이, 밀매음을 할 우려가 있다는 것을 인정한 것으로 보인다.

66 [일어본] 도쿄 중앙정부 관리는 예기, 작부, 여급, 댄서 등을 의미하는 내용으로 회답했다.

67 [일어본] 민간제공의 정보.

자가 어린 소녀를 입양하여(adopt)[68] 훈련시키고 게이샤 소녀로 키우기도 한다. 법적으로 이들이 누군가의 어린 여성을 입양한다면, 그녀에게 게이샤나 성매매 여성이 돼라고 강요할 권리는 없으며 도덕적 영향을 미칠 수 있다. 어린 소녀는 게이샤 운영자의 영향 아래 있게 되고 훈련을 받으면 자연스럽게 대부분의 경우 입양해 준 어머니의 바람을 거스를 수 없다. 이른바 입양한 어머니는 어린 소녀에게 면허 성매매 여성이나 게이샤 소녀가 돼라고 강요할 법적 권한이 없으나, 도덕적으로 나쁜 영향을 미친다." 게이샤 소녀가 구세군 구조 쉼터로 데려온 적이 있는가라는 질문을 했을 때, 사령관은 이렇게 대답했다. "그렇다. 우리의 보호를 받고 있는 게이샤 대부분의 경우, 운영자가 이들에게 성매매 여성(prostitutes)[69]이 돼라 강요하기를 원했기 때문에 도망쳤다."

그의 진술에 따르면, 그 이전 해에 게이샤 34명을 구조 쉼터에서 받았고, 이들 중 몇몇은 매우 어렸다. 그의 첨언에 따르면, "나는 이들이 12살이 되었을 때 시작한다고 생각한다. 이 나이가 되면 이들은 타락한 소녀가 되는 것으로 보인다. 이들이 아주 어릴 때–거의 어린이들이었다–남자를 받도록 강요당했다."

일본에서 게이샤의 채용과 처우에 관한 사실들은 국제 인신매매 문제 관련하여 매우 소중하다. 정확히 이와 동일한 채용 시스템이 일본에서 중국으로 끌려간 어린 여성들의 사례에도 존재한다고 담당 공무원이 말했다.

(d) 소트너(souteneurs)[70]

위에서 설명한 바와 같이, 소트너의 활동을 처벌하는 법은 없는 듯 보인다. 그리고 이 문제 관련하여 제공받은 정보가 없다.

(e) 알선업자(Procurer)[71]

성매매업소(brothels)를 위한 신규 채용(new recruits)을 주선하는 일은 대체로 일본 국적인 직업소개인과 중개업자의 수중에 있는 듯 보이기 때문에,[72] 이들의 활동은 어린 여성이 성매매업소

---

68 [일어본] 양녀로 하여.

69 [일어본] 추업부(醜業婦).

70 [일어본] 힌후(擯夫). 일본에서는 '히모'라는 말이 더 자주 쓰인다. 기둥서방, 기둥서방 등을 뜻하는데 여성에게 성을 팔게 하고 이익을 얻는 사람을 말한다.

71 [일어본] 창기주선인.

72 [일어본] 가시자시키 영업자에 대한 창기 후보자의 주선은 일본인인 직업소개업자 또는 주선업자의 손에 의해 이루어지는

(a house of prostitution)[73]에 들어가거나 떠나고자 하는 본인의 의지에 반하여 이들을 속이거나 회유하는 경우가 아니라면 적법하다고 본다.

(f) 아동의 교환과 판매(Barter and sale of children)[74]

성매매업소에서 서비스로 일하려는(to be worked out by services in the brothel) 어린 여성의 부모나 어린 여성 본인에게 돈을 선입금하는 행동 외에, 이와 유사한 진행방법으로 게이샤 하우스 운영자가 어린 나이의 소녀를 확보하여 게이샤로 훈련시키고 그 후에 계약하여 게이샤가 되도록 유인하며, 이 소녀들이 하는 서비스에 대한 대가로 부모에게 준 선입금으로 초래된 빚을 갚기 위해 일하게 하기도 한다. 이전에는 성매매업소 운영자나 게이샤 하우스 운영자가 어린 소녀를 입양하여 교육시켜 이 사업에서 일하게 하는 관행이 존재했다. 이 관행은, 우리가 들은 바에 따르면, 현재 법에 의해 제국 전역에서 금지되어 있다.[75] 그러나 이 관행은 여전히 포모사에서 중국인종(Chinese race)의 원주민 거주자[76] 사이에서 존재한다. 그리고 국제적 인신매매에 영향을 미치는 충실한 정보를 샤먼에 관련된 섹션의 중국 관련 보고서에서 발견할 수 있을 것이다.

포모사에는 "사보칸(sabokan)이라고 불리는 노예제도인 입양(adoption) 같은 것이 존재한다-입양된 아동은 평생 노예로서 일하도록 되어 있다.[77] 1917년 고등법원에서 이는 불법적인 것으로 판결되었다. 그 후 이 제노는 소멸된 것으로 보인다.

일본 당국에 의해 샤먼에서 위원에게 제공된 문서에는 다음과 같이 포모사에서의 입양 남용을 나타내는 사례가 있다.[78]

"엄격한 규제에도 불구하고, 포모사에 있는 중국인 간의 아동 입양이라는 오랜 관행은 대개 부

것으로 보인다.

73 [일어본] 가시자시키.

74 [일어본] (f) 아동의 물물교환 또는 매매.

75 [일어본: 문장 처음부터] 가시자시키에서 일(稼業)을 하여 반제하는 전차금을 창기의 양친 또는 창기 자신이 빌려받는 관습과 마찬가지로, 예기옥에서 예기일(稼業)을 하여 전차금을 반제해야 한다는 내용의 계약을 양친과 체결하고, 예기가 되는 소녀들을 손에 넣는 관습이 존재한다. 이전에는 가시자시키 업자 또는 예기오키야(置屋)가 타인의 아이에게 그 영업을 견습시킬 목적으로 이를 양자로 삼는 관습이 존재했지만, 현재에는 이 일은 전국적으로 법률에 따라 금지되어 있다는 내용을 우리들은 들었다.

76 [일어본] 지나민족인 본도인.

77 [일어본] 타이완에는 노예제도 일종인 사보칸(sabokan)이라고 불리는 양자제도-일생 소사(召使, 하인)로서 고용되어야 하는 양자-가 있다.

78 [일어본] 샤먼에 특파된 타이완총독부 관리가 제출한 서류에 따르면, 타이완의 양자제도 남용의 정태(情態)는 다음과 같다.

도덕한 목적으로 여성을 불법 인신매매하는 수단으로 남용하는 책임이 있는 듯하다. 포모사 지역 당국이 그러한 "입양(adoption)"[79]이 의심스런 사례를 금하고 있는 곳에서 잠재적 피해자는 대개 14세에서 15세 연령이다. "계약금(engagement money)"[80]으로 수백 달러를 피해자의 가난한 부모에게 지불하는 레스토랑 운영자와는 다른 지역 출신인 친척이나 친구의 가족에게 허위로 입양된다."

(g) 법에 따른 구속(Prosecutions under these laws)[81]

일본 정부가 국제연맹에 보내는 연례 보고서에 위에 인용된 법령에 따른 구속 횟수가 나와 있다.

(h) 예방 및 보호 조치

공식 답변(official reply)[82]과 구세군의 진술에 따르면, 1900년경 초부터, 다양한 대행업체(agencies)들이 성매매 여성과 게이샤에게 지원을 제공하고 대중들에게 현 시스템의 악행에 반대하는 교육을 하는 일을 해왔다. 일본에서 폐지운동 역사를 제공한 정부와 구세군의 설명에 따르면, 1899년 일본 본토에는 52,274명의 면허 성매매 여성이 있었으나, 이 여성들에게 이 사업을 떠날 자유를 준 법이 공표된 다음 해인 1901년에는 면허 성매매 여성의 수가 40,195명으로 감소하였다. 후에 상담 활동과, 성매매 여성이 성매매업소(brothels)에서 철수하고자 시도하는 경우 위에 언급한 압박은 1900년 법에 맞추어 시작되었다.

이후 면허 성매매 여성의 수는 1930년 50,056명으로 증가했는데, 1899년의 수치와 거의 같았다. 구세군은 이 나라 여러 지역에 150개의 지부를 설립하여 이러한 여성이 해방을 성취하고자 노력하도록 조언하고 지원하였다. 1930년에는 구세군이 316건의 사례를 접수하였고, 이들 가운데 142건이 돌봄과 보호를 위한 쉼터(Receiving Homes)[83]로 보내졌고, 6건은 구조 쉼터(Rescue Home)[84]로 들어갔다. 22건은 독립할 수 있도록 도움을 주었으며, 63건은 면담하여 조언해 주었고, 83건은 서신 교환을 통해 조언해 주었다.

구세군이 면허 있는 여성들을 지원하는 활동을 해온 기간 동안, 일본의 여러 지역에서 여성

79 [일어본] 양자결연(養子緣組).

80 [일어본] 결연비(緣組料, 엔구미료).

81 [일어본] (g) 각종 단속 법령에 의한 기소 건수.

82 [일어본] 당국의 회답.

83 [일어본] 수용홈.

84 [일본어] 구호홈.

7,000명 이상의 탈출을 보장해 주는 데 성공하였다. 일본 정부는 내무성 경보국이 준비한 면허 성매매 관련 조사를 통해 작성한 보고서를 위원이 일본에 도착하자마자 제출했다. 이 보고서에 따르면 면허 성매매 여성이 이 직업을 포기했는지에 대한 문제를 충분히 고려하고 있었다.

자유의사에 따른 면허 성매매 여성의 직업 포기

(Abandonment of Trade by Licensed Prostitues of their Free Will)[85]

대체로 한 여성이 면허 성매매 여성이 되려 할 때, 이 직업에 거주하고 종사할 것을 제안하는 자에 의해 선금으로 돈이 지불된다. 그러나 선금을 빌려주는 행위와 면허 성매매 여성의 직업은 서로 다른 문제이기도 하다[86] 이론적으로 서로 관련된 것이 전혀 없는 무관한 것이다.

두 당사자 사이에 맺은 합의는 한 측이 다른 한 측이 소유한 필수적인 권리를 확보하기 위해 민법 제90조에 따르면, 자유를 제한함이 공공질서와 선량한 풍속에 위배된다는 이유에서 유효하지 않다.[87] 면허 성매매 관리를 위한 규제에서도 면허 성매매 여성 명단에서 삭제해 줄 것을 신청하는 문제에 대해 역시 제6조에 나와 있다. 어떠한 자도 어떠한 반칙적 방해 행위도 허용되지 않는다. 그럼에도 불구하고, 사실상 면허 성매매 여성이 본인이 면허업소 주인(proprietor of licensed house)에게 진 빚을 완전히 지불하기 전에 본인의 직업을 포기하고 싶을 경우, 때때로 어떤 주인들(the proprietors)[88]은 직접적으로든 간접적으로든 그렇게 하지 못하게 막으려 하며 파렴치한 수단에 의존하려 한다.

"1900년 면허 성매매 여성 관리를 위한 규제 시행으로 인하여, 내무대신은 지방장관에게 보내는 지시문을 발표했다. 여기에는 다른 것들과 함께 이렇게 나와 있다. '모든 면허 성매매 여성들은 자유롭게 자신의 직업을 포기할 수 있다. 명단 삭제를 위한 신청은 모두 면허 성매매 여성 관리를 위한 규제 제5조에 상술된 절차에 위반되지 않는 한 받아들여야 한다. 그리고 같은 조 마지막 항에 따라, 경찰은 즉시 명단에서 그 이름을 없애야 한다.' 이어서 중앙정부는 면허 성매매 여성이 자신의 직업을 포기하려는 바람을 수행할 때 이 여성들이 주인에게 진 빚을 갚지 않으려 하기 때문

---

85 [일어본] 『창기의 자유폐업』.

86 [일어본] 창기가 될 때에는 가시자시키 업자로부터 돈을 빌리는 것(前借)을 보통으로 한다. 그리고 창기는 가시자시키 업자 밑에서 그에 의지하여 임시 머물러 지내면서(寄寓, 기우) 창기일(娼妓稼業)을 하는 것이다.

87 [일어본] 당사자가 가지고 있는 채권담보의 목적으로 타인의 자유를 구속하는 것과 같은 계약은 민법 제90조에 따라 공공질서와 선한풍속에 반하는 것으로 무효가 된다.

88 [일어본] 채권자인 업자는.

에 면허업소의 주인이 이를 방해하지 못하게 노력하도록 지역 당국에 자주 지시문과 통지서를 발송했다.[89] 결과적으로 이러한 악행은 최근 매우 완화되었다."

"면허 성매매 여성이 면허업소 주인에게 진 빚을 완전히 갚지 않고 주인의 반대에도 상관없이 자신의 직업을 포기할 때, 그녀의 행위는 지유하이교[jiyuhaigyo(문자 그대로 하면, 거래(trade)의 자유 포기][90]라고 부른다."

"최근 몇 해 동안 자유폐업을 원하는 면허 성매매 여성의 수, 또는 고용주의 반대와 상관없이 자유의사에 따라 본인의 거래(trade)를 포기하려는 자의 수는 1925년 128명, 1926년 249명, 1927년 186명, 1928년에 158명, 1929년에 156명으로 5년간 모두 합계 877명이었다."

전국에 존재하는 여성의 구조와 보호를 위한 모든 단체에서, 소녀(the girls)의 교육은 가장 중요한 것으로 간주되었다. 이 교육에는 기초 교육의 일반 분야일 뿐만 아니라 직업 교육과 도덕 훈련도 포함된다.[91]

(5) **성매매와 인신매매에 대한 노동조건의 가능한 관계**(Possible relation of labour conditions to prostitution and traffic)[92]

면허업소에 들어가는 많은 소녀들(the girls)과 돈을 벌기 위해 게이샤가 되는 계약을 맺는 많은 소녀들이 가난한 농가나 노동자의 딸이라는 사실은 이러한 계급에 속하는 많은 사람들 사이에 경제적 안전의 여유가 작다는 사실을 증명한다.[93] 경찰 당국의 의견에 따르면, 이 소녀들의 다수에게 정당한 직업을 주는 것은 불가능하다고 하다. 이 의견은 소녀가 다른 생계수단이 없다고 말하고 경찰이 그녀의 진술을 승낙하지 않는 한 어떤 소녀도 면허업소에 들어가는 것을 허가하지 않는다는 사실에 근거한 것으로 보인다.[94]

---

89 [일어본] 중앙 당국은 그 후에도 여러 차례 지방 당국에게, 이러한 훈시 또는 지시를 발하고, 채무의 변제를 마치지 않았다고 해서 업자가 창기일을 폐지하는 것을 방해하는 것과 같은 일이 없도록 노력했다.

90 [일본어] 자유폐업(自由廢業).

91 [일어본] 전국에 존재하는 모든 창기구제 및 보호시설 가운데 교육시설이 가장 중요시되고 있다. 이 교육시설에는 많은 창기들에게 결여된 보통교육시설 외에, 직업교육, 기타 덕육(德育)시설이 포함되어 있다.

92 [일어본] (五) 각종 직업의 매음(賣淫)과 부녀매매에 대한 관계.

93 [일어본] 창기 또는 예기가 되어 금전을 빌리는 부녀의 대다수가 빈농 또는 노동자의 자녀라는 사실은 이러한 계급에 속하는 자의 대부분이 경제적으로 가난하다는 이야기가 된다.

94 [일어본] 이러한 의견에 기초한 것은 경찰이 창기 희망자로 하여금 다른 생계를 가질 방법이 없다는 것을 말한다. 또한 당국이 이 진실을 인정하는 자에 대해서만 창기가 되어야 하는 것을 허가하는 사실이 있다.

(6) 성매매와 인신매매에 대한 공공의 견해(Public opinion regarding prostitution and traffic)[95]

일본에는 성매매의 면허와 규제 그리고 여성과 소녀의 착취 활동에 호응하는 현재 시스템에 반대하는 운동이 매우 강력하며 또한 점차 증가하고 있다.[96] 일본에서 위원에게 제출한 공식 정보에 따르면, "면허 성매매 폐지운동을 해왔고 지금도 지속적으로 하고 있는 두 개의 조직체가 있다. 하나는 가쿠세이카이[Kwakuser Kai(순결협회)]이고 다른 하나는 후진교후카이[Fujin Kyofukai(여성도덕협회)]다.[97] 전자는 성적 도덕성의 고양을 목적으로 하며 면허 성매매 폐지를 주요 임무로 삼고 있으며, 후자 역시 1926년 순결, 평화, 금주라는 세 강령을 공식 토론 주제로 삼아 면허 성매매제도 폐지를 요구해 오고 있다. 면허 성매매 문제가 1926년 공적 논의 주제가 되었을 때, 위에서 언급한 단체들이 힘을 합하여 연대했고 면허 성매매에 반대하는 연합(Union against licensed prostitution)[98]을 결성했다. 이 연맹은 그 사업을 1) 중앙, 2) 지역, 3) 교육운동의 세 부분으로 나누었다. 중앙운동은 내각총리대신, 내무대신, 경보국장 등의 중앙정부 당국자와 귀족원 중의원 양원 의원들을 목적으로 하는 운동으로 과거 매우 왕성하게 활동하였다. 지역 운동은 지방의회와 그 의원들을 목표로 하며, 관련 지방정부 기관들도 포함된다.[99]

"연맹은 처음에는 중앙 운동에 힘을 집중했다. 유력 정부 관료들이나 영향력 있는 인사들에게 요구하고 이들 앞에서 단체의 관점을 피력하며 정부에 탄원서를 제출하는 대표단이었지만 효과는 없었다."

이러한 과정이 수년간 진행되었으나 큰 인상을 남기지는 못했다. "그에 따라" 보고서는 계속된다. "연맹은 이른바 지역 운동에 눈을 돌리게 된다. 이 운동은 모든 지방 행정구역을 자신의 명분에 맞게 획득하여 자신의 목표를 성취하는 목표를 갖고 있다. 이 운동은 더욱 성공적이었다. 면허 성매매 폐지를 위해 지방의회에 소개했던 이러한 발표들은 1927년 후쿠시마현 의회의 승인을 받았으며, 1928년에는 후쿠이와 이시카와, 아키타 현 의회에서, 1929년에는 사이타마에서 1930년에는 나가노, 도야마, 가나가와에서 승인받았다." 이들은 1894년에 폐지 효력을 발생했던 군마현

---

95 [일어본] (六) 매음과 부녀매매에 대한 여론.

96 [일어본] 일본에는 현재 공창제도와 여기에 연락하는 부인 또는 소녀에 대한 착취적 활동에 대해서는, 강하게 그리고 더욱 치열하게 반대하는 운동이 있다.

97 [일어본] 하나는 가쿠세이카이(廓清會, 곽청회)이고 하나는 부인교풍회(婦人矯風會)다.

98 [일어본] 폐창연맹(廢娼聯盟).

99 [일어본] 지방운동은 지방의회와 도부현회 의원 및 지방 청(廳) 당국자에 대한 운동이다.

이후 추가된 것이었다. 그러나 다른 현에서는 폐지가 실효되지는 않았다. 사이타마현은 예외적으로 1930년 12월 27일 마지막 면허업소가 실질적으로 폐업했다.

위에서 언급한 운동에서 보이는 비공식적 공적 의견에 덧붙여, 강력하고, 또 점차 치열해 가는 공식적 의견이 영향력 있는 인사들 사이에 존재했다. 이는 요코하마 시에 위치한 가나가와 현청 지사의 말로 요약될 수 있을 것이다.

"국가와 일본 정부의 전반적인 정책방침은 이 국가나 당연히 이 지방정부에서 면허 성매매를 폐지하기 위한 눈에 띄는 진보라고 할 수 있으며, 우리는 동일한 정책을 따라야 한다. 지방의회[100]가 작년 12월에 개최되고, 면허 성매매 폐지를 찬성하는 결의안이 통과되었다. 만장일치로 현에서 통과되었다. 물론 이는 사람들의 태도와 감정을 표현했다. 지속되는 면허 성매매에 직접적으로 반대하는 현 사람들의 태도와 감정을 표현했다."

이 결의안 통과에서 의회를 주관했던 이유는 무엇이었는가를 물어보았을 때, 지사가 대답했다. "첫째, 면허 성매매는 인도주의적 이상에 반대다. 이 세상에서 도덕성을 인정받은 기준에도 위배된다. 둘째, 국가의 명예와 특권을 지지하기 위해 이러한 제도의 존재를 참아서는 안 된다. 셋째, 이 제도의 존재는 사회적인 관점에서 보더라도 참아낼 수 없는 것이다."

Ⅲ. 유입 인신매매(incoming traffic)[101]

(1) 범위와 이유

일본제국에서는 여성과 아동의 유입 인신매매가 거의 없다시피 하지만, 예외적으로 관동 조차지에서는 중국 본토에서 오는 중국 여성과 어린 여성의 매매가 상당하다. 이렇게 인신매매가 없는 이유는 첫째, 외국 여성의 수요가 없기 때문이다. 일본 본토에는 외국인 인구는 매우 소수일 뿐이며 대부분 중국인이다. 일부 중국인들은 본인의 아내와 아이들과 함께 지내며, 일용 노동자 계급인 나머지들은 너무 가난하거나 이 나라의 여성들에 만족하고 있다. 한국과 포모사의 경우도 마찬가지다.

---

100 [일어본] 현회(縣會).

101 [일어본] 수입거래.

그러나 관동에서는 그 반대다. 위원의 질문에 대한 관동주 답변에서 진술했듯이, "관동청의 사법권 안에 있는 이 조차지 거주민의 압도적인 다수가 중국인이기 때문에, 정조 관념이 느슨한 중국 여성들이 조차지 안으로 들어오는 것을 용인해야 하는 상황이 있었다. 특히 필요한 것이 하급 계층의 중국인 성매매 여성들(Chinese prostitutes)[102]이 일용 노동자들의 수요를 맞춰 주기 위해 존재하는데, 이들은 대개 산둥 방향에서 온다. 미혼이고 매우 가난한 임금을 수입으로 한다."

둘째, 다시 관동은 예외지만, 외국 여성이나 소녀의 일본제국 유입은 성매매가 목적일 때 금지된다. 당국에서는 보편적으로 적용 가능한 일반 법령을 통해 그러한 사람을 배제하도록 허가하고 있다. 위원의 질문에 대한 회답으로 지사가 진술했듯이, "부도덕한 이유로 이 나라에 들어오는 어떤 외국인 여성도 인정하지 않는다.[103] 1926년과 1930년 사이 도착한 소수 외국인 여성들이 있을 뿐인데, 이들은 모두 이 나라의 입국이 금지되었다. 국적에 따라 분류하자면, 다음과 같다. 3명은 러시아인[104]이고, 1명은 소비에트 러시아인이고 1명은 미국인이었다."

셋째, 외국인 여성들은 성매매 면허가 허가되지 않는다. 예외적으로 관동 조차지에서는 중국인 여성들에게 면허를 준다. 그리고 이들이 비밀 성매매[105]로 행동하는 일이 발견되었을 때는, 이들은 추방되어야 한다.

(2) 유입 인신매매에 관한 내용을 포함한 법률

(a) 이민(immigration)[106]

외무성령(The foreign Office Ordinance)은 1918년 1월 24일 발표, 1921년과 1924년 수정되었다. 제1조는

"일본에 오려고 하는 외국 여성으로 다음 각 호의 하나에 해당한다고 인정되는 자는 지방장관[도쿄부에서는 경시총감(superintendent)]이 그 상륙하는 것을 금지할 수 있다"는 내용을 규정한다.

(1) 생략

102 [일어본] 지나인 추업부(支那人 醜業婦).

103 [일어본] 추업 영업을 목적으로 하는 외국부인의 입국은 금지되어 있다.

104 [일어본] 백인계 러시아인(白系露人).

105 [일어본] 밀매음.

106 [일어본] 입이민(入移民).

(2) 생략

(3) 공공의 안전을 해치거나 풍속을 문란하게 할 우려가 있는 자

(4) 확인된 부랑자나 거지

유사한 법령(제7호)이 수정된 대로 포모사 총독부에 의해 공표되었다.

더욱 심도 있는 이민 문제 관련 법률이 위원에게 제공되지 않았다. 그러나 이 법을 통해 이민 관련 공무원[107]에게 바람직하지 못한 이를 배제할 역량이 폭넓게 허용된다.

(b) 유입 인신매매 관련 기타 법률[108]

한국에서 조선총독부는 1923년 제288호 통첩을 발표하여, 외무대신과 척식국장(the director of the Overseas Bureau)에 의한 최종 조치 시행 중인 각 공무원들에게 외국 여성이 면허 성매매 여성이 되기 위한 모든 신청을 거부하도록 요구했다.

1924년 4월 9일 관동에서는 경무국장이 제2914호 통첩을 발표하여, 러시아 여성들이 게이샤나 작부 일에 종사하지 못하도록 금지했다. 이 조항은 부록 IX에서 찾아볼 수 있다.

지금까지 인용된 형법의 일반 조항 및 비밀 성매매를 금지하는 조항은 인신매매 및 그 활동으로부터 외국인 여성을 보호하는 데 사용할 수 있다.[109]

(3) 이민 관련 상황과 법률 적용[110]

일본 본토 안으로는 지난 5년간 이민자 6,756명이 들어왔다. 그 가운데 중국인은 6,623명이었다. 두 번째로 많은 이민자는 소비에트 러시아인으로 58명이었고, 셋째는 영국인으로 38명이었다. 더욱 심층적인 세부 내용은 이민에 관하여 여기 첨부된 부록 X에서 찾아볼 수 있다.

한국에는 1929년 12월 31일까지 지난 5년간 외국인 219,389명이 도착하였다. 이 가운데 중국인은 212,201명으로 대략 4:1의 남녀 비율에 기초했다. 두 번째 많은 외국인은 미국인이었고, 세 번째는 영국인이었다. 이들의 성비는 대략 비슷했다. 모두 합해 입국 외국인 총 219,389명 가운데

---

107 [일어본] 해당 경찰 관리.

108 [일어본] 수입거래(輸入取引)에 관한 기타 법규.

109 [일어본] 앞에서 말한 일본 형법 중 「약취와 유괴의 죄」에 관한 조규와 밀매금지의 법규는 부녀매매업자와 그 활동에 대해 외국 부인을 보호하기 위해 응용할 수 있다.

110 [일어본] (三) 입이민(入移民)과 그 단속 상황.

152,191명(남성 124,483명, 여성 27,708명)이 이 나라(the country)에 정착한 사람으로 명단에 있었다. 정착인들 가운데 똑같은 비율로 중국인이 있었으며, 남성의 비율이 여성에 비해 다소 높았다. 더욱 상세한 내용은 여기 첨부한 부록 XI에서 볼 수 있다.

1930년까지 5년 동안, 외국인 총수 551,947명이 관동 조차지에 도착했고, 이 기간 동안 457,128명이 떠났다. 이들 가운데 상당수가 중국인이었다. 이 수치에 대한 세부 내용은 국적과 성별에 따라 분류하여 첨부한 부록 XII에서 찾아볼 수 있다.

포모사에서는 대략 33,400명의 외국인이 있었다. 이들은 1930년까지 5년간 조차지에 들어왔다. 이들 가운데 33,200명이 중국인이었다. 이에 관한 세부 내용은 성별과 연령에 따라 정리해 둔 수치들이 첨부된 부록 XIII에서 찾아볼 수 있다.

(4) 외국인들이 온 장소[111]

일본에 입국한 유입 외국인들 가운데 상당수가 중국에서 온 중국인이었다. 부록 XIV에는 특정 계급, 이를 테면, 관동 조차지로 온 여성배우, 성매매 여성(prostitutes), 웨이트리스(waitresses)인 특수계급의 중국 출신 지역이 나와 있다. 이 수치에 따르면, 여성 총수 3,599명 가운데 1,814명이 중국 허베이성에서 왔고, 산둥 출신이 895명, 랴오닝 출신은 484명이었다. 세부 내용은 부록[112]에서 볼 수 있을 것이다.

일본 본토로 온 대부분의 외국인은 나가사키, 고베, 요코하마 항을 통해 해상으로 들어왔다. 한국을 통해 철도로 온 이들은 시모노세키항으로 일본에 입국했다. 한국에 온 자들은 해상으로 들어오거나 서부 만주에서 철로를 통해 국경 안둥역으로 들어왔다. 중국에서 관동 조차지로 오는 이들은 페킹-묵덴(Pekin-Mukden) 철도를 이용하거나 해상을 통해 아서항과 다롄으로 상륙한다. 포모사로 오는 이들은 기룽(Keelung)[113]이나 이 섬의 다른 항구를 통해 상륙한다. 또한 시베리아를 경유하여 관동주와 한국 그리고 일본으로 이어지는 해외 인신매매(the overland traffic)도 있었다.

---

111 [일어본] 건너 온 외국인의 출신지.

112 [일어본] 부록 14.

113 [일어본] 지룽(基隆).

(5) 거부된 자들에 대한 통계[114]

이미 진술한 바와 같이 일본 본토에는 거부된 사람이 극소수였다. 1926년에서 1930년 사이 만 5년간 모두 5명이었다.[115] 그 가운데 4명은 러시아인이었고, 1명은 미국인이었다.

관동주에는 1930년 12월 31일까지 이어지는 5년간, 97명이 거부되었다. 그 가운데 여성은 39명이고, 남성은 58명이다. 이 가운데 14명은 특성상 의심스러웠기 때문에 거부되었다. 그 가운데 남성이 11명이고 여성이 3명이다. 나머지는 여권이나 비자 없이 입국했기 때문에 거부되었다. 이 표에 중국인이 한 명도 포함되지 않은 이유는 이들이 여권이나 비자 없이 조차지에 들어오기 때문이다. 거부된 이들의 국적은 제공받지 못했다. 한국이나 타이완으로부터는 거부자에 대해서 어떠한 보고도 받지 못했다.

(6) 입국 이후 출국당한 이에 대한 통계[116]

일본 본토와 관련하여, 지난 5년간 출국은 오직 1건뿐이었다. 이미 진술한 바와 같이, 프랑스 여성으로 성매매에 종사하며 여기저기를 떠돌아다녔다고 진술했다. 포모사에서는 중국인 노동자 1명과 중국인 무직자 1명이 1927년과 1929년에 각각 출항당했다. 전자는 여자, 후자는 남자다. 전자는 풍속에 유해한 방식으로 행동했기 때문에 출항당했고 귀국 후 공문서 위조 혐의로 체포되었다. 이 범죄로 인해 처벌을 받은 다음에 출항 명령을 받았다. 후자는 1926년 어머니와 함께 출항 명령이 내려졌다. 그는 가명으로 지룽에 착륙했고 타이베이에 잠시 산 적이 있었다. 이사한 뒤 자신의 불법적인 아내로 하여금 성매매에 종사하게 하고 그 수입으로 생활하였다. 따라서 그를 출항시키는 것이 필요하다 판단되었으며 실현되었다. 한국이나 관동에서의 출항에 대해 받은 통계는 없다.

(7) 인신매매업자와 알선업자의 구속 횟수

일본 본토에서는 모두 남성 9명이 연루된 4건이 여성과 아동의 매매에 관여했음이 발견되었다. 가해자와 피해자 모두 일본 국적이었다. 보다 상세한 내용은 이 문제 관련하여 첨부된 부록 XV에서 찾아볼 수 있을 것이다.

---

114 [일어본] 입국금지자의 통계.

115 [일어본] 최근 5년간 겨우 5명이 되는 데 불과했다.

116 [일어본] (六) 입국 후 퇴거처분을 받은 자에 관한 통계.

관동에서는 지난 1930년 12월 1일까지 5년간 가해자 143명과 피해자 34명이 관련된 107건이 있었다. 가해자와 피해자는 모두 중국 국적이었고, 사건의 결과는 다음과 같이 기록되어 있었다. 이 가운데 사건 60건의 가해자는 중국 당국에 넘겨졌다. 28건에서는 관동 조차지 사법권 밖에서 위반이 발생했다는 사실 때문에 구속이 이뤄지지 않았다. 다른 나머지 가해자들은 법정의 재판을 기다리면서 가해 행위를 삼가고 있거나, 선고를 받아 감옥에 갔다. 한국에서는 1910년 협약 제1조와 제2조에 따른 사건이 28건 있었다. 내부 인신매매는 12건이었고, 한국에서 만주로 보내진 국제 인신매매는 16건으로 특히 묵덴과 하얼빈으로 보내졌다. 소녀들은 모두 한국인이었고, 일반적으로 결혼이나 일자리를 준다는 거짓 약속에 속아서 온 경우였다. 이들의 연령은 6세에서 26세였다. 더욱 자세한 내용은 부록 XVI을 참고하기 바란다.

포모사의 인신매매업자 구속에 대한 통계는 받은 것이 없지만, 예외적으로 2건이 이미 출항당했다고 인용된 바 있다.

(8) 행정적 및 공식적 인신매매 예방 대책

내부 인신매매 예방을 위한 조치로 이미 언급했던 여러 법률은 국제 인신매매 예방을 위해서도 동일하게 적용할 수 있다. 이러한 조치 외에도, 이민 담당 공무원과 항만 경찰의 경계가 유입 인신매매와 유출 인신매매 모두 관련하여 그러한 상태가 발생하지 않도록 예방하기 위해 이루어진다.

(9) 법과 규제를 피하기 위해 사용되는 방법들

일본 본토, 한국, 포모사에서는 이 문제 관련하여 어떤 정보도 제공되지 않았다. 유입 인신매매 관련하여, 이러한 인신매매는 당국에 알려진 바가 없기 때문이다.

관동 조차지에서는 다음의 진술이 위원의 설문에 대한 답변으로 당국을 통해 받았다.

"부도덕한 목적을 위한 여성의 국제 인신매매에 연루된 일본인은 발견된 적이 없었다. 중국인 인신매매업자에 대해서는 이들 대부분이 여성과 거짓 결혼을 약속하여 이들을 피해자로 만들거나 하인이라든가, 간호사 등 매우 벌이가 좋은 일자리를 찾아주는 척 가장하며 교활하게 속였다. 그리고 관계 당국에 발각되는 위험에 처했음을 알고서 처벌을 피하고자 관련된 여성들이 자기 부인이거나 누이거나 입양한 딸인 척하였다. 수상한 자들은 물론 관계 당국에 의해 세밀한 조사를 받아야 했다. 그러나 이들은 대부분 호적제도가 미비한 중국 출신이기 때문에 진실을 밝히기에는 조사를 수행하기 매우 어려웠다."

(10) 유입 인신매매에 반하는 활동의 결과

일본 본토, 한국, 포모사로 들어오는 유입 인신매매는 최소한으로 감소했다. 그러나 관동 조차지로 들어오는 중국인 여성의 인신매매가 있는데, 이곳의 관계 당국이 통제에 노력을 기울이고 있다. 인신매매업자에 대한 구속 수는 상당히 많았는데, 이는 경찰의 활동이 활발했음을 보여 준다. 그러나 성매매 여성, 어린 여성 가수, 웨이트리스 등의 여러 범주로 그리고 그 밖의 영역에서 어린 여성들을 처분될 기회가 상당히 컸고, 경찰은 인신매매업자를 발견하려는 데 받는 방해가 매우 컸고, 훼방하기도 했기 때문에 이러한 인신매매는 상당한 수준으로 계속되었다.

IV. 유출 인신매매

(1) 범위와 이유

일본제국 밖에서 중국을 제외한 다른 나라로 보내지는 여성과 아동의 매매는 그 범위가 매우 적다. 이에 대한 주요 이유는 1920년 이래 성매매 여성, 어린 여성 게이샤, 웨이트리스, 부도덕함으로 이어지기 쉬운 직업에 종사했던 다른 이들이 이민 가는 이동을 예방하기 위해 고려된 정부의 정책이 있었기 때문이다.

중국과 관련하여, 만주를 포함한, 상당히 많은 일본인 여성과 어린 여성의 이민이 있어서 이러한 지역으로 갔다. 그러나 정확한 이들의 숫자는 알 수 없었는데, 여권이나 비자가 중국과 일본 사이에서는 요구되지 않기 때문이다. 중국으로 보내지는 어린 소녀의 인신매매 이유는 대개 중국의 여러 조약 무역항에 있는 일본인 남성으로부터 요구되는 수요 때문이었고, 또한 만주와 관동 조차지의 대도시에서도 이러한 성격의 어린 소녀에 대한 수요가 있었다.

(2) 인신매매를 다루는 법률

(a) 이민(emingration)보호법

제70호 법안이 1896년 4월 8일 공표되었고, 제2조에 행정 당국의 허가를 받지 않는 한 어떤 이민자(emigrant)도 해외 국가로 동행할 수 없다. 자신의 부모나 후원자가 부르지 않은 상황에서 혼자 해외를 여행하겠다고 신청한 미성년자가 발생한 경우, 그에게 부모의 권한을 행사하는 사람은 신청할 때 그 미성년자의 찬성을 표현한 추가 서류를 제출해야 한다. 결혼한 여성이 해외로 혼자 가겠다고 하는 경우에는 남편의 동의가 요구된다. 이 조항은 제국 전역에서 효력이 있다. 이 법률의 다른 조항은 부록 XVII에서 찾아볼 수 있다.

해외 업무 사무소 법령 제4호가 1929년 5월 20일 공표되었다. 이 법령에는 해외 국가로 가는 여권과 관련한 규칙에서 발췌된 것들이다. 이 규칙에 관한 상세 전문은 부록 XVII에서 찾아볼 수 있다. 일반적으로 해외를 향해 떠나는 모든 이들은 중국을 제외하고 여권과 비자를 소지해야 한다. 비록 일본법이 요구하는 것은 아니라 해도, 이민 가는 허가는 이민자가 여권과 비자를 모두 소지 않는 한 효력을 발생하지 못한다고 이해된다. 만일 그러한 것이 이민 가고자 하는 특정 해외 국가의 정부가 요구할 경우에 그렇다.

효력을 갖고 있는 규칙과 규정을 엄격하게 준수해 왔는지의 여부를 판단하기 위해 입항 장소에서 신중하게 조사하는 것은 이민 사무소와 경찰서 공무원들의 임무다.

(b) 유출 인신매매 관련 내용을 포함한 기타 법률

해외 주재 일본 영사관에게 보내는 오랜 일련의 규제와 지시 사항들이 다른 어느 나라보다도 일본이 일본의 성매매 여성이나 이와 유사한 직업에 종사하는 여성과 소녀가 중국을 제외한 해외로 나가지 못하도록 예방하는 데 그리고 이미 거기에 있는 이들에게 배상해 주는 데 성공적이었던 절차를 보여 주고 있다는 점에서 매우 흥미롭다. 이 규칙과 지시 사항에서 발췌한 내용은 부록 XIX에 포함되어 있다.

(3) 이민(emigration)에 관한 상황과 법률 적용

부록 XX에는 1925년에서 1929년까지 일본 본토에서 이주한 일본인 이민을 보여 주고 있다. 이는 1925년 약 10,600명에서부터 1929년 약 25,700명까지 꾸준히 성장해 왔다. 남성과 여성의 비율은 대략 2:1이었다. 같은 기간 동안 1925년 13,900명에서 1929년 14,073명에까지 이러한 사람들이 일본으로 돌아왔다. 남성 대 여성의 비율은 대략 8:5였다. 이러한 일본인 이민은 주로 브라질과 필리핀행이었다. 예를 들면 1929년 25,704명의 이민자 가운데 일본인 15,597명이 브라질을 향해 떠났다. 같은 해 4,535명은 필리핀으로 떠났다. 그 외 다른 이민자들은 전 세계로 흩어졌고, 그 다음으로 가장 많은 수의 이민자인 1,585명은 페루로 향해 떠났고, 러시아에 간 자는 884명이었다. 1929년에는 부록 XXI에 나타난 바와 같이 762,572명의 일본인이 해외에 거주했다. 이들 가운데 대략 360,000명이 아시아의 여러 나라에서 거주하고 있으며, 172,000명이 북미에, 153,000명이 오세아니아에 있고, 그밖에 유럽과 아프리카에 있다. 아시아 거주자들 가운데, 164,000명이 중국에 있고, 106,000명이 관동 조차지에 있었다. 보다 자세한 내용은 부록 XXI 참고한다.

한국과 관동 조차지에서 이민하는 원주민들에 대한 통계는 알 수 없다. 그러나 상당한 이주가 만주와 중국으로 갔다고 알려져 있다. 부록 XXII에 포모사 출신 외국에 이민 통계가 나와 있다. 1926년에서 1930년 내용이 포함되어 있다. 일본 국민의 이민과 관련하여, 엄청난 다수가 중국으로 갔다. 중국 다음으로, 가장 빈번한 도착지 국가는 자바, 싱가포르, 필리핀, 홍콩, 태국이었다. 포모사를 떠난 외국인과 관련하여, 중국인이 가장 큰 다수를 차지한다. 예를 들면, 1930년 12월 31일까지, 5년의 기간 동안 대략 48,700명이 중국인이 이 나라를 떠났는데, 남성 대 여성의 비율은 대략 8:1이었다.

(4) 이민자의 목적지

앞에서 언급한 부록에 나오는 장소는 우선 중국이며, 만주, 홍콩, 싱가포르, 필리핀제도다. 이는 원주민과 외국인에게도 똑같이 적용되었다.

(5) 여행 경로

일본 본국과 포모사를 떠난 후 첫 단계는 중국의 몇몇 항구이며, 그다음에는, 포모사를 예로 든다면 푸저우나 샤먼 같은 중국 해안으로, 선박이 필리핀으로 출항하기 쉬운 항만 근처였다. 일본에서 만주로 가는 이주는 한국을 경유하거나 관동 조차지를 경유한다.

(6) 인신매매법 위반에 대한 구속 횟수

관동과 한국을 제외하고 방문 지역에서 유출 인신매매로 인한 구속의 통계를 받지 못했다. 한국에서는 유출 인신매매 16건이 만주로 가는 한국 소녀였으며, 14건이 1926년(12건)과 1928년(2건)이었다. 이 사례들은 1910년 국제협약 제1조 위반이다. 한국의 어린 여성이 만주로 간 인신매매 사례가 추가로 2건 있었는데, 이는 1910년 협약 제2조 위반이다. 이 사례들은 각각 1925년과 1929년에 발생했다.

관동주에서는 107건의 구속 가운데 최소 11건이 중국 본토로 끌려간 인신매매에 관한 것으로 유입 인신매매 관련 장이라는 제목으로 언급되었다.

⑺ 인신매매 예방을 위한 공적, 비공식 조치

이에 대해서는 이미 서술한 바와 같이 중국 이외의 해외에 가는 자에 대해서 여권과 비자를 소지할 것을 명한다. 그 외에는 경찰 당국과 이민 관계 당국이 선박 또는 정거장에서 감시하고, 여성매매업자 또는 그 피해자 혐의가 있는 자를 심문하는 외의 방법이 있다.

⑻ 단속법령에 대한 탈법 수단

관동 조차지에서 중국인들에 의해 조차지에서 다른 만주 지역이나 중국으로 어린 여성들을 끌고 가기 위해 똑같은 방법이 사용되었다고 보인다. 이러한 어린 여성들을 조차지로 끌고 온 방법과 동일한 방법이었다.

① 피해자는 집에서 도망하여 몇 달 후에 아버지에게 본인이 묵덴으로 끌려와 그곳의 음식점으로 팔렸다고 편지했다.

② 웨이트리스 일에[117] 종사하는 동안 피해자는 유혹에 속아 묵덴으로 끌려갔으며, 거기에서 음식점에 팔렸다.

③ 가해자는 피해자를 부유한 사람의 입양한 딸이나 아내로 만들어 주는 척 유혹하여 팔아 버렸다.

④ 피해자는 경성(서울)의 한 카페 웨이트리스에 종사하는 동안[118] 유혹을 받아 하얼빈이나 톈진으로 끌려갔다.

⑤ 가해자는 피해자를 부유한 사람의 입양한 딸이나 아내로 만들어 주는 척 유혹하여 팔아 버렸다.

일본 본토에서는 게이샤 하우스 운영자와 이와 유사한 중국의 업소 운영자가 자신들의 유흥업소를 위해 일본 안에서 사용했던 것과 같은 방법을 사용했다고 알려졌다. 대체로 가난하거나 무지한 어린 여성이나 어린 여성의 부모와 계약에 들어가거나 작업을 진행하였다. 이들은 주로 작은 농업 계층들로 중국의 항구 도시로 가서 유쾌하고 유익한 삶을 살고자 했다. 몇몇 증인들이 위원에게 알려준 바에 따르면, 과거에는 어린 소녀들이 해외에서 대형 증기선을 타고 밀반입되는 일이 흔치 않은 것은 아니었다. 이들은 작은 범선을 이용하여 증기선에 몰래 승선했고, 항만 경찰의 검

117 [일어본] 작부생업.

118 [일어본] 피해자가 경성에서 카페 여급을 하고 있을 때.

색을 피했다. 유력한 일본 사회사업가는 약 10년 전 정부 담당 공무원의 인지와 합의로 많은 수의 일본인 성매매 여성과 게이샤 소녀들이 동양 전역 여러 대도시에서 확인되었고, 이들 중 많은 이들이 고국을 떠나기 전에 경험이 없었다는 사실을 발견했다.

(9) 유출 인신매매에 반대하는 활동의 결과

전쟁 이전이나 최근 1921년까지 성매매나 게이샤 활동을 하는 일본 국적의 여성과 아동이 위원회가 방문한 극동 지방 대부분의 국가들에서 많은 수가 발견되었다. 1921년 초 일본 정부는 이미 존재하는 기존 국가 정책에 덧붙여 성매매 여성과 게이샤로 알려진 자들의 이민을 금지했고, 일본으로 돌아오기 위해 해외 국가에서 이러한 일에 종사하는 이러한 이들의 일본 국적자들을 압박했다.

이 운동은 네덜란드, 인도, 필리핀제도의 경우 1913년과 1918년 각각 폐지 정책 공식 발표로 지원을 받았다. 그 결과 많은 일본인 성매매 여성들이 배상을 받았다. 그리고 해협식민지의 경우에는 1927년 유사한 정책 채택을 통해 역시 촉진되었다.

일반적으로 말하자면 해외에서 이러한 직업에 종사하는 일본인 여성 수의 감소가 1921년 시작되어 이후 계속 진행되었다. 앞서 말한 바와 같이 일본 정부의 활동과 해외 외교 공무원들과 영사관 직원들의 활동이 주요 원인이었다. 부록 XIX 참고한다.

1918년 일본인 성매매 여성과 게이샤는 122명까지 마닐라에서 일본으로 돌아왔다. 일본 총독부와 미국 정부가 선박을 통해 돌려보낸 것이다. 이러한 행동의 직접적인 원인은 군사기지(barrack) 10마일 이내 모든 성매매업소와 무도장을 폐쇄하겠다는 미합중국 정부의 결정 때문이었다. 그리고 이러한 반경 안에서 성매매 일을 하고 있는 것이 발견된 모든 외국인 성매매 여성을 퇴출하는 것이었다. 이 기회를 이용해 일본인 영사들은 마닐라뿐만 아니라 다바오와 잠보안가(Jamboanga)에서도 (여기에는 일본인 식민지가 상당히 있었다) 일본인 성매매 여성 모두를 추방했다. 필리핀과 한국, 포모사에서는 성매매 여성이나 게이샤가 전혀 없는 듯 보였다. 포모사인은 중국인 인종에 속하기 때문에, 미국 정부는 이민에 관한 한 항상 중국인으로 취급했다. 중국인 노동자들은 미국 영토에서 배제되었기 때문에, 필리핀으로 이민 가는 포모사인은 많지 않았다.

일본인 영사와 말레이 지역 당국이 힘을 합해 노력한 결과, "반도 전체에 있는 377명의 불명예스런 여성들이 1920년 말이 되기 전 직업을 포기했다. 그 가운데 244명이 집으로 보내졌다."

인도에 관하여, 위원회가 알게 된 것은 1925년 90명의 일본인 성매매 여성들이 봄베이에 있었고, 65명은 캘커타에 있었다. 1931년 말이었다. 이들의 수는 각기 19명과 34명으로 감소했다.

다소 다른 입장이 중국으로 가는 일본인 여성 이민에 대해 존재했다. 중국으로 가는 일본인과 일본으로 가는 중국인에게는 여권을 요구하지 않았기 때문에 일본 정부가 직면한 통제의 어려움이 급증했고, 따라서 더욱 많은 수의 일본인 성매매 여성과 게이샤가 다른 방문 국가보다는 중국의 여러 항구 도시에서 더 많이 발견되었다는 사실은 그리 예상치 못할 일이 아니었다. 그러나 중국 도시에서 일본인 영사들이 행사했던 치외법권으로 영사들은 일본인 성매매업소와 다른 유흥업소 주인들에 대한 통제 조치를 행사할 수 있었다. 그리고 일본인 기숙자들에게 어느 정도의 보호도 제공해 줄 수 있었다.

상하이에서 거의 모든 일본인 게이샤, 성매매 여성, 연예인들은 국제 조계지(International Settlement)에 살았으며, 일본인 영사도 맡은 통제 역할이 있었다. 톈진에서는 대부분 일본인들이 전체적으로 관리하는 일본인 거류지에서 살았다.

상하이 주재 일본 총영사의 말에 따르면, 1931년 3월, 상하이에는 일본인 게이샤 177명이 있고, 253명의 일본인 웨이트리스[119]가 일본식 및 유럽식 레스토랑에서 서빙하고 있었다. 그의 견해에 따르면, 게이샤와 웨이트리스[120] 전반적으로는 모두 존중받을 만했고 성매매에 종사하지 않았다. 일본인 상대 무용수는 129명이 있었고, 이들에 대해서도 역시 그는 성매매 여성이라고 생각하지 않았다. 그러나 이들 가운데 일부는 이따금 불법적인 관계에 연루되었을 수 있다고 했다. 1927년 혼란이 있었던 이후 군부대의 유입 시기에 상대 무용수의 수는 상당히 증가했다.

그의 추산으로는 상하이에는 이따금 성매매 일을 했던 일본인 국민이 300명 있었다(이들은 일본인과 한국인, 포모사인이었다). 이들 모두 비밀리에 일했으며, 일본영사관 경찰에 체포되었을 때, 영사관 법정에서 재판받았다. 이들 기결수 가운데(평균연령은 지난 5년간 26세였다) 2/3는 일본으로 돌아갔다. 나머지는 평균 15일 정도의 징역형을 받았다.

톈진의 중국 행정 부서에서, 중국 당국은 한국인 성매매 여성이 20에서 30명 있다고 추정했으며, 이는 총영사가 자문한 일본인 경찰관의 진술로 확인되었다. 그는 20명이라고 말했다. 톈진 주재 일본 총영사는 일본인 거주지의 게이샤를 두 계층으로 구분하였다. A급은 성매매 여성이 아니라고 간주했고, B급은 성매매 여성이라고 간주했다. A급 중에는 83명이 있었고, B급에는 일본인

119 [일어본] 여급.

120 [일어본] 게이샤와 여급.

이 6명, 한국인이 40명이었다. A급은 1923년 이후 163명에서 현재의 수로 감소했으며 B급 일본인의 수는 1929년 이래 13명에서 6명으로 줄어들었다.

100명 이상의 일본인 성매매 여성과 120명에서 150명의 한국인 성매매 여성이 하얼빈 중국 경찰서장의 추산이었다. 일본영사의 계산은 중국인 성매매 여성 41명, 중국인 게이샤 63명, 한국인 성매매 여성 108명이었다. 부록 XIX에 첨부된 표는 위원회가 방문한 여러 장소에 있는 일본 국적 성매매 여성의 수를 제공한다(일본인, 한국인, 포모사인). 일본영사관 직원을 포함한 공무원들로부터 받은 정보에서 수집한 것이다.

V. 인신매매 관련 상황과 이를 종식시키기 위한 공식 · 비공식적 노력 검토

일본제국은 관동 조차지를 제외하고 국제 인신매매의 목적지 국가가 아니다. 일본, 한국, 포모사는 외국인 성매매 여성의 수요가 없으며, 면허를 허가하지도 않았고, 비밀로 직업을 활동하도록 허가하지도 않았다. 이들이 출국당해야 함이 알려진 당시, 관동 조차지에서는, 대체로 여성 가족 없이 온 일용직 노동자 계급의 중국인이 지배적이었고 중국에서 온 중국인 여성의 국제 인신매매가 상당했다. 다른 국적의 인신매매는 대체로 금지했다.

유출 인신매매와 관련하여, 한국에서 만주로, 관동 조차지에서 만주와 중국으로, 포모사에서 중국 샤먼항으로 간 규모는 적었다. 그리고 일본 본토에서 여러 만주, 한국, 중국 항구로 간 규모가 상당했다. 이러한 장소로 가는 일본 시민권자들에게는 여권을 요구하지 않았기 때문에, 일본 당국이 이러한 인신매매를 통제하기가 어려웠다. 세계 다른 지역으로 가는 일본인의 유출 인신매매는 분명 무시해도 될 만한 정도로 비율이 감소하였다. 이는 주로 성매매 여성, 게이샤, 여급들이 국가를 떠나 중국을 제외한 세계 다른 지역으로 가지 못하도록 예방하는 일본 정부 정책에 기인하는 것으로 보인다. 그리고 해외의 일본 총독들이 지역 관계 당국과 협력하여 자국민이 그러한 직업에 종사하지 못하도록 예방하고 이미 그곳에 있는 이들을 강제 귀국시키려는 노력 때문이기도 하다. 방문했던 대부분의 국가에 있는 일본인 성매매 여성에 대한 위원회의 일반적인 의견은 아직 남아 있는 이들은 나이가 많았으며 그곳에 오래 있었다는 것이다.

부록 I: 1930년 10월 1일 일본인 인구(지방별)

	1930년 총계	남자	여자	1925년 총계	증가
제국	90,395,041	45,674,734	44,720,307	83,456,929	6,938,112
내지(metropolis)	64,447,724	32,388,369	32,059,355	59,736,822	4,710,902
한국	21,057,969	10,763,230	10,294,739	19,522,945	1,535,024
포모사	4,594,161	2,354,607	2,239,554	3,993,408	600,753
사할린	295,187	168,528	126,659	203,754	91,433
관동주	1,327,971	809,173	518,798	1,054,074	273,897
위임통치지역	69,627	37,929	31,698	56,295	13,333

부록 II: 조선(Chosen) 총 인구 및 남성 대 여성 비율[121](1930. 10. 1. 현재 상황)

	인구			전 인구에 대한 비율	여자 100명에 대한 남자의 수
	남자	여자	계		
일본인	121,841	103,978	225,819	0.170	117.2
한국인	9,893	8,354	18,247	0.014	118.4
중국인	675,681	405,204	1,080,885	0.814	166.8
외국인	1,758	1,268	3,020	0.002	139.3
총계	809,173	518,798	1,327,971		평균 156.0

부록 III: 일본 형법 발췌

알선(procuring)[122]

제182조 영리 목적으로 선량한 여성이나 소녀에게 간음을 저지르도록 요청하고 권하려는 자는 최고 3년의 징역형에 처한다. 또한 최고 500엔의 벌금에 처할 수도 있다.

121 [일어본] 조선은(관동주) 총인구와 여자에 대한 남자 비율. 조선 부분에 가운데 줄을 긋고 손 글씨로 관동주라고 썼다.

122 [일어본] 음행권유죄(淫行勸誘罪).

부도덕한 목적의 유괴 및 감금[123]

제224조 미성년자를 유괴 또는 납치한(abducted or kidnapped) 자[124]는 누구든 3개월 이상의 기간 5년 미만 동안 징역에 처할 것이다.

제225조 영리, 외설 또는 결혼을 목적으로 사람을 유괴 또는 납치한 자는 1년 이상 10년 이하의 징역에 처한다.

제226조 제국 밖으로 누군가를 이송시킬 목적으로 유괴 및 납치한 자는 누구든 2년 이하의 제한적 징역 처벌을 받아야 한다. 누군가를 제국 밖으로 이송할 의도로, 사거나 팔고, 또는 팔리거나 납치된 자를 해외로 이송시킨 자에게는 똑같은 처벌을 가해야 한다.

제227조 앞의 3개 조항에서 언급한 가해 행위를 범한 자를 도우려는 의도로 납치되거나 팔린 자를 받아들이고, 이를 숨기거나 이 자의 은닉을 추진한 자는 누구든 3개월 이상 5년 이하의 징역 처벌을 받아야 한다. 외설 또는 이득의 목적으로 납치 또는 팔린 자를 받은 자는 누구든 6개월 이상 7년 이하의 징역으로 처벌받아야 한다.

제228조 이 장에서 언급된 가해행위를 범하려는 시도는 '위반 사항 미충분(infractions not cosummated)'으로 처벌받는다.[125]

제229조 제226조의 죄, 이 조의 죄를 도울 목적으로 범하거나, 제227조의 제1항의 죄와 이들의 미수죄를 제외하고 본 장의 죄는 돈벌이의 목적으로 저지른 것이 아니라면, 고소가 제기되었을 때에만 죄로 간주한다. 납치 또는 구매를 통해 결혼 계약을 한 어떤 자가 결혼의 무효 또는 취소 판결이 최종적으로 나오지 않았다면, 고소는 무효다.

부록 IV

경찰 위반행위 처벌에 대한 규제에서 발췌[126]

제1조 다음의 해당자는 소액의 벌금이나 구류에 처할 수 있다.

123 [일어본] 부도덕한 목적을 위한 약취와 감금의 죄.

124 [일어본] 미성년자를 약취 또는 유괴한 자.

125 [일어본] 본장의 미수죄(未遂罪)는 그것을 처벌한다.

126 [일어본] 경찰범처벌령 발췌.

2. 비밀 성매매에 종사하거나 방조한 자, 또는 부도덕한 목적으로 자기 집을 빌려준 자.[127]

면허 성매매 통제에 대한 규제[128] 발췌(내무성 법령 제44호, 1900년 10월 2일 발표)

제4조 면허 성매매 거래가 금지된 자는 면허 성매매 여성 명부에서 제외되는 것으로 간주한다. 전항을 제외하고는 성매매 여성이 신청하면 성매매 여성 명부에서 삭제한다. 다만 미성년자의 경우에는 전조 제1항 제3호와 제4호에 해당하는 자도 신청할 수 있다.[129]

제5조 면허 성매매 여성 명부 삭제 신청은 구두 또한 서면으로 할 수 있다. 앞 절에서 언급한 신청은 신청자가 경찰서에 직접 제출하지 않았다면 접수해서는 안 된다. 그러나 이 규칙은 이 여성이 신청서를 우편으로 보냈거나 다른 사람을 통해서 제출하고, 경찰서가 신청자가 직접 출두할 수 없는 원인이 있다고 판단한 경우 유효하지 않다. 경찰서는 면허 성매매 여성 명단 삭제 신청을 접수했을 때 즉시 그 이름을 명부에서 지워야 한다.

제6조 면허 성매매 여성 명단 삭제 신청에 관하여, 어느 누구도 방해하는 것이 허용되어서는 안 된다.

제12조 어느 누구도 면허 성매매 여성이 다른 이들의 연락, 만남, 문서 읽기, 물품의 소지와 구매, 그 밖의 문제에 대한 자유를 방해하면 안 된다.

제13조 다음 항목에 해당하는 자는 3개월 이하의 징역이나 100엔 이하의 벌금에 처한다.

1. 거짓 사실을 제시하여 다른 사람이 면허 성매매 여성 명단 기입을 신청하게 하는 자
2. 제6조나 제12조 조항을 위반한 자
3. 자신의 의지에 반하여 한 여성이 면허 성매매 여성 명부 등록이나 그러한 등록의 삭제를 신청하게 한 자

소개업 통제 규칙에서 발췌[130](경시청령 제4호, 1926년 12월 28일 발표)

제1조 현재 법령에 언급된 '소개영업'이라는 말은, 다음의 항목에 적용되는 이들에게 고용을 찾

127 [일어본] 밀매음 또는 그 매합(媒合)을 하거나 음행을 목적으로 가옥을 공여한 자.

128 [일어본] 창기단속규칙(娼妓取締規則).

129 [일어본] 제4조: 창기일(娼妓稼)을 금지되는 자는 창기명부에서 삭제되는 것으로 한다. 전항(前項) 외에 창기명부의 삭제는 창기가 그 신청을 하는 것으로 한다. 단, 미성년자는 전조(前條) 제1항 제3호와 제4호에 나와 있는 것에서도 그것을 신청할 수 있다.

130 [일어본] 소개영업 단속규칙.

아주는 영업을 의미한다.

1. 게이샤(소녀 가수), 면허 성매매 여성, 웨이트리스, 또는 이와 유사한 직업에 종사하는 자.[131]

제9조 이 영업에 종사하는 자, 또는 본인 집안의 가장, 또는 가족 구성원은 호텔이나 여관, 식당, 음식점, 면허업소, 마치아이차야[Machiai chaya(숙박시설의 찻집)], 히키테차야[hikite chaya(면허업소에 부속된 찻집)], 게이샤 업소, 유흥장, 가시세키[kashiseki(사교 모임, 오락 등을 위해 방을 대여하는 집)] 등에 종사하거나 고용되어서는 안 된다.[132]

제15조 이 영업에 종사하는 자는 다음 항목에 해당하는 자를 위해 고용을 찾아줄 수 없다.

1. 법적 대리인이나 보호자의 동의를 받지 못한 미성년자, 또는 금치산자
2. 조력자의 동의를 받지 못한 금치산자
3. 남편의 동의를 받지 못한 결혼한 여성
4. 이전 경력이나 사회적 신분이 알려지지 않은 자
5. 게이샤나 면허 성매매 여성이 되기 위한 자격을 소지하지 않은 자

부록Ⅴ: 1929년 말 면허 성매매 구역에서 이 영업에 종사하는 사람과 면허 성매매 여성의 수를 보여 주는 도표(군마현 제외)

청부현	지정 구역 수	지정 구역 사업자 수	성매매 여성 수
홋카이도	45	354	1,823
아오모리	13	142	408
이와테	17	105	384
미야기	12	48	380
아키타	10	55	176
야마가타	26	139	584
후쿠시마	25	98	424
이바라키	7	27	106
도치키	21	87	417
사이타마	2	10	48

131 [일어본] 예기, 창기, 작부 또는 그와 유사한 자.

132 [일어본] 제9조 영업자와 그 동거하는 호주, 가족은 숙박업소, 요리옥, 음식점, 가시자시키(貸座敷), 마치아이차야(待合茶屋), 히키테차야(引手茶屋), 예기옥, 유흥장(藝技場), 가시세키(貸席) 영업을 하거나 그 영업의 종업자가 될 수 없다.

지바	6	48	324
도쿄	10	762	6,424
가나가와	13	187	1,490
니가타	20	315	1,276
도야마	13	243	363
이시가와	16	524	31
후쿠이	9	210	427
야마나시	2	24	178
나가노	11	133	606
기후	4	101	733
시즈오카	20	98	851
아이치	4	289	2,684
미에	30	280	1,241
시가(滋賀)	11	309	381
교토	17	2,305	4,496
오사카	10	1,613	8,677
효고	10	227	2,473
나라	3	28	663
와가야마	3	20	131
도토리	2	80	163
시마네	6	47	119
오카야마	9	219	875
히로시마	19	418	2,178
야마구치	41	249	902
도쿠시마	2	104	297
가가와	7	132	620
에히메	3	42	144
고치	5	43	339
후쿠오카	9	199	1,884
사가	9	89	419
나가사키	23	214	1,436
구마모토	4	99	818
오이타	5	90	544

미야자키	5	27	210
가고시마	1	23	351
오키나와	1	234	659
총계	541	11,154	50,056

부록 VI: 1929년 말 면허 구역과 면허업소 사업에 종사하는 자의 수를 보여 주는 도표[133]

도명	면허 구역 수	면허업소 영업자 수		
		일본인	조선인	계
경기도	3	48	102	186
충청북도				
충청남도	1	9		9
전라북도	2	18	7	25
전라남도	2	6	5	11
경상북도	1	7	5	12
경상남도	8	100	14	114
황해도	1	8	4	12
평안남도	2	21	56	77
평안북도				
강원도				
함경남도	2	13	10	23
함경북도	3	37	4	41
총계	25	303	207	510

부록 VII: 1929년 6월 말 연령에 따라 분류된 면허 성매매 여성의 수

청부현	20세 이하	20세 이상 25세 이하	25세 이상 30세 이하	30세 이상 35세 이하	35세 이상	계
홋카이도	166	939	499	111	20	1,735
아오모리	43	243	107	24	4	421
이와테	37	180	129	43	5	394
미야기	49	256	60	4		369

133 [일어본] 가시자시키 지정지 수와 가시자시키 영업자 수를 보여 주는 표(1929년 말).

아키타	13	96	43	10	1	163
야마가타	47	378	140	9		574
후쿠시마	60	363	98	5		426
이바라키	16	60	13	8	3	100
도치키	37	229	124	36	7	433
군마						
사이타마		24	9	3	6	42
지바	37	220	80	17	3	357
도쿄	1,307	3,861	1,103	180	12	6,463
가나자와	163	781	342	62	15	1,363
니가타	126	674	384	72	10	1,266
도야마	45	194	86	21	4	350
이시가와	7	19	6		1	33
후쿠이	70	287	62	11	1	431
야마나시	23	87	67	7	2	186
나가노	60	399	136	21	1	617
기후	85	429	170	42	7	742
시즈오카	148	481	209	27	11	876
아이치	875	1,345	497	84	1	2,802
미에	106	698	334	115	22	1,275
시가	24	257	95	12		388
교토	455	2,763	1,007	114	12	4,421
오사카	1,004	5,858	1,648	88	4	8,602
효고	378	1,778	288	15	2	2,461
나라	80	409	187	23	1	700
와가야마	20	78	27	2		127
도토리	19	96	26	9		150
시마네	6	77	29	4		116
오카야마	91	549	259	24		923
히로시마	525	1,339	358	68	3	2,293
야마구치	90	479	313	59	4	945
도쿠시마	40	221	54	5		320

가가와	92	442	114	11		659
에히메	14	96	17	5		132
고치	71	200	62	11	1	345
후쿠오카	345	1,021	415	73	9	1,863
사가	61	217	117	42	5	442
나가사키	183	682	374	134	32	1,405
구마모토	126	464	218	27		835
오이타	68	323	147	15		553
미야자키	20	151	54	3	3	231
가고시마	67	222	100	8	2	399
오키나와	1	147	235	154	90	627
총계	7,300	30,012	10,921	1,821	304	50,355

부록 Ⅷ: 조선(한국). 1930년 6월 말 면허 성매매 여성의 수

도명	면허 성매매 여성 수			
	일본인	조선인	외국인	계
경기도	442	341	러시아인 1	784
충청북도				
충청남도	49	12		61
전라북도	96	123		219
전라남도	60	40		100
경상북도	48	59		107
경상남도	537	190		727
황해도	28	10		38
평안남도	208[134]	215		423
평안북도				
강원도				
함경남도	138	63		201
함경북도	235	79	러시아인 1	315
총계	1,841	1,132	2	2,975

134 영어본에는 20으로 잘못 표기되어 있다. 총수에 미루어 볼 때 일어본의 208명이 맞다.

부록 IX: 게이샤 또는 작부로 일하는 러시아 여성에 관한 건

1924년 4월 9일 발표한 제2914호. 공고는 관동 조차지 경무국장이 각 경찰서 서장에 보낸 통첩

러시아 여성에게 게이샤(어린 여성 가수) 또는 작부 일에 종사하도록 허용하면, 그러한 여성들에 관한 생각, 예절, 관습, 문제의 차이로 인해, 종종 이들과 고용주 간의 논쟁을 일으킬 수 있다는 두려움이 있기 때문에, 다음과 같이 취급하기로 한다.

1. 러시아 여성은 게이샤나 작부 일에 종사하도록 허용해서는 안 된다.[135]

부록 X: 일본 이민자 국적표

국적별	연도					
	1926	1927	1928	1929	1930	총계
중국인	1,209	1,145	1,319	1,691	1,259	6,623
영국인	2	27	7	-	2	38
미국인	1	5	-	-	1	7
태국인	2	-	-	1	-	3
튀르키예인	1	-	-	1	-	2
프랑스인	2	3	-	1	-	6
독일인	-	12	-	2	-	14
소비에트 러시아인	25	14	14	2	3	58
포르투갈인	2	-	-	-	-	2
오스트레일리아인	3	-	-	-	-	3
총계	1,247	1,206	1,340	1,698	1,265	6,756

부록 XI: 지난 5년간 조선(한국)에 온 외국인 수를 나타낸 표

국적별	1925	1926			1927			1928			1929		
		남	녀	계	남	녀	계	남	녀	계	남	녀	계
중국인	43,188	29,307	4,801	34,108	32,260	6,021	28,281	37,117	7,595	44,712	41,802	10,120	51,922
미국인	849	362	456	818	322	437	749	330	406	736	353	414	767

135 [일어본] 一. 러시아 부인은 예기 또는 작부 일(稼業)에 종사하는 것을 허용하지 않을 것.

영국인	297	138	147	285	152	160	314	156	163	319	136	152	288
러시아인	162	94	73	167	93	75	168	95	69	164	114	88	202
프랑스인	79	47	18	65	56	22	78	48	23	71	60	17	77
독일인	66	40	26	66	44	28	72	58	28	86	55	27	82
스웨덴인	14	3	8	11	2	9	11	2	8	10	3	8	11
노르웨이인	12	4	2	6	4	2	6	5	1	6	4	1	5
기타	23	7	5	12	7	6	13	3	2	5	4	3	7
총계	44,691	30,002	5,536	35,538	32,940	6,750	39,690	37,814	8,295	46,109	42,531	10,830	53,261

주: 1925년의 수치는 일시 체류 중인 남녀 모두를 포함한다. 다른 수치는 일시 체류 중인 사람을 제외하고 외국인 입국자 수를 나타낸다.

부록 XII: 관동 조차지의 외국인 출입표

연도	국적		도착					출발				
			14세 미만	14세 이상 21세 이하	22세 이상	계	합계	14세 미만	14세 이상 21세 이하	22세 이상	계	합계
1926년	중국인	남	7,741	13,092	45,919	66,752	89,952	6,861	10,088	38,217	55,166	74,419
		녀	5,431	5,924	11,846	23,201		4,086	4,996	10,171	19,253	
	러시아인	남	53	50	320	423	728	31	63	249	343	550
		녀	41	35	229	305		22	36	149	207	
	기타	남	7	6	37	50	73	3	8	31	42	70
		녀	2	4	17	23		5	6	17	28	
	총계	남	7,801	13,148	46,276	67,225	90,754	8,895	10,159	38,497	55,551	75,039
		녀	5,474	5,963	12,092	23,529		4,113	5,038	10,337	19,488	
1927년	중국인	남	8,776	13,630	53,171	75,577	105,145	6,396	9,290	40,136	55,822	79,200
		녀	7,610	6,948	15,010	29,568		5,746	6,586	11,046	23,378	
	러시아인	남	43	51	201	295	528	37	55	248	340	605
		녀	38	58	137	233		60	40	165	265	
	기타	남	4	2	28	34	56	6	9	25	40	65
		녀	3		19	22		4	6	15	25	
	총계	남	8,823	13,683	53,400	75,906	105,729	6,439	9,354	40,409	55,202	79,870
		녀	7,651	7,006	15,166	29,823		5,810	6,632	11,226	23,668	

연도	국적	성별										
1928년	중국인	남	10,948	16,922	56,404	84,274	116,367	9,415	14,843	48,921	73,179	110,516
		녀	7,463	7,703	16,927	32,093		6,656	7,697	22,984	37,237	
	러시아인	남	41	53	237	331	534	48	58	258	364	584
		녀	34	36	133	203		46	35	139	220	
	기타	남	2	6	38	46	69	4	3	26	33	59
		녀	1	4	18	23		2	5	19	26	
	총계	남	10,991	16,981	56,679	84,651	116,970	9,467	14,904	49,205	73,576	111,159
		녀	7,498	7,743	17,078	32,319		6,704	7,737	23,142	37,583	
1929년	중국인	남	10,620	16,801	61,976	89,397	125,975	8,412	13,317	54,869	76,598	103,746
		녀	8,710	8,516	19,352	36,578		6,632	5,854	14,662	37,148	
	러시아인	남	50	36	226	312	539	48	41	214	303	542
		녀	39	34	154	227		37	32	170	239	
	기타	남	5	7	55	67	110	4	4	33	41	77
		녀	7	3	33	43		5	1	30	36	
	총계	남	10,675	16,844	62,257	89,776	126,624	8,464	13,362	55,116	76,942	104,365
		녀	8,756	8,553	19,539	36,848		6,674	5,887	14,862	27,423	
1930년	중국인	남	9,328	16,970	54,552	80,850	111,135	5,986	12,344	44,463	62,973	86,163
		녀	6,601	7,320	16,364	30,285		4,752	5,483	13,135	23,370	
	러시아인	남	41	102	229	372	592	35	40	198	273	460
		녀	52	43	125	220		30	29	128	187	
	기타	남	12	9	66	87	143	6	5	39	50	72
		녀	6	5	45	56		3	3	16	22	
	총계	남	9,381	17,081	54,847	81,309	111,870	8,027	12,389	44,700	63,116	86,695
		녀	6,659	7,368	16,534	30,561		4,785	5,515	13,279	23,579	

부록 XIII: 타이완에 정착한 외국인의 국적, 연령, 성별

연도	국적		연령			
			14세 미만	14세 이상 20세 미만	20세 이상	계
1926년	중국인	남	664	877	2,703	4,244
		녀	250	245	774	1,269

	기타	남	3	-	23	26
		녀	-	-	16	16
	총계	남	667	877	2,726	4,270
		녀	250	245	790	1,285
1927년	중국인	남	595	881	3,120	4,596
		녀	266	260	800	1,326
	기타	남	2	2	10	14
		녀	3	2	4	8
	총계	남	597	883	3,130	4,270
		녀	268	262	408	1,285
1928년	중국인	남	796	999	3,187	4,982
		녀	375	325	789	1,489
	기타	남	3	3	26	32
		녀	1	2	9	12
	총계	남	799	1,002	3,213	5,014
		녀	376	327	798	1,501
1929년	중국인	남	836	1,058	3,184	5,078
		녀	382	367	963	1,712
	기타	남	3	1	20	24
		녀	-	1	8	9
	총계	남	839	1,059	3,204	5,102
		녀	382	368	971	1,721
1930년	중국인	남	878	1,132	4,788	6,798
		녀	431	329	1,060	1,820
	기타	남	-	-	10	10
		녀	2	-	3	5
	총계	남	878	1,132	4,798	6,808
		녀	433	329	1,063	1,825
합계	중국인	남	3,769	4,947	16,982	25,698
		녀	1,704	1,526	4,386	7,616
	기타	남	11	6	89	106
		녀	5	5	40	50

총계	남	3,780	4,709	17,071	25,804
	녀	1,709	1,531	4,426	7,666

주의: 1929년까지의 연도별 수치는 각 연도 연말의 것이며, 1930년의 수치는 해당 연도 9월 말의 것이다.

부록 XIV: 관동 조차지의 중국 내 출신 지역별 특수 계급 외국인 여성 수[136]

직업별 / 성별(省別)	여배우	성매매 여성 (Prostitutes)[137]	웨이트리스[138]	합계	비고
산둥(山東, Shantung)	672	116	107	895	
후베이(湖北, Hopei)	1,613	113	88	1,814	
장쑤(江蘇, Kiangsu)	235	19	25	279	
헤이룽장(黑龍江, Heilungkiang)	7	2		9	
랴오닝(遼寧, Liaoning)	460	9	15	484	
허난(河南, Honan)	22	4	1	27	
스촨(四川, Szochuan)		1		1	

부록 XV: 일본의 여성아동 인신매매업자에 대한 조사

건수	성별과 연령	직업	수단 방법
1건 1인	남자, 42세	음식점 고용인	상하이에 가서 웨이트리스로서 일[139]한다면 크게 돈을 벌 수 있다고 피해자를 속임
1건 1인[140]	남자, 31세 남자, 29세 남자, 40세	항만 노동자(stevedore)[141] 극장 사무원 무직	상하이에서 결혼하자고 약속하고 피해자를 속임
1건 2인	남자, 33세 여자, 41세	비행사 산파	미국으로 가서 하녀로 일하면 수입이 좋을 것이고, 또 양재 기술을 배울 수 있다고 말하고 피해자를 속임

---

136 [일어본] 관동주에 오기 전에 중화민국 성별에 따른 특종 외국 부녀에 관한 조사.

137 [일어본] 창기.

138 [일어본] 작부.

139 [일어본] 작부일(酌婦稼業).

140 실제로는 '1건 3인'이지만 원문대로 표기한다.

141 [일어본] 나카시(仲仕). 짐꾼, 인부.

1건 3인	남자, 57세 남자, 28세 남자 23세	고용 에이전트[142] 고용인 자동차 운전수	다롄에 가서 레스토랑의 웨이트리스[143]로 일하면 돈을 크게 벌어 저금할 수 있다고 피해자를 속임

주의: 위의 사례들은 우연히 발생했다. 가해자들은 정식 인신매매업자가 아니었고 모두 낮은 사회 신분에 속했으며 아무도 금품을 소지하지 않았다.

부록 XVI: 제1조 해당자(모든 사례는 여성임)

1. 범행이 국내에 그친 자

지역	연도	국적	연령	범인의 매매 수단의 개요
황해도	1926	일본인(한국인)	17	범인은 희생자를 달콤한 말로 유괴하고(enticed) 음식점(eating house)에 팔려고 하였으나 미수에 그침
	1927	〃	20	범인은 희생자를 유괴하여 빚을 지게 하고 그것을 속여 얻으려 하였으나 미수에 그침
	〃	〃	17	범인은 희생자를 하얼빈으로 끌고 가려 하다가 기차 안에서 발각되었음
	1928	〃	18	범인은 희생자에게 결혼 중매를 해 주는 듯이 속이고 빚을 얻으라고 권한 뒤 그 돈을 속여 얻음
	〃	〃	17	범인은 희생자에게 좋은 남편을 중개하여 편안한 삶을 보내게 해 준다고 말하고 빚을 지게 함
	〃	〃	19	위와 같음
	〃	〃	17	범인은 가난한 피해자에게 편안한 생활을 하게 해 준다고 말하고 빚을 지게 함
	〃	〃	18	위와 같음
	〃	〃	18	위와 같음

2. 범행이 국외에 이른 자

지역	연도	국적	연령	범인의 매매 수단의 개요
충청남도	1928	일본인(한국인)	20	희생자는 집을 나와 여러 달 후 묵덴까지 끌려감. 그곳에서 음식점에 팔렸다는 내용을 그녀의 아버지에게 편지함

142 [일어본] 주선업.

143 [일어본] 요리옥의 작부.

평안남도	1928	일본인(한국인)	알 수 없음	희생자는 웨이트리스 일을 하고 있던 중 묵덴까지 유괴되어 그곳에서 음식점에 팔림
	1926	〃	15	범인은 희생자를 부호의 양녀 또는 아내로 만들어 준다고 속이고 그를 유괴하여 매매함
평안북도	〃	〃	15	위와 같음
	〃	〃	15	위와 같음
	〃	〃	16	위와 같음
	〃	〃	17	위와 같음
	〃	〃	18	위와 같음
	〃	〃	18	위와 같음
	〃	〃	18	위와 같음
	〃	〃	18	위와 같음
	〃	〃	19	위와 같음
	〃	〃	6	위와 같음
	〃	〃	6	위와 같음

제2조 해당자

1. 범행이 국내에 그친 자

지역	연도	국적	연령	범인의 매매 수단의 개요
경기도	1928	일본인(한국인)	21	한국인 남자 1명이 중국인 3명과 함께 공모하고 희생자를 좋은 집의 양녀로 만들어 주겠다고 하여 유괴하고 돈을 빚지게 하여 그중 30엔을 속여 얻음
황해도	1925	〃	26	범인은 희생자와 결혼하다고 하여 유괴하고 희생자와 친밀한 관계를 맺은 후 음식점에서 돈을 빚지게 하였음
	1927	〃	21	범인은 희생자를 유괴하여 돈을 빚지게 한 후 그것을 속여 얻으려다가 미수에 그침

2.범행이 국외에 이른 자

지역	연도	국적	연령	범인의 매매 수단의 개요
충청남도	1925	일본인(한국인)	22	희생자는 경성(서울)에 있는 카페의 웨이트리스[144]로 일하고 있을 때 유괴되어 하얼빈 또는 톈진으로 끌려감
평안북도	1929	〃	22	범인은 희생자를 부호의 양녀 또는 아내로 만들어 준다고 속이고 그를 팔아 버림

144 [일어본] 카페의 여급.

부록 XVII: 이민보호법에서 발췌(1896년 4월 8일, 법률 제70호)

제2조 행정 당국의 허가를 받지 않았다면, 어떤 이민자(emigrant)도 외국으로 갈 수 없다.

제6조 이민 중개인(emigration agent)[145]이 되고자 하는 자는 행정 당국으로부터 허가를 받아야 한다.

제26조-1: 이민자를 모집하여 이들을 유혹하여 해외에 가도록 도움을 준 이민 중개인이나 그 대리인은 1개월 이상 1년 이하의 금고에 처할 수 있다.

부록 XVIII: 외국 여권 규칙에서 발췌(외무성령 제4호, 1929년 5월 20일)

제2조 여권을 발급받고자 하는 자는 다음과 같은 서면 진술서를 제출하야 한다. 일본에서는 본적지와 현재 거주지[146]를 관할하는 지방청에 제출한다. 관동주에서는 관동청에 제출한다. 해외에서는 재외 공관에 제출한다. 그러나 관계 당국은 자체 판단에 따라 그러한 자에게 사회 신분증명서, 주민등록등본[147] 혹은 사본과 보증서 제출을 면제할 수 있다.

여권 발급을 위한 신청 서류

(부록 제1호, 갑(甲), 비이민)

1. 이름
2. 본적지
3. 현재 주거지
4. 사회적 신분
5. 연령
6. 직업
7. 여행 장소

145 [일어본] 이민 취급인.

146 [일어본] 본적지 또는 소재지.

147 [일어본] 신원신고서(身許申告書), 호적등본.

8. 여행 목적

9. 여행 이유

10. 신장

11. 신체의 특징

12. 출발 항구

13. 출발 예정일자

14. 귀국 예정일자(이민자의 경우 필요하지 않음)

15. 통행 등급[148]

16. 신청 여권이 일반 종류인지 아니면 복수 여행 및 귀환용인지(이민자의 경우는 필요하지 않음)

이에 따라 준비한 여권 발급을 신청합니다. 신원신고서, 호적등본(혹은 사본), … 서류들(제5조[149] 제1항의 제5호부터 제9호에 언급된 서류), 사진 2매를 함께 첨부합니다.

날짜

이름 (인)

지방장관 (관동장관, 또는 재외 공관장) 앞

비고

1. 미성년자가 부모 또는 부모 대신하여 도움을 주는 자, 부모의 권리를 행사할 수 있는 자, 집안 가장의 초대를 받지 않고 혼자 해외에 가고자 신청한 경우, 그의 신청서에 이들의 동의를 나타내는 추가 서류가 포함되어야 한다. 여기에는 그 이름을 서명하고 끝에 관련 있는 자의 이름 다음에 날인해야 한다.
2. 결혼한 여성이 남편을 두고 혼자 해외에 가겠다고 신청하는 경우, 남편은 이 여성의 신청서에 자신의 동의를 나타내는 추가 진술서를 넣어야 한다. 이름을 서명하고, 관련된 자 이름 뒤에 날인한다.

---

148 [일어본] 승선 등급.

149 일어본에는 제2조가 표기되어 있다.

비고

1. 신청자가 이민 중개인의 보호를 받는 이민자(emigrant)일 때, 중개인은 신청자의 이름 밑에 본인의 이름을 서명하고 그 뒤에 날인한다.
2. 이민자의 경우, 정착을 위해 해외 이민 길드(guild)에 속한 식민 정착지(settlement)로 가고자 신청할 때, 이 길드의 최고 관리자의 보증서가 신청서에 첨부되어야 한다.[150]
3. 이민자의 경우, 식민 정착지 관리자의 보호 아래 해외 통행을 하고자 신청할 때, 길드 관리자는 이민자의 이름 다음에 본인의 이름을 서명하고 날인해야 한다.[151]

부록 XIX: 해외의 불명예 일본 여성 통제에 관한 지시[152]

1883년 이미 일본 중앙정부는 일본 전역의 지방정부에 비밀리에 상하이로 건너가는 여성들에 관해 특별한 주의를 당부하는 훈령을 보냈다. 1885년, 1892년, 1893년, 1902년에도 이러한 훈령이 반복되었고, 다시 각 방면에 도항하려는 일본인 여성 일반으로 그 적용범위를 넓혔다. 동시에 선박회사들을 독려하여 여성 승객을 감시하도록 했다. 1893년의 훈령은 "일부 나쁜 사람들이 감언이설로 해외 사정에 무지한 여성들을 유혹하여 해외로 가려고 했다. 해외에서 여성들을 성매매에 종사하도록 강요했다"는 사실에 주목하게 해 주었다.

1906년에 중국과 한국에 있는 일본 국민의 통제에 대한 법(제80호)이 공포[153]되었는데, 제1조는 다음과 같다.

"중국과 한국에 주재하는 영사는 각자의 사법권 안에 있는 장소에 사는 일본 국민이 공공의 질서와 풍속을 해치려는 경우, 1년에서 3년 동안 그곳에서 살지 못하도록 금해야 한다."

해외에 있는 일본인 성매매 여성 통제[154]에 관하여, 일본기독교 부인교풍회(Japan Christian

---

150 [일어본] 해외 이주조합의 이주지에 식민자로 들어가기 위해(入植하기 위해) 가는 자는 해당 조합 이사장의 보증서를 신청서에 첨부할 것.

151 본문에는 날인(his seal)이 없으나 문맥을 고려하여 번역했다. [일어본] 식민지 경영자의 취급에 따라 도항하는 자는 해당 식민지 경영자가 본인의 이름 다음에 서명을 날인할 것.

152 [일어본] 해외의 일본 추업부 단속에 관한 훈령.

153 [일어본] 1900년에 청국과 조선국에 재류하는 제국신민단속법(법률 제80호)을 공포, 그러나 이 법은 실제로 1896년에 공포되었다. 따라서 1900년 또는 1906년 표기는 모두 오기다.

154 [일어본] 일본 추업부 단속.

Women's Temperence Society)는 제국의회에 이들의 단속법을 입법할 것을 자주 청원했다. 1909년 3월에 의회는 이 청원을 채택하기로 결의했다. 그러나 새로 제정된 형법이 이와 관련한 조항을 포함하고 있었기 때문에 정부는 특별법을 제정할 필요가 없다고 결론 내렸다. 그래도 불명예 여성이 해외로 나가지 못하게 예방하는 것은 시급하고 중대한 문제였기 때문에, 정부는 다시 국내의 지방장관과 재외 공관장에게 이러한 여성에 대해 엄격하게 단속할 것을 명령했다.

해외로 가는 이민자 가운데 다른 사람의 이름으로 여권을 신청하고 나서, 이와 같은 사기적 방법에 의한 여권에 자신의 사진을 붙인 사람들이 발견되었다. 또 이러한 사기수단으로 미국에 가려고 한 불명예 여성[155]이 특히 많다는 사실이 알려졌기 때문에 1910년 10월[156] 각 지방장관과 경시총감에게 공고문(notice)를 보내 여권 신청자들에게 허가하기 신청서의 사정과 인물에 대해 면밀히 조사하도록 했다.

1912년 8월에 각 지방장관들에게 통첩을 보내어 성매매를 목적으로 해외에 가는지 아닌지를 따지지 않고 싱가포르 방면으로 가는 여권을 신청한 여성에 대해서는 상세하고 엄밀하게 조사를 할 것을 명령했다.

1921년 6월에 외무대신이 남태평양과 남미에 있는 공관으로 보내는 훈령이 발표되었는데, 내용은 다음과 같다.

○ 불명예 여성 통제에 관하여[157]

해외에서 일본인 불명예 여성에 대한 통제는 오랫동안 해외 공간에게 심각한 불안의 원인이었다. 최근 싱가포르 주재 야마자키 총영사대리는 사법권 안에 있는 지역에서 일하고 있는 일본인 성매매 여성[158] 1,100명 이상으로 하여금 그해 6월 이전 일정 기간 내에 일을 그만두게 하는 목적의 정책을 수립했다. 여성이 약간 남아 있기는 했어도 그 전체는 올해 7월 이전에는 일을 그만둘 것으로 기대된다. 다시 홍콩 주재 오모리 총영사대리도 불명예 여성을 점진적으로 제거하는 정책을 채택했다. 홍콩항은 어떤 상황에서도 일본인 불명예 여성에게 영업을 허가하지 않는다는 내용을 협정했다. 다시 나는 유사한 문제가 양곤 쪽에서도 일어났다는 보고를 받았다.

---

155 [일어본] 추업부.

156 [일어본] 1910. 11.

157 [일어본] 추업부 단속에 관한 건.

158 [일어본] 매음부(賣淫婦).

해외에 있는 많은 일본인 불명예 여성들은 말할 필요도 없이 우리 국가의 명예와 명성에 오점이다. 그리고 우리나라의 해외 권익의 건강한 발달에 악영향을 미친다. 내가 책임을 맡고 있는 부서는 이들을 가능한 한 많이 억제하고자 한다. 이들은 동일하게 다룰 수 없다. 지역도 다르고 상황도 다르기 때문이다. 이에 따라 만일 싱가포르에서 했던 것과 같이 짧은 시간에 이들을 처리하기가 불가능하다면, 홍콩에서 했던 대로 점진적 제거 정책을 채택하도록 조언할 수 있다고 본다. 그렇게 하면 이들은 하나 둘씩 사라질 것이다. 어쨌든 각 지역에 따라 결정적인 정책을 수립하는 것은 피할 수 없는 문제이며, 언제나 이를 추구함으로써 모두 억제하도록 노력해야 한다. 나는 불명예 여성의 통제와 관련하여 당신이 매우 수고해 왔음을 잘 알고 있으나, 일본여자기독교교풍회의 가지코 야지마[159] 여사와 그 밖의 661명의 회원들은 해마다 해외 성매매 단속을 위한 법률 제정 청원을 제출하고 있다는 사실도 잘 알고 있다. 따라서 나는 여러분이 지역 상황을 세심히 고려한 후 여러분 지역에 있는 일본인 성매매 여성을 근절할 수 있는 실질적 계획을 세워 내게 제출해 줄 것을 요청한다.

○ 해외 일본인 공관의 통제 상황

만주

묵덴에서 통과된 결의안을 준수하여, 1918년 2월 2일 하얼빈 주재 일본 영사관 관계자 회의에서 공고문 한 통이 발송되었다. 이곳 영사 사법권에 있는 게이샤(소녀 가수)와 작부(waitresses), 기타 수상한 일에 종사하는 여성들, 혹은 그러한 여성을 부도덕한 목적으로 고용한 이들이 선량한 풍속을 해치고 일본 국민 전체의 명예에 불신을 가져올 정도로 이들의 영업이 심각하다고 판단되면 1918년 이후 그 면허는 취소된다. 치치하얼에서 우리 영사는 이곳에서 하층 계급 외국인들의 수고를 위로하는(catering) 수치스런 일을 하는 이들에게[160] 1918년 이후 일을 그만두라는 엄중한 명령을 내렸다. 1917년 3월 훈춘(Honchune)에서 하급 음식점 운영자들은 시설 기준 개선과 사업 방식 개혁 명령을 받았다. 하급 외국인 유객을 제외하려는 목적이었다. 이러한 조치들로 인해, 하급 음식점 영업은 당시 운영자 수가 7명까지 감소했다.

159 [일어본] 야지마 가지코(矢島揖子).

160 [일어본] 우리나라 영사는 하급 외국인의 정욕을 만족시키는 것과 같이 추업(醜業)에 종사하는 자에 대해서.

상하이

1883년 상하이 주재 영사가 요청한 지시에 따라 성매매[161]에 관한 형벌 조항과 관습법을 사법 관계자들과 상의 후 관습법으로 실시하기로 했다. 같은 해 3월에 중국과 한국에 거주하는 일본인 통제를 위한 규칙 제1조가 최고위원회(Control of Japanese Residents) 공포 제9호[162]에 의해 수정되었다. 공중질서를 해칠 우려가 있는 이들의 거주를 금지하기 위한 조치였다. 이러한 조치를 취한 덕분에 상황은 한동안 향상된 것으로 보인다. 1885년에 유능하고 경험 많은 경찰력이 추가되었다. 이들은 전보다 더욱 엄격하게 통제를 강화했다. 1885년 8월에 불명예스런 일에 종사했던 자 19명이 영사의 충고와 설득으로 일을 그만두고 고향으로 돌아갔다.

다음 해에는 약 50명이 충고와 설득으로 일을 그만두고 집으로 돌아갔다.

1897년 10월에[163] 상하이 주재 영사의 요청이 있었다. 성매매에 종사하는 사람들, 또는 이 직업에 종사하기 위해 그곳에 도착한 사람들을 집으로 보내기 위해 그에게 자금을 제공해 달라는 요청이었다. 그에게는 이들의 귀가 여행에 지불하기 위해 본인 마음대로 쓸 수 있는 자금이 없었기 때문이다. 이에 대한 답변으로, 지시문 한 통이 그에게 보내졌는데, 성매매에 종사한다는 이유로 구속되어 집으로 돌려보내진 여성을 다루기 위한 법이나 명령 조항이 없다는 것이었다. 그래서 이들에게 강력한 충고와 혹독한 질타를 확대하는 것 이상 이들에게 해 줄 수 있는 것이 없다는 것이었다. 그럼에도 불구하고, 만일 그러한 여성이 집으로 돌아가지도 않고 수치스런 직업 대신 합법적인 일을 시작하지도 않았다면, 이들은 영사의 사법권 안에 있는 장소에서 이 일에 종사하지 못하도록 금지되어야 했다. 그리고 만일 이들이 여전히 이를 포기하지 않겠다고 거부한다면, 이들은 형법 조항에 따라 정당하게 처벌받아야 한다. 만일 필요하다면, 거주 금지 조항이 메이지 29년(1896)의 법 제80호에 따라 이들에게 적용되어야 한다.

1901년 5월에 상하이 주재 영사가 요청을 하나 하였다. 나가사키에서 비밀리에 이 항구로 건너가는 여성들이 많기 때문에 관계 당국이 여성을 한층 엄격하게 통제할 수 있도록 요구한 것이다.

---

161 [일본어] 매음(賣淫).

162 [일본어] 태정관(太政官) 공포 제9호.

163 [일어본] 1897년 11월에.

홍콩

홍콩에서 면허 성매매 여성은 공식적으로 허가받는다. 그래서 면허 성매매 여성의 수에 어떤 제한도 없었다. 이러한 점을 감안하여 정부의 명령에 따라 우리 영사는 영국 정부 관계자들과 면허 성매매 여성 수를 제한하기 위해 협상했다. 그 결과 다양한 제한 조치들이 여러 차례 협의되어 1920년 면허 성매매 여성의 수의 증가를 절대로 저지하기 위해, 이후 일본인 여성은 면허 성매매 여성으로 허가될 수 없다는 합의가 이루어졌다.

홍콩에 대한 여권규칙의 강화 결과, 불명예 여성이 이쪽으로 건너가기가 매우 어려워졌다. 반면 일본인 면허 성매매 여성에 대한 새로운 등록은 이뤄지지 않았다. 이들의 수는 급격히 내려갔고 현재 거의 사라진 상황이다.

네덜란드령 동인도제도

예전에는 이 영토에 일본인 성매매 여성[164]이 매우 많았다. 그러나 지방정부가 1933년 8월에 형법을 일부 개정하고 같은 해 9월 집행하여, 모든 성매매 여성들에게[165] 8월 말일 이전에 이 영토에서 스스로 물러나라고 명령했다. 결과적으로 모든 일본인 성매매 여성들이 이 영토에서 사라졌다. 심지어 우리 영사관 관계자들은 백인 노예 인신매매 예방을 위한 조약의 일본인 적용과 관련하여 지방정부 관계부처가 작성한 제안서를 승인했다. 그리고 지역 관계 부처의 능력을 최대한 지원하여 여성의 유괴범들을 억제하기 위해 노력했다.

말레이반도(해협식민지와 말레이해협)

우리 영사관은 여러 차례 일본인 여성에 의한 성매매를 멈추게 하기 위해 노력하였다. 그러나 그들을 규제할 법적인 방법이 없었기 때문에 이러한 말에 거의 주의를 기울이지 않았고 오히려 수치스런 일에 종사하는 일본인 여성의 수는 해마다 증가했다. 1913년 영국 지방 행정기관은 이러한 여성과 연락하고 있는 불량한 무리들을 각 항구에서 추방할 수단을 강구했다. 또 1914년 5월에 일본인 성매매업소(Japanese brothels)[166]와 관련된 포주(pimps)[167] 46명을 출항시키고자 다시

164 [일어본] 일본 매음부.

165 [일어본] 추업부 일반에게.

166 [일어본] 추업가옥(醜業家屋).

167 [일어본] 힌후(擯夫).

계획했다. 계획한 조치에 관하여 개인적으로 자문을 받은 우리 영사는 이 많은 사람들을 한 번에 즉시 추방하는 것이 편리하지 못하다고 판단하고 영국 정부 담당부처와 조율하여 이들을 순차적으로 훈계하여 귀가하도록 유도했다.

1917년에 이러한 여성 중에 유괴된 자가 있는지 알아내려는 목적으로 조사하여 이러한 여성이 많이 있다는 것을 발견했다. 싱가포르 우리 영사의 사법권에 속해 있는 성매매에서는 최근 지역 정부 담당 부처에서 이곳의 일본인 성매매 여성들에게 1919년 12월 23일 자신의 일을 그만두도록 하는 명령서를 발송했다.

우리 영사는(싱가포르 말라카 성매매를 포함한) 해협식민지에서 1920년 직전에 영국 정부 담당부처와 협의하여, 일본인 성매매 여성들에게 더 이상 면허를 주지 않도록 조율하였다. 그 결과 이 지역의 일본인 성매매 여성들은 그 수가 점차 감소하기 시작했다.

1920년 3월과 5월에 영사 대리 요시다는 상관의 명령을 받아 말레이반도의 여러 장소를 한 차례 방문했다. 일본인 성매매 여성들을 질문하고 이들에게 조언하여 일을 그만두록 하기 위해서였다. 그 작업은 완만하지만 만족스러운 진전이 있었다. 6월경 말라카에서는 성매매 여성 16명이, 조호르(Johore)의 바드파파(Badpapa)에서는 12명이 일을 그만두었을 정도였다. 반면에 페락(Perak)주 타이핑(Taiping)에서는 45명, 케다(Kedah)에서는 46명이 모두 11월 말에 일을 그만두었다. 언급된 이 수치들은 이들 장소에 있는 일본인 성매매 여성 전체를 나타낸다. 다른 지역에서도 역시 유사한 진전이 있었다. 반도 전역에서 377명이나 되는 불명예 여성들이 11월 말 이전에 일을 포기했다. 그 가운데 244명이 집으로 보내졌다.

태국

방콕: 1921년 7월에 받은 영사관 보고서에 따르면, 이 일을 시작하기 위해 받은 면허는 전혀 없었다. 면허가 있는 이들은 훈계를 들은 즉시 자발적으로 일을 그만두고 있었기 때문에 머지않아 이 일에 종사하는 사람들이 완전히 사라질 것이라는 희망의 바탕이 있었다.

인도

봄베이: 1921년 7월에 받은 영사관 보고서에 따르면, 이 직업은 점차 쇠퇴하고 있으며, 여전히 남아 이 일에 종사하는 이들은 집으로 돌아가도록 조율하고 있었다.

양곤: 우리 영사관 담당 부처는 1921년 성매매 금지를 적용하는 조례가 버마에서 발표될 때까

지 일본 여성들이 성매매를 그만하도록 유도하는 데 어려움이 있었다. 엄청나게 많은 불명예 일본 여성들을 한꺼번에 집으로 보내는 데 어려움이 크다고 판단하고, 우리 영사관은 이 조례를 발표하기 전 잠시 조례 집행 일정에 관해 지방정부 담당 부처와 협의하였다. 그 결과 같은 해 10월 1일 발효하기로 조율했다. 그리고 법령 시행으로 인해 발생하게 될 어려움을 타개하기 위해 취할 조치들에 관해 요청과 지시를 받았다.

프랑스령 인도차이나

사이공에서는, 1921년 8월에 성매매업소 운영자[168]가 영사의 소환을 받고, 정해진 기간 안에(of grace) 사업을 포기하라는 지시를 받았다. 이들은 또한 이미 고용한 이들 외에 불명예 여성을 절대 고용하지 말도록 명령받기도 했다. 반면 우리 영사관 관계 부처는 지역 정부 담당 부처와 조율하여 이 일을 시작하고자 신청한 이에게 절대 면허를 내주지 않도록 했다. 하이퐁(Haiphong)에서는 성매매업소 운영자에게 공고문을 보내 합리적인 기간 내에 일을 그만두라고 명령했다. 반면 프랑스 정부 당국의 묵인(the acquiescence)과 함께[169] 이 사업을 시작하기 위한 신규 면허를 승인하지 않도록 조율하였다. 이러한 방식으로 사회적 해악의 점진적인 억제가 있었다.

오스트레일리아

이 나라에서는 불명예 일본 여성을 취급할 때 이전까지 변함없이 보고된 조치는 일을 그만두고 집으로 돌아가도록 이들을 설득하라는 것이었다. 그럼으로써 이들이 수적으로 증가하지 못하도록 예방하고자 했다. 1897년에 오스트레일리아 정부는 외국인 이민을 제한하는 조례를 공표했고 이로써 성매매 여성 및 이와 관련된 사람들이 절대 이 나라로 들어오지 못하도록 금지했다. 그 결과 그다음 해 일본인 성매매 여성은 이 나라에 들어올 수 없었고, 이미 들어온 이들은 남아프리카로 이주하거나 고국으로 돌아갔다. 따라서 그 수가 점진적으로 감소하는 추세였다. 오직 이 나라의 북부 해안을 따라서만 경찰의 부적절한 경계를 이용하여 불명예 여성들은 범선이나 낚시 배를 이용하여 이 나라로 비밀 입국한다. 이 때문에 내륙로를 확인하기는 매우 어려웠다.

---

168 [일어본] 매음가옥업자.

169 [일어본] 프랑스 정부 당국의 이해하에서.

미국

미국 정부 당국은 한때 샌프란시스코, 시애틀, 그 밖의 태평양 연안 지역에서 불명예 일본 여성에 대해 매우 엄격한 통제를 실시하여 비밀 입국한 혐의가 있는 일본 여성들을 체포하였다. 그러나 이들의 노력은 해악을 적발하기에 역부족이었다. 뒤에 일본인 거주 인구의 더욱 건강한 요소에 대한 대응으로, 영사관은 미국 각 시 당국을 촉구하여 완벽한 해악의 억제를 목적으로 한 적절한 법을 집행하도록 했다. 그러나 이 일에 관심 있는 이들의 반대에 부딪힌 탓에, 미국 정부가 일본인 여성에 의한 성매매를 억제하기 위한 근본적인 조치는 이들의 차별 없는 배제였다.[170] 그리고 이전보다 엄격하게 일본인 이민자에 대한 통제를 실시하여 일본에서 오는 이른바 '사진신부'의 입국을 금지했다.

필리핀제도

마닐라에서 1918년 10월, 대통령 발표에 따라 미국 정부 관계 부처는 이 도시에 있는 일본인 성매매 여성 122명에게 일정 기간 이후 일을 계속하지 못하도록 금지하기로 결정했으며 미국 정부의 비용으로 이들을 일본에 돌려보내기로 했다. 10월 17일 출범 예정인 '난킹마루(Nanking Maru)'[171] 편에 보내기로 했다. 우리 영사관에는 협조 요청이 있었다. 영사는 재정적인 문제를 정리할 약간의 시간이 필요할 수 있겠다고 생각하여, 미국 정부 관계 부처와 비공식 협상을 벌였다. 그 결과 이들의 출발이 연기되어 같은 달 23일이 되어서야 일본 증기선을 이용하여 단체로 귀국 조치하였다.

다바오에서는 재정적인 이유로 소수의 성매매 여성들만이 일정 기간 동안 그 일에 남아 있어야 했다. 그러나 상황은 앞에서 말한 바와 같이 일본인 여성에 의한 성매매는 거의 모두 억제되었다고 말할 정도로 정당화되었다.

170 [일어본] 이 영업에 이해관계가 있는 자의 반대에 의해 그 단속 방법은 오히려 완만해졌고, 드디어 미국 정부는 일본 부녀의 매음의 근본적 억압방법은 그들의 철저한 배제로 하게 되었다.

171 [일어본] 난징마루(南京丸).

위원회가 방문한 각국에서 일본 국적을 지닌 성매매 여성과 게이샤[172]

구별 각국 도시명	일본인		조선인		타이완인	
	성매매 여성	게이샤	성매매 여성	게이샤	성매매 여성	게이샤
방콕	2					
프놈펜						
사이공						
하노이						
하이퐁						
홍콩	29	39				
마닐라*						
마카오						
광둥		8				
산터우	1					
샤먼	소수				12	154
상하이	(사적인 길거리 여성) 150 (댄싱 파트너)129[173]	177 (웨이트리스) 253[174]	(사적인 길거리 여성) 150			
난징						
즈푸	13					
톈진	6	83	40			
베이징	소수		소수			
묵덴(중국인 구역)			30			
다롄						
하얼빈	41	63	108			
한국	1,852					
바타비아						
스마랑						
죠 자카르타						

172 [일어본] 조사위원이 방문한 각국에서 일본 국적이 잇는 추업부와 예기의 수.

173 [일어본] (사창) 150, (댄서) 129.

174 [일어본] (작부) 253.

수라바야						
메단						
싱가포르	50					
성매매	소수					
말레이연방	45					
죠호르	2					
케다(Kedah)						
봄베이	19	3				
가라치	2					
캘커타	34					

* 필리핀제도의 한 섬인 민다나오섬 다바오에는 일본인 성매매 여성이 있다고 했다.

부록 XX

일본인 이민[175](1925~1929)

구분 / 연도	이민 허가를 받은 자			일본으로 귀국한 자		
	계	남자	여자	계	남자	여자
1925	10,696	7,077	3,619	13,918	8,019	5,899
1926	16,184	10,555	5,629	14,549	9,080	5,469
1927	18,041	11,735	6,306	14,735	9,065	5,670
1928	19,850	12,502	7,348	15,004	9,138	5,866
1929	25,704	16,330	9,374	14,073	8,454	5,619

175 [일어본] 일본인의 이동 조사.

1929년 국가별 이민

국가 \ 구분	이민 허가를 받은 자			일본으로 귀국한 자		
	계	남자	여자	계	남자	여자
브라질	15,597	8,439	7,158	697	418	297
필리핀	4,535	3,623	912			
페루	1,585	1,070	515	615	388	227
캐나다	430	329	101	1,487	972	515
소비에트연방	884	871	13			
유나이티드 스테이트	236	153	83	7,326	4,425	2,901
하와이	119	70	49	3,733	2,106	1,627
말레이시아	513	356	148			
네덜란드령 인도	507	388	119			
인도	52	25	27			
보르네오	30	26	4			
홍콩	49	28	21			
태국	3	1	2			
인도차이나	22	13	9			
기타	10	9	1			
총계	25,704	16,330	9,374	14,073	8,454	5,619

주: 방문한 국가와 이동했던 국가만 포함한다. 중국, 한국, 관동, 포모사에 관해서는 이동에 대한 제한이 전혀 없기 때문에 이러한 이동에 관한 통계는 확보하지 못했다.

부록 XXI

해외의 일본인 재류민(1925. 10. 1. 현재)

구분	계	남성	여성
모든 나라	762,572	434,313	328,259
아시아	305,950	166,891	139,059
유럽	3,314	2,572	742
북아메리카	172,603	108,639	63,964
남아메리카	126,717	73,930	52,787
아프리카	116	87	29
대양주	153,872	82,194	71,678

아시아 각국의 일본인 재류민 조사(1929. 10. 1. 현재)

구분	계	남성	여성
아시아	305,950	166,891	139,059
관동주	106,477	55,072	51,405
극동 러시아령	1,966	1,652	314
중국	164,240	87,464	76,776
태국	259	166	93
홍콩	1,622	932	690
인도차이나	302	140	162
인도와 스리랑카	1,285	754	531
이란	3	3	
영국령 북보르네오와 사라왁	853	540	313
해협식민지와 말레이연방	7,875	4,564	3,211
필리핀	15,487	11,927	3,560
네덜란드령 인도	5,581	3,677	1,904

부록 XXII

타이완을 떠나 고국을 향한 외국인의 국적, 연령, 성별

국적	연령	성별	1926년	1927년	1928년	1929년	1930년	합계
중국	14세 미만	남	751	768	913	1,123	997	4,552
		녀	176	117	135	176	146	750
	14세 이상 20세 미만	남	1,321	1,325	1,425	2,077	1,486	7,634
		녀	266	198	189	220	175	1,048
	20세 이상	남	5,438	6,080	6,471	6,959	5,788	30,736
		녀	946	817	760	786	702	4,011
	계	남	7,510	8,173	8,809	10,159	8,271	42,922
		녀	1,388	1,132	1,084	1,182	1,023	5,809

기타	14세 미만	남	5	10		5	4	24
		녀	3	4	1	2	4	14
	14세 이상 20세 미만	남						
		녀					1	1
	20세 이상	남	28	25	21	27	16	117
		녀	10	30	12	16	11	79
	계	남	33	35	21	32	20	141
		녀	13	34	13	18	16	94
총계	14세 미만	남	756	778	913	1,128	1,001	4,576
		녀	179	121	136	178	150	764
	14세 이상 20세 미만	남	1,321	1,325	1,425	2,077	1,486	7,634
		녀	266	198	189	220	176	1,049
	20세 이상	남	5,466	6,105	6,492	6,986	5,804	30,853
		녀	956	847	772	802	713	4,090
	계	남	7,543	8,208	8,830	10,191	8,291	43,063
		녀	1,401	1,166	1,097	1,200	1,039	5,903

2. 동양 여성아동매매 실지조사: 일본에 관한 보고에 대한 일본 정부의 의견서

국제연맹 동양 여성아동매매에 관한

조사위원회의 일본에 대한 보고서에

관한 일본제국 정부의 준수

일본 정부

국제연맹 동양 여성아동매매 조사위원회 의장
배스컴 존슨(Bascom Johnson) 박사께

박사님 귀하

8월 8일 슈미든(Schmieden) 씨가 구사마 박사에게 보내는 편지를 받았다는 것을 알게 되어 영광입니다. 편지는 일본 관련 보고서와 함께 동봉되어 있었습니다. 그에 대한 답장으로, 귀하의 일본 관련 우리 정부의 준수 내용을 여기 제출하고자 합니다.

친애하는 당신의
쓰네카쓰 구리모토(Tsunekatsu Kurimoto)

일본제국 정부 대표
도쿄,

---

(1) '협약 가입 및 준수와 중앙 담당 부처' 제목의 1페이지에서 "일본의 1921년 협약 승인은 한국, 포모사, 관동 조차지 등의 해외 속령(over-seas dependency)에는 적용되지 않는다." 그러나 일본은 1925년 10월 21일, 1910년 협약에 가입했을 때, 해외 속령에서 조약을 집행할 의도는 제11조 제1항에 언급되어 있다. 달리 말하자면, 1921년 협약, 1904년 국제 조정, 1910년 협약은 일본 본토에서만 적용되었고, 이들은 해외 속령인 한국, 사할린, 포모사와 위임 통치령(mandatory territory)인 남태평양제도와 관동 조차지에는 적용되지 않는다.

(2) '인구' 제목하의 3페이지에서 여성보다 남성의 우위는 제국 전역에 존재하지만 특히 한국과 관동(Kwantung)이 주목할 만하다고 되어 있다. 이 현상은 특히 한국에서 주목할 것은 아니며 여성에 대한 남성의 우위와 관련하여 명단의 처음에 등장하는 것은 관동이다. 그다음으로 사할린, 남태평양제도 위임 통치령, 포모사, 한국, 일본 본토 순이다.

(3) '(3) 성매매 관련법과 그와 관련된 문제' 제목의 5페이지에서 "성매매 여성의 소득으로 생활하는 자(southneurs)의[176] 위반 행위를 처벌하는 법은 제공되지 않았다"라고 진술되어 있다.[177] 그

176 souteneur의 오기로 보고 수정함.

177 [일어본] (三) 매음과 그와 관련한 문제에 관한 법령 중, 타인의 매음에 따른 취득으로 생활하는 자(힌후)를 처벌하는 특별 규정의 존재가 없다는 것.

러나 여러 경우 이러한 방법으로 생활하는 자들은 제182조, 제224조의 조항과 다음에 나오는 형법의 5개 조항, 또는 경찰범처벌령 제1조에 따라 처벌받는다. 여기에 언급된 조항들은 국제연맹에 이미 보낸 보고서에 나와 있거나, 조사위원회가 실시한 설문에 대해 작년에 한 답변에 나와 있다. 더욱이 11페이지에 있는 논평과 관련하여, 규제에 따라 해마다 처벌받은 알선업자의 사례가 상당히 많다는 사실에 주목할 수 있을 것이다.

경찰범처벌령 제1조 다음 항목에 적용되는 자는 30일 미만의 기간 동안 구류에 처할 수 있다.

2. 비밀 성매매에 종사했거나 자신의 집을 부도덕한 목적으로 임대한 자

(4) '(a) 성매매업소' 제목하의 6페이지와 '(f) 아동의 매매와 판매' 제목하의 11페이지에서 잠재적인 성매매 여성의 부모와 성매매업소 운영자가 서로 계약하게 되면 전자는 후자에게 미리 돈을 받는다고 진술한다. 그러나 실제로는 빚의 계약이 이 소녀와 성매매업소 운영자에게 직접 들어간다. 그리고 비록 이 소녀의 부모가 종종 빚의 보증인 입장이 되기도 하지만, 이들이 계약 당사자는 아니다. 게이샤의 경우도 마찬가지다.

더욱이 6페이지에는 '가끔 높은 이율로'라고 되어 있지만 당국의 엄격한 감시의 결과에 따라, 주인이 높은 이율을 갖는 사례는 없다.

(5) '(a) 성매매업소'라는 제목하의 6페이지와 7페이지에서, 경찰은 성매매 여성이 자신의 의지로 본인의 직업을 포기하기를 바라는 마음에서 종종 여성에게 압력을 가한다고 되어 있다. 이러한 진술과 관련하여, 사실과 반대된다고 주장하는 것이 일본 정부의 바람이다. 형식에서뿐만 아니라 정신적으로도, 정부는 면허 성매매 여성 통제 규칙을 1900년에 공표한 이래 엄격히 집행하고 있다.

이들이 엄격히 실시되기 위하여, 중앙정부는 매우 왕성하게 지역 경찰을 감독하기 위해 협조하는 현의 담당 부처에 지시문과 회람을 자주 발송했다. 그래서 지역 경찰은 수치스런 직업을 포기하고자 하는 불행한 여성들에게 합당치 않은 압력을 어떤 식으로든 가할 수 없었다. 여기 언급된 규제 선포 이후 곧이어 한동안 경찰이 이러한 여성들과 이들의 부모나 친척으로 하여금 서로 상의하거나 성매매업소 운영자를 사무소로 소환한 몇 가지 사례가 발생했다. 그러나 위의 결과, 지난 사반세기 동안 경찰은 자신의 의지에 따라 본인의 직업을 그만두려는 면허 성매매 여성들에게 부당한 압력을 가한 사례는 없었다. 우리 정부는 이러한 연관이 있는 경찰 입장에서 이 보고서에 있는 호소에 찬성할 수 없다. 그리고 같은 페이지에 "만일 성매매 여성들이 실제로 규제 없는 은퇴를

승인받았다면…" 하고 말하는 논평에 동의할 수 없다. 그러나 작년 6월 조사위원회에 제출한 '면허 성매매에 관한 수사' 21페이지와 그다음 페이지에 언급했듯, 면허 성매매 여성은 자신의 직업을 포기하고자 했을 때, (그녀가 면허업소 주인에게 진 빚을 완전히 갚기 전에) 어떤 주인들은 가끔 그녀가 직접적으로든 간접적으로든 그렇게 하지 못하게 방지하고 건전하지 못한 수단에 의존하지 못하게 막으려 한다.

그러한 악행이 발생하지 않도록 방지하기 위하여, 중앙정부는 협력하고 있는 지방정부 담당 부처에 자주 지시문을 발송하여 어떤 경우에도 경찰이 성매매업소 운영자에게 면허 성매매 여성의 자유로운 퇴직을 방해하도록 허용할 수 없음을 확인하고자 했다. 면허 성매매 여성의 퇴직을 방해했던 것으로 밝혀진 업소 운영자에게 적용된 이러한 조치 덕분에 그리고 형법과 면허 성매매 여성 통제 규칙 제6조에 따른 처벌 덕분에, 문제가 된 악행은 최근 몇 해 동안 눈에 띄게 사라지고 있었다. '(h) 예방 및 보호 조치' 12페이지에 나오는 진술에 관하여, 1900년 법에 따라 성매매 여성들이 업소에서 그만두고자 시도하는 사례에서 위에 언급된 자문과 압력의 관행이 있었다는 진술은 정부가 동의할 수 없다. 마지막으로, 정부는 성매매업소 운영자와의 계약에 의해 그만둔 면허 성매매 여성의 수뿐만 아니라 위원회에 제출한 '면허 성매매 여성에 관한 수사'에서 이미 보고된 바와 같이, 본인의 자유 의지로 퇴직한 사람의 수가 해마다 상당히 컸음을 지적하고자 한다.

(6) '(b) (면허받은) 성매매 여성' 제목하의 7페이지와 8페이지에서 "면허 성매매업소에서의 종사 기간은 일반적으로 최소 4년에서 최대 6년 평균 5년으로 고정되어 있다"고 되어 있다.

'면허 성매매 여성에 관한 수사'의 8페이지와 9페이지에 보고했듯, 정부는 면허 성매매 여성 직업의 기간 제한 정책이 이 여성이 타락한 인생을 추구하지 못하게 방지하려는 목적을 위해 채택했음을 반복하고 싶다. '종사 기간 제한'이라는 용어를 통해 경찰이 면허 성매매 여성에게 본인의 직업을 추구하도록 허용한 기간을 의미한다. 그래서 이 기간이 채워졌을 때, 성매매 여성은 절대적으로 그녀의 일을 계속하지 못하게 금지당한다. 일이 허용된 최대 기간은 6년이며 최소 4년 평균 5년이지만, 면허 성매매 여성이 본인의 직업에 종사하는 실제 기간은 대체로 이 길이의 시간보다 짧다.

(7) 성매매업소 기숙자인 소녀들의 지위와 관련하여, 7페이지의 24행과 그다음의 몇 행에 언급되어 있는데, '(5) 성매매와 인신매매와 노동조건의 가능한 관계'라는 제목하에 언급한 내용에 대해 일본 정부는 게이샤의 경우를 제외하고, 많은 소녀들에게 빈곤은 수치스러운 삶에 들어가는 주요 원인이라고 생각한다. 그러므로 정부는 빈곤 철폐가 문제가 되는 악의 근절에 대한 지름길이라고 생각한다. 이러한 생각을 고려하여, 정부는 사람들이 궁핍해 가는 것을 예방하기 위해 대단

한 노력을 기울이고 있다. 한편으로는 빈민법이 철저하고 효과적으로 운영되도록 노력하고, 다른 한편으로는 쉽게 방황에 빠질 것 같은 여성들에게 적절한 일자리를 제공하고 있다. 실업자의 취업 지원법을 최대한 활용하고, 다양한 사회복지단체를 지원하여 보다 많은 활동을 할 수 있도록 했다. 불명예 직업에 종사하는 것이 도덕적으로 치욕적이라는 사실이 그런 수치스런 인생에 빠지게 된 이유가 무엇이었든 자신의 공동체에서의 입지에 나쁜 영향을 주게 된다는 것은 말할 필요도 없다. "이들이 빚을 갚기 위해 성매매업소에서 일함으로써, 항상 본인의 고향 공동체에서 입지를 잃는다"는 논평은 사실과 다르다.

(8) 8페이지에서 통계수치는 면허 성매매 여성의 교육에 관해 나온 것이다. 그러니 이 수치는 옳지 않다. 그다음에 나오는 표 1은 관계 당국이 실시한 최근 조사에 기초하여 준비된 것으로 올바른 수치를 보여 준다. 사실상, 의무 기초교육은 잘 수립되어 있고, 일본에서는 보편교육이 시행되어서 글을 모르는 자는 수적으로 극소수다. 교육을 거의 받지 못한 여성들이 더욱 나은 교육을 받은 이들보다 쉽게 성매매 일을 선택할 것이라는 점은 사실이다. 그리고 면허 성매매 여성의 교육 수준은 일반적인 사람들의 수준보다 낮다는 것도 사실이다. 그럼에도 불구하고 보고서에 나온 수치와 관계 당국이 확보한 수치 사이에는 뚜렷한 차이가 있기 때문에, 위에서 언급한 표 1을 포함시켰다. 더욱이 9페이지 8행에 "이 여성들의 후속 직업 이력에 대해서는 알려진 바가 거의 없다"라고 진술되어 있다 해도, 정부는 상당히 많은 수의 성매매 여성들이 고향으로 돌아와 표 2에 나타난 바와 같이 결혼했다는 사실도 지적하고 싶다. 이 표는 합당한 조사 후에 경시청에서 준비한 것이다.

〈표 1〉 면허 성매매 여성의 교육 정도 조사(1932. 10. 1. 작성)

종별 / 청부현	무취학으로 책을 읽지 못하는 자	무취학으로 책을 읽는 자	심상소학교		고등소학교		고등여학교		전문학교 이상 중도 퇴학 또는 졸업	계
			중도 퇴학	졸업	중도 퇴학	졸업	중도 퇴학	졸업		
홋카이도	108	108	630	347	145	152	13	3	-	1,506
아오모리현	22	19	153	153	18	13	1	1	-	380
이와테현	28	21	123	115	23	12	1	-	-	323
미야기현	2	18	127	132	14	32	-	4	-	329
아키타현	5	15	47	37	7	4	2	-	-	117

야마가타현	14	33	218	243	18	13	2	-	-	541
후쿠시마현	11	20	169	129	13	15	1	2	-	360
이바라키현	10	9	33	23	1	1	-	1	-	78
도치키현	38	49	198	97	9	17	2	1	-	411
군마현	없음									
사이타마현	없음									
지바현	23	26	160	164	10	15	2	-	-	400
도쿄부	58	320	2,325	3,272	330	436	44	9	-	6,794
가나가와현	73	81	641	467	24	50	8	1	-	1,345
니가타현	59	59	444	589	28	18	5	3	-	1,205
도야마현	12	26	141	141	10	3	1	-	-	334
이시가와현	1	1	6	7	1	-	-	-	-	16
후쿠이현	14	20	170	214	13	15	3	1	-	450
야마나시현	11	7	113	37	5	6	2	-	-	181
나가노현	20	38	210	233	10	11	4	1	-	527
기후현	26	16	276	284	17	20	4	3	-	646
시즈오카현	21	44	321	372	37	43	5	6	-	849
아이치현	64	176	1,397	947	151	137	46	11	1	2,930
미에현	40	85	499	426	37	46	6	2	-	1,141
시가현	16	26	156	132	12	16	3	-	-	361
교토부	138	178	1,621	1,768	482	259	80	3	-	4,529
오사카부	116	621	3,329	3,862	588	484	39	28	-	9,067
효고현	63	159	949	1,004	86	120	35	14	-	2,430
나라현	13	25	311	331	17	32	5	-	-	734
와가야마현	7	13	39	29	10	5	-	-	-	103
도토리현	3	10	31	65	2	5	4	-	-	120
시마네현	10	1	16	87	6	1	-	-	-	121
오카야마현	43	89	387	338	31	53	9	6	-	956
히로시마현	98	145	814	1,048	72	135	30	17	-	2,359
야마구치현	66	77	348	387	47	68	7	6	-	1,006
도쿠시마현	12	10	119	143	52	30	-	-	-	366
가가와현	25	33	274	318	20	26	5	1	-	702

에히메현	7	4	37	76	2	1	1	-	-	128
고치현	5	-	39	224	49	24	3	-	-	344
후쿠오카현	41	34	505	820	74	123	15	10	-	1,622
사가현	11	22	172	182	32	49	6	2	-	476
나가사키현	57	93	317	775	46	155	6	2	-	1,451
구마모토현	30	21	267	420	42	32	7	3	-	822
오이타현	17	29	117	201	56	46	7	5	-	478
미야자키현	9	12	53	133	12	17	3	3	-	242
가고시마현	27	37	103	131	16	28	17	2	-	361
오키나와현	180	76	165	73	10	3	1	-	-	508
총계	1,654	2,906	18,570	20,976	2,685	2,771	435	151	1	50,149
천분비	34.98	57.95	370.30	418.27	53.54	55.26	8.67	3.01	0.02	

〈표 2〉 일을 그만둔 면허 성매매 여성의 이후 직업에 대해 경시청이 실시한 조사[178]

종별	1931년 중 일을 그만둔 자	1932년 1월부터 6월 사이에 일을 그만둔 자	비고
결혼	162	125	
집안 가사 도움	384	311	
여종(maid servants)이 됨[179]	82	58	
웨이트리스[180]	20	12	
바 종업원(attendants at bars)이 됨[181]	58	58	
게이샤가 됨	2	1	
성매매업소 고용인(employees at brothels)이 됨[182]	99	46	
다시 면허 성매매 여성이 됨[183]	86	55	

178 [일어본] 경시청의 폐업창기 행말(行末) 조사.

179 [일어본] 조추(女中).

180 [일어본] 작부(酌婦).

181 [일어본] 여급(女給).

182 [일어본] 가시자시키 고용.

183 [일어본] 다시 창기.

신도이즘(Shintoism)의 일파인 텐리교(Tenrikyo) 선교사	1	-	
거리 홍보인(street advertiser)[184]		1	
사망	1	1	
조사 중	364	310	
계	1,259	978	

(9) 9페이지에서 '(C) 비밀 성매매' 제목으로 "그러나 도쿄 주변에는 시내 면허 구역에 있는 여성들과 매우 거의 똑같은 자유와 공개성을 갖고 무면허 성매매 여성이 활동하는 구역이 두 곳 있다"고 진술되어 있다. 이곳에 비교적 많은 수의 무면허 성매매 여성이 살고 있는 두 개의 구역이 있는 것은 사실이지만, 이들이 결코 자유와 공개성을 갖고 일에 종사하지는 않는다. 경찰 당국의 의도는 이들을 적절한 시간 내에 모두 제거하는 것이다. 이는 경시청 사무실에서 열린 조사위원회 회의에서 경시청 보안부장인 곤도 씨가 단언한 바와 같기도 하다. 사실 온당한 처벌을 받은 무면허 성매매 여성들은 상당히 수가 많다. 이 두 구역에 살고 있는 무면허 성매매 여성의 추정 수치는 보고서에 진술된 바와 같이 1,700명 정도이며 1,985명이 아니다.

(10) 9페이지에서 '(C) 비밀 성매매' 제목하에 또한 "지난 5년간 비밀 성매매를 범한 외국 여성 6명을 고베와 사할린에서 체포하였다. 현재 일부는 호텔 객실하녀(chamber-maids)로 종사하고, 일부는 술집 종업원(attendants in bars)으로 일한다[185]"고 기재되어 있다. 그러나 사실은 비밀 성매매 혐의로 체포된 외국인 여성은 없다. 당시 경찰 당국이 말한 것은 현재 고베와 요코하마에서 호텔 객실 종업원이나 술집 종업원으로 종사한 외국인 여성 6명(러시아인 5명과 독일인 1명으로 그 가운데 러시아인 2명은 요코하마에, 나머지는 고베에 살고 있다[186])은 비밀 성매매 혐의가 있을 만한 충분한 이유가 있다는 것이었다. 그러나 이들은 매우 분별 있게 행동했고 경찰이 반박할 수 없는 증거를 찾기가 어려웠기 때문에 체포하지 못했다. 이들이 풍속 차원에서 이의를 제기할 만한 사람들이었다는 점이 명백해진다면 체포하여 추방할 것이다. 프랑스 여성 1명이 추방되었다는 것은 엄연한 사실이다.

184 [일어본] 친돈야(ちんどんや).

185 [일어본] 현재 그 외 호텔 나카이, 바의 여급 등에 종사하는 외국인 부녀 중에서도 풍속 차원에서 의심스러운 자가 여러 명 있다.

186 [일어본] 다음과 같이 수정하였다. "러시아인 2명은 요코하마에, 나머지는 고베에 살고 있다."

(11) '(C) 비밀 성매매' 제목의 문단에서 그리고 '(A) 성매매업소'라는 제목하의 마지막 행에서 그리고 그밖의 이 보고서에서, 게이샤는 일반적으로 비밀 성매매 여성으로 간주되고 그렇게 다루고 있다고 보인다. 일본어 게이샤를 문자 그대로 번역한다면 '여성 예술가'이며 게이샤는 공연을 하여 손님에게 여흥을 돋우는 여성이다. 그래서 오직 음악, 무용 그리고 이와 유사한 그 밖의 예술에 다소 재능이 있는 여성만이 게이샤 직업에 종사하도록 허용된다. 그러므로 게이샤 일반을 비밀 성매매 여성으로 간주하는 것은 옳지 않다. 무용수나 배우처럼 이 가운데 일부는 이른바 후원자나 연인이 있고, 다른 일부는 성매매를 했을 수도 있다. 이에 따라 무용수나 배우처럼 일부 게이샤도 스스로 부도덕한 일을 하는 위험에 노출되는 위치에 있다는 것을 부인할 수는 없다 해도, 이들이 성매매하기 쉽다는 결론을 내리는 것은 현실 인식 부족에서 나온 실수다. 따라서 게이샤 일반을 비밀 성매매로 다루고 '비밀 성매매'의 주제에 할애된 맥락 속에서 이들을 논하는 것은 적절치 못하다.

(12) '(E) 알선업자' 제목하의 11페이지에서 "성매매업소를 위해 새로운 채용을 알선하는 것은 일본 국적이 있는 직업 소개인과 중매인의 수중에 대체로 있는 듯하기 때문에, 이들의 활동은 자신의 의지에 반하여 성매매업소에 들어가거나 떠나는 소녀를 속이거나 설득하는 것이 아니라면 합법이다"라고 진술한다. 그러나 직업소개인은 면허업소 업주나 면허 성매매 여성이 되려는 자로 하여금 취업이나 일자리를 찾는 소녀를 공개적으로 알게 하는 것이 허용될 뿐이다. 이는 소녀를 면허 성매매 여성이 돼라고 설득하거나 지지한 것이 발견되었다면, 비록 그것이 그녀의 의지에 반한 것이 아니라 할지라도, 그는 '면허 성매매에 관한 조사'의 36페이지 마지막 행에 이미 언급한 대로 불법 행위를 저지른 것으로 여겨져 처벌받는다. '알선업자'라는 주제로 할애된 문단에서 직업 소개인을 다루는 것은 적절치 못하다.

(13) '(F) 아동의 매매와 판매'라는 제목의 문단이 있는 11페이지에서 "성매매업소에서 서비스로 일하기 위해 소녀의 부모나 소녀에게 직접 선입금을 지불하는 행위 외에도, 게이샤 하우스 운영자도 게이샤로 훈련받을 수 있는 어린 연령의 소녀를 확보하기 위해 이와 비슷한 조율을 하고 그에 이어 이러한 소녀들의 서비스로 부모에게 선급을 주어 초래된 빚을 일해서 갚아야 하는 계약에 따라 게이샤 하우스로 유인되었다"고 진술한다.

이러한 서비스로 일하기 위한 선입금 계약은 물론 무효다. 공공질서와 선량한 풍속에 위배되기 때문이다. 이런 종류의 계약이 무효라고 선언한 사법적 결정에 내려진 이래 사실상 이러한 종류의 불법계약에 들어가는 관례는 없다. 그러한 선입금은 단순한 빚에 불과하다. 말하자면, 돈이 필요할 때 빌리는 빚과 같은 것이다. 사실 이 소녀는 면허업소 업주와 계약하고 선금으로 돈을 빌렸지만 서비스로 일하여 선입금을 갚겠다는 계약을 하지 않았을 뿐이다. 곧 그녀는 불명예스러운 직업에 종사하기 위해 업주와 계약한 것이 아니다. 그녀는 어떤 경우에도 이 일에 종사할 수 없다.

그녀는 그녀의 거래를 통해 자신이 번 돈으로 빚을 갚는다. 그러나 거래 자체는 빚을 갚는 방법이 아니다. 따라서 이 소녀는 독립 사업 여성이며 면허업소 업주에게 고용된 직원이 아니다. 그녀는 면허업소에 방을 하나 임대해 그 안에서—면허업소 혹은 가시자시키는 일본어로 면허 성매매 여성을 위해 임대하는 방이라는 뜻이다—살고 있는 것이다. 엄격히 말해 보고서에 사용된 '고용된 직원'이나 '서비스'라는 용어는 잘못이다. 따라서 어떤 상황에도 선입금을 판매를 통해 번 돈으로 간주해선 안 된다. 그렇기에 '아동의 매매'라는 제목에 있는 문단에서 선입금을 다루는 것은 옳지 않다.

(14) 같은 문단에서 "이전에는 성매매업소나 게이샤 하우스 운영자가 이들을 사업에서 훈련시킬 목적으로 어린 소녀를 입양하는 일이 존재했다"는 진술이 있다. 그러나 이전 시대에도 면허업소 업주가 아동입양제도를 악용하는 그런 관습은 없었다. 그리고 경찰이 면허업소 업주의 입양한 딸을 면허 성매매 여성이 되도록 허용한 적은 없었다. 면허업소 업주나 면허 성매매 여성과 유사하게 게이샤 하우스나 게이샤를 다루는 것은 옳지 않다. 이들은 모두 성격상 완전히 다르다. 따라서 정부는 10페이지 '(C) 비밀 성매매' 문단에서 구세군사령관이 논평한 이들이 "그 여성에게 게이샤가 되거나 성매매 여성이 돼라고 강요할 권리는 없으며 도덕적인 영향이 있다"고 지적하고자 한다. '성매매 여성'에 대한 그의 진술은 속기 실수로 인한 것이다. 사실 구세군사령관 자신은 최근 자신의 진술서에서 자신은 성매매 여성에 대해 언급한 적이 거의 없다고 단언하는 서신을 관계 부처에 보냈다. 관계 당국의 엄격한 감시의 결과로 최근 게이샤 하우스 운영자가 아동입양제도를 악용한 사례는 거의 없거나 아예 없었다. 이에 대해 정부는 국무부 공관에서 열린 위원회에서 진술한 바 있다. 다시 비밀 성매매 문제를 다루는 11페이지 같은 문단에서 구세군사령관이 한 진술이 또 있다. "이들은 열두 살부터 시작하였다. 그 나이가 되면 타락한 소녀가 되리라 예상했다." 이렇게 어린 나이의 소녀에 대한 비도덕적 행위를 저지른 것이 발견된 자는 유사강간 범죄를 저지른 자로 심각하게 처벌받는다. 관계 당국은 이러한 범죄 행위가 실제로 일본 어느 곳에서도 일어난 적 있는지 인정할 수 없다.

야마무로 씨의 편지

1932년 10월 20일, 도쿄

마스다 씨,

경무국 비서관

국무부 귀하께

본인이 국제연맹 여성아동 인신매매 조사위원회에 제출한 진술서에 관하여, 일전에 전화로 귀하가 질문하신 바, 본인은 그 진술서를 작성했을 때 '성매매 여성'이라는 단어를 사용한 적이 있는지 기억나지 않는다고 귀하에게 알려드리고자 합니다. 제가 한 말을 인용한다면 이렇습니다. "이들은 그녀로 하여금 게이샤나 성매매 여성이 되도록 강요할 권리가 없으나 도덕적 영향은 있다." 본인은 필기 중에 실수가 발생했는지 우려됩니다.

귀하의 안녕과 행복을 기원합니다.

여전히 당신의 충실한

군페이 야마무로 올림

(15) '(H) 예방 및 보호 조치'라는 제목의 12페이지에 나오는 진술에 관하여, 이미 빈곤 예방과 궁핍한 환경에 처한 사람의 편안(relief)을 위한 활동[187]에 관해 언급한 바 있다. 더욱 심도 있게 말하자면, 전국 각 부현에는 여러 사회교화단체가 있어 이러한 여성의 교화에 노력한다. 동시에 보호가 필요한 여성에게 전국 각 촌락에 보편적으로 존재하는 지역 사회복지위원과 각종 여성아동 보호단체가 이들이 수치스러운 일에 종사하지 못하도록 예방하기 위한 조치를 취하고 있다. 이와 관련하여, 보호를 받는 여성의 수가 한해 2,550명을 넘는다는 것을 언급할 가치가 있다.

(16) '(2) 유입 인신매매에 관한 법규'라는 제목의 16페이지에 관하여 그리고 '(b) 유입 인신매매와 관련된 기타 법규'의 참고로서 다음 사항과 통첩을 보고한다.

외국인 여성의 유입 인신매매를 방지할 목적으로 일본 정부는 오래전부터 외국인 여성이 면허 성매매 여성이 되는 것을 금지하는 규칙을 두어 왔다.

---

187 [일어본] 빈곤 구제활동.

외국인을 유인하여 면허 성매매 여성으로 두는 .자에 대한 단속 방법의 건

(1901년 4월 27일 자 내무총무장관이 청부현장관에게 보내는 통첩, 비갑(祕甲) 제81호)

면허 성매매업자로서 중국인, 한국인 등을 유인해 두고 면허 성매매 여성을 만들려는 자가 있다는 말을 들었다. 외국인에게 면허 성매매 여성이 되는 허가를 한다면, 이 나라에 들어오는 불명예 여성이 풍속 단속에 매우 나쁜 영향을 미치리라 판단한다. 따라서 어떤 외국인 여성이라도 면허 성매매 여성 명단에 등록을 신청한다면, 그것을 거부해야 할 뿐만 아니라 이 나라에 불명예 외국인 여성이 오는 것을 방지하기 위해 항상 주의를 기울일 것을 요청한다.

(17) '(3) 이민 상황과 법 적용'이라는 제목의 16페이지에서 일본 본토에 들어와 정착한 외국인의 수를 보여 주는 통계 수치가 작년 조사위원회에 제출한 보고서에 포함되어 있다. 따라서 참고로 일시 방문을 위해 일본 본토에 온 외국인 여행자 수를 포함한 다음의 통계표를 여기에 싣는다.

대륙	연도 / 국가	1926년	1927년	1928년	1929년	1930년	계
아시아	중국	12,334	13,504	15,133	16,958	14,585	72,514
	태국(시암)	12	4	19	51	20	106
	이란(페르시아)	16	15	9	14	3	57
	인도	254	141	186	371	266	1,218
	해협 식민지	2	8	2	1	2	15
	필리핀	83	95	142	375	293	988
	튀르키예	12	15	4	17	6	54
	영령 아라비아	1	-	-	-	-	1
	아프가니스탄	2	2	2	-	2	8
	베트남(안남)	2	-	-	-	-	2
	시리아	1	2	-	1	1	5
	팔레스타인	2	1	-	-	-	3
	버마	-	-	3	1	-	4
	프랑스령 인도차이나	-	2	1	-	7	10
	자바	-	-	-	-	2	2

유럽	영국	4,015	6,191	7,206	7,588	5,249	30,249
	프랑스	477	471	543	851	467	2,809
	이탈리아	160	176	102	443	223	1,104
	독일	742	898	840	1,465	985	4,930
	러시아	1,876	2,100	1,672	1,962	1,452	9,062
	스웨덴	80	191	123	223	115	732
	노르웨이	56	113	87	194	82	532
	덴마크	147	173	143	274	150	887
	네덜란드	203	223	187	344	281	1,238
	벨기에	45	51	49	125	44	314
	스위스	163	261	201	312	256	1,193
	오스트리아	28	44	46	79	81	278
	헝가리	19	13	26	28	18	104
	룩셈부르크	3	1	5	7	3	19
	체코	68	54	37	90	38	287
	유고슬라비아	-	3	6	5	6	20
	루마니아	25	35	21	21	9	111
	스페인	47	50	73	139	53	362
	그리스	25	25	19	23	20	112
	포르투갈	58	107	77	144	84	470
	폴란드	77	59	61	108	105	410
	라트비아	34	31	47	73	25	208
	에스토니아	15	5	10	27	6	63
	핀란드	7	19	12	10	22	70
	리투아니아	6	3	2	22	28	61
	아르메니아	4	4	4	5	-	17
	세르비아	2	-	19	10	-	31
	단치히(Danzig)	1	-	-	-	-	1
	불가리아	-	4	1	1	4	10
아프리카	이집트	1	4	1	5	5	16
	콩고	1	-	-	-	-	1
	남아프리카공화국	-	2	-	1	-	3

	미국	7,696	8,943	10,466	12,335	8,536	47,976
	캐나다	3	1	10	20	27	61
	코스타리카	2	-	1	-	-	3
	멕시코	24	13	15	14	10	76
	파나마	-	5	-	2	-	7
	브라질	25	24	13	8	21	91
	아르헨티나	13	17	15	26	31	102
	칠레	16	12	10	39	3	80
	페루	17	5	9	9	6	46
아메리카	산 살바도르	2	1	-	-	-	3
	콜롬비아	1	2	-	-	-	3
	쿠바	1	6	3	-	2	12
	우루과이	-	3	1	2	1	7
	볼리비아	-	1	-	4	1	6
	과테말라	-	-	4	-	2	6
	산 도밍고	-	-	5	-	-	5
	아이티	-	-	-	-	1	1
	베네수엘라	-	-	-	-	2	2
	니카라과	-	-	-	-	1	1
	오스트레일리아	7	2	-	1	3	13
오세아니아	하와이	-	-	22	5	1	27
	사모아	-	-	-	5	-	5
	뉴질랜드	-	-	-	-	1	1
무국적		-	2	-	2	2	6
합계		28,913	34,137	37,695	44,840	33,646	179,231

(18) '(5) 제외된 자의 통계'라는 제목하의 17페이지에서 "일본 본토에서는 이미 진술한 바와 같이, 극소수의 사람들이 제외되었다. 1926년과 1930년 사이에 모두 5명이었다…." 제외된 사람의 수는 도덕적 이유에서 제외된 사람의 수를 나타낸다. 이들 외에도, 상당히 많은 수의 외국인들이 공공의 평화와 공중 건강의 이유로 제외되었다.

(19) '(7) 인신매매업자와 알선업자의 구속 횟수'라는 제목하의 18페이지에서 일본에 관해 언급

한 문제와 부록 XV에서 언급한 문제는 모두 여성아동의 유출(outgoing) 인신매매로 발견된 가해자들에 관한 문제였다. 여성아동의 유출 인신매매로 발견된 가해자 9명 가운데, 여성 1명은 산파였다. 실제로 일본에서 여성아동의 유입 인신매매는 존재하지 않는다. 그래서 이에 대한 인신매매업자도 존재하지 않는다. 결과적으로 '(6) 인신매매 법 위반에 대한 구속 횟수'라는 제목 아래 1행에서 3행까지에서 한 진술은 일본 본토에 관한 한 오류다. 마지막으로 '(7) 인신매매업자와 알선업자의 구속 횟수'라는 제목의 18페이지에서 "한국에는 1910년 협약 제1조와 제2조에 따른 사례는 28건이었다. 12건은 내부 인신매매 사건이었고, 16건은 한국에서 만주로 가는, 특히 묵덴과 하얼빈으로 가는 국제 인신매매였다." 언급된 사건 16건은 모두 유출 인신매매 사건으로 유입된 사례는 없었다.

(20) '(7) 인신매매 예방의 행정 및 비공식 조치'라는 제목하의 21페이지에서 실제로 "경찰과 이민 관련 부처에게 배와 철도역을 정찰하고 인신매매업자 또는 인신매매 피해자 혐의가 있는 자들을 세심히 심문하도록 요청한 것을 제외하고… 그러한 조치는 없었다"라고 진술되었다. 그러나 사실상 관련 부처는 여성의 인신매매 예방에 노력을 기울여 왔고 지금도 노력하고 있을 뿐만 아니라 인신매매업자로 인해 피해자가 처할 위험에서 여성들을 보호하기 위해 스스로 노력하고 있다. 이러한 목적을 위해 밟은 조처 가운데, 이들이 인신매매업자, 인신매매업자의 피해자가 되었다는 의심이 있는 자 그리고 보고가 필요한 여성들을 발견하고자 노력한다고 말할 수 있을 것이다. 그러한 사람들이 발견되었을 때, 이들은 현재 거주지는 물론 본적지 관할 경찰서에서 심문을 받았을 뿐만 아니라 면밀한 조사를 받았다. 또한 이들의 부모나 친척들에 대해서도 조사했다. 진짜로 인신매매업자 혐의를 받은 자의 신뢰할 만한 증거를 확보한 경우, 이들이 즉시 체포되어 처벌받아야 한다는 것은 말할 필요도 없다. 이러한 증거를 확보하지 못한 경우에도 그러한 사람이 인신매매업자의 피해자이거나 해외 성매매에 종사하는 여성의 위험이 있거나 미래에 곤란에 처할 위험이 있다고 판단되는 경우, 그러한 여성에게 보호를 제공해야 하며, 이들을 부모나 보호자, 적절한 기관에 넘겨야 한다. 이러한 방법으로 관계부처는 엄격히 말해 여성의 인신매매에 대한 조항 안에서 포함되지 않는 경우에도 여성을 보호해야 한다.

(21) 부록 II에서 '조선 총인구와 남성대 여성의 비율'이라 언급되었는데, 이것은 조선이 아니라 관동에 대한 언급이다.

(22) 위원회 조사보고서에 대한 일본 정부의 의견이 아니더라도, 보고서에 제출된 정보에는 두 가지 사안이 부록 XIX를 구성하고 있는데 이를 정정하기 원한다.

첫째는 51페이지에 나오는 상하이 관련 정보에 언급된 지시문이다. 이것은 1897년 11월 상하이 주재 영사관이 요청한 것으로, 성매매에 종사하는 자 또는 성매매에 종사할 목적으로 상하이에 도착한 자를 고국으로 돌려 보낼 자금에 관한 것이다. 언급된 지시문에 실린 진술은 당시 상황에 관해서만 진실이다. 그러나 2년 후, 말하자면 1899년, 아래에 언급한 선원법이 제정되었으며, 다음해, 말하자면 1900년에 제국 법령이 같은 법 제23조의 권한에 따라 발표되었다. 일본 정부 관계부처에 의해 출국당한 적이 있는 해외 거주 일본 국민이 혹은 그러한 사람을 후원하는 사람이 자신의 고국으로 혹은 이 사람의 거주지로 되어 있는 현에서 통행하기 위해 지불할 능력이 없을 경우 그리고 그러한 거주지가 없거나 거주지가 알려져 있지 않을 경우에는 그 사람이 도착하는 현에서 이에 대해 지불해야 한다. 일본 정부는 여기에서 출국당한 자나 고국으로 가는 통행을 위해 지불할 수 없는 후원자 그리고 거주지 또는 도착지 현을 대신하여 해마다 상당히 많은 자금을 지불해야 한다는 사실을 지적하고 싶다.

또 한 가지는 오스트레일리아에 관한 54페이지의 진술이다. 이 문단의 결론 부분에서 "오직 이 나라의 북부 해안을 따라서만, 경찰의 부적절한 경계를 이용하여, 불명예스러운 여성들이 이 나라로 비밀 입국한다. 범선이나 어선을 이용한다. 때문에 이들의 비밀 입국을 확인하는 것은 지극히 어렵다"고 진술한다. 일본 정부는 이러한 문제에 관하여 다음의 세 가지 지점에 관하여 정보를 제대로 정정하기를 바란다.

1. 방금 인용한 부분에서 '불명예 여성'이라는 용어는 일본어 본문에 '일본인'이라는 표현의 오역으로 발견되었다.
2. 범선이나 어선을 수단으로 착륙한 이들이 먼 장소에서 오는 것이 아니라 이웃 섬에서나 증기선에서 이들을 이용하여 왔다는 것은 말할 필요도 없다.
3. 문제가 되는 정보는 여러 해 전 호주 주재 일본 영사관 직원이 제공한 보고서에서 인용하였다. 여기에 실린 정보는 먼 것과의 것이며 결코 오늘날 볼 수 있는 것이 아니다.

선원법에서 발췌

(법류 제47호. 1899년 3월 8일)

제23조 해외에 주재하는 일본의 공사, 영사 또는 무역사무관은 법령이 정한 바에 따라 고국으로 송환시키는 명령을 내릴 수 있다. 선장은 정당한 이유가 없다면 자신의 선박에 그러

한 일본인의 승선을 거절할 수 없다.

이러한 일본인의 고국행 통행료 지불에 관한 조항은 법령으로 결정되어야 한다.

선원법 제23조에 따른 일본 국민의 고국행 통행료 지불에 관하여

(1900년 12월 28일. 칙령 제415호)

제1조 선원법 제23조 제1항에 따라 일본 국민을 일본으로 송환한다면 선장은 이 법령이 정한 바에 따라 송환비용을 부담하는 자에게 그 상환을 청구할 수 있다.

제2조 송환비용은 고국으로 송환된 자가 지불해야 한다. 송환되는 자에게 비용을 받을 수 없는 경우 이 자의 지원에 책임이 있는 자가 지불해야 한다. 송환된 자의 비용 지불 요구는 그 지원을 책임진 자가 할 수 있다. 이 경우 비용을 지불한 자는 이 자에게 환불해 달라고 자유롭게 요구할 수 있다. 이는 민법 제955조와 제956조의 조항에 따르며 이 자는 그 지원에 대한 의무를 수행해야 한다.

제3조 송환된 자의 비용 지불을 지원에 책임 있는 자로부터 받을 수 없을 때에는 이 자의 거주지가 있는 현에서, 거주지가 미상일 경우는 이 자가 도착한 현에서 그 지불을 책임져야 한다.

제4조 위에서 언급한 바와 같은 사례에서, 송환된 자의 거주지나 도착지가 포모사(홋카이도나 오키나와현)에 속한다면 당분간 국고에서 송환비용을 지불한다.

위에 따르는 경우 국고에서 송환비용을 지불하면 이자를 고국으로 운송한 선박의 선장은 포모사 총독에게(홋카이도나 오키나와 현청에게) 송환비용 지불을 위해 청구서를 신청한다.

제5조 이 법령에서 언급된 '송환비용'이라는 용어는 공사, 영사, 또는 무역사무관이 이 자를 고국으로 송환하기 위해 적당하다고 인정한 객실 등급에 상당하는 운송비를 말한다.

부칙

이 법령은 1901년 1월 1일부터 시행한다.

3. 동양 부녀매매 실지조사 보고 심사위원회 경과 보고 송부의 건 (1933. 1. 5.)

보통 연본공(聯本公) 제4호

1933년 1월 5일

재파리 국제연맹 제국사무국장 사와다 세쓰조(澤田節藏)

외무대신 백작 우치다 야스야(內田康哉) 귀하

지난 12월 5일부터 제네바에서 개최된 동양 부녀매매 실지조사 보고 조사위원회 경과 보고는 별첨과 같으므로 이에 송부함.

동양 부녀매매 실지조사위원 보고 심사위원회 경과 보고

1. 서언

1930년 동양 방면의 부녀매매에 관한 실지조사를 위해 국제연맹으로부터 파견된 조사위원 보고 심사위원회는 지난 12월 5일부터 동 10일까지 제네바 국제연맹 사무국에 개최되었다. 프랑스 위원 레노 대사 의장 아래 해당 보고를 심사하고 또한 조사위원 보고에 대한 각 관계국으로부터 회답된 정정 의견서에 기초하여 해당 보고를 수정 채택하여 오는 1월 개최하는 연맹이사회에 제출할 것을 결의했다.

2. 위원회 위원 및 출석자 씨명

본 위원회에 출석한 위원 씨명은 다음과 같다(부속서 제1호 C.T.F.E/ Orient 41)

프랑스 르노 대사 의장(부르주아 씨 수행원)

독일 도틀 보이마 여사

벨기에 모스 씨

덴마크	마르트 여사
스페인	팔마로리
미국	애보트 여사
일본	이토(伊藤) 참사관(구사마 촉탁 수행원)
폴란드	호치코 씨
루마니아	로민티아노 여사
영국	사 헨리 필라
우루과이	아돌프 세인프 씨
이탈리아	후이리 제리오 씨(반디니 여사 수행원)

위원과 함께 이 조서를 맡았던 다음의 위원이 열석한 것이 보인다.

배스컴 존슨 씨 위원장

독토르 선드퀴스트 여사

카를 핀도르 씨

본 위인회에는 방청자로 특히 전 국제연맹 사회부 주임인 다무레첸르 클라우디가 출석하였다.

3. 조사위원 보고 초안

조사위원이 기초한 보고는 그 전편 제1장에는 조사에 관한 기원, 조직, 목적, 여정, 방법 및 보고 기초의 방침을 기록하고, 제2장에는 각 지방의 조사 결과를 요약했으며, 제3장에는 조사의 결과에 기초한 결과 및 연맹이사회에 제출한 제의를 열기하였다. 그리고 제2편에서 조사위원이 조사한 각국의 실상, 특히 그 국제 거리 상황 및 그 단속에 관한 관계법규의 연구에 관해 상세하고 설명하고 여기에 중요한 부속 참고서류를 첨부하였다(부속서 제2호 조사보고서안 C.T.F.E/ Orient 39).

그리고 조사위원의 설명에 따르면 위 초안은 관계 각국에 송부한 제 (탈)초안[188]을 다시 인쇄 전 수정, 보완, 정정한 것이다. 오히려 제2초안이라고도 볼 수 있는 것이다. 따라서 본국에서 회답한 수정 의견 중 본 보고 안에 이미 정정 완료된 것도 보인다.

---

188 원문에 第(脱)草案으로 쓰여 있다. 이 중 (탈)은 손 글씨.

4. 조사위원 보고에 대해 각국의 수정 의견

조사위원이 제출한 보고에 관해 1930년 5월에 개최된 연맹이사회는 해당 조사위원이 제출한 보고는 그것을 이사회에 제출 전에 각 관계국이 지명한 대표자에게 회부하여 그 의견을 구해야 한다는 의견을 표시했다. 이로써 위 취지에 기초하여 해당 조사위원은 올해 8월 그 보고 초안과 동시에 이를 각국에 송부하고 그 의견을 구했던 바, 일본, 인도 지나, 네덜란드령 동인도, 이란, 태국, 프랑스 위임 통치지역 중 루뱅(ルヴアン)[189] 등에서는 수정 의견의 회답이 있었다. 또 마카오, 마드라스(マドラス),[190] 이라크 등을 제외하고 기타 대표자로부터는 보고에 대해 특히 정정 신청이 없었다.

5. 조사보고 심사

각국에서 회답의 조사보고에 대한 정정의견은, 조사위원과 사무국 측에 그것이 수정 준비를 다하고 미리 그것을 본위원회에 배포했다. 인도 지나, 이란 및 프랑스 위임 통치지 루뱅 지방에 관한 정정은 부속서 제3호와 같이(C.T.F.E/ Orient 40), 또 태국과 팔레스타인에 관한 정정 사항은 부속서 제4호와 같다(C.T.F.E/ Orient 40b 참조).

6. 본국에서 제출한 정정 사항

본국에서 일찍이 연맹사무국에 제출한 정정의견[7월 27일 자 귀신(貴信) 조3(條3) 보통 제176호]에 관해서는 조사위원과 연맹사무국 측에서는 수정 부분이 인정된다는 각서(부속서 제5호 C.T.F.E/ Orient 40a)를 배포했음으로써 본 위원회는 먼저 위 각서에 기초하여 보고서 초안을 수정할 것으로 했다. 위 수정사항을 열기하면 다음과 같다.

(1) 보고 초안 제2편 각국의 부 가운데 본국에 간한 부분에서 제1항 앞의 협정 및 조약 비준 및 가맹의 사항 중 초안에는 "일본은 1904년 협정과 1910년 조약에 가맹했고, 1921년 조약에 대해 일본의 비준은 일본의 해외 영토, 즉 조선, 타이완, 관동주 조차지에 적용되지 않는다"라고 기재하고 있는 것에 대해 사무국 측의 수정안은 "일본은 1904년 협정 및 1910년 조약에 가맹했고 또 1921년 조약을 비준했으며 이러한 조약은 일본의 해외영토, 즉 조선, 타이완, 관동주 조차지에 적

189 현재 벨기에 루벤.

190 현재 인도 첸나이.

용되지 않는다"라고 수정 제의했다.

(2) 같은 쪽 인구 문제의 항에 관해 남녀 수의 비율이 조선 및 관동주에서 가장 현저하다는 기사에 관해 본국 의견 제2항의 주의에 근거하여 조선을 삭제하는 것으로 한다.

(3) 보고 초안 제2쪽의 '성매매에 대한 일반 정책(General policy toward prostitution)'이라는 표제를 사무국은 '성매매와 여성 및 소녀 착취에 대한 일반정책(General policy toward prostitution and Exploitation of women and girls)'이라고 정정할 것을 제의한 것으로, 위는 오히려 '성매매에 대한 일반 정책과 관련 질문(General policy toward prostitution and allied question)'으로 정정된 것을 타당하다고 주장하고 위와 같이 결정했다.

(4) 추업부의 수입에 따라 생활을 하는 자[소트너(souteneur)]의 처벌에 관해서는 보고 초안 제2장과 제3장에는 본국에 송부된 제1원안의 기사 없이도 본국 의견서 제3항의 내용으로부터 이러한 것의 처벌은 형법 제182조와 제224조 이하 제229조와 경찰범령 제1조의 각 규정에 따라 처벌된다는 것의 추가 보완을 할 것이다.

(5) 보고서 초안 제4쪽의 '(Brothels)'의 장 제2항 전부는 사무국 측 각서 제2쪽과 같이 이를 수정하고 본국이 제출한 수정 의견서 제5항의 내용을 철저하게 한 것이다. 그리고 사무국 측 의견서의 본항 수정 기사 중 제1항의 말단 그러나 인정되어야 한다(It must be, however, admitted). 이하 '부도덕한 수단으로(to unscrupulous means)'까지는 다른 것과 중복의 염려가 있으므로 그것을 삭제하는 것으로 한다.

(6) 보고 초안 제6장 단속조치 '예방과 보호 조치(Preventive and Protective Measures)'의 제1항 '1899년 수까지(to the figure of 1899)' 이하 '…에 의한 것일지도 모른다(being probably due to…)'로부터 위 문구의 끝까지 본국 수정 의견서 제5항 말항의 내용까지 삭제하기로 결정한다.

(7) 보고 초안 제4쪽 제2항의 예창기의 사회적 지위의 문제에 관한 기사는 본국 측 수정 의견서 제7항 말단의 기사에 기초하여 삭제하기로 한다.

(8) 창기 영업기간의 문제에 관해서는 본국 측 의견서 제6항의 내용에 기초하여 그것을 허가되는 영업기간인 'The permitted period of service'로 수정함.

(9) 보고 초안 제4쪽 공창이라는 제목의 기술 중 창기의 교육 정도에 관해서는 본방 측 의견 제8항 통계표에 기초하여 그것을 수정하도록 하고, 따라서 말단 앞의 2행을 삭제하도록 했다. 그리고 창기폐업 후의 생활 상태에 관해서는 본국 의견서 제8항 통계 제2표에 기초하여 보고 초안 중 위에 관하여 어떠한 사정을 알지 못한다는 기사를 조사위원이 유럽에서 돌아온 후 일본 정부로부터

입수한 보고서에 따르면 운운한다고 앞에서 앞에 기록한 통계를 인용하고 위 기사를 수정한다.

(10) 보고 초안 제5쪽의 사창에 관한 기사 중 "도쿄 주변 지역에서는(In the environs of Tokio) 이하… 지난 5년 동안 추방되었다(deported in the last five year)"까지를 사무국 측 수정각서 제5항 후단의 기사로 수정함. 위는 본국 의견서 제8항과 제10항의 기사에 근거한다.

(11) 보고 초안 제5항의 '소트너(souteneur)' 기사는 위에 말한 제4항 내용에 근거하여 그것을 "상당히 많은 수의 소트너들은 매년 규정에 따라 처벌 받는다(Fairly large numbers of Souteneurs are punished year after year in accordance with regulative)"로 수정한다.

(12) 보고 초안 제6항의 추업부의 주선인 'procurers'에 관한 기사는 본국 의견서 제12항의 내용에 기초하여 그것을 삭제하도록 한다.

(13) 보고 초안 제6항 '아동 거래 및 판매(Barter and sale of children)'에 관한 기사 중 앞의 문구를 삭제하도록 한다.

(14) 보고 초안 제7쪽 제2항의 마지막에 사무국 측 수정 메모[191] 제5쪽의 사설단체의 구조사업에 관해 "정부는 다음과 같이 말한다(The Government states that)…" 운운의 새로운 장을 추가 보완한 것은 본국 의견서 제14항에 근거한다.

(15) 보고 초안 제7쪽 제4항의 예기가 되기 위해 '면허업소(Licensed house)'에 들어가는 기사에 대해 게이샤를 창기라고 정정하고, 또 "성매매를 하기 위해 선불금 계약을 하다(make contracts for money advanced to become prostitute)"를 "성매매를 하기 위해 선불금을 빚지다(incur debts for money advanced to become prostitute)"로 수정한다.

(16) 같은 쪽의 부인교풍회를 'Unions christian Temperance Union'으로 주(註)에 번역되어 있는 것을 'Association for good morals'로 정정한다.

(17) 같은 제8쪽의 끝항 "셋째, 외국인 여성은 성매매 허가증을 가질 수 없다(Thirdly, foreign women are not allowed to have licences for prostitution)"를 "셋째, 1901년 이래로 외국인 여성들은 성매매 허가증을 갖는 것이 허가되지 않았다(Thirdly, foreign women, since 1901, have not been allowed to have licences for prostitution)"로 수정한다.

(18) 본국 측 의견서 제16항의 외국인 입국자 통계에 기초하여 보고 초안 제9항 입국자의 상태와 법률의 적용에 관해 장의 앞에 대해 다음과 같이 수정을 한다. "일본에서는 5년 동안 외국인 6,756명

191 원문에는 종정(終正) 메모라고 표기되어 있지만, 수정 메모의 오기로 보인다.

이 입국하였으며, 중국인 6,623명이 정착했다(In Japan proper, during the five years there were 6756 foreigners who entered and settled in the country of whish number 6623. were Chinese)."

(19) 보고 초안 제10쪽 입국 거절자 통계에 관한 장 앞에 '도덕적 이유로(for moral reason)'의 문구를 삽입하고(본국 의견서 제17항), 또 같은 장 프랑스 부인의 송환에 관한 문구는 그것을 유럽 부인으로 변경한다.

(20) 처벌에 관한 보고 초안 제10쪽 기재의 제1항은 본국 의견서 제18항의 내용에 따라 출국의 장으로 옮긴다.

(21) 보고 초안 제11쪽 제1항을 "12건은 국내 매매의 경우였다. 타이완의 인신매매업자에 대한 어떠한 통계도 제공되지 않았다(Twelve were cases of internal traffic. No statistics were given of prosecutions of traffikers in formosa)"라고 수정한다.

(22) 보고 초안 제13쪽 처벌의 항은 사무국 측 각서 제7쪽 기재와 같이 정정한다.

따라서 본 쪽 끝부분에 출국에 관한 처벌사항과 관헌의 조지상황 등은 일반 개요 중 제71쪽에 상세 기술하고 있는 내용을 부가하는 것으로 한다.

(23) 보고 초안 개요 제LXVI쪽 모집제도(System of recruitment)의 제1항은 사무국 측 수정 각서 제7쪽 끝 단락과 같은 제8쪽 앞과 같이 수정하기로 한다.

(24) 같은 제LXVII쪽 학대로부터 보호되는 성매매업소 여성들(Brothel Keepers protected against abuse) 항은 사무국 측 각서 제8항 가운데 단락대로 정정한다.

(25) 같은 제LXVIII쪽 말단의 구세군지휘관의 신청에 대한 기사는 본국 측 의견서 제B항의 내용대로 정정한다.

(26) 앞의 사항 외에 보고 초안 제LXVIII쪽 난외(欄外) 색인 표제 '국가 권위(National prestige)'를 –에 의해 취해진 조치들(measures taken by the an-)로 수정함. 또 '급진적 행동(radical action)'을 삭제하고 '조직적 억압(Systematic supression)'을 '조직적인 행동(Systematic action)'으로 변경하고 다음 항의 색인 표제 전부를 삭제한다. 또 제LXX쪽의 말항 난외의 색인과 제LXX쪽의 앞색인 표제, 또 다음 제2 색인 표제 '색채가 짙은(Highly coloured fictured)'은 모두 삭제한다.

앞 보고 초안 정정에 대해서는 조사위원 측은 기초자의 책임으로 가능한 한 각국 정부의 의견서에 기초하여 그것을 수정하고 개정할 것에 노력하였지만, 각국 위원 중 특히 덴마크, 루마니아 및 벨기에의 각 위원은 조사위원의 보고 초안 기술의 사실을 정정하는 것은 그 보고의 진가를 저하시키는 것이라는 의견으로 가능한 한 초안대로 그것을 유지할 것을 주장하기도 하였다. 결국 논의 끝에 대체로 각국 측의 의견을 받아들여 보고를 정정할 것으로 결정한다.

조사는 본국 관계의 보고서 심사를 맞아 우리 관헌의 조치를 설명하고 특히 남양 방면에서 매소부의 송환방법 내지는 각국과의 협력에 대해 그 노력을 지적하며 칭찬이 있었다.

7. 기타 보고 조사

본 위원회는 위에 기록한 보고 이외의 각국의 실지조사 보고를 하나 하나 심의하고 특히 지나의 현상에 관해서는 상세하게 심의하여 보고 초안에 다소의 정정을 가하여 그것을 채택한다.

위 각국 보고심사를 맞아 네덜란드, 이란, 폴란드, 지나는 특히 대표자를 열석시켜 그 각국 관계의 보고심사에 설명을 요청했다.

8. 이사회에 대한 본 보고 제출 수속에 관한 논의

본 위원회는 위 보고심사를 종료하고 그것을 이사회에 제출하는 것으로 한다. 별지 부속서 제6호와 같이 서신을 첨부하고 오는 1월 개최하는 이사회에 제출하기로 한다. 그리고 위 보고는 이사회에서 부인아동매매 단속위원회에 회부하도록 하여 내년 위원회에서 심의할 수 있도록 할 예정이다.

4. 동양 여성아동매매 조사위원회 보고서

(1933, 제네바)

국제연맹

동양 여성아동매매 조사위원회

의회에 보내는 보고서

1933, 제네바

국제연맹 출판[192]

사회 문제

여성아동매매 위원회 특별 전문가 집단 보고서

여성과 아동 인신매매에 관한 특별 전문가 집단 보고서(2부로 구성)

유럽, 북아프리카, 북아메리카, 남아메리카, 중앙아메리카의 다양한 국가들 사이의 인신매매 국제 조직과 이들이 따라 이동한 특정 경로에 대한 질문

제1부(Ser. L.o.N. P. 1927.1V.2/I) 2/- $0.50

제2부(Ser. L.o.N. P. 1927.1V.2/II) 7/6 $2.00

'포주' 관련법과 처벌

'포주' 관련법과 처벌의 연구 요약(Ser. L.o.N. P. 1931.IV.10) 1/3 $0.30

면허업소

정부 보고서 발췌 여성아동인신매매를 위한 면허업소제도 관련(Ser. L.o.N. P. 1927.1V.14) 2/- $0.50

면허업소 - 여성과 아동 인신매매 관련 면허업소제도에 대한 정부 보고서 요약

면허업소제도가 폐지된 국가 정부로부터 받은 추가 정보(Ser. L.o.N. P. 1929.1V.2) .... 품절[193]

면허업소제도가 폐지된 국가의 공공질서와 공중보건 보호 목적의 법과 규제 연구(Ser. L.o.N. P.1930.1V.5) 3/3 $0.80

음란 출판물 배포 억제

음란 출판물 매매와 배포 억제를 위한 국제 회의〉의 음란 출판물 배포 억제 기록. 1923년 8월 31일부터

---

192 국제연맹 여성아동매매 위원회 기록물의 목록과 판매 소개.

193 프랑스어판은 아직 약간 이용 가능하다.

9월 12일까지 제네바에서 열림(C.734.M.299.1923.1V) ·· 4/- $1.00

각국 정부로부터 받은 보고서 요약과 1924년 8월 7일 서명을 위해 열렸고, 효력을 발효한 회의의 본문도 포함되어 있다.

음란 출판물 배포와 매매 억제. 각국 정부로부터 받은 보고서 요약(Ser. L.o.N. P. 1928.1V.6)
·· 4d. $0.10

음란 출판물 압류 사건을 위해 규정한 절차에 대해 정부가 제공한 정보 자료

위원회 설문에 대해 각국 정부로부터 받은 답변(Ser. L.o.N. P. 1931.1V.3) ······················ 1/6 $0.40

위원회 설문에 대해 각국 정부로부터 받은 추가 답변(Ser. L.o.N. P. 1931.1V.9) ············ 6d. $0.15

음란 출판물의 매매 범위와 성격에 관한 설문

[국제연맹 위원회와 회원국에 연락함]

공식 번호: C. 849. M. 393. 1932. IV.

[C.T.F.E./Orient 39(1).]

1932년 12월 10일, 제네바

국제연맹

동양 여성아동매매 조사위원회

의회에 보내는 보고서

국제연맹 출판물 일련번호

IV. SOCIAL
1932. IV. 8.

국제연맹 이사회 귀하

동양의 여성아동인신매매 조사위원회는 국제연맹 위원회에 그 조사 결과에 대한 보고서를 제출하게 됨을 영광으로 생각합니다.

위원회 위원들은 조사 중에 수집된 방대한 자료를 업무 목적에 가장 적합하게 활용할 수 있도록 배포 방식과 보고서의 구성안을 선택했습니다. 이는 보고서 서론(18페이지)에 기술되어 있습니다.

위원들은 자신들의 일에 보여 준 가치 있고 도움이 되는 관심에 대한 따뜻한 감사의 표시로, 국제연맹 사무국 사회 분야 국장인 E. E. 엑스트랜드 씨를 초청하여 본인들과 함께 보고서에 서명하도록 했습니다.

1932년 12월 10일, 제네바

(서명) 배스컴 존슨(Bascom Johnson),
의장.

(서명) 앨마 선드퀴스트(Alma Sundquis).

(서명) 카를 핀도르(Karol Pindor).

(서명) 에릭 에이나르 엑스트랜드(Eric Einar Ekstrand),
국제연맹 사무국 아편매매와 사회 문제 분야 국장

(서명) 폰 슈미든(W. von Schmieden),
사무총장.

S. d. N., 2.210 (F.), 3.090 (A.), 1/33. Impr. de l'OFFICE DE PUBLICITÉ, Brux. (6795)

국제연맹 이사회 귀하

1932년 12월 5일부터 10일까지 열린 동양 여성과 아동 매매 조사위원회(위원회 위원 전원의 명단 첨부)는 여행위원회와 함께, 여행위원회가 방문했던 국가의 질의서에 대한 여행위원회 보고서를 검토할 것입니다.

먼저 위원회는 여행위원회 이사회가 관련된 각국 정부와 상담하여 목록을 작성한 거의 모든 영토를 방문했음을 매우 만족스럽게 확인했습니다. 위원회의 광범위한 여행 일정에서 빠진 곳은 인도의 프랑스 시설과 포르투갈 식민지 고아(Goa)[194]뿐이었습니다.

그다음 위원회는 각국의 정부가 조사관을 받아들이기 위해 임명한 공식 대표의 관찰을 고려하여 국가별로 보고서를 검토했습니다. 다음 정부의 대표들은 또한 본인의 요청에 따라, 보고서의 각국 관련 부분을 관찰하여 제출할 기회가 있을 수 있음을 위원회를 통해 알게 되었습니다. 해당 국가는 중국, 네덜란드, 페르시아, 포르투갈입니다.

보고서를 검토하는 동안, 흥미로운 관점의 교류가 발생했고, 전반적인 내용을 고려하여 다양한 국가들과 관련된 본문을 수정했습니다.

위원회는 여행위원회 보고서를 전반적으로 채택하면서, 이 훌륭한 작업의 작성자들에게 그 공을 돌리고 싶습니다. 위원회는 제공한 정보가 풍부하고 흥미로워야 하며 결론은 객관적이고 편파적이지 않아야 함을 강조하고자 합니다.

위원회는 제11장 '국제연맹 이사회에 제출하는 결론과 제안'에 제출한 결론을 승인하기로 결정했습니다.

위원회는 이사회가 '국제 협력,' '동양 국제인신매매에서 성매매업소의 역할,' '당국과 선교단체 및 민간단체의 협력'에 관한 훌륭한 제안에 정부가 특히 주목하도록 권고해 주기를 희망합니다. 위원회의 견해로는 이 보고서가 '아동과 어린 사람들의 보호와 안녕을 위한 자문위원회(Advisory Commission for the Protection and Welfare of Children and Young People)'에 다양한 부분에 대해 신중히 연구하고 어떤 실천 행동을 연관시킬 수 있을지 알아보도록 설명해 줌으로써 유용하게 추적할 수 있을 것입니다.

이사회가 이 제안을 실행할 준비가 된다면, 자문위원회가 동양의 문제에 대해 (선교단체나 민간

194 인도 남서안의 옛 포르투갈 영토.

조직인) 단체들과 연관된 사람들의 임시 협조를 확보하여 추가 의견과 정보를 얻을 것 역시 권고할 수 있을 것입니다.

여성과 아동의 인신매매와의 싸움을 통해, 자문위원회의 협조는 물론이며, 여론의 지지를 받는 것이 바람직합니다.

마지막으로, 이 보고서를 동양과 서양 모두 최대한 널리 배포하는 것이 좋겠습니다. 이 명분에 가장 가치 있을 선교단체, 조직, 협회와 여론 계몽에 열심인 공공기관에 무료 배포할 수 있도록 해야 합니다.

이 작업을 마무리하면서, '동양의 여성아동매매 조사위원회'는 친절하게도 이 조사에 기금을 제공해 준 뉴욕사회위생국에 다시 한 번 깊은 감사를 표현하고자 합니다.

그리고 여행위원회에도 감사를 전합니다. 그 헌신과 열정은 아무리 칭찬을 해도 부족합니다.

1932년 12월 10일, 제네바

(서명) 로멕(E. de Romek),	(서명) 르노(Regnault),
사무국장	동양 여성아동매매 조사위원회 위원장

동양 여성아동매매 조사위원회 위원 명단

르노(Regnault)(프랑스)(의장)
부르조아(Bourgois)(프랑스)
게르트루트 바우머(Gertrud Baumer)(독일)
이시도르 마우스(Isidore Maus)(벨기에)
마일 말테(Mile. Malthe)(덴마크)
돈 빈센트 팔마롤리(Don Vincente Palmaroli)(스페인)
미스 그레이스 애보트(Miss Grace Abbott)(미합중국)(결석)
셀레스티노 프리게리오 박사(Dr. Celestino Frigerio)(이탈리아)
도나 크리스티나 주스티니아니 반디니(Donna Cristina Giustiniani Bandini)(이탈리아)(대표 대리)
이토(M. Ito)(일본)(결석)

구사마 박사(Dr. Kusama)(일본)(대표 대리)

초즈코 각하(His Excellency Dr. Chodzko)(폴란드)

롬니치아노 부인(Mme. Romniciano)(루마니아)

헨리 휠러 경(Sir Henry Wheeler)(영국)

아돌프 시엔라(M. Adolfo Sienra)(우루과이)

여행위원회

배스컴 존슨 씨(Mr. Bascom JOHNSON)(의장)

선드퀴스트 박사(Dr. SUNDQUIST)

핀도르 씨(M. PINDOR)

레이첼 크로디 여사(Dame Rachel CROWDY), 출석 허가 받음

목차[195]

195 목차 중 취소선 표기 부분은 원문에는 없는 것으로, 자료집 편찬자가 그은 것이다. 자료집 주제와 예산 관계로 이번 번역에서 제외된 부분을 의미한다.

~~F. 국제 인신매매 희생자로서 베트남 여성~~

~~G. 국제 인신매매 희생자로서 태국 여성~~

~~H. 국제 인신매매 피해자로서 말레이 인종 여성~~

~~I. 국제 인신매매 희생자로서 인도 여성~~

~~J. 국제 인신매매 희생자로서 페르시아 여성~~

~~K. 국제 인신매매 희생자로서 아랍과 근동 여성~~

~~L. 국제 인신매매 희생자로서 아프리카 여성~~

Ⅱ. 국제연맹 이사회에 제출된 고려사항 및 제안(Considerations and Suggestions submitted to the Council of the League of Nations.)

1. 국제협력(International Co-operation)
2. 동양 국제 인신매매에서 성매매업소의 역할(The Role of the Brothel in International Traffic in the East)
3. 당국과 선교단체 및 민간단체의 협력(Collaboration of Authorities with Missions and Private Organisations)

제Ⅱ부
방문 국가별 국제 인신매매 관계 법률과 상태 연구

제국 일본(일본, 조선, 포모사, 관동[Japan empire(Japan, Chosen, Formosa, Kwantung)]

~~중국(China)~~

~~홍콩(Hong-Kong)~~

~~마카오(Macao)~~

~~필리핀제도(Philippine Islands)~~

~~인도차이나(Indo-China)~~

~~네덜란드 동인도(Dutch East Indies)~~

~~해협식민지(Straits Settlements)~~

~~연방 말레이주(Federated Malay States)~~

~~비연방 말레이주(Unfederated Malay States)~~

제Ⅲ부

부록(Appendices)

서론

1. 조사의 기원

동양 여성아동매매 국제연맹 조사위원회는 이 분야에서 연맹이 수행한 연구 작업의 연속선에서 고려할 수 있을 것이다. 이는 특히 유럽, 지중해 지역, 미 대륙의 여성 국제 인신매매와 관련한 이전 조사에 관한 것으로, 1927년 보고서를 발간한 특별 전문가 그룹이 1924~1926년에 수행하였다(참고 문서 C.52.M.52.1927.1V [C.T.F.E./Experts 55.1], C.52(2).M.52(1).1927.1V, C.592.1927.1V 문서 포함).

몇몇 경우, 국제연맹 총회에서 결의안이 통과되었는데, 이는 이전에 조사가 이뤄진 적 없는 국가로 조사를 확대할 가능성이 있다는 희망의 표현이기도 했다.

제8차 여성인신매매 위원회(1929년 4월 29일)에서 통과된 결의안에 기초하여, (1929년 6월 12일) 국제연맹 이사회는 사무총장에게 근동, 중동, 극동에 속한 정부들이 이러한 성격의 조사에 합의하고 협조할 준비가 되어 있는지 확인하도록 지시했다. 조사는 이 질문의 국제적 양상에 엄격히 제한되리라 생각됐다. 중국, 프랑스, 인도, 일본, 네덜란드, 페르시아, 포르투갈, 태국, 영국 정부는 질문 속 영토에 대한 이러한 조사를 허가할 준비가 되었다고 밝혔다. 후에, 이 조사의 필리핀제도 확대를 찬성할지 확인하기 위한 목적으로 미합중국 정부와 접촉했고, 긍정적인 답변을 받았다.

몇몇 관련 국가의 동의를 얻고서, 필요한 자금이 뉴욕사회위생국으로부터 총 125,000달러를 제안받아 이사회에 제공되었다. 이 기관은 이전 조사에서도 이미 기금을 제공한 바 있다.

동양의 조사는 1930년 5월 14일 국제연맹 이사회로 확정되었다(C.285.1930.1V와 C.295.1930.1V 문서 참고).

2. 조사 위탁기관

이사회 결의에 따라, 조사 위탁기관은 다음과 같이 구성되었다.

(1) 이사회가 임명한 3개 회원국의 여행조사위원회

(2) 여성과 아동 인신매매 위원회는 위원이 있는 정부들이 가능하면 동양 국가에서의 상황에 경험이 있는 대표를 임명하도록 한다. 이 위원회는 전 프랑스 대사 르노 페하를 의장으로 하여 조사 진행을 고려하기 위해 그리고 조사 수행 후 보고에 관해 토론하기 위해, 여행위원회 위원들과 공조하여 제네바에서 부정기적으로 모이기로 한다.

이사회는 다음 인물들을 여행조사위원회 위원으로 임명하였다.

배스컴 존슨 씨(Mr. Bascom Johnson)(미합중국), 미국사회위생협회 법률 분야 국장, 의장;

앨마 선드퀴스트 박사/여사(Madame Dr. Alma Sundquist)(스웨덴), 내과의, 위원;

카를 핀도르 씨(M. Karol Pindor)(폴란드), 공사고문, 위원.

사무총장은 사무국 회원인 슈미든 씨(M. W. von Schmieden)(독일)를 위원회 사무국장으로, 마셜 씨(Mr. C. E. Marshall)(영국)를 서기로 임명했다.

방문했던 각국의 정부는 위원회를 영접하고, 필요한 시설과 자문을 제공해 주고, 모든 공식 정보를 제공할 수 있는 경로로서 전반적인 활동을 할 공식 대표를 임명하기 위해 초대받았다. 각국 정부의 대표는 다음과 같다.

스리랑카(실론): 도우비긴 경(Sir H. Dowbiggin) 경찰총감

중국: 샤오 씨(M. C. Y. Hsiao), 전 베른 주재 중국 업무 책임자, 남중국 담당

선 씨(M. K. Y. Shen), 전 로마 주재 중국 업무 책임자, 북중국 담당

홍콩: 노스 씨(Mr, R. A. C. North), 대법원 판사

인도: 봄베이: 코기일란 씨(Mr. J. A. Cogiilan), 경찰부국장

캘커타: 밀스 씨(Mr. S. H. H. Mills), 경찰부국장

키라치: 히슬허스트 씨(Mr. H. M. Haslehust), 총경

마드라스: 블랙스톤 씨(Mr. T. W. Blackstone), 경찰국장

양곤: 칸 사힙 사디끄 알리(Khan Sahib Sadiq Ali), 경찰부국장

이라크: 파라즈 에펜디 토마(Faraj Effendi P. Toma), 이라크 경찰, 여권주거국적부 부장

일본: 구리모토 박사(Dr. Kurimoto), 내무성 중앙건강위원회 회원, 국립 위생조사위원회 위원

구사마 박사(Dr. H. Kusama), 내무성 의료진

마카오: 수아레즈 박사(Dr. C. Suarez), 프랑스령 근동 영토 공중보건국장

보셰드 씨(M. Bouchede), 경찰총감

네덜란드령 동인도(the Netherlands Indies)위원회는 다음과 같이 구성되었다.

분더링크 씨(M. J. C. Vunderink), 여성아동매매 억제를 위한 정부 사무소 소장

비츠 박사(Dr. N. Beets), 이민국 국장

보어 씨(M. J. de Boer), 바타비아 경찰서장

팔레스타인: 닉슨(Miss M. Nixon), 정부 복지조사관

페르시아: 엔테잠 씨(M. Entezam), 페르시아 해외 사무소 비서관

필리핀제도: 리빙스턴 중령(C. E. Livingston), 필리핀 경찰대

태국위원회는 다음과 같이 구성되었다.

피야 베즈라 인드라(Phya Bejra Indra), 내무부 자문

피야 아디카라나 프라카쉬(Phya Adhikarana Prakas), 지방 헌병대장

피야 이쟈 프라자발(Phya Yijayh Prajabal), 이민국 국장

해협식민지(말레이시아 연방 및 비연방 주)[196]: 데이커 씨(Mr. C. H. Dakers), 중국인 부호민관 (Assistant Protector of Chinese)

인도차이나 연합(Union of Indo-China)[197]: 오리악 씨(M. J, Aurillac), 총독부 '행정관 (Administrateur adjoint)'

3. 조사 목적

현재 조사의 목적은 동양의 여성아동 국제 인신매매에 관한 사실을 설정하는 것이다. 여기에는 성매매 여성 외에도 성매매를 통해 여성을 착취하려는 목적으로 예능인이나 예술가 여성을 외국으로 데리고 가는 특정 사례도 포함될 것이다.

총회와 이사회는 조사를 이 문제의 국제적 측면으로 제한해야 한다고 강조했다. 그러나 이미 이전의 조사에 따르면, 국제 인신매매 연구에서 몇몇 내부적 조건들은 고려하지 않을 수 없음을 알 수 있었다. 이사회는 1930년 9월 8일 승인 과정에서 이를 인지하고 있었고, 이 문제에 관하여 동양 여성아동 매매 조사위원회와 여행위원회의 공동회의에서 다음과 같이 결정하기에 이르렀다 (C.462.1930.1Y 문서 참고).

"총회와 이사회에서 통과된 결정에 따라, 조사는 질문의 국제적 측면으로 엄격히 제한되어야 한다. 그러나 위원회는 국제 인신매매를 국내 인신매매와 분리하기가 매우 어려움을 알고 있다. 조사에 종사하는 사람들에게 너무 제한된 목표를 지키도록 요구하지 않는 편이 쉬울 수 있다. 조사 결과가 만족스럽지 않을 수 있기 때문이다. 반면에 합당한 주의를 기울여야 한다. 위원회의 의견으로는 조사관들이 특성으로 엄밀하게는 국내 인신매매나 국제 인신매매 발전에 영향을 미칠 수

---

196 동남아시아의 말레이반도 및 부속도서에 위치한 대영제국의 식민지.

197 프랑스령 인도차이나.

있는 인신매매의 어떤 사회·경제·입법·행정의 측면을 연구할 경우, 조사관은 관련 국가 당국의 동의를 사전에 얻은 후에만 그렇게 할 수 있다. 많은 경우, 이들 당국이 먼저 조사를 추진해야 할 것이다. 지역의 관습에 간섭하고 관여할 수 있는 특정 문제에 파고드는 것을 피할 것이다."

4. 위원회 일정[198]

위원회는 1930년 10월 9일 마르세유에서 회동했으며, 다음 날 증기선으로 방콕을 경유하여 싱가포르로 향했고 11월 6일 도착했다. 방콕에서 증인 청문회가 있었다. 11월 22일, 위원회는 태국을 떠나 배편으로 인도차이나를 향했다. 11월 24일 캄보디아 해안의 레암에 착륙한 후, 위원회는 인도차이나를 자동차와 철도로 횡단하는 여행을 계속했다. 프놈펜, 사이공, 초롱,[199] 하노이, 하이퐁에서 조사가 이뤄졌다. 12월 25일, 위원회는 하이퐁을 떠나 홍콩으로 향했다. 홍콩에서는 1930년 12월 27일에서 1931년 1월 22일까지 머물렀다. 단, 마카오에서 조사가 이뤄진 기간인 1월 12일에서 1월 16일까지는 예외였다. 1월 24일, 위원회는 마닐라에 도착하여 2월 10일까지 조사를 수행했다.

마닐라에서, 위원회는 홍콩을 거쳐 광둥까지 항해하여 2월 14일에 도착했다. 2월 22일 광둥을 떠난 위원회는 2월 25일에서 2월 28일까지 산터우에서, 3월 1일에서 3월 7일까지는 샤먼에서 조사했고, 3월 10일에 상하이에 도착했다. 정박지를 떠난 보트 한 척으로는 본래 계획했던 푸저우 방문이 불가능했다. 상하이를 떠난 위원회는 3월 27일에서 30일까지 난징을 방문했다. 4월 18일, 위원회는 배편으로 상하이를 떠나 북중국으로 향하였다. 4월 20일에서 23일까지 즈푸를 방문했고, 4월 25일에서 5월 2일까지 톈진을 방문했다. 5월 2일 저녁에 위원회는 기차로 베이징에 도착했다. 베이징에서는 5월 13일까지 조사가 계속되었다. 위원회는 계속하여 기차를 타고 5월 14일에 묵덴에 도착했다. 이곳에서 5일간 중국 당국과 협업하였고 이후 계속하여 하얼빈까지 갔다. 하얼빈에서는 5월 21일에서 5월 28일까지 조사했고, 이후 묵덴(Mukden)으로 돌아와 일본철도 지대(the Japanese Railway Zone) 관계자의 협조로 하루를 묵었다. 그다음 다롄에서 사흘을, 경성(Keijo)에서 이틀을 보냈고, 부산과 시모노세키를 거쳐 6월 9일 도쿄에 도착하여 7월 12일까지 남아 있었다. 위원회가 7월 12일까지 체류했던 도쿄 외에도, 요코하마(1일), 오사카(3일), 고베(4일), 나가사

---

198 부록 V 참고.

199 베트남 호치민시의 한 구역.

키(반일)에서도 조사가 이루어졌다.

나가사키에서 위원회는 7월 12일 배편으로 네덜란드령 동인도를 향했고, 8월 6일에는 수라바야에, 다음 날에는 바타비아에 도착했다. 자바에서는 바타비아, 세마랑, 조크자카르타(Djokjakarta), 수라바야에서 조사를 수행했다. 자바에서는 자동차나 비행기로 이동하였다.

8월 29일 위원회는 배편으로 바타비아에서 싱가포르를 향해 출발했고, 8월 31일 도착했다. 위원회는 말레이반도에서 14일을 보내며 조사를 목적으로 싱가포르(8일), 조호르(2일), 쿠알라룸푸르(3일), 페낭(1일)을 방문했다.

9월 15일 위원회는 페낭을 떠나 9월 16일 메단에서 조사했다. 11개월이 조금 넘는 기간 동안, 극동 지방에서 조사의 첫 부분을 마무리한 위원회는 그 후 6주 동안 수마트라에 머물면서 수집한 문서를 정리하고 보고서를 작성하기 시작했다.

10월 29일 위원회는 메단을 떠나 페낭을 경유하여 인도를 향했다. 11월 4일에서 11월 14일까지 양곤에서 첫 조사가 이뤄졌고, 11월 18일에서 12월 1일까지는 캘커타에서 조사했다. 12월 3일에서 12월 6일까지 위원회는 델리에 머물면서 인도 정부 본부의 장교들과 협의하였다. 조사는 12월 10일에서 12월 13일까지 계속되었다.

마드라스에서 콜롬보로 항해하면서, 위원회는 폰디체리에서 배를 부르는 동안 프랑스령 인도의 주지사와 대화를 나눌 기회가 있었다. 위원회는 12월 16일 콜롬보에 도착했고 12월 30일 스리랑카를 떠나 다시 인도로 향하여 1932년 1월 1일 봄베이에 도착했다.

위원회는 1월 14일까지 그곳에 머물다가 1월 16일부터 1월 24일까지 카라치에 머무는 동안 인도에 대한 조사를 완료했다.

1월 27일 위원회는 페르시아만의 부시레에 착륙하여 1월 31일까지 머물다가 테헤란으로 비행기를 타고 이동했다. 페르시아에서 조사를 마친 후, 2월 9일 항공편으로 테헤란을 떠나 바그다드로 향했다. 위원회는 이라크의 바그다드와 케르발라에서 조사를 실시했다. 바그다드에서는 바스라와 모술 출신 목격자들의 증언도 들을 수 있었다.

2월 22일 바그다드를 떠난 위원회는 시리아 사막을 자동차로 횡단하여 2월 23일 다마스커스에 도착했다. 여기에서 이틀간 머물고 베이루트로 이동해서 8일간 조사하였다.

3월 4일 베이루트에서 위원회는 자동차로 예루살렘에 갔다가, 조사를 목적으로 3월 16일까지 팔레스타인에 남아 텔아비브, 나블루스, 하이파를 방문했다.

이렇게 위원회는 동양의 모든 영토의 현장 상황을 실제로 연구할 수 있었다. 대도시와 항구, 특히 조사의 관점에서 흥미로운 곳들을 모두 방문하였다.

태국과 이라크의 국왕 폐하들은 정중히 반기며 위원회를 받아들였다. 중국 국가정부 주석은 위원회로 하여금 친히 알현하게 하는 영광을 베풀었다. 위원회는 또한 이 조사의 주제와 관련하여 네덜란드령 인도제도와 필리핀제도의 총독, 조선과 인도차이나 연합의 총독, 중국군 부사령관, 중국, 이라크, 일본, 페르시아, 태국의 외무부 장관, 일본 외무성 장관, 위임통치령 고등판무관 및 식민지와 지역의 장관과 대화하는 특혜가 있었다.

위원회는 조사 수행을 위해 효율적으로 지원해 주고 편의를 제공해 준 방문 국가 관계자들에게 고마움을 표하고자 한다.

5. 조사 방법

조사 장소에서 위원회의 작업은 설문으로 시작되었다. 설문은 관계 당국이 답변을 준비할 수 있는 기회가 주어질 수 있도록 미리 방문 대상 국가들에 보내졌다. 위원회는 도착과 동시에 거의 모든 국가에게 통계 및 법률, 규정, 특정 사례의 세부사항 등 기타 부속문서를 첨부하여 설문지에 대한 공식 서면 답변을 받았다.

그리고 이러한 답변을 미리 준비하는 일이 가능하지 못한 영토에서, 당국이 설문을 친근히 대했다는 사실 또한 위원회의 작업을 편하게 해 주었다.

위원회는 각 장소에 도착하면 바로 증인 청문회를 준비했다. 공식 청문회와 비공식 청문회 모두 열었으며 설문의 관점에서 관심 있는 시설을 방문했다. 위원회에 특별히 소속된 정부 관계자들의 지역 상황에 관한 완벽한 지식과 성실한 협업이 지대한 도움이 되었기 때문에, 여러 국가에서 빠른 시일 안에 업무를 수행할 수 있었다.

위원회가 이 보고서의 작성에 사용된 방대한 자료를 수집할 수 있었던 것은 정부와 지방 당국의 효율적인 지원 덕분이다. 위원회 앞에서 증거를 제시한 사람들은 경찰, 정부의 사회복지 건강 노동 교육 부서에 속한 관료들과 판사, 변호사, 의료 종사자, 사회복지사 및 다양한 종교 공동체, 교회 및 선교단체의 대표자들이었다.

방문한 장소의 외국 영사는 자국민이나 국가와 인신매매의 연결에 관한 정보가 조사에 유용할 수 있는 경우, 항상 위원회에 그들의 경험의 혜택을 제공하고자 했다.

위원회는 방문했던 모든 도시의 신문에 조사 목적을 설명하고 여성과 아동의 매매 억제를 위한 국제협력의 역사를 알리는 짧은 기사를 게재했다. 동시에 이 주제 관련하여 정보를 지닌 민간인이나 민간조직을 초대하여 위원회와 면담했다. 전반적으로 말해, 이러한 공적 초청이 중요한 결과를 초래하지는 않았고, 극히 소수의 사람이 이 기회를 이용했다. 그러나 하얼빈은 예외였다. 러시아 난민 공동체는 위원회의 활동에 지대한 관심을 보였고, 러시아 여성의 인신매매와 관련하여 받은 상당히 많은 정보가 이러한 공공성을 통해 설정된 연락에 기인했다.

위원회는 주로 영어로 조사를 수행했다. 영어가 동양에서 가장 많이 사용되는 유럽어이기 때문인데, 프랑스어, 독일어, 러시아어 역시 사용되었다. 그 밖의 언어로 증언을 청취할 경우, 위원회는 현지 통역사의 서비스를 받았다.

조사 과정에서 위원회는 기존의 성매매업소 지역을 조사했다. 이 문제와 관련하여 구조와 예방 활동을 조사할 때, 위원회는 매우 많고 다양한 공식 및 비공식 기관을 방문했다.

그 밖에 위원회는 전반적으로 모든 장소에서 여성과 아동의 복지 분야에서 기존의 활동을 연구할 기회가 있었다. 이러한 측면에서 위원회가 방문했던 기관은 512페이지에 목록이 있다.

6. 보고서 계획

보고서를 계획할 때 위원회는 위원회의 조사 결과를 각 국가에서 주목했던 것들을 논의하면서 방문 지역에 따라 챕터를 나눌 수 있을지 먼저 고려했다. 이러한 계획에 따라 제출한 보고서는 각 지역의 사회, 경제, 법, 행정 조치의 측면에서 조사했던 문제들을 보여 주게 될 것이다. 그러나 이 방법의 약점은 국제 인신매매의 실제 단계가 적절한 연결 고리 없이 파편적인 형태로 나타날 것이라는 점에 있다. 더욱이 현재 동시에 발생하고 있는 국제 인신매매를 한 국가의 유출 인신매매, 직통 인신매매, 유입 인신매매로 따로 떼어 다룬다면, 상당한 양의 중복을 피할 수 없을 것이다.

위원회가 볼 때 가능한 두 번째 보고서 작성 방식은 문제를 취급하는 챕터를 피해자 인종 집단에 따라 구분하는 것이었다. 이러한 구성이 국제 인신매매 자체와 마찬가지로 정치적 국경과 상관없이 독자에게 인신매매에 관한 모든 이유나 방법, 인과관계에 대해 더욱 생생한 그림을 전달할 것임을 고려하여, 출발지에서 목적지까지 모든 단계를 거치며 이를 추적하면서, 위원회는 이 두 번째 체계를 위원회 백서로 채택하기로 했다. 동시에 위에 언급한 어떤 가능한 장점도 놓치지 않기 위해, 위원회는 현지 상황, 특정 법률과 행정 조치 그리고 이 문제와 관련한 민간 조직의 활동을 간략히 정리하여, 국가별 일련의 연구를 백서에 추가했다. 이 연구(제II부)에 실은 사실들은 위원회의 모든 위원이 참여하여 준비한 것으로, 카를 핀도르에게 조선을 위임한 백서(제I부)의 토대가 되었다.

제 I 부

I. 조사 결과

1. 일반 사항

동양에서 여성과 아동 매매 조사위원회는 방문 국가에서 국제 인신매매의 모든 증거를—아시아의 서로 다른 지역 간의 인신매매뿐만 아니라 아시아와 다른 대륙 간의 인신매매까지도—연구하였다.

아시아의 서양 여성 인신매매 인신매매 첫 범주에 관하여, 위원회는 서양 성매매 여성들의 동양 이동이 있는 반면, 동양 여성이 성매매를 목적으로 서양으로 갔는지는 알려진 바가 거의 없음을 발견했다. 아시아 국가에서 인신매매 피해자 서양인 그룹 중에서 북중국과 만주 난민 계층인 러시아 여성은 가장 심각한 문제이자 점점 커지는 위험을 안고 있는 문제와 관련이 있다. 그렇다고 동양과 서양 간의 인신매매라는 용어의 맥락에 완전히 들어맞는 상황은 아니다. 피해자들이 중국 거주자거나 러시아 영토의 아시아 지역 출신이기 때문이다. 그러나 이 문제의 무대가 온전히 중국 국경 안으로 들어오게 되면, 국제 인신매매의 낙인이 또렷이 찍힌다.

실제로 성매매를 위해 서양에서 온 여성들은 유럽이나 미국 등 국적이 다양하다. 뒤에 설명하게 될 이유로 인해 여러 아시아 국가에서 이러한 여성들의 수요는 감소 추세이며, 인신매매 확인에 제공된 노력이 유지되므로, 상당수의 서양 성매매 여성이 처음에는 고향 근처 국가에서 시작했다가 본인이 일하기 위한 새로운 기회를 찾아 다양한 단계에 점차 더 먼 동양 지역으로 나갔던 20, 30년 전 상황이 재연될 것을 우려할 필요가 없다.

아시아 여성 인신매매 이 보고서와 관련된 인신매매는 주로 아시아 국가 간의 아시아 여성 인신매매다. 이러한 인신매매 종류의 최대 피해자 집단은 중국 인종이다. 숫자상 다음으로 중요한 여성 집단은 일본 국적으로, 일본인, 한국인, 포모사인들이다. 그뒤를 이어 아주 적은 수의 말레이인, 베트남인, 필리핀인, 인도인, 라크인, 페르시아인, 시리아인이 있다.

성매매 여성은 자국 남성을 위해 해외로 간다 성매매의 접근성이 유럽에 더 가까운 지중해 근동 지방에서 주로 발견되는 몇 가지 예외적인 경우를 제외하면, 동양 인신매매의 특징은 성매매 여성들이 오로지 자국민 고객을 찾기 위해 외국으로 간다는 점이다. 중국 출신 성매매 여성들은 중국인을 따라 남양(South Seas)의 대규모 이주 중심지로 간다. 오늘날 자국 밖에서 활동하는 일본인 성매매 여성은 상당수의 일본인 식민지가 있는 중국에서만 현저한 수로 발견되고 이들은 일본인들 하고만 관계했다. 네덜란드령 인도제도 출신 말레이 여성들은 본인 인종의 남성에게 제공되기 위해 영국령 말레이로 끌려가며, 종종 인근 반도의 대농장 사업에서 일하는 본인 특정 섬 출신 노동자 그룹을 따라다니기도 한다. 남인도 출신 타밀[200] 성매매 여성은 본인 구역 출신 타밀 노동자 그룹과 합류하기 위해 영국령 말레이에 가려고 한다. 이라크에 있는 페르시아 성매매 여성은 페르시아 순례객 중에서 고객을 찾는다. 이와 유사한 경향은 중동이나 극동으로 가는 서양 성매매 여성들에게도 보인다. 이들 역시 거의 오직 서양 남성들 중에서 고객을 찾기 때문이다.

서양이 덜 냉소적이다 동양 어디에서도 위원회는 고의적으로 외국에서 데려온 외국, 타국 인종 여성을 성매매업소 고객에게 제공함으로써 고객에게 이국적 신기함을 공급하려는 의도를 발견한 바 없다. 비록 성매매업소 주인들이 아시아 성매매 여성에게 가하는 여러 잔혹 사례를 위원회가 주목하게 되었고 이들의 생활 상태가 지나치게 열악한 부분이 가끔 관찰되기도 했으나, 그럼에도 중동과 극동에서, 특히 중국인과 일본인 중에는 서양 성매매 여성이 종종 과시하는 행위처럼 천박하게 관능에 어필하는 행위는 눈에 띌 정도로 보이지 않았다.

* * *

인종 집단에 따른 분석 다음 챕터에서는 동양의 여성아동 인신매매 문제를 피해자 인종 집단에 따라 분석할 것이다. 서양 여성을 먼저 살펴보고 계속하여 동양 여성으로 갈 것이다.

동양으로 간 서양 인신매매 피해자에 관한 상황을 조사하면서, 위원회는 이러한 두 집단을 별도로 취급하기에 적합하다고 여겼던 극동의 러시아 여성과 남러시아 출신 여성을 포함한 다른 서양 여성 모두 사이에 인신매매 양상의 매우 큰 차이를 발견했다.

---

200 Tamil, 남인도 및 스리랑카에 사는 민족.

2. 피해자 인종 그룹

[A(극동 러시아인을 제외한 동양의 서양 여성), B(극동 러시아 여성), C(중국인 여성)의 인신매매에 관한 보고 번역 제외]

D. 국제 인신매매 희생자로서 일본 국적 여성

(1) 인신매매 범주

일본 국적 여성 국제 인신매매의 가능한 범위의 그림을 얻기 위해, 일본제국 밖의 다양한 방문 장소에서 위원회에게 지적해준 대로, 먼저 일본인, 한국인, 포모사인 성매매 여성의 수를 돌이켜 보면 편리할 것이다.

일본인, 한국인, 포모사인 일본제국의 민족지적 상황을 잘 모르는 독자들을 위해 '일본인'이라고 하면 일본인종의 사람으로, '한국인'이라고 하면 한국인종의 사람으로, '포모사인'이라 하면 포모사 거주민인 일본 국적의 중국인종의 사람임을 언급해 둔다.

해외 성매매 여성 수 일본의 가장 가까운 이웃인 중국을 시작으로 멀리 떨어진 나라들의 순서로 보면 다음과 같은 일본 국적의 성매매 여성 집단을 발견할 수 있다.

중국 대외 활동의 중심지인 상하이에는 위원회가 방문했을 당시 일본인 150명과 한국인 150명 성매매 여성이 있었고, 톈진에는 일본인 6명과 한국인 60명이 있었다고 했다. 즈푸에서는 일본인 성매매 여성이 13명이라고 했고, 관동 조차지를 제외한 남만주철도 지대에는 93명이, 묵덴에는 일본인 93명, 한국인 30명의 성매매 여성이, 창춘에는 일본인 성매매 여성이 93명, 다른 도시에 310명이 있었다. 하얼빈에는 일본인 79명, 한국인 159명의 성매매 여성이, 베이핑(Peiping, 베이징의 옛 이름)에는 소수의 일본인 성매매 여성이, 샤먼에는 소수의 일본인과 포모사인 165명의 성매매 여성이 있었다. 필리핀제도에는 소수의 일본인 성매매 여성이 있었고, 이 제도 전역에서 성매매에 종사하고 있다고 여겨지는 중국인종 여성 중 일부는 포모사 출신이라 생각된다. 태국에는 일본인 성매매 여성이 2명 있는데, 네덜란드령 동인도제도에는 추산해 본 적은 없으나 일본인 성매매 여성의 수는 매우 적을 것으로 생각된다. 해협식민지에는 52명이 있었는데, 말레이 연방국가 4국에는 약 50명이 있었던 반면, 비연방 말레이에는 소수였다. 영국령 인도 전역에는 일본인 성매매 여성이 50명이 있다고 한다.

해외 예능인 수 일본인 국적 여성의 매매 가능성을 고려할 때, 어떠한 종류의 여성에 대한 언급이 필요하다. 자신은 성매매를 필요로 하지 않지만 성매매에 새로 들어오는 자를 만드는 일(Capacity)에 종사하는 여성, 곧 예기, 웨이트리스, 직업적 댄스 파트너 등이 있다. 이들 직업에 종사하는 일본 국적 보유 부인은 일본제국 밖의 각지에서 발견되었다.

상하이에는 일본인 게이샤 177명, 일본인 웨이트리스 253명, 일본인 댄서 129명이 있었다. 텐진에는 일본인 게이샤 83명이, 묵덴에는 155명, 창춘에는 113명, 그 밖의 남만주철도 지대에는 일본인 게이샤가 모두 625명 있었다. 하얼빈에는 63명이, 샤먼에 소수가, 산터우에 1명이, 홍콩에 20명 이상의 일본인 게이샤가 있었다. 그외에는 동양에서 유일하게 한 곳, 곧 봄베이에 일본인 게이샤가 3명 있었다.

중국 수요의 특징 일본 성매매 여성과 다양한 범주의 일본 직업 예능인의 수를 살펴보면, 최대 인원이 일본제국 밖에서 상당수의 일본인 집단이 머무는 장소에서 발견되었다. 따라서 게이샤나 웨이트리스뿐만 아니라 일본을 떠나 이러한 해외 장소로 향했던 성매매 여성도 자국 남성들 사이의 수요를 만족시키기 위해 체류했을 것으로 보인다. 이는 중국의 지역들에 관한 한 거의 독보적인 것으로 확인되었다. 이들 지역에서 위원회는 거의 모든 일본인 성매매 여성들이 일본인 고객만 받았으며 일본인 게이샤는 오직 일본인의 유흥에만 이용 가능했다는 정보를 받았다. 일본식 레스토랑의 일본인 웨이트리스는 당연히 일본인 아닌 고객과 접촉하게 되는 경우가 매우 드물었을 것이다. 또한 일본 인종의 직업 댄스 상대는 중국에서는 상하이에서만 발견되었는데, 거의 일본인 남성이 드나드는 시설에 고용되어 있었다.

앞에서 말했듯이 한국인 성매매 여성은 일본제국 밖에서는 오직 중국의 일부 지역에서만 발견되었다. 이들은 이 지역에서 일본인 성매매 여성이 일하는 인종 구역을 지키지 않는 듯 보이며, 모든 국적의 고객을 상대한다.

해외 포모사 성매매 여성은 한 지역에 제한되어 활동하는데, 바로 남중국 샤먼 항구다. 그러나 상하이에 소수가 있고 필리핀에도 몇 명 있을 수 있다. 이들은 모두 중국 인종에 속하며, 이들의 고객 또한 모두 중국 인종이었는데 주로 중국인이거나 타이완인이다.

중국 외 지역 수요의 특징 홍콩과 홍콩항 남부와 서부의 지역들에는 비교적 소수의 일본인 성매매 여성이 중국의 일본인 성매매와는 매우 다른 부류에 속해 있는 듯하다. 이들은 대부분 1920년 이전에 극동 및 중동의 해운 중심지에서 무역했던 상당히 많은 잔류민 집단들이다.

이들 가운데 일부는 자국 국적의 고객들에게로 스스로 국한했지만, 다수는 모든 국적의 남성,

특히 선원에 의해 좌우되었다. 1920년 이전만 해도 공식 정보에 따르면, 싱가포르의 일본총독 구역에는 약 1,100명의 일본인 성매매 여성이 있었다고 할 정도로 15년 전에서 20년 전 이들의 수는 상당했다. 이 여성들은 봄베이나 카라치처럼 먼 서쪽의 항구에서 선원들을 상대하기도 했다.

일본 당국이 취한 조치 1921년은 이러한 상황에 중요한 변화를 보였다. 많은 해외 국가의 불명예 일본 여성의 존재가 "일본의 명예에 영향을 미치고 일본인 해외 이익의 건강한 발전에 유해할 수 있음"을 고려하여, 일본 정부는 극동과 중동의 일본영사 대표들을 초대하여 이들의 구역에 있는 일본인 성매매 여성의 점진적 퇴출을 일으키기 위해 설계한 조처를 하고자 했다.

다양한 장소의 지역적 상황에 맞게, 정도의 차이는 있기는 했지만, 이 정책은 시행되었다. 성매매 여성들이 어떤 경우에도 강제로 송환되지는 않았지만 이들에게 떠나도록 설득하는 것은 영사의 의무였고, 영사는 본인의 구역 일본인 거주민의 도움을 받아 노력하였다. 이 주민들은 성매매 사업에 종사하는 일본인 여성들에게 일본으로 돌아가도록 압력을 가하기 위해 모인 이들이었다. 이 지역 일본인 성매매의 해체 정책을 추구해 온 대표적인 노력의 예로, 싱가포르 지구 일본인 성매매 여성의 9/10 이상이 2, 3년 사이에 일본으로 떠난 사례를 인용할 수 있겠다.

같은 방식으로, 봄베이, 캘커타, 방콕, 사이공, 홍콩의 일본인 성매매 여성도 떠나도록 유도했다. 중동을 방문하고 있을 때 위원회에 제공된 정보에 따르면, 1925년 캘커타에는 여전히 일본인 성매매 여성이 65명 있었으며, 같은 해 봄베이에는 일본인 성매매 여성의 수가 90명이었다. 양곤에서는 1920년에 60명의 일본인 성매매 여성이 본국으로 송환되었다. 이 지역에서는 대부분 일본 영사관의 조치는 지역 당국의 협조가 있었다. 성매매 허가가 존재하는 지역은 일본인 여성에게 허가를 거부하는 조정이 있었다. 네덜란드령 동인도제도와 필리핀제도에서는 이미 모든 성매매 여성을 불법화하는 조치가 있었기 때문에, 이미 1920년 이전에 일본인 성매매 여성들은 이 장소를 포기했다.

중국에서는 지난 10년 동안 일본의 주도로 일본인 성매매 여성 수의 감소가 반복적으로 발생했다. 이제 이들은 관련 도시에서 거의 독점적인 일본 남성들의 수요 충족에 필요한 수보다 많지 않다. 숫자상 여러 일본 식민지의 수요를 초과하는 일본인 성매매 여성의 중국 비밀 입국은 중국으로 가는 일본인들이 여권이나 이와 유사한 요구 조건에 좌우되지 않기 때문에 당국의 감시를 피할 수 있을 것이다. 그러나 중국의 일본인 거주민들은 일본인 성매매 여성들이 다른 인종의 남성들을 접대하는 것을 반대한다는 사실 자체만으로도 이러한 재발을 충분히 예방할 수 있을 것이다. 현재로서는 아마도 상하이가 현실적으로 중국에서 유일하게 국제 정착촌의 일본인 비밀 성매매 여성 가운데 가장 비천한 이들이 다른 국적의 선원들을 고객으로 상대하는 유일한 장소일 것이다.

일본인 성매매 여성들이 외국에서 성매매에 열을 올리며 외국 국적 고객을 받는 것에 대한 일본 국민과 일본 정부의 단호한 반대가 있었음에도, 면허 성매매업이 일본 자체에서 존재하는 한 해외의 상당수의 일본인이 자국민, 특히 중국 등 일본 자치단체가 관리하는 지역에서 성매매 여성을 요구하는 것에 대해 정당한 반대는 있을 수 없다고 이들은 주장한다. 이것은 특히 톈진의 일본인 거주지와 남만주철도 구역 내의 일본인 거주지에 적용된다. 이러한 시 정책을 통해, 일본 국적의 성매매 여성들은 일본의 성매매 여성과 마찬가지로 면허, 의료 감독 등과 관련하여 치밀한 통제를 받는다. 당연히 이러한 장소에서는 특히 게이샤와 같은 직업 예능인의 수요가 특히 강력하다. 이러한 일본식 예능이 이국의 토양 위에 모국에서의 사회생활의 축소판으로 재연하고 싶은 일본인들에게는 특히 소중할 수밖에 없기 때문이다.

성매매 여성의 존재는 인신매매의 결과다 일본제국 이외의 나라에 일본인, 포모사인, 타이완인 성매매 여성이 존재하는 것이 인신매매의 결과인지 그리고 어느 정도인지를 고려할 때, 관련된 다양한 성매매 여성 집단의 상황에서의 다음과 같은 특수성을 고려해야 한다.

면허 성매매업소 면허제가 존재하지 않는 '상하이 국제 정착촌'에 대해, 당국에 따르면 이곳의 일본인과 한국인 성매매 여성은 어린 여성들로 거대한 상업 중심지에서 찾을 수 있는 더욱 나은 전망 가능성에 끌려 고용의 기회를 찾아 상하이에 도착했으나 일자리를 얻지 못하고 떠돌다 점차 성매매에 빠지게 되었다고 한다. 이러한 여성들이 어느 정도로 인신매매업자의 꾐에 빠져 상하이로 갔는지는 생각해 볼 문제다.

중국에서 일본인 시 행정을 통해 성매매가 실제로 일본에서와 똑같은 방식으로 규제되는 장소의 경우, 성매매 여성 모집은 일본에서와 똑같은 방식으로 발생한다. 이는 일반적인 면허 성매매업소 여성 모집 제도이기도 하다. 그러나 다수의 초임자들이 상당한 거리를 와야 한다는 사실은 일본 국내보다 훨씬 많은 제3자인 중개자를 필요로 했다. 그래서 이들 성매매업소의 약정에는 의심의 여지없이 인신매매 요소를 포함한다. 이는 아마도 하얼빈의 면허 성매매업소에 거주하는 일본인과 한국인 성매매 여성들이나 톈진의 중국 지방자치단체가 관리하는 영토의 일본 조계지 밖에서 발견되는 한국인 성매매업소 여성들에게도 마찬가지일 것이다.

샤먼의 타이완인 성매매 여성은 대부분 타이완인 레스토랑경영자협회 회원들이 고용한 이들인데, 레스토랑의 손님들 접대와 어떤 식으로든 관련이 있지만 주로 성매매와 관련되었음을 인정한다. 이 성매매 여성들의 약정이 조직화한 집단의 손에 달린 것을 보면, 인신매매와 밀접하게 연결되어 있다고 여겨질 수 있다.

앞서 언급한 홍콩과 홍콩 남부와 서부 지역들에서는 1920년과 그 이후 일본영사의 열의 있는 활동으로 인해 비교적 소규모의 일본인 성매매 여성들만이 남아 있었기 때문에, 이 잔류 성매매 여성들이 인신매매의 피해자였을 개연성이 매우 높다. 이들 지역의 새내기 일본인 성매매 여성의 도착은 최근 몇 년간 거의 중단되었으며, 따라서 이전에 존재했던 인신매매는 전반적으로 점검에 성공했다고 생각할 수 있다.

(2) 일본 국적 여성의 인신매매 원인

위에 언급된 사실들에 비춰 볼 때, 일본 국적 여성의 국제 인신매매의 현재 원인 검토는 중국을 도착 국가로 하는 인신매매에 국한될 수 있다. 이 인신매매에 책임 있는 다양한 변수 분석을 단순화시킨다면, 우선 성매매 여성뿐만 아니라 게이샤나 작부, 댄스 상대와 같은 직업적 예능인과 관련된 조건들을 포괄하여 일반적인 방식으로 이들을 다루는 데 편리할 것이다.

성비 중국에 정착한 일본인 남성들은 일본식 삶 또렷하게 간직하고 있는 폐쇄 공동체에 살고 있기 때문에 당연히 일본 예능인뿐만 아니라 일본인 성매매 여성의 수요를 대표한다. 이들 가운데 상당수는 사업가로서의 기반을 마련할 의도로 중국에 있으면서 처음부터 이러한 업무에 최대한 노력을 열신히 기울였기 때문에, 많은 경우 자신의 미래가 확실해질 때까지 결혼을 미룬다. 이는 중국에 있는 일본 국적 남성의 수가 불일치함을 설명해 준다. 공식 집계에 따르면, 1930년 남만주철도 지대를 제외한 중국의 일본 국적 남성은 37,000명, 여성은 31,000명이었다. 남만주철도 지대의 일본인 인구도 성비가 비슷하리라 추측할 수 있다.

이는 일본인 남성들이 외국인 인종 성매매 여성보다는 오히려 일본인 성매매 여성을 선호하는 당연한 경향을 고려할 때 중국에서의 일본인 성매매 여성의 수요를 설명하기에 충분할 것이다. 경험으로 볼 때, 무시하지 못할 수의 전문 예능인이—즉 게이샤, 웨이트리스(waitresses)[201] 그리고 상하이에서는 댄스 파트너가—점차 성매매 여성이 되고 있으며, 이러한 이유에서 일본 이외의 국가를 위한 예능인의 가능한 모집에 이바지하리라 생각할 수 있는 조건들을 연구할 필요가 있다.

예능인과 성매매 여성을 모두의 측면에서, 남만주철도 지대 전체 역시 포함하는 관동 조차지 정

201 일어본에 여급으로 번역되어 있는데, 그간의 영어와 일어 상호간 번역에서 waitresses가 일관되게 작부로 번역되어 왔다는 사실을 생각할 때 작부로 상정하는 것이 맞을 것이다.

부가 제공한 매우 정교한 통계는 의심의 여지없이 이러한 범주의 중국 체류 일본인 여성들이 일반적으로 전형적인 조건으로 여겨질 수 있다.

성매매 여성 모집 자원 이러한 통계에 따르면, 관동 조차지와 남만주철도 지대에는 1,408명의 일본인 면허 성매매 여성이 있다. 먼저 이 여성들이 성매매 여성이 되기 전 하던 직업에 따른 분류에 따르면, 이전에 아무 직업도 갖지 않은 집단이 642명으로 가장 컸다. 그다음 최대 집단은 농촌 출신 어린 여성으로 375명이다. 세 번째는 웨이트리스 출신으로 129명이었다[73명은 카페 웨이트리스였고 56명은 레스토랑 웨이트리스였다].[202] 이들 다음으로는 여공이 57명, 하녀(maid-servants[203])가 57명이고 그다음으로는 게이샤가 23명이었다. 그 밖의 117명은 간호부, 어부의 아내, 주부 등이었다.

모집제도 일본인 성매매 여성 모집이 일반적으로 기반이 되는 제도는 다른 모든 곳과 마찬가지로 여성을 그 일로 몰아가는 경제적 스트레스에서 벗어나고 싶다는 욕구와 만난다. 일본인 성매매 여성들이 업소 주인에게 빚을 지지 않고 업소에 들어오는 경우는 거의 없는 듯하다. 이러한 빚과 성매매 여성의 서비스 사이의 관계가 법적으로 허용되지 않지만, 실제로 여러 사례를 보면 채권자와 채무자 모두 이 대출이 성매매 여성의 수입으로 갚을 것이라는 의도가 있다. 이러한 빚에는 두 종류가 있는데, 하나는 약정한 기간에 대한 돈을 선급 형식으로 받는 것이다. 이 경우 허가받을 대출금액을 계산할 때 성매매업소 주인은 업소 기식자의 하루 평균 수입에 자신의 유지비를 더한 평소의 평균 몫을 고려한다. 약정기간이 지나간 후에는 원래의 부채는 소멸하는 것으로 본다.

여성이 성매매업소에 들어올 때 지게 되는 다른 종류의 빚은 이자를 내고 갚아야 하는 대출금에 기반한다. 업소 주인은 이 빚의 변제를 직접 확실히 하기 위해, 유지비 등에 대해 합의한 액수 외에 추가로 성매매 여성 수입의 일정 부분을 보유할 권리가 있다.

성매매 여성의 보호와 착취 예방 두 종류의 계약 모두 성매매 여성은 정부 규제를 통해 부당한 착취로부터 보호받는다. 첫 번째 계약에서는 근무 기간과 선금 사이의 관계를 결정하고, 두 번째 계약에서는 대출 상환을 위해 유지할 성매매 여성의 수입 비율과 이자 비율을 결정한다. 어린 여성이 돈을 선지급받든, 성매매업소에 들어가기 위한 대출로 받든, 이 돈은 여성이 개인적으로 필요한 돈이 아니라 가족을 위해 필요한 재정적 지원이라는 점은 명백하다.

---

202 일어본에는 다음과 같이 번역되어 있다. "세 번째는 여급 129명[그 가운데 73은 카페 여급, 56은 요리옥 조추(女中)]이다."

203 [일어본] 조추(女中).

서비스와 채무 사이의 법적 관련이 없다 이 주제에 대한 일본법과 규제 권위자들은 성매매 여성들에게 요구되는 서비스와 문제의 채무 사이에 법적 연관성이 있을 수 없다는 점을 분명히 하기 위해 매우 신중했다. 1900년 통과된 법률은 성매매업소 기식자가 업주에게 진 빚에 상관없이 담당 경찰서에 신청하면 즉시 업소 명단에서 이름을 삭제할 수 있도록 허용하고 있다. 이 법률은 또한 여성이 개인적인 필요에 의해 발생한 빚에 대해서도 언급하는데, 동양의 업주는 서양식 업주와 같은 방식으로 그의 피해자(his victim)를 값싼 보석이나 장신구 등을 위한 빚의 그물로 감싸려고 시도하기 때문이다.

비이기적 동기의 성매매 여성 어떤 경우에는 주로 사취당했다고 주장하는 업주의 호소에 따라, 경찰은 업주를 불러 석방 신청자와 상담하는 것이 적절하다고 판단한다. 때로는 이 여성의 부모나 친척과 상담하기도 한다. 성매매 여성이 주로 어려움에 처한 부모나 친척들에게 금전적인 도움을 주기 위해 생활하는 많은 경우, 이러한 상담 중 효도에 호소하는 것은 종종 그녀가 빚을 갚는 것과 관련해 어떤 타협이나 다른 방법으로 성매매업소로 돌아오는 결과를 가져온다고 한다.

이 사회는 소녀들이 성매매하는 삶을 영위하게 되는 비이기적인 동기를 잘 알고 있으며, 이러한 배려가 성매매 여성에 대한 개인적인 태도에도 영향을 미친다. 중국과 모국 양국의 일본인 사이에서 이러한 효도 희생에 의존하는 부모 그리고 일반적인 면허 성매매업소 제도의 사회적 위험에 점차 더 많은 관심을 갖고 있다.

게이샤와 카페 웨이트리스 직업 예능인의 경우 게이샤의 역할은 전통적으로 화술과 예술적 성취로 즐거움을 준다고 널리 알려져 있다. 일본 여성들이 비교적 은둔 생활을 하고 엄격한 교육을 받기 때문에 이들의 사회적 모임이 없는 일본 사회 속에서 재현되는 인물이 게이샤다. 게이샤는 일본 사회생활의 필수적인 일부였다. 일본 여성의 전통적인 은둔 생활이 근대적 개념의 사회생활에 밀리면서 게이샤가 공급하는 오락의 종류에 대한 수요는 줄어들었다. 게다가 여러 가지 면에서 게이샤가 주는 오락은 수 세기 동안 오늘날의 사고방식과는 온전히 일치한다고 할 수 없는 전형의 형식을 발전시켜 왔다.

이 현상은 최근 일본인들 사이에서 또 다른 형태의 전문 여성 예능인이 빠르게 발전하고 있다는 사실도 설명할 수 있을 것이다. 카페 웨이트리스가 바로 이것인데, 현재 게이샤와 인기를 다투고 있다. 커피 한 잔과 명랑 쾌활한 웨이트리스와의 대화는 게이샤의 차분하고 전통적인 격식을 갖춘 접대보다 그가 할 수 있는 짧은 시간 동안 바쁜 업무 담당자의 휴식 필요성과 더 잘 맞을 것이다.

"부도덕한 행위에 쉽게 끌림" 어떤 도덕적 해이도 두 형식의 이들 직업 예능인의 기능에 내재되어 있지는 않으나, 유능한 정부 관료들이 인식한 바로는 게이샤나 카페 웨이트리스라는 직업이 그리고 댄서들도 적어도 상하이에서는 "어린 여성들이 쉽게 부도덕한 행위에 빠지도록" 할 것이라는 우려다. 일본 비공식 소식통의 정보에 따르면 게이샤 업소 주인들에 의해 게이샤 어린 여성들이 때때로 성매매를 하도록 강요당한다고 한다. 일본 구세군 사관은 전년도에 게이샤 34명이 구세군 구제소(rescue home)에 수용되었는데, 그들 중 일부는 꽤 어린 나이였다고 말했다. 그는 또한 "우리의 보호를 찾아서 오는 게이샤는 대부분의 경우 주인(Keepers)이[204] 성매매를 강제하려 해서 도망쳐 나온 게이샤다"라고 했다.

게이샤 취업의 원인 관동 조차지 정부가 제공한 통계에 따르면, 관동 조차지에 고용된 게이샤 1,904명 중 1,532명은 일정한 직업이 없었고, 농부의 딸은 107명, 웨이트리스는 71명, 면허 성매매 여성은 65명이었다.[205] 나머지는 다양한 직업의 소그룹들로 구성되어 있었다. 숫자가 보여주듯이 가장 대다수를 점하고 있는 무직이었던 게이샤는 의심의 여지없이 유년부터 그의 양친이나 후견인이 게이샤가 되도록 철저히 가르친 소녀다.

연령 제한 게이샤에 대한 조선과 관동주의 법령에는 게이샤 취업 연령이 제한 규정이 포함되어 있지 않았다. 그러나 경시청과 타이완 경무국의 법령에는 12세 미만은 게이샤로 고용되어서는 안 된다고 특정되어 있다. 게이샤 어린 여성들은 기간 계약에 대해 선금을 받는 것이 일반적인 관례다.

계약(contracts) 이러한 계약은 선금 지급 방식에서 면허 성매매 여성의 계약과 매우 유사하다. 각 영토마다 면허 성매매 여성, 게이샤, 웨이트리스의 계약을 규제하는 단일 규정이 있다.

(3) 모집방법과 인신매매업자의 역할

성매매 여성 위한 직업소개소[206] 면허성매매업소제도는 여성을 기식자(inmates)로 모집하는 체계화된 제도를 도입한다. 중국 지역의 일본인 업주는 자신의 업소에 기식자를 계속 공급받기 위해 중국 다른 지역이나 일본제국 지역 사람들과 접촉할 수 있다. 중국 지역들을 위한 일본인 성매매 여성 모집은 고용 소개소를 통해 영향을 받기도 했다. 일본법과 규제에 따르면, 성매매 계약을 위한 특수 고용 소개소가 허용되있는데, 이는 성매매 여성의 일본제국 국내뿐만 아니라 해외 성매

204 [일어본] 포주(Keepers).

205 [일어본] 여급은 71명, 공창은 65명이었다.

206 [일어본] 추업부 주선업자.

매업소 계약(engagement)으로 언급되어 있다. 고용 소개소 중개인은 성매매를 시작하는 여성들이 반드시 의존하게 된다. 여성은 대출을 허가하는 제도를 이용하고 싶어하며, 고용 소개소가 중국의 해외 성매매업소의 문의를 장부에 올려놓았다면, 빈자리를 채울 기회를 얻을 수 있을 것이다.[207]

그러므로 이러한 어린 여성들을 주선해 주는 소개업자는 불법적이거나 비밀스러운 방법을 사용할 필요가 없다. 그는 구미에 당기지 않을지는 몰라도 합법적인 일을 하는 셈이다.

중국의 일본인 성매매 여성 중에는 면허성매매업소제도가 폐지된 상하이 국제 정착촌에 있는 몇몇 성매매 여성만이 불법적인 수단의 대상이 되었다는 혐의를 받고 있다. 몇 년 전 일본의 어린 여성들의 상하이 인신매매에 대한 기소가 많았던 적이 있다.

"입양 딸" 아모이에서 성매매를 위한 포모사인 모집을 주도한 다른 제도가 있다. 아모이의 포모사인 성매매 여성 73퍼센트가 고용주의—즉, 타이완요리점주조합의 회원인 요리점주의—호적에 "입양 딸"로 나오고 불과 '25퍼센트'만이 고용되었다. 나머지 2퍼센트는 실제로 그러한 요리점주의 친딸이었다. 실제로 모든 어린 여성들은 요리점 내에서 살았으며, 예능인(entertainers)과 웨이트리스로 구분되었으나 동시에 성매매로 시중들도록 요구받았다.[208]

게이샤로 키울 목적으로 소녀를 입양하는 관습은 일본제국 전역에서 법으로 금지되어 왔다. 그러나 이 법률이 타이완에서는 허를 찔리고 있는 듯하다. 곧 타이완에서는 보통 14세에서 15세의 잠재적 피해자들이 다른 지역에 있는 고용주의 친척이나 친구의 가족에게 거짓으로 입양되는 것으로 보인다. 대신 소녀의 부모에게 수백 달러가 '혼수예물' 격으로 지불된다.

일본영사 당국은 일본 국민이자 아모이의 타이완인 요리점주들이 소녀들을 노골적으로 착취하려는 시도를 막기 위해 노력하고 있다. 또 성매매 여성 연령을 최저 14세로 정해야 한다고 주장한다. 일본 당국은 원칙적으로 타이완 소녀가 성매매를 위해 섬을 떠나는 것을 허용하지 않기 때문에, 이러한 타이완 소녀들을 샤먼에 고용하는 것은 합법적일 수 없다. 원칙적으로 일본인은 여권 없이 중국을 여행할 수 있지만, 가까운 중국 본토를 포함한 해외 모든 지역으로 출국하는 타이완

207 [일어본] 공창제도에는 아내(家人)로서 부인을 모집하는 대단히 조직적인 제도가 있다. 지나에서 일본인 기루주인은 창기를 계속 공급받기 위해서 지나 각지나 일본제국 내 사람들과 접촉할 필요가 있다. 지나 각지의 일본인 추업부 모집 또한 주선업자를 통해 이루어진다. 일본의 법규에서는 추업부를 위한 특별소개소가 허가돼 있다. 이것은 일본제국 내의 기루에 대해서와 마찬가지로 국외 기루에 대한 추업부의 고용에도 적용된다. 빚을 지는 방법을 이용해 추업을 시작하는 부인은 필연적으로 이 주선업자의 중개에 호소하게 된다. 그러니 만일 그 주선업자의 대장(台帳)에 지나에 소재하는 기루에 관한 조사가 실려 있다면 위 부인에게 결원을 보충할 기회가 주어진다.

208 [일어본] 작부와 조추(女中) 등으로 구분되었으나 동시에 추업을 해야만 했다.

인의 경우 이러한 서류가 필요하다는 점에서 이 정책이 강행되었다. 반면 타이완의 중국인들은 샤먼의 중국인들과 같은 분파이고 같은 사투리를 사용한다는 사실 때문에 밀매업자들의 활동은 자연스럽게 매우 수월해진다. 자주 사용되는 방법 중 하나는 소녀의 여권에 '찻잎을 따는 여자'라고 묘사되는 것이다.

게이샤의 취업 일본인이나 한국인 게이샤의 중국 진출은 계약(contract)으로 이루어진다. 게이샤의 집 주인은 필요할 때 일본이나 조선에 직접 가서 신입 소녀를 선발하지만, 때로는 공인된 고용 소개소를 이용하기도 한다.

인신매매업자의 활동 지역 리뷰 위원회의 통지에 올라온 일본 국적의 여성들의 인신매매 사례를 살펴보면, 타이완 소녀를 중국으로 인신매매하는 것은 순전히 지역적인 중요성 때문이다. 한국 소녀들의 인신매매는 중국 북부 지역보다 더 멀리 가지 않았지만, 일본 여성들의 인신매매 문제는 한층 복잡해 보인다. 해외 일본인 남성들에 의한 일본인 성매매 여성들에 대한 수요는 이러한 여성들이 중국 북부로 가는 특정한 인신매매를 존재하게 하는 원인이 되는데, 이는 국제적 이동의 특징을 가지고 있는 것이 아니다. 반면 거리마다 여러 나라에서 온 해군과 상선의 선원들로 붐비는 동양의 주요 항구에서 성매매 여성들에 대한 잠재적인 수요는 과거 일본인 여성에 대한 광범위하고 조직적인 국제 인신매매로 이어졌다. 그리고 현재에도 의심의 여지없이 이들을 몰래 밀입국시키려는 인신매매업자의 시도도 이 때문이다. 물론 당국이 주목할 만한 수적인 변화는 없이 아직 남아 있는 나이 많은 성매매 여성을 어린 여성으로 교체하려는 방편일 뿐이기는 하지만 말이다. 아시아의 몇몇 열대지방에서는, 부인이 없는 유럽 남성들, 특히 오지의 고립된 기지에 혼자 사는 이들은 일본인 여성을 가사 도우미나 안주인으로 삼는 관습이 있기도 했다. 그러나 몇 년 후 생활 여건이 점점 더 유럽 가정생활에 적합해짐에 따라 이러한 여성에 대한 수요는 줄어들었다. 그러나 이러한 고용의 가능성은 여전히 존재하며, 의심의 여지없이 남태평양에 보낼 잠재적 피해자를 얻기를 원하는 인신매매업자에게는 계속해서 강한 주장의 근거가 되고 있다.

세계 어느 곳에서나 그렇듯 일본에서도 가난과 무지라는 조건은 인신매매업자가 자신의 수확물을 찾는 장을 제공한다. 통계에서 알 수 있듯이 일본 성매매 여성의 대다수는 가난하고 무지한 농업 노동자의 가족 출신이다. 비록 성매매업소 초임자를 제공하는 영업[209]이 엄격히 감시받고 있

209 [일어본] 창기 고용업이.

으며, 기식자[210] 보호도 잘 조직되어 있음에도, 의심의 여지없이 다수의 경우 성매매 생활로 들어가겠다는 이 초임자들의 자발성과 부모나 보호자의 묵인은 너무 뻔한 그림일 수밖에 없다. 당연히 도착지가 멀수록 파렴치한 인신매매업자가 그릴 수 있는 그림은 더 매력적일 수밖에 없다. 이들이 그려놓은 매력에 현혹되어, 어린 여성들은 때때로 목적지 항구에 도착하기 위해 온갖 불편과 어려움을 불평 없이 견딜 준비가 되어 있다.[211]

행동의 비밀 어린 여성들은 승무원들의 묵인 하에 비밀리에 기선에 승선하기 위해 소형보트를 타고 바다로 나아가는 과정에서 꼼짝하지 않은 것으로 알려졌다. 그들은 2주일 또는 그 이상 지속될 수 있는 항해를 위해 움직일 공간도 거의 없고 가장 빈약하고 입맛에도 맞지 않는 음식들로 가장 불편한 은신처에 숨겨져 있다. 남해의 영토에서 일본 여성들의 성매매에 대한 엄격한 제한으로, 이들 지역으로의 밀매업자들은 어린 여성들의 운송과 입국 준비뿐만 아니라 그들이 일단 들어왔을 때 성매매 여성으로서의 활동도 극비리에 숨겨야 할 필요성을 깨닫고 있다. 과거에 사용되었던 것으로 알려진 모험적 방법들이 여전히 시도되고 있는지 그리고 어느 정도까지 시도되고 있는지는 증명되지 않는다.

[이하 E(필리핀), F(베트남), G(태국), H(말레이 인종), I(인도), J[이란(페르시아)], K(아랍과 근동), L(아프리카) 여성의 인신매매에 관한 보고 번역 제외]

---

210 [일어본] 창기.

211 [일어본] 많은 경우 추업 생활에 들어서는 여자들의 의도나 양친 또는 후견인의 묵종(默從)은 우스꽝스럽게도 편하게 살 수 있다는 화려한 색채의 그림 안으로 끌려들어가 버린다. 통례적으로 가는 장소가 멀면 멀수록 무법적인 주선업의 도발적 그림은 마음을 더욱 어지럽히지 않을 수 없게 만든다. 소녀는 그려진 흡인력에 유혹되어 목적한 항구에 도착할 때까지 일어나는 온갖 종류의 불쾌함이나 어려움을 불평 없이 견딘다.

II. 국제연맹 이사회에 제출된 고려사항 및 제안

동양 여성아동 국제 인신매매에 관한 보고서를 발표하면서 질의 중에 발견된 바와 같이 조사위원회는 국제연맹 이사회에 다음과 같은 고려사항과 제안을 제출하여 이 악에 대항하여 추가적인 조치를 취할 수 있는 유용한 근거를 제공한다.

1. 국제협력

여성과 아동의 매매와 싸우는 영역에서 국제연맹의 임무 중 중요한 부분은 인신매매의 출발지와 도착지 모두에서 취해진 조치를 연결하는 방식으로 인신매매와 관련된 국가 간의 적절한 협력을 이끌어 내는 것이다.

중앙기관 이 주제에 관한 최초의 국제약정에서—1904년 협의—한 가지 중요한 권고사항을 자국에서 여성과 아동의 인신매매에 관한 정보 수집과 정보 교환에 관한 중앙기관을 각국에 설립함으로써 공식적인 통신망의 조성을 위해 찾아볼 수 있다.

중국*과 페르시아를 제외하고, 위원회가 방문한 모든 국가는 그러한 중앙기관을 지정하고 있었다. 그러나 잠재적 인신매매 피해자의 이동과 관련한 소통이 홍콩의 영국 식민지와 영국 해협식민지 사이에는 일상적 문제로 이뤄진다. 반면에 동양의 다른 영토들은 중앙 당국의 정기적인 협조가 아직 관례가 되지 않은 것으로 보인다.

*원문 주: 위원회가 제네바로 돌아온 이후, 중국 정부 대표부는 중국에 중앙기관을 설립하겠다는 의향을 통보해 왔다.

경찰 당국 국제 인신매매 개별 사례에 더 나은 공조를 위해서는 중앙 당국의 기능에 대한 투자 여부와 관계없이 다양한 지역의 치안 기관에 의존하게 된다. 이러한 공조의 사례는 프랑스와 인도차이나, 프랑스와 시리아, 홍콩과 태국, 홍콩과 인도차이나, 태국과 영국령 말레이, 네덜란드령 동인도제도와 홍콩 그리고 태국, 마닐라와 홍콩, 영국령 인도와 영국령 말레이, 영국령 인도와 스리랑카, 영국령 인도와 이라크, 영국령 인도와 페르시아 등의 소통에서 위원회가 발견한 바 있다.

여성 공무원 여성과 아동의 인신매매와 싸우는 것에 특별히 관련된 중앙 당국이나 경찰 또는 다른 정부 부처 당국의 직원 구성에 관하여, 위원회는 특히 인신매매 피해자들이 남성 공무원을 불신하고 신뢰를 얻기 어려운 경우 여성 공무원의 협업이 큰 도움이 된다고 보고 있다. 문제가 되는 업무와 관련된 여성 관료 고용 사례는 다음의 장소에서 위원회가 만난 결과 매우 유용함을 알게 되었다.

팔레스타인에서는 정부 복지과 과장이 있었다.

해협식민지에서는 중국인 보호관 부관이 있었다.

캘커타와 콜롬보에서는 모두 보호감찰관이 있었다.

봄베이에서는 여성용 유치장 여성 간수가 있었다.

동양의 어떤 지역에서는 지금도 여전히 여성들에게 이런 역할을 부여하여 공공장소에서 행동하거나 악이 출몰하는 곳에 침투하게 하기는 매우 어렵다. 그러나 양곤에 그러한 사례가 있다. 훈련받은 여성이 매우 효율적으로 경찰을 보조하고 있었는데, 경계협회(Vigilance Society)에서 고용했고 이 여성의 급여는 정부재원으로 지급되었다. 어떤 경우가 되었든, 여성과 어린 여성을 수사하고 도덕적 관점에서 그들에게 영향을 미치고자 하는 노력하며 훈련된 여성 조력자의 협업은 의심의 여지없이 현실적으로 매우 가치 있다. 영국령 말라위의 중국 어린 여성을 위한 쉼터인 보릉국(保良局, Po Leung Kuk)에서는 정부 관계기관과의 긴밀한 협조 속에, 남성 공무원들이 아무리 신뢰를 얻으려 해도 기부히던 어린 여성들이 이 쉼디에서 며칠을 보내고 나면, 여성 사감 또는 여성 보호자에게 자신의 사연을 모두 털어놓곤 했다고 한다.

중국인 피해자와 관련한 국제협력 동양 국가 관계 당국이 직면한 여성과 아동의 국제 인신매매의 여러 문제 가운데, 중국인 여성의 인신매매는 수적으로 가장 상당할 뿐만 아니라 예방을 위한 공조의 관점에서도 가장 심각한 문제다. 이러한 방향에서 중국 및 그 밖의 인신매매 도착지 국가들의 협력을 위한 노력이 요구되고 있다. 아울러 중국 내 외국인 정착 행정과 중국의 조약항구(treaty port)에서 해외 선박회사에 대한 중국의 지방 관계기관의 적절한 조치도 필요하다.

이 보고서에서 인도차이나, 영국령 말레이, 네덜란드령 동인도제도, 필리핀제도에서 중국 어린 여성 유입 인신매매를 다루기 위해 취한 조치와 유출 인신매매를 예방하기 위해 중국 항구나 홍콩에서 따르는 절차에 대한 상세한 설명에 따르면, 이들 각 지역의 관계기관들은 악행을 억제하기 위해 많은 수고를 아끼지 않고 있는 듯 보인다.

출발 중국인 여성 이주자 보호 산터우, 홍콩, 샤먼에서 여성 또는 아동을 동반한 이들은 남양으로 출발하면서, 여행 목적에 관한 심사를 받아야 하며, 의심될 때는 출발 허가를 받기 전 세부 심사를 거쳐야 한다. 이들 중국 항구에서는 지방 관계기관이 이 범주의 모든 출국자에게 이들이 고지한 내용의 진실성에 대한 재정적 책임을 질 능력이 있는 사람의 보증을 받도록 요구하고 있다. 산터우에서는 영국총독이 중국인 시장과 공조하여 영국 선박을 타고 남양의 항구로 출발하거나 어떤 국적의 선박을 타든 아시아의 영국 식민지로 출발하려는 여성과 아동을 보호하고 있다.

도착 중국인 이주자의 보호 중국인 어린 여성들에게 시도한 인신매매에 대한 남양 국가들이 취한 상응 조치들은 그 범위가 단순 심문에서 어느 정도 실질적인 현지 주민 보증 요구에까지 이르며, 심지어 인신매매 피해자로 의심되는 미성년 이민자의 보호권에 대한 정부의 공식 입장도 포함한다. 마지막으로 언급된 조치들, 특히 영국령 말레이와 네덜란드령 동인도제도에서 적용된 조치들은 미성년자 인신매매 의심 사례를 그러한 방식으로 처리하는 어려운 문제의 해결을 위한 건설적인 노력을 나타낸다. 희생자의 중요한 관심사가 범죄자를 좌절시키려는 노력에 있어 잊히지 않는 것을 의미한다.

공조의 부재 유감스럽게도, 두 영국 식민지인 홍콩과 영국령 해협식민지 간 중국 여성들의 이동을 제외하고, 인신매매 피해자들의 출발지와 도착지에서 취해진 이러한 훌륭한 조치의 조정은 이루어지지 않고 있다. 인신매매와의 전쟁을 위해 매우 가치 있는 일을 많이 하는 것은 이런 식으로 아무 의미가 없다. 예를 들어, 산터우를 떠나 방콕으로 가는 어떤 중국 어린 여성이 부도덕한 목적으로 잡혀 가는 것이 아니라는 것을 믿을 만한 사람들의 책임에 관여하려는 산터우 시장의 노력은 만약 태국에 산터우 시장과 소통할 사람이 없다면 무용지물이 된다. 위원회가 중국 어린 여성들이 해외로 출항하는 장소에서 시행 중인 보증 시스템을 발견한 어느 곳에서도, 도착지에서 일어날 수 있는 일로 인해 보증인에게 책임을 묻는 때는 없었다.

해결 제안 중국, 홍콩, 마카오 및 중국의 인신매매 피해자들이 가는 남태평양 국가의 유능한 대표자 회의는, 중국 중앙 관계기관의 설립에 따라 위에 언급된 조치의 조정 부재를 해결하기 위한 수단을 의심의 여지없이 찾을 것이다.

위험 장소 홍콩, 마카오, 광둥의 항구는 인신매매가 경유하는 지역에 자리 잡고 있기 때문에 경찰 당국 사이의 긴밀한 협조가 특히 바람직하다. 매일 중국인 수천 명이 행정적으로 신원을 통제받지 않고 이 항구들을 오고간다. 이동 거리는 각각의 경우에 불과 몇 시간 정도이고, 3개국에 의해 관리되고 있는 3개의 서로 다른 경찰력 사이에 권한이 나누어져 있다. 따라서 세 곳 중 한 곳에서 당국의 의혹이 제기될 것을 두려워할 때마다 여성과 어린이의 밀매상들에게 탈출 정보를 받고 피해자를 다른 곳에 쉽게 옮길 가능성이 있다. 이러한 활동을 점검하기 위한 효율적인 수단을 보장하려면 여러 나라의 경찰 당국 간에 가끔 연락하는 일반적인 방법 이상의 것이 필요할 것이다. 세 정부 간 공통 조치를 이러한 문제에 신속한 협력을 끌어내기 위한 목적으로 삼는다면 큰 가치가 있을 것이다.

허점 인신매매업자들은 어디에서든 재빨리 기회만 있으면 당국의 감시를 피하려고 한다. 싱가포르에서 조금 떨어진 네덜란드령 동인도제도에 리오군도로 알려진 섬들이 있는데, 이 섬들은 네덜란드 이민 관리 구역 밖이다. 네덜란드령 동인도에서 싱가포르로 오는 승객은 중국에서 오는 승객만큼 통제가 엄격하지 않아 중국에서 싱가포르로 도착하는 중국인 소녀 인신매매업자들은 도착하자마자 네덜란드령 동인도로 향한다고 선언한 것으로 알려졌다. 싱가포르와 네덜란드령 동인도 당국의 감시를 피해 즉시 싱가포르로 돌아간다. 따라서 영국령 말레이와 네덜란드령 동인도제도 사이의 적절한 현지 협정이 이 관행을 점검하는 데 도움이 될 것으로 보인다.

인신매매업자들의 또 다른 속임수는 다음과 같다. 희생자들과 함께 싱가포르, 태국이나 그 너머로 갈 목적으로 홍콩을 떠날 때, 그들은 목적지가 하이난섬의 호이하오(Hoi-hao)[212] 항구라고 한다. 홍콩을 떠나 다른 항구로 향하는 중국인 여성과 아이들은 여행의 최종 목적지와 목적에 대해 심문을 받을 의무가 없다. 인신매매업자들이 호이하오에 도착하자마자 피해자를 배 안에 두고 남양의 항구로 계속 가도록 주선하는 것은 간단한 일이다. 홍콩 당국이 해당 해운회사에 적절한 권고를 하는 것이 이 관행을 점검하는 데 도움이 될 수 있다.

더 나은 상하이 공조에 대한 제안 중국에서 부인아동매매와의 싸움에 관한 협력이 미흡하다는 유감스런 사례는 중국 당국이 취하는 조치와 중국에 있는 외국조계 행정 당국의 조치에서도 볼 수 있다. 이는 상하이에서 특히 두드러진다. 중국 시 당국과 프랑스 조계 당국 및 공동 조계 당국 사이에 부인아동매매 방지에 관해 아무런 협정이 없다. 상하이에서 본 조사위원은 중국 관리, 영국과 프랑스 총영사, 조계 당국, 영국 기선회사 대표자 몇 명과 만나 중국인 여성의 국제매매 차단에 관한 지방협력 문제를 협의했다. 이 자리에서 본 조사위원은 상하이 시장이 산터우와 마찬가지로, 국외나 남중국의 주요 이민 출발 항구로 향하려는 중국인 여성을 심문한 후 승선 허가증을 발행해 주고, 또한 영사와 해운회사는 조계에서 승선하는 중국인 여성에게 관련 승선허가증 휴대를 의무화하는 것을 확실히 하기 위해 원조해야 한다고 제안했다.

아울러 상하이에 있는 외국과 중국의 해운회사가 유괴방지협회와 협력하여 선박을 통한 출발

212 현재의 하이난 하이커우(海口).

을 감시하기 위해 동 협회의 풍부한 경험에 바탕한 탐색을 승인할 뿐 아니라 인신매매업자로 의심되는 자를 감시하기 위해 가장 가까운 항구까지 편승하는 편의를 부여해 주는 방법으로 동 협회의 귀중한 활동이 이용되면 바람직할 것이라 생각하였다.

일반적으로 중국인 여성 중에서도 특히 상하이 산업에 종사하고 있는 자가 성매매에 빠져들거나 또는 인신매매의 피해자가 되지 않도록 보호하기 위해서는 중국 및 조계 당국의 협력이 아직은 더욱 필요하다고 본다.

중국인 아닌—곧 일본 국적—피해자에 대한 국제공조 중국인 이외의 인종을 둘러싼 동양 부인아동 매매의 차단을 위한 국제협력은 앞에서 말했듯이 복잡하지 않다. 일본 국적 여성의 인신매매는 대부분 일본제국과 중국 사이의 인신매매다. 이는 실제로 일본의 관계기관이 관련된 문제다. 사실상 중국에 있는 일본 국민들은 자국 영사의 사법권 아래 있을 뿐만 아니라 인신매매의 목적지인 대부분의 장소에는 일본인 시정 기관이 있다. 사정이 이렇다 보니 국제공조 문제는 좀처럼 문제가 되지 않는다. 일본인 여성 인신매매의 잠재적 목적지인 아시아의 다른 영토에서는 일본 영사와 지방정부 사이의 협력이 매우 효율적이기 때문에 일본 여성의 성매매는 거의 끝나가고 있다.

그 밖의 아시아 인종 다른 아시아 인종 국가 간 여성아동 인신매매는 수적으로 볼 때 그리 크지 않다. 그래도 인신매매 규모가 어느 정도 있고, 이에 대처하기 위한 국제공조가 강화될 수 있다. 출발지와 도착지(페르시아 제외) 모두에 중앙기관이 존재하며, 이들 간의 더욱 적극적인 협력이 이 인신매매를 거의 완전히 차단할 수 있을 것으로 보인다.

극동 지역 러시아인 극동 지역 러시아 여성의 매매는 거의 예외 없이 중국 국경 안에서 이동하면서 이루어진다. 따라서 인신매매에 대한 기존의 조치는 중국 관계기관이 주도하고 있다. 이 여성 중 많은 수가 중국의 외국인 정착촌, 특히 톈진과 상하이의 정착촌으로 간다는 사실에 비추어, 이 정착촌의 행정 당국과 중국 관계기관 사이의 특수한 협력이 필수적이며, 이러한 협력이 더 체계적으로 발전되는 것이 바람직하다. 예를 들어 하얼빈과 톈진, 상하이의 외국인 정착촌 사이의 인신매매 피해자로 의심되는 이들의 이동에 대한 정보 교환은 부족한 것으로 보인다.

그 외 서양인 다른 서양 여성들이 동양으로 성매매하러 오는 경우, 서구 국가들의 관할 당국과 아시아 식민지들 사이의 협력은 잘 확립되어 있지만, 한편으로는 일반적인 여권과 비자 수속을 넘어서는 인신매매 피해여성들의 움직임을 따라가기 위한 특별한 시도는 없는 것으로 보인다.

중앙 관계기관의 공조 부족 중앙 관계기관의 설립으로 주어지는 기회는 일반적으로 동양의 여성아동의 국제인신매매 문제와 관련하여 거의 활용되지 않는다. 동양을 위한 이 기관의 효용성을 완성하기 위해서, 해양 지방에 지부를 두고 특별히 경계하는 중앙 관계기관의 설립은 절대적으로 필요하다.

협약 가입 더욱이 그들의 영토 전체 또는 일부에 속하면서도 아직 1904년과 1910년, 1921년의 협약에 가입하지 않은 국가들이 협정에 따를 가능성을 고려해 보는 것도 바람직할 것이다.

2. 동양 국제 인신매매에서 성매매업소의 역할

인신매매업자의 견고한 피해자 장악 거의 예외 없이 동양의 인신매매업자는 피해자에 대한 완전한 통제를 하고 있어서 피해자가 인신매매업자를 가장 신뢰하고 이들에게 친권을 맡기면서 자신의 보호자로 여길 때가 간혹 있다. 이런 상황에서 착취자가 피해자에게 이렇게 정신을 좌지우지하는 상태에 영향을 미쳐 인신매매를 근절하겠다는 노력은 비록 불가피하다 해도, 그저 점차 스스로 상황을 느끼게 할 뿐이다.

시장 제거 인신매매업자들의 영업 조직을 공격한다면 더욱 즉각적인 결과를 얻을 수 있을 것이다. 우선 비밀 인신매매업자에게 시장을 보장하는 경향이 있는 조건들을 제거하는 데 이러한 노력을 집중해야 한다. 업자의 가장 확실한 시장은 면허 혹은 공인받는 성매매업소(the licensed or recognised brothel)[213]다.

성매매업소가 인신매매의 도착지를 결정한다 일반적으로 면허 성매매업소의 존재는 조사의 권한 범위에 속하지 않은 내부적 사회 조건의 문제이지만, 동시에 동양의 국제 인신매매에 대한 시스템 관계를 고려하는 것도 위원회의 의무다. 위원회가 관찰한 바에 따르면 동양 국가의 면허 혹은 공인 성매매업소의 존재가 그 나라를 국제 인신매매의 목적지로 만드는 결정적 요소이며, 업소의 인가를 취소하는 즉시 유입 인신매매의 수가 현저하게 감소세를 보인다는 것이다.

중국 소녀 매매 목적지 조건의 연구를 통해 얻은 증거는 이 사실에 대해 매우 설득력 있다. 최근까지 면허 또는 공인 성매매업소제도를 보유했거나 보유하고 있는 지역인 홍콩, 마카오, 태국, 영국령 말레이에는 수십만 명의 중국 성매매 여성이 있지만, 상당히 오래전에 성매매 면허가 폐지된 네덜란드 동인도제도에서 중국인 성매매 여성의 수는, 이러한 여성들에 대한 수요가 있음에도 불

---

213 [일어본] 공인기루(公認妓樓) 또는 공허기루(公許妓樓)다.

구하고, 잠재적으로 매우 적을 것으로 추정되었다. '국제 인신매매의 중국인 피해자'라는 제목에 기술한 것처럼 성매매업소의 인가가 취소당한 1930년 전후로 해협식민지로 유입된 중국인 소녀의 매매 수는 국제 인신매매에 업소가 미치는 직접적 영향을 명확하게 입증한다. 스리랑카 당국에 따르면 1912년 면허 성매매업소제도의 폐지는 섬으로 유입되는 외국인 여성의 매매를 완전히 중단시키는 효과를 낳았다고 한다. 이외 양곤에서도 같은 결과가 나온 적이 있다.

동양에서 면허 성매매업소는 당연히 유출하는 인신매매도 쉽게 만드는 경향이 있는데 면허업소가 목적지에서 동일하게 이용된다면, 이같은 인신매매는 발전의 범위와 가능성의 측면에서 중요성이 있다.

목적지의 면허업소는 당연히 인신매매업자에게 모집 지역의 성매매업소보다 훨씬 더 필수적이다. 네덜란드령 동인도제도에는 성매매업소가 없었음에도, 면허 성매매업소가 존재했을 때에는 자바섬에서 영국령 말레이에 오는 말레이 소녀 사이에 무시할 수 없는 정도의 인신매매가 존재했다. 인신매매는 해협식민지의 성매매업소가 폐지된 후 감소하기 시작했다. 중국 전역에 성매매업소가 존재함에도 불구하고, 중국인 부녀자의 매매는 남양 국가 중 면허업소를 폐지한 곳에서는 완전히 종식됐고, 한편 목적지에 아직도 여전히 면허업소가 존재하는 나라에서는 심히 활발한 상태다. 그러므로 동양의 중국인 여성의 국제적 매매는 중국 자국 내의 성매매업소 때문이라기보다는 남양 국가의 성매매업소로 인해 한층 조장되고 있다고도 말할 수 있다.

중간 거점으로서의 성매매업소 동양의 성매매업소는 상품인 여성의 출신지에서 수월하게 공급할 수 있게 하고 목적지에서 확실한 시장을 제공할 뿐만 아니라, 국제 인신매매 통과 국가에 비용을 들이지 않고 피해자를 수용한다. 심지어 궁극적으로 피해자가 본인 마음에 따라 결정만 한다면, 수익을 낼 수도 있다.

홍콩과 마카오는 중국의 각 항구에서 중국인 소녀를 남양제도로 인신매매할 때의 대표적인 중계지다. 중국의 여러 항구에서 남양으로 항해하려는 선박이 실제로 통과해야 하는 이들 두 식민지 중 특히 홍콩에서 면허업소의 존재는 인신매매업자로 하여금 중국에서 여성을 확보하는 업무와 피해자들을 목적지로 분배하는 업무를 나눌 수 있게 해 준다. 그들은 홍콩과 그 부근의 포르투갈령 식민지를 상품 거래소와 분배의 중심지로서 이용하고 있는 셈이다. 만일 면허 성매매업소의 존재가 없었다면 지리적으로 편리한 이 지점들도 그처럼 이용될 수 없을 것이다. 왜냐하면 이러한 목적으로 비밀 성매매업소를 이용한다는 것이 위험하기도 하고 그렇다고 소녀를 놀게 두면 벌이가 되지 않기 때문이다.

성매매업소가 인신매매를 부추기고 영속시킴 면허 성매매업소가 있는 남양 지역과 그렇지 않은 지역의 중국인 소녀의 인신매매 규모를 비교해 보면, 놀랍게도 성매매업소가 외국인 성매매 여성에 대한 기존 수요에 만족감을 제공할 뿐만 아니라 그 수요를 자극하는 데 매우 중요한 역할을 한다고 짐작할 수 있다. 하지만 확실한 시장이 없다는 그 자체만으로 태국의 중국인 성매매 여성의 수 차이를 설명할 수는 없다. 왜냐하면 태국에는 100만 명 이하로 추산되는 중국인이 있고, 면허받은 중국인 성매매업소에는 기식자[214]가 600명이고, 중국인 150만 명이 있는 네덜란드 동인도제도에서는 중국인 여성 몇 명만 성매매를 하고 있을 뿐이다.

남양의 중국인 전직 성매매 여성들은 종종 인신매매업소의 하인이 되고 때로는 주인이 되는데, 두 경우 모두 인신매매에 관여함으로써 수입을 얻는다. 생활과 관련하여 이들의 주된 관심은 소녀들의 성매매 생활을 위한 알선(procuration)과 훈련에 집중되어 있는데, 그들은 성매매 생활을 끝낸 뒤에도 같은 행동을 할 것이고, 따라서 알선과 인신매매[215]의 악순환을 지속할 것이다.

따라서 면허 성매매업소는 면허 조건에 따라 합법적으로 성매매 여성을 착취하는 이들이 세운 영업장이 될 뿐만 아니라, 국제 인신매매 피해자가 착취당할 준비가 될 때까지 억류해 둘 거점이며 소녀들을 이 장소에서 저 장소로 이동시키는 인신매매업자를 위한 영업 중심지가 되기도 한다.

동양의 국제 인신매매에서 성매매업소의 유해 기능은 중국 여성의 인신매매 사례를 통해 입증된다. 숫자상으로는 중국 다음으로 일본 국적 여성의 인신매매가 중요하다. 대부분은 일본제국에서 중국 특히 만주로 유입된 인신매매로 일본과 목적지 양측의 면허 성매매업소의 존재에 그 기반을 두고 있다.

다른 아시아 인종 여성의 국제 인신매매는, 관련 챕터에서 보여 주듯, 그 규모는 작지만 발생하는 곳에서는 역시 성매매업소가 유책 요인이다.

동양에 있는 서양 성매매 여성은 주로 업소를 자유롭게 운영하는 곳에서 발견된다. 면허나 공인을 받을 수도 있고 아니면 간섭받지 않고 그저 자유롭게 떠날 수 있기 때문이다.

나아가 동양의 면허 성매매업소는 국제 인신매매 피해자가 될 위험에 처한 여성과 어린 여성들을 보호하기 위한 노력에 분명한 장애물이다. 이는 영국령 말레이의 한 관리가 외국에서 온 어린 여성에 대한 이러한 노력의 효율성을 비교하며 잘 보여 주었다. 성매매업소 폐지를 전후해서 그는

---

214 [일어본] 공창.

215 [일어본] 매음(賣淫)과 매매(買賣).

이렇게 말했다. “지금 우리가 조사하는 모든 소녀는 잠재적 피해자다. 어떤 의심이라도 생기면 우리는 그들에게 증서를 작성하게 한다. 우리는 어떤 식으로든 만일 소녀가 성매매 여성이 되고 싶다고 한다면 허락해 줄 수밖에 없었다는 사실만으로 지체하지 않을 것이다. 우리가 일부 허용해 주었다는 점에서 이전까지 이에 대한 우리의 도덕의식은 잘못되었다.”[216]

국제 인신매매 해결책: 성매매업소 폐쇄 위원회는 모든 사항을 고려했을 때 동양의 여성 국제 인신매매를 촉진하는 주요 요인은 면허 성매매업소이고, 역시 인신매매업자의 지배하에 있는 성매매업소의 연계가 있는 경우에는 피해자의 목적지에 있는 성매매업소라고 확신한다. 따라서 위원회는 이 해악에 관한 가장 효과적인 해결책은 관계 국가에서 면허 혹은 공인 성매매 폐지라고 믿는다.

3. 당국과 선교단체 및 민간단체의 협력

계몽 교육 동양의 여성아동 국제 인신매매 규모의 감소를 위해 일련의 행정 조치에 주의를 환기하면서, 위원회는 이 분야에서 다른 활동 부서가 갖는 가치를 절대로 과소평가하지 않는다. 이는 기본적인 중요하기 때문에 공식적이고 체계적인 행동뿐만 아니라 선교 및 민간 차원의 기획과 필수적인 활동을 요구하는데, 바로 교육 사업이다. 현재 동양 전역에서 일어나고 있는 여성의 지위에 영향을 미치는 사회적 변화는 의심할 여지없이 이 보고서와 관련된 해악과의 싸움에서 가장 강력한 주체다. 현재 동양의 모든 나라에서 엄청난 발전을 이루고 있는 교육의 확산은 점점 더 이러한 폐해의 참모습을 보여 줄 것이다. 그것은 부모, 보호자 그리고 피해자로 하여금 인신매매업자와 그들의 중개인의 감언이설에 빠지지 않도록 무장시키고, 무고한 피해자들에게 강요된 타락의 부당함에 대한 분노를 대중들에게 일깨우며, 곤경에 처한 가족이 딸을 직간접적으로 성매매와 관련된 방식으로 처리하기보다 소녀들에게 유익한 고용의 가능성을 넓힘으로써 굶주림을 피하게 하여 자동으로 그 수를 줄일 것이다. 동시에 교육을 통해 동양에서 여전히 널리 퍼져 있는 남자는 처녀와 접함으로써 성병을 치료할 수 있다는 개탄스러운 미신을 소멸시킬 수 있을 것이다.

---

216 [일어본] “현재 당국이 조사하는 소녀는 모두 피해자가 될 수 있으므로 만일 뭔가 의심스러운 점이 있으면 그들에게 보증금을 적립하게 한다. 이전에는 만일 소녀가 스스로 추업부가 되고 싶다고 희망하는 경우에는 허가를 내 주어야 했지만, 현재는 이런 단순한 사실에 의해 결코 방해받지 않는다. 즉 이전의 우리는 누군가를 허가해야만 했기 때문에 그들에 대한 우리 자신의 도덕적 의식이 무뎌져 있었던 것이다.”

선교단체와 민간단체 활동의 결실 위원회가 수행한 조사에 따르면, 아시아의 성매매 및 인신매매와 관련하여 예방 및 구조 활동에 종사하는 선교단과 민간단체가 실질적으로 모든 국가에서 활동하고 있는 것으로 확인된다. 이 보고서의 끝부분에는 위원회가 방문한 선교단 및 민간단체 목록이 나와 있으며, 이들의 활동성과는 각국에 대한 보고서에서 확인할 수 있을 것이다. 많은 경우, 선교단체와 민간단체의 영향을 받아 정부가 성매매와 인신매매를 퇴치하기 위해 효율적인 조치를 도입할 수 있었다.

예를 들어 동양의 여러 영토에서 활동하는 구세군처럼 여러 나라에 걸친 지부 조직을 가지고 있는 협회들은 그들의 조직을 통해 국제 인신매매와 싸우려는 관청의 일에 적극적으로 협력할 수 있다. 이 주제와 관련하여 중국에서는 모든 외국인 중 선교사만이 전국 각지에 거주할 수 있는 특권을 가지고 있었다는 점이 흥미롭다. 천주교 선교, 특히 중국에 있는 천주교 선교에는 매우 높은 비율의 토착 성직자와 수녀들이 있다.

여성단체 오늘날 동양 어디에서는 여성단체가 인신매매라는 악과의 싸움에서 중요한 역할을 하고 있으며, 구제와 예방 활동에 종사하는 사람들에게 도덕적 원조를 하고 있다.

시급히 필요한 예방 활동 위원회는 그 밖의 동양 인신매매 잠재적 피해자의 대량 수요를 간과하지 않고 있으며, 중국 내 러시아 난민 사회의 젊은 여성들에게 시급히 필요한 예방 활동에 특히 주의를 기울이고자 한다.

이러한 지역사회의 경제 상황과 소녀들을 위한 고용 부족이 인신매매에 미치는 영향은 특히 러시아 여성들을 언급하는 부분에서 다루었다. 중국에 있는 러시아 소녀들이 적절한 직업을 얻는데 큰 어려움을 겪고 있다. 이들이 양재와 같은 일부 직업에서 자신의 기회를 잘 활용했지만, 밖에서 볼 때 이들에게 취업 가능한 모든 직업의 유익한 점이 아직 진지하게 고려되지 못했다는 인상을 피할 수 없다. 그럼에도 지역의 복합적 이유로 인해 시달리는 문제를 잠정적 제안의 문제로 우기면서 사법원을 주장하는 것은 아니다. 다만 조사위원회는 가설적 제안의 문제로서 이론적 가능성의 하나에 주의를 환기하고 싶다. 현재 극동 국가들에는 수백의 유럽과 미국인 가정이 있고 그들의 유아를 돌볼 사람으로 현지인을 고용하고 있다. 이들 지나인, 베트남인, 필리핀인, 말레이인 돌봄이(amah)는 아이를 위해 헌신적으로 노력하기 때문에 존중받고 있다. 그러나 많은 이유, 특히 무지와 미신으로 인해 아이에 대한 '아마'의 선의가 오히려 역효과를 낳는 일이 때때로 있어 극동에 있는 유럽과 미국인들은 많은 경우 백인 유모를 선호하는 것 같다. 그러나 자국으로부터 유모를 고용하기 위해 거액의 비용을 치를 수가 없으니 만일 극동에 있는 러시아 부인이 자격이 있고 또한 마음에 들게 된다면 그들은 기꺼이 이를 고용할 것이다. 그리고 만일 이들 러시아 피난민 소녀가 도움이 되고 신뢰할 만한 유모라는 평판을 얻을 수 있다면, 많은 직업 분야가 열리는 것도 지극히 가능해질 듯하다. 지망자를 적당히 훈련시키고 그 직업에 취업시킬 적당하고도 신뢰할 수 있는 기관이 있다면 본 문제에 대단히 실질적인 도움이 될 것으로 본다.

이런 종류의 지원은 예방 활동에 종사하는 민간단체들의 활동에 소중한 기회가 될 듯하다. 혜택을 입게 되는 자는 전쟁과 혁명의 대격변 속에서 정작 본인들은 아무 잘못 없음에도 불구하고 집도 없고 국적도 없는 불행한 계급에 속하게 되었다는 사실은 이 요청을 더욱 강화할 것이다.

노력을 합치면 성공할 것이다 동양 여성아동 국제 인신매매에 행정적 조치로 싸우고 있는 관계기관이 피해자에게 도움의 손길을 내밀고 있는 단체와 힘을 합쳐 노력한다면, 머지않은 미래에 해악의 현저한 감소를 가져올 것이라고 본 위원회는 희망하고 믿는다.

제Ⅱ부 방문 국가별 국제 인신매매 관계 법률과 상태 연구

제국 일본(일본, 조선, 타이완, 관동)

일본은 1904년과 1910년 협약을 준수했으며 1921년 협약을 비준했다. 이러한 조약은 조선, 포모사, 사할린과 같은 해외 속령과 남양 및 관동 조차지에는 적용되지 않는다.

일본의 중앙기관은 도쿄 내무성이다.

인신매매 관련 내부 상황

인구

1930년 10월 1일 현재 일본제국의 인구는 공식적으로 약 9천만 명으로 추산되었다. 그중 64,447,724명이 일본 내지에 포함되어 있다. 조선 인구는 21,057,000명, 타이완은 4,594,161명, 관동 1,327,971명, 사할린 295,187명, 위임통치령 69,627명이다. 전체 인구에서 남성이 여성보다 약 100만 명 더 많았으며, 이러한 남성 우세는 제국 전역에 존재했지만 특히 조선과 관동에서 두드러졌다.

1930년 일본의 외국인 인구는 (약 4만 명) 적었고 주로 중국인(30,836명)으로 구성되어 있었다. 여느 때처럼 남성은 다른 동양의 여러 나라에 비해 다소 낮았지만, 외국인들 사이에서 우세했다. 전체 외국인 인구 중 남성 3명 대 여성 1명인데 중국인의 경우 이 비율은 4 대 1이었다. 일본에 있는 중국인의 절반 이상이 도쿄, 효고, 오사카, 가나가와 현에 차례로 거주했으며 주로 노동자와 상인, 학생, 레스토랑 주인으로 활동했다.

1930년 10월 1일 현재 관동에는 일본인이 225,819명, 한국인이 18,247명, 중국인이 1,080,885명, 기타 외국인 3,020명 있었다. 전체 인구의 성비는 남자 3 대 여자 1이었다. 일본인과 한국인은 여자보다 남자가 약간 우세했고, 중국인은 남자 166 대 여자 100이었다.

1930년 조선에는 중국인이 91,466명이었고 주로 농업 노동자로 일했다.

1930년 타이완의 외국인 거주자는 대략 68,000명이었으며, 그중 대부분이 중국인이었고 남자 3.5명 대 여자 1명이었다.

1930년대 초에는 위에 열거된 일본 인구 외에도 전 세계에 걸쳐 약 50만 명의 일본인이 외국에 거주하고 있었으며, 그중 아시아 국가에 절반 가까이 거주하고 있었다.

1920년 인구조사에 따르면 일본 인구의 절반가량이 농업에 종사했다. 공업은 1/5, 상업은 1/8 그리고 나머지는 자유업, 통신, 어업 등이었다. 취업자 성비는 남성이 약간 우세하다. 다만 농업과 상업 분야에서는 여성 취업자 수가 남성을 초과한다는 점이 흥미롭다.

성매매에 대한 일반 정책 및 기타 관련 질문

내무성의 현재 정책은 "신규 면허 구역(성매매업소) 설립을 허가하지도 않고 기존 업소의 확장을 인가하지도 않는다." 성매매 및 그 밖의 여성아동 착취 형태에 대한 제국 일본의 보편적 정책은 규제다. (지정 구역 내의) 성매매업소, 게이샤 집, 레스토랑, 찻집 그리고 이들 업소에서 지내는 기식자들에 대한 면허를 포함한다. 제국 전역 가운데 관동과 포모사에서는 성매매 여성과 게이샤, 작부(shakufu)가 성병에 대한 정기검진을 받고 감염이 확인되면 격리 및 치료를 받는다.

일본 본토에서는 대중의 반발로 인해 이 규제 제도가 원칙적으로 9개 현에서 폐지되었다. 조선인과 포모사인을 포함한 외국인들은 일본에서 성매매업소를 운영하거나 성매매 면허를 받을 수 없다. 관동과 조선에서는 러시아인에게 면허가 나오지 않으며, 조선에서는 관동에서 면허를 받은 중국인이라도 면허를 받을 수 없다.

성매매업소 주인, 게이샤 집 주인, 그 밖의 유사 업소의 관리자들은 기식자를 모집하는 특정 제도 없이는 이러한 영업을 유지할 수 없기 때문에, 특수 직업소개소와 주선업자를 통해 여성과 소녀를 모집하는 것이 허용되고 세부 규정으로 시도된다. 이는 보호자뿐만 아니라 소녀들의 권리도 보호하기 위해서다.

성매매 관련법과 기타 관련 질문

면허 성매매업소, 게이샤 집, 고용 소개소 등의 행위에 관한 규정 외에도, 부도덕한 목적을 위한 알선과 구금, 사람의 납치, 구매, 판매, 수령, 은닉 그리고 이러한 범법 행위 시도를 규제하는 법률이 통과되었다. 형법 제229조는 앞서 언급한 범죄들이 "영리를 목적으로 하지 않는 한 고소장이 제출된 경우에만 고려된다"라고 규정한다. 유괴·매수된 사람과 혼인계약을 한 자에 대해서는 이

죄를 규정하고 처벌하는 조항이 제182조 및 제224조부터 제229조까지에 모두 포함되어 있다. 부록 I을 참조하라. 성매매업소, 게이샤 집, 고용 소개소, 그 밖의 유사 업소의 관리 규정이 워낙 정교하고 세밀하여 여기에서는 이를 재현할 수 없다. 규정은 제국 전역이 대체로 똑같다. 특정 규정은 제국 전역에 공통으로 존재하며, 비밀 성매매나 면허 성매매 여성의 자유에 대한 간섭, 고용 소개소의 특정 활동을 금지한다. 이는 부록 II에 첨부되어 있다.

일본 본토의 일반 고용 소개소는 성매매 여성이나 게이샤의 계약에 관여할 수 없다. 이 제한은 관동과 포모사에서는 시행되지 않는다. 성매매 여성의 수입으로 생계를 꾸리는 사람에 대해서는 형법 제182조, 제224조 및 형법 제5조 또는 경찰 위반 처벌령 제1조의 범위에 들어가 이 규정에 따라 처벌한다.

성매매 관련 상황과 법의 적용

성매매업소

1930년에 일본 본토에는 11,154개의 성매매업소가 허가받았으며, 업주와 기식자들 모두 일본 국적을 가지고 있었다. 이 성매매업소들은 541개의 다른 장소에 자리 잡고 있었다. 자세한 내용은 부록 III에서 확인할 수 있다. 같은 해 조선에는 12개도 전역 25개 구역에 510개의 성매매업소가 있었는데 이 중 303개는 일본인 업소였고 207개는 조선인 업소였다(별첨 4 참조). 관동, 다롄, 아서항에 면허업소 147개가 있었는데, 그중 일본인 업소는 70개였고 중국인 업소는 77개였다. 남만주철도 지대와 일본영사 관할 구역에는 76개 식당(일본인 42개소, 한국인 34개소)에 면허 기식자 430명(일본인 116명, 한국인 314명)이 있었다. 이 중 61개가 묵덴과 하얼빈에 있다. 포모사의 성매매업소 수에 대한 통계는 나오지 않았다.

1900년 통과된 법은 성매매업소 기식자가 관할 경찰서에 신청하면 즉시 면허 성매매 여성 명단에서 이름을 빼낼 수 있도록 허용하고 있다. 그러나 경찰이 업주를 불러 신청자와 협의하는 관행 때문에 때때로 소녀를 성매매업소에 돌려보내기도 한다. 정부는 법적, 행정적 조치가 늘어나면서 동시에 이러한 관행이 줄어들고 있다고 한다. 성매매업자는 소녀들이 불성실하게 선금을 받은 후 즉시 은퇴하지 않도록 해달라고 경찰에 호소한다. 성매매업자가 규제 없이 은퇴할 수 있는 법을 피하려고 강력히 반발하는 것은 분명하다.

중앙정부는 이러한 폐해가 발생하지 않도록 지방정부 관계기관에 수시로 지시하여 경찰이 성매매업자가 면허 성매매 여성의 자유로운 퇴직을 방해할 수 없도록 조치하고 있다. 이 조치는 성매매 여성의 퇴직을 방해한 것으로 드러난 업주에 대한 형법과 성매매업소 단속규정 제6조에 따라 처벌했기 때문에 최근 들어 폐해가 현저하게 사라지고 있다.

많은 소녀가 가난하거나 아픈 부모나 친척들을 돕기 위해 이타적인 이유로 이 삶에 들어간다고 해야 할 것이다.

면허 성매매 여성

1930년 일본의 성매매 여성 수는 50,056명이었다. 자세한 내용은 별첨 3 참조.

조선에는 1930년 6월 말 현재 2,975명의 성매매 여성이 있었으며, 이 중 일본인이 1,841명, 한국인이 1,182명, 러시아인이 2명이다(자세한 내용은 부록 Ⅳ 참조).

관동 조차지와 남만주철도 지역에는 1,611명의 기식자가 있었고, 그중 일본인이 1,408명, 중국인이 203명이었다. 이 중 67개는 다렌[쇼카우츠(Shokautzu)와 샤허커우(Shahekou) 포함], 102명은 아서항에, 93명은 묵덴에, 다른 93명은 창춘에 위치해 있었다. 또한 263명의 면허 성매매 여성이 있는데, 이들은 모두 중국계이고 다롄과 뤼순항에 위치해 있었다. 타이완의 면허 성매매 여성 수에 대한 통계는 나오지 않았다.

성매매 여성이 면허를 받을 수 있는 최소 연령은 일본 본토에서 18세, 조선과 관동에서 17세, 포모사에서 16세였다. 면허 성매매업소에서 일하는 기간은 최대 4년으로 정해져 있으며, 예외적인 경우에는 6년으로 연장되었다. 1925년 일본기독교총연맹(National Christian Council of Japan Property)이 조사한 바에 따르면 17,613명의 성매매 여성 출신은 농민 딸 3,552명, 작부(shakufu) 3,281명, 하녀 2,872명, 여공 1,797명, 게이샤 소녀 1,607명, 무직 1,487명이며, 나머지 2,435명은 노동자나 어부의 아내, 나카이(하층 여급이나 여성 바텐더), 소녀 재봉사 그리고 그 밖의 직업에 종사하는 이들이었다.

같은 출처에서 받은 정보에는 성매매 여성 22,977명의 학력 수준이 상세히 기록되어 있다. 이 중 3,647명은 글을 몰랐고 10,416명은 1년에서 5년 동안 교육을 받았으며 7,598명은 초등교육을 마쳤다. 나머지 1,312명은 어느 정도의 고등교육을 받았다.

나중에 정부로부터 받은 정보에는 다음과 같은 1932년의 수치가 제공되어 있다. 50,149명의 성매매 여성 중 1,654명이 글을 읽지 못했고, 2,906명은 학교에 다니지 않았지만 읽고 쓸 줄 알았으며 39,546명은 소학교, 5,456명은 고등소학교, 586명은 고등 여학교에 다녔다.

교육을 많이 받지 못한 여성이 더 나은 교육을 받은 여성보다 성매매에 종사할 가능성이 크고, 일반적으로 면허 성매매 여성의 교육 수준이 낮은 것도 사실이다. 농부의 딸, 웨이트리스, 게이샤의 딸이 상당수 고용되어 있는데, 아마도 업주가 미리 빌려 준 돈 때문에 성매매를 하도록 장려했기 때문일 것이다. 위원회가 제네바로 돌아온 이후 일본 정부로부터 받은 정보는 다음과 같은 수치를 보여 준다.

1931년에서 1932년 9월까지의 기간

총 2,237명의 성매매 여성이 거래를 그만두었다. 그 중 287명은 결혼했고, 695명은 집에 가서 가사 일을 하였고, 140명은 하녀가 되었다. 32명은 웨이트리스가 되었고, 116명은 바 종업원이 되었으며 3명은 게이샤가 되었다. 145명은 성매매업소 고용인이 되었고, 141명은 다시 면허 성매매 여성이 되었다. 1명은 천리교(the Tenrikyi branch of Shintoism)의 선교사가 되었으며, 1명은 가두선전업자가 되었고, 2명은 사망했으며 674명은 조사 중이다.

비밀 성매매 여성

도쿄 주변에는 무면허 성매매 여성들이 시내의 면허 구역에서 여성보다 크게 제한받지 않고 영업하는 것으로 보이는 두 구역이 있다. 이 두 곳의 공식적인 여성 숫자는 1,700명이다. 또한 성매매업소 외에 여종업원이거나 다른 장사를 하는 무면허 여성에 의한 성매매 행위로 710명이 검거되었다. 지난 5년 동안 유럽 여성은 단 한 명도 유죄 판결을 받지 않았으며 오직 6명만이 비밀 성매매를 한 혐의를 받고 있다. 이들이 매우 공개적으로 나와 이의를 제기하면 추방시킬 예정이다. 지난 5년 동안 오직 한 명의 유럽 여성만이 추방되었다. 요코하마의 공식 정보에는 25개 업소와 120명의 소녀가 거주하고 있는 무허가 지역이 있다는 사실이 공개되었으며, 이 중 2명은 러시아인이다. 하지만 만약 일본이 면허업소와 면허 성매매여성제도를 두고 있는 서양의 나라들과 비슷한 비율이 사실이라면, 제국 전역에 모든 계층의 면허 성매매 여성보다 훨씬 더 많은 비밀스러운 여성들이 존재해야 할 것이다. 이 총계는 작부, 웨이트리스, 특정 유형의 소녀 게이샤 그리고 합법적인 사업에 그들의 일정 시간을 할애하는 다른 여성들을 포함할 수 있다.

게이샤와 작부

소녀 게이샤나 작부의 수는 공식적으로 집계되지 않았다. 관동에는 1930년에 1,904명의 일본 게이샤 소녀와 3,130명의 중국 게이샤 또는 노래하는 소녀가 있었다. 동시에 1,367명의 여종업원이 있었는데, 이 중 1,365명이 일본인, 2명이 중국인이었다. 이 중 사전계약채무는 96건, 미계약채무는 1,271건이다. 카페 웨이트리스도 631명으로 이 중 일본인 609명, 중국인 4명, 외국인 18명이었다. 609명의 일본인 여종업원 중 108명은 선금을 받았고 나머지는 받지 못했다.

일본 전역의 소녀 게이샤들은 서비스 계약(contract)에 따라 선입금으로 돈을 받는다. 이러한 서비스는 소녀들의 거래 수행을 위한 훈련을 목적으로 어린 나이에 시작된다. 포모사나 도쿄 시경 총국의 규제에는 12세가 되기 전에는 어떤 소녀도 게이샤로 고용되어서는 안 된다고 명시되어 있다. 관동과 포모사에서는 소녀 게이샤와 웨이트리스 모두 성병에 걸리기 전에 검사를 받아야 하며, 관계 기관이 결정할 수 있는 기간 내에 추가 검사를 받아야 한다. 일본 본토에서는 소녀 게이샤들이 성병 검사를 받지 않아도 된다. 그러나 중앙정부는 게이샤와 웨이트리스의 성매매가 부도덕한 행동으로 이어질 가능성이 크다는 것을 깨닫는 것으로 보인다.

소트너

상당히 많은 수의 소트너들이 해마다 규정에 따라 처벌받고 있다.

아동의 교환(barter)과 판매

이전에는 성매매 여성이나 게이샤의 집 주인들이 어린 소녀들을 입양하여 영업을 훈련시키는 관습이 있었다. 이러한 관습은 현재 법으로 제국 전역에서 금지되어 있지만, 명백히 중국에 대한 보고서에서 언급된 것처럼, 중국 인종 포모사인들은 이 금지령을 피할 수 있는 수단을 찾고 있다.

포모사에는 '소보칸'이라는 입양 인종이 존재했는데, 이는 노예제도였다. 1917년 상고법원은 이 관행이 불법이라고 선언했고, 그 이후 소멸된 것으로 여겨진다.

예방 및 보호 조치

1900년 이래로 다양한 기관들이 성매매 여성과 게이샤를 지원하고 현 제도의 폐해에 대항하는 대중을 교육하기 위해 노력해 왔다. 1899년에는 52,274명의 성매매업 종사자가 있었다. 자유를 원하는 성매매 여성들의 해방을 위한 법이 공표된 다음 해에는 그 수가 4만 195명으로 떨어졌다. 1930년, 면허 성매매 여성 수는 다시 5만 명을 넘어섰고, 이는 1899년에 육박하는 수치다. 일본 각지에 150여 개의 지부를 두고 있는 구세군은 성매매 여성 7천여 명을 석방하는 데 중요한 역할을 해왔다.

내무성 경보국이 작성한 성매매 해방에 관한 보고서에는 성매매 여성이 선금으로 받은 돈은 거래와 별개로 취급되며, 일방의 자유를 제한하는 약정(agreement)은 무효라는 내용이 담겨 있다. 그러나 관리자들이 성매매 여성의 포기를 방해한다는 것은 인정되었고, 내무부는 종종 총독들에게 소녀가 성매매 거래를 포기하는 것을 방해하기 위한 부채 불상환을 허용하지 말라고 지시했다.

무면허업소 주인에게 진 빚을 갚지 않은 성매매 여성이 상대방의 반대에도 아랑곳하지 않고 장사를 포기하는 행위를 자유폐업이라고 한다. 최근 몇 년간 자유폐업에 의존하거나 업주의 반대에도 아랑곳하지 않고 자의로 장사를 포기한 성매매 면허소지자는 1925년 128명, 1926년 249명, 1927년 186명, 1928년 158명, 1929년 156명으로 5년간 총 877명이 됐다. 정부는 여성의 보호를 위해 전국 모든 시·정·촌에 있는 지역사회복지위원과 전국 각지에 있는 여성아동보호기구가 사전 대책을 마련 중이라고 밝혔다. 그들이 그 불명예스러운 일을 맡지 못 하게 하는 것이다. 이와 관련하여, 이러한 여성이 연간 2,550명을 넘는다는 점을 언급할 필요가 있다.

전국에 존재하는 여성의 구조와 보호를 위한 모든 기관에서는 소녀들에 대한 교육이 가장 중요하게 여겨진다. 이 교육에는 많은 여학생이 부족한 초등 교육의 일반적인 분야뿐만 아니라 직업 교육과 도덕 훈련도 포함된다.

허가받은 집에 들어가 돈을 벌기 위해 빚을 진 소녀 중 상당수가 가난한 농업인과 노동자의 딸들이라는 사실에서 이러한 많은 계층 사이에서 경제적 안전의 여지는 작다는 것이 명백하다. 경찰의 의견에 따르면, 이들 소녀 중 다수에 대한 합법적인 고용은 불가능하다. 이 같은 의견은 여학생이 달리 생계수단이 없다고 진술하고 해당 공무원이 진술을 받아들이지 않는 한 경찰이 허가받은 집에 출입하는 것을 허용하지 않는다는 데 따른 것으로 보인다.

일본 위원회에 제공된 공식 정보에 따르면, 허가 성매매 폐지 운동을 지속해서 전개해 온 조직체는 두 곳인데, 하나는 곽청회(순결학회)와 다른 하나는 교풍회(양육학회)다. 전자는 성적 도덕의 제고를 목표로 삼고 있으며, 후자는 순수성, 평화성, 음주 절제의 3 항목을 주요 과업으로 삼고 있는데, 면허성매매제도의 폐지도 요구해 왔다. 1926년 면허 성매매 문제가 공론화되자 상기 단체들이 힘을 합쳐 면허 성매매에 반대하는 연합을 결성하였다.

연합은 처음에는 정부 고위 관리나 영향력 있는 사람들을 불러 그들의 견해를 발표하거나 정부에 탄원서를 제출하는 데 힘을 집중했지만 효과가 없었다. 이 절차는 큰 인상을 남기지 않고 몇 년 동안 진행되었다. 이에 따라 간부들의 보고서는 "연합은 이른바 지방 운동에 눈을 돌리기 시작했는데, 이 운동은 대의에 차례로 승리함으로써 목적을 달성하려는 것이다. 이 부분에서 그들은 더 성공적이었다. 1927년 후쿠시마현 의회, 1928년 후쿠이현, 이시카와현, 아키타현 의회, 1929년 사이타마현, 1930년 나가노현, 도야마현, 가나가와현 의회가 성매매 허가 폐지를 위한 법안을 통과시켰다. 1894년에 폐지가 시행된 군마현에 추가되었다. 1930년 12월 27일 마지막 면허업소가 폐쇄된 사이타마를 제외한 다른 현에서는 폐지가 시행되지 않았다.

게다가, 어떤 영향력 있는 사람들 사이에 강하고 증가하는 공식적 의견이 존재하는데, 요코하마시에 위치한 가나가와현 지사의 말로 다음과 같이 요약할 수 있다. "국가와 일본 정부의 일반적인 정책은 일본에서 면허 성매매의 폐지에 대한 현저한 진전을 보여 주며, 물론 우리는 현 정부로서도 같은 정책을 따르고 있습니다."

가나가와현에서 폐지 결의안을 통과시키면서 국회를 지배한 이유가 무엇이냐는 질문에 지사는 다음과 같이 답변했다.

첫째, 면허 성매매는 인도주의적 사상과 세계에서 인정된 도덕 기준에 반대한다.

둘째, 국가의 명예와 위신을 유지하기 위해 그러한 제도의 존재는 용인될 수 없다.

셋째, 사회적 관점에서 볼 때 그 존재는 용인될 수 없다.

유입 인신매매

범위와 원인

관동 조차지를 제외하면 일본제국으로 유입되는 인신매매는 인신매매 규모가 거의 없거나 아예 없다. 여기에는 두 가지 이유가 있다. 첫째는 매우 적은 외국인 인구에서 외국인 여성에 대한 수요가 없다는 것이고, 둘째는 성매매를 위한 외국인 여성과 소녀들의 입국이 금지되어 있다는 것이다. 이에 1926년에서 1930년 사이 부도덕한 목적으로 일본에 입국하려는 외국인 여성의 시도는 단 다섯 차례에 불과했다.

관동 조차지에 대한 관동 정부의 공식 답변은 다음과 같다. "관동청 관할하에 있는 준주 거주민의 압도적 다수가 중국인이기 때문에, 행실이 단정치 않은 중국 여성들의 입국이 용인된 상황이다. 특히 산둥성 출신이 대부분이고 미혼이지만 임금이 낮은 일용 노동자들의 요구를 충족시키기 위해 중국 하층 성매매 여성들의 존재가 필요하다"라고 말했다. 당국은 보편적으로 적용되는 일반 조례에 따라 이러한 사람을 제외할 수 있는 권한이 있다.

셋째, 1901년 이후 외국인 여성은 중국 여성이 면허를 받고 비밀 성매매로 활동한 것을 발견했을 때 추방 대상이 되는 관동 조차지를 제외하고는 성매매 면허를 취득할 수 없었다.

유입 인신매매 관련 법

이민

1918년 1월 24일에 공포된 외무성령은 제1조에 다음 각 호의 어느 하나에 해당한다고 인정되는 외국인의 일본 여행을 금지할 수 있다고 규정했다.

공공의 평화를 어지럽히거나 풍속을 해칠 우려가 있다고 인정되는 자,

방랑자 또는 거지로 확인된 자.

개정된 것과 유사한 조례(N 0.7)가 타이완 정부에 의해 발표되었다.

이민 문제에 관한 더 이상의 법률은 위원회에 제출되지 않았다. 그러나 이 법은 출입국 관리들이 바람직하지 않은 사람들을 배제하는 데 넓은 자유를 허용한다.

그 외의 법

조선총독부는 1923년 제288호 통첩을 발표하여, 척식 사무국장과 외무대신의 최종 조치를 기다리고 있는 관리들에게 외국인 여성이 면허 성매매 여성이 되기 위한 모든 신청을 거절할 것을 요구했다.

1924년 4월 9일 관동에서는 경무국장이 제2914호 통첩을 발표하여 러시아 여성들이 게이샤나 작부 일에 종사하지 못하도록 금지했다. 이 조항은 부록 V에서 확인할 수 있다.

지금까지 인용된 형법의 일반 조항 및 비밀 성매매를 금지하는 조항은 인신매매 및 그 활동으로부터 외국인 여성을 보호하는 데 사용할 수 있다

이민 관련 상황과 법 적용

일본 본토에는 최근 5년 동안 국내에 들어와 정착한 외국인이 6,756명이며, 이 중 중국인이 6,623명이었다. 두 번째로 많은 숫자는 58명의 러시아인과 38명의 영국인이었다. 1929년 12월 31일까지 5년 동안 219,389명의 외국인이 조선에 도착했다. 이 중 212,201명은 중국인으로 남성 4명에서 여성 1명으로 추산된다. 두 번째로 많은 수는 미국인이고, 세 번째로 성비가 고른 영국인이었다. 전체 219,389명 중 152,191명(남성 124,483명, 여성 27,708명)이 국내에 정착한 것으로 집계됐다.

이 정착민 중 같은 비율이 중국인이었고, 남성과 여성의 비율이 다소 높았다.

1930년까지 5년 동안 551,947명의 외국인이 관동 조차지에 왔고, 이 기간에 457,128명이 광둥 임대를 떠났다. 이들 중 대다수는 중국인으로, 이 중 남성 396,850명과 남성 322,958명이 출발했으며, 여성 151,725명과 여성 140,386명이 각각 입국했다.

포모사에는 1930년까지 5년 동안 섬에 들어와 정착한 외국인이 약 33,400명이고, 이 중 33,200명이 중국인이었다.

관동 조차지에서만 외국인, 즉 중국인이 성매매를 할 수 있었고, 부록 VI은 중국 특별 계급 여성인 여배우, 성매매 여성, 노래하는 소녀들이 들어온 것을 보여 준다.

거부된 사람들의 상황

1926년에서 1930년 사이에 5명이 도덕적인 이유로 거부되었으며, 그중 4명은 러시아인이고 1명은 미국인이었다.

관동주에는 1930년 12월 31일까지 이어지는 5년간 97명이 거부되었다. 그 가운데 여성은 39명이고, 남성은 58명이다. 이 가운데 14명은 특성상 의심스러웠기 때문에 거부되었다. 그 가운데 남성이 11명이고 여성이 3명이다. 나머지는 여권이나 비자 없이 입국했기 때문에 거부되었다. 이 표에 중국인이 한 명도 포함되지 않은 이유는 이들이 여권이나 비자 없이 조차지에 들어오기 때문이다. 이들 거부된 이들의 국적은 제공받지 못했다.

거부자에 대해 한국이나 타이완으로부터는 어떠한 보고도 받지 못했다.

일본 본토에서는 최근 5년 동안 유럽 여성이 성매매에 종사하며 이곳저곳을 돌아다녔다는 추방이 단 1건뿐이었다. 1927년과 1929년에 각각 중국인 노동자와 중국인 무직자가 추방되었다.

인신매매업자와 알선업자의 기소 건수

관동에는 1930년 12월 1일까지 5년 동안 130명의 범죄자와 34명의 피해자가 관련된 96건의 사건이 있었다. 가해자와 피해자 모두 중국 국적의 사람들이었다. 이 중 60건의 범죄자들은 중국 당국에 넘겨졌다. 28건에서는 관동 조차지 관할권 밖에서 범죄가 일어났기 때문에 기소가 이루어지지 않았다. 나머지 범죄자들은 법원에서 재판을 기다리고 있었고, 범죄를 저지르는 것을 제지받거나 유죄 판결을 받고 감옥에 보내졌다.

조선에는 1910년 협약 제1조와 제2조에 따라 28건이 있었다. 12건은 내부 인신매매의 경우였다. 포모사의 인신매매업자 기소에 대한 통계는 나오지 않았다.

행정 조치

내부 인신매매를 방지하기 위한 다양한 법률은 국제 인신매매의 방지에 동등하게 적용된다. 이러한 조치 외에도 출입국 관리 공무원과 항만 경찰의 경계가 출입국 관리 및 유입 인신매매와 유출 인신매매 모두 관련하여 그러한 상태가 발생하지 않도록 예방하기 위해 이루어진다.

법과 규제 회피에 사용된 방법

일본 본토와 조선, 포모사에서 이러한 인신매매는 관계기관에 알려진 바 없었다. 관동 조차지에서, 중국 인신매매업자들은 피해 여성이나 속인 여성들에게 하인과 간호사 등의 돈벌이가 되는 일자리를 찾아주는 척 위장결혼을 하고, 위험에 처하면 해당 여성이 아내나 자매, 입양 딸인 척한다. 대부분 인구조사 등록제도가 완전하지 않은 중국에서 오기 때문에 진실을 밝히기는 극히 어렵다.

유입 인신매매 반대 활동의 결과

일본 본토, 조선, 포모사로 들어오는 인신매매 규모가 최소한으로 감소해 왔다. 그러나 관동 조차지로 들어오는 중국 여성들의 인신매매는 존재하며, 현지 관계기관이 노력하여 통제하고 있다. 인신매매업자에 대한 기소가 상당했다는 점에서 경찰의 활동을 알 수 있지만, 성매매 여성, 노래하는 소녀, 여급 그리고 그 밖의 능력의 소녀를 다양한 종류의 면허업소에 처분할 기회는 매우 많고 경찰은 인신매매 체증을 발견하고 방지하며, 피해자를 보호하는 데 애로가 크다. 이 인신매매는 상당한 규모로 지속되고 있다.

유출 인신매매

범위와 원인

과거 상당했던 일본제국의 여성아동의 인신매매는 관동 조차지를 포함한 중국의 경우를 제외하고는 현재 극히 적다. 성매매에 종사하거나 부도덕한 삶을 영위할 가능성이 있는 거래를 하는 여성과 소녀들의 이민을 막기 위한 일본 정부의 정책 때문이다. 이 정책의 적용은 중국에 입국하는 일본인에게 여권이 필요하지 않기 때문에 더욱 어려워지고 있다. 중국으로 왕래하는 이유는 여러 조약의 항구와 일본 남성들이 많이 사는 만주 도시들에 존재하기 때문으로 보인다.

유출 인신매매를 포함한 법률

이민법

1896년 4월 8일 공포된 법률 제70호는 제2조에 행정 당국의 허가가 없는 한 외국으로 입국할 수 없다고 규정하고 있다. 미성년자가 부모의 부름을 받지 아니하고 혼자 해외 여행을 제안하거나 그 대신 부모의 부름을 받지 아니하고 국외 여행을 제안할 경우에는 신청서에 본인의 동의를 표시하는 부모권 행사를 하는 자가 추가로 기재하여야 한다. 기혼 여성이 혼자 해외로 나가는 경우 남편의 동의가 필요하다. 이 조항은 제국 전역에서 시행되고 있다.

이 법의 다른 조항들은 부록 VIII에서 찾을 수 있다.

1929년 5월 20일 공포된 외무성령 제4호에는 외국으로의 여권에 관한 규정이 포함되어 있다. 이 규칙에 관한 자세한 내용은 부록 VIII에서 확인할 수 있다. 일반적으로 중국을 제외한 외국으로 출국하는 모든 사람은 여행지 국가에서 요구할 경우 여권과 비자를 소지해야 한다.

시행 중인 규정과 규정이 엄격하게 준수됐는지 여부를 판단하기 위해 승선장에서 꼼꼼히 조사하는 것이 출입국관리청 공무원과 항만 경찰의 의무다.

유출 인신매매가 포함된 그 외 법률

일본영사에 대한 긴 일련의 규제와 지시는 비슷한 무역을 하는 일본인 성매매 여성과 부녀자들이 중국을 제외한 해외로 나가는 것을 막고, 이미 그곳에 있는 사람들을 본국으로 송환하는 데 도움을 주었다. 중국과 관련해서도 이러한 여성들의 여건 개선과 인원 제한 등이 영향을 미쳤다.

이민 관련 상황과 법률 적용

통계

1925년에서 1929년 사이에 일본인의 일본 이주율은 1925년 약 10,600명에서 1929년 약 25,700명으로 남자 2명, 여자 1명의 비율로 꾸준히 증가해 왔다. 1925년 13,900여 명에서 1929년 14,073여 명으로 남성 8명, 여성 5명이 일본으로 돌아왔다. 1929년에는 25,704명의 이민자 중 15,597명의 일본인이 브라질로 떠났고, 같은 해에는 4,535명이 필리핀으로 떠났다. 이민자들은 전체적으로 전 세계에 흩어져 있었으며, 다음 높은 숫자는 페루(1,585명)와 소련사회주의공화국

(884명)으로 떠났다. 부록 IX는 1929년에 위원회의 조사에 포함된 국가로 이주한 일본인의 수를 보여 준다. 1930년에는 755,209명의 일본인이 해외에 거주하고 있었다. 이들 중 335,685명은 아시아에, 128,098명은 북아메리카에, 144,846명은 오세아니아에 그리고 유럽과 아프리카에 거주했다. 아시아에 거주하는 사람 중 68,053명은 중국에, 225,819명은 관동 조차지에 거주하고 있다. 부록 X는 아시아 각국에 거주하는 일본인의 수를 나타낸 것이다.

조선과 관동 조차지로부터 이주해 온 원주민의 통계는 찾아볼 수 없었지만, 중국과 만주로 이주해 온 사람이 많은 것으로 알려져 있다. 타이완의 일본인 이민은 대다수가 중국으로 갔다. 중국 다음으로 여행지가 많은 국가는 자바, 싱가포르, 필리핀, 홍콩, 태국이었다.

기소

일본 본토에서는 9명이 여성과 어린이 인신매매에 종사한 것으로 드러난 사건이 4건 있었다. 가해자와 피해자 모두 일본 국적이었다. 조선에서는 16건의 조선 소녀들의 만주 출국이 있었다. 이 중 14건은 1926년(12건)과 1928년(2건)에 발생했다. 6세에서 26세 사이의 소녀들은 모두 한국인이었고 결혼이나 일에 대한 거짓된 약속으로 속았다. 이 사건들은 1910년 국제협약 위반에 대한 것이었다. 1910년 협약 제2조를 위반하여 조선인 소녀를 매매한 사례가 2건 더 있었다. 이러한 사례는 1925년과 1929년에 각각 1건씩 발생했다.

광둥에서는 중국 본토의 인신매매에 대한 기소가 11건 정도 있었다.

행정 조치

해외 담당관 대한 지시와 더불어, 경찰과 이민 관계 당국은 배와 기차역을 감시하고 인신매매업자나 그의 희생자로 의심되는 사람들을 엄중히 심문해야 한다. 유출 인신매매에 관한 법률을 회피하기 위해 사용된 방법과 이러한 방법을 회피하기 위한 공식적인 활동의 결과에 관한 정보는 보고서 제1부 76페이지에서 충분히 논의된다.

인신매매 관련 상황과 인신매매 근절을 위한 공식 및 비공식적 노력

일본제국은 관동 조차지를 제외하고 국제 인신매매의 목적지 국가가 아니다. 일본, 한국, 타이완은 외국인 성매매 여성의 수요가 없으며, 면허를 허가하지도 않았고, 비밀로 직업을 활동하도록 허가하지도 않았다. 이들이 출국 당해야 함이 알려진 당시, 관동 조차지에서는, 대체로 여성 가족 없이 온 일용직 노동자 계급의 중국인이 지배적이었고 중국에서 온 중국인 여성의 국제 인신매매가 상당했다. 다른 국적의 인신매매는 대체로 금지했다.

유출 인신매매와 관련하여, 한국에서 만주로, 관동 조차지에서 만주와 중국으로, 타이완에서 중국 샤먼항으로 간 규모는 적었다. 그리고 일본 본토에서 여러 만주, 한국, 중국 항구로 간 규모가 상당했다. 이러한 장소로 가는 일본 시민권자들에게는 여권을 요구하지 않았기 때문에, 일본 당국이 이러한 인신매매를 통제하기가 어려웠다. 세계 다른 지역으로 가는 일본인의 유출 인신매매는 분명 무시해도 될 만한 정도로 비율이 감소하였다. 이는 주로 성매매 여성, 게이샤, 여종업원들이 국가를 떠나 중국을 제외한 세계 다른 지역으로 가지 못하도록 예방하는 일본 정부 정책에 기인하는 것으로 보인다. 그리고 해외의 일본 총독들이 지역 관계 당국과 협력하여 자국민이 그러한 직업에 종사하지 못하도록 예방하고 이미 그곳에 있는 이들을 강제 귀국시키려는 노력 때문이기도 하다. 방문했던 대부분의 국가에 있는 일본인 성매매 여성에 대한 위원회의 일반적인 의견은 아직 남아있는 이들은 나이가 많았으며 그곳에 오래 있었다는 것이다.

[이하 부록 '일본 형법 발췌'가 있으나 이 책의 'II-1. 동양 여성아동매매 확장 실지조사: 일본에 관한 보고(1932. 7. 31.)'의 부록 내용과 동일하므로 여기에서는 생략함]

제 III 부 부록

1. 위원회가 조사한 일부 국제 인신매매 사례의 핵심적 사실에 대한 간략한 설명

서양 여성 피해자

베이루트의 한 사회복지사가 위원회에 다음과 같은 사건을 알려주었다.

사건의 내용을 보면, 피해자를 이동시키기 위해 인신매매업자들이 확보한 업소가 있었으며, 심지어 유사시에는 남편도 제공한다고 설명하고 있다. 그리스 소녀 K. M. A.는 1928년 이스탄불에서 여권과 프랑스 비자를 발급받아 알레포에 도착했다. 여권에는 여행 목적으로 가족과 다시 합류하기 위해 간다고 되어 있었다(그녀의 가족은 그리스 티노스에 있었고 그곳을 떠난 적이 없었다). 그런데 비자는 이스탄불 주재 프랑스영사로부터 인신매매업자로 추정되는 그리스 여성 A.에게 발급된 것이었다.

알레포에 도착하자마자, K. M. A.는 그리스 소녀들이 일하는 면허업소로 갔다.

그녀는 그곳에 2년 동안 머물렀다. K. M. A.가 자발적으로 시리아에 왔다고 생각할 수도 있겠지만, 시리아의 업소 관리인 및 인신매매업자들과 관련이 있는 것으로 알려진 A.만 아니었으면 그녀는 오지 않았을 것이다.

K. M. A.는 다른 그리스 소녀 두 명과 함께 베이루트 그리스 영사관에 한 남성의 편지를 통해 등록되었다. 이 소녀의 직업은 '아티스트'로 되어 있었다.

1930년에 K. M. A.에게 프랑스 위임통치령으로 추방 명령이 내려졌다. 그녀에게 떠날 시간이 2주 주어졌다. 나중에 K. M. A.는 마담 B로 알려진 밀매업자를 통해 이 나라를 떠날 예정인 시리아 국적의 남자를 알게 되어 합의하여 결혼했다. 이 과정에서 K. M. A.는 시리아 국적을 취득했고 추방되지 않았다. 결혼 후에도 그녀는 성매매를 계속했다.

베이루트의 한 선교사가 빚에 의한 여성 착취와 관련하여 제공해 준 내용처럼, 빚은 여성의 이동을 통제하는 수단으로 이용된다.

> "12년 동안 여러 면허업소에 종사했던 기식자는 자신이 있는 트리폴리의 업소 여성 관리자에 의해 베이루트의 다른 관리자에게 팔렸다고 나에게 말했다. 그 기식자는 트리폴리 여성 관리자에게 7파운드 빚이 있었다. 베이루트에서 온 여성 관리자가 그 빚을 갚아 주었고, 그녀는 빚을 갚아 준 여성 관리자와 함께 베이루트로 가야 한다는 것을 알았다. 무력은 사용되지 않았지만 그녀는 이에 대한 어떠한 도움도 받을 수 없음을 인식했고 가야만 했다."
>
> "우리가 알고 있는 또 다른 사례로 베이루트의 한 주택에 사는 소녀가 결혼 비용을 빚지고 있었다. 이집트에서 온 한 여성이 빚을 갚아 주었는데, 다른 소녀들의 표현에 따르면 그 소녀는 '이집트로 팔려 갔다'."
>
> "성매매를 했지만 지금은 얌전한 생활을 하는 여성은 과거 사건을 아주 잘 기억하고 있다고 말했다. 그런 경우가 흔하다고 덧붙였다."

위원회에 그리스영사가 설명한 다음 사례에서는 여성의 해외 진출을 유도하기 위해 허위 고용 약속을 사용했다. 1932년 초, 아테네에서 남편과 싸운 그리스 여성이 베이루트에 왔다. 그녀는 양장업소의 관리인으로 일할 것을 약속받았다. 그녀의 직업은 재봉사였지만 무도장에서 일했는데, 이 여자를 데려온 사람이 그리스영사에게 이렇게 말하였다.

> "나는 이 여자에 대한 돈을 지불했고 그녀는 나에게 갚기 위해 일해야만 한다."

그녀는 그리스영사의 도움으로 송환되었다.

인신매매업자와 알선업자 사이의 밀접한 관계는 영국령 인도에서 출항 조치된 남성과 여성에 관해 인도 관계 당국에서 제공한 다음 내용에서 잘 설명되어 있다. 경찰이 캘커타에 도착한 백인 노예 인신매매에 연루된 남성들을 수사한 정보에 따르면, 경찰은 수사 과정에 F. S.가(街)에 살고 있는 E. F.와 L. H. G.를 발견하였다. 경찰이 이 집을 방문했을 때, 그곳에서 등록된 성매매 여성 M. F.를 보았다. E. F.의 말에 따르면, M. F.는 자신의 부인이고 둘은 봄베이로 떠나려는 참이었다고 했다. 둘 다 유효한 여권을 소지하고 있었기 때문에 떠나는 것이 허용되었다. 후에 알게 된 사실인데 봄베이에 도착한 후 E. F.와 그의 부인은 마드라스와 콜롬보로 갔다.

캐나다에서 출생한 L. H. G.는 캐나다 여권을 소지하고 있었다. 여권에는 그가 재단사라고 기술되어 있었다. 그는 경찰에서 자신이 싱가포르동물원에 보낼 야생동물을 구입하기 위해 인도에 왔다고 말했다. 그리고 자신이 구매했지만 구매 후 며칠 만에 사망한 표범 한 마리에 지불한 영수증을 보여 주었다. 경찰은 추가 조사가 있을 때까지 그의 여권을 관리했다. 그는 여권을 소지하지 않은 채 비밀리에 캘커타를 떠났고 처음에는 프랑스령 인도 챈더나고르로 간 줄 알았다. 나중에 그가 봄베이로 갔다는 사실이 알려졌는데, 그곳에서 그는 프랑스계 캐나다인 면허 성매매 여성인 L. B.를 방문했다. 그녀는 경찰이 그에 대해 조사 중이라고 경고했다.

같은 날 L. H. G.가 봄베이를 떠났다. 새 여권을 확보하기 위해 프랑스령 인도인 폰디체리로 간 줄 알았다. 캘커타의 프랑스영사에게 L. H. G.에 대해 프랑스 관계기관이 준 정보를 요청했다. 캘커타 경찰이 알아낸 바에 따르면, L. H. G.는 성매매 여성 L. B.와 캘커타에 함께 도착했으며, 성매매 여성 L. B.의 수입으로 생활해 왔다고 한다.

프랑스 여권을 소지한 C. G.는 심문에서 자신이 캘커타로 온 이유가 면허 성매매 여성인 L. P.가 그에게 전보를 보내 와달라고 부탁했기 때문이라고 했다. 그러나 L. P.는 이를 부인했다. 캘커타 경찰은 C. G.가 L. P.의 수입으로 생활하는 데 만족하므로 둘 다 인도를 떠나는 명령을 받아야 한다고 했다.

J. P. A.는 C. G.와 함께 체포되었다. 그는 자신에게서 도망친 부인 J. A. 때문에 인도에 왔으며, J. P. A.가 J. A.를 성매매 여성으로 등록하기 일주일 전에 캘커타에 도착했다고 진술했다. 심문이 이뤄졌으나 J. P. A.가 부인의 수입으로 생활해 왔음을 보여 주지는 못했다. 그의 수중에는 2,000파운드가 있었다. J. P. A.는 백인 노예 인신매매업자들과 관련 있었다. 매우 많은 돈을 갖고 인도에 체류한다는 것 자체가 인신매매 조직과 연관되어 있음을 보여 준다. 따라서 그는 부인 J. A.와 함께 인도를 떠나라는 명령을 받았다. 다음은 J. A.가 성매매 등록할 때 남긴 진술이다.

"나는 1905년 프랑스에서 태어났으며 부모님 모두 돌아가셨다. 부도덕한 삶을 시작한 지 5년 되었다. 파리 성매매업소에서 3년을 지낸 후 사이공으로 갔고 다시 마닐라로 갔다. 그 후 싱가포르에 갔다가 1929년에 임신으로 파리에 돌아왔다. 파리에서 아이를 낳았으며 현재 언니와 함께 지낸다. 내가 파리의 성매매업소로 돌아왔을 때 전에 알고 지냈던 J. V.를 만났다. 그녀에게 캘커타에 가서 Y. B.를 만날 예정이라고 했고, 그녀가 자신도 캘커타에 같이 가게 해달라고 해서 그러겠다고 했다. 나는 마닐라에서 Y. B.와 같은 성매매업소에 있었다."

캘커타 경찰청장은 편지에서 J. A.와 Y. B에 관해 다음과 같이 진술했다.

"이 두 여성을 캘커타로 데려온 이가 백인 노예 인신매매업자라는 정보를 입수했다. 니스의 사기꾼들이 이들의 여권을 만들었다는 진술을 받았으며, Y. B.는 파리에 알선업자 혹은 포주가 있다고 생각한다."

다음의 사례는 위원회가 방문한 두 나라와 관련 있다. 이 사례는 한 나라가 다른 나라 당국이 취한 조치에 대해 무지했기 때문에 인신매매업자가 유죄판결을 피했음을 보여 준다.

1927년 3월 알제리계 프랑스인이 프랑스 소녀 두 명과 함께 봄베이에 도착했고, 3일 후 비밀 성매매 집결지에 들어갔다. 그 남자는 파리로 떠났다. 경찰은 수사 결과 그 남자가 소녀 2명과 함께 파리에서 다른 소녀 댄서 4명을 바그다드와 테헤란으로 데려갔으며, 그곳에서 영업이 잘 안 된 것을 알게 되었다. 다른 네 명의 소녀들은 테헤란에서 부시레(Bushre)로 갔다. 1927년 4월 한 이탈리아인이 페르시아만에서 봄베이에 도착했다. 그는 알제리인과의 동업으로 소녀들과 함께 춤추는 무용단을 시작했다고 하면서 소녀 6명으로 카바레를 여는 것을 허가해 달라고 경찰에 신청했다. 그 신청에 대한 어떤 조치도 취하기 전에 그 이탈리아인은 부시레로 간 소녀 4명과 카라치에서 합류해 캘커타로 떠났다.

같은 극단 소속의 이탈리아인과 프랑스 남성 무용수는 체포됐으나 성매매를 위해 해외로 갔다는 충분한 증거가 없었기 때문에 무죄로 풀려났다. 두 남자와 소녀들은 방콕으로 추방되었다.

페르시아 당국은 위원회에 성매매 무용단에 대해서도 다음과 같은 정보를 주었다.

"약 4년 전 프랑스 여성 두 명이 매니저와 함께 와서 카지노 사업체를 열었다. 한 달 동안 영업을 계속했는데 모두 프랑스인인 여성 여섯 또는 일곱 명이 있었다. 우리는 그곳이 (성매매) 공공주택이라는 것을 알았고 그 건물을 폐쇄한 뒤 이들에게 페르시아를 떠날 것을 강요했다. 그들은 추방되지 않았다. 그들은 와서 (그들이 남아도 되는지) 물었고 거절되자 떠날 준비를 했다."

폴란드에서 태국까지 인신매매한 사례에서는 한 여성 알선업자가 자신의 조카를 주저 없이 속이고 성매매 여성으로 삼으려 했음을 알 수 있다.

19세의 폴란드 소녀 J. J.는 방콕에서 남편과 함께 호텔을 운영하던 이모 K.가 방콕으로 데려왔다. K.는 J. J.가 방콕에서 양장점을 열면 잘 될 것이며 자신과 남편이 돕고 자금을 대줄 것이라고 말한 바 있다.

1926년 8월 J. J.는 이모와 함께 방콕에 호텔로 갔다. 도착하자마자 K.는 J. J.를 호텔의 바 메이드로 일하게 하고 성매매를 하도록 강요했다. J. J.는 거절하고 방콕을 떠나 싱가포르로 갔다. 그녀를 쫓아간 이모는 J. J.가 함께 돌아오는 것을 거부하자 싱가포르 경찰에 절도 혐의로 고소했다. 싱가포르 경찰은 방콕 경찰에 연락했고 방콕 경찰은 혐의가 사실이라고 생각하지 않는다고 대답하면서도 K.가 알선업자라고 덧붙였다.

극동 아시아의 러시아 여성 피해자

위원회가 하얼빈에 머무는 동안 인신매매로 기소된 러시아 남성 3명이 중국 법원의 재판을 기다리고 있었다. 세부적인 혐의 사실은 다음과 같다.

러시아인 임관장교 B., C., K. 세 명이 톈진에서 성매매 목적으로 소녀들을 조달하는 전문 밀매업자로 드러났다. 1930년 4월 18일, 그들은 다른 남자 P.와 공모하여 20살 소녀 A. L.을 납치했다. 첫 번째 피소자는 소녀를 하녀로 고용하여 톈진의 성매매업소에 500달러를 받고 팔았다. P.는 현재 중병을 앓고 있는데, 이 소녀의 소재는 확인할 수 없다.

B., C., K.는 J와 공모하여 20세 미만의 소녀 N.을 속이고 B.의 집으로 가자고 설득하는 데 성공했다. 이 소녀는 C.와 K.에 의해 창춘으로 끌려가 그곳에서 B.를 만났다. B.의 의도는 소녀를 톈진으로 끌고 가는 것이었지만, 밀매업자의 손에 있다는 것을 깨달은 소녀는 묵덴역에서 기차를 타고 탈출하여 만난 러시아 남자의 도움으로 하얼빈에 있는 가족과 다시 만날 수 있었다.

크리스마스 며칠 전, B., C., K.는 같은 방법으로 15살 된 A. S.를 톈진에 데려가 성매매업소에 450달러를 받고 팔았다. 하얼빈 지방법원은 경찰을 파견해 톈진에서 베이징으로 보내진 소녀를 데려오도록 주선했다. 위원회는 하얼빈에 있는 동안 마지막 사건의 피해자를 볼 기회가 있었다. 그녀는 다음과 같이 말했다.

> "1년 전쯤 어느 날 집에 혼자 있었는데 B.라는 남자가 찾아와서 월 25달러에 자기 집 가사일을 제안했다. 수락한 나는 그의 집으로 갔다. 며칠 후 그는 내가 톈진에서 가게 점원이라는 훨씬 더 좋은 일자리를 얻을 수 있다고 했다. 그날 가족과 함께 식탁에 앉으라는 요청을 받고 와인을 받아 마셨다. 이후

나는 톈진에 가기 위해 300달러를 받았다는 서명서를 받았으며 다음 날 B.와 함께 톈진으로 떠났다."

"우리가 톈진에 도착하기 직전, B.는 내게 점원이 아니라 비밀 업소에서 일할 것이라고 말했다. 나는 그게 무슨 뜻인지 몰랐다."

"톈진에 도착하자마자 난 성매매 하는 집으로 끌려갔다. 길은… 없었고… 그곳에서 나는 600달러를 받았다는 서명서를 받았다. 돈이 어디에 있고 왜 서명을 해야 하느냐고 물었더니 사람들이 큰 소리로 윽박질렀기 때문에 너무 두려워서 서명할 수밖에 없었다. 방에 갇혀 있는데 다른 남자 B.의 파트너인 C.가 왔고 나는 그에게 맡겨졌다. 이후 나는 6개월 동안 그 집에 머물렀다."

"어느 날 나는 성매매업소를 방문한 러시아 남자에게 하얼빈에 있는 동생 앞으로 편지를 써달라고 부탁했다. 그는 그렇게 했고 동생의 아내가 톈진의 업소로 왔다. 그 목소리가 들렸지만 나는 그녀와의 만남을 허락받지 못했다."

"그 후 바로 베이징(Peiping)의 한 성매매업소에 550달러에 팔렸다. 베이징 성매매업소에 4개월 있었는데 너무 아파서 일을 할 수가 없었다. 그래서 도망쳐 베이징의 후퉁(Hutung)[217]이라는 곳까지 갔다. 어찌어찌해서 인력거를 얻어탈 수 있었으나 얼마 못 가 성매매업소의 보이(남자 하인)가 나를 잡아 경찰에 데려갔다. 그곳에서는 다들 중국어만 말했기 때문에 나는 소통할 수가 없었다. 감옥에 갇혀 두 달 동안 있었다. 그때 하얼빈에서 중국 경찰이 와서 나를 다시 하얼빈으로 데려왔다. 톈진에서 비밀 성매매업소를 지키는 B.의 형제도 우리와 함께 왔다."

"그러던 중 B.의 형제가 내가 스스로 톈진에 갔다고 말하지 않으면 감옥에 가야 하고, 아프다고 하면 감옥 병원에 입원해야 한다고 했다. 따라서 검사의 심문을 받았을 때 나는 내 자유의지로 톈진에 갔다고 했다. B의 형제도 나에게 17살이라 말하라고 종용해서 검사에게 17살이라고 말했다. 나는 지금 아직 16살도 아니다. 나중에 나는 귀가가 허용되었다. 재판에서 모든 사실을 말했고 출생증명서를 제출했다."

"나는 성병으로 몹시 아파 일을 할 수 없었지만 어떤 지원 수단도 없었다."

"톈진에 있는 동안 나는 다른 영수증에 서명했다. 이번에는 1,200달러짜리였다. 단 한 순간도 성매매업소 밖 외출이 허락되지 않았다."

"하얼빈의 B.는 현재 수감 중이다. 톈진 성매매업소 주인이던 그의 형제는 지금 하얼빈에 있으며, 여기에서 성매매업소 두 곳을 운영하고 있다."

217 중국의 수도 베이징의 구 성내를 중심으로 산재한 좁은 골목길을 일컫는 말.

다음 사례의 두 소녀는 고용 약속이 거짓이라는 것을 알고 매우 강하게 항의하여 인신매매업자들을 체포할 수 있었다.

러시아인 피의자 P.는 14세와 17세의 러시아 소녀 두 명에게 상하이에서 좋은 일자리를 찾아줄 수 있다고 회유했다. 그리고 전문 알선업자가 있는 러시아 호텔에 팔 의도로 소녀들을 창춘에 데려갔다. 매매된다는 사실을 알았을 때 두 소녀는 항의했고 말다툼 끝에 P.가 그 소녀들을 다른 호텔에 데려갔다가 체포되었다. 경찰은 소녀들을 가족에게 돌려보냈다. P.는 법원에서 징역 2년을 선고받았다.

다음 사례에서는 인신매매업자가 사람들에게 자신이 부자라고 믿게 하는 비범한 수단을 사용했다. 1928년 3월, 하얼빈에서 근무하던 경찰관이 마차 하나를 목격했는데, 속이 텅 빈 듯 보이는 큰 트렁크 두 개가 실려 있었다. 다른 마차에는 다른 두 개의 큰 트렁크를 가진 남자가 타고 있었다. 경찰이 심문하자 그는 자신이 톈진에서 사업하는 러시아인 F.라고 하며 하얼빈의 한 호텔에 묵는다고 했다. 또한 트렁크 네 개 안에 방금 산 물건이 있다고 단언했다. 경찰은 그의 이름이 인신매매 민원에 있던 이름과 동일함을 알아채고 경찰서에 보고했다. 호텔에서 심문하던 중 막 도착한 트렁크를 열었는데 이 중 세 개가 비어 있었고, 네 번째 가방도 사실상 비어 있었다.

아내가 F.와 함께 도망갔다고 호소한 N.이라는 남성이 트렁크의 남성이 인신매매업자임을 확인했다. N.은 아내가 호텔에서 일하는 동안 F.를 알게 되었으며 F.는 그녀에게 자신이 톈진에서 소유하고 있다고 말한 잡화상의 판매원 자리를 제안했다고 한다. 남편의 승낙을 받고 N.의 아내는 그 자리를 수락하고 F.와 함께 톈진으로 갔다. 뒤에 아내로부터 편지 한 통이 왔고 그녀는 F.가 자신을 성매매업소로 팔아넘겼다고 했다. F.는 자신이 N.의 아내를 톈진으로 데려갔으며, 그곳에서 그녀를 성매매업소에 팔아넘겼다고 자백했다. 또한 더 많은 러시아 여성들을 같은 방법으로 성매매에 알선할 의도로 하얼빈에 왔다고 시인했다. 네 개의 빈 트렁크에 대해서는, 하얼빈의 여기저기를 마차를 몰고 다니면서 러시아 식민지인이라는 인상을 주고 엄청난 규모의 상품을 다루는 거상이라고 믿게 하려고 트렁크를 가지고 다녔다고 진술했다. 그는 재판에 회부되었다.

두 소녀의 실종과 관련하여 인신매매 집단의 존재에 대한 증거가 확보되었다. 1929년 9월 하얼빈 경찰은 러시아인 17세 M.과 14세 N.이 차례로 실종됐다는 정보와 함께 이 두 소녀가 53세의 유대인 여성 F.의 주소지 근처에서 목격되었다는 보고가 접수되었다. 표면상 F.의 직업은 쌀 거래상이지만 수상한 인물과 비밀리에 관계를 맺고 젊은 러시아 여성들과 지속적으로 함께 지내는 것으로 알려졌다. 형사들은 수사를 통해 F.와 관계 있는 인신매매 공범이 많음을 알아냈다고 보고

했다. 두 소녀는 상하이에서 매매 목적으로 창춘으로 보내졌다. 체포된 F.는 여성 인신매매 범죄와 관련이 있다고 자백했고 두 소녀가 보내진 곳의 주소를 알려주었다. 경찰은 두 소녀를 하얼빈으로 송환했고 F.를 포함한 인신매매업자들이 러시아 여성들을 대상으로 밀거래를 하기 위해 비밀조직을 결성했음을 알아냈다.

다음은 톈진에서 받은 증언의 발췌문이다.

> "…라는 한 남성이 있는데 인신매매업자로 알려져 있다. 이 자는 여성 40명을 4월 한 달 동안 칭다오로 보냈다. 다른 남성은 이름이 …였고 22명을 즈푸로 보냈다. 술집 …바 주인에게 60명을 보냈으며 …바에는 50명을 보냈다. 이곳은 예전의 독일인 거주지에 있다." (…는 모두 이름을 익명처리한 듯 보입니다.)

러시아 인신매매 피해자와 관련하여, 중국 여러 지역 경찰의 공조는 다음 사례가 입증한다.

Y.라는 이름의 러시아인은 하얼빈 모자공장에서 견습생이던 자신의 딸이 이틀 전에 실종되었다고 경찰에 고소했다. 경찰은 Y.의 딸이 그리스인 남성 S.와 함께 마을에 있는 한 호텔에 머문 사실을 발견했다. S.가 창춘으로 떠나고, 경찰은 창춘의 경찰에게 전화하여 S.를 소녀와 함께 창춘역에서 체포했고 하얼빈으로 다시 이송했다.

S.는 의도적으로 소녀를 톈진과 베이징으로 데려갔다고 시인했다. 소녀 Y.는 체포 당시 S.가 S.와 결혼하기 위해 톈진으로 간다고 경찰들에게 말하라고 강요했다고 진술했다. S.는 재판을 받기 위해 지방법원으로 보냈다.

다음의 두 사례에서는, 러시아 여성들이 중국에서 붙잡혀 태국과 같은 먼 장소에 끌려가기도 했다. 방콕의 카페 주인인 57세의 러시아인 혹은 루마니아인과 그의 아내가 러시아인 어린 소녀들을 성매매 여성으로 관리하고 있음이 적발되어 1927년 6월 11일 추방당했다. 한 러시아인과 그의 아내는 방콕 호텔의 주인이었다. 아내가 상하이에서 러시아 여성 댄서를 데려오고는 했지만, 태국 경찰의 조치로 인신매매가 중단되었다.

중국인 피해자들

(a) 인신매매를 이유로 납치된 여성과 어린 소녀 사례

홍콩

36세 여성인 C. Y.는 아이와 소녀를 유괴하여 창고에 감금한 혐의로 평생 추방되었다(1931년 1월). 1930년 11월 20일 경찰은 L. C. K. 로라는 특정 주소가 유괴된 아이들을 위한 창고라는 정보를 입수하고 11월 21일 성매매 '소녀'를 구매하려는 것처럼 행동하라고 지시한 뒤 이 주소에 한 여성을 보냈다. 그곳 기식자 C. Y.는 16세 소녀를 100달러에 요구했고 12세 남아를 120달러에 팔았다. 또한 나중에 더 어린 남자 아동을 알선해 주겠다고 제안했다. 이 바람잡이는 다음 날 돌아왔지만, 여성은 의심하여 도망치려다 체포되었다. 건물에서 발견된 C. T.라는 16세 소녀는 1930년 9월 6일 실종 신고된 등록 무이자이(muitsai)였다, 그녀는 엘리베이터 승무원인 L. T.에게 유인당해 그의 아내로 살았다고 진술했다. 이 남자는 추적하지 못했고 C. T.는 가족 품으로 돌아왔다.

이 과정에서 C. Y.의 집에 유명한 납치조직 조직원들이 자주 드나들었는데, 그중 한 명인 L. C.는 1930년 12월 11일에 12개월의 노역과 20회의 체벌을 선고받고 작은 소년을 납치하여 중국에서 팔아넘긴 혐의로 기소되었다. K. M.은 다음과 같이 진술했다(1926년 3월 25일).

> "나는 23세의 성매매 여성으로 광시 S. L. 마을 출신이다. 도둑떼들에게 세 번 납치당했고, 가족이 200달러와 500달러에 나를 두 번 속량해 주었다. 세 번째는 몸값으로 200달러를 요구했다. 가족에게는 남은 돈이 없었다. 남자 세 명이 나를 홍콩으로 데리고 와서 210달러를 받고 K. T. K.에게 팔아넘겼다. 나는 그녀에게 7년 동안 속박당했으며 그 남자는 그들이 내 친척이라고 말하라고 했다. 나의 모든 수입은 K. T. K.에게 돌아갔다. 그녀는 중국 담당관에게 해야 할 말을 알려줬다. 그녀는 내게 성매매 생활이 즐겁다고 말해야 하며 진실을 말하면 감옥에 간다고 말했다."

마카오

중국인 남성과 중국 여성 두 명이 17세의 소녀를 납치한 혐의로 기소되었다. 납치 사건은 중국 영토에서 일어났지만, 소녀는 마카오로 끌려가 190달러에 성매매 여성으로 팔렸다.

인도차이나

1929년에 한 중국 여성이 광둥에서 배로 납치한 두 어린 소녀를 촐론으로 데려오려고 했다. 그녀는 체포되었고 징역 2년과 벌금 3,000프랑을 선고받았다.

광저우만

(중국 내 프랑스령 조차지인) 광저우만에서 1927년 결혼한 중국인 여성이 각각 31세, 35세, 42세, 43세의 중국인 남성 4명에게 납치되었다. 그들은 그녀를 바야드 항구로 데려가서 배를 이용하여 홍콩에 보냈으며 그곳에서 성매매 여성으로 팔았다. 이들은 아동여성의 인신매매 집단을 구성하고 있는 것으로 밝혀졌다. 이들 가운데 1명은 무기징역형을 받았으며 2명은 징역 12년형과 5년 시민권 상실형을 받았다. 그리고 마지막 1명은 징역 4년형과 5년 시민권 상실형을 받았다. 납치된 여성을 임대한 자신의 집에 받아서 며칠 가금한 중국 여성은 벌금 (은화) 50달러를 선고받았다.

해협식민지

1929년 6월 아모이(샤먼 Xiamen)에서 태어난 17세 중국인 소녀 J. J.는 J. A.에게 납치당해 싱가포르로 갔다. 그녀는 페낭행 티켓을 소지하고 그 남자와 함께 싱가포르에 도착했고, 그곳에서 미상의 가격으로 음란한 비밀 성매매업소에 팔렸다. 그녀는 남자를 구하려고 큰 유흥 장소인 '신세계'에 가곤 했으며 주인은 그녀의 돈을 모두 가져갔다. 그녀는 '남자를 따라가려고' 성매매를 그만두었고 주인이 말리자 그를 가격하고 탈출했다(1930년 12월 16일).

(b) 입국 제한을 피하는 수단으로서의 위장결혼

네덜란드령 동인도제도

1931년 한 중국인 여성이 중국 소녀 두 명(현재 27살과 28살)과 싱가포르에서 왔다. 서류에 이 여성은 기혼이며 남편은 네덜란드령 인도에 있다고 기재되어 있었다. 이른바 남편이라는 사람을 소환했는데 중국인이었다. 여성과 소녀들은 호텔로 갔고, 그 소녀들이 성매매한다는 사실이 나중에 밝혀졌다.

성인이 된 소녀들은 중국으로 돌려보냈다. 무직인 50세의 이 중국인 여성은 이 사건에 관여한 죄로 징역 3년을 선고받았다. 그러나 네덜란드령 인도제도 태생이기 때문에 추방될 수는 없었다.

이들이 이전에 성매매 여성이었는지는 기록에 없다. 27세 소녀는 싱가포르에 있었을 때 부친이 사망했고 모친이 그녀를 600달러에 팔았다고 한다. 같은 경우 300달러의 가격으로 팔린 이도 있었다. 그들은 자신들이 성매매 여성이 될 줄 몰랐고 중국 여성이 데리고 왔지만 어떤 목적인지는 알지 못했다.

(c) 해외에서 남편을 찾아준다는 약속에 인신매매업자와의 동행을 종용받은 중국 여성 사례

1928년 중국 광둥 출생의 19세 소녀의 사건이 있었다. 소녀는 상당히 어렸을 때 팔렸기 때문에 부모가 누구인지 전혀 알지 못했다. 그녀를 키운 사람들은 약 10개월 전에 810달러에 그녀를 한 중국 여성에게 팔았고, 중국 여성은 소녀를 싱가포르로 데려갔다. 그녀는 소녀에게 싱가포르에서 결혼시켜 주겠다고 약속했지만, 5개월 후 P. K.라는 이름의 중국 여자가 와서 수라바야로 데리고 갔다.

P. K.는 일자리를 찾아 수라바야로 간다고 말했다. 배 안에서 J. A. L.이라는 이름의 한 중국인이 출입국 당국에 가서 자신을 삼촌이라고 말해야 입국허가를 받을 수 있다고 말했다. 그렇게 해서 그녀는 입국할 수 있었다.

그녀는 한 호텔로 끌려갔고 중국인 여성이 성매매를 강요했지만 그녀는 원치 않았다. 그녀는 경찰에 가서 사실을 말했다. 경찰이 곧 호텔로 출동했지만 중국인 여성과 남성이 사라진 뒤였다. 소녀는 바타비아의 아티섯지(Ati Sutji, 중국 소녀들의 집)로 보내졌다.

해협식민지

1931년 8월 광둥 근처 핫카(Hakka) 공동체의 22세 여성이 부유한 부동산 소유주가 아내를 구한다는 말에 홍콩에 있는 광둥인 여성과 함께 싱가포르로 왔다. 여기에서 두 여성은 핫카 소녀의 남편과 합류하기 위해 네덜란드 동인도로 갈 것이라고 말했다. 그들은 중국인 보호국 관계자에 의해 네덜란드령 인도제도로 떠났다. 네델란드령 모라(Morah)섬에 도착했을 때, 광둥인 여성은 소녀를 나병(한센병)에 걸린 노인과 결혼시키려 했다. 소녀는 거절했고 싱가포르로 다시 이송되어 세렘반과 다른 마을로 갔다. 광둥인 여성은 소녀를 140달러에 팔려고 시도했고 여성 몇몇이 보러 왔지만 그 가격을 지불하려 하지 않았다. 그러자 광둥인 여성은 소녀를 다시 모라섬에 데려가서 자기 남편의 둘째 아내로 삼으려 했다. 소녀는 거부했고 옷과 다른 소지품들을 빼앗긴 채 쫓겨났다.

소녀를 불쌍히 여긴 선박 관계자가 싱가포르로 가게 해 주었고, 그곳에서 소녀는 보호국에 도움을 요청했다.

(d) 구매 또는 서약으로 획득하여 해외로 끌고간 중국 여성과 소녀 사례

홍콩

20세의 K. P. H.는 베트남으로 끌려가 성매매 여성이 되었다고 호소했다. 하지만 450달러에 그녀를 산 남자의 첩이 되기 위해 끌려갔을 가능성이 더 높아 보인다.

마카오 출신의 H. M.은 20세로 홍콩 당국에 다음과 같이 말했다(1926년 10월 12일).

"부모님은 돌아가셨고 5세 때부터 과부인 양어머니 C. N. 밑에서 자랐다. 작년 C. N.은 친구 L. Y.에게 180달러를 받고 나를 넘겼다. 증서는 없었다. 26세 정도의 음란한 성매매 여성 L. K.가 나를 홍콩의 …로(路)로 보냈다. 당시 나는 그 주소에서 나가서 회당 4, 5달러를 받고 성매매를 했다. 성매매업소 여성 업주에게 그의 몫을 지불하고 내 식비와 숙박비를 지불해 주는 L. K.에게 나머지를 지불했다. 이런 상황이 두 달간 계속됐다. 작년에는 이 돈을 지불했지만 올해부터는 L. K.와 함께 지내지 않았다. L. K.는 돈을 요구했지만 나의 양모가 못 갚았기 때문이다. 나는 성매매 여성을 하기 싫어 양모에게로 도망쳤다."

17세인 T. T. M.은 다음과 같이 말했다(1925년 1월 9일).

"부모님은 돌아가시고 안 계시다. 양모가 날 W. S. 성매매업소로 데려갔고 거기서 여성 업주를 만났다. 나는 성매매 여성이 되기로 결정해야 했다. 빚이 있어 돈을 벌어야 했기 때문이다. 나는 시골로 돌아가서 양모에게 돈을 드렸다. 성매매는 해본 적 없었고 지금은 세상을 떠난 남자의 첩이었다. 나는 홍콩에서 훈련받을 줄 알았는데 업주가 이렇게 말했다. '여기서는 카드를 발급받지 못해. 싱가포르에서 너를 다시 팔아야 해.' 내가 거부하자 그녀는 말했다. '내 돈을 돌려 줘야 한다.' 다음 날 나는 도망쳤다."

마카오

15세 소녀가 싱가포르로 팔렸고 관련자는 체포되어 재판에 회부됐다.

중국에서 부인을 팔기 위해 부인이 자신을 버려 주기를 원한 남편이 있었다. 이 남편은 재판에 회부됐다.

네덜란드령 인도제도

1929년 54세의 아랍인 S. M은 순례길에 오른 팔렘방의 촌장을 설득해 싱가포르에 체류 중이던 3세 소녀를 범죄의 목적으로 싱가포르에서 메카(Mecca)로 데려왔다. 당국 조사 결과 이 소녀는 노예매매의 피해자였으며 부도덕한 목적으로 팔렸음이 밝혀졌다. 더욱이 그 남성은 국제적으로 유명한 노예상이었다. 불량한 자로 추방당했다.

41세의 중국인 O. S. W.는 A. T. N.이라는 소녀가 자신의 부인이라는 사유를 들어 그녀의 네덜란드령 입국 허가증을 받으려고 했다. 그러나 조사 결과 이 소녀는 그가 홍콩에서 400달러에 구입했음이 밝혀졌다.

F. S.와 S. A. J.는 14세와 15세의 중국인 소녀 T. A. H.와 F. B. T.를 네덜란드령 인도로 데려왔다. 이들은 중국에서 소녀들을 구입한 듯하다. 당국이 조치를 취했을 때, 남성들은 이미 메단에서 F. B. T.를 착취하고 있었다. S. A. J.는 홍콩으로 추방당했고, F. S.는 도망쳐 추적하지 못했다. 두 소녀는 아티 섯지로 보내졌다.

19세의 중국 소녀 H. A. L.은 어릴 때 팔려온 탓에 부모를 전혀 모른다고 했다. 알려지지 않은 한 여성이 최근 중국에서 싱가포르로 이 소녀를 데려왔고, 소녀는 P. K.라는 이름의 중국 남자와 수라바야로 갔다. 또한 다른 중국인 Y. A. L.을 통해 임시 입국증을 얻었다. P. K.는 그녀를 팔아버리겠다고 협박했다.

해협식민지

14세의 광둥인 J. Y. H.는 아모이에 살고 있는 부모가 140달러를 받고 그녀를 중국 여성 K. Y.에게 딸로 팔았다. 여성은 1930년 8월에 소녀를 싱가포르로 데려갔다. 그녀는 개인 집으로 보내졌고, K. Y.는 소녀에게 성매매를 강요했다. 소녀는 말라카에 보내져 개인 집에서 성매매를 하다가 싱가포르로 돌아갔다. 그녀는 하룻밤에 10달러나 15달러를 받곤 했다. K. Y.는 그녀가 번 것을 모두 가져갔다. 그녀는 성매매를 원치 않아 막노동자의 집으로 도망쳤다. 누군가가 그녀를 발견해 보호국으로 보냈다(1930년 12월).

말레이 국가연합

네그리 섬빌란에서는 18세의 광둥족 소녀 A.가 의심스러운 상태로 숙박업소에서 발견되었다. 그녀는 며칠간 연방 주택에 구금됐다가 1928년 중국에서 그녀의 할머니가 여성 B.에게 팔았다. B.는 그녀를 싱가포르에 데리고 가서 또 다른 여성 C.에게 팔았다. C.는 그녀를 때리고 성매매를 강요했다. C.는 도주했다.

1931년 8월, 한 소녀가 중국인 보호구역으로 와서 자신은 은밀한 성매매 여성이었지만 벗어나고 싶다고 했다. 그러나 관리인이 그녀를 놓아주지 않을까 두려워했다. 다섯 명의 소녀가 한 여성과 함께 어느 집에서 발견됐다. 그 소녀들은 모두 연방 가정으로 이송되었다. 이 가운데 4명이 성병을 앓고 있는 것으로 나타났다. 한 소녀는 그녀가 17세로 중국 산터우(Swatou) 부근 출생이라고 했다. 그녀가 7세였을 때 아버지가 한 남자에게 그녀를 150달러에 팔았고, 그 남자는 그녀를 싱가포르로 끌고가 'Ah M'(이모)이라고 부르는 차오저우(Geochiu) 여성에게 팔았다. 그 소녀가 15세였을 때, '이모'는 그녀를 그녀 남편의 형과 결혼시키겠다고 했다. 이모는 그녀에게 옷과 보석을 주었고 결혼을 위해 쿠알라룸푸르로 데려왔다. 그녀는 함께 발견된 다른 여성에게 인계되었다. 다른 4명의 소녀들이 이미 그곳에 있었다. 그녀는 3박에 200달러를 지불한 호키엔(Hokkien) 남자에게 능욕당했다고 주장했다. 그 후 그녀는 돈을 벌기 위해 일본의 숙박업소에 가야 했다. 고객들은 보통 10달러를 지불했고, 숙박업소 관리인이 그중 2달러를 가져갔다. 그녀는 종종 하룻밤에 2명에서 4명의 고객을 맞이해야 했다. 관리자는 42세 하카(Hakka) 여성으로 5명의 소녀들(싱가포르에서 4명)을 구입했다. 그녀는 세렘반과 말라카를 포함하여 돈을 벌기 위해 소녀들을 전국으로 데려갔다. 이 상황이 약 5년 동안 지속된 듯했다. 이 여성은 소녀들의 수입으로 최소 한 달에 800달러를 번 것으로 보인다. 그러나 그녀는 모든 사실을 부인했고 한 중국 남성에게서 일종의 보증을 받을 수 있었다.

말레이 비연합 국가

케다(Kedah)의 중국인 보호자는 최근 16세의 광둥(Canton) 출신 중국인 소녀에 대해 이야기했다. 그녀의 부모는 죽었고, 광둥에 있는 숙모는 그녀를 설득하여 케다(Kedah)의 한 비밀 성매매 집결지 주인에게 팔았다. 그 소녀는 결혼하기 위해 케다로 간다는 지시를 받았고 페낭에 있는 중국 보호국의 목록에 있는 케다에 도착했다. 남편도 있긴 했지만, 이 사건이 수상해 보이자, 소녀는 추가 조사를 받을 때까지 집에 머물었고, 하루 이틀 후에 자신의 실화를 털어놓았다.

태국

두 여성 N. L.과 N. H.는 각각 7세의 S. A.와 7세의 C. R., 3세의 T. K.를 비도덕적인 목적으로 보호자의 동의 없이 해외로 데리고 나가거나 되팔려고 한 혐의로 기소되었다. N. L.은 소녀들을 싱가포르로 데려가기 위해 샀다고 고백했지만 부도덕한 목적이나 금전적인 이익을 위해 그들을 데려간 것은 아니라고 말했다. N. H.는 그녀의 말대로 N. L.이 자신들을 입양해 주리라 믿은 세 소녀를 N. L.에 팔았다고 인정했다. 아이들이 싱가포르로 끌려간다는 정보를 접수한 한 경찰관이 기선으로 가서 이 피의자가 세 소녀와 함께 타고 있는 것을 발견했다. N. L.은 전에도 T.라는 이름의 소녀를 사들여 싱가포르로 보냈으며, 제3자에게 그녀를 넘겼다고 했다. 이 남성은 세 소녀를 국외로 출국시키려 했다. N. L.은 유죄가 인정되어 4개월의 징역형을 선고받았다. N. H.는 N. L.의 의도를 몰랐다고 간주되어 무죄를 선고받았다.

(e) 중국 여성들이 인신매매업자에게 마약을 받았다고 진술한 사례들

홍콩

C. Y. C.는 21세의 미혼 여성으로 S. S. T. 마을 출신인데, 다음과 같이 진술했다(1927년 4월 5일).

"아버지는 돌아가셨고, 어머니는 홍콩에 계셨고, 1924년 18살에 광둥으로 가서 추닌무이로 일하면서 여러 사람을 위해 일했다. 작년에 귀국하여 3월에 광둥에 갔다. 나는 삼촌과 함께 S. W.가(街)에 머물렀다. 이틀간 머물다가 극장 맞은편 남쪽 교외에서 한 남자와 그의 아내와 함께 일을 구했다. 며칠 후, 나는 고용주와 함께 C. H.가(街)로 이사했다. 2주 후에 아팠는데, 고용주가 준 약을 먹고 의식을 잃었다. 그 전에 그의 친구가 나를 유혹했었다. 그 후 나는 배에 올랐다(아마도 팍응탐(PakNgoTam)이었을 것이다). 나는 꼼짝 못했고 아무 반발도 하지 못했다. P. S.라는 30세의 남성 사람이 날 돌봐줬다. 내가 저당잡혔다고 말했다. 내가 거부하자 그는 다음과 같이 말하며 협박했다. '너는 '포룡국(Po Leung Kuk)'[218]에 보내져 변소나 청소하고 두드려 맞을 것이다.' 배가 방콕에 도착했고 우리는 육지에 상륙했다. 그는 나를 성매매업소로 데려갔고 그 옆집으로 끌고가 이틀간 감금했다. 4월 19일, 나는 P. S.의 아내에 의해 기차를 타고 싱가포르로 갔다. 싱가포르에서 인신매매업자 집으로 끌려가 성매매업소 주인

218 포룡국(保良局) 여성아동보호협회로 설립된 홍콩 자선단체.

에게 팔렸다.

내가 진실을 말하면 포릉국에 가둘 테니 절대 나가지 말라고 했다. 내가 들은 대로 말하면 3년 안에 계약(indenture)를 끝내야 한다고 했다. 그렇지 않으면 그 여성이 나를 곤경에 빠뜨릴 것이다. 시키는 대로 말했다가 성매매업소에 들어갔다. 나중에 이 사실을 알고 나서 엄마에게 편지를 써줄 사람을 구했다. 성매매업소의 하이난 남성의 도움으로 광둥인이 와서 글을 쓰도록 하기까지 시간이 좀 걸렸다”

T. N. M.(18)은 광둥 여성의 유인으로 마약이 섞인 음식을 먹었다고 경찰에 호소했다. 홍콩에 끌려온 그녀는 성매매 여성으로 유인하려던 성매매 여성의 집으로 끌려갔다고 했다. 그녀는 가까스로 도망쳐 경찰에게 발견됐다. 이 소녀는 언니에게 인계되었다. 광둥성 여성의 행방은 알 수 없었다.

(f) 인신매매업자의 수단으로서의 사술

해협식민지

1928년 6월, 싱가포르에서 17세 2명, 15세, 18세, 24세 각 1명, 모두 5명의 광둥 소녀를 발견했다. 수사한 결과 광둥족 여성(42세)을 인신매매 혐의로 여성과 소녀들에 대한 활발한 인신매매의 증거가 적발됐다. 이 여성이 사술(邪術)을 통해 일부 피해자들을 통제하려고 노력해온 추가 증거도 발견됐다. 이 여성은 여성보호조례에 따라 기소됐지만 1000달러에 보석을 받은 상태에서 도주했다.

(g) 그 밖의 여러 중국인 여성과 아동 인신매매 사례들

광둥 조차지

허베이성 출신 W. 부인을 주동자로 한 인신매매업자 일당이 7명의 피해자를 이 지역으로 끌고 온 후 다롄 경찰에 의해 발견되었다. 피해자 중 3명은 W. 부인이 다음과 같은 방법으로 구했다.

아버지 사망 뒤 어머니가 재혼한 16세의 한 소녀를 어머니에게 데려다 줄 테니 삼촌 집에서 나오라고 유인했다. 21세 성매매 여성은 101달러에 팔렸다. 엄마 없는 5세 소녀는 아버지가 팔았다. W. 부인은 자식이 없어 딸을 입양하고 싶다고 했다. 같은 허베이성 출신 W. S.(51)는 남편을 구해 주려 했다며 20세 소녀 1명을 200달러에 베이징에서 사들였고, 톈진의 유부녀에게는 남편이 있는 다롄까지 동행해 주겠다며 유인했다.

H. P.는 자신의 이복동생 딸(11)을 이모에게 데려다 주겠다고 유인하여 끌고 갔다. 이 남자는 몇 년 전에 그의 이복동생이 자신의 여동생을 납치한 책임이 있다고 믿고 복수심에 행동한 것이었다. 허베이성의 세 번째 남성인 52세의 W. L.은 자기 정부의 7세의 딸을 꾀어냈다. 경찰이 이 음모를 발견했을 때 이미 소녀들 중 4명이 팔려간 상태였다. 둘은 각각 400달러, 하나는 680달러, 나머지 하나는 700달러였다.

한 소녀는 톈진 주재 일본영사를 통해 아버지에게 돌려보냈고, 나머지는 친척이 나올 때까지 한 집에 수용되었다. 범죄조직 일당은 법정에서 재판을 받았다.

산둥성의 세 남성, 43세와 40세의 무직인 H. S.와 T. H., 54세의 H. T.는 산둥성 식당 주인으로, 다롄에 살고 있는 기혼 여성 N. P.에게 다롄에서 물건을 사다 장사하게 해 주겠다고 유인했다. 또 다른 남성 T. S.는 40세의 행상으로 다롄에 있는 자기 집에 이 여성을 들였다. 네 명 모두 인신매매 혐의로 재판에 회부됐다.

홍콩

싱가포르에서 송환된 18세의 L. S.와 21세의 L. M.은 그들이 유인당해 성매매했다고 호소했다. 인신매매업자들은 싱가포르에서 기소되어 유죄 판결을 받았다.

18세의 W. M. Y.는 홍콩에서 성매매 여성이 되었는데, 그녀의 사촌이 홍콩으로 데려왔다. 이 사건과 관련하여 5명이 기소되어 유죄판결을 받았다.

18세 M. S.의 진술은 다음과 같다(1926년 9월 10일).

> "나는 군인 L. K.의 아내다. 7월에 친구를 만나러 간다는 남편과 함께 광둥으로 갔다. 우리는 한 하숙집에서 며칠 밤을 묵었는데 어떤 할머니가 남편이 재단사로 일하기 위해 싱가포르로 가버렸다며 남편이 싱가포르로 데려오라고 했다고 말했다. 나는 그녀를 믿었다. 우리가 도착했을 때, 그녀는 내가 성매매 여성이 돼야 한다고 했다."

21세의 N. Y. W.는 다음과 같이 진술했다.

"군인인 남편한테 1년 동안 소식이 없었다. 어떤 여자가 나에게 방콕에 여교사로 가자고 제안했다. 내 요금은 내가 지불했다. 막상 도착하자, 그녀는 내가 영어를 모르기 때문에 여교사 자리를 얻기 어렵다며, 차라리 성매매 여성이 되라고 했다. 나는 나를 중국으로 돌려보낸 당국에 호소했다."

21세 L. K. Y.는 속아서 홍콩에 왔다가 성매매업소에 팔렸고, 그곳에서 S. C. A. 조사관에게 발견됐다고 호소했다. 우저우(Wuchow) 출신이다.

광둥 출신 19세 L. M.이 다음과 같이 진술했다.

"아버지는 3년 전에 돌아가셨다. 마지막으로 봤을 때 어머니는 살아 계셨다. 6개월 전, 친구인 젊은 여성 N. Y. W.와 함께 광둥을 떠났다. 그는 배우를 할 수 있다고 나를 유인했으며, 어머니에게도 말하지 않고 홍콩으로 오라고 유인했다. 홍콩에 가서 편지를 쓰면 된다고 했다. 도착했을 때, 그녀는 내 어머니의 호소 때문에 그녀의 친척들이 체포되었고 이들을 변호할 돈을 얻기 위해 나를 팔아야 한다고 했다. 거부하자 그녀와 한 남성이 나를 바다에 던지겠다고 위협했다. 마침내 나는 230달러에 태국으로 팔렸다. 500달러를 벌었더니 업소의 여성 주인이 나를 풀어 주었다. 나는 바로 관계기관으로 갔고 그곳에서 홍콩으로 돌아왔다. 나는 태국에 가기 전 5~6일 정도 어느 하숙집에 머물렀다. N. Y. W.는 거기에 없었다. 그녀의 남자(N. L. T., 약 30세)는 나와 같은 방에서 지냈다. 그곳에서 그에게 유혹당했다. 성매매업소 여성 주인이 나와 함께 갔고, 그 남성은 가지 않았다."

필리핀제도

중국인 여성 S. K. T.는 C. T. L.과 L. A. K.에 의해 샤먼에서 마닐라로 끌려왔다. 남자들은 두 달의 방문 목적으로 이 여성을 데려오는 중이었다고 했다. 증기선이 마닐라에 도착하기 전, 그 남성들은 그녀가 다른 중국인 C. C.의 아내라고 주장하지 않으면 입국할 수 없다고 그녀에게 말했다. 그들은 그녀의 통행료과 이민 중개비용을 모두 지불했다. 브로커는 이 여성에게 이민국이 물어볼 질문 목록을 제공하고 어떤 답변을 해야 하는지 지시했다. S. K. T.는 C. C.의 아내로 입국을 허락받았고 C. T. L.의 집으로 이동했다. 그곳으로 그녀를 데려온 두 남성은 그녀를 강제로 성매매 여성으로 만들려 했고, 그녀가 거부하자 그녀를 학대했다. 그녀는 그들을 떠나 샤먼에서 알고 지내던 다른 중국인의 집으로 갔고, 이 샤먼 남성은 그녀를 관청으로 데려갔다. C. T. L.과 L. A. K.는 추방되었고, 남편 행세를 한 C. C.는 위증죄로 기소되었으며, 이민 브로커도 기소되었다(1931).

샤먼에서 새로 도착한 세 명의 중국인 여성, Y. S. K., K. L., K. G.가 비밀 성매매 집결지에서 발견됐다. K. L.과 K. G.는 성매매를 했고 Y. S. K.는 아마 역할을 했다. 이들은 성매매업소 요리사인 K. A.와 함께 마닐라에 왔는데, 그가 모든 비용을 지불했다. Y. S. K.는 자신이 두 소녀에게 K. A.와 함께 오라고 회유했다고 자백했다. K. A.는 샤먼에 있는 그녀에게 마닐라로 가는 두 소녀를 찾아달라고 부탁했다. 그는 그 소녀들을 얻기 위해 성매매업소에 보내졌다. 두 소녀와 계약이 성사되었다. 그들은 Y. S. K.의 친척이었다.

인도차이나

1930년 11월, 홍콩 경찰은 인신매매업자로 의심되는 중국인 '매판(comprador)'을 통해 두 딸을 데리고 온 중국인 여성이 사이공에 도착한다는 신호를 보냈다.

1929년, 광둥 여성이 어린 광둥 소녀 세 명을 홍콩에서 사이공으로 데려왔다. 그녀는 증기선에서 그들을 성매매업소에 팔겠다고 말했다.

태국

A. S.는 성매매 목적으로 방콕에 팔 생각에서 중국의 선량한 소녀를 속였다. 방콕 경찰은 이 소녀와 함께 있는 그녀를 체포했고, 소녀는 경찰에 보호 요청을 하고 친척들에게 돌아갈 수 있도록 도와달라는 편지를 갖고 홍콩으로 돌아왔다. A. S.는 추방당했다.

A. S.는 이전에 면허 성매매업소의 업주였다. 성매매 여성 중 한 명이 성매매 생활을 그만두고 결혼하기 위해 업소를 떠났다. A. S.와 여러 친구들이 이 소녀의 남편 집으로 가서 끌고 간 후 다시는 그녀를 볼 수 없었다. 아무도 그녀가 어떻게 되었는지 모른다. 나중에 A. S.의 성매매업소에 있는 다른 소녀가 A. S.의 학대 때문에 자살을 시도했다.

네덜란드령 인도제도

58세의 중국인 H. E. N.은 16세의 소녀 H. A. M.을 자기 딸이라고 속여 네덜란드령 인도 입국을 시도했다. 그러나 H. A. M.은 이민국 관리들이 보기에 성매매 초보자 인상이 아니었다.

해협식민지

28세의 한 광둥성 과부가 홍콩에서 재봉사로 일했다. 여성 친구로부터 소개받은 한 남자가 싱가포르에 같이 가서 일자리를 구해 보자고 제안했다. 그 남자는 결혼했지만, 그 과부에게 검사받을 때 자기 아내라고 말해야 한다고 했다. 여행 경비는 그가 지불했다. 그는 그녀에게 싱가포르에서는 일자리를 구하기 어려울 테니 성매매로 생계를 꾸리기 위해 다른 곳으로 같이 가자고 제안했다. 그녀는 성매매 여성이 되는 것은 거부했지만, 일자리를 구하러 가는 것에 동의했다. 남자는 그녀를 보호국으로 데려가 다른 곳으로 떠난다고 했고, 그 여자는 자신의 이야기를 했다(1930).

18세의 광둥성 과부가 홍콩에서 하인으로 일하던 중, 한 남성이 그녀에게 일자리를 구해 주겠다고 약속하며 싱가포르로 데려갔다. 그는 도착하자마자 남편이 곧 합류할 것이라고 말하라고 했고 남편 행세하는 남성을 내세웠다. 그녀를 홍콩에서 데려온 남자는 그녀를 볼 할머니 두 명을 데려왔고, 그녀가 성매매를 하면 음식과 비용을 제공해 주겠다고 했다. 그녀는 이 직업을 원하지 않았고 보호국[219]으로 보내졌다(1930).

30세의 광둥성 여성은 1931년 초 어린이 보모로 일하기 위해 오빠와 함께 왔다. 오빠 자신은 무직이고 여동생이 성매매 여성이 되길 바랐다. 그녀는 거절했지만 오빠는 강요했다. 그녀는 말했다. "오빠가 화장하라고 해서 제가 어떻게 하는지 모른다고 했어요." 그는 "나는 너를 성매매시키려고 중국에서 싱가포르로 데려온 것"이라고 했다. 오빠는 그녀를 때리고 만약 그녀가 거절하면 죽이겠다고 협박했다. 오빠의 부인 혹은 첩이 그녀가 성매매로 번 돈을 가져갔다. 그녀는 성병으로 중태에 빠졌고 병원에 입원하여 보호국으로 이송되었다(1931).

1926년 싱가포르의 보호관이 프를리스(Perlis) 체류 중, 이 나라 각지에서 몇몇 중국인 소녀들을 모았다. 이들이 포릉국 숙소에 수용된 동안 싱가포르에서 예전에 입국을 거부당했던 소녀들이 너무 어렸음을 본인들도 인식했다. 이들은 중국으로 돌려보내지거나 방콕을 경유하여 말레이의 여러 주로 보내졌다.

1930년 10월, 20세, 19세, 19세의 세 명의 광둥 소녀가 중국에서 증기선을 타고 페낭에 도착했다. 그들은 태국의 핫야이(Huad Yai)에서 남편들과 합류하기 원한다고 진술했지만, 조사 후 이들은 모르는 사람들이 그들의 통행료를 지불했고 이민 당국에 어떤 대답을 해야 하는지 가르쳐 주었음을 시인했다. 그들은 포릉국에 감금되었다가 얼마 후 상류층 가족의 집에서 일하기 위해 풀려났다.

---

219 해협식민지 관련 내용에서 계속 성매매 피해 여성을 'Protectorate'로 보냈다고 나오는데, 해협식민지 주재 중국인, 특히 막노동 노동자를 보호 혹은 감시하는 중국인 보호국(Chinese Protectorate)을 말하는 것으로 보인다.

말레이 국가연합

슬랑오르에서는 15세 광동 소녀가 성매매 수입으로 살고 있던 남성 호키엔의 집에서 발견됐다. 그 소녀는 그녀의 성매매를 묵인한 듯한 어머니에 의해 중국에서 말라야로 데려왔다. 남성은 체포되었고 3개월의 엄격한 실형을 선고받았다.

말레이 국가 비연합

1931년, 19세와 23세의 중국인 소녀 두 명이 중국에서 끌려와 싱가포르에서 교활한 성매매를 시작했다. 그곳에서 그들은 30세의 중국인 여성에 의해 무아르(조호르주)로 끌려가 아편 소굴에서 일을 계속했다. 어린 소녀는 무아르 보호국에 보고해 달라고 했다. 이 여성은 체포되어 성매매 강요 혐의로 기소되었으나 증거 불확실로 기소 취하됐다.

1926년 중국에서 태국을 경유한 인신매매 사례가 발견되었다. 그 후 몇몇 광둥 소녀들은 케다 보호관이 제공한 정보를 통해 프를리스 기차에서 저지당했다. 가해자의 국적은 알려지지 않았다.

인도(버마)

1928년, 양곤의 한 사회복지사는 약 14살의 중국인 소녀가 어떤 집에서 매우 심하게 학대받고 있다는 것을 알게 되었다. 조사 결과 소녀는 심하게 구타당하고 화상을 입은 것으로 드러났다. 그녀의 말로는 저명한 지위의 중국인이 자기 십장과 결혼한 여자를 중국으로 보내 첩을 데려왔다는 것이다. 그 여자는 소녀의 어머니에게 약간의 돈을 지불하고 양곤에 있는 부유한 남편과 약혼시켰다. 소녀가 도착했을 때, 그 중국 남자는 그녀가 너무 못생겼다는 것을 발견했지만, 감독관이 그녀를 두 번째 아내로 맞이해야 한다고 제안했다. 십장의 아내는 허락하지 않았지만, 그 여인을 하인으로 집에 가두고 심하게 학대했다. 소녀는 자경단 숙소로 끌려갔다. 어머니가 광둥으로 불려와 소녀를 다시 데려갔다. 소녀를 데려온 중국인 남성은 증거가 불충분해 기소할 수 없었지만, 중국 사회로부터 배척당했다.

일본인 피해자들

일본 국적 여성의 성매매 상황은 전체 보고서에서 설명한 바와 같이 일본 영토와 여성들이 다니는 장소 모두에서 당국의 통제를 크게 받으며, 성매매 여성의 이동을 주선하는 사람들은 법을 위반하지 않는다면 활동할 수 있다. 그러므로 법정 앞에서의 인신매매는 드물다. 위원회는 특별한 관심이 없음에도 불구하고, 일본과 한국 소녀들이 잘못된 길로 이끌려 간 많은 사례를 통보받았다. 포모사 소녀들이 네덜란드령 인도로 통행한 사례는 두 나라 당국 간의 협력을 보여 주는 것으로 주목하고 있다.

네덜란드령 인도제도

43세의 포모사인이 싱가포르에서 네덜란드령 인도 팔렘방에 도착했다. 두 명의 포모사 소녀와 동행했는데, T. S. N.은 7살이고 O. S. G.는 16살이었다. 당국은 두 소녀가 포모사, 중국, 해협식민지에서 매매된 것으로 추정한다. O. S. G.는 이미 성매매 여성이었다. 그들은 싱가포르로 돌려보내졌고 그곳의 네덜란드영사는 일본영사에게 이 문제를 의뢰했다. 세 명 모두 포모사로 돌려보내졌다.

베트남 피해자들

위원회는 하노이에서 1922년 하이퐁에서 납치되어 중국으로 끌려가 팔린 베트남 여성을 만날 기회가 있었다. 그녀는 위원회에 자신의 이야기를 했고, 주요 내용은 다음과 같다.

그녀가 18세였던 1922년, 하이퐁에서 40세 정도의 베트남 여성이 그녀에게 다가와 그곳에서 아레카 견과류를 사러 나이창에 가자고 제안했다. 소녀는 이에 동의하고 여성의 삼판(sampan)에 올라탔다. 그들이 하루 동안 항해를 하다가 그 여자가 방향을 잘못 잡아 다시 돌아왔다고 설명했다. 그 소녀는 피곤해서 잠이 들었다. 아침에 일어났을 때 그 여성은 거기 없었고 중국인 남성 넷이 있었다. 이들은 그녀의 팔과 다리를 묶고 칼로 위협하며 입 다물라고 했다. 그녀는 해안가로 끌려가 다섯 명의 납치된 베트남 소녀들이 있는 동굴로 갔다. 남자들은 소녀들을 모두 정크선에 태워 밤에만 이동했고, 낮에는 소녀들이 해안으로 끌려가 숨겨 두었다. 9일 후, 이들은 육지에 올라 몇 시간을 걸어 비숭텅(Vee-soong-tung)이라는 작은 마을에 도착했다. 여기에서 소녀들을 모두 일종의 시장에 판매용으로 내놓았다.

증언자 자신은 한 중국인 농부에게 (은화) 236달러에 팔렸는데, 이 농부는 그녀를 광둥성에 위치한 퐁톤(Phong Thonh) 또는 퐁치엔(Phong Tchieng)이라는 마을로 데려갔다. 그녀는 그의 부인으로 함께 살았으나 학대받지는 않았다. 도착 후 1년이 지나 아이를 낳았지만 딸이었고 그 남성은 아들을 원했기 때문에, 갓 태어난 아기를 목 졸라 죽였다. 그녀는 수시로 약간의 돈을 저축하여 도망칠 준비를 해서 몬카이(Monkay)로 탈출하게 되었고, 1929년 통킹에 있는 가족에게 도착할 수 있었다.

그녀는 중국에서 지내는 동안 납치되어 중국에 팔린 여러 베트남 여성과 아이들을 보았다. 중국에 도착한 지 약 1년 후, 프랑스 세관 보트에 안 잡히려고, 통킹에서 납치하거나 산 베트남 여성 10~12명을 바다에 던져야 했다는 청나라 남자 두 명의 불평을 우연히 들었다. 만약 그들이 여성을 배 밖으로 던지지 않았더라면, 많은 돈을 벌었을 것이다.

그녀가 탈출하기 불과 몇 달 전, 아들 한 명과 딸 한 명을 둔 베트남 어머니를 보았는데, 가족 구성원들은 각각 다른 사람에게 팔렸다.

42세의 베트남계 여성은 하이드농에 있는 15세의 소녀를 그녀의 집에서 납치해 45세의 다른 베트남계 여성에게 인계했다. 이 여성은 언급되지 않은 사람으로부터 샀다고 주장한 12세의 다른 베트남 소녀와 함께 그녀를 데려갔다. 두 소녀 모두 이 여성에 의해 중국옷이 입혀졌다. 먼저 여성은 징역 2년, 두 번째 여성은 징역 18개월을 선고받았다(1927년 2월 11일).

1927년 통킹 출신의 베트남 남성 3명과 베트남 여성 3명이 각각 바오히앙에서 3년 또는 2년의 징역형을 선고받았다. 큰 상인 저택에 보수 좋은 일자리를 얻어주겠다는 약속으로, 그 여성들은 젊은 베트남 소녀 4명에게 자기들과 같이 가자고 권유했다. 남자들의 도움을 받아 소녀들을 중국 반대편에 팔려는 목적으로 두 집단으로 나누어 중국 국경으로 인도하였다. 이 중 2명은 우아랑(Ua-Lang)경찰서에 의해 발견됐으며 나머지 2명은 케프(Kep) 기차역에서 발견됐다.

1924년 사이공에서 홍콩으로 가는 배에서 28명의 비밀 승객이 발각됐는데, 그중 베트남 소녀 4명과 베트남 소년 9명이 있었다. 아마도 홍콩에 팔아 버리려고 이들을 태웠을 것이다. 이 중국인은 징역 4개월과 추방 선고를 받았다.

태국인 피해자들

태국

1929년 39세의 태국인 여성이 3~7세의 태국인 여아 3명을 배에 태워 싱가포르로 데려가려다 징역 4개월을 선고받았다. 이 소녀들은 태국에서 부모로부터 팔린 것으로 알려졌다.

해협식민지

페낭에 사는 45세의 태국 남성은 불량한 인물이라는 이유로 추방 영장으로 체포되었다. 그는 성매매를 목적으로 최근 양곤에서 도착한 영어를 구사하는 어린 태국인 소녀를 구했다. 이 남성은 추방당했다.

말레이 국가연합

1924년 싱가포르 주재 태국 총영사가 5명의 태국인 성매매 여성들이 쿠알라룸푸르로 끌려갔다는 전보를 보내면서 태국발 인신매매 사건이 발생했다고 한다. 이 여성들은 교활한 성매매 여성의 관리인으로 알려진 한 여성과 함께 발견되었다. 이들은 남성 인신매매업자가 데려온 것이 분명하지만, 이들의 동의로 데려왔다고 진술했다. 기소를 위한 충분한 증거는 없었다.

말레이 민족 여성 피해자들

네덜란드령 동인도제도

메카에서 판매되는 자바 어린이들에 대한 정보가 네덜란드 관리로부터 다음과 같이 제공되었다.

> "약 5년 전 있었던 사례다. 제다(Jeddah)[220]에 있는 우리 영사가 우리에게 말루쿠(Moluccas)와 다른 섬에서 온 소녀들이 메카에서 노예가 되었다고 알려줬다. 우리는 여기로 문의했고, 이 소녀들이 메카로 끌려간 것이 분명했다. 그들의 가족이 아니라 다른 사람들에 의해서였다. 그리고 메카에서 팔렸으나 이들을 자바로 돌려보내는 것이 가능한 것으로 확인됐다. 우리는 몇 가지 사례를 겪었고 나는 메카에 아직도 여성 노예가 몇 명 있다고 생각하지만, 모하메드 법에 따르면, 메카에는 모하메드의 노예가 있을 수 없다. 우리가 이교도들을 데리고 왔을 때, 이교도 아이들을 메카로 데려가서 팔 수 있었지만, 만약 여전히 모하메드의 아이들이 같은 방식으로 잡혀가서 팔린다 해도, 그것은 매우 드문 일이다."

다음은 자바 여성들이 말레이반도로 이동하는 전형적인 사례다. 경찰은 하지 E.가 여성 3명과

---

220 사우디아라비아의 도시.

함께 싱가포르행 증기선에 탑승해 있음을 발견했다. 조사 결과 그는 여성들을 위한 여권을 가지고 있지 않은 것으로 드러났다. 그는 수마트라에 있는 친척을 보러 가자며 그들을 유인했다.

K.라는 남자는 13세, 14세, 16세의 세 소녀에게 싱가포르에 가서 코코아 농장에서 일해 달라고 요청했다. 이들은 동의했고 그는 부모에게 알리지 않고 이들을 프리옥(Priok)에서 승선시켰다. 이 상황을 의심스럽게 본 승선 의사가 소녀들을 그들의 부모에게 돌려보내기로 결정했다.

결혼

해협식민지

1931년, 한 남자가 두 여자와 함께 자바로부터 도착했다. 선상에서 경찰 조사를 받자 그는 여성 중 한 명과 이슬람교도의 최근 일자의 결혼 서류를 제출했고 다른 한 명은 자신의 여동생이라고 주장했다. 일주일 안에 그는 이 여성들을 커피숍에 넣으려다 발각됐다. 그는 체포됐고 자바섬으로 추방될 예정이다. 두 여인은 그들의 캄퐁(자바의 마을)으로 돌려보내졌다.

타밀 피해자들

해협식민지

자기 딸을 착취한 한 타밀 남성의 사례는 다음과 같다. 1930년 페낭에 상륙한 뒤 아내, 딸과 함께 말라야를 거쳐 싱가포르로 간 타밀 남성이 기소됐다. 그는 다른 장소에서 결혼 제의를 받고 남편 지망생들에게 하루나 이틀 밤을 함께 지내도록 허락하고 선금을 받았다. 그뒤 그는 그 소녀와 함께 가버리고는 했다. 그는 체포됐고 딸의 부도덕한 수입으로 생활한 혐의로 기소되어 2년의 엄격한 징역형을 선고받았다. 어머니도 유죄를 선고받았고 가벼운 징역형을 받았다. 그 소녀는 인도 당국에 인계되어 인도로 돌려보내졌다.

근동 지방 여성 피해자들

팔레스타인 정부의 여성복지조사관은 다음과 같이 팔레스타인의 소녀들을 이집트로 데려오려는 시도를 위원회에 회부했다.

1924년, R. C.라는 이름의 유대인 여성이 표면적으로는 간호사 유니폼을 입고 이집트에서 팔레스타인으로 왔다. 그녀는 소녀들의 집(a home of girls)이 있는 카이로의 한 여성에게 편지를 받았다. 편지에는 "어린 소녀들을 데리고 이곳에 와서 우리 일을 도와줄 수 있다면 기쁠 것"이라고 쓰여 있었다.

경찰은 이 편지를 정부 사회복지감사관에게 보여 주었다. 그는 카이로에서 우연히 그 부인을 알았고 그 서명이 위조된 것임을 알아챘다. 그 여성은 심문을 받았고 편지를 타이핑하고 서명하게 한 남자를 만났음을 인정했다. 그녀는 소녀들을 이집트로 데려가기 위해 주선해 왔던 것으로 밝혀졌다. 그녀는 법정에서 기소되었고 6개월의 징역과 추방 명령을 받았다.

1927년 한 오스트리아 여성이 팔레스타인에 와서 예루살렘 주변의 마을들을 방문하면서 부모들에게 애들을 이집트에 있는 학교에 데려다 주겠다며 딸을 넣게 해달라고 부탁했다. 마을 주민들로부터 정부 복지감사관의 통보를 받고 문의를 받았다. 이 여성은 3개월간 관광비자를 받고 팔레스타인에 온 것으로 파악됐다. 이집트 당국은 이 여성이 성매매 여성 관리인이었다고 진술했다. 그 여자는 추방되었다.

1932년 5명의 소녀들이 고용국을 둔 '친절한 신사'를 통해 시리아에서 3명, 이집트에서 2명 등 좋은 일자리를 얻었다고 정부 복지감사관에게 알렸다. 그는 직업소개소를 운영할 자격증이 없었던 것으로 드러났다. 신분증도 없었다. 그는 자신이 이집트인이었다고 진술했고 이집트로 추방되었다. 철도 직원의 도움을 받아 팔레스타인까지 간 게 틀림없다고 생각했다. 그는 티켓값을 지불했다. 다섯 명의 소녀는 가지 않았다. 그에게는 다른 여자가 없었다.

이라크

해외에서 여성을 착취하기 위해 결혼한 사건은 바그다드의 한 공무원과 관련이 있다. 이라크에서 수년간 거주한 튀니지인이 이라크 여성과 결혼했고, 다른 남자의 의붓딸인 이 여성의 딸을 데리고 인도로 갔다. 그들은 인도에서 이라크로 추방되었다.

인도

봄베이에서 이라크로 추방된 사건에는 인신매매업자와 그에 의해 인도로 끌려간 성매매 여성이 포함되었다. 자세한 내용은 다음과 같다.

한 이라크 여성이 봄베이에서 성매매를 했다는 이유로 추방되었다. 그녀는 유명한 조달업자에 의해 봄베이에 끌려왔고, 그는 그녀를 위해 봄베이 여행용 여권도 확보했다. 1926년 9월 24일 신분증명서가 만료됨에 따라, 그녀는 일주일 안에 인도를 떠나라는 지시를 받았으나, 이를 위한 어떠한 행동도 하지 않았고, 추방을 피하기 위해 현지에서 결혼하려 했다. 따라서 추방되었다.

할시 태생의 한 시리아인이 1923년 성매매법에 따라 1927년 1월 유죄판결을 받고, 4개월의 엄중한 징역형을 살고 이라크로 추방됐다. 그는 카라치에서 봄베이까지 와서 13년 동안 그곳에서 살았다. 그는 일정한 생계수단이 없는 포주인 것으로 밝혀졌다. 이 남성은 시리아에서 태어났지만 이라크 국적을 주장했다.

세이셸제도 출신 여성 피해자들

세이셸에서 임신한 소녀들은 다양한 이유로 L.이라 알려진 밀매업자에 의해 봄베이로 끌려왔다고 다음과 같이 사회사업가에게 설명했다. 1929년 25세의 V. L.은 세이셸에서 봄베이로 왔다. 그녀는 이전에는 비밀 성매매로 돈을 벌었다. 그녀는 도착하자마자 L.을 만났고 L.은 그녀를 호텔까지 데리고 갔다. 그곳에서 그녀는 호텔에게 2루피를 지불하고 L.에게 2루피를 지불했다. 그녀는 세이셸을 떠나기 전에 L.의 직업을 의심하지 않았다. 하지만 L.은 호텔을 떠나기 전 그녀에게 말했고 그녀는 그녀의 자유의지로 L.의 집으로 갔다.

21세 또는 22세의 L. P.는 앞서 말한 V. L.과 함께 봄베이로 여행을 떠났다. 그녀는 이전에 세이셸의 한 성매매업소를 방문한 적이 있었다.

F. P. 부인은 1930년 초 L.의 언니의 제안으로 봄베이에 왔다. L.의 언니는 L.이 드레스 제작 상점을 갖고 있고, 자신을 위해 일해 줄 소녀들을 원한다고 했다. L.의 언니가 여행 경비를 냈다. F. P.는 고아(Goa)에서 L.을 만났고, L.에 의해 봄베이의 비밀 성매매 집결지로 끌려갔다. 여기에 F. P.는 두 달간 체류했고, 그동안 L.은 그녀를 학대하고, 그녀의 돈을 가져갔다.

A. E.는 세이셸에서 F. P.와 함께 와서 다른 성매매업소로 갔다.

임신 6개월 된 F. P.의 여동생인 H. V.는 세이셸에서 L.과 같은 배를 타고 L.의 성매매업소로 갔다. 나중에 L.은 H. V.를 구제연맹(League of Mercy)에 넘겨 집으로 보내도록 주선했다. 이후 그녀는 당시 캘커타의 성매매업소에 있던 언니 F. P.와 합류했다. 한 사회복지사가 그녀와 접촉해 집으로 보냈지만, 그녀의 여동생은 그녀를 설득하여 마드라스에 가게 했고, 그곳에서 그녀는 성매매 여성으로 등록되었다. 나중에 그녀는 캘커타로 돌아와 그곳의 성매매 집결지로 갔다.

2. 1904년 협의와 1910년과 1921년 여성아동매매 금지에 관한 협약 준수 관련 방문 지역의 지위[221]

영토	1904년 협의	1910년 협약	1921년 협약	중앙 담당 부처
일본 관동 조차지 조선 포모사	가입함 포함되지 않음 포함되지 않음 포함되지 않음		비준함 포함되지 않음 포함되지 않음 포함되지 않음	 도쿄 내무성
중국	가입함		비준함	중앙 담당 부처 없음
홍콩	영국이 홍콩에 대해 승인함			경찰 총감
마카오	포르투갈이 마카오에 대해 승인함			리스본 내무부, 경찰서
필리핀제도	미합중국이 승인함	미합중국이 승인하지 않음		노동부 내 이민국장
인도차이나 코친차이나[식민지] 캄보디아, 베트남, 통킹(tonkin), 라오스 [보호령]	식민지는 가입했으나 보호령은 가입하지 않음	가입 안 함		인도차이나 총독부 법 행정부
태국	가입함	'연령 제한 유보' 서명 및 비준		방콕 헌병대 경찰국장
해협식민지	영국은 해협식민지 가입에 찬성함			싱가포르 중국 담당 비서관
말레이 연합 페락 세랑고르 네그리 셈빌란 파항	영국 가입에는 이러한 말레이 지역이 포함되지 않음			쿠알라룸푸르 중국 담당 비서관
말레이 비연합 조호르 게다(Kedah) 펄리스 트렌가누 부루나이				중국보안 담당자 영국 고문 영국 고문 영국 고문 경찰청장 부루나이 타운

221 이 조약과 본문은 부록에서 찾아볼 수 있다.

네덜란드령 동인도제도	네덜란드는 네덜란드령 동인도제도 가입에 찬성함		바타비아 여성아동 인신매매 단속 정부부서
인도	접근함	연령 유보 비준	봄베이, 내무장관, 마드라스, 캘커타 및 양곤의 경찰청장
태국	영국은 태국의 가입에 찬성함		경찰청장
페르시아	비준	사인함	중앙 권한 없음
이라크	영국이 이라크를 대표하여 연령 유보 가입		경찰국장
프랑스 위임통치하의 근동 지역 시리아 알렉산드리아 레바논 제벨 드루즈 (Djebel Druse) 라 하카키아	프랑스가 시리아와 레바논을 대표하여 1921년 협약에 가입		최고위원회 보안 담당 부서
팔레스타인	영국이 팔레스타인을 대표하여 가입		경찰청장

3. 대담 및 증언자(일본 외 번역 제외)

일본

(남만주철도 지대의 일본 해외 속령, 관동 조차지, 한국, 타이완 포함)

대담

외무성, 국무성, 해외 업무성의 차관
조선총독 대행
관동 조차지 청장 권한대행
교토, 오사카, 고베 현 지사
묵덴 경찰서장과 다렌 경찰서장
다렌 지방법원장
고등법원 및 지방법원 판사(경성)
도쿄 고등법원 판사들

대표

일본여성참정권연맹
여성참정권연합
일본여성참정권협회
여성기독교금주연합
청년여성기독교협회
기독청년면려회
구세군
남성순결연맹
면허구역폐지연맹
전국기독교교회연합
국제연맹 여성지부

일본사회복지사협회

증언

공식

도쿄

외무성 및 법무성 대표자의 지원을 받는 내무성 경찰업무과장

도쿄 경시청

요코하마

가나가와현 지사

항만경찰청장

가나가와현 경찰국장

오사카

청소년 법원 부장판사

고베

효고현 경찰서장

외무과장

수상경찰서장

나가사키

항만경찰서장

다롄

경찰보안부서장

경성(서울)

경무국의 대표

타이완

샤먼 특감반원

비공식

도쿄

구세군사령관

W.C.T.U. 사무총장 및 대표단

오사카

교토, 오사카, 고베에서 온 사회복지사의 모임:

교토가톨릭여학교

교토헤이안 요이쿠인(간호부)

교토헤이안 도크기카이(고아원)

교토시나이 호쿠엔(간호부)

오사카금주협회

오사카 여성의 집

오사카 하쿠아이샤(고아원)

오사카 시정촌

오사카 코사이카이(자선병원 등)

오사카 산다야 정신박약 아동을 위한 집

오사카 아이젠엔 정착촌

고베 국제숙녀협회

고베효고현 여성회

고베여성구조협회

고베 W.C.T.U.

고베 긴쇼카이

고베여성회

고베효고현 여교사모임

다렌

러시아 카바레의 매니저

경성

구세군 중령

선교사, 의료종사자

4. 1904년 협의와 1910년 및 1921년 협약

백인노예매매 억제를 위한 국제협의

1904년 5월 18일 파리에서 서명

제1조 각 체약국 정부는 해외에서 부도덕한 목적으로 여성 또는 소녀를 모집하는 것에 관한 모든 정보의 조정을 담당하는 권한기관을 설치하거나 정하는 업무를 수행한다. 이 기관은 다른 각 체약국의 해당 부서와 직접 연락할 권한을 갖는다.

제2조 각 정부는 부도덕한 생활을 하게 될 여성과 소녀의 인솔자를 수색하기 위해 특히 기차역과 승선항, 항로에서 감시를 행할 것을 약속한다. 이러한 목적을 위해 공무원 또는 그러한 자격을 가진 자가 인신매매 범죄의 탐지에 이를 수 있는 모든 정보를 합법적인 범위에서 수집하도록 한다.

명백하게 인신매매의 정범, 공범 또는 피해자로 보이는 사람이 도착했을 때에는 이를 목적지의 당국, 관계 외교 및 영사 대리인 또는 기타 관할 당국에 통지해야 한다.

제3조 각 정부는 사건이 발생하면 합법적인 범위에서 성매매인 여성인 외국 국적의 여성 또는 소녀에게 신원과 신분을 확인하고 누가 이들로 하여금 본국을 떠나도록 했는지 진술을 받을 것을 약속한다. 입수 정보는 여성과 소녀들이 궁극적으로 송환될 것을 고려하여 이들 출신국가의 당국에 통지하여야 한다.

각 정부는 인신매매 범죄의 피해자들이 원하는 경우, 합법적이고 가능한 범위 안에서 이들을 출신 국가로 돌려보낼 것을 약속한다. 송환은 신원, 국적, 국경 도착 장소와 일시에 관하여 합의가 있은 후에 이뤄져야 한다. 각 체약국은 자국 영역을 거치는 경로에 대하여 편의를 제공하여야 한다.

송환 관련 통신연락은 가능한 한 직접 해야 한다.

제4조 송환되는 여성 또는 소녀가 스스로 이송비용을 상환할 수 없고, 비용을 대신할 수 있는 남편이나 부모 또는 후견인도 없는 경우에는 이들의 거주 국가와 가장 가까운 국경 또는 승선항까지 비용을 부담하고, 나머지는 이들의 출신 국가가 부담한다.

제5조 앞의 제3조와 제4조의 규정은 체약국 정부 사이에 존재하는 어떠한 사적 협약에도 영향을 미치지 않는다.

제6조 체약국 정부는 가능한 한 법적 범위에서 여성 또는 소녀의 해외 일자리를 찾는 데 종사하는 소개소나 대행사에 대해 감독할 것을 약속한다.

제7조 비서명국은 이 조약을 준수할 수 있다. 이를 위해 외교적 경로를 통해 그들의 의도를 프랑스 정부에 알려야 한다.

제8조 이 협의는 비준을 교환한 후 6개월 후에 효력을 발생한다. 체국 당사국 일방이 조약을 폐기한 경우 이는 오직 당사국에 대해서 폐기 시점 12개월 후에 효력을 가진다.

제9조 이 협의는 비준되어야 하며 비준서는 가능한 한 빠르게 파리에서 교환되어야 한다.

각 전권 사절단은 본 조약에 서명하고 날인한다.

1904년 5월 18일 파리에서 작성된 1부는 프랑스 외교부 기록보관서에 보관하고, 1부는 그 정확함을 입증하여 각 체약 당사국에게 송부한다.

백인노예매매 억제를 위한 국제협약
1910년 5월 4일 파리에서 서명

제1조 타인의 욕정을 만족시키기 위해 미성년의 여성 또는 소녀를 부도덕한 목적으로 모집, 권유 또는 유인한 사람은 그의 동의가 있었다고 하더라도, 범죄를 구성하는 각각의 행위가 다른 국가에서 이루어졌다 하더라도 처벌되어야 한다.

제2조 타인의 욕정을 만족시키기 위하여 사기 또는 폭력, 협박, 권력남용의 수단을 사용하거나 그 외 모든 강제방법에 의하여 부도덕한 목적으로 성년 여성 또는 소녀를 모집, 권유, 유인한 사람은 범죄를 구성하는 각각의 행위가 다른 나라에서 이루어졌다 하더라도 처벌되어야 한다.

제3조 위의 두 조항이 정한 범죄를 다루는 데 체약국의 국내범이 충분하지 않는 경우, 범죄의 중대성에 따라 이를 처벌하기 위하여 필요한 조치를 취하거나 각자의 입법부에 제안할 것을 약속한다.

제4조 체약국은 이 협약의 목적과 관련하여 이미 자국에 존재하거나 장래에 제정될 법률을 프랑스공화국 정부의 중개를 통하여 서로에게 전달한다.

제5조 제1조와 제2조에서 고려된 범죄는 이 조약이 효력을 발생한 날부터 체약 당사국 사이에 이미 존재하는 협약에 따라 범죄인 인도 권한이 부여될 수 있도록 범죄 목록에 적법하게

포함된 것으로 간주한다.

현행 법률을 개정하지 않고 위 규정의 효력을 부여할 수 없는 경우 체약국은 필요한 조치를 취하거나 각 국의 입법부에 제안할 것을 약속한다.

제6조 이 조약에서 다루고 있는 범죄에 관한 요청서는 다음의 방법으로 송부한다.

1. 사법 당국 사이의 직접 연락
2. 피의뢰국에 머무는 의뢰국의 외교관 또는 영사관의 중개를 통해 송부한다. 해당 관리는 요청서를 사법 당국에 직접 송부하고 당국으로부터 요청서의 실시를 입증하는 문서를 직접 접수한다(이러한 경우에 요청서의 사본 1통은 언제나 피요청국의 상부관청에 송부해야 한다).
3. 또는 외교 경로

체약국은 다른 체약국에 대하여 여타 체약국의 요청서를 인정하는 송부 방법을 1개 또는 2개 이상 통지하여 알린다.

본 조의 제1호와 제2호에 따라 이루어진 송부에 관해 생기는 모든 분쟁은 외교 경로를 통해 해결한다.

따로 양해가 없는 한 요청서는 피요청국의 언어 또는 두 관계국 사이에 합의된 언어로 작성하거나 이들의 두 언어 중 하나로 된 번역문을 요청국의 외교관 또는 영사관, 또는 피요청국의 선서를 통역의 확인증을 받아 첨부한다.

요청서의 실시는 어떠한 성질의 비용에 대해서도 상환청구를 초래하지 않는다.

제7조 이 협약이 다루는 범죄에 대한 유죄판결 기록은 범죄 관련 행위가 서로 다른 국가에서 이루어졌을 경우 서로 통지한다.

이 문서들은 1904년 5월 18일 파리에서 체결된 협의의 제1조에 따라 지정된 부처에 의하여 다른 체약국의 해당 부처에 직접 교부한다.

제8조 비서명국은 이 협약을 준수할 수 있다. 비성명국은 그들의 의도를 문서로 통고하고 프랑스공화국 기록소에 보관한다. 프랑스 정부는 그 인증 사본을 외교 경로를 통하여 각 체약국에 송부하고 더불어 그 보관일을 통지한다. 이 조약의 목적에 관한 가입국의 법령 또한 가입 통고서와 함께 통지한다.

이 협약은 위 통고서 보관일로부터 6개월 후에 가입국의 모든 영역에서 효력이 발생하고 해당국은 이로써 체약국이 된다.

이 협약 가입은 특별한 통고 없이도 자연스럽게 1904년 5월 18일 협약 전체의 가입을 수반한다. 해당 협약은 체약국의 모든 영역에서 효력을 발생한다.

이는 1904년 5월 18일의 협약 제7조를 변경하는 것이 아니다. 이 조항은 어느 조약에만 가입하기를 원하는 경우에 여전히 적용된다.

제9조 이 협약과 일체를 이루는 최종 의정서에 의해 성안된 이 협약은 비준되어야 한다. 비준서는 체약국 가운데 6개 국가가 할 수 있는 때에 바로 파리에 보관된다. 비준서의 보관을 기록하는 의사록이 있어야 하며, 그 인증 사본이 외교 경로를 통해 각 체약국에 전달되어야 한다.

이 협약은 비준서가 교환된 날로부터 6개월 후에 효력을 발생한다.

제10조 체약국 가운데 하나가 협약을 폐기한 경우 폐기는 오직 해당국에 대해서만 효력을 가진다. 폐기는 프랑스공화국 정부의 기록에 보관되는 선언으로 통고하여야 한다. 프랑스 정부는 인증 사본을 외교 경로를 통해 각 체약국에 통보하고 동시에 보관일을 통지하여야 한다. 해당일로부터 12개월 후에 이 협약이 폐기를 한 국가의 모든 영역에서 효력을 상실한다.

이 협약의 폐기는 명시적으로 선언된 경우가 아닌 때에는 1904년 5월 18일 협의의 폐기를 수반하지 않는다. 체약국이 이 협의를 폐기하기 위해서는 협의 제8조에 따르는 절차를 밟아야 한다.

제11조 체약국이 이 협약을 그 식민지, 속령지, 또는 영사재판관 관할 지역의 하나 또는 그 이상에 발표하기를 원하는 경우 해당국은 그러한 의도를 선언으로 통고하고 이를 프랑스공화국 정부 기록에 보관해야 한다. 프랑스 정부는 그 인증 사본을 외교 경로를 통해 각 체약국에 송부하고 동시에 보관일을 통지하여야 한다.

식민지, 속령지 또는 영사재판관 관할 지역에 대한 선언과 동시에 해당 지역에서 이 협약의 목적과 관련하여 현존하는 법령, 그리고 장래 제정될 법령을 제4조에 따라 각 체약국에 동일하게 통지해야 한다.

선언 보관일로부터 6개월 후에 그 선언에서 정한 식민지, 속령지 또는 영사재판관 관할 지역에 협약의 효력이 발생한다.

요청국은 각 체약국에 통지하여 본 조 제1항의 통고 대상인 식민지, 속령지 또는 영사재판관 관할지역에 보내는 요청서에 해당국이 어떠한 전달방법을 인정하는지 알려야 한다.

식민지, 속령지 또는 영사재판관 관할지의 하나 또는 그 이상을 위하여 체약국 중 하나가 조약을 폐기할 때에는 본 첫번째 절에 규정된 형식과 조건에 따라서 해야 한다. 폐기는 그 선언을 프랑스공화국 정부 기록에 보관한 날로부터 12개월 후에 효력이 발생한다. 체약국이 그 하나 또는 이상의 식민지, 속령지 또는 영사재판관 관할지를 위해 조약에 가입할 때는 특별한 통고 없이도 동시에 1904년 5월 18일의 협의 전체에 대한 가입이 수반된다. 이 협의는 해당 지역에서 같은 날 효력이 발생한다. 다만 체약국이 그 하나 또는 이상의 식민지, 속령지 또는 영사재판관 관할 지역에서 조약을 폐기하는 때에는 선언에 명시하지 않은 경우 1904년 5월 18일 협의에 대한 폐기가 수반되는 것이 아니다. 또한 1904년 5월 18일 협의의 서명국이 이 협의에 가입한 식민지에 관하여 한 선언은 유지된다.

다만 이 협약의 발효일 이후에는 식민지, 속령지 또는 영사재판관 관할 지역에 대한 이 조약의 가입이나 폐지는 본 조 규정에 따라 이루어져야 한다.

제12조 1910년 5월 4일 부(附)의 이 협약은 백인노예매매 금지를 위한 제2차 회의에 참석한 국가들의 전권대표가 파리에서 7월 31일까지 서명할 수 있다.

최종 의정서

전권대사들은 이 협약에 서명하면서 이 조약의 제1조, 제2조, 제3조가 이해되어야 하는 의미를 밝혀야 한다. 이에 따라 체약국이 그 입법주권을 행사하는 데 합의된 규정들을 집행하고 이를 보충하기 위해 조치를 취하는 것이 바람직하다.

A. 제1조와 제2조의 규정은 체약국이 예를 들어 성년 여성의 모집과 같이 사기 또는 강제가 행사되지 않은 경우에도 유사한 다른 범죄를 여전히 전적으로 처벌할 수 있다는 의미에서 최소한으로 고려되어야 한다.

B. 제1조와 제2조에 규정된 범죄의 금지에 관하여 '미성년의 여성 또는 소녀, 성년의 여성과 소녀'라는 말은 만 20세 미만 또는 이상의 여성과 소녀를 말하는 것으로 충분히 이해할 수 있다. 그럼에도 불구하고 법률로 모든 국적의 여성과 소녀에게 동일하다는 조건으로 보호를 위하여 더 높은 나이를 정할 수 있다.

C. 동일 범죄 금지를 목적으로 법률은 모든 사건의 주요 형벌과 부수된 형벌 부과에 지장을 주지 않고 자유박탈을 포함하는 처벌을 규정해야 한다. 피해자의 연령과 별도로 제2조에 언급

된 것과 같이 피해자가 실제 부도덕한 생활로 넘겨졌다는 사실과 해당 사건에 존재하는 다양한 가중 사유도 고려되어야 한다.

D. 성매매업소가 여성이나 소녀를 의사에 반하여 감금한 경우에는 그 중대성에도 불구하고 국내법에 의해 독점적으로 규율됨으로 이 협약에서는 다루지 않는다.

이 최종 의정서는 오늘 조약의 필수 부분을 구성하는 것으로 간주되어야 한다. 또한 동일한 효력과 가치, 존속기간을 갖는다.

1910년 5월 4일 파리에서 문서 한 부를 작성하고 서명함.

여성아동매매 금지를 위한 국제협약
1921년 9월 30일, 제네바

제1조 체결국으로서 앞의 1904년 5월 18일 협의와 1910년 5월 4일 협약의 당사국이 아닌 경우 위 체결국은 가능한 한 신속하게 앞의 내용과 그 정한 방식에 따라 비준서 또는 가입서를 송부할 것을 약속한다.

제2조 체결은 아동매매에 종사하며 1910년 5월 4일의 협약 제1조에 해당하는 죄를 범하는 자를 발견하고 처벌하기 위해 일체의 조치를 취할 것을 약속한다.

제3조 체결국은 1910년 5월 4일의 협약 제1조와 제2조에서 정한 범죄의 미수를 처벌하고 법규 범위 내에서 위 범죄의 예비에 대한 처벌을 확보하기 위해 필요한 수단을 취할 것을 약속한다.

제4조 체결국은 체결국 사이에 범죄인 인도조약이 존재하지 않는 경우에는 1910년 5월 4일의 협약 제1조와 제2조에서 정한 범죄 규정에 따라 기소되거나 유죄로 판결된 자를 인도하거나 인도를 준비하기 위해 그 권한 내에서 일체의 조치를 취할 것을 약속한다.

제5조 1910년 협약의 최종 의정서 B항의 '만 20세'라는 말을 '만 21세'로 개정한다.

제6조 체결국은 직업소개소의 면허와 감독에 관해 아직 입법 또는 행정 차원의 조치를 취하지 않았을 경우에는 타국에서 직업을 구하는 부인 및 아동의 보호를 확보하기 위해 필요한 규칙을 마련할 것을 약속한다.

제7조 체결국은 이민의 입국과 출국과 관련해서 부인아동의 매매를 방지하는 데 필요한 입법

및 행정 차원의 조치를 취할 것을 약속한다. 체결국은 특히 이민선으로 여행하는 여성아동에 대하여 출발지와 도착지뿐만 아니라 여행 중에도 보호에 필요한 규칙을 정하고, 여성, 아동에게 매매의 위험을 경고하며 숙박과 원조를 얻을 수 있는 장소를 지시하는 게시를 정거장과 항구에 내걸 것을 약속한다.

第8조 본 조약은 프랑스어와 영어 본문을 진본으로 삼고 오늘 날짜를 쓰되 1922년 3월 31일까지 서명할 수 있다.

第9조 본 협약은 비준을 요하며, 비준서는 국제연맹 사무총장에게 송부해야 한다. 사무총장은 이를 수령하면 다른 연맹국과 본 조약에 서명이 허용된 나라에 통지해야 한다. 비준서는 사무국 기록으로 기탁해야 한다.

사무총장은 국제연맹규약 제18조의 규정에 따라 제1비준서를 기탁함과 동시에 본 조약을 등록해야 한다.

第10조 연맹국이면서 1922년 4월 1일까지 본 조약에 서명하지 않은 국가는 여기에 가입할 수 있다. 연맹이사회가 정식으로 본 조약을 송부하기로 결정한 비연맹국도 역시 마찬가지다. 가입은 연맹 사무총장에게 이를 통고해야 하고 사무총장은 일체의 관계국에 대하여 가입과 통고 날짜를 통지해야 한다.

第11조 본 협약은 각 당사국에 대하여 비준서 또는 가입서를 기탁한 날부터 실시된다.

第12조 본 협약은 협약 당사국인 연맹국 또는 기타 국가가 12개월의 예고를 통해 폐기할 수 있다. 폐기는 연맹 사무총장에게 보낸 서면 통고로 이루어지며, 이를 조치하는 사무총장은 직접 이 통고의 등본을 다른 모든 당사국에 송부하고 통고 수령 날짜도 통지해야 한다. 폐기는 사무총장에게 통고가 이루어진 날로부터 1년이 경과한 후 효력을 발생하며 통고한 나라에 대해서만 효력을 갖는다.

第13조 연맹 사무총장은 본 협약에 서명했거나, 이를 비준했거나, 이에 가입했거나 또는 이를 폐기한 당사국을 표시하는 특별한 기록을 보존해야 한다. 이 기록은 연맹국이 언제든지 열람할 수 있게 해야 하며 또한 연맹이사회의 지시에 따라 가능한 한 종종 공표해야 한다.

第14조 본 협약에 서명하는 연맹국과 기타 국가는 자국의 식민지, 해외 속령지 보호국, 자국의 주권이나 법권에 속하는 지역의 전부 또는 일부를 그 서명에 포함시키지 않는다고 선언할 수 있다. 선언에서 제외된 해당 식민지, 해외 속령지 보호국, 또는 지역의 어디에 대해서든 훗날 별도로 가입할 수 있다. 폐기 또한 위의 식민지, 해외 속령지 보호국, 자국의 주권이나 법권에 속하는 지역의 어디에 대해서든 별도로 폐기할 수 있으며, 또한 제 12조의 규정은 이 폐기에 적용된다.

5. 조사위원회 일정

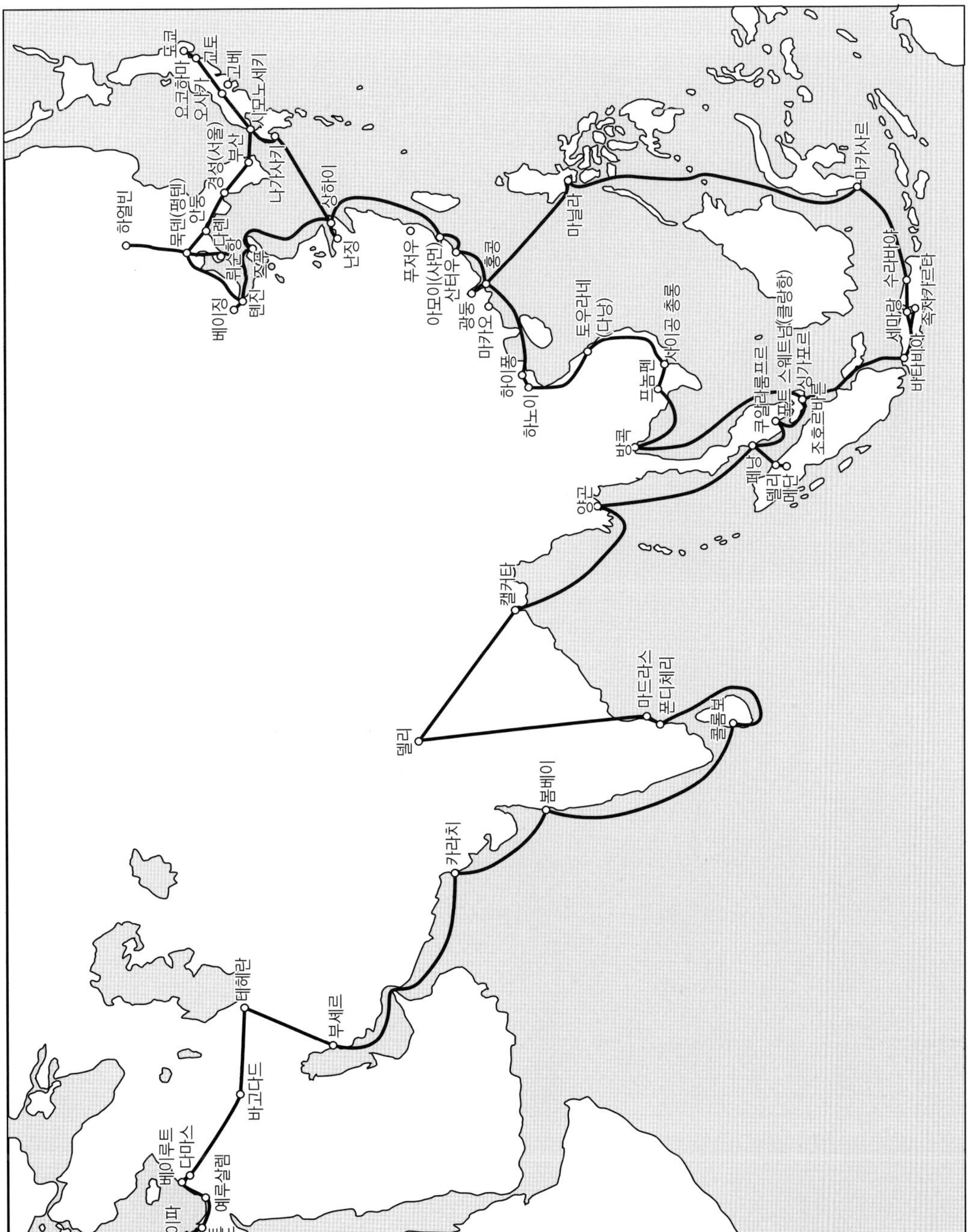

하얼빈
묵덴(펑텐)
안동
경성(서울)
부산
시모노세키
고베
교토
오사카
요코하마
도쿄
나가사키
상하이
난징
다롄
뤼순항
베이징
톈진
푸저우
아모이(샤먼)
산터우
홍콩
광둥
마카오
하이퐁
하노이
투우라네
(다낭)
사이공
촐롱
프놈펜
방콕
마닐라
마카사르
수라바야
세마랑
족자카르타
바타비아
싱가포르
조호르바루
쿠알라룸푸르
포트 스웨트넘(클랑항)
페낭
메단
양곤
캘커타
델리
마드라스
폰디체리
콜롬보
봄베이
카라치
부셰르
테헤란
바그다드
다마스
베이루트
예루살렘
하이파
포트 사이드

Ⅲ. 관련 언론 보도

『매일신보』 1921년 2월 27일

연맹규약 수정원, 구웨이쥔(顧維鈞) 씨와 하토야마(鳩山) 박사 선임

국제연맹 이사회는 국제연맹 규약 수정의 건을 심사하기 위하여 8명의 위원을 임명한 바 우(右) 위원 중에는 주영(駐英) 지나(支那) 공사 구웨이쥔 씨, 동경제국대 교수 하토야마 히데오(鳩山秀夫) 박사는 가장 정치상 경험에 부(富)하고 차(且) 기(其) 건언(建言)은 사회에 대하여 병(並)히 연맹 총회에서 중요하다는 이유에 의하여 선거된바 우(又) 이사회는 아편매매 문제에 관련하여 자문위원회를 임명하였는데 우(右) 위원 중에는 네덜란드, 영국, 프랑스, 인도, 일본, 지나, 태국, 포르투갈(葡萄牙) 제국의 위원이 유(有)한 외에 구웨이쥔 씨 여러 국가에 의하여 해(該) 문제에 통소(通曉)라 하는 이유하에 전 주지(駐支) 영국공사 조탄 씨, 프랑스 앙리 푸레니에 씨, 미국 하일돈라이드 부인의 3씨가 선거되었더라(파리 전).

『동아일보』 1921년 5월 14일

제2회 연맹회, 9월 5일 스위스(西瑞)에서

제2회 국제연맹 총회는 9월 5일 오전 10시부터 스위스 제네바에서 개최하기로 결정되었음과 여(如)한데, 차(此)에 제출할 가(假) 의제는 금후의 국제간 정세에 의하여 다소의 변경을 견(見)할지나 목하의 소료(所料)로는 대략 좌기(左記)와 여(如)히 관찰되더라.

一. 각종 위원의 확인

二. 연맹사무국의 사업보고

三. 규약개정 위원회, 조약등록위원회, 군비축소위원회, 경제봉쇄위원회 등 제1회 연맹 총회의 추천에 계(係)한 각종 위원회의 보고(이사회로부터 제출)

四. 교통, 보건, 아편 등에 관한 연맹의 각종 전문위원회의 보고

五 튀르키예(土耳其) 지방의 부녀소아 등 방출에 관한 조사위원의 보고

六. 부녀소아매매 금지에 관한 보고

七. 티푸스(지뿌스) 예방회의 보고

八. 연맹사무국 급(及) 노동사무국의 조직 심사에 관한 보고

九. 지적 노동에 관한 위원회의 보고

十. 연맹비의 분담에 관한 보고

十一. 볼리비아와 칠레(智利)의 요구

十二. 이사회 비상임이사(4대국 이외)의 임명

十三. 연맹 신가입의 문제

十四. 1922년도 예산안

『조선일보』 1921년 5월 21일

연맹 총회의 임시(假) 의제

제2회 국제연맹 총회의 임시 의제는 여좌(如左) 하더라(파리 전)

一. 대표자 신상(信相) 심의보고위원의 선거

二. 의장 급(及) 6명의 부의장 선거

三. 의사일정의 심사 급 채결(採決)

四. 각종 위원의 임명

五. 제1회 총회 이래 이사회의 사업에 관한 일반적 경과보고

六. 사무국 사업 급 총회 결정시행에 관한 사무총장의 일반적 보고, '갑(甲)' 제1회 총회 추천에 계(係)한 각종 위원보고의 이사회에 관한 제출

七. 규제 개정 위원회 결의에 관한 보고

八. 규약 제18조 위원회 결의에 관한 보고

九. 국비축소위원회 결의에 관한 보고

十. 국제봉쇄위원회 결의에 관한 보고. '을(乙)' 연맹의 각종 전문기관의 사업보고

十一. 재정경제자문위원회에 관한 이사회의 보고

十二. 교통위원회 보고

十三. 보건위원회 보고

十四. 이사회에 계(係)한 아편위원회 보고의 제출

十五. 튀르키예 급 그 접양지(接壤地)에 재(在)한 부녀소아 방축에 관한 조사위원회 사업에 관한 보고

十六. 부녀소아매매 국제회의에 관한 이사회의 보고

十七. 장질부사 예방운동에 관한 이사회의 보고

十八. 연맹사무국 급 노동사무국의 조직 등에 관한 심사위원회의 보고

十九. 지적 노동에 관한 이사회의 보고

二十. 연맹비용 분담 급 본 건 연구위원 결의에 관한 보고

二十一. 상설국제재판소 의정서 비준에 관한 보고

판사의 선거(본 건은 총회 개회 전 연맹국의 과반수로서 의정서를 비준하지 아니할 시는 제2총회에서 실행불능이 됨). '병(丙)' 연맹국 제출 문제

二十二. 1904년 10월 20일 볼리비아와 칠레 간에 서명을 종료한 후 평화조약에 대하여 규약 제19조 적용에 관한 볼리비아국의 요구[위에 대하여 칠레는 소위 선결 문제를 제출하고 위 요구를 총회의 의사일정에 상정함에 반대할 지(旨)를 명백케 할 사(事)를 요구함]

二十三. 이사회 비상임이사의 임명

二十四. 규약 제1조 제2조에 준거하여 수리될 연맹 참가 요구

二十五. 1922년 예산안 제2회계연도[1920년 7월 1일 내지 동 12월 30일에 대한 회계검원사(檢員査)의 보고]

『조선일보』 1921년 8월 27일

국제연맹회의에 공창 연령제 제의. 20세 이상이라는 것을 21세 이상으로 인상 일본은 찬성뿐이오 참가치는 아니해

목하 제네바에서 개최되는 국제연맹회의 사회문제국제회의의 의제 중에 있는 부인 보호 법안, 즉 창기에 대한 매춘방지안이라는 것이 있어 목하 구주에서는 1904년과 1910년 두 차례 회의에 인도상으로 공창의 연령을 20세 이상으로 결정하였는바 이번 회의에 그 연령을 21세로 변경하기로 결정하고 규약에 대하여 각국이 가입하기를 권고하였으므로 일본에 대하여도 권고가 있어서 회의에 참석 중인 야마오카 구니토시(山岡國利) 씨로부터 일본은 어찌하려는 내의를 조회하였으므로 내무성에서는 경보국과 사회국에서 대하여 협의 중인바 지나간 23일에 야마오카 씨에게 회답하였는데 그 회답의 뜻은 일본도 그 주지에는 찬성하겠으나 국정이 다른 이유로 그 규약에 가입치는 못하겠다는 뜻이더라.

『매일신보』 1921년 10월 2일

부녀매매협약, 연맹 총회에서 대다수로 가결

[제네바 20일발 전] 연맹 총회는 부녀 급 유아 매매에 관한 위원의 제안은 대다수로써 가결하고 신협약의 성문에 기입하기로 하였더라. 해(該) 안(案)을 제창함에 제(際)하여 남아(南亞) 위원 키루바트, 마레 교수는 부녀 급 유아 매매 금지 협약에 종래 조인치 아니한 수개 국가도 차(此) 최신 협약에 조인하여 비상한 죄악적 추업에 대하여 수명상(數命傷)을 행하라고 권청(勸請)하였더라. 영국위원은 차 제안에 대하여 열렬한 찬의를 표하였는데 불란서는 차를 2개월 후로 연기함이 가하다고 주장하였더라.

『동아일보』 1922년 7월 23일

부인(婦), 아동(兒) 매매를 방지, 연맹이사회의 의사(議事)

국제연맹 이사회는 17일 오후 부녀, 아동매매 문제에 관하여 각종의 방지수단을 권고한 보고서를 채택하였는데, 사무총장은 튀르키예(土耳其) 급 소아시아(小亞細亞)에 유인된 부녀, 아동에 관한 보고를 낭독하고 이사회에서 제네바(在君府) 연합국 고급 위원과 협력하여 희생자의 구제 취급 위원을 임명하기로 결(決)하였고 중국 대표는 상설 국제재판소의 제(諸) 경비를 연맹이사회의 일반 예산으로부터 지출할 사(事)를 제의한 보고를 제출하였는데 이사회는 경비분담에 관한 보고를 채택하여 각국 정부에 차를 통첩하기로 결(決)하였더라(런던 18일발).

『동아일보』 1922년 12월 20일

연해주의 일창(日娼) 방축(放逐), 연기청원도 거절, 빈민대회의 탄원

연해주 혁명위원회에서는 사창이나 공창이란 것은 사회의 풍기를 어지럽게 하는 것이라 하여 단연히 금지령을 공포하였는데, 이 까닭으로 멀리 외국에까지 매음을 하러 갔던 일본 매춘부들은 매우 놀라서 연기하여 주기를 청원하였으나 허가치 아니함으로 부득이 모두 돌아갈 터인 바 선가가 없어 돌려보내 주기를 일본총영사관에 청원 중이라 하며 이 밖에 잔류민들도 빈민대회를 열고 총영사관에 임금 없이 돌려보내 주기를 청원하였다더라(블라디보스토크 전보).

『동아일보』 1922년 12월 30일

블라디보스토크(海蔘威)에 추업부 래성(來城)

블라디보스토크는 적군(赤軍)의 천하가 되고 백군은 시시각각으로 도피하는 바 남아 있는 부녀의 생활은 말할 수 없이 참혹하다. 차 시기를 이용하여 성진 각 유곽에서는 블라디보스토크에 입(入)하여 20세 내외의 미인을 구한바 일전 당지 일본인 경영의 국수(菊水) 지점에 3명의 이색미인이 입적하여 당국의 허가까지 수(受)하고 추업에 종사한다더라(성진).

『동아일보』 1923년 1월 29일

비밀단체 흑표단(黑表團), 천여 명 단원을 두고 다롄에서 부녀자를 유인하야 파는 단체, 중국 순포(巡捕)까지 다수 내통

중국 영지요, 현재 일본 조차지인 다롄 항구에는 몇 해 전부터 무슨 비밀단체가 있어서 흑백 수에 사람을 죽이고 돈을 빼앗고 흑량가의 젊은 여자를 감언이설로 꼬여 정조를 파는 창루에 팔아먹는 일이 종종 있으나 다롄경무서와 수상경무서는 도무지 잡지 아니하고 간혹 단서를 얻어 검거코자 하다가도 일이 기괴하게 얽히어 결국 요령을 얻지 못하고 그만둔 일이 많은데 대저 그 비밀단체는 다롄시가에 인마(人魔)가 연락 부실하는 시가 한가운네에 본부를 두고 천여 명의 난원을 둔 흑표단이라는 것인데 근일에는 그 단의 괴수인 취부전이라는 상점의 주인 돤뤄지우(段洛九)가 다수한 아편을 롱커우(龍口)로부터 비밀히 수입하여 팔아가지고 산둥성 황현 주가촌 저우칭티엔(周慶田)의 집에 가서 저우칭티엔의 처 17세 먹은 꽃 같은 여자 저우주오즈(周作子)를 교묘히 꼬여 데려다가 자기 집 안에 감금하여 두었다가 창루에 600여 원에 팔아먹은 일이 있는데 2, 3년 이래로 그 단체의 독한 손에 걸려 피와 눈물을 빨리는 양가의 여자가 수십 명이라 그런데 이와 같이 궁흉극악한 단체가 어찌하여 2, 3년을 두고 다롄 한가운데 있어도 잡히지 아니하였는가 그들은 대부분의 중국인임으로 경무서에 근무하는 중국인의 순포를 많은 돈으로 매수하여 놓고 마음대로 악한 일을 하여 먹은 것이라 다롄 경무서에서는 중국인 형사 순포 풍금주 외 8, 9명의 순포를 일시에 면직하고 검거에 노력 중인데 만일 모두 검거만 된다 하면 동양에서 제일 큰 대적이 나타나리라더라(안동현).

『동아일보』 1923년 2월 12일

블라디보스토크 과격파 정부의 여성해방 법률. 부모 허락 없이 자유결혼 이혼도 자유, 창기는 공사 물론하고 금지

중국 모 신문의 보도를 보건대 블라디보스토크에 사는 남녀 두 사람이 서로 떨어질 수 없는 연애가 생긴 때는 부모의 명령을 기다리지 않고도 즉시 결혼을 할 수 있다 하며 부모의 반대가 있다 하더라도 두 사람이 뜻이 맞아서 시청 호적계에 신고만 하면 부부가 될 수 있다는데 이렇게 결혼도 순전한 자유인 동시에 이혼도 자유임으로 최근에 이르러 이혼하는 수효가 점점 늘어간다 하며 블라디보스토크에는 일체로 창기들을 없이한다는데 그 금지명령은 아래와 같다더라.

1. 창기업 허가서를 주지 말 일. 2. 이미 창기로 있는 내외국인을 물론하고 일주일 안으로 고향에 돌아갈 일. 3. 창기의 주인들은 각각 창기들에게 80루블의 보조금을 주어 돌아가게 할 일. 4. 모든 창기들에게서 빚받을 사람이라도 그 입은 의복을 전당으로 받지 못할 일. 5. 창기들은 모두 해방할 일. 6. 이 규칙을 어기는 자는 1천 루블 이하의 벌금이나 6개월 이상의 징역에 처함(펑톈).

『조선일보』 1923년 10월 18일

국제연맹 총회, 상정된 제 문제, 규약 개정 문제

제4회 국제연맹 총회는 제네바에서 9월 3일부터 29일까지 개회되었는데 금회 총회에 상정된 중요 의제가 여좌하더라.

一. 군비축소에 간한 혼성위원회의 보고

二. 직예(直隸) 문제

三. 규약 제10조 개정(캐나다의 제안)

四. 재정경제위원회의 보고

五. 교통위원회의 보고

六. 부인아동매매에 관한 위원회의 사업

이상의 의제를 처리하기 위하여 좌기 6개 위원회가 조직되었더라.

제一. 법률위원회

제二. 전문기관위원회

제三. 국비축소위원회

제四. 재정위원회

제五. 인도 일반 문제위원회

제六. 정치위원회

차(此) 문제는 제1회 총회 이래로 매회 캐나다에서 제안된 제10조 삭제안을 개정한 것이니 그 요점은 (甲) 연맹이사회에 본 조의 의무를 이행할 수단을 구신(具申)함에 당하여 정치적 지리적 사정을 고려할 사(事)

(乙) 각국은 의회 급 기타 입법기관의 동의가 유(有)한 후에 비로소 출병하는 의무가 부(負)할 사의 두 항을 가하여 규정을 미약하게 하려 함이다. 위원회는 수정안을 배척하고 이사회가 제10조의 의무 이행할 조치를 취할 경우에는 각국의 지리적 급 특수의 사정을 참작하고 병력의 사용에 대하여는 각국의 헌법상 기관에 결정권이 유한데, 이사회의 구신은 성의로 고려할 것이라는 취지의 해석적 결의를 가결하고 총회에 송부하게 되었다가 필경 연기되었더라.

군비축소 문제

우(又) 각국은 연맹규약에 의하여 군비축소를 약(約)하고 차를 실행키 위하여 위원회가 조직된 바 군인에 한하여 위원으로 한 위원회는 기 활동이 불충분한 고로 별개로 군인 이외의 정치가, 법률가를 참가케 하여 혼성위원회가 조직되었는네, 차 위원회의 사업이 금회에 보고된 것이라. 기중 가장 주목되는 것은 보장조약안이니 차에 의한, 즉 연맹국 간에 예(豫)히 보장조약을 체결하고 만약 연맹국 중 침략을 수(受)한 국(國)이 유(有)한 경우에는 공동하여 침략에 대항하기로 하고 여사(如斯)히 보장되면 연맹 각국은 현재에 거대한 군비가 필요치 아니함으로 군비축소는 자연 단행되리라 하는지라. 연(然)이나 각국이 일치치 아니하여 결국 수정을 가하고 호상 원조조약안을 강구하였으나 의견의 불일치가 의연한 고로 우(右) 조약안을 각국 정부의 연구에 위임하고 의견을 타일(他日)에 대의(對議)하기로 되었더라.

노예 문제

제3회 총회 당시 아프리카에서 노예가 부활한 형세가 유(有)한 고로 총회는 차를 조사하여 기 사실이 유(有)하면 적당한 조치를 취할 사(事)를 이사회에 요청하기로 결의하였는데 차에 기인한 이사회의 보고를 수령한 후 차를 기초로 하여 경(更)히 취할 조치를 고구코자 하는 것이라.

통상형평대우

외인(外人)기업에 대한 형평대우의 문제는 재정경제위원회의 사업보고 중 중요한 자가 유(有)한 바, 차에 관한 권고안을 양해하기로 하고 이사회가 각국에 대하여 호상간 협정 혹은 각국 국내법의 적용이 우(右) 권고안의 주의실현에 편케하도록 노력함을 망(望)한다는 권고를 채용하였더라.

인신매매 문제

중대한 인도 문제인데, 자문위원회 급 이사회의 결의를 충분히 인정할 사(事) 급(及) 유곽에 고용될 부녀의 상태에 주의하고 공창제도가 아직까지 존재한 국(國)의 차점(此點)에 대한 주의를 환기함을 부인아동매매위원회에서 위촉할 사 급(及) 매음을 방지키 위하여 부인순사를 사용한다. 자문위원회의 권고를 지지할 사업을 결의한 후 총회에 회부하게 되었다더라(제네바 전).

『동아일보』 1924년 10월 31일

중국에 팔려간 조선 소녀의 참경(慘境), 금년 봄부터 사백여 명

근일에 본국에서는 중국 사람에게 팔려서 중국으로 오는 여자가 많음으로 여러 가지로 말썽이 되는 모양인데 이에 대하여 중국 산둥성의 옌타이(煙台)와 웨이하이(威海衛) 등 등지에 오랫동안 있다가 상해에 돌아온 모씨의 말을 듣건대 금년 봄부터 인편을 거쳐 산둥성 등지에 온 우리 동포인 여자가 400여 명이라 하는데 자기가 배편이 있을 때에 일부러 가서 보았으나 그 여자들은 모두 중국옷을 입었을 뿐 아니라 머리털까지 중국 사람 모양으로 하였음으로써 처음 보아서 도저히 알 수가 없으며 그 여자들이 당초에 올 때에는 중국이 좋은 줄로 알고서 오는 사람도 있었으나 급기 와서 본즉 생활의 정도가 군색하기가 짝이 없으며 또 말도 서로 통하지 못하고 사정도 모르는 중국의 남자들과 살기에 기가 막히는 일이 하나둘이 아님으로써 팔려온 것을 후회하는 여자가 거의 모두며 심한 여자는 당초에 아무것도 알지 못하고 왔다가 급기 이와 같은 기막하고 참혹한 경우를 당하여 그때에야 팔려온 줄 알고 백방으로 벗어나려고 하는 여자도 많이 있다는데 심한 여자는 중국 경찰서에 가서 호소한 자도 없지 아니하나 뜻과 같이 되지 못하였고 이상과 같이 하는 여자들은 그래도 연기가 장성한 자가 있어 그 고통과 인도적이 아닌 것을 알기는 하지만은 제일 불쌍한 것은 어린 여자들이며 이 여자들은 데려다가 발을 중국 사람처럼 졸이고 음식도 잘 먹이지 아니하여 제일 기갈을 이기지 못하며 우리의 말은 전연히 잊어버리게 되어 나중에는 무엇이 될지 모르는 참혹한 경우에 빠진 것이다. 자기도 이와 같이 팔려 와서 있는 여자를 보았는데 그의 울며 불며 하고 하소연하는 모양은 차마 볼 수가 없었노라 하더라(상하이 특신).

『매일신보』 1925년 6월 10일

부인매매금지조약 성립, 국제적으로 실시할 터

국제노동조약에 의하여 부인아동의 매매를 금지하기로 결정되었음으로 일본은 이와 같은 조약을 시행하게 되는 때면 해외에 있는 추업부를 전부 귀국시키지 않으면 안 될 것임으로 창기취체규칙과의 관계상 상기한 바와 같은 조약에 대하여 제외선언을 하기로 결정하였다더라(도쿄 전).

『경성일보(京城日報)』 1925년 6월 10일

출가의 낭자군, 일본에 송환할까. 부인매매금지조약에, 일본은 제외 선언을 함

[도쿄 전보] 국제노동조약에 따라 부인아동의 매매는 금지하기로 결정했는데 일본은 위의 조약이 시행되는 새벽에는 해외 재류의 추업부를 전부 귀국시키지 않으면 안 되어 창기단속규칙과의 관계상 위의 금지조약에 대해 제외선언을 하기로 결정했다.

『매일신보』 1925년 6월 11일

부인아동매매 금지조약으로, 형법 일부 개정?

미성년 부인아동의 매매금지에 관한 1921년 국제조약에 대하여 아정국(我政國)은 우(右) 조약을 대만, 조선, 사할린(樺太), 관동청, 남양 위임통치 지역에 적용할 사(事)와 성년 연령 21세를 18세로 저하할 사(事)의 2안의 보류를 부(附)한 후 차를 비준하기로 결(決)하고 9일 각의에서 유보를 확인하였으므로 상필(想必) 10일에 기 지(旨)를 선언할지요 우(右) 선언 후 직(直)히 정부는 추밀원에 대하여 자순(諮詢)의 절차를 취하여 제네바의 국제연맹 사무국에 대하여 차를 통고할 터인데 기 결과 형법의 일부가 개정되리라더라(도쿄 전).

『단산시보』 1925년 7월 8일
국제노동조약으로 일본 취업부(就業婦) 전부 귀국?

국제노동조약에 의하여 부인, 아동의 매매는 금지하기로 결정한바 일본은 우 조약이 시행되는 시는 해외 체류의 취업부를 전부 귀국시키지 아니하면 아니되겠는데 창기취체규칙 외에 관계상 우 금지조약에 대하여 제외선언을 하기로 결정하였다더라.

『조선일보』 1925년 8월 30일
부녀(婦), 아동(兒) 매매금지, 추부(樞府) 정사위원회

[도쿄 전] 부인아동매매금지의 국제조약 비준에 관한 추밀원 제1회 정사위원회는 28일 오전 10시부터 사무소에 개회하고 하마오(濱尾), 호즈미(穗積) 정부의장, 후쿠이(富井) 위원장, 아리마쓰(有松), 친다(珍田), 야마가와(山川), 히라누마(平沼), 에기(江木), 우치다(內田) 각 위원과 정부 측으로 시데하라(幣原), 에기(江木) 양상, 야마가와(山川) 법 제국 장관 출석 후 정부 측의 설명이 있고 정사에 입(入)하여 각 위원의 질문에 대하여 정부 측의 응답이 있고 심의를 거듭한 바 경(更)히 수회 속행하기로 되었다. 또 동 조약안은 제4항에 긍(亘)하여 일본에서는 국내법과 관계상 1905년의 행정적 금지조약, 1910년의 사법적 금지조약 및 금회의 1921년의 금지조약이 모두 미해결대로 보류된 자로서 금회에 비로소 정부는 증전(曾前)의 선언에 기(基)하여 연령 저하, 각지 보류 등의 제외 예를 구하여 비준의 수속을 할 터이라더라.

『매일신보』 1925년 8월 30일
부인아동매매금지, 추부(樞府) 정사위원회 개최

부인아동매매금지의 국제조약 비준에 관한 추밀원 제1회 정사위원회는 28일 오전 10시부터 사무소에서 개회하고 하마오, 호즈미 정부의장, 후쿠이 위원장, 아리마쓰, 친다, 야마가와, 히라누마, 에기, 우치다 각 위원과 정부 측으로부터 시데하라, 에기 양상(兩相), 야마가와 법 제국 장관이 출석하여 정부 측의 설명이 있은 후 정사에 입하여 각 위원의 질문에 대하여 정부 측의 응답에 유(有)하였는데 경(更)히 수회를 속행하게 되었으며 상(尙) 동 조약안은 4항에 긍(亘)하여 아국에서는 국내법과의 관계상 1905년의 행정적 금지조약, 1910년의 사법적 금지조약 및 금회의 1921년의 금지조약은 모두 미해결된 대로 보류하였던 것으로 금회 비로소 정부는 저반(這般)의 선언한 바에 기(基)하여 연령 저하, 식민지 보류 등의 제외를 구하여 비준 수속을 취한 것이라더라(도쿄 전).

『매일신보』 1925년 9월 5일

부인아동의 매매금지법안, 추부(樞府) 정사위원회 협의

3일의 부인 급 아동의 매매금지에 관한 추부 제2회 정사위원회는 전반적으로 대체의 심의를 종료하였으나 아직도 일부 연구할 점이 있음으로 미료(未了)된 대로 산회하였는데 5일 오전 10시부터 경(更)히 태도를 결정하기 위하여 심의를 소개하기로 되었더라.

『경성일보(京城日報)』 1925년 9월 6일

부인매매조약의 정사 계속, 추부위원회

[도쿄 전보] 부인아동매매금지에 관한 국제조약 비준의 건에 따라 추부 제3회 정사위원회는 5일 오전 10시부터 사무소에서 개회, 하마오(濱尾), 호즈미(穂積) 정부(正副) 위원장 이하 각 위원이 참집하여 계속 조항을 심의하였는데, 각 위원의 의견으로서는 조약의 가입 및 비준은 이의 없는 것으로 해도 정부가 앞서 낸 동 조약의 제외 령에 관한 성명서 및 가입 수속 등에 관해 더 의심되는 부분이 있고 또 장래에도 고려할 만한 점이 있으므로 다시 정부 측과 교섭하고 그 결과에 기초하여 위원회를 열어 태도를 결정하기로 하고 정오에 산회했는데 아마도 16일 본회의에 상정하게 될 것이다.

『매일신보』 1925년 9월 8일

국제연맹회의 제 문제와 보고

제6회 국제연맹 총회는 5일부터 제네바에서 개회되어 기(既)히 각국 전권은 동지에 도착하였는데 금회 토론될 중요 의제는 독일의 연맹 가입과 및 평화의정서, 구주 안전보장 조약 등이며 군축회의의 경과 부인매매 문제, 기타 전(前) 회의에서 보류된 문제의 대하여 회원으로부터 보고가 있을 터인데 회의는 약 2주간으로 종료되리라고 관측되더라(도쿄 전).

『매일신보』 1925년 9월 13일

정례 각의 부인아동매매 문제 외 수 건 심의 결정

8일의 각의는 오전 10시부터 수상 관저에서 개회하고 가토(加藤) 수상 이하 재경(在京) 각료가 출석한 후 벽두에 시데하라(幣原) 외상(外相)으로부터 일로(日露)이권 교섭과 및 지나 관세회의의 경과를 보고하고 와카쓰키(若槻) 내상(內相)으로부터 다액(多額) 의원 선거에 관한 보고가 있은 후 추부 정사위원회에서 정사 중인 부인아동매매금지조약에 대하여 추부(樞府) 측의 의향을 정부에 전하고 기(其) 회답을 구한 건을 협의하였는데 추부 측의 주장인 연령 인하의 제외령 요구 문제는 적당한 기회에 기 성명을 취소함에 하등의 지장이 무(無)함으로 추부 측의 의향을 승인하기로 하고 상(尙) 통상 정부를 심의하여 좌기 제건(諸件)을 결정한 후 오후 1시에 산회하였더라.

『매일신보』 1925년 9월 18일

부인아동의 매매금지 대안 추부회의로 가결

16일의 추부 본 회의는 셋쇼미야(攝政宮) 전하 친임하에 개최하고 후쿠이(富井) 위원장이 부인아동매매금지에 관한 조약의 심사보고서에 기(基)하여 정사위원회 병(並) 정부 간의 교섭 전말을 보고한 후 심의에 입하여 결국 위원회의 희망을 부(附)하여 원안대로 가결하고 지나 수출입세의 증가의 건을 이의 없이 가결하였더라(도쿄 전).

『매일신보』 1926년 7월 26일

폐창운동 맹렬 교풍회 중심으로 아동매매금지와 함께 조직적 운동 개시

근시(近時) 창기의 자유폐업이 현저하며 우(又) 정부 당국의 의향도 폐창으로 경(傾)함으로 이 기운을 승(乘)하여 다년 폐창운동에 주력하여 온 각 정계 급 부인교풍회에서는 폐창운동에 전력을 거(擧)하고자 연합회를 조직하고 기본금 6만 원으로써 이후 3개년을 기하여 맹렬한 운동을 개시하게 되었다. 일방으로 국제연맹협회에서도 부인아동매매금지 문제가 국제적 운동이 된 금일에 아국(我國)만이 방관하기는 불가능하다 하여 부인아동매매금지 국민위원회를 조직하고 런던(倫敦)의 부인아동매매금지 국제국에 대표자를 파견하여 차(此)의 국제적 연락을 도모할(圖) 터이라더라(도쿄 전).

『매일신보』 1927년 12월 7일
부인아동의 매매금지안, 영(英) 외상 '젠바렌' 씨 동의(動議)로 수정한 후에 발표

[제네바 5일발 연합] 국제연맹 이사회는 영국 외상 젠바렌 씨 동의(動議)에 의하여 부인아동매매 특별위원회의 수정이 되는 대로 보고를 발표하기로 되었다. 우(右)는 관계 각국에 실시조사의 기간을 여(與)한 까닭에 지금까지 발표를 보지 못하였던 것이더라.

『조선신문(朝鮮新聞)』 1927년 12월 28일
부녀자의 매매금지가, 국제연맹에 대두

[제네바 26일 발전(發電)] 지금 국제연맹에서는 아편매매나 독가스 사용을 위법으로 금지하는 것과 같이 부녀자의 매매도 위법으로서 엄중 금지해야 한다는 운동이 강경하게 일어나고 있다고.

『경성일보(京城日報)』 1928년 3월 20일
동양 여러 나라 사이의 부녀매매 조사, 추업부를 본국에 송환, 연맹위원회에서 결정

[제네바 18일발 연합] 얼마 전부터 제네바에서 개최 중인 국제연맹 제7회 부인아동매매 단속위원회는 18일에 개회했다가 폐회에 앞서 동 위원회는 오는 6월 연맹이사회에 제출하는 보고서를 만장일치로 채택했다. 위 보고서는 각국 정부가 아직 부녀매매 단속에(한 줄 안 보임) 역설하고 있다. 그리고 오는 6월 연맹이사회는 돈 벌러 나간(出嫁) 추업부를 자발적으로 또는 강제적으로 본국에 송환시키고 국제조약 체결 문제에 이미 전문가를 위촉하여 동양 여러 나라 사이의 부녀매매 문제의 조사를 더욱 범위 확장해서 철저를 기할 문제임을 □□에 부쳤다.

『매일신보』 1928년 3월 21일
동양 제국(諸國) 간의 부녀매매를 조사, 추업부를 본국에 송환키로, 연맹위원회 결정

[제네바 18일발 연합] 제네바에서 개회 중인 국제연맹 제7회 부인아동매매 취체위원회는 18일 폐회한바 래(來) 6월 연합이사회에 제출할 보고서를 만장일치로 체결하였는데 우(右) 보고서는 각국 정부가 아직 부녀아동매매 취체에 대하여 동의치 않은 점을 지적하고 이 급무를 역설하였는데 래

(來) 6월 연맹이사회에서는 출가(出嫁) 추업부를 자발적 혹은 강제적으로 본국에 송환케 하는 국제 조약 등을 전문가에 위촉하고 동양 제국에 대한 부녀매매문제의 조사를 다시 그 범위를 확장하여 철저케 하고자 토의 사항 중에 가(加)하였더라.

『매일신보』 1928년 3월 22일

동양에서 현행되는 부녀매매를 철저조사, 국제연맹 위원회서 결정

[제네바 전] 오래전부터 제네바에 개최 중이던 국제연맹 제7회 부인아동매매 취체위원회는 지난 18일로써 폐회되었는데 폐회되기 전에 동 위원회에서는 오는 6월의 연맹이사회에 제출한바 보고서를 만장일치로 채결되었다. 우(右) 보고서는 각국 정부가 아직도 부녀매매 취체에 관한 제안에 대하여 동의를 표하지 아니하는 사실을 지적하여 그 급무를 역설한 것이었다. 또 오는 6월의 연맹이사회는 출가(出嫁) 추업부를 자발적 또는 강제적으로 본국에 송환케 하자는 국제조약 체결 문제와 및 이미 전문가에게 위촉된 동양 제국 간에서 현행되는 부녀매매 문제의 조사를 경(更)히 그 범위를 확장하여 그 철저를 기하고자 하는 문제 등을 토의에 부(附)하리라는 바 차등 모든 문제는 이미 의사 항목에도 들었다더라.

『중외일보』 1930년 5월 16일

연맹이사회 동양 문제 가결, 중국의 위생시설 원조(援助)와 동양의 부녀매매 조사 등

[제네바 14일 전] 제59회 국제연맹 이사회 의제 중 동양 관계 문제 중 주목되는 중국 검역, 위생시설 개선사업 협력 원조에 관한 보험위원회의 보고는 드디어(遂) 14일의 이사회에서 가결되어 석상 나가이(永井) 주(佰) 대사는 중국을 위하여 해(該) 사업의 성공을 역설하였고 근동, 극동 제국(諸國)의 부녀아동매매 상황을 조사코자 연맹에서 시찰단을 파견할 건도 가결되어 근근(近近) 일본으로 가리라더라.

『매일신보』 1930년 6월 16일

59회 동양 제국(諸國)에 대한 중요 문제를 협정(부녀매매 사정조사와 기타), 국제연맹 이사회 업적

국제연맹 이사회의 제59회 회합은 지난 5월 12일부터 15일까지 제네바에 개최되었는데 의장에는 베네주엘라 대표 즈메타 씨를 추천(推)할 터였으나 동 씨가 병중임으로 유고슬라비아 대표 마린고비치 외상이 그 임무(任)에 당하였다. 출석자는 이사국 14개국 중 7개국은 외무대신으로써 대표로 하였다. 그리하여 독일 외상 클츄스 씨는 처음으로 연맹회합에 임석하였고 또 이태리 외상 그란디 씨는 이번이 2회째인데 대표의 인물은 다음과 같다.

독일 클츄스 외상, 영국 헨다슨 외상, 캐나다 단듀란 씨, 쿠바 베탄구울 씨, 스페인 키노네스 데레온 씨, 핀란드 푸로코베 외상, 프랑스 브리앙 외상, 이탈리아 그란디 외상, 일본 나가이 마쓰조(永井松三) 대사, 이란(波斯) 아라칸 씨, 페루 콜네요 씨, 폴란드(波蘭) 자레스키 외상, 베네수엘라 즈메타 씨, 유고슬라비아 마린고비치 외상.

결정사항

이사회가 가장 주의를 한 문제는 오는 9월 10일부터 열리는 제11회 연맹 총회의 준비로서 이 이사회에서 총회에 제출하기로 된 문제는 부전조약(不戰條約)에 합치케 하기 위한 연맹규약 개정 위원회의 보고, 중재재판 안전보장위원회의 보고, 조약 비준 촉진위원회의 보고, 국제법전 편찬회의의 결과 병기 취체 조약 실시 촉진방법에 관한 영국의 제안 등이다. 더구나 차등에 포함된 제안 또(又)는 조사에 관하여 최종적 결정을 행하는 것은 총회다. 그런데 가장 중요한 결정은 다음의 2, 3으로 모두 전문적 또(又)는 사회적 인도적 문제다.

⑴ 중국 정부와 연맹의 보건기관과의 협력계획

⑵ 아편위원회 개조, 동양 제국에 대하여 부녀매매 사정조사를 행(行)케 할 사

⑶ 팔레스타인 소요사건에 관한 조사

그리고 또 단치히 자유시의 특수한 법률상의 지위에 감(鑑)하여 이 자유시가 국제노동기관의 가맹원이 될 수 있는가. 그 여부에 관하여 상설 국제사법재판소에 의견을 자문하는 문제도 일어났다.

『매일신보』 1930년 9월 8일

동양 부녀매매 조사위원 결정, 국제연맹으로

국제연맹의 부녀매매 동양 조사위원 파견에 관해서는 미국 록펠러재단의 사회위생협회로부터 12만 5천 달러 조사비를 기부함에 의하여 지난 5월의 연맹이사로 결정되었다. 그 후 국제연맹에서는 실지조사위원 3명을 선정 중이던바 드디어 미국인 배스컴 존슨 박사(미국사회위생협회 법률 및

금주부장, 국제연맹 아동보호위원회 자문원)를 위원장으로 하고 핀도르 씨(폴라드 인), 선드퀴스트 부인(스웨덴인)의 2명을 위원으로 임명하였다. 그런데 지난 8월 21일부터 25일까지 제네바에서 개최되었던 관계국 정부 대표위원에서는 조사위원의 여정, 기타에 관하여 협의한 결과 일행은 9월 말 제네바를 출발하여 10월 말 싱가포르에 도착, 말레이반도, 프랑스령 인도 지나, 중국, 만주를 경유(經)하여 1931년 5월경에 일본을 시찰하기로 결정하였다.

그리고 위원장 존슨 박사는 국제연맹이 전회 구라파 및 미국의 대륙의 28개국 112도시에서 행한 부녀매매 실상을 조사할 때의 위원장이었다.

『매일신보』 1930년 9월 10일

국련 이사회 개최

[제네바 8일 전] 국제연맹 이사회는 8일 당지에 개회, 벽두에 동양에 있어서 부인 급 아동의 인신매매에 관한 보고와 기타 보고가 있었고 영 외상 핸더슨 씨는 팔레스타인의 적당한 통치를 위하여 영구적 통치위임 개정에 채용을 승인하였다.

『중외일보』 1930년 9월 11일

국련 부녀매매 실상 조사위원 결정, 일본 시찰은 명년(明年) 5월

[도쿄 전] 국제연맹의 부인매매 동양 조사위원회의 파견에 관하여 미국의 록펠러재단의 사회위생협회에서 12만 5천 달러의 조사비 기부에 의하여 지난 5월의 연맹이사회에서 결정하였다. 그후(其後) 국제연맹에서는 실지조사위원 3명을 선출 중인바 드디어 미국인 배스컴 존슨 박사(미국사회위생협회 법률 및 금주부장, 국제연맹 아동보호위원회 자문원)를 위원장으로 하고 핀도르 씨(폴라드 인), 선드퀴스트(스웨덴인)의 2명을 위원으로 임명하였다. 거(去) 8월 21일부터 25일까지 제네바에 개최한 관계국 정부위원회에서는 조사위원의 여정, 기타에 취(就)하여 협의한 결과 일행은 9월 말 싱가포르에 착(着)하여 말레이반도, 프랑스 인도 지나, 중국, 만주를 경과하여 쇼와(昭和) 6년 6월경 일본에 시찰로 래(來)하기로 결정하였다. 따라 위원장 존슨 씨는 국제연맹이 전회(前回) 구라파 및 아메리카대륙의 28국 112도시에서 행한 부녀매매 실상 조사의 때(際)의 위원장이다.

『조선신문(朝鮮新聞)』 1930년 9월 11일

동양 부녀매매 실상 조사위원, 명년(明年) 일본 시찰

국제연맹의 부녀매매 동양 조사위원의 파견에 관해서는 미국 록펠러재단의 사회위생협회로부터 12만 5천 달러의 조사비 기부에 따라 지난 5월의 연맹이사회에서 결정되었다. 그뒤 국제연맹에서는 실지조사위원 3명을 선정 중인바 드디어 미국인 배스컴 존슨 박사(미국 사회위생협회법률 및 금주부장, 국제연맹 아동보호위원회 자문원)를 위원장으로 하고, 핀도르 씨(폴란드인), 선드퀴스드 부인(스웨덴인)의 2명을 위원으로 임명하였다. 지난 8월 21일부터 25일까지 제네바에서 개최된 관계국 정부 대표 위원회에서는 조사위원의 여정, 기타에 대해서 협의한 결과 일행은 5월 말 제네바를 출발하고 10월 말 싱가포르에 도착하여 말레이반도, 프랑스령 인도 지나, 지나, 만주를 거쳐 내년 1931년 5월경 일본에 시찰을 올 것으로 결정되었다. 그리고 위원장 존슨 박사는 국제연맹이 지난번에 유럽 및 아메리카 대륙의 28개국 112도시에서 부녀매매 실상 조사를 할 때의 위원장이다.

『매일신보』 1930년 10월 29일

부녀아동매매 상황을 조사, 경무국에서 각 경찰에 명령, 국제연맹의 의뢰로

총독부 경무국에서는 전 조선 각 경찰부에 대하여 부녀아동매매에 대한 상황조사를 훈령하는 동시에 방금 그에 대한 재료 수집에 몰두 중인데 이는 제네바에 있는 국제연맹 본부로부터 전 세계의 부녀아동의 매매 상황을 조사하는 중이니 조선의 것도 조사해 달라는 의뢰를 받고 그같이 갑자기 조사에 착수한 것이라는바 이에 따라 자연히 조선 부녀매매의 세계적 수준이 결정될 것임으로 그 결과 여하는 지금부터 자못 주목된다 하겠다.

『조선경찰신문(朝鮮警察新聞)』 제233호 1930년 11월 15일

경성제국대학 교수, 법학박사 이즈미 아키라(泉哲), 국제연맹과 부인의 사명

국제연맹은 새삼 말할 것도 없이 오랜 연원이 있어 유럽대전의 영향으로 출발한 후 국제 신의에 의거한 가장 중대한 의의를 지니면서 이미 국제 정국상 적잖은 공헌을 해왔다는 점은 만인이 인정하는 바다.

이왕이니 거슬러 올라가 생각해 보면 유럽대전은 그야말로 가장 획기적인 대전이어서 이 전쟁으로 세계 각국은 많은 손해를 입었다. 뭐니 뭐니 해도 이 대전은 1914년 7월 개전으로 전쟁을 시작한 이래 오랜 연월에 걸쳐 세계를 전쟁의 화염에 휩싸이게 했고, 그사이 2800만 명의 영혼과 510억 방(傍), 일본화폐(邦貨)로 환산해 실로 5천억만 엔이라는 거액을 잃고 공전의 슬픈 참사를 드러내었다. 따라서 서양에서는 도처에 미망인과 고아 같은 딱한 처지의 자들이 증가하여 여기저기서 비극을 연출하기에 이르렀다.

이처럼 전쟁이라는 것은 인류 생활에서 더없이 비참한 일이다. 어떻게든 이 세상에서 전쟁을 방지할 방안을 강구해 제거할 수 있도록 생각해야 한다. 이것이 무릇 유럽대전의 슬픈 경험으로부터 일어난바 평화를 갈망하는 세계인의 목소리였다. 그리고 세계 사람들이 서로 모여 여러 협정을 이룬 결과, 국제관계에서 배태된 국제연맹이라는 합리적 국제기구를 설치하기에 이르렀다. 그리하여 국제연맹에서는 세계 각국이 협조 정신을 통해 전쟁을 방지하고, 또는 열국 간에 다툼이 생긴 경우 이를 조정한다는 데에 주안을 두고, 국제연맹 본부를 스위스의 남단 제네바에 두었다. 한편 각국에는 각 참가국의 명분상 국제연맹 지부를 두어 필요한 사무를 관할하고, 그 아래에도 각종 국제연맹 정신을 강조하는 지부 등을 두고 있다. 실제로 경성제국대학 안에는 국제연맹의 학생지부가 있을 정도다. 현재 국제연맹에는 그 정신에 찬동 의사를 표명하고 참가하고 있는 국가 수가 50개국, 아직 참가하고 있지 않은 나라로는 노농 러시아, 미국, 멕시코, 튀르키예 등 몇 나라에 지나지 않는다. 그리고 그 외에도 아무 의미 없이 반대하는 나라나 여러모로 국제연맹 정신이 말하기는 쉬워도 행하기는 어렵다고 비난하며 반대의 깃발을 휘날리는 나라도 있지만 이들은 우선 소수에 속하니 그다지 문제 삼을 만하지는 않다.

현재 국제연맹이 있음으로 해서 세계의 열국은 여러 복음에 접하고 있다. 사소한 일로 유럽대전의 전철을 밟을 뻔했던 상황에서 합법적인 국제연맹의 알선에 의해 무사히 평화롭게 수습할 수 있었던 일이 한두 번이 아니었다. 일례를 들면, 저 북유럽 핀란드와 스웨덴이라는 이웃나라 사이에 일어난 분쟁사건이 있다. 아일랜드 문제만 해도 국제연맹의 조정으로 난국이 수습될 수 있었던 가장 뛰어난 하나여서 현저한 공적이라 해도 무방할 것이다. 이 외에도 하나하나 예를 들기도 번잡할 정도인데 아무튼 그런 종류로 국제연맹이 세계 평화에 기여한 공적은 실로 한둘에 그치지 않는다. 이것이 현재 세계의 열국이 국제연맹의 고귀한 정신을 함양해 존재의식을 가지고 내외에 선양하고자 하는 까닭이다. 곧 국제연맹을 가졌다는 것은 한편에서 실로 현대 세계인의 긍지이고, 나아가 한층 이 정신을 강조함은 현대인의 사명이기도 하다.

나는 그런 의미에서 국제연맹의 정신을 더욱 선명히 하고 싶다는 염원을 갖는 한 사람인데, 어쩐 일인지 종종 일부 사람들 사이에 국제연맹이 갖는 고귀한 정신을 그르치고 이를 등한시하는 풍조가 있는 것 같아 유감스럽기 짝이 없다. 그래서 나는 이를 더욱 내외에 발양시키기 위해서는 적어도 부인의 힘에 기대하면서 (국제연맹 정신의) 달성을 꾀해야 한다는 점을 통감했다. 시대가 진보함에 따라 부인의 지위도 향상되어 이제는 구태를 고수할 필요가 없어졌다. 즉 세계가 나아가는 기운을 타고 세계인으로서 발걸음을 굳게 딛고 시대의 선구가 되는 것이야말로 현대 부인의 사명이라 해야 할 것이다. 그리하여 국제연맹의 정신을 깊이 이해하고 그것의 근본 취지가 명하는 바를 향해 매진하고 세계평화를 위해 기여하는 많은 이들이 있어야 한다(문장의 책임은 기자에게 있음).

『경성일보(京城日報)』 1930년 11월 26일

조사위원 내선(調査委員 來鮮)

국제연맹 부인아동매매 조사위원회 위원장 외 2명은 내년 5일 상순 지나를 경유하여 내선(來鮮), 수일간 경성에 체재하고 난 후 내지로 향할 예정으로 경무국에서는 여러 가지 준비 중이다. 위 동양 파견의 위원 일행은 국제적인 부인아동매매 조사를 본체로, 노예 잔업부인 매매금지를 목적으로 할 것인데 우리나라에서는 관련된 예는 물론 없고 그리고 여기에 유시한 제도, 즉 공창, 사창 등의 현황을 전부 조사할 것이라고.

『매일신보』 1930년 12월 3일

부인아동매매에 관한 각국 대표의 의견, 제11회 국제연맹 총회, 사회인사업 총회록 (1)

국제연맹 제11회 총회는 지난 9월 10일부터 10월 4일까지 제네바에서 열렸다. 동 총회에서는 부인아동매매 문제, 기타 연맹의 사회인도 사업을 맡아 심의하든 총회 제5위원회는 위원장 아포니히 백작(伯) 부인(헝가리 정치가, 전 대신 아포니어 백작의 부인으로서 부대표로서 열석 부군 아포니어 백작도 동국 수석대표로 총회에 열석하였다), 부위원장 로가톨페스 씨(스위스 관리) 통제하에 회합하였다. 이하는 동 위원회에서 부인아동매매 문제에 관한 각국 대표의 의견 대요와 총회 제출의 보고 급 총회의 결의다.

1. 공창제도와 부녀매매 등의 제 문제

줄리 오니쓰 여사(리투아니아 대표) 공인기루를 폐지하여도 추업부를 단속하는 제도를 설(設)하였다. 리투아니아에서는 본 문제를 다시 연구하기 위하여 다른 공창폐지국의 경험을 듣기를 바란다. 특히 공중의 보건 급 추업부의 전업(轉業) 상태에 대하여 알고자 한다. 리투아니아에는 약 1천 명 추업부가 있다. 조사 결과로는 그 약 75퍼센트는 정업을 하고자 하는 희망을 가졌다.

하이나리 부인(핀란드 부대표) 특히 사립 복지단체사업에 대하여 주의를 촉(促)하고 연맹과 차등(此等) 기관의 협력할 필요가 있는 것을 역설하였다.

탕 블듀맨 부인(독일 전문가) 국제연맹에서 부인아동매매가 심의케 되어서부터 본 문제에 대한 여론이 현저히 양호하게 되었다. 그 결과 기다(幾多)의 구라파제국은 과거 10년간에 공설기루제도를 폐지함에 지(至)하였다. 독일 공설 기루 폐지는 공중 보건상 하등 악영향을 여(與)치 않았다. 그러나 이것이 폐지된 이후는 소위 안마(마사지, 살롱)의 광고를 산견(散見)함에 이르렀는데 풍기상 주의할 현상이다.

폴슈한마 여사(덴마크 부대표, 덴마크 부인협회 회장) 덴마크에서는 1901년 이래 추업부 규정을 폐지하였는데, 그 결과는 양호하여 누구나 구제도의 부활을 원하는 자는 없다. 부인경찰관에 관한 연맹 조사의 진보는 기쁜 일이다.

펠론 씨 (프랑스 부대표, 국회의원) 공인기루 폐지 문제는 과거 1년간 비상해 진전되었다. 금일까지 11개 도시가 공설기루제도를 폐지하고 기타 6개 도시가 유사한 수단을 강(講)하였다. 프랑스에서는 본 문제 관계의 사항이 시 당국에 있다. 중앙정부는 관여치 아니한다. 진정한 성공을 얻기 위해서는 여론을 환기함이 가장 중요하다.

후세인 칸 아라 씨(이란 대표 주프랑스 공사) 페르시아 정부는 부인아동매매금지 국제조약 비준에 대하여 목하 연구 중이다.

써 떼바 프라사트 살바드 히카리 씨(인도 대표) 인도인의 성도덕은 자못 엄격함으로 부인아동매매금지조약을 곧 비준할 수 있었다. 인도에는 공인기루가 없고 기타 사립단체가 추업을 행하는 부인을 구제한다.

초스코 씨(폴란드 부대표, 국립위생학교장, 전 보건대신) 부인아동의 매매업자 금지에 당하여 국제연맹은 아편과 마약류의 부정거래를 단속하는 방법과 같은 방법을 적용함이 가하다고 제안하였다. 곧, 연맹사무국이 사건의 정보를 받자 곧 관계국 중앙 당국에 상세한 보고를 요구하여 이를 부인아동매매위원회 위원에 회부한다고 한다. 연맹사무국은 화류병의 임의 치료 및 강제 치료에 대하여 비교 연구를 할 것이다. 폴란드의 법제로는 희생자의 연령에는 관계하지 않고 매매업자를 처벌한다. 부인경찰관도 이미 활동하였다. 그 결과는 양호하다. 작년 폴란드에는 부녀매매가 1건이 있었는데 이에는 110명이 관계하였다. 33명의 매매업자가 체포되었다. 알젠진에서는 오캄포 판사의 조사에 의하여 부인아동매매에 종사하는 700명의 단원을 가진 단체가 발견되었다. 본 사건의 전말을 기재한 알베르 롱드르(Albert Londres) 간행의 『부에노스 아이레스로 가는 길(Le Chemin de Buenos Aires)』은 구주와 남미의 매매 경로를 기록한 좋은 책(好著)이다.

오조구(伍朝樞) **씨**(중화민국 대표, 주미 공사) 중화민국에서는 공인기루를 폐지하였다. 그런데 국내에 있는 구주 제국의 조차지에서는 아직도 공인기루가 존재하였으니 이것도 폐지하여 주기를 바란다.

『매일신보』 1930년 12월 4일

부인아동매매에 관한 각국 대표의 의견, 제11회 국제연맹 총회, 사회인사업 총회록 (2)

바룬바이데이아 공(태국 대표, 연맹 상설 대표) 태국(暹羅)에서 부인, 아동의 국제적 매매를 행케 되었음은 근래의 일로서 교통기관 발달에 따라서 발생된 것이다. 매매도 동국에서는 위주로 수송하 의할 것이다.[1]

바카레스코 여사(루마니아 부대표, 루마니아 학사원 회원) 루마니아에서는 최근 공인기루제도를 폐지하였다. 1923년 바카레스코 여사는 공인기루제도의 폐지를 제창하여 크게 여론을 환기한 바가 있었다. 동국의 제 부인단체는 국제연맹 활동에 힘을 얻어서 여론 제기 지도(提指導)함에 성공하였고, 그 결과 금일 루마니아는 공인기루제도를 폐지케 된 것이다. 사창의 화류병을 전염케 하지 못하도록 공중보건의 문제를 고려 연구할 필요가 있다.

가르시아 올데이니 씨(칠레 대표) 부인아동매매의 문제는 매소 문제의 일부분에 불과하다. 칠레(智利) 정부는 추업급 부인아동매매에 대한 신 취체방법을 설(設)하였다. 그리고 동국에서는 공인기루는 금지되었다.

2. 동양 부녀매매 실상 조사의 문제

폴슈함마 여사(덴마크 부대표, 덴마크 부인협의회장) 동양 부녀매매 조사위원 중에 부인위원의 참가는

---

1 원문대로. 매매도 해당국에서는 수송 위주에 의할 것이다의 오기로 보인다.

기쁜 일이다. 이번 조사비는 미국 사회위생국으로부터 기부받은 것인데 금후 이러한 중요한 조사는 연맹 경비로 지출하기를 바란다.

야다 시치다로(矢田七太郞) 씨(일본 부대표, 스위스 주재 공사) 일본 정부는 동양 조사위원의 일본 체제 중 모든 원조를 공(供)하기를 약속하였다. 동 위원의 활동은 극동 여론에 결정적 효과를 주어 정부로 하여금 단속을 엄중히 하는 편의를 여(與)할 것이다. 단 위원은 동양과 서양과의 생활 급 습관의 상위를 고려하여 조사를 행할 필요가 있다.

후사인 칸 아라(페르시아 대표, 주프랑스 공사) 극동 조사위원 일행의 출발을 축(祝)하고 페르시아 정부가 위원 체제 중 모든 원조를 하기를 약속한다.

씨 데바 프라시드 살바드 히카리 씨(인도 대표) 극동 조사위원 일행이 인도에 내방하기를 희망한다.

우차오슈(伍朝樞) 씨(중화민국 대표, 주미 공사) 중화민국 정부는 극동 조사위원을 환영하고 위원에 대하여 필요한 원조를 아끼지 않겠노라.

바룬바이데이아 공(태국 대표, 국제연맹 상설 대표) 극동 조사위원 일행의 내방은 시의에 적절한 것이다.

3. 총회보고 제5위원회 부인아동매매에 관한 문제

10월 30일 보고자인 에셀그렌 여사(스웨덴)로부터 총회 본회의에 보고되었다. 동 여사의 총회 제출 보고는 대요(大要) 다음과 같다. "과거 10년간 국제연맹이 부인아동매매 취체사업에 도달한 업적은 현저하다. 차점은 제5위원회에서도 한결같이 인정하는 바다. 제5위원회는 1904년 국제조약 제1조로 설립된 중앙 당국의 조직 급 활동에 관하여 연맹사무국이 임시(假) 조사보고를 작성한 것을 특별한 흥미로써 받았노라. 본 조사에 관하여 위원회는 아편취인사건 조사 방법을 부인아동매매 사건에도 적용하기를 제안한다는 아편 급 마약류 압수의 보(報)가 도착하자, 연맹사무국은 곧 관계 당국에 향(向)하여 해(該) 사건의 상세한 보고를 구한다. 이와 동양(同樣)의 방법을 신문지상에 부인아동의 매매사건이 보도되는 때에 적용할 것이다. 부인아동매매 위원회는 차회 회합에서 차 방법의 상세를 고려한다.

『매일신보』 1930년 12월 5일

부인아동매매에 관한 각국 대표의 의견, 제11회 국제연맹 총회, 사회인사업 총회록 (3)

제5위원회는 명년 부인아동매매 위원회 의제로 상정될 제 문제, 즉 국외 순업(巡業)의 젊은 여성의 연극 재인(才人) 보호, 외설 간행물, 외국인 추업부의 본국 송환 급 출옥 부인 부조에 대하여 용인하였다.

공인기루제도 폐지 문제에 대하여 흥미 있는 의견의 교환이 있었는데 칠레에서는 공인기루는 4년 전에 폐쇄되고 중화민국 대표는 난징 정부가 국내 대도시에 있는 공인기루제도를 폐지하는 법률을 통과한 사(事)를 보고하고 프랑스 대표는 동국에서는 스트라쓰불시의 공인기루 폐쇄가 선례가 되어 12도시가 이를 주(倣)하고 기타 6개 도시에서 목하 신제를 심의 중이라는 사(事)를 보고하고 루마니아에서는 동국 대표의 진술한 바에 의하면 공인기루제도는 본년 7월에 전혀 폐지되었다. 제5위원회는 시등(是等) 사실을 승인하고 위원회의 대다수는 이 수년간에 진보된 제국 대표에 대하여 시의(視意)를 표하였다.

공인기루제도를 폐지한 제국 발표에 추종하는 것의 중요성임이 강조되었다. 위원회는 이사회가 공인기루제도 폐지국에서 풍기 급 위생보호에 관한 법률 급 규칙에 관한 연맹사무국 작성의 연구를 연맹국 급 비연맹국에 회부하는 것을 승인하는 건에 대하여 최상의 만족의 의(意)를 표하였다. 위원회의 위원 수명은 공창폐지국 취체방법 급 경험에 관한 정보의 위대한 실제적 가치를 강조하였다.

제5위원회는 연맹사무국이 차 방면 연구를 계속하여 특히 화류병 임의진료 제도와 강제 진료 제도의 결과를 비교 연구할 것의 필요함을 감(感)하였다.

제5위원회는 목하 작성 중의 부인아동매매에 관한 법률 급 규칙집이 비상히 가치 있고 또 가능한 범위에서 속히 출판될 것을 생각하였다. 제5위원회는 부인아동매매의 조사를 동양에 확장할 건을 흥미 있게 생각한다. 그리고 미국 사회위생국이 125,000불을 제공하였음에 사의를 표한다. 조사원을 맞는 동양 제국 대표 전부, 즉 중화민국, 일본, 인도, 페르시아 급 태국은 조사가 자국에 확장됨에 만족한 의(意)를 표하고 조사원에 대하여 모든 원조 급 편의를 기쁘게 여(與)하겠다는 지(旨)를 진술하였다. 그러나 전기 제 대표는 동양의 특수한 사정 급 습관을 고려함이 필요하다는 것을 역설하였다. 특히 태국 대표는 인접 제국과의 교통 기관이 현저히 발달되어 그 결과 부인아동매매가 증가할 위험이 많아지는 금일 본 조사를 맞는 것을 기뻐한다.

위원회는 연맹사무국 사회문제 급 아편매매 부주임 떼임 레첼 크라우디 여사의 이거(離去)에 대하여 심심한 유감의 의(意)를 표하고 동 여사의 공적을 감사한다.

보고서의 제출과 공히 동 여사는 다음과 같이 진술하였다.

“과거 10년간에 도달한 가장 현저한 진보는 공인기루에 관한 여론의 변화다. 그러나 제5위원회에서는 의견의 상위가 있고 수 명의 위원은 아직도 공인기루제도를 유지하는 것이 가하다고 생각하니 대다수의 위원은 폐지에 대한 진보에 만족의 의를 표하였다. 동 제도의 폐지는 반드시 화류병 증가를 재래(齎來)치 않는 것이 용인되었다. 그러나 공인기루의 폐지는 위생 급 사회적 조치를 취할 필요가 있는 본 문제의 전부를 결(決)하여 해결되고 마는 것이 아니다.

따라서 공인기루제도 폐지국에 풍기, 위생에 관한 법률 급 규칙 연구를 명한 연맹이사회의 결정을 환영한다. 보고서 기재 이외의 문제에는 화류병의 임의 치료 급 강제치료제도, 경찰관 조직의 각종 제도 조사 제안 급 동양 부녀매매 조사위원에 대한 관계제국 대표의 관심할 문제가 있다.”

그다음 별항과 같이 결의안을 제출하여 이의 없이 가결되었다.

4. 총회결의

총회는 과거 2년간 수 개국이 부인아동매매 위원회 권고에 응하여 공인제도를 전연 폐지하고 우(又)는 폐지에 향하여 새로운 수단을 강(講)하였음을 양해한다.

총회는 연맹사무국에 의하여 작성되어 연맹국 급 비연맹국에 회부된 공인기루제도 폐지국에 재한 공서 급 위생보호의 법률 급 규정의 연구는 각국 당국을 위하여 큰 가치가 있음을 믿는다. 부인아동매매에 관하여 동양에서 행하는 조사를 환영하고 이 목적을 위하여 금 12만 5천 불을 제공한 미국 사회위생국에 감사한다.

부인아동매매 위원회 보고를 승인하고 전년 중에 행한 사업에 만족의 의(意)를 표하고 그것이 계승될 것을 희망한다[1930년 9월 30일 채역(採譯)].

『매일신보』 1930년 12월 11일

비인도적 인신매매 단연 금지할 방침, 부녀와 아동 매매 상황 조사한 총독부 경무국 태도

총독부 경무국에서는 국제연맹의 의뢰에 응하여 얼마 전부터 조선 안에서 시행되는 부녀자 및 아동 매매에 대한 상황을 조사하고 있는 중인데 이미 각 도로부터 그 조사 상황의 보고가 대개 제출되어 금년 안으로는 이것이 끝날 모양 같다. 그러하여 그것은 국제연맹으로 보내는 것뿐만 아니오 조사의 결과 그대로 묵과할 수 없는 사실이 있으면 이를 금지하려는 방침도 가지고 있는 모양이다.

『매일신보』 1931년 2월 6일

창루(娼樓)와 요정(料亭)은 감소되고 작부, 기생은 격증, 이 모순된 현상도 불경기 원인

총독부 경무국에서는 국제연맹의 위촉에 의하여 조선 내의 창가 수효와 인신매매 상황에 대한 조사를 하는 중이었는데 이미 각 도로부터 이에 관한 조사 서류가 전부 경무국에 도착하여 경무국에서는 이를 집계하여 가지고 금년 5월 중에 국제연맹 조사위원이 조선에 오는 것을 기다려 이를 제출하기로 되었다. 이제 대정 14(1923)년 이래 소화 4년(1929)까지 최근 5개년간에 있어 조선 내 창기와 기생들의 증감 상황을 보면

	대정 14년	대정 15년	소화 2년	소화 3년	소화 4년
창기 수	3,069	3,232	2,083	2,097	3,053
요리점 수	62,878	61,932	67,439	37,169	33,319
기생 수	2,204	3.062	3,492	3,998	4,312
작부 수	1,606	1,670	1,384	1,566	1,691

이와 같은 상태로 창루 수는 점차 감소되는 경향을 가지고 있어 왔고 창기는 증감이 별로 없는 상태이며 또 요리옥은 해마다 감소되어 왔으나 기생과 및 작부들의 수효는 연년히 증가되는 현상을 가지고 왔다. 요리옥과 창루가 감소된 것은 재계 불황으로 인하여 경기가 좋지 못한 까닭에 점차 감된 것이오. 그 반면으로 기생과 작부들의 수효가 증가된 것은 생활난이 원인으로 이 같은 암흑면에 전락되는 여성이 많아지는 것을 여실히 증명하는 것이라고 볼 수 있다.

『매일신보』 1931년 2월 14일

예창기작부 등 대우를 개선, 현행의 취체규칙은 불안전 부령으로 불원 개정

그늘에 시드는 꽃 창기와 작부와 또는 남에게 몸이 팔려 있는 기생들의 대우개선 내지 폐창은 일찍부터 커다란 사회 문제의 하나로 있어 왔다. 총독부 경무국에서는 국제연맹의 위촉에 의하여

얼마 전부터 조선 안에 대한 부녀, 소아의 매매와 및 기생, 창기, 작부, 기타 유곽 요리점 등에 관한 상황을 조사한 바 있었다. 그 결과 대우를 개선하여야 할 점과 또는 취체규칙의 불비한 바가 많은 것을 발견하고 이에 관한 법령 개정의 필요를 느끼게 되었다. 그 법령으로는,

一. 예기작부 예기치옥 영업취체규칙(다이쇼 5년 경무총감부령 제3호)

一. 가시자시키창기취체규칙(다이쇼 5년 경무총감부령 제4호)

이와 같은 두 가지가 있을 뿐으로 모두 옛날 헌병경찰 시대에 제정 발포한 법령이요 또 그것이 너무 오래되어 지금 시대에 있어서는 적합하지 못한 바가 많이 있음으로 본래부터 개정의 필요를 느끼고 있던 터에 대우개선의 취지까지 포함하여 이번에 개정 실시하기로 된 것인데 목하 경무국에서는 그 입안에 착수하여 불원간 총독부령으로써 이를 발포 실시하려는 예정을 가지고 있다. 그리하여 개정령이 실시되는 날에 있어서는 이것이 가장 시대에 적절한 것이 될 것은 물론이요 또 창기와 작부들의 대우 문제에 있어서도 종래보다 많이 개선되리라고 한다.

『매일신보』 1931년 2월 27일

연맹 부녀매매 조사위원 소식

[홍콩 24일 전] 국제연맹 부녀매매 조사위원회로부터 파견되어 지난 겨울(舊冬) 이래 홍콩(香港) 및 마닐라 방면을 조사하던 중인 위원 일행은 본일 산터우(汕頭)로 향하였다. 그런데 금후 샤먼(廈門), 푸저우(福州), 상하이를 지나(經) 북(北)은 하얼빈(哈爾賓)까지 갔다가 조선을 경유하여 5월 말에는 일본에 올 예정이다.

『조선신보(朝鮮新報)』 1931년 3월 7일

부인매매, 조사의 손(手)

국제연맹에서 부인매매제도의 조사위원 일행은 5월에 조선 방문 예정으로 조사위원 일행은 각 도로 하여금 창기, 예기, 작부, 여급, 고용녀 등의 상세 엄밀한 조사를 행하고 목하 집계 중인데 위원 일행의 조선 방문에 앞서 척무성에서 이번 달 하순 사무관이 조사를 위해 조선에 와서 각지를 시찰할 모양이라고.

『조선신보(朝鮮新報)』 1931년 3월 19일
부인매매의 조사, 조선에서도 상세

국제연맹에서 오는 부녀매매제도 조사위원 일행은 5월에 조선에 올 것인데 이에 대해 총독부에서도, 내무 경무 양 당국에서도 각 도를 재촉하여 실지조사를 하고 있다. 다시 척무성에서도 다음 조사를 위해 와타나베(渡邊) 사무관 일행은 목하 안둥(安東)에 있어 곧 조선에 와서 공창사창 방면의 적나라한 조사를 행할 것으로 관계 방면에서는 일행의 조사 내용을 주목하고 있다.

『조선신보(朝鮮新報)』 1931년 3월 22일
부녀매매제도 치밀한 조사, 와타나베(渡邊) 사무관의 입성(入城)

인신매매 부녀매매제도 조사를 위해 조선에 온 척무성의 와타나베 사무관은 이미 보도한 대로 21일 오전 7시 10분 경성역에 도착하는 열차로 경성에 들어와서 천진루(天眞樓)에 투숙하고, 총독부 사회과원의 안내로 오전 11시부터 부내의 사회사업을 시찰하며 22일에는 인천을 시찰하고 23일에는 유곽, 기타를 시찰하고 그날 밤 남행할 예정이다.

『호치신문(報知新聞)』 1931년 4월 11일
부인아동매매의 조사대 오다, 도쿄 도착은 31일

국제연맹의 부인아동매매 금지위원회로부터 동양 여러 나라에 파견된 부인아동매매 조사위원장 존슨 박사 일행 8명은 목하 중화민국 각지에서 조사 중인데, 최근 내무성에 들어온 전보에 따르면 조선을 경유하여 내월 29일 시모노세키(下関) 도착, 동 31일에 도쿄에 도착할 예정이다. 그리고 일행은 존슨 위원장 외 위원 3명, 부인 2명, 서기장 1명, 타이피스트 1명, 총 8명으로 1개월 예정으로 인신매매제도에 대한 조사를 할 예정으로 부인교풍회, 국제연맹협회 등과 연락을 하여 도쿄, 오사카, 후쿠오카, 나가사키 등을 중심으로 조사를 진행하고 다시 시간이 허락한다면 홋카이도 방면 조사를 할 것이다. 그리고 일행의 표면적인 조사항목은 주로 부녀자의 국제적 거래관계를 실지조사 한다는 것으로 그 조사사항도

一. 매음 목적으로 외국에 팔려간 여자의 숫자와 그 경력

一. 여권 교부의 유무

一. 인신매매업자의 유무

一. 매음일(稼業)을 목적으로 단신으로 도항한 여자의 유무 및 그 숫자

등을 알리고 있다. 내무성 당국은 지난 1926년 이래 1930년에 이르기까지 5년 동안에 추업부로서 해외에 도항한 부녀자 조사의 결과에 기초하여 우리나라에는 인신매매에 따른 부녀자의 해외 도항은 한 사람도 없다는 내용을 회답할 것을 결정했다. 따라서 결국 이 일행은 신요시와라(新吉原), 기타 각 도시의 유곽 또는 마굴 등에 대한 누주(樓主), 창기 또는 사창, 그 포주 등과 각각 면접하여 전차 관계, 기타 상당히 내밀한 실상 조사가 이루어질 것으로 예상되는 제59회 의회에서 문제가 된 공창제도 폐지 등에 대해서도 뭔가 하나의 전기를 마련하는 것은 아닐까 하고 부인교풍회, 곽청회, 기타 폐창연맹 등 단체에서는 커다란 흥미를 가지고 이 일행의 조사를 맞고 있다.

『호치신문(報知新聞)』 1931년 4월 21일

존슨 박사들 드디어 6월에 일본 방문(來朝), 동양 각국 간의 추업부 매매법을 조사, 공창제도 문제는 시찰만

[도쿄 전화] 국제연맹에서 동양 각 방면의 추업부 국제매매 및 국내 매소부의 생활 정황을 조사할 목적으로 파견된 배스컴 존슨 박사 일행 7명(의원 2명, 서기, 타이피스트 각 1명, 부인 2명)은 5월 31일 일본에 올 예정이었지만 존슨 박사가 병 때문에 예정을 변경하여 6월 중순 드디어 일본 방문을 결정했다는 내용을 국제연맹 사무국에 통지한 일행은 10일간 도쿄에 체재, 요시와라(吉原), 스사키(洲崎) 등의 유곽 및 가메이도(亀戸), 다마노이(玉の井)의 사창가를 시찰하고 요코하마, 교토, 오사카, 고베, 후쿠오카, 야마구치, 나가사키 각지를 약 1개월 예정으로 조사할 예정이다. 존슨 박사의 일본 방문은 일본의 각 방면에 상당한 센세이션을 일으키고 있는데 일행이 조사하는 주요 목적은 동양 각국 상호간에 추업부가 어떠한 수단에 의해 매매되고 있는지 조사하는 것으로 공창제도 폐지 문제는 일본의 국내 문제이기 때문에 단순히 시찰만 하는 것으로 어떠한 의견을 개진도 하지 않고, 또한 연맹의 보고서에도 게재하지 않는다. 따라서 문제가 되어 논의될 것은 없을 것으로 전해지고 있어서 관계자도 안심하여 일행의 시찰에는 가능한 한 편의를 제공할 것으로 하고 있다.

『호치신문(報知新聞)』 1931년 4월 21일

폐창대회를 도쿄에서 열어, 폐창연맹의 의기 깊어

[도쿄 전화] 전국폐창연맹에서는 오는 6월 중순 도쿄에서 폐창대회를 열고 전국 20지부 대회 500여 명이 출석하여 폐창운동의 확대 촉진을 기하게 되었다. 대회에는 국제연맹에서 동양 방면의 매창제도(賣娼制度) 시찰에 파견된 존슨 박사 일행을 초대하게 되었는데 폐창연맹에서는 본년 중에 지부가 아직 설립되지 않은 27개 부현에 지부를 설치할 의기를 깊게 했다.

현재의 공창폐지의 부현은 군마, 사이타마의 2개 현, 현회에서 폐창을 결의한 부현은 가나자와, 후쿠이, 후쿠시마, 나가사키, 니가타, 아키타, 오키나와의 7개 현인데, 존슨 박사의 일본 방문과 함께 폐창운동은 급속하게 진행될 것으로 보인다.

『The Japan Advertizer』, 1931년 4월 21일

사절단은 면허 지역을 조사할 것이다

국제연맹 일행은 오직 시스템 시찰에 국한될 것이다.

존슨(Johnson) 박사가 조사단을 지휘한다.

기독여성금주연합(W.C.T.U)은 이곳의 상황 조사기간 중 폐지운동을 벌일 예정이다.

일본의 면허 구역 업주들의 우려가 상당히 줄었다. 현지 출처에 따르면, 국제연맹의 후원을 받은 배스컴 존슨(Bascom Johnson) 박사와 일행의 방문은 시찰 여행으로 오직 면허 구역과 인신매매가 자행되는 시스템에서의 여성의 삶과 전반적인 상태를 조사하는 목적으로만 제한했다. 업주들은 연맹 사절단이 면허 지역의 폐지를 위한 홍보 활동에 절대 적극적인 조치를 취하지 않을 것이라는 소식을 듣고 안도했다.

존슨 박사 일행은 7명으로 구성되어 있다. 존슨 박사 자신과 두 명의 동료 활동가, 두 명의 비서 그리고 두 남성의 부인들이다. 이들은 6월 중순에 도착하는 것으로 예상된다. 일행은 원래 5월 31일 도착하기로 계획되어 있었으나, 존슨 박사의 병환으로 인해 여행이 연기되어야 했다.

일본 W.C.T.U.는 존슨 박사의 방문에 맞춰 면허 성매매 폐지를 위한 전국적 홍보 행사를 계획하는 중이다. 전국적으로 이 단체의 20개 지부의 대표 500명 이상이 도쿄에 와서 이 행사의 본회의에 참석할 예정이다. W.C.T.U.는 현재 이러한 단체가 없는 27개 현에 지부를 설립하고자 노력하고 있다.

군마와 사이타마는 이미 면허 성매매를 폐지했으며, 다른 7개의 현인 가나가와, 후쿠이, 후쿠시마, 나가노, 니가타, 아키타, 오키나와는 W.C.T.U. 보고서에 따라 폐지를 찬성하는 지방의회 결의안을 채택했다.

존슨 일행은 도쿄에 10일간 머물 것이며, 이 기간 동안 이들은 요시와라(Yoshiwara)와 스사키(Susaki) 그리고 다마노이(Tamanoi)와 가메이도(Kameido)의 기타 지역의 면허 구역을 방문할 것이다. 일행은 한 달 동안 일본에 남아 요코하마, 교토, 오사카, 고베, 후쿠시마, 야마구치, 나가사키의 기관들을 조사하고 떠날 것이다.

도쿄에 도착한 보고서에 따르면, 존슨 박사는 이 나라의 면허 성매매는 일본만 관계된 문제라고 믿는다. 따라서 그는 이곳의 상태에 대한 자신의 의견을 내지 않았으나 국제연맹에 직접 보고할 것이다. 위원회는 특히 여러 면허 지역에서 여성들이 채용되고 유입되는 시스템에 관심이 있다.

일행이 시스템에 관여하지 않을 것이라는 사실을 고려하여, 이들이 정보를 확보하고 이곳의 상황을 관찰할 수 있도록 허용되는 모든 수단과 방법을 제공하는 범위에서 면허 지역의 업주들은 조사관들과 협력할 것이라고 보고되었다.

『매일신보』 1931년 5월 7일

모리시게(森重) 척무사무관 입성(入城) 부녀매매제도 조사

국제연맹의 존슨 씨 일행보다 먼저 부인매매제도를 조사키 위하여 만주 각지를 답사하고 4일 아침(朝) 입성(入城)한 척무성 모리시게 치오(森重千夫) 씨, 이하라 야스쿠니(伊原安國) 속(屬)의 양 씨는 5일 우전 11시 본부를 방문(訪)하고 즉시 총독 응접실에 입(入)하였는데 경무국에서도 매소부, 기타에 관한 상세한 조사를 행하였음으로 미하시(三橋) 경무과장, 야기(八木) 사무관, 이나다(稻田) 속(屬)이 출석하여 사무 협의(打合)를 하였으며 오후부터 동씨 일행은 신정 유곽, 기타 예창기 관계의 실지를 시찰하였다.

『매일신보』 1931년 5월 7일

기생집에 드문 손님(珍客) 척무사무관과 총독부 경무국 경찰관 일행 국련 손님 영접 준비

부녀인신매매제도를 조사하기 위하여 국제연맹의 존슨 씨 일행은 오는 6월 상순경에 입성할 터인데 척무성에서는 먼저 와타나베(渡邊) 사무관을 파견하여 예비조사를 하였고 또다시 금번에 모리시게 치오(森重千夫) 사무관을 파송하여 조사하기로 되어 지난 4일 오전 11시에 여객기로 입성하여 동씨는 어제(昨) 5일에 총독부 미하시(三橋) 경무과장과 우에우치(上內) 경기도 경찰부장, 히토스기(一杉) 보안과장, 혼다(本田) 종로서장, 와타나베(渡邊) 종로서 보안주임 등의 안내로 우선 조선인의 화류계의 기생생활 정도를 참고로 조사하기 위하여 종로서 관내인 관철동 110번지 염산홍, 청진동 227번지 방월선, 청진동 63번지 김산호주 집 등을 실지로 임검하였다.

『요미우리신문(讀賣新聞)』 1931년 5월 7일
인신매매 조사 일행, 다음 달 10일에 도쿄 방문, 내무성에서 고된 답변 준비

국제연맹에서 파견된 국내의 '부인아동인신매매'의 상황 조사로 오는 조사위원 일행은 오는 6월 10일 시모노세키에 상륙 즉시 상경한다고 6일 당국에 통지하였기 때문에 내무성, 척무성 등의 관계 당국에서는 여러 가지 사항을 협의하기 위해 오는 15일부터 내무성 내에서 열리는 전국 경찰부장회의를 기회로 도쿄, 오사카, 교토, 나고야, 요코하마, 고베 6개 대도시 및 나가사키, 모지, 시모노세키, 츠루카(敦賀) 등의 각 항구 소재 지역의 경찰부장은 회의 종료 후에 남아 위원 일행을 맞이하는 경우, 또는 조사의 때 등 당국 방침을 보이고 협의했다. 일행은 수석 존슨 씨, 피도르 씨, 선드퀴스트 여사, 타이피스트 2명, 서기 1명, 대표 2명의 부인 8명으로 조사의 목적은 유괴, 유혹, 협박 등으로 인하여 부녀자가 인신매매를 어쩔 수 없이 당하는 것은 아닐까라는 것이다.

우리 당국으로서는 작년부터 조사 결과 현재 외국 부인으로 접객업[예창기, 여급, 댄서, 추업부, 요리여관의 조추(女中) 등]이 된 것은 전국에 42명이 있지만 모두 취업의 동기는 임의로 유괴, 유혹, 협박 등의 타의에 의한 사정에서(他動的な事柄から) 빠져들게 된 것은 없음에 따라 대규모 유괴단이나 부녀자 밀매단은 절대로 없다고 강조하고 다시 일본 부인으로 문제시되어 있는 게이샤와 창기에 대해서는, 게이샤는 문자 그대로 예능으로 생계를 삼고 있고, 공창제도에 대해서는 이미 세계가 두루 아는 사실로 인신매매를 목적으로 하는 것은 아니다…라고 해명할 것을 작정하고 이 설명위원으로서 내무성 촉탁 구리모토 요쇼(栗本庸勝) 씨, 내무성 위생국의 구사마(草間) 기사가 일본대표로 6일 결정하고 14일에는 다롄(大連)으로 출발하는 양 위원은 다롄에서 존슨 씨 일행과 만나고 척무성의 두 사무관과 함께 우리나라의 사정을 상세하게 설명하고 경성을 출발하여 내지로 동행해 올 예정이다.

『매일신보』 1931년 5월 16일

국련 부녀매매 조사위원 일행, 월말에 내선(來鮮)

[펑톈 15일 전] 국제연맹 부녀매매 조사위원 존슨 씨 일행은 14일 밤(夜) 10시 베이닝선(北寧線)으로 베이핑(北平)으로부터 펑톈으로 와서(來奉) 야마토호텔에 투숙하였다. 그런데 당지에는 4, 5일 체재하여 일중 화류계를 조사한 후 하얼빈으로 가서 북만(北滿) 지방을 조사하고 월말경에는 조선을 경유하여 일본에 향할 예정이다.

『조선신문(朝鮮新聞)』 1931년 5월 16일

부녀매매 조사위원 일행

(펑톈 15일발 전) 국제연맹 부인매매 조사위원 존슨 씨 일행은 14일 밤 10시 베이닝선으로 베이핑에서 펑톈으로 와서 야마토호텔에서 묵는다. 당지에는 4, 5일 체재하고 일지(日支) 화류계 조사를 하고 월말경에 조선을 경유하여 일본으로 향할 예정이다.

유곽 기타 경성 조사

위(右) 존슨 씨 일행에 관해 경무국에서는 야기(八木) 사무관이 다롄에 급행하여 존슨 씨 일행의 조선 체재 중 시찰 일정을 협의하고 있는데 대체로 경성에는 이틀간 유곽, 게이샤옥, 기생 등의 상세한 조사를 할 것으로 보인다. 기생 방면은 그 계약이나 영업에도 국욕(國辱)이 될 정도인 것은 없는지, 가시자시키 방면에서는 공창, 2매감찰 등 국제연맹에 가지고 나간다면 체면 없는 얼마나 많은 사실이 있을 뿐 경무 당국에서도 조심하고 있는데 존슨 씨 일행의 지나 조사는 기탄 없이 암흑 이면을 드러냈다고.

『매일신보』 1931년 5월 17일

공사창이 존속되는 한 화류병 근절 무망(無望), 이런 여성들의 건강진단 결과, 이병자(罹病者)가 적지 않아

공창은 폐지하지 아니하면 아니 되겠다는 공창폐지론이 근일 성하여지는 이때에 국제연맹의 존슨 박사 일행이 조선을 내방한다 함으로 경무 당국에서는 여러 가지로 이들은 응접할 준비를 하는 중인데 공창폐지는 물론 이들을 통하여 전파되는 화류병은 점점 각 사람의 가정을 침입하여 끼치는 해독의 막대한 것이야 더 말할 것도 없지만 작년 중에 경기도 관내의 예기, 창기, 작부들의 건강진단을 해본 결과 내지인 3만 2,406인 가운데 병에 걸린 수가 470인, 조선인 4만 2,127인 중에 1,006인이라는 다수의 병균을 전파하는 자가 있었으며, 그 종류를 구분해 보면 임병이 1위를 점하여 1,026인, 그다음이 매독 164인, 하감 150인이며 이들 공창 이 외에 검진을 받지 아니하고 병목정, 초음정 부근을 배회하는 사창들은 더 위험한 병을 가진 자가 많음으로 이와 같은 유곽에 투족하고 있는 이들은 상당히 주의할 필요가 있다고 한다.

『경성일보(京城日報)』 1931년 5월 18일

국제연맹 부녀매매 조사원, 곧 조선에 온다

[도쿄 전보] 국제연맹 부녀매매 조사위원 일행은 1930년 9월 말 제네바를 출발하여 싱가포르, 방콕, 사이공, 마닐라, 하이퐁, 홍콩, 산터우, 푸저우, 상하이, 톈진, 펑톈, 하얼빈, 다롄, 경성 각지에서 부녀매매에 관한 실지조사를 하고, 오는 6월 11일경에 도쿄에 올 예정이다. 일본의 조사기간은 약 1개월 간으로 그사이에 전국 각지를 시찰한 후 약 2, 3개월 본방(本邦)에 체재하며 보고를 기초하고, 종료 후 다시 바타비아, 양곤, 캘커타, 봄베이, 카라치의 조사를 마치고 내년 1932년 2, 3월경 제네바에 돌아가서 국제연맹에 대해 조사보고서를 제출할 예정이다. 그리고 이번 동양 조사위원 일행은 다음의 8명이다. 위원장 배스컴 존슨 씨(미국) ▲ 위원 카를 핀도르 씨(폴란드), 앨마 선트퀴스트(스웨덴) ▲ 수행원 폰 슈미든 씨(독일), 존슨과 핀도르 양 부인, 비서 2명.

『The Japan Advertizer』 1931년 5월 28일

악행에 대처하는 연합이 연맹에 상황의 사실을 제공하다

조사단 단장은 정부가 실제 상황을 감출 것이라 우려한다.

협의회 개최 예정.

국립 단체가 해외 위원회에 제출할 보고서 준비 중.

면허업소 쇠락하다.

일본 내 면허 성매매 시스템에 관한 실제 상황의 세부 상황이, 연맹이 면허 성매매 폐지를 위해 질의서 검토를 목적으로 일본에 잠시 도착할 국제연맹 위원회 앞에서 발표될 예정이다. 연합 관계자는 정부가 인신매매의 실제 주변 정황에 대한 정보를 제공하지 않을 것이며, 연합은 이에 따라 연맹조사단에게 이 문제에 관해 연합이 독자적으로 조사한 결과를 제출하기 위해 준비했음을 알 수 있는 징후들이 있다고 어제 말했다.

"일본 정부가 연맹위원회에 모든 진실을 전부 밝히지 않을 수도 있다고 믿을 만한 충분한 이유가 있습니다. 연합의 대표인 야헤이 마쓰미야(Yahei Matsumiya)가 『재팬 어드버타이저(the Japan Advertizer)』 대표에게 어제 말했다. 만일 정부가 게이샤는 단지 예술가이거나 예능인들이며 면허 구역 거주 종사자들은 법적으로 자유롭게 본인 의사에 따라 선택적으로 오고갈 수 있다는 취지의 정보를 내보낸다면, 일본은 세계가 보는 면전에서 굴욕을 당하는 셈일 것이다. 다른 나라의 성매매 반대 단체들은 실제 상세 내용을 보유하고 있기 때문에 이러한 진술은 우스갯거리로 받아들일 것이다.

이해된 현황

런던의 한 단체는, 한 사례를 지적하면서, 면허업체와 종사자 사이에 왕래한 여러 일본어 문서의 번역본을 수집해 왔다. 종사자들이 어떻게 감시받고 있으며 취급받고 있는지, 이러한 서비스에서 자신이 탈출하는 것이 얼마나 어려운지에 관한 정보를 제공하는 인쇄물의 번역물이었다. 연맹위원회는 일본에서 운영되는 시스템의 실제 모습을 조사하겠다는 의도가 있다. 인신매매 배후의 이론이 아니다. 여성과 아동의 국제매매에 대한 보고서를 작성하기 위함이다.

연맹위원회는 6월 10일 일본에 도착할 것이며, 면허 성매매 폐지를 위한 연합은 6월 24일 시작되는 3일간의 연례전국회의를 개최할 것이다. 그러나 마쓰미야 씨는 이 시점의 회의 개최가 연맹단체의 방문과 어떤 관련이 있다는 점을 부인했다. 그는 위원회는 회의에 참석할 수도 있고 안 할 수도 있으며, 이들에게까지 일반 초대가 확대되기는 했으나 이러한 방향으로 어떤 특별한 협의도 진행 중이지 않다고 말했다.

마쓰미야 씨의 설명에 따르면, 연례회의는 대개 6월에 개최하며 작년의 경우 오사카에서 한 번 대회가 열렸다. 작년 모임은 그러나 이 지역 면허 구역 업주 대표단이 자행한 방해로 인해 결렬되었다. 이 회의가 개최되었을 때, 3천 명 이상의 청중의 3분의 1가량이 오사카, 교토, 나라 그리고 그 밖의 간사이(Kwansai) 도시 소재 성매매업소 대리인들이었으며, 이들은 고성을 지르고 연사들에게 야유를 퍼부었는데, 경찰도 상황 통제력을 상실했고 결국에는 공공연한 분쟁을 피하기 위해 회의를 해산했다.

정부는 폐지를 선호

"정부가 일본의 면허성매매제도를 폐지하기 희망하고 있음을 시사하는 증거는 어디에나 있다. 그러나 이러한 방향으로 확실한 단계를 밟기 위한 계획을 세우는 것이 불가능했다." 마츠미야 씨는 진술했다. 이 제도의 폐지를 요구하는 법안이 지난 회기 의회에 상정되었고(introduced) 이 조치를 논의하기 위해 선정된 위원회 의장은 이러한 목적으로 6번의 회의를 소집했다. 이전 회기에서처럼 이를 즉시 표결에 부치는 대신이었다. 이러한 태도는 이전에는 없던 일이기 때문에 이러한 문제에 전정한 관심이 있음을 보여 주는 것이었다.

이 법안이 지난해 상정되었을 당시, 지로 호시지마(Jiro Hoshijima) 씨는 위원회 위원일 뿐만 아니라 정우회(Seiyukai) 의원이자 성매매 폐지 강력 옹호자로서, R. 나가이(Nagai) 의회 외무성 차관(Parliamentary Vice-Minister of Foreign Affairs)에게 질문했다. 네덜란드 주재 일본 대신 K. 무샤코지(Mushakoji) 자작이 국제연맹의 한 회의에서 발언한 진술의 의미에 관한 질문이었다. 일본 정부가 면허성매매제도를 폐지할 의향이 있는지를 포함하는 질문이었다. 이에 대한 답변으로 나가이 씨는 정확히 진술했다. 면허 성매매는 가능한 한 빨리 폐지되어야 한다고 했다. 이러한 태도는 정부 관계자 입장에서 발언한 것으로 과거에는 들을 수 없는 것이었다.

내무성에 의한 통제

시스템은 내무성의 통제를 직접 받았으며, 이에 따라 외무성의 태도는 이 법안의 운명에 별로 영향을 미치지 못했다. 더욱 고무적인 것은 내무성 보건국 국장(director of the health bereau)인 아카기(Akagi) 씨의 답변이었다. 이 법안이 채택되면 어떻겠느냐는 질문에 대한 답변이었다. 이 경우에 대해 그는 말했다. 그러면 규제 조항을 강화하겠다고 했다. 예전에는 모든 정부 관계자들이 취했던 입장은 이 제도가 바람직하지 못하기는 하지만 이는 불가피하다는 것이었다.

악에 반대하는 연합, 연맹에 상황의 사실을 제공하다

내무성 경보국(peace preservation bureau) 관계자인 M. 쓰치야(Tsuchiya) 씨가 신문사 기자들에게 전한 말에 따르면, 정부는 면허 시스템을 폐지할 목적으로 상황을 검토하는 중이라고 했다. 이를 통해 관계자 입장에서 결정적인 변화를 알 수 있다. 정부는 분명히 인신매매를 폐지하기를 희망하지만, 이러한 희망을 실현하는 실질적인 방법을 찾을 수 없어 왔다.

정부 측 태도 변화와는 별개로, 경제적 이유에서 면허 지역들은 쇠퇴하고 있었다. 이들은 지불 기반(paying basis)으로 운영되지 않으며, 경찰은 종사자 탈출을 방지하는 데 있어 면허업소 운영자를 더 이상 지원하지 않는다. 어떤 종사자든 본인에게 선급으로 지급되었을 수 있는 어떤 돈도 즉시 환불하지 않고도 언제든 법적으로 떠날 수 있다. 그래서 업주들은 어린 여성을 노예로 가둘 때 이들의 무지를 이용했다.

업주들도 변화를 희망한다

이러한 상황에 직면하여, 면허업소의 모든 업주는 본인의 사업을 변경하기를 희망하거나 가능한 정부의 보상을 기다리기를 희망한다. 법에 따른 폐지가 효력을 발생할 경우에 대비해서 말이다. 반면에 여러 현의 의회들은 폐지를 위한 결의안을 채택했다. 군마와 사이타마는 이미 면허 구역을 폐지했고, 그 외 9개의 현에서는 면허 지역을 반대하는 결의안을 채택했다.

올해 연합의 전국대회는 조직의 힘을 전반적인 선전 홍보에 쏟지 않을 것이며 대신 채택한 결의안을 정부가 실시하도록 요구함으로써 문제의 근원을 척결할 것이다.

우리가 연맹위원회 앞에 제출하기 위해 준비한 정보에 관하여, 면허업소 종사자들은 법적으로 자유롭게 본인 의지에 따라 떠날 수 있지만, 사실상 어린 여성들은 빚, 무지 그리고 부모의 소망을 존중하려는 봉건적 정서로 인해 그리고 종종 경찰의 간섭을 통해 언제 어디서든 접대(service)하도록 고용되어 있다. 결과적으로 이들은 집안의 대표가 동행하지 않는 한 면허 지역을 나가는 것이 허용되지 않는다. 그리고 친구와 친지의 소통도 종종 제한된다.

『매일신보』 1931년 5월 31일

국제연맹 부녀매매조사단 29일 펑톈 착

[펑톈 29일 전] 국제연맹 부녀자 매매조사단 존슨 씨 일행 9명은 북만의 시찰 조사를 료(了)하고 29일 오후 1시 20분 하얼빈(哈爾賓)으로부터 펑톈에 왔는데(來奉) 4, 5일 체재하여 부속지 내의 일

중 화류계를 조사하고 다롄으로 향하여 동지 시찰조사 후 조선 경유 일본에 부(赴)할 예정이다.

『매일신보』 1931년 6월 3일

사설 수치(羞恥)한 인신매매의 악습

1. 목하 만주에 체재 중인 국제연맹 부녀아동매매 조사위원 존슨 씨 일행은 수일 후 경성에 와서(來城)하여 당지의 부인아동매매 상태를 시찰할 예정이라 한다. 인신매매라는 일어(一語)는 즉시(直) 야만미개의 사회를 연상케 하며 따라서 이러(如斯)한 풍습을 시찰하기 위한 외국인의 내방을 받는(受한)다 함에 대하여는 실로 땀나는 얼굴(汗顔)을 금(禁)치 못하게 된다. 반만년 역사와 동방예의지국이라는 긍지는 이(此) 현실 폭로에 의하여 여지없이 유린되고 분쇄되는 바이다. 변소 안(厠中)의 쥐(鼠)는 분뇨의 추함을 깨닫지(覺치) 못하는 것이다. 아등의 긍지와 자부는 결국에 재(在)하여 이(此) 변소 안(厠中)의 쥐(鼠)와 유사함에 인한 바 아니었든가 노비의 소유가 사대부의 생활에 결(缺)치 못할 필수 조건화하며 따라서 그 매매가 당연을 과(過)한 당연시 되는 관습은 문물이 발달된 시대일수록 더욱 자심(滋甚)한 바였다. 차를 회고하고 반성함에 제(際)하여 문화의 발달과 도의의 진보를 긍지함보담은 너무나 뉴니(忸怩)하고 참괴(慚愧)하다 말(謂)할 바 아닐 것인가.

2. 세계적 문화선상에 입(立)하게 된 금일에 지(至)하여는 물론 피(彼) 구시대에 존(存)하든 노비매매의 악습이 개선되었고 또 국법이 절대로 그를 허(許)치 아니하는 바라 할지나 상금(尙今) 일부에 재(在)하여는 형태를 변함에 의하여 그 존속을 도모(圖)하려 하는 자 유(有)하며 또 부인에 한하여는 공공연으로, 아니다 적법적으로 그 매매가 성행되는 바다. 악습의 근거가 너무나 견고하고 깊어(深固) 일반의 양심이 너무나 마비되었다 말(謂)할 바 아닐 것인가. 인신매매에 대해서는 누구나 빈축과 증오를 금치 못하는 바이요, 따라서 이러한(如斯한) 악습이 우리(我等) 사회에 존재(存)하다 함에만 대해서도 수치는 차치하고 전율을 금치 못하게 되는 바다. 그러나 사실은 엄연히 존재한 바여서 금일 아등은 그에 관한 세계적 연구 자료에 사용되려 하는 바다. 법률의 정면상으로는 물론 인신매매를 허(許)치 아니하는 바다. 그러나 그는 고용계약에 의한 전차 또(又)는 양자 입적이라는 명목하에 공공연으로 성행되는 바다. 병목정을 위시하여 신정, 대도정 등 각 유곽을 일별하여라 농중의 새(鳥), 농중의 돼지(豚)와 같은(如한) 신세를 만든(作한) 그녀(彼女) 등은 모두(擧皆) 기 십원 기 백원의 대가로 매매된 실물이다. 그리하여 법으로써 그 복종이 강요되고 그 자유가 구속되는 바다. 차(此)가 적법적으로 인신매매를 허용하는 바 아니고 무엇이라(何者라) 할 것이냐.

일차 계약이 체결된 후에 재(在)해서는 본인의 의사 유무를 막론하고 갑에서 을로, 전전매매 되며 또 갑이 을에게 매도하여 소득한 차금(差金)을 부담하는 그것이다. 만일 단순한 고용관계에 불구하고 또 그 전차가 피고(被雇)된 차금의 선취(先取)에 불외(不外)하다 할지면 갑에 고용(被雇)됨을 승인한 바라 할지나 을에 고용(被雇)됨은 본인의 자유의사에 속한 바일 것이며 또 갑이 여하한 대가로써 그 계약 행사권을 을에게 양도한다 할지라도 그는 피고자(被雇者)의 관지(關知)하는 바 아니라 할 바일 것이다. 그러함(然함)에 불구하고 소위 포주 등이 전전 매매함에 의한 이득을 전부 부담하게 된다 함은 저(彼) 소돼지(牛豚)의 매매와 하등의 차(差)가 유(有)하다 할 것이냐. 그뿐만 아니라 창기 영업을 목적으로 하는 고용계약에는 반드시 친권자의 승낙을 요하게 됨에 불구하고 사실에 재(在)해서는 불량배들의 유괴에 의한 매매가 비일비재한 바다. 이(此) 사실은 과연 무엇을 어(語)하는 바라 할 것이냐. 표면은 법률로써 금한다 할지나 사실은 법률로써 옹호하는 현실은 너무나 해석키 불능한 바이며 또 그가 문명사회로서 가장 수치하고 빈축할 바인 인신매매인만치 일층 통탄함을 금치 못하게 되는 바다.

『매일신보』 1931년 6월 3일

동양 방면 부녀매매 실시 조사원 일행 5일 조(朝)에 입성할 예정. 회견 희망자는 외사과에 말하라

국제연맹의 부인아동매매 동양 방면 실지 조사위원장 존슨(미국) 씨, 선드퀴스트(스웨덴) 박사 등 일행 6명은 5일 오전 9시 40분 입성, 곧 조선호텔에 투숙하기로 되었는데 동일 오전 중은 총독부에 경의를 표하고자 총독부 방문, 오후는 경무 당국과 내무 당국에서 조선 내 실정의 설명을 듣고 6일 오전 중에는 부내의 실지조사로서 신정유곽, 예기치옥, 사회사업단체, 각 경찰서, 재판소 등을 시찰하고 7일은 오전 10시 경성발 열차로 일로(一路) 도쿄에 향할 예정이다. 그리고 또 부인아동매매 폐지 등에 관하여 일반으로부터 동 위원 일행과 회견을 희망하는 사람은 특히 6일 오후의 시간을 할애(割)하여 회견하게 할 터인데 그 희망자는 총독부 외사과장에게 신청(申出)하기 바란다 한다.

조사위원회 내용과 연혁

별항 5일 아침(朝) 입성하는 국제연맹 부인아동매매 조사위원회 내용 급 연혁에 관하여 총독부에서는 다음과 같이 발표하였다.

부인아동매매 폐지에 관한 국제적 협력운동이 시작된 것은 근근 30년 전이었다. 최초에는 사적 운동에 지나지 못하였으나 1899년에 개최된 제1회 국제회의에서 해(該) 매매 문제에 관하여 고찰하게 되자 해당 문제에 관한 각국 단체 합동의 목적으로의 부인아동매매 금지국이 탄생되었다.

동 회의의 노력의 결과 1904년 각국 정부 대표자의 회합이 개최되어 국제협정이 창안되고 이는 드디어 각국 대표의 조인을 맞게 되자 각국 내에는 해외에 재한 추업부의 유개(誘介)에 관한 모든 정보 통일의 위임을 맡은 중앙부가 설립되었다. 이로부터 6년 후, 즉 1910년에 조인한 각국은 각기 의회에 이상 목적의 법안을 제출하고자 국제회의를 개최하였다. 1920년 국제연맹이 창립되니 그 직무의 하나는 곧 각종의 인간 행동을 국제적으로 협력하여 발달시키는 것이었다. 그 결과 국제연맹규약 제23조에 의하여 특히 상술한 협정 시행의 일반적 감독을 맡았나니 이리하여 부인아동 보호의 필요는 세계적 승인을 받게 된 것이다.

국제연맹의 제일의 직무는 연맹규약 제23조에 의하여 위탁 맡은 사업을 여하히 수행할까를 고려하였다. 다시 국제연맹회의가 소집되자 33개국의 대표가 출석하여 부인아동매매금지회가 개최되었다. 1921년의 회의에서는 전 회의의 보충으로 해 매매 문제의 범위를 확장하여 세계 각 인종의 부녀를 포함케 하였으니 이것이 곧 국제연맹의 세계적 조직이 된 것이다.

1921년의 회의의 제안에 의하여 국제연맹은 항구적 고문위원회를 설립하게 되었으니 동 위원회는 부인아동매매에 관한 모든 국제 문제를 제안할 권한의 부여를 받았다.

동 위원회가 수행한 제일의 직무는 부인아동매매 상황의 조사를 제의함이었다. 그 조사는 구미 28개국에 의하여 수행되었다.

국제연맹회의는 수차 미(未) 조사국에까지 국류(國類)의 조사를 미치게 하자는 희망을 발표하니 차 제안에 의하여 국제연맹 사무장은 근동, 중동, 극동(近, 中, 極東) 제국에 동 조사의 승인 급 협력 여부를 문합(問合)함이 있었다.

단 동 조사는 동 문제의 국제적 방면에만 한정된 것이었다. 우 문제에 대하여 중, 불, 영, 인, 일, 네덜란드, 페르시아, 포르투갈, 태국과 미국은 각기 영토 내에 재(在)한 조사를 승낙하고 즉시 준비에 착수할 것을 명답(明答)하였다.

1930년 9월 제네바 국제연맹 최후회의에서 동양에 재(在)한 영토 소유국의 각 대표자들은 각기 영토 내의 조사에 대하여 찬의를 표하고 나아가 기 조사에 관한 모든 편의를 도모하겠다는 뜻을 표시하였다.

동 회의에서도 또한 우 조사에 관한 동양 특수 사정의 고찰의 필요가 역설되어 이도 즉시 동의

되어 국제연맹은 동양 제국 조사를 위한 3명의 출장 위원을 선(選)하였으니 위원장인 미국인 배스컴 존슨, 스웨덴인 앨마 선드퀴스트 박사, 폴란드인 카를 핀도르가 곧 그들이었다. 존슨 씨는 일찍이 구미에 재한 조사의 경험을 가진 사람이요, 선드퀴스트 부인은 의사로 본국에 재(在)한 부인 사회 문제에 특별한 흥미를 가진 사람이요, 핀도르 씨는 동양에서 20여 년의 외교관 생활을 하고 최근에는 중국, 폴란드 특명 대권공사의 직에 있는 사람이다.

위(右) 위원의 방문을 받을 각국에서는 각각 접대위원을 임명하여 그들에게 공적 정보를 제공하게 하였다. 10월 말 위(右) 위원은 동양에 도래하여 각국 조사를 위하여 18개월간 체재의 예정이다.

제네바에 귀환 후 동 위원은 조사보고서를 작성하여 연맹에 제출할 것이니 이리하여 수집된 보고는 전 세계의 대부분을 망라한 것으로 장래 전 세계 부인 아동 보호의 일층 완전한 방법을 강구할 기본이 되는 것이다.

『조선일보』 1931년 6월 3일

인신매매 조사차 국제 특파 내경 면회 신청은 자유

국제연맹 부인아동매매 금지국 조사위원 존슨 일행은 오는 5일 오전 만주를 거쳐 서울에 들어오게 되었다. 그리하여 각 방면으로 봉건사상의 인습 많은 특수 조선의 이면에서 매매 학대되는 실 사정을 조사할 터라는데, 이들 국제위원과 직접 회견을 희망하는 개인이나 혹은 단체는 오는 4일 오전 안으로 총독부 외사과에 신청함이 좋겠다 하며 특히 불운의 역경에서 체험하고 있는 사람으로 회견신청은 매우 환영한다고 한다.

『조선신문(朝鮮新聞)』 1931년 6월 3일

부인매매조사, 존슨 씨 일행 경성에서 일정 대요(大要)

국제연맹의 부녀매매 동양 조사위원장 배스컴 존슨 씨 일행은 여러 차례 전한 바와 같이 4일 아침 다롄을 출발하여 5일 조선에 입성할 예정으로 조선호텔에서 잠시 쉰 후에 총독부를 방문하고 고다마(兒玉) 정무총감에 경의를 표한 다음 조사서류를 교부받는다. 모리오카(森岡) 경무국장, 호즈미(穗積) 외사과장, 미하시(三橋) 경무과장으로부터 상세한 설명을 듣고 관계 단체 관계자 등과 회견 후 미하시 경무과장의 안내로 조선 내 예기오키야, 가시자시키, 기타 사회시설사업을 5, 6일 이틀에 걸쳐 시찰하고 7일 조선에서 물러나 내지로 향할 예정이다. 일행은 위원장 존슨 씨 동 부인, 위원 카를 핀도르, 앨마 선드퀴스트 여사 외에 수행비서의 8명으로 록펠러재단에서 20만 5천 달러의 조사비를 받아 동양 각지의 실상을 조사 중이다.

『조선신문(朝鮮新聞)』 1931년 6월 3일

국제연맹 부녀매매 조사위원, 곧 안동(安東) 통과

[신의주] 국제연맹 부녀매매 조사위원 영국인 존슨 외 3씨는 동양의 부녀매매 실정을 조사 중인 바 지난 달 29일 창춘(長春)에서 남행하여 남만주 주요지 조사를 마치고 조선을 거쳐 내지에 갈 예정인데 양 3일 중에 안동을 통과할 예정.

『조선신문(朝鮮新聞)』 1931년 6월 4일

국제연맹에서 부인아동매매조사, 배스컴 존슨 씨의 진술

국제연맹에서 특파된 동양의 부인아동매매제도 조사위원회 배스컴 존슨 씨 일행은 5일 아침 입성하고 동 위원 일행과 회견을 희망하는 사람 또는 단체는 4일 오전 중에 총독부 외사과에 신청하기로 하고 다롄에서 온 위원장 배스컴 존슨 씨는 다음과 같이 발표했다.

부인아동매매금지에 관한 국제적 협력운동이 개시된 것은 불과 30년 전이다. 처음에는 사적 운동이었지만 1899년에 이르러 최초의 국제회의가 열려 이 매매 문제에 관해서 고찰한 것이다. 동 회의에서 동 종류의 각국 합동의 목적을 위해 국제 부인아동매매 금지국이 생겼다.

이 회의의 노력의 결과 1904년 각국 정부 대표자의 회합이 개최되어 국제협정이 초안되고 그것은 각국 대표자에 의해 조인되었다. 따라서 각 국내에는 추업부의 해외 유괴에 관한 정보를 통일하기 위한 중앙기관이 설립되었다. 그 후 6년이 지난, 곧 1910년에는 각 서명국은 그 국립법에 관한 일정한 표준을 만들어 내어 국제회의를 개최했다.

1920년에 국제연맹이 생기고 그 직무의 하나는 각종 인류 행동을 국제적으로 협력해서 발달시키는 것이었다. 그 결과 연맹은 그 규약 제23조에 의해 상술한 협정 집행의 일반적 감독을 특히 맡았다. 이로써 부인아동 보호의 필요는 전 세계를 통해 공적, 차(且) 국제적 승인을 받게 되었다.

연맹의 첫째 임무는 그 규약 제23조에 따라 주어진 일을 어떻게 수행할까 고려하는 것이었다. 새로운 국제회의가 초집되어 33개국의 대표의 출석을 보고, 부인아동매매금지의 국제협약이 생겼다. 1921년의 회의는 전 회의의 보충으로서 각 인종의 부인회를 포함하여 범위를 확장하고 연맹의 세계적 조직이 되었던 셈이다.

1921년 협약의 제안에 기초하여 연맹에 항구적 고문위원회가 설립되어 동 위원회는 부인아동매매에 관하여 모든 국제 문제를 연맹 최고회의에 제출하는 권한을 부여하게 되었다.

동 위원회에 따라 제1의 일은 부인아동의 매매가 되어진 조건조사의 제의였고, 그 조사는 먼저 구미 28개국에서 행해졌다. 여러 차례에 걸쳐 연맹회는 미조사국에도 동 종류의 조사를 해야 한다는 희망을 발표했다. 이 제의에 따라 연맹사무총장은 근동, 중동, 극동 여러 나라에 대해 동 조사는 단지 동 문제의 국제적 방면에만 엄격하게 한정한다는 것으로서 동 종사를 승인하고 또한 협력을 얻을지 말지를 조회했던 바인데 위에 대해 중화민국, 프랑스, 영국, 인도, 일본, 네덜란드, 페르시아, 포르투갈, 태국, 미국은 각기 영토 내의 조사를 승인하는 준비에 있다고 회답했다.

1930년 9월 제네바의 연맹 최근의 회의에서 방문을 접수한 동양의 각 영토 소유국의 대표 등은 그 영토 내의 조사에 가득찬 찬의를 표하고 다시 그 조사에 관해서는 모든 조력 및 편의를 제공하겠다는 뜻을 표명했다. 단지 위 조사에서는 동양의 특수 사정을 고려할 필요가 있는 것이 역설되어 이는 즉시 동의되었다.

연맹은 동양 제국 조사를 위해 3명의 출장위원을 추천했다. 곧 위원장 미국은 배스컴 존슨 박사, 스웨덴인 앨마 선드퀴스트, 폴란드인[2] 카를 핀도르 씨다. 존슨 씨는 앞서 구미에서 이 조사를 한 경험을 가지고, 선드퀴스트 부인은 유명한 의사이자 그 본국에서 부인사회 문제에 대해 특별한 흥미를 가진 사람이다. 핀도르 씨는 동양에서 20년 이상 외교관 생활을 하고 최근 주(駐) 중화민국 폴란드 대리공사의 직에 있었던 사람이다.

방문해야 하는 각국 정부는 각 접대위원을 임명하고 공적 정보를 제공했다.

다음 해 10월 말 위원은 동양에 도래했다. 각국 조사를 위해 18개월 체재의 예정이고 제네바에 귀환 후 동 위원은 조사보고서를 작성하고 연맹에 제출할 것이다.

이렇게 수집된 보고는 세계 대부분을 망라하는 것이어서 장래 전 세계의 부인아동 보호를 한층 확실하게 할 방법을 구하는 기초가 될 것이다.

---

2 원문에는 페르시아인(波斯人)으로 오기되어 있다.

『경성일보(京城日報)』 1931년 6월 4일

부녀매매조사 연맹 파견원, 드디어 내일 아침 경성 방문(入城)

국제연맹 부녀자매매 실정 조사 파견원 일행 단장 배스컴 존슨 씨(미국), 카를 핀도르 씨(폴란드), 앨마 선드퀴스트 여사(스웨덴), 폰 슈미든 씨(독일)는 지나 각지 만주를 시찰하고 내일 5일 오전 9시 40분에 도착하는 열차로 입성한다.

『지지신문(時事新聞)』 1931년 6월 4일

오로지 문서전(文書戰)으로 국제적 폐창운동, 부인매매 조사위원 일행의 도쿄 방문에 당국이 각 단체를 압박

부녀자의 국제매매 거래에 관한 동양 부녀매매 조사위원장 배스컴 존슨 씨, 위원 카를 핀도르 씨, 앨마 선드퀴스트 여사 일행은 드디어 9일 오전 8시 30분 도쿄역에 도착했다.

10일간 도쿄에 머물면서 도쿄와 요코하마의 공사창 실정을 조사하고 다시 교토, 오사카, 고베 지방에 5일간 내지 일주일간 시모노세키-모지를 중심으로 야마구치, 후쿠오카 지방, 나가사키를 마지막으로 7월 12일경 상하이에 갈 예정이다. 상세 일정과 조사 방법을 지금 내무, 외무 양성에서 조율하여 작성 중이다. 우리나라 폐창운동의 첨단을 행히면서 다년간 고투해 온 교풍회, 구세군, 폐창연맹, 곽청회 등의 각 단체에서는 비로소 조사위원 일행을 도쿄 방문을 기회로 공창제도의 이면을 폭로할 운동의 국제적 강화를 계획하고 있는데 내무성은 여기에 신경을 곤두세우고 각 폐창단체에 대해서 "나라의 체면에 관계하므로 조사위원 일행과 직접 교섭을 이때 일절 조심하고 내무성과 조율하여 주기를 바란다"고 엄명했다. 각 단체와 함께 손발을 내어 폐창연맹 같은 곳에서는 오는 25, 26일 양일간 본 체육관에서 전국대회를 개최, 일행을 초청하여 기세를 올릴 계획도 일행의 조사일정이 일절 관헌의 손 안에 쥐여 있기 때문에 불가능해졌다. 교풍회의 구부시로 오치미(久布白落實) 여사는 어쨌든 일행을 시모노세키에 마중하고 상경 도중 일행과 협의할 계획을 세우고 있는데, 지금 상황에서는 각 단체의 실제 운동은 이상과 같아서 결국 문서전쟁으로 하는 외에는 없어 모두 다년간의 조사를 영문의 팜플렛으로 하여 일행이 도쿄에 오기를 기다리고 있다. 한편 조사구역의 공사창가는 일행의 조사에 위기감을 품고 당국과 협의하고 있는데 당국이 일행을 어떠한 방법으로 조사하도록 할까 주목되고 있다.

일행의 얼굴 접함

배스컴 존슨 씨 1878년 미국 워싱턴에서 출생. 예일대 출신. 1924년부터 1927년 국제연맹 부인아동매매위원회의 전문가 조사위원장을 맡고 구미제국의 부녀매매 실지조사에 수행하여 성공했다. 1925년부터 국제연맹 아동복지위원회 배석원으로 지금에 이르렀다. 1930년에 조직된 동양 부녀매매 실지조사위원회의 위원장이 되었다.

카를 핀도르 씨. 1881년 전 오스트리아령의 폴란드 치에신에서 태어남. 미국 샌프란시스코 주재영사 후 또한 중국 주재 폴란드 전권위원에 임명되어 상하이에 부임하였다. 1922년부터 1928년 말까지 하얼빈에 주재했다. 그는 중국어와 중국 사정에 정통해 있다.

앨마 선드퀴스트 여사. 스웨덴의 의과대학을 졸업하고 성병, 피부병 및 부인병학의 전문가. 여사는 스웨덴의 공창제도 폐지운동을 가지고 해당 문제에 관한 『매음과 사회』라는 작은 책자 하나를 썼다. 1919년 성병에 관한 신법안이 통과하여 공창제도는 폐지되었다. 여사는 동 법안에 따라 통속 성교육의 계획수행에 관한 위원회의 위원으로 임명되었다.

「The Japan Advertizer」 1931년 6월 4일

관계자, 연맹 악행[조사]단 제한하기로

내무성은 존슨 일행에게 제공된 개인 정보를 제한할 것이다.
여행 일정 윤곽이 잡히다.
정부가 면허 시스템에 대해 진행될 조사에 책임을 질 것이다.

배스컴 존슨 박사를 단장으로 하는 국제연맹 위원회는 면허 성매매 시스템과 이 국가의 악덕 상태를 조사하는 목적으로 곧 일본에 도착할 예정인데, 지지신보(the Jiji Shimpo)가 제출한 보고서에 따라, 악행에 반대하는 지역 단체와 직접 소통하는 것은 허용되지 않을 것이다. 이 보고서가 계속해서 진술하는 바에 따르면, 내무성이 W.C.T.U와 구세군, 면허 성매매 폐지를 위한 연합과 그 밖에 이와 유사한 단체에 명령서를 발송했다. 이들 단체가 국제연맹 위원회와 직접 상대하지 못하도록 금지하는 명령이었다.

동양 전역에서 여성의 인신매매를 조사하기 위한 이 위원회는 6월 9일 아침 8시 30분에 기차로 도쿄에 도착할 예정이며, 이곳에서 10일 동안 체류할 것이다. 이들은 개인적으로 성매매 목적으로 면허받은 도시 지역을 방문하는 것으로 이해되며, 수도의 악행 지역을 방문한 후에는 이어서 교토, 오사카, 고베 그리고 그 밖의 일본 대도시로 가서 동일한 조사를 할 것이다.

지지신보가 전하는 바에 따르면, 일본의 악행 반대 단체는 존슨 박사 일행과 직접 소통하기를 원할 경우, 이들은 내무성의 허가를 확보해야 할 것이다. 관계자에 따르면, 사안이 복잡한 것이어서 국가의 명예에 악영향을 미칠 수 있고 만일 일본 상황에 대한 보고서를 민간단체의 재량에 맡긴다면, 그 결과는 국가적 치욕이 될 수 있다고 했다.

동일한 출처에 따르면, 악행 반대 단체들은 서적과 소책자를 수단으로 성매매 폐지의 주제에 대해 위원회에 연락할 계획 중이다. 이 단체들은 6월 25일과 26일 일본청년대강당에서 개최될 예정이던 면허 성매매 폐지를 위한 연합이 제안한 회의가 취소됨에 따라 이들의 업무에 더 큰 지장을 받았다.

연맹위원회의 여행 일정은 현재 내무성과 외무성 관계자들이 알아내고 있는 중이다. 유해 면허업소와 무면허업소 업주들은 위원회의 도착을 전망하며 상당히 불쾌해하고 있다고 보고되었다. 또한 보고된 바에 따르면, 여러 단체들이 이 문제에 대한 정부 관계자의 조치를 간절히 기다리고 있으며 존슨 일행이 도쿄에서 무엇을 볼 수 있도록 허용될지 우려하고 있다.

『조선일보』 1931년 6월 6일
국제연맹 인신매매금지위원 일행 입경

국제연맹 인신매매금지위원 존슨 일행은 예정과 같이 5일 오전 9시 40분경 경성역착 열차로 래경하였다. 총독부 경무국원의 안내로 신정유곽, 형무소, 경찰서, 유치장, 조선 기생집 등 이 세상 생지옥과 암흑가를 세밀히 시찰할 터라는데 그들의 주마간산의 관찰은 과연 얼마만한 효과가 있을 것인지 일반 주목의 적(的)이 되었다.

경성역에 내린 존슨 일행

『매일신보』 1931년 6월 6일

인신매매 조사반인 국제연맹원 래성 관계 방면 다수 인사의 출영리 금 오후에 유곽 시찰

국제연맹에서 파견한 부인아동매매 실지 조사위원장 존슨 씨 일행 6명은 5일 오전 9시 40분차로 모리오카(森岡) 경무국장 이하 관계 방면의 다수 인사의 출영으로 경성에 도착하여 곧 조선호

사진은 경성에 도착한 박사 일행

텔로 들어갔는데 동 박사는 이날 오후 4시 20분에 본정서 오히라(大平) 보안 주임의 안내로 신정 유곽을 시찰하게 되었다. 병목정에 열려 있는 조선인 측 유곽에서는 대성루(大盛樓)를 시찰하게 되었고 내지인 측 유곽에서는 '마야사'를 시찰하게 되었다. 그리고 6일에는 각 방면과 자유회견을 하고 여러 가지의 실지 재료를 수습하리라고 한다.

『조선신문(朝鮮新聞)』 1931년 6월 6일

국제연맹 파견의 부녀매매 조사사절, 일행 8명과 함께 어제 입성(入城)하다

하얼빈을 비롯해서 펑톈, 다롄 등 만주 각지에서 국제적 부녀매매 시장의 시찰조사를 거친 국제연맹 부녀매매 동양 조사위원장 존슨 씨 일행 8명은 관동주의 동도역(東道役)을 맡았던 모리시게 척무사무관과 구사마(草間) 내무성 방역관 및 안둥(安東)까지 마중을 나간 미하시(三橋) 경무과장 등과 함께 5일 오전 9시 40분 경성역에 도착하는 열차로 경성에 왔다. 모리오카 경무국장, 호즈미 외사과장, 니시카메(西龜) 위생과장 등이 맞이하고 즉시 준비된 자동차로 조선호텔에 왔는데 찾아간 기자에게 다음과 같이 말하였다.

부인 및 아동 매매금지의 국제협약이 성립된 것은 지금으로부터 30년 전으로 비로소 본 문제가 국제회의에 제출된 것은 1899년이다. 그 회에서 인신매매 금지에 대해 국제국(國際局)이 설립되었고 이어서 1904년 개최된 정부대표회의에서 각국은 동 협정에 대해서 조인하는 것으로 비로소 인신매매 협정이 확립을 봤을 뿐만 아니라, 다시 1920년 국제연맹의 성립에 따라 주로 동 문제를 연맹이 취급하게 되었다. 자신은 이 문제에 대해 동양 조사위원장으로서 태국을 시작으로 필리핀, 남지 광둥(廣東)을 시찰하고 다시 하얼빈, 펑톈, 다롄 등을 시찰했으며, 지금 경성에 와 있고 마지막으로 일본 내지의 시찰을 하고 귀국할 예정이다. 본 문제에 대해 각 방면의 열렬한 원조로 충분하게 시찰조사를 수행할 수 있어서 감사하고 있는데 조사의 내용에 대해서는 지금 이곳에서 발표할 수는 없다. 귀국하고 조사 자료를 엮어서 보고서를 작성하고 회의에 보고하게 된다. 아동 및 부녀의 매매라는 일은 전 인류의 문제로 사회에서 이 정도로 참혹한 문제가 없는 공창사창제도에 대해서 지금부터 이곳에서 비평하고 싶지는 않지만 그러나 이러한 존재는 나아가서는 인신매매를 조성하는 것으로 가급적 폐지하는 것이 가장 급무로 연맹으로서는 불행한 와중에 있다. 이러한 부인 및 아동에 대해 가능한 한 보호에 노력할 것이다.

존슨 씨 동정. 이렇게 조선 호텔에서 잠시 쉬고 존슨 씨 일행은 오전 11시 총독부를 방문하고 고

어제 경성에 온 부녀매매 조사사절. 왼쪽 존슨 위원장 부처. 경성역에서

마다(兒玉) 정무총감에게 경의를 표하고 조선 호텔에서 오찬을 한 후 오후 2시 다시 총독부에 갔다. 미사히 경무과장, 히토스기 보안과장 등이 해당 제도에 대한 상세한 설명을 하고 일행이 한 질문에 응답이 있은 후 앞의 호텔에 돌아갔다. 오후 4시 30분부터 미하시 경무, 니시가메 위생 양(兩) 과장, 히토스기 보안과장, 고마쓰 본정서장 등의 안내로 신정유곽을 방문하고 정가(正家), 대성루, 신정병원 등을 시찰하고 밤에는 총독 관저에서 환영만찬회에 참석했다.

『매일신보』 1931년 6월 7일

신정유곽과 기생집 연일 방문 국련 존슨 박사 일행

5일 아침에 입성한 국제연맹에서 파견된 부녀매매 존슨 위원 일행 5명은 예정과 같이 동일 오후 4시 40분에 본정서 고마쓰(小松) 서장의 안내로 모리오카(森岡) 경무국장, 미하시(三橋) 경무과장 오다(小田) 통역관, 히토스기(一杉) 도(道) 보안과장 등과 같이 신정 정가(正家)와 병목정 대성루(大盛樓) 등의 유곽을 시찰한 후 신정병원 등을 순시하였고 금 6일 오전 10시 40분에는 종로서 와타나베(渡邊) 보안주임의 안내로 부내 청진동 227번지 방월선을 방문하고 조선 화류계의 기생 내적 생활을 시찰한 후 이어서 화광교원(和光敎園)과 동서 유치장 등을 시찰하였다.

신정병원을 나오는 존슨 씨 일행

『중외일보』 1931년 6월 7일

부녀아동매매 조사위원 일행, 5일에 착경(着京) 예정

국제연맹 부녀아동매매 실지조사위원 배스컴 존슨 위원장과 앨마 선드퀴스트, 핀도르 위원의 3인과 위원의 부인과 비서 등 3인 일행 6인은 5일 오전 9시 40분 경성역착 남행차로 남경하여 조선호텔에서 쉬고 오전 중엔 총독부를 방문한 후에는 경무국과 사회과원과 화합하여 조선총독부에 보고하는 부인매매 상황과 화류계 상태에 대하여 문답이 있을 터이요, 6일은 오전 중에 신정유곽과 요리점과 일본기생집과 조선기생집을 구경하고 오후에는 일반 □지와 면회할 터인데 이 일행과 회견하고 싶은 희망을 가진 이는 10일 오전 중까지 총독부 외사과장에게 신청함이 좋겠다고 한다.

『지지신문(時事新聞)』 1931년 6월 9일

동양의 암흑면을 두려움 없이 시찰. 부인아동매매 실지 시찰원 존슨 씨 부처 내조(來朝)

국제연맹 부인아동매매 실지 시찰원 동양반 위원장 미국인 존슨 씨 부처, 동 위원 스웨덴인 선드퀴스트 박사, 튀르키예인[3] 핀도르 박사 등 일행 6명은 내무성 구사마(草間) 방역관, 척무성 모리 시게, 이토 양 사무관과 함께 약 50일간에 걸쳐 만선, 북지나 방면을 시찰 중인바 8일 아침 시모노세키에 도착하여 산요(山陽)호텔에서 잠시 쉬고 오후 8시 30분에 출발하는 특급 후지(富士)로 도쿄에 올라왔다. 존슨 씨는 1924년 아프리카 시찰 중에 꽤 흉금을 너무 열어 이야기를 쏟아내는 때도 있었는데 이번에는 의견은 물론 감상도 말하지 않고 서두로서 다음과 같이 말했다.

"작년 9월 30일 제네바에 선 이래 태국, 인도 지나 및 지나 등을 약 반년간 돌고 일본에 들어왔습니다. 관동주, 조선에서는 화류계는 물론 다양한 사회의 암흑면도 노골적으로 보고 들었습니다. 다른 동양 여러 나라와 완전히 다른 과연 일본이다. 방역시설을 완비해 두는 일은 물론 몸을 그르치려고 하는 남녀에 대해서 이것을 방지하는 시설도 잘 갖추고 있음에는 관심이 있습니다. 일본이 연맹에 제출한 상세한 조사만으로도 이미 당국자의 의도하는 바를 살필 수 있습니다. 공창제도입니까, 이것은 절대로 이야기할 수 없습니다"라고만 많이 이야기했다. 그리고 일행은 약 1개월간 체재하고 7월 중순에 고베(神戸)를 출발하여 15일에 상하이(上海) 도착 그리고 다시 인도를 향할 예정이다(시모노세키 전화).

『도쿄아사히신문(東京朝日新聞)』 1931년 6월 9일

시험대는 요시와라 유곽, 부녀매매 조사원 오늘 입경함. 권위자 일행

국제연맹에서 파견된 배스컴 존슨 씨를 위원장으로 하는 동양의 부녀매매 상태 조사위원 일행 8명은 9일 도쿄에 들어왔다.

일행은 작년 9월 제네바를 출발하여 이미 싱가포르, 방콕, 사이공, 마닐라, 하이퐁, 홍콩, 산터우(汕頭), 푸저우(福州), 상하이, 즈푸(芝罘), 톈진(天津), 펑톈(奉天), 하얼빈, 다롄(大連), 경성 등 각지에서 실지조사를 하고 온 것이다. 일행의 도쿄 체재 기간은 1주일로 예정되어 있고 그사이에 요시와라 유곽을 실지 관찰하는데, 일행의 조사목적은 위에 쓴 바와 같이 동양의 부녀매매의 실정 조사다. 일행이 특히 중점에 두는 것은

一. 동양에서 부녀의 국제적 거래가 행해지는 주요한 통로를 목표

二. 지리적 위치 또는 기타 상황에 따라 부녀매매업자가 특히 사용하는 더욱 중요한 도시항구

---

3 카를 핀도르는 폴란드인이지만, 이 신문에서는 튀르키예인으로 잘못 표기했다.

및 지방

三. 국내법제 및 국제적 의무에 대한 특별한 고려에서 부녀매매를 금지하고 있는 각국의 특수 사정 등의 조사로, 일행의 조사는 부녀매매의 국제적 방면에 오로지 의미를 두고 있는 것이다.

일행의 위원인 배스컴 존슨 씨는 미국 사회위생협회의 부주임으로 1924년 이래 국제연맹 부녀아동매매위원회의 전문가 조사위원장으로서 이미 이 문제의 조사에 실적으로 올린 사람이다. 일행 중에는 스웨덴의 여의사로 성교육 매음 문제에 권위가 있는 앨마 선드퀴스트 여사도 함께 있다.

일행을 맞이할 준비, 각 단체 각각의 입장에서

국제연맹이 특파한 국제부인아동매매 실지조사위원 존슨 박사 부처(미국), 핀도르 씨(폴란드), 선드퀴스트 여사(스웨덴), 슈미든 씨(독일) 등 일행이 도쿄에 들어올 때에 앞장서서 전국폐창동맹에서는 구부시로 오치미(久布白落實) 여사가 대표로 시모노세키에 마중을 가서 함께 도쿄로 와서 입경한 후에 일행의 상태를 보아 인신매매 문제에 관한 간담회를 15, 16, 17일 가운데 아무 날 하루를 잡아서 이를 열고 다시 25일에는 일본 크리스트교 청년회관에서 전국폐창대회를 개최, 대표자의 출석을 요청하고 있다. 그외 대표와 의견을 교환하고 동맹이 가진 참고자료를 제출한다고 매우 의기양양해 있는데 폐창동맹과 대항하는 입장에 선 전국 약 560개소의 유곽을 치는 일환으로 요시와라 유곽 내의 전국 가시자시키연합회 본부에서는 이렇게 또한 준비협의를 하고 있는데 그게 말하면 준비는 거의 되었다는 형세다. 지난달 28일 일찍이 전국 각 조합에서는

"국제연맹의 특파위원 분들이 오셔서 언제 몇 시에 실상조사에 나갈지 모르기 때문에 실수가 없도록, 또한 의지의 소통에 부족함이 없이 있는 그대로를 보여 드릴 것이다."

라는 의미의 주의서를 보내고 일행이 본부를 방문한 경우는 요구에 응해서 우리나라 공창제도의 실제적 기록을 제공하고 질문에 응하는 절차도 가능하다. 이에 대해 무엇보다 가까운 대표적인 시찰지라고 보이는 요시와라조합을 시작으로 신주쿠, 스사키 등에서도 각각 가시자시키 업자에게 전하여 올 수 있도록 하여 '있는 그대로 보여 준다'는 주의다.

그러나 안에서는 설비도 점포 구조도 부족함 없이 하고 유곽 내 대표적인 집을 34호 선정하여 일행의 시찰에 대비한다. 조합에서는 "이번에 일행이 오시는 것은 국제적인 인신매매의 시찰이 목적이지요"라는 견해이지만 연기가 새삼스럽게 부과되어 부당한 차금(借金)에 눈물 흘리는 날을 보내고 있는 창기는 이번에 실상 시찰을 마음으로부터 환영하고 내심 기뻐하고 있다. 그리고 현재의 전국 공창 수는 매년 그 수가 줄어들어 5만 명에 이르고 있다. 도쿄에서는 요시와라(吉原), 스사키

(洲崎), 신주쿠(新宿), 시나가와(品川), 이타바시(板橋), 후츄(府中), 하치오지(八王子), 조후(調布), 오오시마(大島)의 아홉 개소에서 약 5천 2백 명, 가시자시키 업자는 770명이다.

공창제도 폐지의 기운 전국에, '지금이라도 그만두고 싶지만…' 다카하시(高橋) 경시총감이 말하다

각지의 공창제도 폐지의 기운은 점차 확대하고 있다. 일찍이 폐창을 한 군마현은 별개로 하고, 최근에 막 폐지한 사이타마현을 시작으로 하여 후쿠시마, 아키타, 후쿠이, 니가타, 나가사키, 가나가와, 오키나와의 7개 현이 지금 폐창건의안을 현회에 통과시키고 가까운 장래에 실현하기까지 얼마 안 남았다. 경시청에서도 이미 보도한 바와 같이 마루야마(丸山) 총감 시대에 공창 폐지에 대해 적극적으로 연구 조사에 들어가서 폐창안으로 가기로 정하고, 그 전제로서 전차(前借)제도 폐지부터 점차 나아가기로 했다. 그러나 총감의 경질로 지지부진하다가(一頓座) 다카하시(高橋) 총감도 '공창제도는 인도상, 법률상 어떤 점에서 보아도 좋지 않다'는 의견을 가지고 있어서 보안과에서도 연구를 계속하고 있다. 다카하시 경시총감은 말한다.

부녀매매조사의 일행. 모지항에 도착하는 배 안에서 오른쪽부터 세 번째가 존슨 씨, 그 왼쪽이 선드퀴스트 여사(=오사카아사히 전송)

"공창제도는 어떤 점에서 보아도 좋지 않다. 그러나 좋지 않으니까 즉시 취소해 버린다고 하면 정치의 실제로서 가능하지 않다. 폐지하는 것이 되려면 영업자에게는 보상을 주지 않으면 안 된다. 여기에는 돈이 아니라 그렇다면 어떻게 하면 좋을까라는 것이 되는데 공창은 시대의 풍조에 어울리지 않기 때문에 조만간 사라질 것이다. 여기에 폐창하는 쪽도 좋은 방법이 있다면 지금이라도 단행하고자 한다. 그만두고 싶은 것은 간절하지만 폐창에 따른 선후 조치가 실제적으로는 오히려 쉽지 않아서 이제까지 눈을 감고 있는 셈이다."

『고쿠민신문(國民新聞)』 1931년 6월 9일

일본의 부인아동매매를 구제위원이 조사, 존슨 씨 후지호(富士號)로 도쿄로

[시모노세키발] 국제부인아동매매 실지조사 위원장 배스컴 존슨 씨 부처는 위원 5명과 함께 태국, 말레이반도, 인도 지나 및 조선 등의 시설제도를 시찰하고 8일 아침 시모노세키행의 관부연락선으로 일본에 방문. 산요호텔에서 휴양한 뒤 같은 날 밤 8시 반에 시모노세키를 출발하는 특급 후지호로 도쿄로 올 예정인데 존슨 씨는 말한다.

내무성 무역관 구사마(草間), 척무성 모리시게(森重) 사무관 등의 안내로 펑톈, 다롄과 경성을 조사했다. 또 일본에서 국제연맹의 분에게는 해당 시설제도의 보고가 있었다. 이에 따르면 일본의 제도는 완비하고 있어 자신들도 관심을 가지고 있지만 이번은 다행히 실지에 대해 세밀하게 조사해서 보고 싶다고 생각한다.

일행은 오후 10시 반 시모노세키시 가라토(唐土) 카메야마(亀山)신사, 단노우라(壇の浦), 조후(長府) 기노미야(紀宮)신사 참배 후에 나카무라 마을(中村), 야마구치현 보안과장의 슌방루(春帆樓)에서 오찬회에 임하였다. 오후 3시 시모노세키 수상경찰서의 점심으로 시모노세키-모지(關門) 해협을 유람했다.

『도쿄니치니치신문(東京日日新聞)』 1931년 6월 10일

부인매매 조사의 일행 도쿄 방문

왼쪽부터 존슨 씨, 한 사람 건너 그 부인(=도쿄역에서)

『지지신문(時事新聞)』 1931년 6월 10일

철필(鐵筆): 공창조사

부녀매매의 실상을 조사하려는 국제연맹 파견의 존슨 박사 일행은 어제 상경했다.

누가 어떠한 조사를 하려는지 놀랍지 않은데 우리나라에서는 부녀매매 거래를 공공연하게 인정하고 있는 체면, 내심 상당히 불안할 것 같다. 이는 부녀매매금지의 국제조약에 가입하지 않았기 때문에 우리나라는 그 의무를 이행하지 않기 때문이다.

뭐라고 해도 법률로서 '국욕(國辱)의 것'을 허가하고 있는 것이기 때문에, 시말이 나쁘다. 당국도 이번이라는 이번은 조사위원들로부터 기름을 쥐어짜는 결정이다.

이 국가적 불명예에 대해서는 미리부터 국제연맹 주최의 위원회 석상의 일본 대표들은 각국 대표로부터 삐걱삐걱 대고 있었다. 특히 이름은 감추지만, 지난해에 부녀매매위원회에 열석한 우리 대표는 예에 따라 일본의 공창제도로 몹시 야단맞았다. "일본에 공창은 존재하지만 사창은 한 명도 없다"고 했다는 것이다.

그러나 뭐라고 해도 괴로운 답변 상황이었다. 실제 공창제도의 사실이 엄존하고 있는 한은 위와 같은 구실이라도 따르지 않으면 열국 대표에게 얼굴을 들 수가 없다. 구멍이 있다면 들어가고 싶다고 생각할 정도로 가벼운 '뒤늦음'을 느끼기보다는, 언제 과감하게 공창폐지로 나오는 것은 어떨까.(이미 2, 3개의 현회에서 이를 결의했다.)

도둑을 잡지 않는 것과 같은 것인데 이번 존슨 박사 일행의 일본 방문을 계기로 해서 용감하게 이러한 불명예에서 벗어나야 한다.

언제나 스스로를 높은 곳에 두는 일본에서 공창제도라는 것과 같은 악 제도를 폐지하는 것이 불가능하다는 것은 일등국이 듣고 기막혀 한다. 지금 이때 진흙탕이어도 그만이다. 어쨌든 지금이라도 공창폐지를 단행해야 한다[야마가타 세이치(山形誠一) 기고].

『도쿄아사히신문(東京朝日新聞)』 1931년 6월 10일

보는 것과 듣는 것은 큰 차이, 일본 방문하자마자 일변한 게이샤관, 소탈한 부인매매 조사위원, 시끌벅적하게 입성

9일 오후 4시 55분경 도쿄역 도착, 특급 후시호(富士號)로 국제연맹의 부인매매 실지조사원 일행이 도쿄에 들어왔다. 일행은 위원장 존슨 박사 부처(미국), 핀도르 씨(폴란드), 선드퀴스트 여사(스웨덴), 폰 슈미든 씨(독일), 서기 마셜 씨(영국) 6명으로 다롄(大連)까지 마중을 나간 내무성 구사마(草

도쿄역에 도착한 존슨 씨와 (오른쪽) 그의 부인

間) 방역관, 척무성 모리시게(森重) 사무관 등의 정부대표, 여기에 시모노세키까지 구부시로 오치미(久布白落實) 여사, 오사카까지 야마무로(山室) 구세군사령관 등과 입경(入京), 대대적인 환영 속에서 제국호텔에 도착했다. 10일은 휴양하고, 11일에 관계 여러 부처(省)를 방문, 실지조사는 12일부터다.

존슨 박사와 진문답

위원장 존슨 박사는 9일 도쿄로 오는 차 안에서 마중 나온 기자에게 말하였다.

"1925년에 국제연맹이 유럽, 남북아메리카의 부인매매와 실지에 조사해서 각국 정부의 보고의 잘못을 바로잡았는데 이번 동양 조사는 그와는 상당히 내용을 달리한다. 주로 국제거래 방면의 조사이고, 국내 문제에는 어떠한 개입도 하지 않는다. 그러나 국내의 여러 제도 및 실상이 국제거래에 영향을 주기 때문에 그러한 의미에서 동양의 실지를 보아 왔다. 동양 각국의 실상에 대해서는 국제연맹에 여러 가지 보고가 있어 왔지만 동양에 와서 실지를 본다면 그러한 보고를 틀림없이 말할 수가 없다. 현재 세계에 이름 높은 '게이샤'와 같은 것도 유럽에서 생각하면 크게 다르다. 서양에서는 게이샤, 즉 창기라고 생각하고 있는데, 다롄, 경성에서 일본의 게이샤를 보게 되니 앞의 그러한 의견이 완전히 달라졌다."

동행한 구사마(草間) 방역관의 말에 따르면 일행은 다롄에서 게이샤의 다도와 꽃꽂이 등의 교육, 춤, 노래, 사미센 등을 어렵게 열심히 공부하는 것을 보고 다시 호시가우라에서 게이샤를 초청해서 연회를 열었는데, 게이샤는 추업부가 아니라 일종의 예술가 또는 예인이라는 인상을 받았고, 경성에서는 '명월'에서 기생을 불러 그 자리에서 즉석에서 그린 그림(席畫)과 춤을 마음에 느끼고 일동 기생의 음악에 어우러져 푸어츠 스트로스(フオツクストロツト)를 춤추었다 한다.

"봉건적 악풍이 이 문명국에", 선드퀴스트 여사의 감상

일행 중 앨마 선드퀴스트 여사는 스웨덴 여의로 성교육 매춘 연구의 대가인데 우리 구부시로 여사와 유럽에서 이미 아는 사이였다. 시모노세키 이래 더욱 친하게 되어 선드퀴스트 여사가 말하였다.

"일본 내지에 온 뒤는 아직 기차 안만 보았지만, 차창에서 바라본 일본은 여러 설비에서는 이미 유럽의 일류국과 다름없이 현대문명의 첨단을 걷고 있다. 그러나 그 안에서는 봉건적 악폐가 남아 있다는 것은 우리 부인으로서 유감인데 일본이 색색의 설비를 일신함에 그러한 낡은 악의 것도 곧 좋게 할 것이다. 일본의 체재 기간은 매우 짧아서 실지조사 등이라는 것은 물론 불가능하지만, 다만 참고하여 여러 가지 모습을 봐 두고 뒤에 작성물로 보아서 확실히 바르게 이해하도록 하겠다. 또한 일본의 사회운동에 애쓰고 있는 사람들과 가깝게 얘기해 보고 싶다고 생각한다."

『도쿄니치니치신문(東京日日新聞)』 1931년 6월 10일

폐창사절 일행, 내무성에서 논의

부녀매매의 실정 조사를 위해 국제연맹에서 파견된 존슨 박사 일행과 내무, 외무, 사법 각 관계 과장 등과의 정식회견 협의는 12일 오전 10시부터 내상 관저에서 실시되었다.

『도쿄아사히신문(東京朝日新聞)』 1931년 6월 11일

자유폐업한 창기의 눈물의 이야기도 듣는다, 존슨 씨의 실지조사에 관계단체 협의

국제연맹 부인아동매매 실지조사위원 존슨 박사 일행의 도쿄 방문으로 폐창운동관계의 각 단체는 자기들의 시대가 온 것에 고조되어 구세군 야마무로(山室) 소위, 동 영양 다미코, 크리스트교 부인교풍회의 간틀렛 쓰네코(ガントレット恒子), 구부시로 오치미(久布白落實), 곽청회의 무라카미 유사쿠(村上勇作), 여자크리스트교청년회 야마모토 고토코(山本琴子), 크리스트교연맹 에비하라 료(海老原亮), 부인참정권협회의 센본기 미치코(千本木みち子) 부인 참정 동맹의 다카하시 치요(高橋千代), 국제연맹협회 부인부의 나라 쇼조(奈良正造) 제 씨 등이 10일 오전 10시부터 시외 오쿠보(大久保) 햐쿠닌쵸(百人町)의 교풍회 본부에 집합하여 존슨 박사 일행의 환영, 기타에 대해 협의회를 개최하고, 협의한 결과.

15일 오후 3시 공동 주최로 간다(神田) 히토쓰바시(一ッ橋) 학사회관에서 성대한 환영회를 개최

할 것을 결정, 이어서 일행의 프로그램 중 민간 각 단체에 주어지는 15, 16, 17일의 할당으로 문제에 들어가는데 각 단체에서는 "내가 있는 곳에서", "아니 이쪽으로"라며 일행을 끌어들여 존슨 박사 일행의 인기는 엄청난 것이다. 결국 여기에서는 감당할 수 없어서 "어서 꼭 살펴봐 주세요"라는 각 단체의 희망을 모아서 일행에 적어 보내고, 기타 단체 대표자는 각각 면접하여 의견을 교환하기로 정리했다.

교풍회, 구세군 본부 등에서는 이제까지 폐창운동의 실제적 기록, 사업 상태를 가능한 한 참관해 달라는 것을 한 번 결정, 오후 1시 산회했다. 그리고 각 단체에서는 일행이 희망이 있다면 자유폐업을 한 창기, 예기 당사자와 만나서 이전에 근무했을(勤め) 즈음의 눈물의 생활을 상세하게 이야기하도록 하여 '살아온 기록'을 제공하기로 하기까지 매우 의욕이 있었다. 3일간의 이러한 열렬한 환영, 회견, 참관희망으로 채워져 일행도 몸이 여러 개가 있어도 부족했다 한다.

『The Japan Advertizer』 1931년 6월 12일
연맹 백인노예위원회, 실제 조사 착수하다

존슨, 신바시 소재 게이샤학교를 금요일 오후 방문한다.
내무성 장관과 만난다.
이 나라의 악행 상황에 대해 정부 보고 받는다.

최근 도쿄 도착에 이어 국제연맹 백인노예인신매매 조사단은 배스컴 존슨 박사를 단장으로 하여 금요일 아침 10시 내무성 공관에서 조사 업무를 시작했다. 조사는 정부 공식 보고서를 기반으로 이 나라에서의 최근 백인 노예 인신매매 상황에 관한 것으로 내무성 장관 아다치(Adachi)가 목요일에 존슨 박사에게 보냈다. 경무국(the Police and Peace Bureau)과 내무성 경찰 부서의 수장들은 일본 정부 보고서에 대해 금요일 오전에 연맹위원회의 구두 질문에 대답하였다.

이 회담 후, 존슨 박사는 게이샤 학생들이 수업을 배우는 모습을 시찰하기 위해 이날 오후 2시 신바시 게이샤 학교를 방문했다고 전해졌다.

보고서를 받다

목요일, 내무성에서 내무성장관 아다치를 방문했을 때, 국제연맹 동양 백인노예인신매매 조사단 단장인 배스컴 존슨 박사는 사전에 일본에 발송했던 설문지에 대한 일본 정부의 공식 답변을 받았다.

정부 공식 보고에 따르면, 단 6명의 외국 여성이 일본에서 성매매에 종사하는 반면, '알려지지 않은 목적'으로 해외 국가로 떠난 일본 여성들은 지난 5년간 그 수가 575명에 달했다.

연맹조사단의 설문은 3가지 주제를 다루고 있었는데, 말하자면, (1) 지난 5년간 성매매를 포함한 여성과 아동의 부도덕한 목적의 도착과 출국 해외 국가, (2) 선입금된 대출제도에 기반해 행해진 면허받은 악행에 대한 정부의 태도, (3) 성매매나 부도덕한 목적을 위한 여성과 아동의 불법 성매매 알선, 유혹, 납치.

정부 답변

정부 보고서의 요지는 언론에 제공한 정보에 따르면, 다음의 3가지 질문이 차례로 이어진다.

(1) 부도덕한 목적으로 이 나라에 입국한 외국 여성은 매우 극소수다. 사실상 이러한 여성은 이 나라에 착륙을 허가받지 못한다. 단 6명의 외국 여성이 현재 일본에서 성매매에 종사하는 것으로 알려졌다. 지난 5년간(1929~1930) 외국으로 출국한 일본 여성과 아동의 수는 총 7,335명이며, 이들 여성과 아동 대부분은 본인의 부모나 남편을 만날 목적으로 떠났다. 혹은 교육, 조사, 관광 목적도 있었다. 알려지지 않은 목적으로 해외 국가로 떠난 이들은 지난 5년간 그 수가 575명에 이르는데, 정부는 이들 가운데 일정 비율의 여성과 아동이 해외 국가에서 부도덕한 직업에 종사하고 있다.

마음대로 자유롭게 그만둘 수 있다

(2) 면허 혹은 무면허 성매매는 법적인 동시에 실질적으로 계약에 따라 여성에게 미리 선지급된 대출금과 완전히 별개다. 선금이 아무리 크다 해도 상관없다. 그러므로 여성들은 자유롭게 본인이 원하면 언제든 성매매를 그만둘 수 있다. 여성의 개인적 자유를 구속하는 계약은 무엇이든 민법 제90조 조항에 따라 무효다. 그리고 만일 누구든 이러한 계약을 강요한 일이 발견되면, 그러한 사람은 법에 의해 처벌받을 것이다. 심지어 정부는 사법과 행정 절차 모두를 통해 대출제도로 인해 발생할 수 있는 모든 불법 혐의 사례들을 예방하기 위해 노력하고 있다.

성매매나 그 밖의 부도덕한 행위를 목적으로 한 여성과 아동의 알선, 유혹, 납치 혐의를 받은 가해자는 그 숫자가 1928년 한해 126명이었고, 1929년에는 131명,[4] 1930년에는 158명이었다. 그러한 행위로 기소된 자의 수는 1928년 100명, 1929년 144명, 1930년 143명이었다.

『도쿄아사히신문(東京朝日新聞)』 1931년 6월 12일

부인매매 문제, 우리 정부의 정식 회답, 존슨 박사 등 어제 내무상을 방문

국제연맹 부인아동매매 상태 조사위원 배스컴 존슨 박사 일행은 11일 오전 11시 내무성을 방문, 아다치(安達) 내무상을 면접하고 우리 정부가 미리 제출한 「동양의 부인아동매매에 관한 질문에 대한 정식 회답서」를 받아 열어보았다. 그 질문과 회답의 요지는 다음과 같다.

一. 최근 5년간의 매음을 포함하여 부도덕한 목적으로 국제적 도항 또는 도래하는 부인아동의 상황: 외국 부인으로 우리나라에서 추업에 종사하는 자는 극히 소수로서, 판명된 것은 불과 6명, 우리나라로부터 도항한 부인아동은 (1916~1930년) 7,335명 도항 목적이 불명인 것은 575명 그 가운데 약간은 이른바 '낭자군'이었다.

二. 전차제에 의한 공창제도에 대한 정부의 태도: 취업계약과 금전대차라는 것은 별개의 문제이기 때문에 자유폐업의 권리를 허가하고 입법적, 행정적으로 전차에 의해 다시 취하는 것은 방지하고 있다.

三. 국내의 부인아동을 매음 또는 부도덕한 목적으로 주선 유인 또는 유괴한 범죄 건수: 위 범죄에 관해 기소유예인 것은 1928년 120, 1929년 31, 1930년 150, 유죄로 결정된 것은 1928년 100, 1929년 144, 1930년 143.

『매일신보』 1931년 6월 13일

존슨 박사 일행 내무(內), 척무(拓), 양상(兩相) 방문

[도쿄 전] 국제연맹의 동양 부녀아동매매 실정 조사위원 배스컴 존슨 박사 일행은 11일 오전 11시에 내무성으로 아다치(安達) 내상을 방문하여 약 10분간 회담한 후 관저에서 하라(原) 척무대신(拓相)과 회견하였다. 그리고 내무성에서는 저 존슨 박사 일행에게 대하여 동양에 있어서의 부인아

---

4 원본에는 31명인데 정황상 오기인 듯 보인다.

동매매 실지조사위원회 질문에 대한 회답서를 수교(手交)하였다.

『요미우리신문(讀賣新聞)』 1931년 6월 13일

에로그로의 소용돌이에 냉정한 '조사'의 눈, 신바시(新橋) 게이샤학교를 시찰한 존슨 씨 부처

정부가 만든 관제 프로그램에서는 '요시와라' 시찰조사였던 12일 오후를, 예의 국제부인아동매매 조사위원들은 연기해서 위원장 존슨 씨 부처만이 오후 2시부터 신바시 권번(檢番) 누상(樓上)의 '신바시 게이샤학교' 참관으로 나갔다. 그런데 접대원들이 다행이, 내무성의 쓰치야(土屋) 경무과장을 비롯해서 민간단체 사람들, 잘 차려입은 게이샤학교의 선생들과 게이샤의 커다란 무리(?)[5] 3백 명.

누상 넓은 방을 꽉 채운 시마다(島田) 머리, 이초가에시(銀杏返し) 머리, 토진(唐人髷) 머리, 하이칼라의 백화난만, 여기에 백분, 향유, 향수, 여자 냄새 등등, 장마철 흐린 하늘 아래 실내에 모여, 바로 그로와 에로의 숨막히는 분위기 가운데 부처는 의자 위에서 홍차를 맛보면서 '교단(敎壇)'에서 공연하고 있는 나가우타(長唄)나 후지마(藤間), 하나야기(花柳) 등의 재팬 댄스를 구경하는 "뷰티플한 변화가 풍부한 모습이다"라고 부인이 감탄의 소리를 내었다.

게이샤들에게 에워싸인 존슨 씨 부처(중앙)

---

5 원문대로.

끝으로 우르르 수십 명의 미인이 에워싸고 기념 촬영, 부처 모두에게 자못 싫었는지 좋았는지, 각대에 줄무늬 기모노를 입은 니이(ニイ) 씨가 뛰어나와서 재즈 레코드를 틀고 일본 옷에 부풀어 오른 띠(太敲帶)를 두른 게이샤가 폭스 트로트를 춤추며 돌자 놀란 듯이 보여서 '돌아가자'는 말이 나옴과 동시에 변함없이 '국제적 조사이니까'라고 존슨 씨는 한 마디 감상도 하지 않았다. 그리고 이날 밤 8시부터 일행은 나란히 가부키극장 구경을 했다.

『도쿄니치니치신문(東京日日新聞)』 1931년 6월 13일

예기학교 참관에 여(女) 박사 크게 기뻐, 존슨 씨 박사 일행

국제연맹 부인아동매매 조사위원은 12일부터 에로의 실지 답사가 있었다. 같은 날 오후 2시 10분 긴차 안에 있는 신바시 제1권번(見番)의 신바시 게이샤학교를 방문하여, 여학생 선배들은 위로 아래로 큰 난리가 나고, 가운데에는 불안해하며 영어회화 연습을 시작했던 것이다.

존슨 위원장이 여박사인 선드퀴스트 여사와 다락방 안 같은 학교에 나타나자, 재잘거리는 3백 명의 눌린 시마다 머리가 얌전하게 수업을 받았다.

과목은 나가우타(長唄)나 하나야기 주스케(花柳壽輔), 후지마 마사야(藤間政彌) 양 강사의 일본 무용, 여 박사는 크게 기뻐했지만, 존슨 위원장은 웃음기 하나 없이 통신부를 빌려서 열심히 조사 자료를 찾고 같은 날 3시 13분에 제국호텔로 돌아갔다.

존슨 위원장은 말한다. "게이샤 댄스도 일단은 아름답다. 게이샤 걸에 대한 의미? 그러한 것은 나의 입으로는 말할 수 없습니다. 언제나 나의 의견이 잘못 전해져서 정말 곤란합니다. 내가 조사

하는 목적은 그와 같이 일국 내의 문제가 아닌 국제적인 인신매매입니다. 일국 내의 문제에 대해서 의견을 말할 필요는 없습니다."

그리고 일행은 같은 날 오후 8시 가부키극장에서 가부키 극을 관람했다.

『The Japan Advertizer』 1931년 6월 13일

연맹위원회, 게이샤학교 시찰한다

배스컴 존슨 일행은 신바시(Shimbashi) 소재 훈련기관을 조사한다.

[내무]성이 보고하다.

조사단은 정부로부터 여성 인신매매 통계자료를 받는다.

동양 여성아동인신매매 조사를 위한 국제연맹 위원회는 어제 신바시 게이샤학교 방문과 함께 일본에서의 실질적인 대상 조사를 개시했다. 이 학교는 현대적 방식의 유흥(entertainment)을 위한 게이샤 교육을 목적으로 지난해 설립되었다. 도쿄에서 급증하는 카페의 인기에 더욱 쉽게 경쟁하기 위함이었다.

연맹조사단이 게이샤학교를 방문한 목적은 게이샤들이 사미센(samisen) 연주, 나가우타(nagauta)[6] 부르기 그리고 그 밖에 이 직업에서 하는 기예의 가르침을 받는 방식을 조사하기 위함이었다고 전해졌다.

위원들이 교육학교에 도착하자, 약 300명의 게이샤들이 위원회의 배스컴 존슨 박사와 앨마 선드퀴스트 박사를 반겼다. 일행이 도착했을 때, 게이샤들은 모두 가장 좋은 의복을 차려입고 격식을 갖춰 방석에 앉아 있었다.

일본식 프로그램 제공

방문단이 착석하자마자, 실력이 뛰어난 가수들과 사미센 연주자들이 후지(Fuji)와 츠쿠바

6 나가우타(長唄)는 사미센 연주에 맞춰 부르는 긴 노래를 말한다.

(Tsukuba)라 불리는 나카우타 곡을 시작했다. 이에 앞서 유명한 스승(master)인 주세우케 하나야나기(Juseuke Hanayanagi)가 몇 곡 연주했다.

여성 사회 문제에 대한 스웨덴의 권위자 선드퀴스트 박사는 공연에 대단히 관심 있어 보였다. 그리고 게이샤들과 사진 촬영은 거절했다. 그는 많은 사진을 이미 찍었으므로 그 이상은 불필요하다고 말했다.

일본식 프로그램에 이어, 게이샤들은 소그룹으로 나누어 축음기에서 나오는 서양식 재즈 음악에 맞춰 춤을 추었다. 방문단은 외국 음악 수입에 놀란 듯했으며, 곧이어 이들은 충분히 보았으므로 떠나기를 희망한다고 발표했다. 존슨 박사는 기자단에게 이 프로그램에 대해 논평하기를 거부했다. 위원회 위원들은 어젯밤 가부키좌(Kabuki-za)의 극장 파티에 초대받은 손님이었다. 이곳에서 이들은 간지로 나카무라(Ganjiro Nakamura)와 기쿠고로 오노에(Kikugoro Onoye) 그리고 그 밖의 유명한 배우들이 공연하는 일본 고전 연극을 관람했다.

공식 요청이 있었다

게이샤학교 방문에 앞서, 위원회 위원들은 아침 10시 내무성 공관에 잠시 들렀다. 위원회 위원장인 배스컴 존슨 박사와 그 밖의 연맹단 위원들은 쓰루타(Tsuruta)와 회담을 했다. 그는 내무성 경보국의 수장이다. 그리고 내무성의 다른 관계자들도 참석했다.

연맹위원회가 제출한 질문에 대한 내무성의 답변은 다음과 같다고 이해된다.

부도덕한 목적으로 다른 나라에서 일본으로 온 여성들은 수적으로 매우 소수다. 이들이 성매매를 행할 목적으로 이 나라에 들어오고 있다고 앞서 알려져 있다 해도, 이들에게 입국이 허용되지 않는다. 단 6명의 외국 여성이 이러한 직업으로 일본에서 종사한다고 알려져 있다.

다른 나라에서 악행의 삶으로 들어갈 목적으로 이 나라를 떠나는 일본 여성들에 관하여, 545명의 여성과 아동이 알려지지 않은 목적으로 떠났다고 알려졌으며, 이들 가운데 일부는 다른 나라에서 성매매에 종사할 가능성이 있다. 1926년에서 1930년까지 5년간 이 나라를 떠난 여성 아동의 수는 7,335명이었고, 이들 가운데 많은 수가 해외 국가에서 부모나 남편을 만나러 가고 있다.

법으로 강요를 금지하다

대출 계약의 결과에 따른 공인 성매매제도와 관련하여, 내무성에 따르면, 일본법은 받은 대출금으로 인해 부도덕한 직업을 강제적으로 하는 관행을 금지하고 있다고 한다. 어떤 성매매 여성도 본인이 원하는 대로 자유롭게 오고갈 수 있으며, 여성들에게 빌려준 어떤 대출금도 어떤 다른 용도의 선입금으로 간주한다고 한다.

1928년 한해 동안, 126건에 걸쳐 가해자들이 이러한 규제를 위반했고 부도덕한 목적으로 여성과 아동 인신매매 중개업자로 활동했다. 1929년에는 이러한 사례가 31건, 1930년에는 158건이 있었다. 1928년에는 이 범죄로 유죄 판결을 받은 사례는 100건이었고, 1929년에는 144건, 1930년에는 143건이었다.

위원회는 6월 23일까지 계속해서 교토에서 조사할 것이며, 7월 15일 남태평양으로 출항하기 전까지 일본 다른 지역을 조사할 것이다. 이 일행은 오늘 니코(Nikko)로 갈 것이 예상된다. 그리고 내일은 휴식하고 월요일에 업무를 재개하여 다음 일요일까지 도쿄에서 계속 머물 것이다. 6월 22일은 요코하마에서 보낼 것이다.

『고쿠민신문(國民新聞)』 1931년 6월 14일

공창제도 폐지로 가는 제1보, 창기에게는 언제라도 자유폐업을 할 수 있도록 종래의 악폐를 일소하기 위해 경시청이 개혁안 입안

세계 각국에서 공창제도 철폐의 소리가 있는 이때, 때마침 국제연맹 존슨 박사 일행이 동양의 부인아동매매 실지조사, 공창제도 시찰을 위해 방일한 것을 기회로 내무성에서도 공창제도 철폐에 관한 조사를 경시청을 비롯하여 전국 각 부현에 명령했다. 경시청 보안부에서는 먼저 내무성의 명령에 따라 조사를 서두르기 위해 경시청 관하의 공창제도 실태 및 창기의 자유폐업 상황에 대한 조사가 가능했기 때문에 종래 어쨌든 비난이 많았던 자유폐업 신청 취급에 대해서 큰 개혁을 행하고, 공창 문제에 얽힌 오랜 기간의 관습과 여러 가지 악폐를 일소하고, 드디어 공창제도 철폐에 대한 제1보를 위해 창기 자유폐업을 위해 이해하는 태도로 나아가게 되었다. 목하 고스케(小菅) 보안과장의 손이 미치는 범위에서 개혁안을 입안, 그 취급과 내용에 대해서 심중하게 심의하고 있다.

차금(借金) 문제는 별개로, 폐업만은 자유로, 종래의 합의 자유폐업제는 철폐한다

경시청에서 심의 중인 개혁안의 내용은 종래 경찰 당국이 자유폐업 문제에 대해 너무 끼어들어 간섭한다는 세간의 의혹과 비난을 듣고 있던 점을 지적하고 여기에 대해서 직접 취급을 맡고 있는 경찰 당국자의 반성을 촉구하고 종래 차금 문제 해결을 위해 행해지는 합의 자유폐업의 악제도—기루 주인 당사자 간에 경찰 당국이 중간에 개입하는 것—에 대해서는 창기가 자유폐업을 할 때 차금은, 보통 민법상의 대차관계와는 전혀 성질이 다르다는 견지에서 철폐하고 창기 본인이 자유폐업의 신청을 할 때에는 차금은 이것을 전혀 별개로 취급하고 형법상 기타 문제가 없을 때는 즉시 자유폐업의 수속을 취해 고통과 참고 복종하는 몸부림에서 벗어나려는 창기들을 구하는 취급방법을 개혁하게 되었다.

비난의 표적인 경찰, 기루 주인의 결탁, 폐업하고 싶어도 할 수 없다. 합의 자유폐업제의 모순

창기의 자유폐업에 대해서는 내무성령에 따라 "누구라도 이를 방해할 수 없음"이라고 명시되어 있음에도 불구하고, 이것을 직접 취급할 때에는 경찰 당국자 가운데에는 오랜 누습과 인습에 의해 여기에 심하게 간섭하는 것은 기루 주인과 결탁해서 자유폐업의 수사, 소재 발견까지 했던 시대도 있을 정도여서, 이 때문에 자유폐업을 생각해도 창기는 경찰 당국을 의지해서 신청이나 수속을 할 수 없었다. 경찰에 가면 기루 주인에게 끌려 되돌아오는 결과가 되는 것을 두려워하여 구세군 또는 부인홈, 기타 폐창단체에 달아나서 해결하고 있는 이야기로, 경찰 당국에 대한 비난은 폐창의 절규에 이어 점점 심해졌다. 경시청 당국도 일찍부터 이 악폐의 일소를 연구 중이었던 것이다.

종래 행하고 있었던, 합의 폐업과 같은 것도 창기가 자유폐업의 의자가 있음에도 불구하고 차금 문제의 해결을 위해서라고 하고, 기루 주인 및 창기, 혹은 그 보증인의 불러서, 경찰 당국이 중간에 끼어들어 차금 문제의 해결을 첫 번째 문제로 하여 해결을 보려고 했기 때문에 사실상 자유폐업은 할 수 없어서 자유폐업의 의지를 가지고 오히려 다시 기루 주인의 명령으로 다시 돌아가 버렸다는 상태가 심했던 것은 창기의 무지 혹은 보증인이 사정에 어두운 것을 기회로 고압적으로 사건을 해결하려는 폐해는 실로 심했다. 어떤 경찰서의 보안계원과 같은 자는 창기가 자유폐업을 위해 경시청에 출두한 것에 대해서 경시청에서 통지를 받고, 기루 주인을 동반해서 받아왔다는 사실도 있었던 것과 같이 당국자의 태도는 비난의 표적이 되었던 것이다.

종래 누구라도 절대적으로 공평, 보안부장 담(談)

위에 대해 곤도(近藤) 보안부장은 말한다.

"경시청으로서는 종래 자유폐업에 대해서는 절대적으로 공평한 방침으로 진행했습니다. 만약 나쁜 행위라도 하고 있으면 단연 그것은 주의해서 엄중하게 처분했습니다. 이제 다시 자유폐업에 대해서는 일정한 방침 아래 이해 있는 태도로 바라볼 작정입니다."

『고쿠민신문(國民新聞)』 1931년 6월 16일

하세가와 생(長谷川生), 가두어: 공창제도

부인아동매매 실지조사위원 존슨 씨 일행은 이미 도쿄에 들어와서 공창제도 시찰을 개시했다. 일본인의 한 사람으로서, 나도 또한 현재의 일본에 공창제도가 존재하고 있는 것을 마음으로부터 부끄러워하는 사람의 한 사람이다.

나는, 물론 세상의 이른바 '도학자(道學者)'는 아니다. 아니, 아마도 유흥기분도 가진, 어느 흔한 남성의 한 사람으로 남녀 모두에게 짐승의 성질(獸性)이 부여된 이상은 신의 길을 말하는 인간들의 이러한 청정의 세계를 이 지구상에 세우려는 것은 꿈이라도 생각하지 않는다. 그렇지만 도쿠가와(德川) 시대의 '공창제도'가 현존해 있는 것은 뭐라 해도 우리로서 이해하기 어렵다.

도쿠가와 사대에 '신요시와라'나 기타 유곽을 창설한 동기는 무엇보다 나는 알지 못한다. 또한 지금까지, 그것을 알려고 하지도 않았다. 그러나 이는 봉건시대의 산물로서 또한 그즈음의 도덕관에서도 당연하게 세상도 그것을 용인한 것이다. 곧 부모들이라면 죽음도, 정절도, 기타 일절의 희생으로서도 이를 수치로 여기지 않았다. 없던 시대에 그것을 자랑으로 여긴 시대도 있었다.

그러나 메이지유신과 함께, 이미 봉건제도는 근본으로부터 무너지고, 더욱이 그 후, '자유민권'이 사회조직의 기조가 되기에 이른 지금, 아직 '공창제도'만 잔존하고 있는 것은 무엇이라고 할 것인가.

나아가 도쿠가와 시대는 조로야(女郎屋)에도, 조로야로서의 도덕이 있고, 하룻밤의 계기로도, 잔을 나누고, 또한 조로(女郎)에게도, 여자로서의 교양이 있었으며, 모두 다도, 꽃꽂이(池華) 등의 기호를 갖추고 있는데 지금에 와서는 이는 정말 형식이 되어 조로는 더러운 일개 시체가 되었고, 조로야는 역시 보기 괴로운 죄악의 일개 곽(廓)이 되었다.

아사쿠사의 사창굴을 박멸해도 그것은 일시적인 것일 뿐으로, 어느 사이엔가 다마노이(玉の井)라는 새로운 사창굴이 생겼다. 이는 똥파리(蒼蠅) 같은 것으로 경찰권으로도 어떻게 할 수 없을지도 모른다. 긴자나 아사쿠사나 신주쿠나, 기타 번화가를 중심으로 카페나 술집이 그 수를 늘리고, 그곳에 일하는 수천의 여급과, 그곳의 등을 좇는 남자 사이에 불꽃 같은 '연애(戀)' 관계가 생긴다는 것으로, 현재의 사회조직에서는 어떻게 할 수 없을지도 모른다.

다만 '자유'가 존중되고, 세계 문명국의 하나로서 손꼽히고 있는 일본에게, 예부터의 '노예제도'가 현존하고, 금전에 의해 여자 자체가 매매되며, 더욱이 법률에 의해 그 불합리가 보호된다는 것은 완전히 모순적인 이야기다.

국제연맹의 제약을 받을 것까지도 없이 먼저 '공창제도'를 폐지해야 할 것으로, 그것이 남아 있다는 것이 개탄스럽기까지 하다.

『도쿄아사히신문(東京朝日新聞)』 1931년 6월 16일

철필(鐵筆): 매국의 일종

일본의 일을 해외에 나쁘게 퍼뜨리고 외국에 도움을 구하려는 운동이 자주 있다. 대단히 싫은 것이 매우 불쾌한 일이 아무렇지도 않다.

학교 자금을 외국에 우러러보는 자는 일본 교육제도의 불비로 자제가 교양을 완전히 행하지 않는다는 것을 말하며 나간다. 병원 신축금을 모집하려는 자는 일본에 의사가 없고, 간호부가 없이 병원 요양 설비가 마치 없는 듯이 선전하고 다닌다. 그렇게 하면 단숨에 어떠한 일에도 감동하기 쉬운 아루야(アールヤ) 인종이 야만국 일본을 구제하는 것은 일류동포의 대의라고만 분발하여 돈을 낸다.

1921년 국제조약에서 인신매매를 금지한 것은 국제간의 백인 노예(白奴) 매매를 금지한 것으로 그 점에서 일본은 어떠한 조약도 위배하고 있지 않다.

이것을 지금 배신의 나라 일본이 실행하고 있지 않은 것처럼 외국에 선전하는 자가 있는 것 같아서, 그 결과가 일본의 실상 조사위원을 파견하는 일이 되었다.

이 조사위원이 오자 고향에서 자신의 부모라도 오는 듯이 사람들 일파가 에워싸고 헹가래라도 하지 않았을 뿐이다. 위원이 일본에 와서 보고 들을 정도도 없다고 생각하는지 어떤지, 그것은 우리들이 알 것도 없지만, 어쨌든 일본의 실상을 일본 국민에게 호소하려고는 하지 않고 생판 타인인 외국인에게 호소하여, 그 힘으로 일본인에게 콧방귀를 끼게 하는 일파의 사람들의 심정은 올려다보는 것이다. 언제 그때 일본의 재정이 매우 궁핍해서 어찌할 도리가 없는 형편을 외국에 호소하고, 좀 남은 돈이 있다면 이월하라고 하는 것은 어떨까. 그래서 일본의 공채(公債)가 싸다고 해도 소용이 없다. 공창보다도 훨씬 중요한 일본의 명성을 낮추고 아무렇지 않은 것이다. 군사상의 비밀 지도를 외국에 파는 것만 매국은 아니다[주지로(十次郎) 기고].

『도쿄아사히신문(東京朝日新聞)』 1931년 6월 16일

기생 무리의 추파에 거리낌 없이 신바시 게이샤학교 시찰, 존슨 박사와 선드퀴스트 여사

중앙에 앉아 있는 존슨 박사, 그 옆이 선드퀴스트 여사

창부를 방문하여 세계를 걷는, 국제연맹 부인매매 조사위원 존슨 박사, 선드퀴스트 여사 두 명은 12일 오후 2시부터 3시까지 긴자 안의 신바시 권번(檢番)의 2층에 있는 게이샤학교를 견학했다. 내리붓는 5월의 빗속을 등교한 게이샤들은 합해서 대체로 무려 280명, 조사위원 두 사람은 자동차에서 내려 우선 입구에서 게다에 깜짝 놀랐다. 하여튼 280명이 벗어놓은 게다였는데 색이 아름답고 얇은 가죽(爪皮)을 덧댄 560개의 나뭇조각이 줄줄이 늘어선 광경은 낯익은 일본인도 깜짝 놀랄 정도.

먼저 2층에 올라가 게이샤 걸스 리허설, 곧 게이샤 기예 연습이다. 두 사람은 안내인에게 둘러싸여, 놓인 자리에 앉아, 존슨 박사는 충신을 모셔놓은 곳의 석당과 같이 경직된 채 조사했다. 게이샤가 춤을 추든, 노래를 부르든 직무상인지 천성인지 모르겠지만 웃지도 않고 어린 사람이라도 있는지 잎담배를 피우기만 했다.

영어로 쓰인 참고서 페이지를 넘기면서 때때로 진기한 듯이 게이샤의 머리나 옷자락에서 보이는 발목을 보았다. 담당자가 "무대 위에 올라가 함께 사진을 찍읍시다"라고 권하자 박사는 "노, 노"라고 머리를 가로저으며 "자신은 다롄에서도 함께 찍었기 때문에 많습니다"라고 본 장의 신바

시와 다렌을 함께하자고는 말할 수 없어 방법이 없었기 때문에 게이샤들은 보아 주신 예로 인사를 드리는 것으로 빙 둘러앉아 카메라를 보았다.

『고쿠민신문(國民新聞)』 1931년 6월 18일

싫어하는 딸을 팔지 않을까, 연기(年期)가 분명해진 후의 행방은

존슨 박사, 경시청에서 아픈 질문, 오후부터 요시와라를 실지조사

일본 방문 중인 국제연맹 부녀매매 조사위원 존슨 박사, 선드퀴스트 여사, 핀도르 씨 등 일행은 18일 오전 9시 반에 내무성 경보국 쓰치야(土屋) 경무과장, 사회국 마스다(增田) 사무관, 구사마(草間) 박사 등의 안내로, 경시청을 방문하고, 다카하시(高橋) 총감에게 인사하고 나서 보안부장실에서 곤도(近藤) 보안부장과 만나, 창기나 사창의 실제 상황을 들었다.

경시청에서는 고스게(小管) 보안과장, 구사카(日下) 풍기계장, 히사안(久案) 외사과장 등이 나와 응접하고 먼저 도쿄 내외에 보이는 사창의 수나 그 단속방법이라든가, 전국의 공창 수와 전 인구의 비율 등을 말하고, 도쿄의 사창이 7천백, 전국의 창기가 5만이라고 들었으며, 이 점에서는 프랑스 등과 비교적 많다고 듣고는, 창기가 등록 신청을 할 때 본인의 의지에 반하는 경우는 할 수 없다고 말한 점에 대해서 실제 거절된 사례가 있는지 등을 갑자기 질문하고, 곤도 부장은 사실 하나도 예가 없기 때문에 본인의 의지에 반하는 신청은 전혀 인정되고 있지 않기 때문이라고 여러 가지 힘들게 변명(辨解)을 했다. 이번은 창기의 기간(年期) 문제로 현재 최장 6년 그리고 그만둘 수 없는 경우는 2년 이내에 한해서 기간 연장을 허락한다고 듣고는,

"그러면 기간이 지난 후의 여성의 생활보호는 어떻게 되어 있습니까?"

라고 아픈 곳을 찔러, 이에 대해서는 쓰치야 경무과장도 약하게

"고향으로 돌아가는 경우도 있고, 부인의 직업도 점점 늘어나고 있는 것 같다. 그 가운데에는 구제시설도 생길 것이기 때문에" 등이라고 자못 마음에도 없는 설명을 했다.

10시 반 경시청에서 나와 즉시 자동차로 사회국에 들렀다가 거기에서 니토베(新渡戶) 박사 저택을 방문하고 오후에는 요시와라의 실지조사에 나섰다.

『The Japan Advertizer』 1931년 6월 18일

관계자, 면허 시스템 옹호하다

요시와라(Yoshiwara) 길드 조합장, 정부 규제가 국가에 혜택이 될 것이라 진술.

어린 여성들은 보호받고 있다고 말하다.

사이토(Saito) 의 주장에 따르면, 일본인 규제 구역은 모범적 기관이라고 한다.

일본에서의 면허 성매매 폐지가 이 단계의 옹호자들이 생각하듯 쉽게 성취할 수 있는 것은 아니다. 그리고 실제 결과도 이들이 실제로 희망하는 것과 전혀 거리가 멀다. 도쿄 요시와라(Yoshiwara) 구역 면허업소의 가장 영향력 있는 업주 가운데 한 명이 말한 진술에 따르면 그렇다. 이 사안은 면허 성매매가 현재 폐지된 상태라면 정부가 해결할 수 있는 어떤 위치에도 있지 못하다는 사회적 및 경제적으로 중요한 문제들을 내포한다. 이 당국은 또한 이러한 조치라면, 정부가 성매매를 통제하고 규제하여 성매매가 존재하지 않는 매우 많은 나라에서 찾아볼 수 있는 유형의 길거리 노동자와 비밀 성매매를 즉시 양산하게 될 것이라고도 주장한다.

이를 비롯해 나오이치 사이토(Naoichi Saito) 씨가 표현한 여러 관점은 당연히 그가 요소와의 면허업소 업주 단체 부대표 재임 당시 규제 성매매(regulated prostitution)를 지지하던 태도를 반영한다. 그는 악행 반대(anti-vice) 단체들이 이 문제를 추상적으로 고려하고 있으며 실제 상황은 전혀 고려하고 있지 않다고 말한다.

"우리는 일본에 감시 및 조사 시스템을 도입하여 현재 일본에 있는 국제연맹 위원회와 같은 단체와 여러 방면에서 협조할 준비가 되어 있다. 그리고 일본의 모든 면허업소 업주들에게 위원회가 상태 조사를 하는 과정에서 어떤 구역을 방문하더라도 위원회를 방해하는 어떤 장애요소도 놓치지 않도록 통지했다"라고 사이토 씨는 말했다.

폐지는 좋지 않을 것이다

"나는 도덕적 입장에서 이 문제를 받아들일 준비가 되어 있지 않다." 사이토 씨는 계속해서 말했다. "하지만 나는 모든 사람이 이 상황을 왜곡하지 않고 있는 그대로 이해하기를 원한다. 나는 면허 성매매 반대운동 지도자들이 모든 면허업소를 폐업한 결과가 무엇인지 인식하지 못한다는 견

해를 갖고 있다.

"우리는 이 나라의 법에 따라 사업을 하고 있다. 그리고 우리는 이 제도를 우리가 일하는 제도 자체로 세계 최고라고 생각한다. 만일 이 나라가 현 상태의 사회에서 악행을 밝혀내지 못한다면, 정부는 적어도 이것이 확실한 특정 구역을 통제하고 분리하고 있다는 점을 알아야 한다. 이 면허 구역 봉사자들을 긴자나 오가와-마치(Ogawa-machi) 같은 이 도시 곳곳에 흩어놓는다면 그 이점은 무엇이겠는가? 만일 이 제도를 폐지한다면 즉시 어떤 일이 발생하겠는가?"

이런 일이 일어날 것이라는 점은 경찰과 악을 반대하는 엄격한 법을 통한 온갖 노력에도 불구하고 성매매 여성들이 여전히 공공연하게 일을 하고 있는 몇몇 해외 국가들의 상황을 보더라도 잘 알 수 있다.

고통을 덜다

면허 지역의 어린 여성 종사자들은 대체로 가족의 고통을 덜거나 스스로를 지키려다 목숨을 잃는다. 그리고 자신의 자유의지에 따라 그렇게 하는 것이다. 면허업소 업주들은 어린 여성에게 혹은 이들의 부모에게 돈을 선지급한다. 이 어린 여성의 소득에서 대출금을 상환하는 조건으로 선지급하는 것이다.

어린 여성은 내무성 규정에 의해 잔인한 취급으로부터 보호받는다. 이는 자유폐업(jiyu haigyo), 즉 면허 지역에서 규제받지 않고 하는 은퇴라고 알려져 있다. 반면에, 만일 어린 여성이 자신의 자유 의지에 따라 우리에게 와서 5년에서 6년 동안 일하겠다고 동의함으로써 거액의 돈을 받게 된다면, 어떻게 이 여성이 며칠 동안 머물다가 돈을 갚지 않고 떠나겠는가? 이러한 행동은 사기죄를 구성하는 것이 될 것이다. 허위로 가장해서 돈을 취득한 것이기 때문이다. 이러한 문제는 현실적인 입장에서 살펴봐야 한다.

면허업소에서 어린 여성의 학대와 관련하여 많은 논의가 있었다. 그러나 현재 시스템 아래에서의 상황은 이렇게 많은 어린 여성들이 특별히 떠나기를 희망하지 않는다고 할 수 있다. 어린 여성이나 그 친척에게 돈이 선입금되면, 이 여성은 대개 5년에서 6년 동안 일하기로 동의한다. 이러한 근무 규정 약관 결정은 여성 자신의 이익을 위한 것으로, 그렇게 하지 않는다면 이 어린 여성은 자신의 빚을 갚기 위해 평생 일해야 할지도 모른다. 이 여성은 법적으로든 도덕적으로든 계약한 기간이 끝나면 마음대로 떠날 수 있기 때문이다.

소득 상승하다

예전에는 어린 여성이 선금으로 받은 돈의 액수가 그리 크게 고려할 정도는 아니어서 우리가 주로 식품 판매를 통해 버는 수익이 고객에게 가는 정도였다. 그러나 지진 이래, 어린 여성 개인의 소득은 대단히 증가해서 대개는 매우 이른 시점에 자유롭게 떠날 수 있었다. 그리고 이러한 이유에서 근무 계약 약관을 규정하고 이 약관은 실제로 여성의 이익에 맞게 작용한다. 하지만 일반 대중에게는 이러한 점이 잘못 해석되고 있다.

가메이도(Kameido)나 다마노이(Tamanoi)처럼 일본에는 비면허 성매매 구역이 많다. 우리가 자체 조사한 바에 따르면, 이러한 구역에 있는 여성들은 대개 접객을 시작하기 전에 금전 대출을 받았다고 한다.

이러한 비면허 성매매는 경찰 권위자들을 통해 교묘하게 허용되고 있으며 종사자들은 훨씬 자유롭게 오고갈 수 있고 면허 구역의 여성들보다 더 나은 삶을 즐기는 듯하다. 하지만 이는 사실 그렇지 않다. 면허 지역의 어린 여성 절반가량이 그 전에 비면허 업소 종사자였고 20퍼센트가량은 전직 게이샤였으며 20퍼센트는 수상한 카페나 음식점의 전직 웨이트리스였다. 그리고 보고된 바에 따르면 단 10퍼센트만이 재정적 어려움에 부닥친 빈곤한 가정 출신이라고 한다. 이를 통해 알 수 있는 것은 명백히 자유롭고 자신의 자유의지를 행사할 수 있는 여성이라면 면허 구역이 이들에게 훨씬 공정한 대우를 해 주며 면허제도 아래서 훨씬 더 쉽게 빚에서 벗어날 수 있음을 알 것이라는 점이다.

여성들에게 보호가 없었다

비면허 성매매를 규제하는 법이 없다. 그러므로 비면허 지역 여성에게는 법적 보호도 없다. 면허 구역 사설 성매매업소 여성에게는 고통과 악행 학대가 훨씬 더 많다.

구역을 떠나라고 면허업소 종사자(inmate)를 자극하는 것은 가능하다. 그러나 이 어린 여성이 불행해질 것은 너무 자명하다. 우리가 조사한 바에 따르면, 일단 면허 구역에서 종사자였던 여성은 단조로운 일상으로 다시 돌아갈 수 없다고 한다. 또한 우리가 발견한 바에 따르면, 떠나도록 설득당하는 어린 여성은 대개 본인의 이익이 우선인 사람들에 의해 그렇게 하라는 설득을 받는다. 구세군조차도 면허 구역 출신 어린 여성들의 미래를 돌볼 수 없다. 이러한 여성들은 떠난 후 생계를 이을 수단을 찾아야 한다. 이러한 어린 여성들은 생계를 잇는 교육을 어떤 식으로든 받지 못했고 자유롭게 되었다는 단순한 사실만으로는 이들을 보호하지 못하며 행복하게 해 주지도 못한다.

면허성매매운동의 지도자들은 이를 고려해야 한다.

일본에서의 면허성매매제도가 외국인들에게 소개된 것은 대체로 이 규제를 반대하는 사람들에 의해서다. 따라서 상황이 한 가지 관점에서 대체로 설명되어 왔던 것은 당연하다.

국제연맹 위원회에 우리가 전하고 싶은 말은 오직 이들이 직접 와서 실태를 조사해야 한다는 것뿐이다. 이들은 일본의 면허 지역들이 해외 국가들의 그러한 구역들과 상당히 다르다는 것을 알게 될 것이다.

"우리는 정부가 완벽하게 준비되지 않는 한 이 시스템을 폐지하지 않으리라 생각한다. 일본에는 541개의 면허 구역이 있어 11,154명이 영업하고 있으며 여성은 50,056명이다. 이 업종을 생계로 의존하는 이들이 어마어마하다. 그리고 정부는 업주와 그 밖에 이 사업에 연관된 사람들에게 배상하지 않고 갑자기 이 시스템을 폐지할 수는 없다." 사이토 씨는 이렇게 말을 끝맺었다.

『도쿄아사히신문(東京朝日新聞)』 1931년 6월 19일

'농중조'를 바라보며 날카롭게 빛나는 조사의 눈. 어제 존슨 박사의 일행, 요시와라 유곽에 찾아가다

국제연맹 부인매매 조사위원 존슨 박사 일행은 18일 오전 중에는 경시청, 내무성 사회국, 이다바시(飯田橋) 부립 직업소개소를 방문하여 많은 자료를 모으고 오후 3시부터는 요시와라 유곽에 찾아갔다.

일행은 존슨 박사 부처와 선드퀴스트 여사, 슈미든, 핀도르 양(兩) 씨와 마셜 서기의 6명, 외무성의 가와자키(川崎) 통역관, 내무성의 구사마 박사, 경시청의 고스게(小菅) 보안과장 이하.

우선 일본 쓰쓰미 경찰서(堤署)에 들러 요시와라의 개념을 설명하고 에도의 옛날을 회상하는 '카도에비(角海老)' 앞에서 자동차를 멈추고 기부 타로(太郎)에게 덮개를 덮게 하고 신을 신을 채로 올랐다. 해당 루(樓) 앞은 구경하기에 높은 구경거리이지만 검은 산과 같은 주인공도, 야리테 파파(やり手婆)[7]도, 아래에도 두지 않겠다는 듯한 모습.

그곳의 존슨 박사도, 선드퀴스트 여사도, 싫은 벌레를 씹은 듯한 무쓰쓰리(ムツツリ)로 서양풍화된 히키테방(引手部屋)[8]을 지났다. 어디서부터가 빅터(ビクタ)인가 재즈를 틀어놓고 창기는 방 하나에 들어서서 모습을 보이지 않았다.

7　유곽에서 여성을 감독하는 나이 든 여자.

8　손님을 끌어들이는 방.

존슨 박사는 주변 모습을 무엇 하나 빠뜨리지 않으려고 시찰의 눈을 크게 했다. 드디어 주인의 안내로 열린 각 방을 살피고, 눈만 일하고 말은 없었다. 다른 모양의 두꺼운 조리를 신은 창기가 슬쩍 모습을 보이며 종종거리며 복도를 걸어 엷지르는 첫인상의 진기함을 보고 조사의 눈을 빛냈다.

다음은 경시청의 요시와라 병원 사카모토(阪本) 원장과 경시청의 가토(加藤) 의무과장이 맞이하여 원장실에서 병원의 조직, 인원 수용력, 환자 중에서 가장 많은 질병 등 자세한 질문이 이어졌다.

"경시청 관내의 전체 창기 가운데 화류병은 몇 퍼센트입니까?"

"재작년에 100명당 2.54퍼센트에, 작년은 동 2.59퍼센트" 참고자료를 받아서 각 병실의 실장을 보고 역시 존슨 박사와 함께 있던 선드퀴스트 여사도 동정의 눈을 크게 뜬다. 입원 중의 창기들을 보여 줘서 고맙다는 듯한 거북한 얼굴을 해서 모두 한 모습으로 고개를 숙였다. 오락실, 자수, 재봉, 재봉틀과 새로운 수예를 가르치고 있는 방은 한층 더 좋게 보고 관찰하며 작별.

이번은 걸어서 어적어적, 에로 백퍼센트, 웰컴의 새로운 것도 있는 신구 재즈식 기루 히키테 찻집(引手茶屋)인 텐스이오케(天水おけ)를 슬쩍 보고 '세이하치후쿠(成八幅)'에 들어간 것은 20분으

요시와라를 시찰하는 일행

로 나온 뒤에 다시 대지진 때에 600명이 화재로 죽은 것을 애도했다. 히야운단(ひやうんた) 연못을 보고 "여기가 당시 신문으로 알았던 요시와라의 연못입니까. 여기에서 공창은 몇 명 죽었습니까", "600명 가운데 약 100명입니다", "저 높은 우리(圍)는 무엇 때문입니까?"라고 질문을 던졌다. 박사는 저 우리가 있어서 도망가지 못한 것이라고 '농중조'를 문자 그대로 의문을 풀지 못했다. 여기에서 고스케 보안과장과 무라타(村田) 일본 츠츠미 서장이 박사 일행의 의문을 관찰해서 풀어 주기 위해 열심히 "이것은 이대로 비상문이 있습니다"라고만 가와자키 통역관을 통해 의문이 없도록 납득시키기까지 끌고 돌아다녔다.

유곽의 정문(表門)을 벗어나 마을 구석에 서서 "이 골목에 집들이 모여 있어서 저 담 때문에 도망가지 못하고 죽은 것은 아닌가"라는 것을 증명하고, 이것으로 존슨 박사도 '아, 과연'이라고 하자 '댓츠 오케(ザッツ　オーケー)'. 시찰 시간은 1시간 반, 이제 빠르게 요시와라 거리가 된 아사쿠사(浅草)공원에서 스미타(隅田)공원 피복공장 터의 지진기념당에 이르니 6시 반. 제국호텔로 돌아갔다.

『지지신문(時事新聞)』 1931년 6월 19일

의외의 방법이려나, 존슨 박사 일행의 질문, 오늘 경시청을 방문

국제연맹의 부인아동매매 조사위원장 배스컴 존슨 박사, 선드퀴스트 여사, 카를 핀도르 씨 일행은 내무성의 쓰치야 경무과장, 마스다(益田) 사무관, 외무성 정보부 가와자키 도라오(川崎寅雄) 씨, 이시가와(石川) 사무관과 대일본 사립위생회 구리모토(栗本) 상무이사의 안내로 18일 오전 9시 30분 경시청을 방문하고 다카하시 경시총감에 인사를 한 후 동 35분 보안부장실에 가서 경시청 측으로부터 곤도 보안부장, 고스게 보안, 히사안 외사 양 과장, 히쿠레(日暮)[9] 풍기계장, 마쓰이(松井) 주임경부 등은 긴장한 면을 띠고 질문의 화살을 막았다. 응답은 다음과 같다.

문: 사창의 현상과 어느 정도의 수가 있는지, 어떠한 단속을 하고 있는지.

답: 현재 경시청 관하의 상습적 밀매음은 천7백 인이다.

문: 전국 창기의 수와 전 인구와의 비교

답: 5만여 명 있다.

9　다른 신문에서는 풍기계장 이름이 히사카(日下)로 나오는데 지지신문만 히쿠레(日暮)로 나온다.

문: 창기 등록 신청의 경우 거절한 건수와 실 사례

답: 등록신청의 경우, 타인의 의지에 압박되어 본인의 의지에 반하는 경우는 등록하지 않고 있다. 거절의 건수는 극히 드물어서 사실 문제로서는 사실 없다.

문: 기간 연장은 어떠한가.

답: 기간은 최장 6년으로 그칠 수 없는 경우에는 현행법에서는 2년 이내에서 연장할 수 있지만 기한 후의 연장은 할 수 없게 되어 있다.

문: 비참한 창기가 폐업 후 어떻게 되는가.

답: 기한 후는 허가되지 않기 때문에 고향에 돌아가거나 직업부인이 되거나 또는 떠나게(引取) 된다.

문: 어떠한 이유에서 창기가 되는가.

답: 빈곤에 의한 것과 기타의 이유다.

라고 설명하고 시종 사무적인 응답으로 존슨 박사를 시작으로 질문만으로 의견도 말하지 않았다. 동 10시 40분 회견을 마치고, 일행은 다시 내무성을 방문하여 참여관실에서 마츠모토 사회국장, 구사마 박사 등과 회담한 후 정오가 지나 떠났다. 고이시가와(小石川) 고히나다(小日向) 다이정(臺町)의 니토베(新渡戶) 박사의 저택의 오찬에 임하여 간담하고 오후 요시와라 유곽을 시찰하였다.

오른쪽 존슨 박사, 왼쪽 곤도 보안부장

『도쿄니치니치신문(東京日日新聞)』 1931년 6월 19일

백인 거래 질문에 경시청 멈칫멈칫, 실업군에게도 눈을 돌려, 빛의 사절, 예리한 조사

국제연맹 부인아동매매 조사위원 일행은 도쿄의 국제적 인신 거래의 조사가 거의 일단락되어서 이번은 일본 내지의 백인 노예의 실지조사를 하게 되어 10일 오전 9시 35분 경시청을 방문했다. 일행은 쓰치야 경보국 경무과장, 구사마 방역관, 구리모토 박사 등의 안내로 다카하시 총감의 방을 찾아 방문의 인사를 말한 뒤 다시 곤도 보안부장, 고스게 보안과장, 히사카 풍기계장과 회견, 공사창의 상태에 대해 질문했다. 우선 존슨 박사가 "도시의 사창 수와 그 단속 방법을 알고 싶다"고 질문하자 경시청 측은 "사창 수는 현재 천7백 명으로 이에 대해서는 엄중한 감시와 단속을 하고 있다"고 답하자 이번에는 공창 문제에 대한 질문으로 나아가

창기가 등록 신청을 할 때 본인의 의지에 반한 경우는 등록하지 않는다는 규칙이 있다고 하는데 실제로는 거절한 여성의 통계를 알고 싶다, 또 전국 창기의 수와 인구의 비율, 기간 문제, 폐업 후의 상태, 창기가 되지 않으면 안 되는 사회 정세는 어떠한가 등으로.

존슨 위원장, 선드퀴스트 여사, 핀도르 씨가 연달아 빨리 예리한 질문을 퍼부었다.

이에 대해 보안부장은

"등록을 거절한 자의 수는 적다고 생각되지만 경시청에는 지금 그 통계를 가지고 있지 않다. 창기의 기간은 최장 6년으로 2년의 연장은 인정되지만 그 이후는 허가하지 않는다. 전국 공창 수는 약 5만 명이다. 폐업 후는 고향으로 돌아가게 되든가, 이후는 부인의 직업도 마련하도록 하고 사회시설도 완비해 가기 때문에 창기의 수는 점차 감소해가는 경향이 있다."

고 역설했다. 일행은 동 10시 45분 떠났다.

조사위원은 다시 사회국에 마쓰모토 장관을 방문하여 사회시설에 대해서 질문한 뒤에 이다바시의 소년 직업소개소에 갔다. 여기에서는 소년, 소녀의 구직 무리가 좁은 대기실에 모여 있는 모습을 보고 각 위원 모두 가슴 아픈 취업난의 세태에 눈을 돌렸다. 오후 1시 존슨 부처 등은 본사 고문 니토베 나조(新渡戸稲造) 박사 저택의 환영 오찬 모임에 참석했다.

『고쿠민신문(國民新聞)』 1931년 6월 19일

농중조 면접도 하지 않고 요시와라 그냥 지나침, 존슨 씨 일행의 시찰에 안내 담당만 진땀

목하 일본 방문 중인 국제연맹 부인아동매매 조사위원 배스컴 존슨 씨, 앨마 선드퀴스트 여사

일행은 18일 오후 3시 반부터 약 1시간 반에 걸쳐 후자마 사쿠라와 함께 그 이름도 높은 인육시장 요시와라를 실지조사했다. 이 일행의 조사에 극도의 신경질로 만사 샐 틈 없이 비밀주의를 취한 당국도 당국이지만 이러한 일로 감당하는 사실을 아는 것일까,라는 의심이 일어날 정도로 거기는 역시 맑은 혜안의 존슨 씨 일행의 조사 상황이었다.

이로부터 먼저, 관할 일본 쓰쓰미경찰서(堤署)에서는 무라타(村田) 서장 이하가 서장실을 정돈하고 기다리고 있었다. 그곳에 내무경무국의 마스다 사무관에 속(屬) 1명, 동 방역관 구사마 박사, 경시청의 고스게 보안과장, 히사카 풍기계장, 마쓰이 경부 등이 자동차로 와서 경찰서 안이 어쩐지 웅성거리는 때에 만함식(滿艦飾)을 펼친 농중조가 18명 정도 외출허가를 청해 왔다. 접수의 경찰관은 어디인가?', '카도에비(角海老)입니다', '이름은? 생년월일은?' 한 명 한 명 물어보고 경찰서장 자신이 나와서 '1명만 이름을 쓰고 기타는 몇 명으로 두어도 좋다'고 평소와 달리 관대했다. 그리고 그녀들은 기뻐하면서 메이지좌(明治座)에,

오후 3시, 외무성 가와자키 통역관이 동승하여 제국호텔을 출발한 일행은 동 3시 반 경찰서에 올라 경찰서장실에 들어가서 창기 수, 일하는(稼業) 연한, 기타 현상에 대해서 무라타(村田) 서장으로부터 설명을 듣고, 동 40분 이윽고 출발. 미리 이 사실을 알고 있던 유곽 내에는 과연 센세이션을 일으키고, 호기심이 많은 구경꾼이 울타리를 만들었다. 일행의 자동차는 유곽 내에서 손꼽는 카도에비의 현관에 도착.

주인이나 지배인(番頭), 조합 임원이 서두르면서 마중을 나오고 먼저 응접실에서 아래의 일본 방은 그냥 지나치고 바로 2층의 서양식 방, 베드룸을 보았다. 그런데 핵심인 창기는 한 사람도 보이지 않았다. 대부분 외출한 것이다. 농중조가 아닌 모습을 보인 것치고는 너무 짓궂은(동시에 냄새나는) 방법이다. 일행은 약 10분 사이에 카도에비를 나왔다.

일행은 그곳에서 요시와라병원에 들렀다. 그런데 병원에서는 신문기자들에게 보이는 것을 싫어해서 올라가게 하지 않았다. 히사카 풍기계장, 마스다 내무사무관도 함께 제지하였는데 조용히 올라온 자는 이를 따지지 않았다. 그런 바보 같은 이야기가 있어서 약 20분이나 옥신각신 끝에 겨우 올라섰다. 일행은 2층 원장실에서 사카모토(坂本) 원장, 경시청의 가토(加藤) 의무과장으로부터 병원의 조직, 경영, 수용력, 현재 입원 환자 수, 어떠한 성병이 가장 많은지, 검사 횟수는? 등을 묻고 나서 먼저 2층 10호실에서 순차적으로 살펴보았는데 병원에서 고통스러워하는 그녀들이 6, 7명씩 모여서 강담책(講談本)을 읽고 있는 광경은 과연 애처롭게 눈에 비치었을 것이다.

병원을 나온 일행은 이번에는 나가서 세이하치후쿠루(成八幡樓)에 올라가 네온 램프로 장식된

창기의 사진에 눈을 두고, 그러고 나서 일본 방을 보며 소위 혼헤야(本部屋)라고 불리는 방 하나에 일본 머리를 한 창기 1명이 인신공양(人身御供)이 되어 머리를 숙이고 다른 방에서는 두 사람이 장기를 놓고 있었는데 일행은 거의 눈길도 주지 않고 그대로 지나갔다. 기대된 개개의 면접도 없었고, 결국 일행은 오이란(オイラン)을 만나지 못하게 되어 어처구니 없이 나가 버렸다.

마지막으로 존슨 씨 일행은 지진 때 창기 600명이 불에 탔다는 효단지(瓢簞池)를 보고, 존슨 씨는 '진재 때에 창기의 피난을 방해했기 때문에 다수의 사망자가 나온 것은 아닌가'를 시작으로 질문다운 질문을 하였다. 무라타 서장은 땀을 닦으면서 그렇지 않다고 대답했다. 일행은 다시 부근의 대나무 담과 흙벽을 가리키고 '도주를 방해하는 설비가 아닌가'라고 날카롭게 지적했다. 그러자 서장은 뒷문의 비상문을 보여 주고 양해를 얻기에 크게 노력하고 오후 5시 유곽 내를 나왔다.

일행은 그로부터 둘로 나뉘어 핀도르 씨 외 2명은 호텔로 돌아가고 존슨 씨 부처와 선드퀴스트 여사 3명은 아사쿠사 6구(區)에 도착하여 다이쇼관(大勝館), 테코쿠(帝國館)를 보고 "자신의 고국으로 돌아간 것 같은 마음가짐이다"라고 말하였다. 아사쿠사 절의 양전함(養錢箱)을 신기하게 들여다보고, 그로부터 고토토이바시(言問橋)에서 자동차를 두고 '물의 스미다(隅田)공원을 산책, 5시 50분 피복창 터 진재기념당에 참례하고 6시, 이날의 조사를 마치고 귀갓길에 올랐다.

겨우 한 마디, '상당히 좋은 설비'

존슨 씨는 예에 따라 요시와라 시찰의 감상은 하지 않았지만 다만 병원에 대해서는 "상당히 설비가 좋다"고 말하고, 마지막으로 진재기념당에 대해서는 다음과 같이 말하였다.

"이러한 훌륭한 건물을 보고 건물 그 자체보다도 이 건물을 건립했다는 일본인의 아름다운 마음을 거기서 느꼈습니다. 완전히 부흥사업을 완성한 일본인의 노력에 대해서는 경의를 표합니다."

『지지신문(時事新聞)』 1931년 6월 19일

폐창인가 하고 놀라, 내무성의 비밀주의로부터, 어이없는 그날의 요시와라 시찰, 미심쩍은 존슨 씨 일행

니토베 박사 저택의 오찬회를 마치고 먼저 제국호텔로 돌아온 존슨 박사 일행은 내무성의 고통의 씨앗이 되고 있는 요시와라 유곽을 시찰하기 위해 마스다(益田) 내무사무관, 가와자키 외무통역관, 이시가와 사무관, 고스게 경시청 보안과장, 가토 의무과장, 히쿠레(日暮) 풍기계장 등의 안내

로 오늘 오후 3시 출발한 일행은 일본 츠츠미경찰서에서 동 서장으로부터 요시와라 유곽의 이야기를 대체로 들은 후 카도에비루에 올랐다. 극도로 공창의 실생활을 알게 되는 것을 염려한 내무성, 경시청에서는 창기 전부를 외출시켜 기루 주인이 질문에 대답했을 뿐이어서 존슨 씨 일행은 실지 시찰을 한 카도에비루의 청소된 방만 살펴보고, 창가(娼家)를 살펴보는 일을 마쳤다. 카도에비루를 나와서 병원에 가서 사카모토 원장, 가토 원무과장의 안내로 2층 15호실에서 차례차례 시찰했는데 3층 복도에서 공교롭게 입원 중인 창기 4명이 탁구를 하고 있는 것을 보고 존슨 씨는 "이렇게 자유가 주어진 것입니까"라고 놀랐다. 오락실에서는 민요 사토오케사(佐渡おけさ)가 나오는 축음기를 14, 15명이 듣고 있는 것을 보고 잠시 그 앞에 섰다. 한 바퀴 돈 후 사카모토 원장에게 병원의 조직경영 등을 듣고 "창기에게 입원비 부담은 지우지 않습니까"라고 여러 가지 본색을 발휘했다. 창기에게 입원비 부담을 의무로 하지 않는다는 것을 듣고 다시 병원의 정원에 대해 "만약 환자가 많아지면 어떡합니까"라고 질문, 가토 의무과장이 수용력에는 여유가 있다고 대답하자, 검사일, 병의 종류에서 입원퇴원 수속 등을 상세하게 들었다.

성병은 1929년도 2.54퍼센트, 1930년 2.59퍼센트라는 조사서를 보고 환자 수가 적은 것을 마음에 새긴 존슨 씨는 "퇴원은 완전히 치료하고 나서 합니까, 치료 없이도 나갑니까"라고 물어봐서 일동을 곤란하게 했다(面喰はせる).

병원 시찰을 마친 일행은 다시 순일본식 세이하치방루를 시찰하게 되었는데 존슨 씨 일행은 창기가 없는 것을 미심쩍어 했다. 여기에는 창기가 집에 있는 모습으로 혼헤야(本部屋)에 갇혀 있었지만 기대된 개개의 면접도 하지 않고 어이없이 조사를 마치고 내무성 출장 담당관도 겨우 안심한 모습이었다.

농중조는 아니다, 효단지(瓢簞池)의 참사자, 무엇을 위한 할인 답변

계속해서 일행은 진재 당시 많은 생명을 잃은 효단지에 가서 "이 연못에서 진재 때 많이 죽었다고 합니다만…"이라며 얼굴에 구름을 드리웠다. "600명은 죽었습니다만, 창기는 불과 100명이었습니다"라고 서장은 내무성의 지시를 지키고, 사실은 창기 400명이 죽었던 것을 100명이라고 깎아서 답하였다. 땅의 담을 보고 "저것이 유곽의 외곽(外廓)입니까"라고 좀 추궁했다. "외곽은 전부 집으로 결정하여 결코 농중조의 집에 벽돌이나 높은 담장 따위는 없다"고 대답하고 다음으로 일행은 아사쿠사공원에 가서 다이쇼관, 데이코쿠관을 보고, 공원을 한바퀴 돌아 스미다공원에서 피복창 터 납골당을 방문하여 진재 횡사자의 영혼에 합장하고 동 6시 반 제국호텔에 돌아왔다.

피복창 터에서 눈물 흘린 존슨 씨가 말하다

존슨 씨는 피복창 터 납골당에서 말했다. "진재 당시의 광경이 똑똑히 상상되어 새삼스럽게나마 일본 여러분의 심정을 위로하고 싶었습니다. 이 탑도 일본인의 아름다운 인정을 말하는 것이어서 건물의 아름다움보다 그 안에 있는 진심어린 사람의 마음에 눈물이 났습니다. 아이들 군상(群像)은 마음의 밑바닥을 도려내는 것과 같습니다. 요시와라의 연못, 그 작은 연못이 조난자가 가진 슬픈 마음을 전부 말해 주고 있었어요… 지금 시찰한 감상은 아직 한마디도 말하지 못했습니다."

『도쿄아사히신문(東京朝日新聞)』 1931년 6월 20일

가시자시키 업자로부터 폐업수속 문의, 이제야말로 라고 의기 높은 폐창연맹, 26일에 전국대회

국제연맹으로부터 부인아동매매 실지조사위원 존슨 박사 등 일행이 일본에 방문하여 우리나라의 공창제도가 드디어 세계의 표면에 드러내려고 하는 때, 다년간 폐창운동에 노력해 온 곽청회, 부인교풍회의 폐창연맹에서는 오는 25일, 26일 양일 아오야마(青山)의 일본청년관에서 전국 1천 명의 동지를 모아 제6회 전국대회를 개최하게 되었다.

폐창연맹은 매년 성황이 되어 이미 전국 중 32개 현에는 폐창동맹이 있고 또한 옛날부터 폐창을 실시한 군마현에 작년 새롭게 사이타마현이 추가되어 다시 현회에서 폐창결의안을 통과한 것은 후쿠이, 아키타, 후쿠시마, 니가타에, 작년 새롭게 나사가키, 가나가와, 오키나와 3현이 추가되었기 때문에 연맹 측에서는 이 결의안 성립 부현이 전국의 과반수에 달하는 날을 기다려 정부에 대하여 의기를 불어넣고 있다.

『도쿄니치니치신문(東京日日新聞)』 1931년 6월 26일

흐름을 타고 공창폐지 절규, 정부 편달의 결의

전국 폐창동지대회는 25일 오후 1시부터 신궁(神宮) 바깥 정원 일본청년관에서 개최. 마치 국제연맹에서 공창제도 조사원 일행이 일본에 방문했을 때이기도 하고 의기양양하게 전국 각 부현에서 온 대표 175명과 폐창운동 관계자 약 500명 참가하여 모였다. 그중 3분의 1은 부인이 점하고 있다.

간틀렛 츠네코 부인의 사회로 중의원 의원 미야케 이와오(三宅磐) 씨가 지난번 제국의회에서 구별된 '공창제도 폐지의 법률안'의 경과를 말하고, 다음으로 1930년도에 폐창을 실시한 사이타마현 및 현회에서 폐창안을 가결한 나가노, 가나가와 양 현의 대표자로부터 운동의 보고가 있었다.

여기에서 공창을 폐지한 군마, 사이타마 2현, 현회에서 폐지결의를 한 후쿠이, 후쿠시마, 니가타, 아키타, 오키나와, 나가노, 가나가와 7현에 달한 것은 연맹 사람들을 매우 기쁘게 하였다. 연맹위원장 마쓰미야 야헤이(松宮弥平) 씨로부터 다음 각 현 현회에 감사의 말을 보낼 것을 결정했다. 다음으로 정부 당국에 대해서 다음의 폐창단행 결의를 하고 오후 5시 산회했다.

야만적이고 비윤리적인 공창제도는 오늘날 내외 정세로부터 보아 철폐의 시기에 바로 무르익고 있다는 것을 인정하고 정부는 속히 이것의 폐지를 단행해야 함을 위와 같이 결의함.

동 6시부터 간담회를 열고 26일은 각지의 정세 보고를 계속할 예정.

『도쿄아사히신문(東京朝日新聞)』 1931년 6월 26일

당국은 존슨 박사에게 거짓말을 하고 있다

폐창연맹에서는 국제연맹의 존슨 박사 일행을 맞이하는 기회에 제6회 '전국폐창동지대회'를 25일 신궁 바깥 정원 일본청년관에서 개최하고 곽청회, 교풍회를 비롯하여 각 종교단체, 사회사업단체에서 대표자 남녀 약 400명, 모두 폐창의 굉장한 의기를 보이면서 참회했다. 대회는 오후 1시 간틀렛 츠네코 씨의 사회로 열려 다카시마 베이호오(高島米峰) 씨가 출석자에 대해 환영의 말을 하였고 연맹위원장 마츠미야 야헤이 씨의 운동 경과 보고가 있었다. 각 부현 대표들이 각지의 운동 상태를 말했는데 무엇보다

"국제연맹의 존슨 박사의 질문에 대해 정부 당국은 인신매매 등은 마치 냄새도 없는 듯이 회답을 한 것은 실로 예상 밖이다."

라고 비탄했다. 폐창이 즉시 단행되기를 바란다는 내용의 결의와 선언을 발표하고 이후 존슨 박사의 메시지를 낭독하였다. 오후 5시에 휴식하고, 계속해서 간담만찬회를 개최했다.

그리고 26일은 오전 9시부터 대회를 속행하여 폐창단체가 아직 성립하지 않은 부현에 대해서 운동방침, 기타를 협의했다.

『도쿄니치니치신문(東京日日新聞)』 1931년 6월 26일

존슨 씨 일행 혼모쿠(本牧) 시찰

존슨 박사 일행 10명은 26일 오전 10시 22분 요코하마역에서 바로 자동차로 스이조(水上)경찰

서에 가서, 와라이(荒) 서장에게 부녀 거래(取引)의 국제적 관계를 질문하고 예정을 변경하여 동 11시 반 혼모쿠의 치야프야정(チヤプ屋町)으로 향하였다. 야마테(山手)경찰서 요시다(吉田) 서장의 안내로 시찰하고 홀이나 침대가 있는 방을 들여다보면서 걸었는데, 댄서들은 방에 완고히 모습을 보이지 않았다. 일행은 10분 정도로 시찰을 중단하고 가나가와현청으로 돌아갔다.

이곳에서는 야마(山) 현지사로부터 폐창론을 듣고 오후 1시 호텔 뉴그랜드에서 야마 현지사의 오찬회에 임하였다. 다시 예정을 변경하고 2시 반 자동차로 가마쿠라(鎌倉)로 향하여 하세(長谷)의 대불(大佛)을 구경하고 돌아오는 도중 호도가야(保土ヶ谷)의 아동감화원 '가정학원'을 시찰하고 귀경했다.

『The Singapore Free Press』 1931년 7월 14일

일본의 사회악(THE SOCIAL EVIL IN JAPAN), 구속력 없는 법률, 주제에서 벗어난 연맹 관계자들

[본지 통신원으로부터] 도쿄, 7월 2일 배스컴 존슨 씨와 그 일행의 일본 방문은, 국제연맹이 백인 인신매매에 대해 착수한 조사와 연결되어 있으며, 관료와 성매매 합동단체(dovecots)가 상당히 갈피를 잡지 못하는 데 책임이 있었다. 국가의 혜택으로 운영되고, 매우 근사한 보답으로 정부의 재원에 이바지하는 악의 소굴 업주들이 처음에는 합법적 '사업'에 간섭할 권리가 누구에게도 없다는 입장을 취했고, 존슨 박사와 그의 일행 그리고 국제연맹이 들어온 곳에서 최소 1회의 집단회의를 하고, 악덕업체라는 상당한 비난을 쏟으며 세계 여론의 심판대에 일본을 소환하기 위해 애썼다.

그러나 이러한 전술은 곧 바뀌었다. 관계자로부터 영감을 받은바, 일부 자국 언론에 따르면, 국제연맹 위원회에는 "전부 다 보아 주시기를 부탁드립니다"라는 집요한 요청이 쇄도했다. 반면에 정부는 유혹에 의해서든 팔려서든 있게 된 추악한 소굴에 남도록 여성에게 강요하는 그런 일은 전혀 없다는 점과 어린 여성이라면 원하기만 하면 언제든 이 '업종'에서 떠날 수 있는 완벽한 자유를 갖고 있었다고 반공식적인 진술을 했다. 후자의 진술은 사실을 완전히 잘못한 것이다.

법적으로 어린 여성이 그렇게 하기를 희망한다면 이 '사업'을 떠날 수 있도록 허용한다는 점은 사실이지만, 실제로—어찌 되었든 이러한 특정 경우—범블 씨(Mr. Bumble)의 말대로 법은 "hass"[10]라고 할 수 있다. 고르진(Gorgin) 운영자와 포주와 성매매업소에 고용된 무뢰한들에게

10 범블 씨는 영국 소설 『올리버 트위스트』에 나오는 인물로, 돈에 눈먼 고아원 관리자인데 고아들을 불법으로 팔아넘겨 학대와 착취당하게 한다. 'Hass'는 영어는 아닌 듯하고 독일어로 증오, 분노 등의 뜻이 있다.

서 어린 여성들을 도망치게 하는 것은, 특히 경찰이 무관심에 초연해 있을 때, 전혀 쉽지 않다. 모든 일본인이 평등하다고 선포한 법에서처럼—그런데도 '에타(eta)',[11] 곧 국외추방자는 경멸당할 뿐만 아니라 다수의 일본인에게 인간보다 못한 존재로 멸시당한다—남성 쾌락 피해자의 자유와 관련하여 이 법은 준수보다는 위반이 존중받고 있다. 중국 헌법과 마찬가지로, 이 법은 매우 정교한 겉치레 장식품일 뿐이다. 예를 들어, 이 법은 18세 이하 어린 여성은 성매매 여성이 될 수 없다는 점에 단호하다. 대다수가 훨씬 더 연약한 연령에 속해 있다. 이 법은 또한 어린 여성이 서면 혹은 구두로, 성매매업소가 위치한 구역 경찰서에서 보관하고 있는 자신의 이름을 성매매 여성 등록에서 지워 달라 요청할 때, 반드시 이름을 등록부에서 삭제해야 한다. 이는 이 여성은 이 업소를 떠나는 자유가 있다는 뜻이다. 하지만 어린 여성은 경찰서에 도착하기조차 어렵다. 주인은 이들의 몸을 구속하고 있다. 어린 여성은 사실상 감옥에 갇힌 것과 다름없다. 하루 종일 매시간 간섭이 있다. 이 간섭은 폭력적 위협에서 비롯된다. 현재 매 순간 어린 여성은 성매매 소굴 주변을 배회하는 한 명 이상의 폭력배에게 심한 채찍질을 받는다. 여성을 때리는 몇몇 사소한 이유가 대개 날조될 것이다. 이런 걸 훔쳤다고도 하고 저런 건 하지 않았다고도 한다. 하지만 진짜 이유는 이 불행한 여성으로 하여금 신을 두려워하게 하는 것이다. 경찰도 이를 너무 잘 알고 있다. 내무성은 이렇게 경건하고 진부하게 말한다.

관계 당국이 실패한 지점

존슨 사절단이 일본에 체류하는 동안, 오사카 성매매업소의 여성 두 명이 아마도 일본에 입국한 사절단의 존재 때문인지 대담하게도 이 불쌍한 비둘기들이 석방을 얻기 위해 외국인들과 진실한 희망의 문(Door of Hope)이 활동하는 일본구세군(the Japan Rescue Mission)에 접근하였다. 구세군은 이들에게 숙소와 보호를 제공했고, 한편으로는 조치가 취해지고 있었다. 이들의 자유를 합법화하는 데 필요한 번거로운 절차를 해소하기 위해 따라야 할 것들이었다. 어린 여성들을 이들의 이름을 삭제하기 위해 경찰서로 데리고 가는 한편, 이 일당은 벌건 대낮에 어린 여성을 유괴하고 매질하는 십여 명의 난폭한 불한당들에 의해 시작되었다. 경찰도 이 어린 여성들이 업주들에게 다시 잡혀간 것을 알고 있었다. 업주들은 이들을 어떤 □□[12]로 쫓아냈다가 다시 면허 구역 병원으

---

11 더러운 일에 종사하는 사람이라는 뜻. 부라쿠민에 대한 멸시의 감정이 담긴 표현.

12 마지막 줄 잘렸다.

로 데리고 왔다. 이 병원은 매우 음산한 곳으로, 더 이상 이 '사업'을 할 수 없을 정도로 병에 걸린 어린 여성들을 위한 곳으로 출구가 도공의 작업장 인근에 나 있었다. 우리가 마지막으로 들은 바로는, 어린 여성의 절망에 찬 절규였다. "어떻게 그럴 수 있어요, 엄마!"

어린 여성이 이 업종을 떠나겠다는 바람에 대해 갖는 이유는 본인이 아플 때, 매우 아플 때였다. 그림자의 계곡에서 부는 차가운 바람을 느꼈기 때문이다. 그리고 최소한 형틀에 시달린 자신의 몸이 정신과 신체의 고문과 굴욕, 고통의 세월을 겪었던 장소 아닌 다른 어떤 곳에서 죽을 수 있기를 소망했기 때문이다. 죽음은 24시간이 지나면 그녀의 고통으로부터 자비롭게 그녀를 해방했다. 의학 해부를 통해 성병이 심각하게 감염되었을 뿐만 아니라 이 불쌍한 아이가 폐렴 말기 단계였다고 한다. 그녀의 종말이 폭력적 취급으로 앞당겨졌는지는 알려진 바가 전혀 없다. 그녀는 성매매업소 구역이라는 진창으로 끌려가 결국 그런 일을 당해야 했다.

비인간적 성매매업소

상황이 배스컴 존슨 씨와 그 일행에게 유쾌하게 진행되는 동안—이들은 열심히 즐겼다(적어도 여기저기에서 초대가 쏟아져 들어왔다)—신문은 이 위원회에 관심거리가 될 만한 기사들을 부족함 없이 보도했다. 『오사카 마이니치(Osaka Mainichi)』 최근호에는 오사카현에 2,350엔(금화 1,175달러)을 소송한 한 젊은 청년 이야기가 실렸다. 오사카대학병원 의사들이 그에게 다리를 절단하기를 원했기 때문이다. 그는 거부했다. 그리고 "조기 회복을 위해 신께 기도하기 시작했다. 그러나 그는 자신의 다리를 잘라야 한다고 주장함으로써 의사들이 그에게 끼친 정신적 고뇌는 2,350엔의 가치가 있다고 생각한다. 그는 자신의 열두 살 된 여동생을 성매매 여성으로 팔아야 했기 때문이다."

어린 여성이 언제든 거부할 수 있는 자유계약은 이러하다. 이러한 것이 법이 18세 이하의 어떤 어린 여성도 성매매 여성이 되어서는 안 된다고 선언하는 법이 존중하는 방식이다.

일본 신문은 언론사 사진작가들에게 미소 짓기를 거부하는 존슨 씨의 '무례함'에 대해 매우 야단법석이다. 사진작가들은 그를 웃게 하려고 십여 분을 애썼다. 비록 존슨 씨가 일본의 어떤 '아름다운 시스템'에 대한 사전 정보나 자료를 갖고 있지 않았다 해도, 한 가지 이 이야기는 분명 그가 지어 보려 애쓴 미소가 무엇이었든 그 미소를 얼어붙게 하기에 충분했다. 이 야만적인 외국인들은 정말 너무 멍청하다!

일본에서 남성이 여성을 다루는 예절에 대해 자제하며 글쓰기란 불가능하다. 특히 일본 여성들이 어디에서 만나게 될지 모르나 자신의 성에 대해 (여성에게) 매우 상냥하고 매우 잘 참아내고, 매우 점잖고, 매우 이타적인 사람들 가운데 있도록 허용되었을 때는 더욱 그렇다. 만일 작가가 일본 여성들에게 이러한 기사도가 없는 상황에서 살기를 고집한다면, 이는 오로지 아무리 작다 해도 일본이라는 국가적 방패에 묻은 이 더러운 오점을 제거하기 위해 보다 나은 유형의 일본인의 양심을 일깨우는 데 도움이 될 수 있다는 희망에서 비롯된 것일 뿐이다.

일본식 순응

물론 우리는 일본인과 중국인이 다른 도덕적 수준을 갖고 있음을 인정해야 한다. 그리고 이들에게 결혼은 다른 곳에서 그렇듯 신성한 사랑의 의식이 아니다. 일본에서 불교는 인간적 애정을 단호히 폄하한다. 스리랑카와 같은 다른 불교 국가들에서는 그렇지 않지만 말이다. 그리고 만일 불교가 인간적 애정을 단호히 폄하했다면, 유교는 그 품격을 격하시켰다. 그리고 일본인 남성의 상상력이 결여된 품성은 인간적 애정을 단지 오락이나 여흥쯤으로 만들었다. 일본 여성들은 일반적으로 이렇게 부적절한 성관계 관점을 받아들였다. 비록 이러한 야만에 가까운 개념에 반대하는 진정한 반항이 그리 멀지 않지만 말이다. 어린 여성이 자신을 성매매업소에 팔아 부모를 돕거나, 최근 오사카의 사례에서처럼, 남자 형제가 의사에게 돈을 지불할 수 있도록 도움이 될 때, 이 여성은 존경이나 칭송을 받는다. 그리고 자신을 위해 자기 몸을 포기하고 천국으로 가는 이들은 어떤 고통이 비난을 받기보다 오히려 동정받는지 알고 있을 뿐이다. 이 나라 도처에 흩어져 있는 셀 수 없이 많은 요시와라 사람들은 성병 유포를 최소화하는 경향이 있다고 주장한다. 하지만 진실은 정반대일 뿐이며, 이는 해마다 실시하는 군의 징병검사를 통해 충분히 입증되었다. 성매매업소가 존재하는 장소에서 징병 업무를 위해 신고하는 청년들이 이러한 치욕을 씻어내기 충분할 정도로 대담하고 지적이고 계몽한 지역에서—애석하게도 이들의 수는 매우 소수다—훨씬 큰 비율로 감염되어 있음이 발견되었다.

일본의 점잖은 품성의 어린 여성들의 부도덕성은 유교와 이들의 선행에 속한다. 성매매 여성의 정절조차도—정절은 굵은 글씨로 적혀 있다—오직 이들 자신에 속해 있을 뿐이다.

일본 남성은 역겨운 허식으로 으스대고 좋아한다. 신의 후손인 그는 그리고 오직 그 자신만이 오늘날 일본에 책임이 있다. 하지만 이곳 밖에서 오래 살다가 일본인들의 삶을 완전히 공감하고 입국한 외국인들은 오히려 지금의 일본을 만든 것은 바로 여성들이라고 생각한다. 이곳에서 오래 살았던 이들은 진실한 경구 한 문장을 만들었다. 여성이야말로 일본의 남성이다.

보다 고결한 법을 통해 일본이 점잖고 잘 인내하고 총명하고 순한 영혼의 여성들에게 진 빚을 제대로 인정해야 한다. 면허받은 시스템의 폐지는 성관계에 관한 서구 사상을 보다 잘 침투함으로써 도달할 것이다. 그리고 현재의 이러한 노예 상태를 끝장내겠다고 여성 자신이 결의함으로써 가능할 것이다.

면허 시스템 폐지만으로는 충분하지 않을 것이다. 면허 없는 악행도 그만큼 성행한다. 이러한 방향으로 진정한 진보가 전혀 없다면 성관계의 유교적 관념은 완전히 쓸어버려야 한다. 이것이 가능할까? 답의 열쇠는 일본의 친절하고 아름답고 점잖은 여성들에게 있다.

『매일신보』 1931년 7월 20일

국제연맹 제63회 이사회의 업적(하) 금년 5월 18일부터 23일까지 개최된 것

9. 청소년 보호

이사회는 부녀매매 급 아동 복지의 양 위원회 보고를 채택하고 청소년 귀국 조약안을 각국 정부의 심의에 부(附)하기로 결정하였다. 외국에 적을 유(有)한 미성년자 구조에 관하여는 본 문제는 일반 빈궁 외국인의 구조에 관련할 것을 인(認)하고 이것을 부조의무의 문제와 함께 전문가 특별위원회에 부탁하기로 결정하였다. 그리고 부인아동매매 금지조약의 체맹국 약간에 대해서는 동국이 1904년 급 1910년의 조약에 가맹을 약(約)한 것에 대하여 주의를 환기하고 1921년의 조약에 아직 가맹하기 않은 비연맹국에는 그 이유를 밝히기로 하였다.

『조선과 만주(朝鮮及滿洲)』 제285호 1931년 8월호

부인매매금지에 관한 국제적 운동, 경성제국대학(城大) 교수, 법학박사 이즈미 아키라(泉哲)

국제적 부인매매의 제도는 19세기에 비롯되었다. 런던, 파리, 뉴욕에 중심시장을 두고 조직적으로 부녀자의 매매에 종사했다. 상시 추업 부인의 공급지는 남유럽, 튀르키예(土其古),[13] 이집트(埃及)였다. 오늘날 무역의 주요 통로는 유럽, 특히 오스트리아, 프랑스, 독일, 그리스, 헝가리, 이탈리아, 폴란드, 루마니아, 스페인, 튀르키예에서 중남미, 특히 아르헨티나, 브라질, 멕시코, 파나마, 우루과이 및 이집트, 북아프리카의 각지에 이른다. 그리고 알렉산드리아는 통로의 중계항으로 자리

13 튀르키예의 한자 표기 방식은 10개 이상에 달하는데, 그중 하나로 土耳其라는 표기 방식도 있다. 원문에 표기된 土其古는 다른 국가명의 한자 표기에서도 확인하지 못했으며, 튀르키예를 의미하는 土耳古의 오기로 판단된다.

잡고 있다.

부인 무역의 목적물이 되는 부인의 종류에는 몇 종이 있다. 첫째는 자기 운명을 향상시킬 목적으로 해외로 나가는 추업 부인, 둘째는 허영심 많은 소녀 등으로 유괴자의 손에 걸린 자, 셋째는 요세(寄席)[14]나 기타 유흥장을 돌아다니는 예인으로 임금이 적고 환경이 불량한 탓에 추업에 빠지는 자, 넷째는 무구한 소녀로 빈곤한 처지와 부모의 무지 때문에 유괴되었거나 또는 사기적 결혼의 희생이 된 자 등이다. 그리고 이들 부인의 연령은 미성년자가 많아 14세에서 16세도 있다고 한다. 이 처녀(娘)들은 한 번 국제적 추업 조직의 조류에 빠지고 나면 평생 비참한 생활을 계속해야 한다. 이러한 비참한 사실이 발견되어 1880년 영국에 조직된 런던위원회가 조사를 개시했다. 런던위원회의 목적은 영국 부인을 유괴해 유럽대륙으로 수송하는 조직을 조사하고 동시에 이를 방지하는 데 있었다. 그러나 조사한 결과 부녀무역제도가 대단히 대규모이고 조직도 커서 한 나라의 힘으로는 이를 어찌하기 어렵다는 점을 발견했다. 그 이전인 1875년 벨기에에서 각국의 추업에 관한 제도 폐지를 목적으로 국제적 기관을 마련하여 본부를 제네바에 두고, 영국, 프랑스, 독일, 스위스(瑞西), 오스트리아(墺), 네덜란드(和), 스웨덴(瑞典), 노르웨이(諾威), 스페인 각국에 위원회를 설치하기로 했다. 각국 위원회는 자국의 추업 단속 문제를 연구하고 동시에 국제적 부인 무역 금지에 대하여 서로 노력하며 보고를 교환하였다. 그 밖에 튀르키예를 제외한 유럽 각국에 국민경계위원회라는 것을 마련하여 런던에 본부를 두고 각국의 연락기관으로 삼았다. 1899년 런던에서 이들 위원회의 국제회의를 열고 각국 정부에 건의서를 보내기로 결의하였다. 즉, 폭력, 사기 등의 방법으로 부녀자를 유괴한 자에 대해 각국이 동일한 처벌을 가할 것을 권고한 것이다. 이 회의는 그 후 1901년, 1904년, 1909년, 1910년에 회합하여 부인 무역의 금지에 관해 중요한 연구를 하였다. 이상은 모두 사적 국제회의여서 결의의 실행 등에 대해 아무런 적극적 효과를 거두지 못했다.

1902년, 프랑스 정부가 발의하여 영국, 독일, 벨기에(白), 덴마크(丁), 스페인(西), 헝가리(洪), 이탈리아(伊), 노르웨이, 네덜란드, 포르투갈(葡), 러시아(露), 스웨덴, 스위스 등의 15개국[15]이 파리에 모여 문제 연구에 착수했다. 이 회의는 부도덕한 목적으로 부녀자를 유괴하는 행위를 국제범죄(国際罪)로 간주할 것을 결의하였다. 따라서 조인국의 한 나라에서 이러한 종류의 죄를 범한 자는 어느 나라에서든 처벌하고자 한 것이다. 1904년에 이르러 백인노예매매금지조약이 설립되었다. 이

14 寄席(よせ 또는 よせせき)는 일본 도시에서 만담이나 각종 기예를 관객에게 보여 주는 대중 연예 흥행장.

15 15개국이라 기재되어 있지만 원문에 열거된 국가는 프랑스를 포함해 14개국이다.

조약에 조인한 나라는 12개국이었다. 조인국은 특종의 기관을 마련하여 각국 간의 통신 사무를 담당시키기로 했다. 또한 각국은 항만, 철도, 기타의 통로를 엄중하게 감시하여 부도덕한 목적으로 부녀를 동반하는 자를 체포하고 부녀를 그의 본국으로 송환하기로 했다. 이미 추업에 종사하고 있는 외국 부인에 대해서는 그의 국적, 신원 및 추업을 영업하기에 이른 과정을 조사하여 유괴자를 수색 처벌하기로 했다. 기타 부녀자의 주선업자를 단속하여 부녀자의 보호에 충분한 주의를 기울이고 있다. 이 조약의 실시 구역은 조인국 본토를 목적으로 하였고 식민지에 대해서는 각국의 자유에 맡겼다. 프랑스, 네덜란드는 식민지에도 이를 적용하기로 하였고, 이탈리아는 에리트레아에 적용하겠다고 밝혔으나 타국은 이를 보류하였다. 1910년 국제회의를 개최하여 1904년 조약의 실시 상황을 서로 보고하고 미비한 점을 수정하였지만, 당시의 국제적 상황은 그 실시를 어렵게 했다. 본 조약은 추행(醜行)의 목적으로 성년 및 미성년 여자를 폭행, 협박, 기타 일체의 강제수단 또는 사기수단을 사용해 권유, 유인 괴거(拐去)한 자를 처벌하는 조치를 구성하고, 범인의 인도 절차를 규정하였다. 또한 식민지에 대해서는 적용하지 않을 것을 원칙(本則)으로 하고, 실시할 때는 프랑스 정부를 통해 조인국에 통지할 것을 약속했다.

위 조약은 세계대전 이전에는 원만한 국제적 협력을 얻을 수 없었다. 그 주된 원인은 중앙기관을 설치해 각국 정부를 자극하고 여론을 환기해 조약의 이행을 꾀하지 못했기 때문이다. 1920년 1월의 조사에 따르면, 1904년 조약[16]에 참가한 국가는 16개국, 1910년 조약[17]에는 겨우 9개국이 참가하는 데 그쳤다. 이렇듯 소수 국가의 협력으로는 그 목적을 달성할 수 없음이 분명했다. 1920년 5월, 연맹은 이 문제를 제기하며 사무국에 전임 담당자를 마련했다. 제1회 연맹 총회(1920)에서 이 문제를 상세히 심의하고, 이사회로 하여금 1904년 협정[18] 및 1910년 조약 실시 상황을 다음 총회에 보고시키기로 하였다. 동시에 다수 국가에 대하여 부녀무역금지조약 참가를 권고하였다. 또한 이사회는 총회의 요청에 의거해 1921년 이 문제에 관한 국제회의를 소집하였고 34개국이 여기에 참가하였다. 그 목적은 미리 배포한 질문에 관한 각국 정부의 의견을 청취하고 각국의 협력에 관해 양해를 얻어내는 데에 있었다. 회의는 마침내 하나의 조약을 작성하고 동시에 다음과 같은 권고서를 작성하였다. 첫째, 여자의 승낙 연령을 20세에서 21세로 끌어올리는 것(1910년 조약 안에서

---

16 1904년의 인신매매 억제 국제법은 합의(agreement)로 번역해야 하지만 당시 일본에서는 조약이라 번역했으므로 일본어 원본에 따른다.

17 1910년과 1921년의 인신매매 억제 국제법은 협약(convention)으로 표기해야 하지만 일본어 원문에 따른다.

18 일본어 원본대로 표기한다.

승낙 연령을 20세로 하고 그 이상은 사기 또는 협박의 요소가 없는 자에 한해 추업에 종사할 수 있게 하고, 그 이하인 자는 금지되고 있었다), 둘째, 부녀의 유인 및 유괴를 시도한 자는 처벌할 것, 셋째, 각국 정부는 조약 실시에 대한 연보를 제출할 것과 연맹에 자문위원회를 설치할 것이라는 내용이다. 제2회 총회에서 이 권고는 조약으로 변경되었다. 이것은 1921년 부녀매매금지조약이라 칭하며, 1929년의 마지막에 32개국이 이를 비준하였다. 대전 전의 관계 조약들에 비하면 천양지차를 보이고 있다. 이 조약의 주요한 점으로, 조약의 목적을 달성하기 위해 국내법을 제정하기로 한 것, 범인을 인도하기로 한 것, 승낙 연령을 끌어올린 것, 보고의 교환, 부인과 아동 이민 보호 규정을 마련한 것 등을 들 수 있다.

연맹이사회는 총회의 요구에 따라 부인아동매매 자문위원회를 설치하였다. 1924년의 제5회 총회는 아동의 보호와 부녀매매에 관한 2개의 소위원회를 자문위원회 안에 설치하였다. 벨기에, 영국, 덴마크, 프랑스, 독일, 이탈리아, 일본, 폴란드(波), 루마니아, 스페인은 양 소위원회에 대표자를 보냈고, 그 외는 양 위원회를 겸하게 하였다. 미국은 자문위원 자격으로 위원회에 참석하고 있다.

일본은 1921년 조약을 비준함과 동시에 1910년 조약에 참가하였는데, 여자의 승낙 연령을 제한하는 대신 만 18세에 갈음할 권리를 자기를 위해 보류하겠다고 선언하였다. 그런데 1927년 3월 26일, 이 보류의 철폐를 선언했다.

연맹은 1921년 조약 비준을 권고하고 동시에 유효한 실시를 위해 노력해 왔다. 연맹 내에 설치된 부인아동무역금지위원회는 회의를 매년 개최하여 각국 정부, 사적 단체와 국제 노동국이 제출한 보고를 정밀하게 심의하고 불명확한 점에 대해서는 충분한 설명을 요구한다. 위원회의 권고를 첨부해 이사회와 총회에 제출하고 이어서 각국 정부에도 송부하고 있다. 그 외에 위원회의 조사위원을 세계 각지로 파견하여 실지조사를 하도록 했다. 미국 사회위생국이 7만 5천 달러의 조사비를 연맹에 제공했기 때문에 유럽, 지중해 연안, 미국에서 부녀 무역의 성질과 범위의 조사를 개시하였다. 그 조사 결과는 위원회에 유력한 자료가 되었고 부녀자 매매 억압을 지지하기 위해 세계 여론을 환기하는 효과가 있었다. 또한 이 조사 결과를 통해, 부녀 무역이 지극히 대규모로 행해지고 있고 수천 부녀자가 매년 추업의 목적으로 한 나라에서 다른 나라로 이송되고 있음이 밝혀졌다. 추업을 경영하는 주선업자는 번잡한 조사와 단속규칙을 피하기 위해 출생, 결혼, 사망에 관한 위조증명서를 소지하며 교묘하게 이를 이용하고 있다. 또한 다수의 위조여권을 소지하면서 영국에 입국할 때는 위조한 스페인 여권을 사용하고 프랑스에 입국하려 할 때는 독일 또는 폴란드의 위조여권을 사용하는 식의 수단을 취하고 있다. 이러한 종류의 위조문서는 공급 본부의 손을 거쳐 각 부녀 무역에 공급되고 있다. 기타 밀입국, 뇌물 행사, 기타의 부정한 방법에 의하거나 또는 간접 코스를 밟아 목적국으로 부녀 이입을 시도하고 있다. 이러한 사실이 제1회 조사를 통해 밝혀졌기 때문에 1929년 제10회 총회에서 그 조사를 극동으로까지 확장하기로 결정했다. 미국 사회위생국은 그 비용으로서 12만 5천 달러와 조사위원을 제공하였다. 그 일행이 인도, 지나, 조선을 경유해 일본으로 향한 시기가 올해 6월이었다. 부녀무역금지위원회가 1930년 4월의 회합에서 1921년 조약을 수정하여 여자의 승낙 연한 21세를 철폐하고 모든 여자를 승낙이나 불승낙에 상관없이 추업으로 유인할 때는 처벌할 것을 시도하였다. 그러나 이를 실행하려면 공창제도를 철폐해야 하는 상황이 될 테고, 지금 문명국 다수는 이를 폐지하였지만 역시 소수의 국가에서는 여전히 존속시키고 있다. 제3회 총회 때에 폴란드 대표는 외국 추업부를 목적으로 하는 공창을 금지할 필요를 제의한 바 있다. 그 이유는 외국 추업부가 있다는 것은 국제적 부녀자 무역이 행해지고 있다는 증거이므로, 이를 금지함은 부녀 무역에 일격을 가하는 일이 되리라고 생각한 것이다. 종래 공창제도는 국내적 문제로 취급되었지만 여기에 이르러 국제적 문제가 된다. 특히 승낙 연령의 철폐를 실행하려면 공창제도를 폐지하지 않고는 논리의 일관성을 잃게 된다.

외설 간행물 무역금지 문제는 부녀자 매매 억압 문제와 병행해서 일어났다. 1908년에 사적 국제회의가 열리고 이어서 1910년에 국가대표 회의가 개최되었다. 이 회의에서 외설 간행물 거래금지에 관한 행정적 협정과 국제조약 안이 작성되었다. 1922년 제3회 총회 때에 17개국이 이 협정에 가입을 승낙하였으나 국제협정 안은 아직 초안의 범위를 벗어나지 못했다.

대전 이래로 이러한 종류의 무역이 증대 경향을 보임에 따라 제32회 총회에서 국제회의 개최 논의가 일었다. 프랑스는 연맹 주최 아래 회의 소집을 제의하였고 총회는 이를 받아들여, 1923년 9월 35개국 대표가 제네바에서 회합하였다. 이 회의는 외설 간행물의 배포 및 매매금지 조약을 작성하였고 1929년 말에 35개국이 비준을 거쳤다(1931. 7. 16. 원고).

『조선경찰신문(朝鮮警察新聞)』 제259호 1931년 11월 15일

경시청 풍기계장 구사카 이와오(日下嚴), 국제연맹에서 매음 문제 (1)

"매음은 가장 오래된 직업이며 영원히 끊이지 않을 직업"이라고 설파하고 있듯이 동서고금을 불문하고 역사적으로나 현실적으로도 고민스러운 문제다. 특히 요즘처럼 경제, 사상, 도덕관념에 심상찮은 변혁이 초래되고 있는 시기에는 한층 박차를 가한 것처럼 세간의 이목을 끈다. 오늘날 지식 계급을 독자층으로 하는 고급 잡지가 매호 이러한 종류의 제재를 싣지 않을 수 없는 것도 결국은 그 하나의 부분이다. 근대의 국제적 교섭은 군사, 과학, 경제에서 남다른 활약이 지속되고 있지만 풍속상의 세계적 국제 문제는 최근 들어서야 대두한 양상이다. 따라서 일반인은 다른 나라 사정을 소상히 알지 못함은 물론이거니와 국내에서조차 하나의 일부 실정밖에 알지 못하는 것이 보통이다. 그중에서도 특히 옛 관념에 사로잡혀 있는 사람들은 아직도 일본의 낭자군(娘子軍)만이 세계 각지에 만연하고 있는 특유의 것인 양 착각하고 있다. 종래에도 결코 일본 처녀(娘)만이 세계를 무대로 삼았던 것이 아니고, 그저 시야가 좁아서 구미의 내막을 알지 못한 때문이다. '후지산'과 함께 '게이샤', '요시와라'라는 세계적 통용어가 있다 해서 스스로 굴욕감을 느끼고 타국보다 매우 열등한 것처럼 몹시 분개하는 것은 잘못된 생각이다. 지난번 국제연맹의 동양 시찰원이 일본 여성아동의 국제매매 해외 돈벌이 상황과 관련해 우리 관헌의 감시가 엄중해서 타국에 비해 양호한 성과를 거두고 있는 점에 오히려 주목한 것에서도 알 수 있다.

국제연맹 부인아동매매 위원회의 동양 시찰원이 조선에 온 것을 '빛의 사절'이라 하면서 지금 당장 세계 공창폐지가 즉시 실행되기라도 할 것처럼 여겨졌지만 결코 그리 간단하지는 않다. 연맹 위원회에서 공창폐지의 가부에 대해 논의가 들끓은 일도 있었지만 이에 관해서는 아무런 결정된 안건이 없다.

그렇다면 위원회는 지금 어떤 일에 착수하고 있는가 하면 국제적으로 부인아동매매가 거래되고 있다는 폐해를 근절하고 방지할 노력을 기울이고 있다. 물론 공창제도 내지는 사창굴의 존재가 직간접으로 여기에 밀접한 관계를 지니고 있으므로 한발 더 나아가 매음 문제의 근본적 해결을 서둘러야 한다. 하지만 이는 장래를 기다리고 바라는 바이지, 현재 각국의 정세를 바탕으로 고찰할 때 거기까지 도달하려면 아직도 상당한 시일이 필요하다고 생각해야 할 것이다. 한편 국제연맹에서 위원회의 역사적 경과의 한 부분을 서술해 참고로 제공하고자 한다. 예로부터 지중해 연안 지방의 해적선은 백인 여자를 유괴해 아시아, 아프리카 지방의 촌장에게 팔아넘겼기 때문에 각국은 그 폐해를 고민해 왔다. 그러다가 백 년 전쯤 영불 함대의 활동으로 점차 감소하기는 했지만 유럽 이외로 거래되는 자가 다수 있었을 뿐 아니라, 유럽 자체가 다수의 나라들이 지리적으로 인접하고 있는 관계로 국제적으로 매음부의 이동이나 거래가 쉽게 이루어지고 있었다. 따라서 자국에서만 단속을 엄하게 해도 효과가 옅다 보니 아무래도 각국의 협조 없이는 철저를 기하기 어렵다는 필요에 내몰려, 1875년 이래 사적 단체의 관련 운동이 점차 발전해 공적 활동이 되었고, 1904년 5월 18일 파리에서 유럽 12개국이 '추행을 행하기 위한 부녀매매 단속에 관한 국제협정'을 체결하였다.

이 조약은 9개 조문으로 규정되었는데 그 요지는 "미성년의 부녀 그리고 능욕 또는 강제당한 성년 부녀를 위해서, 백인노예(白奴)매매라는 명칭으로 알려진 범죄매매에 대한 효과적 보호를 확보하고자, 위 목적을 달성하기 위해 조치를 통일하는 감시연락, 보호" 등을 규정하였다. 또한 1910년 제2회 파리회의에서 13개국이 조약을 체결하였다. 이것이 현재 활동하고 있는 국제연맹의 기본 규약으로서 특히 중요하다. 그 전문은 12조로 구성되는데 제1조에서 "누구를 불문하고 타인의 정욕을 만족시키기 위해 추행을 목적으로 미성년자 부녀를 권유하고 유인하거나 또는 꾀어낸(拐出) 자는 본인의 승낙을 얻은 때라 할지라도, 그리고 위 범죄의 구성요소를 달리 하는 나라에 걸쳐 수행된 때라 할지라도 처벌되어야 한다"라고 하였고, 제2조에서 "추행을 목적으로 사기에 의해 또는 폭행, 협박, 권력남용, 기타 일체의 강제수단을 통해 성년 부녀를 권유하고 유인하거나 꾀어낸 자"를 벌한다고 규정하고 있다. 그리고 여기서 성년이란 만 20세 이상이라 규정하고 있다(후에 국제연맹에서 21세로 끌어올림. 단 18세 이상을 성년이라 하는 유보 조건을 둠. 주: 현행 창기등록 연령이 18세 이상). 또한 각종 세부 항목을 규정함으로써 백인노예매매금지를 가장 유효하게 만드는 조약이 확연히 마련된 셈이다. 그런데 1914년 유럽대전이 개시되는 바람에 이 운동은 일시적으로 중단되었다. 그러나 전후 경제적 위협, 질서문란, 풍기퇴폐가 이어지면서 이런 종류의 부녀 구제에 특히 한층 통절한 필요를 느끼게 되었기 때문에 1920년 12월 15일 국제연맹 제1회 총회는 부인 및 아동 매매에 대해 폐멸을 기하기 위해 오늘날까지 각국이 취하고 있는 입법적 조치가 어떠한지, 그리고 장래 취하려는 조치가 어떠한지에 대한 질문을 각국 정부에 제출했다. 이에 기초해 1921년 6월 30일부터 7월 5일까지 제네바에서 연맹의 첫 번째 부인아동매매금지회의가 개최되었다. 34개국이 참가하였고 물론 일본도 참가했다. 이 회의에서 각국 정부의 회답을 심사하고 결의 권고를 채택하였고, 같은 해 9월 제14회 이사회에서 최종의정서를 인정하여 제2회 총회에 제출하기로 했다.

제2회 총회에서 연맹사무국의 열심히 설득하여 1930년까지 가맹국이 35개국에 달했다. 일본은 1925년 12월 15일에 비준했는데, 특별히 부녀의 보호 연령 21세를 낮춰서 일본에 관한 한 이를 18세로 하고 조약의 적용범위를 내지로 국한한다는 조건을 달았다.

종래 이루어진 위원회의 일반적 토의 가운데 특히 흥미로운 것은 공창제도 폐지의 가부 문제다. 1923년 3월 제네바에서 열린 때에 가시자시키가 부녀매매의 주된 요인인 이상 이에 대해 착수할 필요가 있다며 논의가 많이 있었지만, 결과적으로 각국에 의견을 구하기로 하고 이후 회의로 미루게 되었다. 이어서 1930년 4월 위원회에서 일단의 결말을 지었다. 그때의 각국 의견은 대체로 다음과 같았다.

〈공창 폐지 찬성〉

가. 벨기에: 가시자시키가 폐지되어도 사창은 증가하지 않는다. 가시자시키 폐지는 사창 매개업자를 처벌하는 데에 대해 오히려 법률이 유효해진다.

나. 덴마크: 24년 전에 폐지했는데, 성병의 강제치료는 다른 전염병과 같게 할 필요가 있다. 풍속 범죄에 대한 강제치료는 공창제도의 유물이다.

다. 독일: 2년 반의 얕은 경험만으로 성적을 운운하기에는 시기상조이지만, 예전의 공창제도가 더 좋았다고 생각하는 자는 아무도 없다. 폐지한 결과 사창이 증가했다는 점도 인정되지 않는다.

〈반대〉

가. 프랑스: 성병의 감소 원인은 복잡하다. 이는 공창제도 존폐 문제와는 아무런 관계가 없다. 또한 부인의 정신작용, 사회제도, 지리적 위치, 민성(民性) 등을 논하면서 폐창이 어렵다는 것을 역설하였고 공창존치론을 대표하는 듯했다.

나. 루마니아: 가시자시키를 폐지해도 추행은 존속된다. 통계는 쓸모가 없다. 워싱턴이나 뉴욕의 밤은 불쾌하다. 가시자시키가 폐지된 나라에는 평판이 좋지 않은 호사스런 마굴(魔窟)이 있다.

다. 이탈리아: 가시자시키는 일종의 노예제도이지만 만일 이것이 없다면 추업부는 중개인의 먹잇감이 돼 버릴 것이다. 또한 한 군데에 모아두지 않으면 이를 발견하고 관리할 수 없다.

그 외 각국의 여러 논의가 있었지만 폐지 후 폐해가 증가한다는 사실은 여하튼 없다는 의견이 많았고, 결국 위원회는 위의 취지를 결의했다. 여기에 대표된 국가들의 정부 의견으로는 공창제도 폐지로 성병 증가가 초래된다는 우려는 근거가 없다, 그리고 부녀의 국제적 매매는 가시자시키의 폐쇄에 의해 그 건수가 감소했음이 인정된다, 따라서 위원회는 본 문제에 관해 각국 정부가 제출한 보고서는 당장 공창제도 폐지를 고려하고 있는 나라에 유용한 참고임을 인정하면서, 이사회가 이 보고서를 이들 정부에 송부할 것을 요청한다. 특히 흥미로운 점은 북유럽이 대체로 폐지 찬성이고 남유럽이 반대라는 점이다(미완).

『조선경찰신문(朝鮮警察新聞)』 제259호 1931년 11월 15일

경시청 풍기계장 구사카 이와오(日下巖), 국제연맹에서 매음 문제 (2)

앞서 서술했듯이 국제연맹은 때로 각종 토의와 협의를 진행하며 점차 원만한 진전을 이룩해 왔다. 추가로 특필해야 할 사항은 1923년의 위원회에서 미국 대표 그레이스 애보트(Grace Abbott) 여사가 제안한 부인아동매매의 실지조사위원 파견 건이다.

즉, 매음을 목적으로 하는 국제적 거래가 존재하는지 여부 그리고 그 거래는 어느 나라 사이에서 이루어지고 있고 어떤 방법으로 공급 수송되고 있는지, 또한 각국의 거래금지 조치는 효과를 거두고 있는지에 대해서 경험 있는 실력자를 각국에 파견하여 실상 조사를 철저히 실시한다는 것이었으며, 이는 곧바로 채택되었다.

또한 그 비용이 미국 사회위생협회의 특별한 뜻으로 7만 5천 달러가 지출됨에 따라 1924년부터 1926년에 걸쳐 약 2년 남짓을 소요해 제1회 시찰이 이루어졌다. 대상 지역은 28개국에 걸쳐 있었고 남미, 북미, 중미, 구라파, 지중해에 면한 아프리카 북부의 23개국 및 튀르키예에서 풍부한 재료가 다수 수집되었다. 조사 방법은 각국의 중앙관청, 경찰, 이민, 위생 등의 장관과 기타 경험 있는 관리와 회견하여 자료 제공을 요청하고 실상을 청취했으며, 또는 마계(魔界)의 무리들과도 접촉해 직접 정보를 얻고자 노력했으며 또는 사회사업단체나 개인과도 회견하였다.

이에 주요 23국의 실정 중 흥미로운 부분을 발췌하여 참고로 삼고자 한다[글 중에 '주'를 붙인 것은 필자의 견강부회(牽強付会)임].

프랑스

기루의 면허, 매소부의 등록(즉, 공창제도)과 건강진단 등에 관해 각 도시에 그 제도가 마련되어 있다.

묵인가옥(메종 드 톨러런스)에 대한 파리의 규칙에 따르면 그 동거자는 프랑스 국적을 지닌 성인 부인에 한정되어 있다.

최근 5년간 파리의 매소부는 다음과 같다.

1919년 5,317명, 1920년 5,295명, 1921년 5,165명, 1922년 4,813명, 1923년 4,355명.

파리의 면허 창가(娼家) 수는 1920년 이래로 거의 변화가 없어 대략 235채로 헤아려진다. 즉, 묵인가옥 30, 마치아이(메종 드 랑데부) 약 205에 대해 거기서 기거하는 자는 대략 2,100명이다. 그리고 카페, 댄스홀, 뮤직홀에서 손님을 구하는 매소부 대군이 있고, 경찰도 이를 알고 있다. 하지만 그들은 대단히 주의하기 때문에 경찰도 적극적 행동을 취할 수 없다. 파리의 무등록 매소부 수는 전문가에 따라 2만 5천 명을 밑돌지 않을 것으로 추정하고 있다. 많은 당국자(플랙스너 씨 및 경찰부장의 말)들은 밀창(密娼) 수를 구하려면 어느 나라에서든 등록 창기 수의 6배를 계산하면 대체적인 수를 얻을 수 있다고 생각하고 있다. 이 기준에 따르면 프랑스 전체의 무등록 매소부 수는 72,000명에 달하고, 그중 3,600명은 외국인으로 보인다. 그리고 정부 발표에 관련된 등록 외국인 수는 다음 표와 같다.

	미국인	영국인	독일인	이탈리아인	룩셈부르크인	벨기에인	러시아인	스페인인	스위스인	튀르키예인	타국인	계
마르세이유			1	57			1	2	3	1	2	5
파리	7	6	4	23	9	7	73	6	4	9	3	13
프랑스 전체	10	7	9	223	19	48	146	15	41	24	13	28

또한 외국 부녀가 매음 목적으로 프랑스로 수입 거래되는 경우는 비교적 근소한 것으로 밝혀졌다. 정부 회답에 따르면, 유럽 각국에서 매음을 목적으로 아메리카 국가들로 가는 부녀가 통상 프랑스 영토 내를 통과한다는 점에 대해 경찰은 아무런 정보도 갖고 있지 않다. 만일 그들의 여권과 기타 서류가 정규 발급된 것이고 또한 매소부임을 보여 줄 만한 아무런 증거도 없는 경우에는 관련 부녀가 경찰의 주의를 끌기 어렵다는 건 납득할 만하다. 이 점은 아르헨티나 정부가 자국 회답에서 서술하고 있듯이 부녀 대부분이 폴란드, 러시아 및 프랑스에서 마르세이유를 경유해서 온다는 사실을 뒷받침한다.

프랑스에서 수집한 정보에 따르면, 매음을 목적으로 스스로 해외로 도항하는 부녀는 통상 다음 나라들로 간다. 즉, 쿠바, 파나마, 브라질, 우루과이, 아르헨티나, 스페인 등이다. 그녀들은 완전히 자유롭게 여행하고 필요한 여권과 서류를 휴대한다. 매음의 목적으로 아메리카대륙으로 도항하려는 여자는 우선 첫 번째로 스페인으로 향하는데, 그녀들의 행선 목적 항구로 출발하기에 편리한 바르셀로나 또는 산탄데르로 간다. 그리고 각종 프랑스 내 부녀국제매매의 사실적 정보가 있지만 이를 생략하고 종합하자면, 프랑스 여성이 매음을 목적으로 다른 나라 각 방면에 많이 이주하고 있음을 알 수 있다.

독일

베를린에는 공인 창가(娼家)가 없지만 함부르크 교외인 알토나에는 공인 창가가 존재하는 유곽 지대가 있다. 양시 모두 매소부의 등록과 건강진단을 실시하고 있다. 베를린에 공인 유곽(遊里)이 존재하지 않는 것이 사실이지만 규율에 안 맞는 매음집(売淫宿)은 무수히 존재한다. 각 곳에는 2인 내지 4인의 하숙인이 살고 있고 그 집의 임대인은 사실상 오카미(女将)다. 그녀는 여자들 소득의 50퍼센트를 착복하지만 어지간해서는 얼굴을 드러내지 않는다. 이들 매음집의 하숙인들은 모두 외출복을 차려입고 있다. 어떤 자는 창에 기대서 통행인의 주의를 끌려고 노력하고 어떤 자는 익숙한 단골손님이나 유객꾼이 데려온 오입쟁이 무릎에 기대 있다. 이들 장소는 일반적으로 오전 11시 경에 점포를 열고 저녁이 되면 폐쇄한다. 이유는 저녁 이후는 형사의 단속이 엄중해지기 때문이다. 이들 매음부는 경찰에 등록하고 있지 않다.

알토나의 유곽 지역은 페테르 및 마리안 거리로 알려져 있다. 이곳은 정(丁)자 형태의 한 구획이며 두 군데의 출입구에는 철문이 설치돼 있다. 규칙에 따라 오후 6시부터 오전 7시까지는 공개하고 낮에는 폐쇄해야 하지만 실제로는 밤낮을 불문하고 언제든 자유롭게 기루에 갈 수 있다. 해당 지역에는 대략 50호의 창가가 존재한다. 각 호 입구에는 한 사람을 맞을 창부가 대기하고 있다가 응할 만한 사람이 지나치면 말을 걸어 기루에 가자고 권한다. 각 기루에는 평균 4~5명의 매소부가 기거하고 있다.

함부르크의 구 개간지에는 각각 2~3명의 여자를 둔 창가가 늘어선 거리가 존재한다. 소녀들은 창에 면하도록 안아 있거나 혹은 입구에 서서 대단히 요란하게 유흥을 권한다. 조사 당시 베를린의 등록 매음부 수는 약 6천 명이었다. 그런데 경험 있는 한 관리가 추정하는 바에 따르면 베를린 시의 밀창은 약 1만 2천 명이라 얘기되고 있고, 함부르크에서는 등록 매소부 2천2백 명이 있다. 그리고 매년 매음에 관한 범죄로 체포된 자 중 대략 3분의 2가 무등록 매소부였다고 한다.

조사원이 거리의 매소부와 이야기한 후에 베를린의 한 거리 일각을 배회하고 있었다. 때마침 한 청년이 다가오더니 난잡한 댄스나 나체춤을 하는 곳으로 안내하겠다고 내게 말을 걸어왔다. 나는 이를 거절하고 그 장소만 물어봐 두려고 했다. 그러자 그가 말하기를 "이 댄스는 경찰이 눈을 번득이고 있기 때문에 오전 1시에 시작하고 게다가 매일 밤 다른 집에서 하기로 돼 있습니다. 여기 제 이름과 장소를 써드리겠습니다" 하고는 그는 한 장 종잇조각에 이름을 써서 건네줬다.

구 함부르크의 한 방면에는 비어홀이 다수 존재하는 구역이 있다. 이들 장소에 매소부가 집합한다. 이곳에는 또한 온갖 종류의 선원들과 노동자가 모여든다. 여기서 보거나 이야기 한 매소부는 대부분 15~16세 소녀들이었다. 베를린의 모처에서 뱃사람은 여자들을 가리켜 그녀들은 돈을 주면 나체사진 촬영을 허락해준다고 했다. 이 말을 증명하기 위해 그는 방에 있던 한 처녀를 선택한 후 그녀의 나체 사진을 조사원에게 보여 줬다.

영국

영국에는 유곽 또는 매소부 등록제도가 없다. 따라서 매음에 종사하는 외국 부인 등도 그녀가 풍기를 문란하게 하거나 주민 또는 통행인을 집요하게 권유해 그에게 민폐를 끼치는 일이 없다면 당국이 알 바가 아니다.

(주: 영국 경찰은 유럽 대륙의 경찰과 궤를 달리한다. 출판은 물론 적어도 평화와 질서를 파괴하고 폭동으로 이끌지 않는 한 옥외 연설을 듣는 것도 많은 사람이 행렬을 하는 것도 자유다. 우리 해외 여행자가 런던 하이드파크를 구경하고 그곳 공원 내에서 좌경, 우경, 종교 각 방면의 연설을 자유롭게 들을 수 있는 상황에 놀라 우리나라 사정과 큰 차이가 있음에 감탄했다는 이야기는 조선으로 돌아오는 많은 이들에게 곧잘 듣는 여행담이다. 이는 국민의 자치 훈련이 잘 돼 있기 때문이다. 유럽대륙과는 자연히 지방제도 연혁이 달라서 그 기분은 흡사 영국인이 그리는 회화가 곧잘 이런 마음을 증명하듯 보수적이고 따라서 개인의 인격존중, 독립, 자주의 관념이 강하게 배양되어 있다. 그런 고로 경찰단속 자체가 함부로 개인의 자유를 속박하지 않는다. 이 관념은 풍속면의 단속에도 영국풍이 나타나 있어 밀매음 관념에 대해서도 일본의 밀매음 검거와 동일시 할 수는 없다. 개인의 주거 내에서 어떤 종류의 행동 내지는 남녀의 밀회적 태도라 하더라도 이른바 일반사회의 풍기를 어지럽히거나 혹은 일반인에 환언한다면 다수의 제3자에게 폐를 끼치는 것 같은, 일본에서 말하자면 지나친 일이 나타나지 않는 한 개인의 행동에 간섭하지 않는 것이 영국풍이다. 이 점에서 생각할 때 유상[有償]적 성교라면, 공공연한 것이든 은밀한 것이든 불문하고, 혹은 일의 크고 작음을 불문하고 철저히 검거하는 일본의 제도와 숫자적으로 비교 고찰할 수는 없다.)

다만 이 점에 관해 다음 통계를 얼마간의 참고로 삼을 수 있다.

잉글랜드 및 웨일즈의 매음에 관한 통계

연도	매음 기소사 수	유녀집 개업 기소자 수		
		약식재판	정식재판	계
1914	9,853	712	3	715
1915	6,965	789	3	792

1916	5,570	773	2	775
1917	5,719	1,052	1	1,053
1918	5,342	768	5	773
1919	5,021	510	5	515
1920	5,800	369	1	370
1921	5,771	352	7	359
1922	5,067	385	10	395
1923	2,410	429	11	440
계	57,518	6,139	48	6,187

이 통계는 해마다 감소하고 있지만 시찰위원은 이 숫자에 적당한 신뢰를 둘 수 없다. 단속의 강도에 영향을 받는 바가 적지 않다고 한다. 아무튼 런던도 다른 대도시와 마찬가지로 매음 문제에 직면하고 있다. 매소부는 오고가며 활보하고 있다. 특히 웨스트엔드에서는 매소부의 존재가 쉽게 인정되며 경찰은 그녀들이 스스로 거동을 조심하고 통행인을 시끄럽게 권유하지 않는 한 간섭을 시도하지 않는다.

마계(魔界)의 사람들에게서 시찰원이 들은 이야기에 따르면, 여자가 밤에 거리를 어슬렁거리다가 돌아갈 때 손에 쥐는 돈은 20실링 정도에 불과하다.

인구 90만의 리버풀시의 매소부는 거리와 술집에 모여진 감이 있다. 손님은 오후 10시 술집이 개점하는 시간이 될 때까지는 시의 중심지에 있는 어떤 종류의 대중술집으로 들어가 그곳에서 매소부와 은근한 시간을 보낼 수 있다. 매소부는 거리에서도 술집에서도 실로 대놓고 손님을 권유하여 그를 자기의 주거, 하숙집 또는 싸구려 호텔로 데려간다. 리버풀에서 매음을 하는 부녀 중에 낮에는 따로 일정한 직업을 가짐으로써 보통의 장사 형태를 띠지 않는 자가 있다. 또한 이곳 젊은 처녀들은 바나 댄스홀을 출입하며 그곳에서 댄스 중에 상대를 구하기도 한다.

(주: 유럽 각 도시의 매소부 수를 정확히 계산하는 것은 불가능한 듯해서 과거 파리는 12만으로 계산한 것도 있는데 당국자는 6만에서 8만이라 한 적이 있다. 런던에서는 8만이라 이야기되고 베를린은 2만이라 하지만, 적다는 평가도 있는 독일 전체에서 33만이라는 평가도 있다.)

이상에서 간단하게나마 국제연맹 활동의 일단을 살펴보았다. 전술한 제1회 실지조사 결과에 기세가 붙은 연맹이사회는 1930년 5월 동양의 부인아동매매 실지조사원으로, 위원장은 미국인 존슨 씨, 폴란드인 카를 핀도르 씨, 스웨덴인 앨마 선드퀴스트 여사를 선임하고, 수행원 비서 및 부인까지 8명의 일행이 동양 지방 가운데 영국령 인도, 네덜란드령 인도차이나, 중화민국 및 제국 등을 조사하기로 했다. 1930년 5월에 제네바를 출발하여 각지를 실지조사 한 후 1931년 조선에 왔으며 실제 여전히 활동 중이라면 머지않아 동양 방면의 정보도 보고 발표가 이루어질 것이다. 제2회의 조사비용도 지난번과 마찬가지로 미국의 사회위생협회가 기부한 12만 5천 달러로 충당되었다(완).

『요미우리신문(讀賣新聞)』 1932년 9월 23일

공창제도의 조사서 도착

세계 유일하게 존재한다는 우리나라의 공창제도에 대하여 인도주의를 높이 올리고 국제연맹 존슨 박사 일행의 조사대가 작년에 와서 조사했는데 동 일행은 다시 남지나, 인도 방면의 상황을 조사하고 올해 3월 제네바에 돌아간 이래 보고서를 집필 중이었다. 22일 내무성에 일본에 관한 조사보고서의 초안을 보내왔다.

동 보고서는 내년 1월 제네바에서 열리는 연맹이사회에 제출되어 논의될 예정이다. 위 보고서 초안에 대해 일본 당국자로서 정정할 것이 있는 점 또는 해명이 필요한 점이 있으면 빨리 지적해서 회답하기 바란다고 전해 와 내무성에서는 경보국의 마스다(增田) 사무관이 가능한 한 번역하고 내용을 조사한 뒤 다시 외무, 사법, 척무의 관계 4성 회의를 열어 태도를 결정하여 회답할 것이다.

『부산일보(釜山日報)』 1932년 10월 13일

부인아동매매의 절대금지안 가결, 11일의 연맹 총회

[제네바 전보] 11일의 연맹 총회는 부인, 아동 매매의 절대금지안을 가결했는데, 위 요지는 각국 정부에 부인, 아동 매매의 절대금지를 목적으로 하는 법안을 의회에 제출하도록 요구하고 여기에는 미성년자가 아닌 희생자 스스로 그것을 승낙하는 경우라 하더라도 매매자는 처벌된다는 것이다.

『중앙일보』 1932년 11월 23일

일기자, 이때의 화제, 여성과 국제연맹(二), 국제연맹이란 것은 무엇이며 여성에 대한 성의는 어떠한가

국제연맹의 발달 (1)

탄생되기는 귀엽게 탄생이 되어가지고 자라기는 기구하게 자라난 국제연맹은 그동안 어떠한 활갯짓으로써 그래도 목숨이 있다는 소리를 외쳤는지 누구나 궁금하게 생각되지 아니할 수 없을 것입니다. 즉, 말하자면 국제연맹은 어떻게 발전되어 왔는가. 그 지내 내려온 것을 말씀하면 대개 세 시기로 나누어 말씀하는 것이 적당하다 할 것입니다. 제1기는 1920년으로부터 1923년 간이니 그동안 창업시대라 합니다. 이 시기에 있는 국제연맹은 그 시기가 창업시기이니만큼 모든 기관을 조직하기에 눈코 뜰 새가 없는 바쁜 시기였습니다. 그런데 이때의 구라파 전지는 저 무시무시한 세계대전쟁 때에 하늘을 찌를 듯이 타오르는 화약 불길의 남은 잿더미 속에 불똥이 아직도 꺼지지 아니하였고 여러 나라의 국경은 말굽 앞에 짓밟힌 생채기가 그저 합창이 되지 못한 때임에도 불구하고 떠들기 좋아하는 정치가이며 군인이며 실업가들은 이런 기회를 이용하여가지고 민족에 대한 편벽된 몹쓸 생각과 국가적으로 아름답지 못한 강자가 생긴 까닭에 그 지긋지긋하던 세계대전쟁의 비절참절한 몹쓸 일을 당하고서도 이 귀퉁이 저 귀퉁이에서 여전히 우리 인류의 행복과 평화를 또한 무너뜨리려는 폭발탄 속리가 터질 듯 터질 듯하였습니다. 이것으로 보면 사람과 같이 독한 동물이 또다시 없고 사람과 같이 무식한 동물이 또다시 없을 것입니다. 당시 구라파 여러 나라 사이의 관계를 보건대 독일과 프랑스를 비롯하여 세계대전쟁 전 옛날에 서로 귀속을 하고 눈짓을 하던 나라들이 여전히 구석구석으로 몰려다니면서 세계대전쟁이라 하는 불세례를 받던 그 몹쓸 짓을 그대로 또다시 하려는 조짐이 속속 들이 익어가는 까닭에 "왔다! 평화를 소리치는 천사가 왔다!"는 소리만 귀에 쟁쟁히 들릴 뿐이오. 그 천사의 평화스러운 짓거리는 눈에 잘 보이지 아니하였습니다.

『도쿄아사히신문(東京朝日新聞)』 1933년 2월 28일

제네바 무대에서 설명하는 우리 공창제도의 진상, 존슨 보고 정정을 위해 선발된 젊은 양(兩) 씨

일본에 특이한 게이샤나 오이란 조사를 위해 일본에 와서 신바시나 요시와라 등을 시험대로 시

찰하고 작년 여름 내무성과 경시청과 그리고 폐창단체를 각각 다른 의미에서 매우 흥분하게 했던 국제연맹 부인매매 동양 조사위원장 배스컴 존슨 박사 등 8명의 일본에 관한 조사 보고는 오는 3월 27일부터 4월 6일까지 리튼 보고서의 심의와 동시에 제네바 제12회 부인아동매매금지위원회에서 검토되었다.

오른쪽 사사카와, 왼쪽 고스게 양 씨

역시 문제가 우리나라의 불명예스런 명물, 곧 공창제도에 관한 비판이 있었고 그 결과가 전 세계에 공표된다는 것이어서 종래의 이 위원회에 대한 출장지 관헌의 임시 출장 또는 촉탁의 형태로 대표를 출석시킨 당국이, 이번에는 일부러 처음으로 대표자를 개최지에 보내기로 결정, 수일 전 리튼 보고서에 대한 마쓰오가(松岡) 전권격(全權格)의 두 대표가 선발되었다. 한 명은 일행이 일본에 왔던 당시 경시청에서 근무하면서 그 안내를 담당했던 내무성 사무관 고스게 요시지(小菅芳次) 씨, 다른 한 명은 식민지의 공사창 관계 사무 담당 척무성 서기관 사사카와 교사부로(笹川恭三郎) 씨, 모두 소장 관리로 이 젊은 대표의 활동은 크게 기대되고 있다. 모두 내월 2, 4일경 도쿄역을 출발, 블라디보스토크를 경유하여 제네바를 향할 것으로 목하 준비 협의하는 데 매우 바쁜 상황이다.

『도쿄아사히신문(東京朝日新聞)』 1933년 2월 28일

우리 국민성에 대한 오인 해소에. 당국의 바른 입장도 설명

원래 우리나라에는 국제적 부녀매매 주선의 기관도 존재하지 않고 따라서 지나 또는 아메리카 등에 팔려가는 부녀는 드물어서 부인아동매매에 관한 국제조약(1921년 체결된 일본의 가맹)의 적용 범주가 극히 좁다. 따라서 또한 존슨 박사 등이 조사한 나라는 국제부녀매매의 참고 의미에서 우리 국내의 특이한 부녀매매=공창제도를 조사한 것이지만, 작년 여름 우리나라에 내시(內示)된 정정을 재촉하여 온 존슨 보고서는 단시일의 조사로서는 비교하기에는 적당해도 예를 들면, 창기의 자유폐업의 경우, 우리 경찰 당국이 누주에 너무 기대고 있다는 견해, 기타에서 인식 부족의 부분이 많았다. 이 때문에 조속히 우리나라로부터 정정한 것과 추가 질문에 대한 답변서를 제출하였다. 그런데 이번 회의석상에서 그러한 등의 문서를 중심으로 하여 우리나라의 공창제도의 진상, 당국의 바른 입장을 설명하고 일본 국민의 덕성(德性) 문제로서 오해되고 있다. 고스게, 사사카와 양 씨는 말한다.

"급하게 대표로 선발되어서 준비에 매우 바쁜 상황입니다. 존슨 박사 등의 보고서는 단기간의 조사로서는 합당하지만 인식 부족의 점이 있고, 오해의 부분도 있어서 정정한 보고서를 기초로 가능한 한 설명할 작정입니다. 물론 그 회의의 결과가 내정 문제에 구속력을 가지고 있는 것은 아니지만 일본 국민의 덕성에 관한 문제로 오해하는 것을 바로잡고 싶습니다."

『조선신보(朝鮮新報)』 1933년 3월 1일

부인아동매매위원회, 일본의 보고서 검토, 오해를 피하기 위해 설명 담당 파견

[도쿄 전] 일본의 특이한 존재인 게이샤, 창기조사의 목적으로 작년 여름 방문하여 내무성, 경시청과 폐창단체 당국자를 크게 흥분시켰던 국제연맹 부인매매 조사위원장 배스컴 존슨 씨의 보고서는 리튼 보고서와 함께 오는 3월 27일부터 4월 6일까지 제12회 부인아동매매위원회에서 검토된다. 그 자리에서 우리 불명예스런 사실이 인식이 부족한 세계에 소개 공표되는 것은 제국의 불명예여서 설명 담당으로 내무성 사무관 고스게 요시지(小菅芳次)와 척무성의 식민지 공창 사무 담당자인 사사카와 교사부로(笹川恭三郎) 씨 두 명이 오는 3월 3일경 도쿄역을 출발하여 블라디보스토크(浦鹽)를 경유하여 제네바에 다다를 것이 결정되었는데 마쓰오카 대표와 같이 두 명도 모두 소장 관리로 크게 기대되고 있다.

『조선중앙일보』 1934년 1월 23일

인신매매 격증으로 인육상배를 취체, 농촌 공황으로 최근에 증가, 종로서(鐘路署) 조사를 개시

최근 피폐한 농촌의 춘궁기를 앞두고 실업자들이 도시로 고산지대로 유리표방하고 있는데 이보다 더 참담한 현실은 먹고살 수 없는 가련한 빈궁민들은 생계를 이어가려는 글자 그대로의 산지옥을 연출하고 있다는 사실이다. 최근 종로경찰서 관내에는 이와 같은 비극이 속출하고 다시 이를 이용하여 인신매매의 통계를 꾸미는 자가 적지 않음으로 이 취체대책을 세우기 위하여 고사카(小坂) 보안주임은 각 음식점, 카페, 기생, 여급 등 몸값(身代) 생활 및 그 전차금에 일반 이율 등을 일제히 조사한 후 적당한 대책을 세우기로 되었다.

가련한 인신매매에도 부정행위가 불소(不少), 중간착취와 부당이익 탐취(貪取) 등, 소개업자 등의 악행

인신매매금지의 법률은 국제적으로 제정하여 그를 금지하고 있음에 불구하고 특수 조선의 현실은 의연 이들 잔악한 행동이 어느 정도까지 항상 출현되고 있다. 초근목피로 연명할 수 없어 '금편으로 무의무탁'한 가련한 몸이 되어 철모르는 어린 아이들만 둘씩, 셋씩 데리고 거리에서 기한에 떠는 그들은 차라리 천진난만하게 세상일을 잘 모르는 죄 없는 그들의 혈육인 자식이라도 팔아 생계를 이어가려고 하는 참담한 정경이다. 이에 대하여 종로 경찰서 보안주임은 말하되, "가련하게도 아들과 딸(특히 여아가 대부분임) 자식을 파는 불쌍한 사람들의 불쌍한 심사와 정경도 동정할 일이려니와 이들을 전부 구제될 도리는 도저히 없으니 어찌 하였으면 좋을는지? 차라리 몰인정하나마 인신매매를 금지하려면 그를 팔아먹는 부모를 엄중히 처벌하였으면 하는 생각도 있습니다. 어쨌든 큰 문제입니다. 그리고 최근 음식점 혹은 인신매매 소개업자 등 사람의 몸을 팔고 사는 데도 시기적 혹은 중간착취 또는 부당이득을 탐하는 자도 적지 않음으로 이들을 엄중히 취체하기 위하여 일정한 규정을 만들었으면 하고 조사하는 중이외다" 하였는데 금후 인신매매의 부정행위는 엄중 취체할 터다.

『매일신보』 1934년 6월 15일

공창제도를 폐지한다면 조선은 비교적 용이. 그러나 내무성이 실시한다고 즉시 이에 추수하게 되지는 않을 것이다. 2, 3년 후일 듯 우에우치(上內) 경무과장 담(談)

내무성에서 공창제도를 폐지하기로 결정되었다 함에 대하여 조선도 내지에서의 실시를 보게 되면 과연 이에 추수할 것인가를 각 방면에서 주목하고 있는 바 이에 대하여 총독부 경무국 우에우치 경무과장은 다음과 같이 말하였다.

"공창제도 폐지 문제는 명치 초년부터 있는 것으로 당국에서 국민보건상 견지로부터 단연한 결의를 하지 못한 채로 지금까지 내려온 것인데 과연 내무성에서 폐지할 의향이라는 신문 보도가 사

실이라면 이는 전혀 인도상 문제보다도 국제연맹에 대한 체면 문제가 그 동기가 되었을 듯합니다. 어쨌든 공창을 폐지한다 하더라도 그 명칭만을 폐지하는 것으로 사창이라는 명목하에 종전과 같이 건강진단, 기타 취체는 행하지 않을 수 없게 될 것으로 인도상 문제로 보면 미온적이 과하여 반대할는지도 모르나 점진적으로 유래가 오랜 전통적 제도를 개선함에 있어서는 어찌할 수 없는 것일 것입니다. 조선으로서는 어찌 할 것이냐가 당면의 문제인데 아직 내무성으로부터 아무 공보도 접하지 못하였고 신문 보도가 어디까지 확실성이 있는지 알 수 없으나 조선은 공창제도의 역사가 내지에 비하여 4일이 짧음으로 비교적 이 제도를 폐지하기가 용이한 상태에 있습니다. 그러나 아직 이에 대하여 아무것도 생각할 일이 없고, 다만 내지에서 실시되어 그 성적이 좋다면 조선도 구체적으로 연구하여 내지에 추수하게 될 것이라고 생각합니다. 반드시 내지에서 실시한다고 조선이 추수할 필요는 없으니까 조선에서 어느 때에 이를 폐지할까는 생각할 수도 없는 일이나 된다 하더라도 2, 3년 후의 일이겠지요."

『조선신보(朝鮮新報)』 1934년 11월 12일

구농(救農) 자금과 부인매매 방지에, 미쓰이(三井), 미쓰비시(三菱)의 기부 400만 엔의 사용처 점차 결정

미쓰이의 3백만 엔, 미쓰비시의 백만 엔 합계 4백만 엔의 기부에 관해서는 이 사용처를 내무성에서 연구 중이었는데 대체로 간사이(關西) 풍수해지의 곤궁 농민에 140만 엔을 지급하게 되었다. 한편 도후쿠(東北) 지방 궁핍 농가(窮農) 구제에는 250만 엔을 지급하고 부인매매 방지를 위해 10만 엔을 지급하기로 했다. 곤궁 농가 140만 엔의 지급 방법은 5할 이상의 수확 감소를 보게 된 자에게 주고, 부인의 몸팔이(身売り) 등에는 전차금을 대여해서 급한 처지를 구하기로 하였다. 구체적인 지급방법에 대해서는 12일 센다이시(仙台市)의 도후쿠 6개 현 내무부장 총회에서 아카키(赤木) 사회국장관이 지시하여 협의할 것이다.

『매일신보』 1935년 11월 30일

부인아동매매 방지 국제연맹 주최로 개최할 예정

총독부서도 참가 준비. 부인아동매매 방지에 관하는 동양 제국 주관 관청회의는 국제연맹 주최로 드디어 소화 12년 3월경 네덜란드령 인도(蘭領印度) 바타비아에 가까운 반도웅그에서 개최되게 되었는데 이 회의에 참가할 관청은 일본, 지나, 태국, 인도, 필리핀 등의 동양 제국 외에 국제연맹에 가입한 각 식민지 관청에서도 본국 정부를 대표하여 다수 참가할 예정이다. 또 일본은 국제연맹에 가입하지 아니한 것을 이유로 참가를 거절하였는데 연맹 측에서는 문제가 동양에 있어서의 사례를 개선하려는 것을 목적으로 함으로 동양의 맹주인 일본의 참가 없이는 도저히 소기한 목적에 달할 수 없다고 하여 그 참가를 간청한 바 있음으로 참가하기로 결정하였는데 총독부에서도 척무성으로부터 통첩을 받고 회의 참가에 필요한 제반 준비에 착수하였다.

『부산일보(釜山日報)』 1936년 9월 4일

부인아동매매 조선의 실지조사, 국제회의에 제출 자료

[경성지사발] 총독부에서는 내년 37년 2월 자바섬 반덴구에서 개최된 국제연맹의 일 기관으로서 설립되어 있는 부인아동매매에 관한 동양 제국 간 회의에 제안하는 재료로서 경무국을 비롯하여 외사과 및 각도 경찰부와 연락하여 여기에 관한 조사를 행하게 되었는데 주요한 것은 다음과 같다.

△ 1931년 말 동양에서 부인아동매매 조사위원회의 조사를 완료한 때부터 이후에 일어난 변화 발표

△ 비도덕 목적을 위한 부인아동매매의 경향 변화 유무, 숫자 그 이유(예를 들면 경제적 불황의 영향 등)

△ 위 행위의 방지기관의 유무

△ 경찰, 기타 관헌과 민간단체 사이에서 협력해서 그 방지에 노력했는지 아닌지, 그 기관이 있다면 실정 등에 걸쳐 상세 조사를 행하게 되었다.

『부산일보(釜山日報)』 1937년 1월 9일

국제연맹의 부인아동위원회, 부인매매금지에 대해, 2일부터 하와이에서 위원회

[경성 전화] 국제연맹 부인아동위원회에서는 1934년(소화 9년) 배스컴 존슨 씨의 주체로서 조사원을 동양에 파견하여 부인매매에 대한 조사를 하도록 한 조사에 기초하여 국제연맹으로서 취할 만한 조치를 연구 중이었는데, 드디어 동 조사단의 권고에 따라 오는 2월 2일부터 1주간에 걸쳐 하와이, 자바, 바타비아 근교의 랜돈에서 부인매매에 관한 금지위원회를 개최하기로 하였다. 우리나

라에도 참가를 요청해 왔는데 제국 정부로서는 대표위원으로서 이소노(磯野) 외무차관을 파견하기로 하였다. 이 위원회의 참가하는 것은 일본, 지나, 태국, 포르투갈, 스페인, 영국, 프랑스 등 동양 관계의 여러 나라로 미국은 옵저버로서 참가할 것이다.

일제침탈사 자료총서 98

식민지 조선과 일본군'위안부' 문제 자료집 Ⅳ

-국제연맹 동양여성아동매매실지조사단과 일제의 인신매매 문제-

초판 1쇄 인쇄 2022년 12월 10일
초판 1쇄 발행 2022년 12월 20일

엮은이 동북아역사재단
편역자 박정애
펴낸이 이영호
펴낸곳 동북아역사재단

등록 제312-2004-050호(200년 10월 18일)
주소 서울시 서대문구 통일로 81 NH농협생명빌딩
전화 02-2012-6065
팩스 02-2012-6186
홈페이지 www.nahf.or.kr
제작 · 인쇄 (주)동국문화

ISBN 978-89-6187-775-6 94910
978-89-6187-589-9 (세트)